厦门大学
国际法
名著译丛

Translated Works of
International Law by
Xiamen University

网络行动与国际法

CYBER OPERATIONS AND INTERNATIONAL LAW

【法】弗朗索瓦·德勒吕（François Delerue）◎著

杨　帆◎译

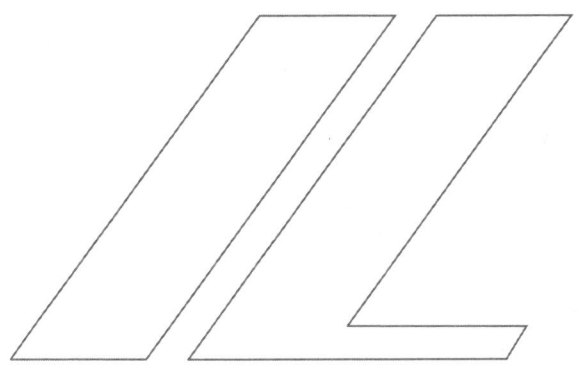

厦门大学出版社
XIAMEN UNIVERSITY PRESS
国家一级出版社
全国百佳图书出版单位

图书在版编目(CIP)数据

网络行动与国际法 /（法）弗朗索瓦·德勒吕著；
杨帆译. -- 厦门：厦门大学出版社，2024.5
（厦门大学国际法名著译丛）
ISBN 978-7-5615-9331-8

Ⅰ. ①网… Ⅱ. ①弗… ②杨… Ⅲ. ①互联网络-国际法-研究 Ⅳ. ①D99

中国国家版本馆CIP数据核字(2024)第067703号

[Cyber Operations and International Law] was orginally published by Cambridge University Press © Cambridge University Press [2024]
版权合同备案号：13-2024-011

责任编辑　甘世恒
美术编辑　李夏凌
技术编辑　许克华

出版发行　厦门大学出版社
社　　址　厦门市软件园二期望海路39号
邮政编码　361008
总　　机　0592-2181111　0592-2181406(传真)
营销中心　0592-2184458　0592-2181365
网　　址　http://www.xmupress.com
邮　　箱　xmup@xmupress.com
印　　刷　厦门集大印刷有限公司

开本　720 mm×1 020 mm　1/16
印张　30.25
字数　528千字
版次　2024年5月第1版
印次　2024年5月第1次印刷
定价　108.00元

本书如有印装质量问题请直接寄承印厂调换

厦门大学出版社
微信二维码

厦门大学出版社
微博二维码

"厦门大学国际法名著译丛"总序

在厦门大学国际法学科和法律出版社的共同努力和通力合作下,"厦门大学国际法名著译丛"问世了。这是厦门大学国际法学科发展史上值得祝贺和鼓励的学术盛事。

近年来,厦门大学国际法学科重视开展教师和学生两个层面的国际学术交流。创建厦门国际法高等研究院并连年举办"国际法前沿问题研修班",连续参加"Willem C. Vis 国际商事模拟仲裁辩论赛"(维也纳)和"Jessup 国际法模拟法庭辩论赛"(华盛顿哥伦比亚特区),持续在国际性专业刊物和出版社发表、出版学术论著等,均反映了本学科师生走向国际的初步努力。翻译国际法名著,则是更为基础性的国际化努力。

众所周知,我国国际法学的发展亟须汲取世界各国国际法学的精华。与国内法学者比较而言,国际法学者更迫切需要了解和学习国际同行的名著,更迫切需要与国际同行对话和交流。国际法名著的翻译成果,为我国法学院校广大师生和相关实务工作者提供了与国际法学术大师交流更为便捷的中文语境,功德无量。

当下十分提倡和强调学术创新。学术创新自有其发展规律,需要经历对既有优秀学术成果的吸收、消化、扬弃、升华的过程。国际法名著的翻译工作,对译者而言,是超越时空向国际法学术大师的虚心求教,是优秀学术成果的吸收、消化的过程,也是创新的酝酿或前奏。进而言之,翻译工作是对原作融会贯通之后的再创作。在这个意义上,翻译工作也是创新。虽然,在现行各种学术成果评估体系中,译作并未受到应有的重视,但令人感佩的是,本译丛的译者能有"上善若水"的感悟与追求。

翻译的"信、达、雅"是学界一向追求和普遍认同的理想境界。对译者而言，"雅"是取次于已有文化积淀和义字功底的高标准，一时难以企及；而"信"、"达"则是不遗余力、必须达到的基本标准。国际法名著最理想的译者自然是学贯中西、潜心治学的年长国际法学者。由于历史和现实的种种原因，殊难如愿。值得庆幸的是，在本译丛第一批译者中，蔡从燕教授、陈辉萍教授、池漫郊副教授、韩秀丽副教授和龚宇博士等都曾在国际性专业刊物或出版社发表、出版学术论著，或有翻译法学论著的经验。其他译者是莘莘学子中的佼佼者，后生可畏。2006年，厦门大学法学院代表队在美国举行的"第46届Jessup国际法模拟法庭辩论赛"中荣获"最佳书状奖第一名"（The Hardy C. Dillard Award），展现了我国新一代国际法学者的专业研究能力和英语运用能力，给国人莫大的自信与启迪。该最佳书状作者之一季烨博士生同为本译丛译者。

"人之云，非知之难，行之惟难；非行之难，终之斯难。"本译丛作为厦门大学国际法学科建设的重要组成部分，持之以恒，当为我国国际法学的发展和繁荣作出应有的一份贡献。本译丛的生命力在于质量，希望得到国际法学界的持续关注和指导，更希望广大读者对译作多提批评意见，以利修订完善。

曾华群　谨识
2009年3月9日

附记：

自2023年起，厦门大学出版社增列为"厦门大学国际法名著译丛"出版单位，谨此说明和志谢。

曾华群
2023年9月8日

中译版序

本书源于十年前启动的一项研究计划。现在呈现在您面前的这部译著，是这十年研究之旅的最新篇章。2022年，杨帆博士向我提出将这部英文专著翻译成中文，我深感荣幸，也由衷感谢他和团队成员的辛勤付出。

原著以 Cyber Operations and International Law 为名，由剑桥大学出版社（剑桥国际和比较法研究中心）于2020年2月付梓。2012年，我进入欧洲大学研究所（EUI）攻读博士学位，开启了对网络空间国际法的研究之旅。本书的许多研究均得益于研究所 Nehal Bhuta 教授的指导以及我在哥伦比亚大学法学院访学期间的工作。本书所依托的博士论文于2016年11月答辩，并于2019年获皮耶罗·卡拉门雷基金会（Piero Calamandrei Foundation）颁发的第六届维托里奥·弗洛西尼（Vittorio Frosini）法律信息学和信息通信技术法奖。以博士论文为基础，本书又在多个方面进行了更深入的探索，特别是它引入了一种更加实用和以政策为导向的研究方法——这是我在担任网络战略顾问和军事学院战略研究所研究员期间学习到的重要一课。现在看来，2020年2月本书的出版并非研究旅程的结束，恰恰相反，它标志着一个崭新阶段的开始，因为本书提出的想法和观点在学界内外开始流传并获得关注。学者们已经发表了许多评论意见,为审视本书内容提供了批判性视角。① 这些学术影响的积累促使本书在 2021 年 9 月荣获欧洲国际法学会(ESIL)图书奖。除学界之外,包括网络外交官(cyber diplomats)在内的从业者也参与了对本书相关研究成果的讨论,比如关于其对网络外交的可能贡献。这段持续至今的研究旅程的最新进展,就是本书中文译本的问世,这要得益于厦门大学杨帆博士及其团队的不懈努力。

本中译版序意在为读者提供一份简洁的说明,以期告诉读者他们可以从本书中收获什么,以及更重要的是,告诉读者他们无法从本书找到答案的问题。序言还将简要提及自 2020 年 2 月本书出版以来,关于网络空间国际法这一主题的若干最新进展。

本书全面分析了可适用于网络行动的国际法,系统考察了网络行动的归因、合法性、责任和补救措施等问题。现有学术文献主要聚焦关于"网络战"的法律,本书对此采取批判性的研究进路。2013 年出版的《塔林手册 1.0 版》②可以视为这种一般进路的典型代表,因为该手册尤其偏重于与网络行动相关的诉诸战争权法和战时法议题。在此背景下,本书分析了可适用于尚未达到使用武力门槛和武装冲突门槛的网络行动的国际法,并联系既有学术研究展开分析。本书还从新视角、以新方法解读了国际法的各种概念和分类,并探讨它们在不同网络行动场景下的适用。就此而言,本书具有重要的教育和实践意义。

---

① Upasana Dasgupta (2022) 12 *Asian Journal of International Law* 182; Kaan Sahin, 'Digitaler Balanceakt' (2022) 3 *International Politik* 124; Ido Kilovaty (2021) 115 *American Journal of International Law* 187; Anne-Thida Norodom (2021) 86 Politique étrangère 208; Rachel F Behring (2021) 81 *Zeitschrift für ausländisches öffentliches Recht und Völkerrecht / Heidelberg Journal of International Law* 879; Mika Hayashi and William Letrône, 'State-Sponsored Cyber Operations and International Law: Book Review of Henning Lahmann, *Unilateral Remedies to Cyber Operations* (Cambridge University Press, 2020) and François Delerue, *Cyber Operations and International Law* (Cambridge University Press, 2020)' (2021) 2 *International Cybersecurity Law Review* 195; Aude Gery (2020) 177-178 *Hérodote* 358; Wolfgang Kleinwächter, 'International Law and Cyberspace: It's the "How", Stupid' (2020) CircleID.

② Michael N Schmitt (ed), *The Tallinn Manual on the International Law Applicable to Cyber Warfare* (Cambridge University Press 2013). The second edition published in 2017 expanded its scope to other branches of international law: Michael N Schmitt and Liis Vihul (eds), *The Tallinn Manual 2.0 on the International Law Applicable to Cyber Operations* (2nd edn, Cambridge University Press 2017).

为了说明本书未能涉及哪些内容,首先需将本书置于相关学术文献演进的总时间轴上审视,并回顾关于可适用于网络行动的国际法的国际讨论。本书手稿于2019年秋季完成,比中译版要早4年。如果是放在国际法缓慢发展的历史进程之中,这4年恍若一瞬。但从国际法和网络行动的国际争鸣以及关于这一主题的学术研究的快速变迁来看,这4年就显得相当漫长。

过去20年里,联合国大会一直在讨论与国际安全和网络空间相关的问题。在2004年至2017年间,联合国先后设立了五届关于信息和电信领域国际安全发展的政府间专家组(UNGGE)。第二届、第三届和第四届UNGGE分别于2010年、2013年和2015年通过了协商一致报告。对本书研究极为重要的一点在于,第三份报告肯定了国际法对网络空间的可适用性。① 2017年6月,第五届UNGGE未能达成共识。共识性报告草案未获通过的原因在于,与会专家对草案第34段的认识存有分歧,而该段比较详细地说明了国际法如何适用于各国信息和通信技术的使用。这标志着关于国际安全和网络空间多边协定的谈判在未来具有不确定性——至少大众观点认为如此。一些论者还认为,关于国际法能否适用于网络空间的问题从此也进入争论时期。本书试图解构这种争论,并分析其后果。2018年联合国大会通过的两项平行决议,强化了对前述不确定性和争论的认知。根据这两项平行决议启动了两个并行进程,分别是新一届UNGGE和另一项进程非常相似的开放工作组(OEWG)。2021年,第六届UNGGE与第一届OEWG分别通过最终报告,表明这两个进程高度趋同且互为补充。这种"双线进程"的插曲很快宣告结束,至少目前看来如此,因为自2021年以来,联合国大会只保留了OEWG这一项进程。特别需要指出的是,本书正是成稿于这段不确定时期。此外,尽管国际法在UNGGE和OEWG的相关工作中非常重要,但这些进程及其通过的报告侧重于国际法的政治层面,对于可适用于网络行动的国际法的法律问题,相关表述只能说仅触及表面。因此,虽然这些进程有助于我们了解国际社会在这些问题上的动态,但就国际法规则和原则的内容和解释而言,这些进程所能提供的信息非常有限。以上观察对于理解本书如

---

① UNGA, 'Report of the Group of Governmental Experts on Developments in the Field of Information and Telecommunications in the Context of International Security' (24 June 2013) UN Doc A/68/98, p. 8, para 19.

何处理历届 UNGGE 和第一届 OEWG 的工作至关重要。

过去 10 年间,越来越多的国家发布了关于在网络空间和网络行动中适用国际法的立场文件。截至 2019 年秋天本书手稿完成时,只有 5 个国家发布立场文件:爱沙尼亚(2019 年)、法国(2019 年)、荷兰(2019 年)、英国(2018 年)和美国(2012 年和 2016 年)。其后又有 21 个国家发表了此类立场文件,包括澳大利亚、巴西、加拿大、中国、捷克共和国、芬兰、德国、伊朗、以色列、意大利、日本、哈萨克斯坦、肯尼亚、新西兰、挪威、波兰、罗马尼亚、俄罗斯、新加坡、瑞典和瑞士。① 出于这一原因,本书英文版提到了已经存在的五种国家立场文件,但并没有过多地涉及当时尚处于萌芽状态的实践。对于这一发展中的实践,本中译版序拟补充四点观察:其一,对于研究可适用于网络空间的国际法而言,发布立场文件的相关国家实践很有价值,但其意义也不应过分高估。这些立场文件属于国家政策文件,通常在特定的地缘政治背景下发布。当我们在阅读这些立场文件和评估它们对国际法——特别是习惯国际法——的解释和潜在发展的贡献时,必须牢记这些特征。其二,国家发布网络空间国际法立场文件仍然是一个相对有限的实践。事实上,迄今也只有 26 个国家公开了其关于国际法适用于网络空间的详细解释,这个数量仅略多于世界上国家总数的 1/10。这 26 个国家当中的大多数都是西方国家,它们一般被认为是"志同道合的国家"。这意味着当前的国家实践在地理分布上是有限的,同时也是局限的。可以设想,如果我们面对的是一个地理分布上更平衡的图景,那么从相关文件陈述中将得出何种观察结论亦未可知。其三,这是一种前所未有的实践。一般而言,国家通常仅就某一具体争端发表解释性声明,但各国关于国际法和网络行动的立场文件与具体争端无关,这些立场文件通常涵盖国际法的不同分支。其四,尽管存在前面指出的各种局限,但这些国家的立场文件表明了国际社会对这一主题事项的高度趋同。值得强调的是,在反思这些问题时很重要的一点,是要将这些国家立场文件相对趋同的观察与前文提到的第五届 UNGGE 失败后人们所感知到的国际法不确定性和争议联系起来思考。

过去几年中,不论是在出版物数量上还是在所涵盖的主题范围上,关于网络行动与国际法的学术文献都获得了极大扩展。本序言无意对相关

---

① The Cyber Law Toolkit project maintains an updated list of national positions: https://cyberlaw.ccdcoe.org/wiki/List_of_articles#National_positions.

文献进行综述梳理,仅强调此种文献演变的三个阶段。第一阶段持续到2010年中期,当时大多数关于网络空间国际法的出版物都集中于对诉诸战争权法和战时法的讨论。但最近10年,包括本书在内的越来越多的文献扩展到对和平时期的国际法规则——特别是国家责任法——的研究。然而,第二阶段的文献总体上仍在探讨如何将国际法适用于各自研究领域的网络行动,没有充分考虑其他相关问题和其他相关国际法分支。第三阶段也即我们目前正在经历的阶段。这一阶段,越来越多的文献意图弥合与国际法其他分支的分歧,从而有助于对这一主题作更加情景化的理解。乌克兰武装冲突加速了这一趋势,因为它体现了敌对行动中网络和非网络层面的问题如何相互交织,以及为什么有必要对法律问题采取更全面的研究方法。

最后,我想谈谈国际法的普遍性。适用于网络空间的国际法一般包括那些对所有国家都具有约束力的国际法规则和原则。这些规则和原则特别体现在《联合国宪章》、关于武装冲突法的《日内瓦公约》以及一般习惯国际法之中。然而,在这种显著的普遍性背后,一旦涉及具体解释和适用网络空间国际法的规则和原则,便会出现形形色色的观点和分歧。本书没有就这些问题提供关于这些不同观点的全面介绍,也没有针对现有分歧提供明确的答案。在我的语言能力范围和所能接触到的资源范围内,我尽可能多地参考了不同领域和不同语种的资源。本书作为学术辩论百花园中的一朵,意在引导读者对这些问题深入思考并形成自己的见解。这些观察表明,就网络空间国际法的研究而言,不同领域的学者和专家相互合作并交换意见极为重要;此外同样重要的是,我们需要承认关于一般国际法及其适用于新技术的既存不同观点,并对之进行反思。

我要再次感谢厦门大学杨帆博士及其团队为本书中译版出版所付出的巨大努力。

弗朗索瓦·德勒吕

François Delerue

IE大学法学院助理教授

Assistant Professor of Law

IE University Law School

2023年3月

目录

引　言 ... 001

1. 网络空间中国际法重要吗 ... 003
　1.1　网络空间国际法：国际法的新挑战？ ... 005
　1.2　本书范围 ... 028
　1.3　本书的贡献 ... 041
　1.4　本书的内容 ... 045

第一编　归因 ... 047

2. 归因于机器或个人：一个技术过程 ... 052
　2.1　归因于机器 ... 052
　2.2　归因于个人 ... 067
　2.3　关于归因于机器或个人的小结 ... 081

3. 证据问题：从技术归因到法律归因 ... 082
　3.1　关于网络行动证据的国家实践 ... 083
　3.2　国际法中的证据 ... 086
　3.3　书面证据 ... 089
　3.4　专家意见证据 ... 095
　3.5　关于证据问题的小结 ... 100

4. 归因于国家 ... 102
　4.1　对国家机关和经授权行使政府权力要素的实体实施的网络行动的归因 ... 105
　4.2　私人实施的网络行动的归因 ... 119

  4.3 自主网络行动 146
  4.4 关于网络行动归因于国家的国家实践 153
  4.5 关于将网络行动归因于国家的小结 175
 本编结论 179

第二编 网络行动的合法性 181

5. 国际不法网络行为：网络行动违反国际法规范 184
  5.1 作为敌对行为或不友好行为的网络行动 184
  5.2 网络间谍具体法律机制的缺失 188
  5.3 网络行动和领土主权 190
  5.4 网络行动和不干涉与不干预原则 219
  5.5 网络行动和人权 246
  5.6 关于国家支持的网络行动的合法性的小结 257

6. 网络战争的门槛：从使用网络武力到网络武装攻击 259
  6.1 网络行动和禁止使用武力 263
  6.2 网络威胁和网络武力威胁 295
  6.3 网络武装攻击和网络侵略 309
  6.4 关于反战争法和网络行动的小结 324

7. 解除或减轻非法网络行动不法性的情形 325
  7.1 受影响国同意实施的网络行动 327
  7.2 不可抗力 328
  7.3 危难 329
  7.4 危急情况 330
  7.5 关于解除不法性情形的小结 332

8. 网络行动与审慎原则 333
  8.1 防止国家网络基础设施被利用的义务是绝对的吗 338
  8.2 无须损害门槛 343
  8.3 一国采取措施终止利用其基础设施实施不法网络行动的义务 345
  8.4 迈向防止网络行动造成潜在重大跨境损害的责任 348
  8.5 迈向零日漏洞披露义务 350
  8.6 关于网络审慎义务的小结 352

 本编结论 354

第三编 针对国家支持的网络行动的救济措施　355

9. 国家责任和国际不法网络行动的后果　358
- 9.1 停止的义务　359
- 9.2 关于不重复的承诺和保证　365
- 9.3 承担赔偿责任的义务　368
- 9.4 共同责任　390
- 9.5 关于国家责任和国际不法网络行动后果的小结　394

10. 针对国家支持的网络行动的自助措施　396
- 10.1 反报　397
- 10.2 反措施　405
- 10.3 自卫　431
- 10.4 针对国家支持下的网络行动的自助措施的小结　455

本编结论　458

结　论　459

译后记　466

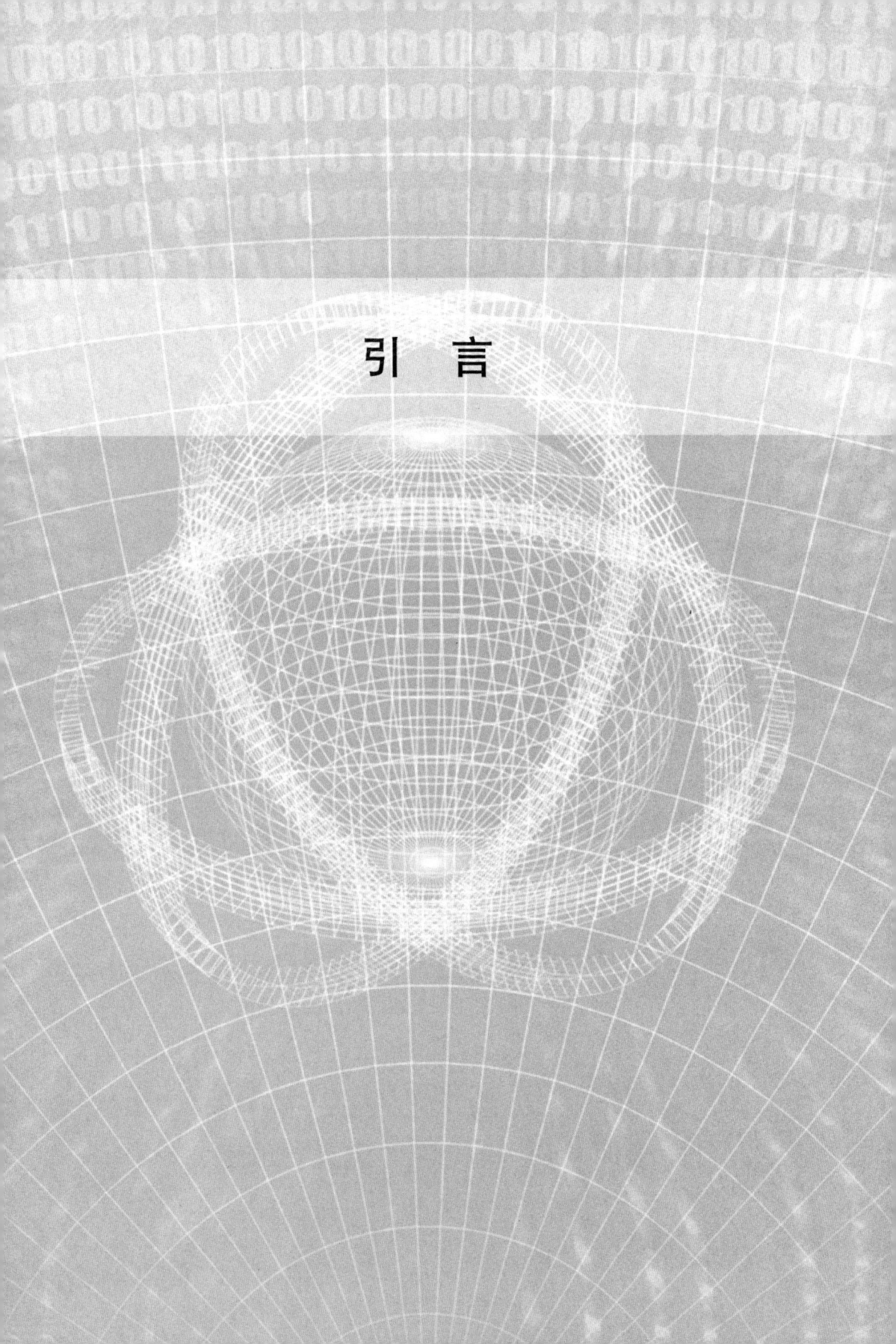

引 言

1.网络空间中国际法重要吗

众所周知,国际法在现实世界中发挥着重要作用。但在网络世界中,国际法是否同样如此重要?其重要性又如何体现?这是一个悬而未决的问题。网络空间中国际法重要吗?国际法,特别是《联合国宪章》,是国际关系的支柱,在维护国际和平与安全上发挥着至关重要的作用。然而,如果发生大规模的网络行动,导致诸如干预选举进程、关闭数以千计公民的电力供应系统或损坏一国领土内工业设施等后果时,一国是否会选择在国际法框架之内进行应对?近年来,一些国家将网络行动归因于他国,有时还将其定性为不法行为,但这些国家既没有详细说明相关网络行动违反了哪些国际法规范,也没有使用国际法框架以应对这些行为。这是否意味着国际法框架不适合应对互联网以及信息和通信技术(information and communication technology,简称 ICT)指数级发展所导致的相关威胁?抑或是因为各国尚不清楚如何将国际法适用于网络空间?通过深入分析国际法规范如何适用于网络行动,本书尝试解决这些问题。

国际法在网络空间和网络行动中的可适用性向来存在争议。网络空间是否构成了一个新的"荒野西部",在这里,现存国际法规范——如果说不是国际法本身的话——将不会适用于,也不会规制这个"空间"中产生的活动?晚近的学术文献和国家实践对此作出了肯定性确认:国际法适用于网络空间和网络行动。值得注意的是,联合国政府间专家组(UNGGE)在 2013 年[1]和 2015 年[2]《关于国际安全背景下信息和电信领

---

[1] UNGA, 'Report of the Group of Governmental Experts on Developments in the Field of Information and Telecommunications in the Context of International Security' (24 June 2013) UN Doc A/68/98, para 19.

[2] UNGA, 'Report of the Group of Governmental Experts on Developments in the Field of Information and Telecommunications in the Context of International Security' (22 July 2015) UN Doc A/70/174, para 24.

域发展的协商一致报告》中认可了这一观点,一些国家在呈联合国秘书长的材料③及其相关网络防御和网络安全国家战略中也确认了此立场。④因此,现在问题变成了确定国际法规范对网络空间和网络行动如何具体解释与适用。然而,这并不意味着适用国际法规范是一项容易的任务,相反,它面临着如何解释和应用若干国际法规范的重要问题。对此主要存在两个挑战:其一,鉴于网络空间的独特性,将国际法解释并适用于网络行动可能需要一定程度的调适。其二,以国家为主的国际法主体可能对国际法的某些具体规范存在不同——有时是相互分歧——的解释。

国际法通常被视为确保网络空间和平与稳定的"圣杯"。例如,2018年时任法国总统马克龙在互联网治理论坛(Internet Governance Forum,

---

③ UNGA, 'Report of the Secretary-General on Developments in the Field of Information and Telecommunications in the Context of International Security (Addendum)' (9 September 2013) UN Doc A/68/156/Add.1; UNGA, 'Report of the Secretary-General on Developments in the Field of Information and Telecommunications in the Context of International Security' (30 June 2014) UN Doc A/69/112; UNGA, 'Report of the Secretary-General on Developments in the Field of Information and Telecommunications in the Context of International Security (Addendum)' (18 September 2014) UN Doc A/69/112/Add.1.

④ See, for instance: Australia, 'Australia's Cyber Security Strategy: Enabling Innovation, Growth & Prosperity' (Department of Home Affairs 2016) 7, 28, 40-41 https://cybersecuritystrategy.pmc.gov.au/assets/img/PMC-Cyber-Strategy.pdf; France (SGDSN), 'Stratégie nationale de la Cyberdéfense [Revue stratégique de cyberdéfense]' [Secrétariat général de la défense et de la sécurité nationale (SGDSN) and Economica 2018] 82, 85 and 87 www.sgdsn.gouv.fr/evenement/revue-strategique-de-cyberdefense/; France, 'International Law Applied to Operations in Cyberspace [Droit international appliqué aux opérations dans le cyberespace]' (ministère des Armées 2019) https://www.defense.gouv.fr/content/download/567648/9770527/file/international+law+applied+to+operations+in+cyberspace.pdf; The Netherlands, 'Letter of 5 July 2019 from the Minister of Foreign Affairs to the President of the House of Representatives on the international legal order in cyberspace' and 'Appendix: International Law in Cyberspace' (Ministry of Foreign Affairs 2019) https://www.government.nl/ministries/ministry-of-foreignaffairs/documents/parliamentary-documents/2019/09/26/letter-to-the-parliament-on-the-international-legal-order-in-cyberspace; Russian Federation, 'Doctrine of Information Security of the Russian Federation' (2016) para 34 www.mid.ru/en/foreign_policy/official_documents/-/asset_publisher/CptICkB6BZ29/content/id/2563163; United Kingdom, 'National Cyber Security Strategy' (2016) 63 www.gov.uk/government/publications/national-cyber-security-strategy-2016-to-2021.

简称 IGF)上发起的《网络空间信任与安全巴黎倡议》,⑤2018 年秋季联合国大会通过的关于《国际安全背景下信息和电信领域的发展》的两项决议,⑥2018 年 11 月 7 日由全球网络空间稳定委员会(Global Commission on the Stability of Cyberspace,简称 GCSC)通过的规范,⑦以及微软发起的"立即实现数字和平"(Digital Peace Now)运动⑧——这些文件或进程有一个共同点:除谈及国际层面上网络安全倡议和进程的多样性外,它们普遍认可,国际法是保持网络空间稳定性的关键支柱之一。

应当区分国际法的适宜性问题和国际法在网络空间的可适用性及如何适用问题。通过剖析国际法在网络行动中如何适用,本书试图讨论国际法是否适合维护网络空间和平与稳定,乃至是否可以作为应对网络空间治理挑战的"万能药方"。

本引言章分为四节:第一节剖析国际法对网络空间的可适用性问题,并介绍其适用所面临的挑战(1.1);第二节详述本书的讨论范围(1.2);第三节交代本书对网络行动与国际法的学术贡献(1.3);第四节介绍本书各章的主要内容(1.4)。

1.1 网络空间国际法:国际法的新挑战?

在详细介绍本书的范围、贡献和内容之前,需要着重反思网络空间国际法——也即适用于网络空间的国际法规范——的发展。

---

⑤ France,'Paris Call for Trust and Security in Cyberspace' (2018) www.diplomatie. gouv. fr/en/french-foreign-policy/digital-diplomacy/france-and-cyber-security/article/cybersecurityparis-call-of-12-november-2018-for-trust-and-security-in. A dedicated website was launched at the one year anniversary of the 'Paris Call':https://pariscall.international/.

⑥ 《国际安全背景下信息和电信领域的发展》,联合国大会第 73/27 号决议,(11 December 2018) UN Doc A/RES/73/27;《国际安全背景下推进网络空间负责任国家行为》,联合国大会第 73/266 号决议,(2 January 2019)

⑦ GCSC,'Norm Package Singapore' (Global Commission on the Stability of Cyberspace 2018) https://cyberstability. org/wp-content/uploads/2018/11/GCSC-Singapore-NormPackage-3MB.pdf;see also the final report of the GCSC:'Advancing Cyberstability' (Global Commission on the Stability of Cyberspace 2019) https://cyberstability.org/wp-content/uploads/2019/11/Digital-GCSC-Final-Report-Nov-2019_LowRes.pdf.

⑧ Microsoft,'Digital Peace Now' (2018) https://digitalpeace.microsoft.com.

晚近，国际法规范以及广义上的国际法律秩序持续受到质疑和挑战，网络威胁也正是诞生于这一背景之下。冷战结束以来，国际法曾经历一段时期的发展，其后便日益受到国家和其他行为体的挑战。[9] 作为这方面的例证，近来越来越多的国家在《联合国宪章》规定情形之外使用武力。晚近实践表明，给国际法带来影响的挑战日益增多，如乌克兰冲突、叙利亚冲突、特朗普任总统时期美国对国际法的轻视态度，[10]以及越来越多的针对国际刑事法院的批评等。[11]

除了这些一般性挑战之外，诸如技术发展等新现实和新障碍也给国际法具体规范的适用带来挑战。正如海克·克里格（Heike Krieger）教授和格奥尔格·诺尔特（Georg Nolte）教授所指出的，网络空间的发展可能会给国际法带来新的挑战。[12] 此观察结果可进一步延伸，更具体地说，本书认为国际法规范与网络空间发展之间的关系应从以下三点展开分析：首先，近年来对国际法的质疑将导致国际法规范如何使用以及将如何被适用均存在一定程度的不确定性；其次，网络空间和网络行动的发展对国际法规范构成挑战，而这些国际法规范在内容和适用层面本身已经面临

---

[9] See, generally: Heike Krieger and Georg Nolte, The International Rule of Law—Rise or Decline? Points of Departure (KFG Working Paper Series No 1 2016); Alison Pert, 'International Law in a Post-Post-Cold War World—Can It Survive?' (2017) 4 *Asia & the Pacific Policy Studies* 362. 例如，关于该问题的讨论也可参见 EJIL: Talk! Contributing Editors' Debate: Andreas Zimmermann, 'Times Are Changing—and What about the International Rule of Law Then?' (EJIL: Talk!, 5 March 2018) www.ejiltalk.org/times-are-changing-and-what-about-the-international-rule-of-law-then/; Monica Hakimi, 'International Law in "Turbulent Times"' (EJIL: Talk!, 6 March 2018) www.ejiltalk.org/international-law-in-turbulent-times-part-i/; Christian Tams, 'Decline and Crisis: A Plea for Better Metaphors and Criteria' (EJIL: Talk!, 7 March 2018) www.ejiltalk.org/decline-and-crisis-a-plea-for-better-metaphors-and-criteria/; Lorna McGregor, 'The Thickening of the International Rule of Law in "Turbulent" Times' (EJIL: Talk!, 8 March 2018) www.ejiltalk.org/the-thickening-of-the-international-rule-of-law-in-turbulent-times/.

[10] Harold Hongju Koh, 'The Trump Administration and International Law' (2017) 56 *Washburn Law Journal* 413; Clare Frances Moran, 'Crystallising the International Rule of Law: Trump's Accidental Contribution to International Law' (2017) 56 *Washburn Law Journal* 491; Jack Goldsmith, 'The Trump Onslaught on International Law and Institutions' (Lawfare, 17 March 2017) www.lawfareblog.com/trump-onslaught-international-law-and-institutions.

[11] Zimmermann (n 9).

[12] Krieger and Nolte (n 9) 12.

一定程度的不确定性和争议;最后,将国际法规范适用于网络空间和网络行动存在双重挑战,这既体现在各国难以就此问题进行讨论并达成一致,也反映在相关学术文献的争论中。

对此,UNGGE 的相关工作⑬特别具有说明性,其中最突出的是国家在规范制定过程中支持不同的立场,而且在国家行为约束和信任措施构建方面,国家对无约束力的规范尤为青睐。在这种复杂背景之下,历届 UNGGE 仍设法促成共识并编写报告,其中 2013 年和 2015 年的报告尤其重要,因为这两份报告均承认国际法和《联合国宪章》可适用于网络空间。⑭ 然而,2017 年 6 月,第五届 UNGGE 未能就其最终报告达成共识。一些国家质疑是否所有的国际法分支(例如武装冲突法)均可适用于网络空间,对于自卫权和反措施等相关规定的立场国家之间也存在分歧。这对国际法构成了特别挑战,因为适用于网络空间的国际法规范存在地缘对立和碎片化的风险。

本书通过分析现有国际法规范在网络行动中的适用及局限性,一方面希望细致研究国际法是如何受到挑战的,另一方面希望准确探究国际法是如何以及在多大程度上演变的。在探讨国际法规范适用于国家在网络空间中的行为之前,有必要分析国际法对网络空间的可适用性问题。

1.1.1 国际法可适用于网络空间和网络行动

面对日趋严重的网络威胁,我们要回答的第一个问题是国际法是否可适用于网络空间和网络行动。只有解决了这一问题,我们才能进一步追问国际法具体规范在网络空间和网络行动中的实际适用。

从这个意义上说,人类创造网络空间,可以类比 20 世纪初期征服空气空间、20 世纪中期征服外层空间的情形。每当人类活动扩展到一个新

---

⑬ 联合国大会于 2004 年任命了第一个联合国信息和电信领域国际安全发展政府间专家组(联合国大会第 58/32 号决议),但未能通过一份协商一致的报告。随后,2009 年(联合国大会第 60/45 号决议)、2012 年(联合国大会第 66/24 号决议)和 2014 年(联合国大会第 68/243 号决议)任命的联合国政府间专家组取得了成功,分别于 2010 年(UN Doc A/65/201)、2013 年(UN Doc A/68/98)和 2015 年(UN Doc A/70/174)通过了协商一致的报告。联合国大会于 2016 年任命了第五届联合国政府间专家组(联合国大会第 70/237 号决议),但未能在 2017 年 6 月通过最终协商一致的报告。

⑭ UN Doc A/68/98 8,para 19;UN Doc A/70/174 12,para 24 et seq.

的领域时,都会出现相同的问题:国际法是否可以适用以及如何适用?

本小节首先表明,就国际法而言,与陆地、空气空间、海洋和外层空间相反,网络空间不构成新的领土、区域或领域;其次,没有证据表明国际法不能适用于网络空间。本小节由三部分组成:前两部分专门讨论国际航空法(1.1.1.1)和国际空间法(1.1.1.2)。如此展开的原因在于,当我们考虑是否应该通过一项专门针对网络空间和网络行动的新条约时,[15]经常将其与海洋法、国际航空法和国际空间法的发展进行比较。其中被反复提及的是,我们需要一个专门针对网络的条约,类似于《联合国海洋法公约》《国际民用航空公约》《外层空间条约》。据此,本小节首先介绍国际航空法和国际空间法的发展,然后在第三部分说明为什么网络空间不同于空气空间和外层空间,以及这种不同如何影响国际法的可适用性和国际法新规范的制定(1.1.1.3)。

1.1.1.1　国际航空法

1783年11月21日,巴黎进行了首次载人热气球飞行实验。其后对热气球的使用在19世纪不断发展。1903年12月17日,奥维尔·莱特(Orville Wright)和威尔伯·莱特(Wilbur Wright)完成了第一架重于空气的航空器的受控持续飞行。在19世纪末和20世纪初,尤其是在第一次世界大战期间,航空器发展迅速,数量也成倍增长,跨境飞行日趋增多。这种现象引发了社会关注。

围绕空气空间的地位以及该空间内的人类活动等议题,国际法学界展开了激烈辩论。在一篇关于国际航空法历史的文章中,彼得·桑德(Peter H Sand)、豪尔赫·弗雷塔斯(Jorge de Sousa Freitas)和杰弗里·普拉特(Geoffrey N Pratt)将国际航空法领域的国际公法学家分为四派:

---

[15]　See, for instance: John Markoff and Andrew E Kramer, 'U.S. and Russia Differ on a Treaty for Cyberspace', *The New York Times* (27 June 2009) www.nytimes.com/2009/06/28/world/28cyber.html; Louise Arimatsu, 'A Treaty for Governing Cyber-Weapons: Potential Benefits and Practical Limitations' in Christian Czosseck, Rain Ottis and Katharina Ziolkowski (eds), *Proceedings of the 4th International Conference on Cyber Conflict* (2012); Ido Kilovaty and Itamar Mann, 'Towards a Cyber-Security Treaty' (Just Security, 3 August 2016) www.justsecurity.org/32268/cyber-security-treaty/; Mette Eilstrup-Sangiovanni, 'Why the World Needs an International Cyberwar Convention' (2018) 31 *Philosophy & Technology* 379.

赞成空中航行绝对自由派、赞成国家对空气空间绝对主权派、接受对主权的垂直限制派，以及接受国际法的功能限制派。⑯尽管人们也通过多边会议和公约对此问题作出了各种努力，但国际航空法主要是通过双边协定发展起来的。⑰

直到1919年通过的《关于管制空中航行的巴黎公约》，⑱将国家主权扩展到空气空间的问题才得到解决。其第1条规定：

> 缔约国承认，每个国家对其领土上的空气空间拥有完全的和排他的主权。
>
> 就本公约而言，一国领土应理解为包括母国和殖民地的国家领土以及与其相邻的领水。

该条规定系对第一次世界大战之前存在的国家实践的法律编纂。⑲此公约解决了空气空间的国家主权问题，并确立了作为国际航空法基础的各项原则。它为今后就此事项通过的国际法律文件以及更一般性地为国际航空法的发展奠定了基础。

1.1.1.2 国际空间法

人类在空气空间的活动表明，人类要征服下一个前沿领域——外层空间，也只是时间问题。因此，早在1957年10月4日苏联发射第一颗人造卫星"斯普特尼克一号"（Sputnik 1）之前几十年，各国代表和学者就开始思考外层空间的法律制度以及可能在那里产生的人类活动。相关问题除了外层空间的法律地位之外，还涉及天体的法律地位，以及这些天体是否可以由国家占有等。正如彼得·扬科维奇（Peter Jankowitsch）所强调的："建立这样一个新国际法分支的最强大动力实际来自地缘政治考虑，

---

⑯ Sand, de Sousa Freitas and Pratt, 'An Historical Survey of International Air Law before the Second World War' (1960) 7 *McGill Law Journal/Revue de droit de McGill* 24, 28 (footnotes omitted).

⑰ 同上注，29-31.

⑱ 'Convention Relating to the Regulation of Aerial Navigation, Signed at Paris on 13 October 1919, and Its Additional Protocol, Signed at Paris on 1 May 1920' (1922) LNTSer 99；11 LNTS 173.

⑲ Sand, de Sousa Freitas and Pratt (n 16) 32-33.

即在外层空间开辟美苏两个超级大国用以竞争甚至对抗的新领域。"[20]

由此导致联合国大会于1958年12月13日通过第一项有关外层空间的第1348(ⅩⅢ)号决议《和平利用外层空间问题》,[21]并设立了和平利用外层空间特别委员会(COPUOS)。这一特别委员会随着1959年第1472(ⅩⅣ)号决议的通过而常态化。[22] 1958年决议之后,联合国又通过了几项关于外层空间问题的决议,其中《各国探索和利用外层空间活动的法律原则宣言》的第1962(ⅩⅧ)号决议[23]是这一进程中的重要里程碑。它奠定了国际空间法的基础,标志着1967年第一个外层空间多边条约诞生之路的起点。

被视为国际空间条约法开创性文本的《关于各国探索和利用包括月球和其他天体在内外层空间活动的原则条约》(简称《外层空间条约》),[24]作为1966年第2222(ⅩⅪ)号决议的附件获得通过。该条约随后于1967年1月同时在伦敦、莫斯科和纽约开放供签署,1967年10月10日条约生效。[25]《外层空间条约》及其后的《指导各国在月球和其他天体上活动的协定》(简称《月球协定》)规定,[26]外层空间和天体均不得"被国家以主权为由通过使用、占领或其他任何方式所占有"。[27]

毫无疑问,国际法可适用于空气空间和外层空间,以及在这些空间内

---

[20] Peter Jankowitsch, 'The Background and History of Space Law' in Frans von der Dunk, *Handbook of Space Law* (Elgar 2015) 2.

[21] 'Question of the Peaceful Use of Outer Space', UNGA Resolution 1348(ⅩⅢ) (13 December 1958) (adopted without vote).

[22] 'International Co-operation in the Peaceful Uses of Outer Space', UNGA Resolution 1472 (ⅩⅣ) (12 December 1959) (adopted without vote).

[23] 'Declaration of Legal Principles Governing the Activities of States in the Exploration and Uses of Outer Space', UNGA Resolution 1962(ⅩⅧ) (13 December 1963) (adopted without vote).

[24] Treaty on Principles Governing the Activities of States in the Exploration and Use of Outer Space, including the Moon and Other Celestial Bodies, UNGA Resolution 2222(XXI) (19 December 1966) (adopted without vote).

[25] 同上注,18 UST 2410,610 UNTS 205,6 ILM 386 (1967).

[26] Agreement Governing the Activities of States on the Moon and Other Celestial Bodies (adopted by the General Assembly in its Resolution RES 34/68 of 5 December 1979 without vote, and entered into force on 11 July 1984) 1363 UNTS 21,18 ILM 1434 (1979),18 UST 2410.

[27] 《外层空间条约》第2条,《月球协定》第11条。

发生的人类活动。对国际航空法和国际空间法发展史的简要回顾表明，空气空间和外层空间的国际法可适用性问题是如何被缓慢解决并进而形成广泛共识的——这项工作的首要目标是识别特定领域专门制度的主要特征，而这通常被视为可以为网络空间国际法提供参照。下一节将分析网络空间的主要特征，并讨论借鉴国际航空法和国际空间法的模式是否有助于网络空间国际法的制定。

1.1.1.3 网络空间国际法

国际法对网络空间的可适用性问题基于以下假设：网络空间类似于陆地、空气空间、海洋和外层空间，是人类活动的新领域。本节表明，这一假设无关紧要，因为网络空间并不构成一个新的法律领域（A），亦不存在阻碍国际法适用于网络空间和网络行动的事由（B）。

A. 网络空间不是一个新的法律领域

网络空间并非由计算机科学家或工程师创造的技术术语。它最早出现在科幻文学中。㉘ 威廉·吉布森被认为是最早使用和普及"网络空间"一词的作家之一。㉙ 1982 年 7 月，他在 *Omni* 杂志上发表了一篇短篇小说《燃烧的铬》（*Burning Chrome*），首次使用了"网络空间"一词。㉚ 而在 1984 年的小说《神经漫游者》（*Neuromancer*）中，吉布森这样描述"网络空间"的概念：

> 每天都在共同感受这个幻觉空间的合法操作者遍及全球，包括正在学习数学概念的儿童……它是人类系统全部电脑数据抽象集合之后产生的图形表现，有着人类无法想象的复杂度。它是排列在无限思维空间中的光线，是密集丛生的数据，如同万家灯火，正在退却。㉛

㉘　Jeff Prucher（ed），'Cyberspace', *The Oxford Dictionary of Science Fiction* (OUP 2006).

㉙　See, for instance, Scott Thill, 'March 17, 1948: William Gibson, Father of Cyberspace', WIRED (17 March 2009) http://archive.wired.com/science/discoveries/news/2009/03/dayintech_0317.

㉚　William Gibson, 'Burning Chrome', *Omni* (July 1982) 72.

㉛　同上注，Neuromancer (Ace Books 1984) 69.

起初,"网络空间"并没有明确的"语义"。㉜ 然而,"网络空间"一词逐渐从科幻小说领域迁移到其他领域,并日益引起重视。例如,围绕网络空间是否与陆地、海洋、空气空间和外层空间一道构成军事活动的第五领域这一问题,人们的辩论延续至今。㉝ 同样饱受争议的是,网络空间是否构成"全球公域"㉞——网络空间是否同南极洲、公海或外层空间一样,位于任何国家主权之外,被视为属于人类共同财产的领域或地区。㉟

这些辩论引出一个疑问:网络空间是战争活动的第五个领域吗?这一说法值得商榷,㊱本书持否定意见,原因如下。其一,网络空间并不是一个我们可以"上传"人类和人类活动的真正的环境或领域。因此,与陆地、海洋、空气空间和外层空间这四个领域相比,我们不能"物理进入"网络空间。即便在没有特定准备或正确设备的情况下进入海底或太空可能会产生致命的后果,人类及其活动仍然可以部署在这四个领域,并在这些

㉜ 2000 年,吉布森就该词的起源进行了评论,在一部关于其作品的纪录片中,他批评道:"当我创造'网络空间'这个词时,我所知道的只是它似乎是一个有效的流行语。这个词看起来很有启发性,但实际上毫无意义。即便对我而言,正如书中所看到的那样,网络空间暗示了一些东西,但它没有真正的语义。" See Mark Neale, *No Maps for These Territories* (Docurama 2000).

㉝ 'Cyberwar: War in the Fifth Domain', The Economist (1 July 2010) www.economist.com/node/16478792; see also: Christy Marx, *Battlefield Command Systems of the Future* (The Rosen Publishing Group 2005) 14; Yaroslav Radziwill, *Cyber-Attacks and the Exploitable Imperfection of International Law* (Brill & Martinus Nijhoff Publishers 2015) 13.

㉞ Jean-Jacques Lavenue, 'Cyberespace et Droit International: Pour Un Nouveau Jus Communicationis'(1996) Revue de la Recherche Juridique: Droit prospectif http://droit.univlille2.fr/fileadmin/user_upload/enseignants/lavenue/cyberart.pdf, Part II(B); Joanna Kulesza, *International Internet Law* (Routledge 2012) 145-146; Scott J Shackelford, *Managing Cyber Attacks in International Law, Business, and Relations: In Search of Cyber Peace* (CUP 2014) 57 et seq; Radziwill (n 33) 92-95; Nicholas Tsagourias, 'The Legal Status of Cyberspace' in Nicholas Tsagourias and Russell Buchan (eds), *Research Handbook on International Law and Cyberspace* (Edward Elgar Publishing 2015) 28; 'IEG of the Global Commons' (UNEP, 2016).

㉟ See, generally, Mark Barrett et al, 'Assured Access to the Global Commons: Maritime, Air, Space, and Cyber' (NATO, 2011) www.act.nato.int/globalcommons.

㊱ Thomas Rid, *Cyber War Will Not Take Place* (OUP 2013) 165-166. See also Patrick D Allen and Denis P Gilbert, Jr, 'The Information Sphere Domain—Increasing Understanding and Cooperation' in Christian Czosseck and Kenneth Geers (eds), *The Virtual Battlefield: Perspectives on Cyber Warfare* (IOS Press 2009) 132-142.

领域之间来回穿梭。例如,位于海底的潜艇可能会发射导弹,瞄准陆地、海洋、空气空间或外层空间中的目标。相反,不可能从潜艇直接发射导弹瞄准网络空间中的物体。唯一可能影响网络空间的方式是将发挥网络空间载体功能的计算机作为打击目标,但这与网络空间不存在直接关联。其二,与其说网络空间是一个单独的领域,毋宁说它是一种可以影响其他四个领域中物体的手段。㊲ 陆地、海洋、空气空间和外层空间各不相同,尽管空气空间和外层空间之间的边界不甚明确,我们无法准确界定空气何时消失于空间,但我们仍然可以清楚地识别这四个领域之间的边界。相反,网络空间并非一个领域,而是可以部署在所有四个领域之中;它是在陆地、海洋、空气空间和外层空间进行人类活动和战争的一种手段。例如,在公海船只上发起的网络行动有可能通过卫星通信传输,从而穿越外层空间和空气空间,并可能以四个领域中的任一物体为行动目标。由此,网络空间并不等于一个领域或环境,更不应被视为战争的第五领域。然而,无法否认的是,尽管明显缺乏技术上的准确性,在某些情况下将网络空间称为一个新领域可能是有帮助的,特别是便于军队描述其网络活动。

　　无论是否连接到互联网,网络空间都只是一个由互联网以及其他计算机和电信网络组成的理论环境或领域。㊳ 网络行动不仅指在互联网上进行的活动,还包括使用计算机网络的任何行动。互联网只是众多计算机网络中的一个。然而,互联网对网络行动至关重要:计算机通过网络互相连接,而互联网则连接各个网络,让这些网络以及相互连接的任何计算

㊲ 有观点认为,网络空间是一个相互连接其他四个领域的横断性的领域,Daniel Ventre, *Cyberespace et acteurs du cyberconflit* (Lavoisier & Hermes 2011) 87-88;Laura Baudin, *Les cyber-attaques dans les conflits armés : qualification juridique, imputabilité et moyens de réponse envisagés en droit international humanitaire* (L'Harmattan 2014) 22.

㊳ See, for instance, the definition of cyberspace in the DOD Dictionary of Military and Associated Terms (US Department of Defense 2015) www.jcs.mil/Portals/36/Documents/Doctrine/pubs/dictionary.pdf (信息环境中的一个全球域,由相互依存的信息技术基础设施和常驻数据网络组成,包括互联网、电信网络、计算机系统、嵌入式处理器和控制器)。See also Rosenne Shabtai, 'The Perplexities of Modern International Law:General Course on Public International Law' (2001) 291 *RCADI* 1,348-349.

机之间能够相互通信。㊴通过一台连接到互联网特定网络的计算机,行为人可以对连接到互联网另一网络的计算机发起网络行动,这种行动甚至可以从非常遥远的位置发起。

总之,就国际法而言,网络空间并非人类活动的新领域或新区域。因此,必须将网络空间与空气空间、外层空间区分开来。事实上,网络活动发生在陆地、海洋、空气空间和外层空间四个领域,因此受到与这些领域有关的国际法规范的规制。由于网络空间只是一个虚构的领域,似乎没有必要质疑国际法在网络空间中的可适用性问题。因此,将特定领域的专门制度(例如海洋法、空气空间法和外层空间法)作为发展网络空间国际法的可能参照也未必有所助益。

B. 国际法适用于网络活动没有任何障碍

前文述及,就国际法而言,网络空间并不构成一个新领域或新区域。网络活动发生在陆地、海洋、空气空间和外层空间四个领域的数字维度,因此,没有必要质疑国际法对网络空间的可适用性。

然而,国际法是否可适用于网络行动以及广义上的网络活动的问题仍然存在。本书主张对这个问题进行反向思考,即是否有何事由可以阻止国际法适用于网络活动?

绝大多数国际法规范,无论是条约法还是习惯国际法,都是在计算机发明之前制定的。事实上,与网络行动有关的大多数法律问题取决于1945年通过的《联合国宪章》、1949年《日内瓦公约》及其附加议定书中所载明的规范。最重要的是,取决于联合国国际法委员会编纂的《国家对国际不法行为的责任》这一习惯国际法中所载明的规范。这些规范不仅适用于其被通过或编纂时已经存在的各种形式的国家活动,而且适用于一般意义上的国家活动。基于这些原因,一般国际法似乎可以毫无疑问地适用于网络活动。

国际法可适用于网络活动这一观点已得到学术文献和国家实践的证实。然而,将国际法规范适用于网络活动并非易事,如何解释和适用相关国际法规范仍是有待探讨的重要问题。

㊴ Andrew S Tanenbaum and David J Wetherall, *Computer Networks* (5th edn, Prentice Hall 2012) 28-29;David Clark,Thomas Berson and Herbert S Lin (eds),*At the Nexus of Cybersecurity and Public Policy:Some Basic Concepts and Issues* (National Academies Press 2014) 21.

1.1.2 国际法的一般性挑战:国际合法性与稳定性的危机

一般而言,国际法的普遍适用受到若干挑战,本小节旨在分析其中的五大挑战:第一,2016—2017年第五届UNGGE的失败及其对国际法适用的影响(1.1.2.1);第二,UNGGE磋商的失败有可能阻碍全球层面的多边商谈,导致国际法的碎片化(1.1.2.2);第三,非国家行为体在立法过程中发挥越来越大的作用(1.1.2.3);第四,各国更加青睐软法而非硬法,这导致无约束力的国家行为规范和信任构建措施的采纳(1.1.2.4);第五,关于是否有可能通过一项适用于网络行动的新条约的辩论(1.1.2.5)。

1.1.2.1 第五届UNGGE的失败

1998年以来,联合国大会从国际安全角度讨论了信息和电信领域的发展,并于1999年1月4日通过了第53/70号决议,随后针对此议题又通过了若干决议。这些决议的一个重要成果是,分别在2004年、2009年、2012年、2014年和2016年成立了国际安全背景下信息和电信领域的发展的政府间专家组(UNGGE)。2004年参加第一届UNGGE的政府专家未能达成共识,也没有通过任何报告。随后三届UNGGE会议均通过了结论性的共识报告,分别是2010年的联合国文件A/65/201、2013年的联合国文件A/68/98和2015年的联合国文件A/70/174。这些报告已被联合国大会接受。UNGGE第三届会议通过的2013年报告可以视为一个里程碑,因为该报告肯定了国际法特别是《联合国宪章》对网络空间的可适用性。专家组在2015年的报告中重申了这一结论。

2017年6月第五届UNGGE会议以失败而告终,因为参会的政府专家未能就报告草案的第34段达成一致,而该段详细说明了国际法如何适用于各国使用信息和通信技术的活动。本次会议没有通过任何报告,UNGGE的进程因而受阻。⑩ 第五届UNGGE的与会专家未能就国际法

---

⑩ Ann Väljataga,'Back to Square One? The Fifth UN GGE Fails to Submit a Conclusive Report at the UN General Assembly'[The NATO Cooperative Cyber Defence Centre of Excellence (CCDCOE),1 September 2017] www.ccdcoe.org/back-square-one-fifth-ungge-fails-submit-conclusive-report-un-general-assembly.

具体规范的适用达成共识这一事实,有时被解读为一种对国际法可适用于网络行动的普遍质疑。本节将分析 UNGGE 进程受阻的原因及其后果,进而认为,各国并没有对国际法普遍适用于网络行动这一判断提出挑战;相反,此次 UNGGE 未能达成共识清楚地表明,学术界和国际社会就这些问题展开了积极讨论。

2016—2017 年第五届 UNGGE 上,与会专家未能在 2017 年 6 月达成共识,因此没有通过协商一致的报告。[41] 谈判未能解决包括反措施、自卫和国际人道法等的国际法相关问题。据报道,中国、古巴和俄罗斯对报告草案第 34 段提出反对。值得一提的是,国际法和《联合国宪章》在网络空间的可适用性已在 2013 年和 2015 年 UNGGE 协商一致报告中得到承认。[42] 有必要分析第五届 UNGGE 谈判失败的原因,以便准确审查适用于网络行动的国际法。

第五届 UNGGE 由德国联邦外交部国际网络政策协调工作负责人卡斯滕·盖尔(Karsten Geier)主持。[43] 虽然在 2017 年 6 月底特拉维夫的网络周会议(Cyber Week Conference)期间曾爆出一些口头评论报道,[44] 但盖尔和德国政府都没有发表任何官方声明,解释其立场以及 UNGGE

---

[41] Arun M Sukumar, 'The UN GGE Failed. Is International Law in Cyberspace Doomed as Well?', Lawfare (4 July 2017) https://lawfareblog.com/un-gge-failed-international-lawcyberspace-doomed-well; Adam Segal, 'The Development of Cyber Norms at the United Nations Ends in Deadlock. Now What?' (Council on Foreign Relations, 29 June 2017) www.cfr.org/blog/development-cyber-norms-united-nations-ends-deadlock-now-what.

[42] UN Doc A/68/98 8, para 19; UN Doc A/70/174 12, para 24 et seq. 参见前文第 1.1 节"网络空间国际法:国际法的新挑战?"。

[43] 'German Diplomat Selected to Chair UN Group of Experts on Cybersecurity' [Auswärtiges Amt (German Federal Foreign Office), 30 August 2016] www.auswaertiges-amt.de/en/aussenpolitik/themen/160830-vorsitz-expertengruppe-/283006.

[44] Geneva Internet Platform (GIP) and DiploFoundation, 'UN GGE: Quo Vadis?' Geneva Digital Watch Newsletter (30 June 2017) https://dig.watch/DWnewsletter22.

失败的原因。相反,古巴㊺、俄罗斯㊻和美国㊼外交部发布了参加 UNGGE 的各自政府专家的声明,阐释了各方立场。

必须强调的是,尽管古巴和俄罗斯外交部发表声明,拒绝将自卫、反措施和国际人道法适用于网络空间,但两国均重申国际法可以适用于网络空间。古巴派出的政府专家发布的声明特别体现了这一点。该声明首先明确承认国际法的可适用性,指出"信息和电信应是在严格尊重《联合国宪章》和国际法的基础上促进福祉、知识和人类发展的工具,应是促进和平的手段,而非促进战争、使用武力、干涉主义、破坏稳定、单边主义或恐怖主义行动的手段"。此外,该声明解释了古巴政府专家拒绝将自卫、反措施以及武装冲突法适用于网络空间的理由:

> 我必须表示,我们严重关切的是,最终报告草案第 34 段反映了某些人将网络空间变为军事行动战场的意图,将单边惩罚性武力行动合法化,包括那些声称受到非法使用信息和通信技术攻击的受害国对加害国实施制裁,甚至采取军事行动。
>
> 我们认为,草案的表述是不可接受的,这种表述的目的是将恶意使用信息通信技术等同于《宪章》第五十一条规定的"武装攻击",从而将自卫权适用于该情形。
>
> 倘若此种给国际法规范和《联合国宪章》带来的危险再解释成为

㊺ Cuba, '71 UNGA:Cuba at the Final Session of Group of Governmental Experts on Developments in the Field of Information and Telecommunications in the Context of International Security'(Representaciones Diplomáticas de Cuba en El Exterior, 23 June 2017) misiones. minrex. gob. cu/en/un/statements/71-unga-cuba-final-session-group-governmental-experts-developments-field-information.

㊻ Andrey Krutskikh, 'Response of the Special Representative of the President of the Russian Federation for International Cooperation on Information Security Andrey Krutskikh to TASS' Question Concerning the State of International Dialogue in This Sphere'(俄罗斯联邦总统信息安全领域国际合作问题特别代表克鲁茨基回答塔斯社关于这一领域国际对话现状的问题)(The Ministry of Foreign Affairs of the Russian Federation, 29 June 2017) www. mid. ru/en/foreign_policy/news/-/asset_publisher/cKNonkJE02Bw/content/id/2804288.

㊼ Michele G Markoff, 'Explanation of Position at the Conclusion of the 2016-2017 UN Group of Governmental Experts (GGE) on Developments in the Field of Information and Telecommunications in the Context of International Security'(US Department of State, 23 June 2017) www.state.gov/s/cyberissues/releasesandremarks/272175.htm.

先例,将对《联合国宪章》所确立的集体安全与维和框架造成致命打击。"丛林法则"不得强制推行,因为在丛林法则中,最强大国家的利益总是占上风,而最弱小国家的利益则会受损。

报告草案还提到国际人道法原则在信息和通信技术方面的假定适用性。我们无法接受这种观点,因为它会使信息和通信技术场景中的战争和军事行动合法化。⁴⁸

对第五届 UNGGE 未能达成共识通过报告的情况进行分析时,有人认为古巴和俄罗斯等国家改变了此前的态度,不再认可国际法可适用于网络空间和网络行动。然而,这些国家的态度似乎并没有改变。相反,对国际法具体规范的可适用性和如何适用问题提出质疑,这显然意味着它们认为国际法是可适用的。俄罗斯和古巴等一些国家呼吁就这些问题通过一项具有国际约束力的法律文书,这进一步佐证了以上判断。⁴⁹ 同样,2017 年 9 月 4 日金砖国家(BRICS)⁵⁰首脑会议发布的《金砖国家领导人厦门宣言》清楚地表明,包括中国和俄罗斯在内的金砖国家对这些问题的高度重视:

> 我们支持联合国在制定各方普遍接受的网络空间负责任国家行为规范方面发挥中心作用,以确保建设和平、安全、开放、合作、稳定、有序、可获得、公平的信息通信技术环境。我们强调《联合国宪章》确立的国际法原则至关重要,特别是国家主权、政治独立、领土完整和国家主权平等、不干涉别国内政、尊重人权和基本自由。我们强调应加强国际合作,打击滥用信息通信技术的恐怖主义和犯罪活动,重申德班宣言、福塔莱萨宣言、乌法宣言和果阿宣言为此提出的建议。正如乌法宣言提及,应在联合国主导下制定国际法律文书以打击使用

㊽ Cuba (n 45).

㊾ Cuba,同上注。俄罗斯在 2011 年提出《国际信息安全公约(草案)》,在此问题上其支持制定国际条约的立场已经被再三确认。'Convention on International Information Security' (The Ministry of Foreign Affairs of the Russian Federation, 22 September 2011) www.mid.ru/foreign_policy/official_documents/-/asset_publisher/CptICkB6BZ29/content/id/191666.

㊿ BRICS 是巴西、俄罗斯、印度、中国和南非五国英文首字母的组合。

信息通信技术的犯罪行为。(51)

在这个意义上，我们可以将这种情况与国际法院对违反国际法规范与这些规范存在与否之关系的论断进行比较。在尼加拉瓜案(the Nicaragua case)中，国际法院表示：

> 如果一个国家以表面上与一个已经承认的规则不相符的方式行事，但是诉诸该规则本身所包含的例外或正当理由来辩护，那么不论该国家的行为事实上是不是能够依其抗辩而合法，这一态度的意义在于确认而非弱化该规则。(52)

就第五届 UNGGE 而言，持相反立场的国家并非违反国际法规范，而是对这些规范的适用方式提出挑战。与国际法院揭示的情况类似，由于质疑规则的可适用性，这些国家的反对可能被视为弱化规则的一个例证。然而，从国际法院法官的意见来看，与美国对第五届 UNGGE 的失败表明的立场不同的是，本书认为，部分国家对第 34 段的反对不应解读为对相关规范的削弱。相反，这些国家的反对以及古巴和俄罗斯与会专家的声明均表明，这些国家坚持认为国际法规范存在于网络空间。事实上，这些国家的立场主要是希望有更多的时间来确定这些规范如何适用以及发展相关的国家实践，然后再进一步将其对网络活动的解释写入法律。尽管在 UNGGE 进程的过往成功的背景下，这些反对立场令人沮丧，然而，也不应以过于消极的方式来看待这些立场——它们恰恰显示了关于国际法适用于网络活动的解释过程富有活力。

虽然第五届 UNGGE 没有达成共识，但它并非一次彻底失败的会议。相反，本次会议清楚展现了关于这些问题的国际辩论的活力。暂时受阻和失败是制定和通过国际法规范的正常谈判进程的一部分。通过将它们的讨论和谈判置于 UNGGE 框架下，各国清楚表明其承认国际法可适用于网络行为。

---

(51) ‘BRICS Leaders Xiamen Declaration’ (2017 BRICS Summit, 5 September 2017) www.bricschn.org/English/2017-09/05/c_136583711_2. htm, para 56.

(52) Military and Paramilitary Activities in and against Nicaragua (Nicaragua v. United States of America) (Merits) (1986) ICJ Reports 14, 98, para 186.

1.1.2.2　从志同道合国家间的讨论到国际法的碎片化

第五届 UNGGE 的失败表明,各国在国际法规范适用方面的态度并不相同。尽管只有少数国家参与这一进程并派出了政府专家,UNGGE 仍然是联合国层级的一个全球性论坛。2017 年 6 月会议失败后,那些愿意推进谈判并且在通过行为规范和建立信任措施方面走得更远的国家,一直呼吁在志同道合的国家之间继续展开讨论。[53] 这种情况显然会导致国际法律秩序碎片化的风险,进而可能对国际法和国际稳定构成挑战。

国际法的碎片化有多种形态,在此可以识别出两种主要类型。[54] 第一,随着国际法领域的扩张,规范的多样化和专门法律制度的发展导致国际法功能的碎片化。[55] 第二,由于适用范围不具有普遍性,国际法规范在适用范围上呈现地理区域上的碎片化。换言之,除了部分普遍适用的国际法规范外,越来越多的规范只适用于部分区域或少数国家。这两种碎片化类型均涉及国际法的实体和程序。

第五届 UNGGE 的失败以及志同道合国家之间可能继续进行的讨论,可能会导致适用于网络行动的国际法在地理区域上碎片化。地理或区域的碎片化(geographical or regional fragmentation)本身并非绝对消极。然而,就我们所讨论的问题而言,反措施、自卫和战时法等相关规范是普遍规范,其中一些还被视为强行法规范。因此,这些规范通常不受地理碎片化的影响。

鉴于小规模的国家集团之间可能存在更多的共同利益,区域和双边性的讨论由此变得非常重要。志同道合的国家之间已经在讨论如何进一步推动规范制定进程,这一讨论主要发生在区域层面。尽管如此,仍有必

---

[53] Alex Grigsby, 'The Year in Review: The Death of the UN GGE Process?' (Council on Foreign Relations, 21 December 2017) www.cfr.org/blog/year-review-death-un-gge-process.

[54] Joost Pauwelyn, 'Fragmentation of International Law', Max Planck Encyclopedia of Public International Law (MPEPIL), https://opil.ouplaw.com/view/10.1093/law:epil/9780199231690/law-9780199231690-e1406 (OUP 2006) paras 1-5.

[55] See, generally, Report of the Study Group on the 'Fragmentation of International Law: Difficulties Arising from the Diversification and Expansion of International Law' [International Law Commission, report on the work of the fifty-eighth session (2006), Chapter XII] 176-184.

要在国际层面建立一个全球性论坛,⁵⁶哪怕是以一种不成熟的方式,避免在解释现有规范和制定软法时的碎片化问题。⁵⁷ 就国际法规范的解释和具体适用而言,国家——特别是观点不同的国家——普遍参与讨论极其重要。事实上,倘若说如今国家间网络行动已成为国际社会日常现象的一部分,那些导致援引如自卫、反措施或战时法等国际法特定规范的大规模网络行动,更可能发生在观点不同的国家之间,而非志同道合的国家之间。例如在美国和俄罗斯之间的网络对抗中,地理碎片化可能导致美俄两国对相关普遍性规范作出不同解释,由此带来一定程度的不确定性,危及国际稳定。因此,有必要通过持续讨论磋商,对网络行为的规范适用作出共通性解释。

2018年秋季,在联合国大会第七十三届会议期间,国际社会似乎向碎片化风险的方向又前进了一步。继第五届 UNGGE 失败之后,大会通过了两项决议:一是《从国际安全的角度来看信息和电信领域的发展》(A/RES/73/27),由中国和俄罗斯等 31 个国家提出,以 119 票赞成、46 票反对、14 票弃权获得通过;二是《国际安全背景下推进网络空间负责任国家行为》(A/RES/73/266),由美国和欧洲国家等 36 个国家提出,以 138 票赞成、12 票反对、16 票弃权获得通过。投票结果表明,实际上成员国中的大部分国家对这两项决议都投了赞成票。

相关决议要求启动新的国际进程以衔接过去的 UNGGE 进程。第 A/RES/73/266 号决议敦请联合国秘书长设立新一届 UNGGE,而第 A/RES/73/27 号决议则采取了一种新的做法,决定召开一个不限成员名额的工作组会议(OEWG)。有趣的是,这两个项目都是在此前 UNGGE 成果的基础上提出的——UNGGE 的 2013 年报告和 2015 年报告均承认,

---

⁵⁶ 在第五届 UNGGE 失败后的几次会议上,特别是在联合国等多边层面,已经开展了广泛讨论,尤其是 2017 年 10 月 11 日作为联合国大会会外活动的联合国裁军研究所(UNIDIR)关于"国际和平与安全背景下的信息和通信技术:当前条件和未来方法"的会议,以及 2017 年 9 月 18 日也作为联合国大会会外活动的关于"私人行为体在加强网络空间稳定和国际安全方面的作用和责任"的法国倡议。

⁵⁷ Michael P Fischerkeller 和 Richard J Harknett 也对网络行为规范的发展表达了类似的观点:"因为规范首先通过行为产生,然后通过国际对话成熟,所以对什么是可接受行为的分歧这一事实表明,全球规范不太可能在短期内被采纳。如果'志同道合'的国家只是重要网络行为体的一小部分,那么全球网络空间负责任行为规范就无法扎根。" Michael P Fischerkeller and Richard J Harknett, 'Deterrence Is Not a Credible Strategy for Cyberspace' (2017) 61 *Orbis* 381, 383.

包括《联合国宪章》在内的国际法可适用于网络空间。第 A/RES/73/266 号决议没有进一步讨论国际法,而第 A/RES/73/27 号决议则增加了国际法方面的一些新进展,并详细介绍了一些国际法适用的原则。

讨论国际法在网络空间适用问题的两个平行进程由两个不同国家集团发起,而这两个国家集团在某些国际法规范的具体适用上抱有不同态度,这一现象是造成乃至加剧前述地理碎片化风险的部分原因。

1.1.2.3 非国家行为体在国际造法和国际规范创制进程中日渐重要的作用

国家是国际社会的主要成员,也是传统的国际法主体。威斯特伐利亚的和平创立了当前的国际法律体系。在这个体系中,国家既是法律制定者,也是法律承受者,正如马思·诺特曼(Math Noortmann)和塞德里克·林加特(Cedric Ryngeart)所完美总结的那样:

> 法律制定者、法律决定和执行者以及法律承受者之间的区别一般被视为一种形式上的区别,这完全取决于所涉法律体系的宪法特征。一般来说,法律承受者的数量是远远超过法律制定者的,但国际法律体系一直是个例外:各国既是唯一的法律制定者,同时也是法律承受者,数量比例精准维持在 1∶1。[58]

然而,国家已经不再是国际法的唯一主体。因为通过国际法,国家创制了数量众多的国际组织。[59] 作为国际法的产物,这些国际组织是国际

---

[58] Math Noortmann and Cedric Ryngaert, 'Introduction: Non-state Actors: International Law's Problematic Case' in Math Noortmann and Cedric Ryngaert (eds), *Non-state Actor Dynamics in International Law: From Law-Takers to Law-Makers* (Ashgate 2010) 1.

[59] 正如国际法院在其《关于一国在武装冲突中使用核武器的合法性的咨询意见》中所回顾的:"从正式的角度来看,成立国际组织的法律文件是多边条约,条约解释的既定规则适用于这些条约……但成立国际组织的法律文件也是特定类型的条约;它们的目标是创造具有一定自治权的新的法律主体,成员方将实现共同目标的任务交给这类主体。"Legality of the Use by a State of Nuclear Weapons in Armed Conflict (Advisory Opinion) (1996) ICJ Reports 66,74-75,paras 18-19.

法的主体,因此同时也是法律制定者和法律承受者。(60)

一般而言,国际法的制定过程是一个国家外交和实践的过程。(61) 除传统的国际法主体外,大量非国家行为体,如非政府组织、跨国企业和民族解放运动组织,正在日益影响甚至直接参与国际关系,在一定程度上也参与了国际法规范创制进程。(62) 就此而言,网络规范的生成也非例外。

在国际法适用于网络空间以及网络规范的发展等问题上,一些非国家行为体表现特别活跃,特别是全球网络空间稳定委员会(GCSC)和微软这一跨国公司。在此阶段必须指出,这些非国家行为体参与制定的许多规范并未得到各国的认可,因此不应被视为软法。然而,它们也的确构成了一些建议和倡议,并且能够推进并深化国际社会对相关问题的讨论。

全球网络空间稳定委员会系由海牙战略研究中心(Hague Centre for Strategic Studies)和东西方研究所(EastWest Institute)两个智库发起,有分别代表各地区以及政府、行业、技术和民间团体利益攸关方的 26 位委员,被邀请就网络空间各个方面发表意见。(63) 委员会旨在提出网络规范建议,并曾于 2017 年 11 月发布《保护互联网公共核心的倡议》。(64) 委员会的工作也包括国际法方面的内容,特别是某些具体规范的解释。(65)

---

(60) Christian Walter, 'Subjects of International Law', Max Planck Encyclopedia of Public International Law (MPEPIL), https://opil.ouplaw.com/view/10.1093/law:epil/978019923 1690/law-9780199231690-e1476 (OUP 2007) paras 5,26.

(61) Peter Muchlinski, 'Multinational Enterprises as Actors in International Law: Creating "Soft Law" Obligations and "Hard Law" Rights' in Math Noortmann and Cedric Ryngaert (eds), *Non-state Actor Dynamics in International Law: From Law-Takers to Law-Makers* (Ashgate 2010) 14.

(62) Noortmann and Ryngaert (n 58) 1-2; Jean d'Aspremont, 'International Law-Making by Non-state Actors: Changing the Model or Putting the Phenomenon into Perspective?' in Math Noortmann and Cedric Ryngaert (eds), *Non-state Actor Dynamics in International Law: From Law-Takers to Law-Makers* (Ashgate 2010) 171.

(63) 'About-GCSC' (Global Commission on the Stability of Cyberspace) https://cyberstability.org/about/.

(64) 'Call to Protect the Public Core of the Internet' (Global Commission on the Stability of Cyberspace, November 2017) https://cyberstability.org/wp-content/uploads/2017/11/call-to-protect-the-public-core-of-the-internet.pdf.

(65) See, for instance, Joanna Kulesza and Rolf H Weber, 'Protecting the Public Core of the Internet', Briefings from the Research Advisory Group (GCSC Issue Brief No 1, Global Commission on the Stability of Cyberspace 2017) https://cyberstability.org/wpcontent/uploads/2017/12/GCSC-Briefings-from-the-Research-Advisory-Group_New-Delhi-2017.pdf.

在网络空间国际法规范议题上，微软可能是最活跃也最具影响力的非国家行为体。2015 年，微软就提出了一系列国家行为规范。(66) 2016 年，微软发布新版报告，审查完善了这些规范，并提出面向各国和全球信息通信技术行业的网络安全行为规范。(67) 这些软法提案与传统的国际法硬法规范几乎没有关系。更有趣的是，微软过去几年一直在制定和推动两项国际法相关提案：一项是《数字日内瓦公约》(Digital Geneva Convention)，(68)另一项是建立一个网络行动归因的国际机制。(69) 就后一问题而言，微软已经考虑了多种可能的机制，(70)包括创建政府间组织，但现在似乎倾向于选择非政府组织。微软要求兰德公司(RAND)评估其关于网络归因国际机制的提案，而兰德公司也已于 2017 年发布了相关研究结果。(71)

以上简要介绍表明了非国家行为体的活力和积极作用，关于全球网络空间稳定委员会和微软的工作与提案，下文不再进一步阐述。然而，必须强调的是，第五届 UNGGE 的失败以及由此造成的国家间多边讨论渠

(66) Angela McKay et al, 'International Cybersecurity Norms: Reducing Conflict in an Internet-Dependent World' (Microsoft 2015) www.microsoft.com/en-us/cybersecurity/content-hub/reducing-conflict-in-Internet-dependent-world.

(67) Scott Charney et al, 'From Articulation to Implementation: Enabling Progress on Cybersecurity Norms' (Microsoft 2016) www.microsoft.com/en-us/cybersecurity/content-hub/enabling-progress-on-cybersecurity-norms.

(68) See, for instance, the intervention of Brad Smith, Microsoft President and chief legal officer, at the 2017 RSA Conference: Brad Smith, 'The Need for a Digital Geneva Convention' (Microsoft On the Issues, 14 February 2017) https://blogs.microsoft.com/on-the-issues/2017/02/14/need-digital-geneva-convention/.

(69) Charney et al (n 67) 10-12.

(70) 值得注意的是，在建立网络行动归因以及更一般性的网络安全的国际机制时，现有的工作通常侧重于目标，而不是国际组织的职能和结构。因此，它们主要关注国际原子能机构(IAEA)、国际电信联盟(ITU)、禁止化学武器组织(OPCW)以及国际实况调查委员会。本书认为有必要研究国际组织的其他模式——例如，联合国世界旅游组织(UNWTO)的模式也应被视为潜在的模式。事实上，联合国世界旅游组织提供了一个组织模式。该模式中，首先由具有相似目标的非国家行为体创建组织，随后再由国家加入。这种模式导致一个私人组织转变为一个政府间组织，该组织具有允许非国家行为体参与的特定的成员体系。

(71) John S Davis et al, 'Stateless Attribution: Toward International Accountability in Cyberspace' (RAND Corporation 2017) www.rand.org/pubs/research_reports/RR2081.html.

道的阻塞，可能会为非国家行为体创造更多机遇，进一步增强它们在这些问题上的参与度，或者至少是影响力。

1.1.2.4 倾向软法而非硬法

近几十年来，对于制定具有法律约束力的国际法新规范，各国似乎缺乏意愿，甚至在一定程度上还会反对现有国际法规范。各国似乎尤其抵触多边规范创制进程，比如正式通过一项新的多边条约。(72)

网络规范创制进程正是发生在这一特定背景之下。国际实践表明，各国认识到国际法在网络空间和网络行动中的可适用性，但是当讨论到如何在网络这种新的背景下解释和适用具体规范时，情况则变得更加复杂并且问题重重，第五届 UNGGE 的失败即为例证。

规制网络行动的国家实践也表明，与具有法律约束力的规范相比，各国更倾向于讨论无约束力的规范。在联合国层面，这一判断无疑是准确的，因为历届 UNGGE 承认国际法和《联合国宪章》的可适用性，随后却主要聚焦在采用何种国家行为规范和信任构建举措上。换言之，UNGGE 目前正在产出的主要是软法。其中一部分软法是对有约束力规范的反映，提供了一种关于这些有约束力规范应当如何解释的表述方式。然而，大多数软法都是全新的，无法与那些有约束力的既存规范相联系，

(72) 关于多边条约实践的衰退，see notably 'Agora: The End of Treaties?' organised by *AJIL Unbound* in 2014: Timothy Meyer, 'Collective Decision-Making in International Governance' (2014) 108 *AJIL Unbound* 30; Joel P Trachtman, 'Reports of the Death of Treaty Are Premature, but Customary International Law May Have Outlived Its Usefulness' (2014) 108 *AJIL Unbound* 36; Bart M J Szewczyk, 'Custom and Treaties as Interchangeable Instruments of National Policy' (2014) 108 *AJIL Unbound* 41; Tanisha M Fazal, 'The Fall and Rise of Peace Treaties' (2014) 108 *AJIL Unbound* 46; Timo Koivurova, 'Increasing Relevance of Treaties: The Case of the Arctic' (2014) 108 *AJIL Unbound* 52; Cindy Galway Buys, 'An Empirical Look at U.S. Treaty Practice: Some Preliminary Conclusions' (2014) 108 *AJIL Unbound* 57; Brian Israel, 'Treaty Stasis' (2014) 108 *AJIL Unbound* 63; and Humberto Cantú-Rivera, 'The Expansion of International Law beyond Treaties' (2014) 108 *AJIL Unbound* 70.

因此与国际法规范适用于网络空间和网络行动这一主题亦无关联。[73] 对于其他国际组织和论坛（如 OSCE 或者 G20）的相关进程，这一观察也同样适用。类似地，上海合作组织（SCO）成员国分别在 2011 年[74]和 2015 年[75]提出的《信息安全国际行为准则》（International Code of Conduct for Information Security）也是无约束力的文件。然而，值得注意的是，这两部行为准则主要侧重于国际法的解释，[76]而不是创制软法规范。[77]

本节旨在强调，就网络行动规制而言，各国似乎倾向于采用非约束性规范，而不是约束性规范。在某种程度上，这可能对现有的国际法规范以及这一领域国际法的未来发展构成挑战。事实上，这还可能导致各国忽视现有的国际法规范，从而缩减这些规范在未来的适用范围。这种情况及其后果应该放在关于软法的一般演变和发展中加以考虑，而关于后者已有许多研究。

1.1.2.5　关于采纳一项新条约的畸形争辩

关于国际法对网络行动的可适用性和如何适用的问题，国家和其他行为体正在考虑通过一项新条约的可能性。在国家层面，俄罗斯曾谋求

---

[73]　例如，在 2015 年的 UNGGE 报告中，"负责任国家行为规范、规则和原则"中的第(c)项、第(e)项、第(f)项和第(g)项等四项规范，仅仅构成对网络背景下现存国际法规范的解释。See, generally, François Delerue and Aude Gery, 'État des lieux et perspectives sur les normes de comportement responsable des États et mesures de confiance dans le domaine numérique' (CEIS, 'Note Stratégique' 2017) www.observatoire-fic.com/wp-content/uploads/2017/03/A-Gery-et-F-Delerue-CEIS-Note-stratégique-Etat-des-lieux-et-perspectives-sur-les-normes-de-comportement-responsable-et-mesures-de-confiance-dans-le-domainenumérique-janvier-20172.pdf.

[74]　Letter dated 12 September 2011 from the Permanent Representatives of China, the Russian Federation, Tajikistan and Uzbekistan to the United Nations addressed to the Secretary-General (14 September 2011) UN Doc A/66/359.

[75]　Letter dated 9 January 2015 from the Permanent Representatives of China, Kazakhstan, Kyrgyzstan, the Russian Federation, Tajikistan and Uzbekistan to the United Nations addressed to the Secretary-General (13 January 2015) UN Doc A/69/723.

[76]　正如 2015 年《信息安全国际行为准则》的"目的和范围"中明确指出的那样，"本行为准则的目的是确定各国在信息领域的权利和责任，促进他们的建设性和负责任的行为，加强他们在应对信息空间中的共同威胁和挑战方面的合作，以建立一个和平、安全、开放以及合作为基础的信息环境，确保信息和通信技术以及信息和通信网络的使用有助于经济和社会全面发展以及各国人民的福祉，不违背确保国际和平与安全的目标"。

[77]　Delerue and Gery (n 73) 17-21.

推动通过一项新条约,⁷⁸而美国和欧洲国家则强烈反对。此外,微软一直在推动通过一项新的国际条约以保护平民免受国家支持的网络攻击。鉴于现行日内瓦公约体系(1949)的主要目的是在战争期间保护平民和非战斗人员,微软的这一倡议可谓恰逢其时且颇受欢迎,⁷⁹该提案通常被称为《数字日内瓦公约》。⁸⁰

对于是否应通过一项关于国际法适用于网络行动的新条约,辩论的争点主要集中在各国是否赞成或反对通过新条约这一表层态度上,但很少触及赞成或反对的理由。

确有必要进一步推进这场辩论,跳出简单的赞成或反对是否制定新条约这一怪圈。事实上,应该聚焦于解释现有的国际法规范,从中找出国际法律框架中的潜在缺漏,以此证明通过新规范的合理性。

1.1.2.6 关于国际法一般性挑战的小结

不应过分夸大2017年6月第五届UNGGE的失败,这次失败并非终点。正如俄罗斯代表所言:

> 我们确信,专家组工作的这一结果并不意味着本路径不再有效。在GGE的历史上,也曾出现过类似的中断,当时美国代表否决了一项报告草案,而专家组的决定需要通过协商一致作出。尽管如此,其后又连续通过了三份实质性报告。⁸¹

在第一届UNGGE上,也发生过报告受阻无法通过的挫折,但此进程在几年后又重启。从这个意义上讲,在第五届的失败之后,UNGGE进程很可能也会因循同样的轨迹,重新回到正轨。国际关系和国际造法的发展并非线性推进,一时的失败和受阻再正常不过,不应对此过分夸大。

综上,本书主张各国应考虑将关于国际法规范的可适用性和如何适用的讨论从政治中分离出来,这其中也包括行为规范和信任构建措施的

---

⁷⁸ 俄罗斯在2011年提出《国际信息安全公约(草案)》,在此问题上其支持制定国际条约的立场已经被再三确认。'Convention on International Information Security' (n 50)。

⁷⁹ Smith (n 68).

⁸⁰ 同上注。

⁸¹ Krutskikh (n 46).

相关讨论。无约束力的规范创制进程应该交由国家间外交活动处理,而国际法的解释问题则可以提交给一个客观中立的国际机构,如联合国国际法委员会。国际法委员会由联合国大会于 1947 年设立,[82]旨在促进"国际法的渐进发展和编纂"。与 UNGGE 不同,国际法委员会并非由政府专家组成,而是由"世界公认的国际法专家"组成。[83] 国家已经就国际法的普遍适用达成一致,因此,目前主要是分析国际法规范如何适用的问题。换言之,这是一个可由国际法委员会胜任的法律解释问题。[84]

1.2 本书范围

本书旨在从法律角度分析国家支持的网络行动。通过审查国际法的各个分支领域,形成了全书框架。在展开法律分析之前,有必要澄清本书的研究对象——国家支持的网络行动。

本书范围可以从三个维度划定:第一,什么是"网络行动"(1.2.1);第二,由于研究仅限于"国家支持的网络行动",因此有必要解释采用此种狭义路径的原因(1.2.2);第三,有必要划定可适用的法律范围以及本书将分析其中的哪些部分(1.2.3)。

1.2.1 属事管辖范围:网络空间和网络行动

网络行动,有时也称为网络空间行动或计算机网络行动(CNO),可定义为"以在网络空间或者通过网络空间实现目标为主要目的,对网络空间能力的运用"。[85] 换言之,网络行动以网络空间中对网络能力的使用为特征。因此,网络行动的主要特征之一是通过网络空间传播。故有必要

---

[82] Statute of the International Law Commission, annexed to UNGA Resolution 174 (Ⅱ) on the 'Establishment of an International Law Commission', UNGA Resolution 174 (Ⅱ) (21 November 1947) Article 1. 本条反映了《联合国宪章》第 13(1)(a)条,根据该条,大会应发起研究并提出建议,以鼓励国际法的逐步发展及编纂。

[83] 同上注,Article 2.

[84] François Delerue, 'The Codification of the International Law Applicable to Cyber Operations: A Matter for the ILC?' (2018) 7 *ESIL Reflections* 4, http://esil-sedi.eu/? p=12885.

[85] See the definition of 'cyberspace operations' in the US Department of Defense dictionary (n 38).

定义网络空间的实际含义。

1.2.1.1 网络空间

如前所述,网络空间不是由计算机科学家或工程师创造的技术术语。(86) 这个词首先出现在科幻文学——特别是威廉·吉布森(William Gibson)的作品——之中,(87)然后逐渐从科幻领域迁移到其他领域,并受到重视。

网络空间只是一个虚构的环境或场域,是由互联网以及其他计算机和电信网络组成的理论环境,而无须考虑这些网络是否连接到互联网。因此,有必要超越虚构的网络空间,分析这个术语所指代的含义。

1.2.1.2 计算机网络和互联网

只要存在两个相互连接的设备,便可组成一个可交换数据的计算机网络。(88) 尽管存在不同的层级模型(89)来描述计算机网络及其架构,但这些技术细节与本书无关。(90) 下文仅区分了计算机网络的物理组件和软件组件。

物理组件也称为硬件组件,既可以用于描述包括互连设备在内的网络运行的硬件,也可以用于描述它们实现互连的方式。计算机、服务器、移动设备入智能手机,甚至其他网络等各种设备设施可以在网络中互连,然后组成互联网这样的网际网。举例来说,只要将U盘插入计算机,就形成了一个小网络。同样,连接鼠标、键盘和打印机的个人计算机也构成一个局部网络。物联网(IoT)的发展催生智能汽车、冰箱、手表甚至医疗

(86) 参见前文第1.1.1.3 A小节“网络空间不是一个新的法律领域”。

(87) Gibson (n 31) 69;see also Gibson (n 30).

(88) See,notably,John Daintith and Edmund Wright,*Oxford Dictionary of Computing* (6th edn,OUP 2008),“网络:由终端、节点和互连介质组成的系统,包括线路或干线,卫星,微波、中波和长波无线电等”。

(89) 在计算机领域,层(layer)是表达一个系统或一个网络及其构成部分的抽象方式。例如,Tanenbaum and Wetherall (n 39) 29:“为了降低其设计复杂性,大多数网络被组织为一个层或层的堆栈,每个层都建立在其下面的层之上。层的数量、每个层的名称、每层的内容以及每个层的功能因网络而异。每一层的目的是向更高层提供某些服务,同时保护这些层不受所提供服务的实际实现细节的影响。从某种意义上说,每一层都是一种虚拟机,为其上一层提供某些服务。”

(90) See,generally,Tanenbaum and Wetherall (n 39).

设备等新型物体的互联。互联可以通过有线(例如铜缆或光缆)或无线(例如微波、红外、Wi-Fi 甚至卫星通信)的方式来实现。

重要的是,一个设备可以同时和多个网络相连。例如,笔记本电脑既可以通过蓝牙与无线鼠标相连而成为计算机网络的一部分,也可以通过 Wi-Fi 或以太网连接到互联网。此外,计算机可以灵活移动,在不同的时间连接到不同地点的计算机网络。例如,用户可以在夜间将其笔记本电脑连接到家庭网络,而在其余时间连接到用户工作地的网络。即使两个网络没有直接相连,通过笔记本电脑这一介质也可以将数据从一个网络(前例中的家庭网络)传输到另一个网络(前例中的工作地网络)——这种情形也是网络安全关注的一个重要方面。

计算机网络可以互相连接并组成一个新的网络,也可以隔离运行。这种隔离运行的网络通常被认为处于"气隙"(air-gap)状态,以表明这个计算机网络与其他网络之间没有通信。然而,虽然不能通过网络空间在"气隙"网络或系统与外部设备之间传输数据,但通过创建物理连接的方式(例如通过插拔 U 盘)仍然可以实现数据交换。"气隙"的存在虽然可以为抵御恶意网络行动提供良好的保护,但并非万无一失。

以朝鲜为例。朝鲜只允许一小部分人连接互联网,大部分人只能访问代号为"光明"(Kwangmyong)的国家内部网络。这个内部网络与互联网之间存在"气隙",彼此无法交换数据。2013 年,一群自称"匿名组织"(Anonymous)成员的人实施了"朝鲜行动"(Operation North Korea)。他们黑进朝鲜的推特和 Flickr 账户,意图将"光明"网络连接到互联网。本案例表明,由气隙隔离的网络仍然具有与互联网共享数据的可能性。

类似地,2003 年 1 月 25 日,Slammer 蠕虫在不到 15 分钟的时间内就感染了全球数千台服务器。[91] 即使美国 Davis-Besse 核电站的计算机系统受防火墙保护——理论上防火墙可以防止受保护系统免受外部蠕虫病毒的攻击,但也仍未能幸免于难。事后发现,是一名工程师通过防火墙后门,创建了一个将核电站内部网络和其办公室网络相连的不安全连接,

---

[91] Slammer 蠕虫并非国家支持的网络行动,此处仅用作事例说明。On Slammer, see generally: Edward Ray, 'Malware FAQ: MS-SQL Slammer' (SANS) www.sans.org/security-resources/malwarefaq/ms-sql-exploit; 'WORM: W32/SLAMMER' (F-Secure) www.f-secure.com/v-descs/mssqlm.shtml; Paul Boutin, 'Slammed!', WIRED (1 July 2003) www.wired.com/2003/07/slammer/; Brent Kesler, 'The Vulnerability of Nuclear Facilities to Cyber Attack' (2010) 10 *Strategic Insights* 15, 19-20.

导致蠕虫得以绕过防火墙。该系统虽然并不存在严格意义上的"气隙"，但在Slammer蠕虫病毒攻击时本不应当如此脆弱。无独有偶，受病毒攻击的还有伊朗的一个核电站计算机系统，不同的是，伊朗的系统设置了气隙防护。攻击路径可作如下还原：某个便携式设备连接到一个接入互联网的受感染系统，进而也被感染；当该便携式设备被人为接入由"气隙"隔离的核电站的内部系统时，病毒即通过该移动设备成功传入气隙系统；随后，病毒便可在核电站内部网络中不断自我复制。

软件组件用于控制数据如何在网络内部进行传输。通信网络可分为两类：广播网络和交换网络。在广播网络中，连接到网络的设备可以将数据传输到所有其他入网的设备。相反，在交换网络中，数据不是发送到网络中的所有节点，而是借由不同的中间节点从数据源传递到终点。包括互联网在内的大多数计算机网络属于交换网络。(92)

在交换网络中又存在不同的传输数据的方式，其中最常见的两种是电路交换和分组交换。使用电路交换的网络，第一步是在两个节点之间建立连接以允许它们之间通信。该通信信道(也称为通路)在需要通信时开启，通信停止时断开。这一通路专用于两个设备之间的点对点通信，而不能用于任何其他通信。这种方法最早出现于1878年，如今广泛应用于电话网络。最初，通路由接线员在交换台上手动连接，但现在这个过程以电子方式完成。(93) 电路交换的主要缺点是需要为通路分配资源，并且只要通路存在，即使通路中没有数据传输，也无法用于其他通信。这无疑会造成链路载荷的浪费。

作为电路交换的替代方法，分组交换始于20世纪60年代。在分组交换网络中，数据被拆分成若干固定长度的数据包，这些数据包在网络传输时，无须为其分配特定资源。与电路交换网络不同，分组交换网络不用建立专用电路通路来传输特定的数据包，而是允许来自不同通信的数据包共用同一链路。同一数据流的数据包也可以通过不同的链路完成传输。换言之，分组交换网络上的一个节点可以同时向不同节点发送和接收数据。任何信息只要超过单位数据包容量的上限，都将被分解成若干

(92) Farid Farahmand and Qiong (Jo) Zhang, 'Circuit Switching' (2004) Central Connecticut State University and Arizona State University at West Campus Optical Burst Switching Networks, IEEE Communications Society.

(93) Amos E Joel, Jr, 'What Is Telecommunications Circuit Switching?' (1977) 65 *Proceedings of the IEEE* 1237, 1242.

个数据包,这些数据包在网络上独立传输。每个数据包都包含数据源、目的地、数据类型、验证信息等。数据包在网络节点之间传输的方式也称为存储转发。在最终的接收方节点,分散的数据包被汇总重组并还原出原始信息。互联网的前身阿帕网(ARPANET)是最早的分组交换网络之一。分组交换是当今网络数据通信的主要方法,主要应用于互联网中。

世界上第一个网络是19世纪发展起来的电报网络,它的出现彻底改变了人们之间的通信方式。[94] 随后,电话的发明使声音以电信号的方式传输成为可能。电话和电报都依赖于电路交换网络,这限制了数据传输。1969年9月,ARPANET的第一个节点安装在加州大学洛杉矶分校,并在一个月后与安装于斯坦福研究所的第二个节点相连。1969年10月29日星期三22时30分,加州大学洛杉矶分校和斯坦福研究所之间进行了第一次数据传输。"Lo"是当时传输的第一条信息,这是加州大学洛杉矶分校的工作人员试图登录斯坦福研究所的计算机而输入的指令。然而,在成功键入"Log"的最后一个字母"g"之前,斯坦福研究所的计算机崩溃了。尽管首次通信以失败告终,但实践证明分组交换网络是可行的,这为其后续发展铺平了道路。不久之后,在加利福尼亚大学圣芭芭拉分校和犹他大学的新生网络中分别添加了另外两个节点。其后ARPANET发展迅速,至1972年时便已连接了40个节点。1973年6月,ARPANET跨越美国边界和大西洋,在挪威地震研究中心成功连上了它的第一个欧洲节点。

ARPANET并非当时开发的唯一分组交换网络。例如,20世纪70年代初,路易斯·普赞(Louis Pouzin)在法国计算机科学与自动化研究所(IRIA)[95]开发了Cyclades网络,唐纳德·戴维斯(Donald Davies)在英国国家物理实验室创建了Mark Ⅰ网络。ARPANET、Cyclades、Mark Ⅰ和其他类似网络都是计算机网络,但它们之间并没有互相联通。这些网络就像一个群岛,但各构成岛屿之间没有任何通信。此外,各个网络也不尽

---

[94] 1838年,在英国的威廉·库克(William Cooke)、查尔斯·惠斯通(Charles Wheatstone),与在美国的塞缪尔·莫尔斯(Samuel Morse)共同安装了第一台商用电报机。1851年,第一条海底电缆被铺设在英吉利海峡,接通了法国和英国。第一次跨大西洋通信发生在1858年8月16日,第一条永久性跨洋电缆于1866年横跨大西洋铺设。电报改变了通信,将一次通信所需时长从几天甚至几周减少到几分钟。

[95] IRIA (Institut de recherche en informatique et en automatique) 于1979年改名为Institut national de recherche en informatique et en automatique (Inria)。

相同,特别是它们使用的是不同的通信协议。当时的人们还没有想到,互联网诞生的关键是需要找到将这些网络互联的方法。换言之,必须找到一种创建网际网的方法。

网络互联的主要障碍是它们使用了不同的底层技术。因此有必要找到一种方法,让这些不同的网络能够互联并交换数据。人们在1973年找到了解决方案。ARPA的罗伯特·卡恩(Robert Kahn)聘请了开发AR-PANET主机对主机协议——被称为网络控制协议(NCP)——的温顿·瑟夫(Vinton Cerf),二人合作开发了一种新的"互联"(网络互连)协议,后来演变成为传输控制协议/互联网协议(TCP/IP)。1983年1月1日,ARPANET全网开始推行使用TCP/IP协议。这种实现不同网络互联的解决方案,是通过一台称为路由器的计算机将各个独立的网络连接起来,路由器为每个网络都配有一个接口,以在这些网络之间来回收发数据。简言之,TCP/IP是一组通信协议,提供端到端的连接规则,指导数据应当如何被分割成数据包,如何赋址、传输、路由以及在目的地接收。直至今日,互联网仍然在使用这组协议。

网络空间和计算机网络为网络行动的开展奠定了基础。互联技术为全球互联网的兴起铺平了道路,如其后被创建的万维网(WWW)。万维网是一种分布式信息服务,位于不同互联设备内的资源由统一资源定位器(URL)识别,并通过超文本链接连接在一起。万维网是由蒂姆·伯纳斯-李(Tim Berners-Lee)和罗伯特·凯利奥(Robert Cailliau)于1989年在欧洲核子研究组织(CERN)发明的,这就是我们现在所熟知并时刻在用的互联网。

1.2.1.3 网络行动的性质

网络行动仅限于发生在网络空间中的行动,这意味着网络行动仅发生在计算机网络内。针对计算机和计算机网络的物理性敌对行动不属于网络行动,因此不在本书讨论范围之内。例如,为了销毁存储在计算机硬盘上的数据,既可以使用动能武器打击目标计算机致使其物理销毁,也可以向计算机发送恶意软件删除硬盘数据。这两个例子中,只有后者才属于网络行动。

网络行动是一个用于描述发生在网络空间中的行为的通用术语。一般而言,需要对计算机网络漏洞利用(CNE)和计算机网络攻击(CNA)进行区分,前者旨在进行间谍活动,而后者则旨在造成数据干扰、数据退化或数据损毁并导致相关后果。⁹⁶ 但因为网络攻击和网络漏洞利用都可能构成恶意网络行动,本书并未使用这种区分。⁹⁷ 包括网络漏洞利用在内的网络间谍活动和网络监控活动也属于本书的研究范围。网络行动和间谍活动本身均不必然构成不法行为,遑论网络间谍活动。⁹⁸ 本书分析国家支持的网络行动,但是对于诸如间谍活动等目标因素不作考虑。本书并不讨论专门针对间谍活动的法律规制。质言之,只有当间谍活动涉及一国监控另一国的网络行动之合法性问题时,才落入本书的讨论范围。

本书一般根据是否会造成目标系统拒绝服务(denial of service,缩写为 DoS)或对目标系统造成损害等作为识别网络行动类型的标准。这种区分又带来一个问题,即网络行动是否有必要渗透侵入目标系统以产生预期效果。拒绝服务攻击通常无须渗透侵入目标系统,但会对目标系统产生一定影响。它的工作原理是用大量虚假服务请求淹没目标系统,超过目标系统可以处理的请求数量,致使目标系统网络中断或堵塞。相反,恶意软件或蠕虫通常需要渗透侵入目标系统才能产生效果。分布式拒绝服务攻击(distrubuted DoS,缩写为 DDoS)一般是依靠施害者远程控制的受害计算机的集合——"僵尸网络"——才能实施。在此事例中,实际上存在两种需要区分的情形:第一,受害计算机通常感染了恶意软件,使施害者可以远程控制它们;第二,施害者通过这些受害计算机远程进行拒绝服务攻击。

此外,本书所采用的另一个重要区分标准是,判断网络行动是产生物理影响(如人身伤害或财产损害),还是仅产生非物理影响(如数据破坏)。通常而言,拒绝服务攻击不会产生任何物理损害,而恶意软件可能会产生

---

⑨⑥ Martin C Libicki, *Cyberdeterrence and Cyberwar* (RAND Corporation 2009) 23-27; William A Owens, Kenneth W Dam and Herbert S Lin (eds), *Technology, Policy, Law, and Ethics Regarding U.S. Acquisition and Use of Cyberattack Capabilities* (National Research Council, Computer Science and Telecommunications Board, Division on Engineering and Physical Sciences 2009) 10-11 www.nap.edu/catalog/12651/technology-policy-law-and-ethics-regarding-us-acquisition-and-use-of-cyberattack-capabilities; Clark, Berson and Lin (n 39) 29 et seq. See also the definition of CNE and CNA in the US Department of Defense dictionary (n 38).

⑨⑦ Clark, Berson and Lin (n 39) 31.

⑨⑧ 参见后文第 5.2 节"网络间谍具体法律机制的缺失"。

物理和非物理损害。[99]

1.2.1.4　作为复合行动一部分的网络行动

网络行动可以独立进行,也可能是复合行动的一部分。[100] 这种复合行动有可能包括其他网络行动,或者其他非网络行动,或者二者的组合。

在复合行动的情况下,作为其一部分的网络行动可能有多方面的目标。首先,网络行动可能是未来行动(可以是网络行动,也可以是非网络行动)的预备步骤。例如,Stuxnet(震网)是破坏伊朗核设施离心机的主要行动,但在此之前还存在一个预备性网络行动,其旨在收集必要信息以创建和启动 Stuxnet 计划。[101] 其次,网络行动可能构成复合行动的第一步,相当于准备措施。例如,在发动空袭之前,可以通过网络行动破坏目标国的防空系统。2007 年,在对叙利亚的可疑核反应堆空袭之前,以色列实施了一次旨在摧毁叙利亚雷达的网络行动,使以色列飞机得以在不被发现的情况下侵入叙利亚领空。[102] 最后,网络行动可能构成复合行动的主要部分,复合行动也可以由连续或同时发生的多种网络行动共同组成。

1.2.2　属人管辖范围:国家支持的网络行动

本书主要研究由任一国家实施或支持的网络行动,而不论国家的性质或大小。对于非国家行为体实施的网络行动,则需要区分代表国家的行动以及与国家无任何联系的行动两种情形,本书仅关注前一种情况。虽然不隶属于任何国家的非国家行为体实施的网络行动不在本书研究范围内,但在说明若干关键问题时,可能也会提及这类情形。此外,多数情况下,确定网络行动的施害者并进而分析其与支持国的关系存在诸多困难,本书第一编讨论归因问题时,将述及此点。大多数怀疑是国家支持的网络行动的案件仅止于口头指控,因为一般难以确定或公开证明这些网

---

[99] 第 9 章讨论了网络行动造成的损害问题,参见后文第 9.3.4 小节"赔偿的不同形式"。

[100] Clark, Berson and Lin (n 39) 35.

[101] Kim Zetter, *Countdown to Zero Day: Stuxnet and the Launch of the World's First Digital Weapon* (Crown 2014) 227-247.

[102] 参见下文第 231 页,第 442—443 页。

络行动与所指称的支持国之间存在联系。

国际组织已成为国际法主体的重要组成部分。虽然网络行动的主要主体仍然是国家,但是有一部分国际组织也在处理网络安全问题,有的甚至还发展出一定的网络能力,其中联合国、国际电信联盟(ITU)和北大西洋公约组织(NATO)尤为活跃。[103] 这些国际组织发展网络能力的动机主要是保护自身的网络安全,如北约建立的计算机事件响应能力机制。这又引出了国际法中的一些重要问题,包括:反战争法(*jus contra bellum*)和战时法(*jus in bello*)对网络空间中国际组织行为的可适用性和如何适用的问题,国际组织及其成员国对其网络行为的归因和责任问题,以及国际组织在集体反制影响其成员之一的网络威胁时扮演何种角色的问题。这些有趣的问题可能会引发全新的研究方向,但本书暂不涉及这些内容。

总之,本书重点介绍国家或代表国家的非国家行为体所开展的网络行动,可统称为"国家支持的网络行动"(state-sponsored cyber operations)。

1.2.3 法律管辖范围:可适用的法律

国家支持的网络行动,即一国对另一国诉诸网络手段,通常被称为"网络战"(cyberwarfare)。这不是一个法律术语,但其间接意味着网络行动可能构成一种战争形式。这容易误导我们把注意力集中于战争法,并将战争法的法律框架适用于国家支持的网络行动。而事实上,战争法只

---

[103] Radziwill (n 33) 266 et seq. See also Tim Maurer, *Cyber Norm Emergence at the United Nations—An Analysis of the UN's Activities Regarding Cyber-Security* (Discussion Paper No 2011-11, Science, Technology, and Public Policy Program, Belfer Center for Science and International Affairs, Harvard Kennedy School 2011) http://belfercenter.ksg.harvard.edu/publication/21445/cyber_norm_emergence_at_the_united_nations_an_analysis_of_the_uns_activities_regarding_cybersecurity.html.

涉及其中一小部分。(104) 本书无意于直接否定“网络战”一词,但认为我们应该理智地使用这一术语。值得注意的是,仅凭“网络战”的提法,并不会事先决定网络行动是否构成使用武力或武装冲突。下文将分析网络战概念的批判性观点,并对此进行详述。

1.2.3.1 对网络战概念的批判性观点

“Cyberwarfare”(网络战)一词由前缀“cyber”(网络)加上“warfare”(战争)构成,前者表明了其与互联网和计算机技术之间的关系。简言之,这个名词用于指称涉及使用互联网和计算机技术的战争。

“War”或“warfare”(战争)一词可以定义为国家或非国家行为体之间以武力方式强加其既定意志的武装冲突。(105) 武装冲突的发生导致法律适用的变化:和平时期的规则不再适用,武装冲突法开始生效。(106) 战争是人类生活的常态,而和平不过是一种理想。(107) 可以说,国际法是为规制战争而发展起来的,也代表着通过法律形式实现并发展和平的理想。因此,国际法在战争与和平的对立矛盾之间向前发展。雨果·格劳秀斯(Hugo

---

(104) James A Green,‘The Regulation of Cyber Warfare under the Jus Ad Bellum’ in James A Green (ed),*Cyber Warfare:A Multidisciplinary Analysis* (Routledge 2015); Louise Arimatsu,‘Classifying Cyber Warfare’ in Nicholas Tsagourias and Russell Buchan (eds),*Research Handbook on International Law and Cyberspace* (Edward Elgar Publishing 2015) 341; Larry May,‘The Nature of War and the Idea of “Cyberwar”’ in Claire Finkelstein,Jens David Ohlin and Kevin Govern (eds),*Cyber War:Law and Ethics for Virtual Conflicts* (OUP 2015) 12-14; Laurie R Blank,‘Cyberwar versus Cyber Attack:The Role of Rhetoric in the Application of Law to Activities in Cyberspace’ in Finkelstein,Ohlin and Govern,同上注,79-88. 对“反恐战争”一词的使用也存在类似的评论——“战争”这一术语被用于描述各种各样的情形,这些情形具有不同的法律限定条件,并不总是属于战争法的范畴,see Christine Gray,*International Law and the Use of Force* (OUP 2004) 1-6.

(105) Jean Salmon (ed),*Dictionnaire de droit international public* (Bruylant 2001) 537. “战争”一词的定义是“社会群体之间或国家之间的武装斗争,目的是以武力将既定意志强加给对手”(作者译)。

(106) Werner Meng,‘War’ in Rudolf Bernhardt (ed),*Encyclopedia of Public International Law* (2000) 1334.

(107) Robert Kolb,*Jus contra bellum:Le droit international relatif au maintien de la paix* (Helbing Lichtenhahn/Bruylant 2003) 5 (战争是生活的常态,和平只是理想。L’a guerre est une experience de la vie des peuples,la paix est un ideal.’).

Grotius)在1625年出版的著作《战争与和平法》(108)是最早围绕战争存在与否这一主题研究国际法的著作。(109)

规制战争之路漫长而艰难。大多数国家不愿其战争权受法律约束。此外,交战国和战斗人员几乎总是无视并违反有关武装对抗的规则。西塞罗(Cicero)准确认识到了这一点,他写道:"枪炮作响法无声。"(silent enim leges inter arma)(110)时间再近一些,萨拉热窝枪击事件数月前,红十字国际委员会(ICRC)代表弗里德里克·莫里斯(Frédéric Maurice)也表达了类似看法,他写道:

> 任何地方的战争首先是一场体制灾难,是法律体系的崩溃,是一种以武力保障权利的野蛮处境。每一个经历过战争,特别是我们时代的战争的人都知道,发动暴力意味着行为标准和法律体系消失于无形。(111)

尽管在规制武力使用和敌对行为方面存在困难,但战争法仍然在逐渐演变。自19世纪中叶以来,战争法经历了几次重要的变革。这些演变紧密围绕两个方向:一方面是对国家使用武力的规制——诉诸战争权法(jus ad bellum)和反战争法,(112)另一方面是关于敌对行为规则的发展——战时法。

在《联合国宪章》和《日内瓦公约》之前的秩序中,"战争"是适用诉诸

---

(108) Hugo Grotius, *De jure belli ac pacis* (1625).

(109) Mary Ellen O'Connell, 'The ILA Use of Force Committee's Final Report on the Definition of Armed Conflict in International Law (August 2010)' in Mary Ellen O'Connell (ed), *What Is War? An Investigation in the Wake of* 9/11 (Martinus Nijhoff Publishers 2012) 323.

(110) Cicero, Pro Milone (52, AD), Ⅳ, 11.

(111) Frédéric Maurice, 'Humanitarian Ambition' (1992) 289 *International Review of the Red Cross* 363, 371.

(112) Jus ad bellum 是拉丁语,意思是"诉诸战争权"。正如奥利维尔·科尔滕(Olivier Corten)和其他人所说,自《联合国宪章》通过以来,如今的法规更多的是防止战争法,即"反战争法",这与以前的法律不同 。See Olivier Corten, *The Law against War: The Prohibition on the Use of Force in Contemporary International Law* (Hart 2012).

战争权法和战时法或武装冲突法的共同门槛。[113] 然而,战争作为一个法律概念,在试图规制战争现象时显示出其局限性。在第二次世界大战之后,国际关系和国际法摒弃了这一术语,导致前述门槛的分化。[114]《联合国宪章》[115]作为反战争法的主要渊源,将战争门槛分化为三种情形:(1)以武力相威胁或使用武力;(2)武装袭击;(3)威胁和平、破坏和平和侵略行为。《日内瓦公约》[116]则以"武装冲突"取代"战争",作为适用战时法的门槛。[117]

本书第二编特别分析了网络行动是否可能达到武力使用程度,即"网络战门槛",得出的结论是,在大多数情况下网络行动都低于这一门槛,因此需要考虑适用其他法律制度。本书目的是分析何种法律制度应适用于国家支持的网络行动,无论这种网络行动高于或低于网络战门槛。

1.2.3.2 国际法下国家支持的网络行动的场景化分析

在研究网络行动及其法律制度时,应当注意到这些行动所处环境的重要性。实际上,网络行动并非凭空展开,需要区分两种情形:首先,网络行动是发生在和平时期,还是发生在武装冲突时期。其次,还要分析网络行动是否越过导致情形变化的门槛,以致需要转变可适用的法律框架。

A. 和平时期的网络行动

目前大多数国家处于和平状态,所以大多数网络行动也将发生在和

---

[113] Serge Sur, 'The Evolving Legal Aspects of War' in Julian Lindley-French and Yves Boyer, *The Oxford Handbook of War* (OUP 2012) 116-131.

[114] Gray (n 104) 6-7; see also: Salmon (n 105) 538; Stephen C Neff, *War and the Law of Nations: A General History* (CUP 2005) 443; Eric David, *Principes de droit des conflits armés* (4th edn, Bruylant 2008) 115-118; Christopher Greenwood, 'The Concept of War in Modern International Law' (1987) 36 *International & Comparative Law Quarterly* 283.

[115] Charter of the United Nations (adopted in San Francisco 26 June 1945, entered into force 24 October 1945) 59 Stat 1031, TS 993, 3 Bevans 1153.

[116]《改善战地武装部队伤者病者境遇的日内瓦公约》75 UNTS 31(下称《日内瓦第一公约》)、《改善海上武装部队伤者病者及遇船难者境遇的日内瓦公约》75 UNTS 85(下称《日内瓦第二公约》)、《关于战俘待遇的日内瓦公约》75 UNTS 135(下称《日内瓦第三公约》)、《关于战时保护平民的日内瓦公约》75 UNTS 287(下称《日内瓦第四公约》)。以上日内瓦四公约均于1949年8月12日通过,1950年10月21日生效。

[117] See, generally, Keiichiro Okimoto, *The Distinction and Relationship between Jus ad Bellum and Jus in Bello* (Hart 2011).

平时期。无论是反战争法还是战时法,在和平时期都不会适用。此时需要适用和平时期的国际法规则,以规制各国诉诸网络行动的行为。

如果发生于和平时期的网络行动本身构成武装冲突,将会使和平时期转变为战争时期,可适用的法律框架也需要随之改变。必须区分两种情况:网络行动是否达到反战争法的适用门槛之一,抑或是否构成网络武装冲突。认定为具有威胁或使用武力性质的网络行动将触发反战争法的适用。因此,除了和平时期的国际法规则外,还将适用一套新的规则。符合网络武装冲突条件的网络行动将导致战时法的适用。需要强调的是,这并不意味着大多数和平时期的国际法规则也将终止适用。

总之,为了确定和平时期发生的网络行动适用何种法律制度,需要考察网络战的门槛。网络行动是否达到这一门槛,将会决定适用的是反战争法还是战时法。本书第二编和第三编将论述反战争法的可适用性和如何适用的问题,而与战时法有关的问题仅在本小节下文简要介绍。

B. 事先存在的武装冲突中的网络行动

网络行动也可能在武装冲突期间实施。在这种情况下,事先存在的武装冲突使武装冲突法适用于交战各方之间的网络行动。例如,在2008年俄罗斯-格鲁吉亚战争期间,[118]格鲁吉亚遭受了数次网络攻击,据称这些攻击是由俄罗斯实施或支持的。[119]交战双方之间的实际武装冲突状态导致武装冲突法的适用。因此,网络行动即便不符合网络武装冲突的条件,也适用武装冲突法。

C. 性质转变中的武装冲突中的网络行动

武装冲突可以是国际性的也可以是非国际性的,这取决于交战方的地位。当至少两个国家之间发生武装对抗时,就存在国际武装冲突。当这种武装对抗的参与方是一个国家和一个或多个武装团体时,则存在非国际武装冲突。不同类型的武装冲突会适用不同的法律框架。

在非国际武装冲突期间,如果另一国对交战国采取网络行动,这些网

---

[118] 2008年8月8日,格鲁吉亚在南奥塞梯对分裂分子进行挑衅并发动大规模军事攻势后,俄罗斯和格鲁吉亚之间发生武装冲突。次日,俄罗斯在南奥塞梯部署了军队,并以人道主义干预为由对格鲁吉亚发动了空袭。这场武装冲突导致南奥塞梯和阿布哈兹脱离格鲁吉亚;see, generally, 'Report of the International Fact-Finding Commission on the Conflict in Georgia' (2009) vols.-www.ceiig.ch/Report.html.

[119] John Markoff, 'Before the Gunfire, Cyberattacks', *The New York Times* (13 August 2008) www.nytimes.com/2008/08/13/technology/13cyber.html.

络行动将不会被非国际性武装冲突的法律框架所覆盖。这两种情况——此前的非国际武装冲突和另一国对交战国的网络行动——是不同的。如果两国处于和平时期,除非网络行动本身构成两国之间的国际网络武装冲突,否则战时法不得适用。当网络行动构成两国间的国际网络武装冲突时,其与非国际武装冲突也并不相同,由不同的法律制度调整。

如果在国际武装冲突期间,一个武装团体决定对某一交战方实施网络行动,情况将更加复杂。此时需要区分两种情况:第一,如果实施网络行动的武装团体的行为仅仅是为了利用局势,而不是为了支持一方而反对另一方,那么此种行为不属于正在进行中的国际武装冲突的一部分,也不被其法律适用框架所涵盖。在某些情况下,这可能导致武装团体与受其攻击一方之间的武装冲突成为另一项武装冲突,但这也并不会影响现有的国际武装冲突。第二,如果武装团体为了使一个交战国受益而反对另一交战国,那么武装团体的行为受国际武装冲突法律框架的管辖,其成员有可能被视为直接参与敌对行动的平民。

以上简要评估了网络行动中战时法的可适用性问题,特别是网络武装冲突问题。作为结论,值得注意的是,迄今为止还没有出现任何对网络武装冲突的认定,无论是国际性的还是非国际性的网络武装冲突。当然从理论角度来看,网络行动确有可能构成网络武装冲突。然而,在绝大多数网络行动中,要作出这种认定似乎非常困难,如果不是不可能的话。在对非国际武装冲突进行认定时,前述论断尤为精准。

1.3　本书的贡献

本书研究了那些用于描绘和分析国家支持的网络行动的概念和分类。国家支持的网络行动——一国对另一国诉诸的网络手段——通常被称为"网络战"。"网络战"既非法律术语,亦非规范性术语,它反映了人们对战争视角的过度强调。为了不至过于草率地将情况简化为网络战,设法避免当事国网络关系的进一步恶化变得非常重要,因为这种关系恶化可能潜在地导致军事措施升级。本书根据国际法对"国家支持的网络行动"进行定义,并论证大多数网络事件并未落入(网络)战争范畴。对于这些事件,我们需要采用不同的方法,根据其具体情况分别分析。

"网络战"只是冰山一角,低于网络战门槛的网络行动才是没于水下的冰山主体。对于浮于水面之上的网络战,部分的研究已经相对充分且广为人知,但本书试图阐明被潜藏在水面以下的更大部分,这一部分还有欠研究,人们所知甚少。[120] 事实上,大多数国家支持的网络行动实际上并未违反禁止使用武力或武装冲突法,只是侵犯了目标国的领土主权,抑或只是违反了不干涉原则或人权法义务。

尽管大部分文献主要关注反战争法或战时法,但也有若干学术研究讨论低于战争门槛的网络行动,从而与本书关注的问题相吻合。在这方面,有必要参考《塔林手册 2.0》(Tallinn Manual 2.0),[121]它对本书质问的若干主要问题均有涉及。当然,《塔林手册 2.0》没有减损本书研究的意义和新颖性,反而使其更具相关性和及时性。首先,本书全面论述了与网络战有关的各种因素,弥补了这一主题缺乏综合性专著之不足。现存的少量文献主要是论文,但这些论文通常分析不够细致,也没有提供充足的案例,本书可以弥补这些不足。其次,本书可以与《塔林手册 2.0》互补,因为它们处理的是相似的问题,但采用了不同的方法:《塔林手册 2.0》从行动的角度审查了现行国际法,而本书则对现行法律和法律框架在网络环境下应如何演化进行了全面的理论研究。最后,本书填补了现有文献的空白,现有文献主要关注低于或高于网络战门槛的网络行动,而对二者之间的真实边界及相互作用少有涉及,也未能进行充分研究。本书证明,对这两种类型的网络行动进行同时的、相互联系的分析颇具好处,特别是检视它们之间的界限对于深化理解极有助益。

以专著形式全面分析适用于网络战门槛以下的网络行动的国际法,本书系为首创。此外,本书也注重结合关于网络战的现有学术文献展开分析。本书取得的成果主要体现为如下三个方面。

第一,作为全面分析适用于国家支持的网络行动的国际法的直接理论成果,本书最主要、最引人注目的发现是,原本被认为只是自卫措施权宜之计的反措施,应被视为对国家支持的网络行动进行自助式应对的一种主要形式。此结论与现有文献结论不同。现有文献大多关注自卫,认为反措施是相对次要的。更一般地说,本书也是第一本全面、系统分析针

---

[120] 这一点已经被学者明确指出。See Mary Ellen O'Connell, 'Cyber Security without Cyber War' (2012) 17 *Journal of Conflict and Security Law* 187.

[121] Michael N Schmitt and Liis Vihul (eds), *Tallinn Manual 2.0 on the International Law Applicable to Cyber Operations* (2nd edn, CUP 2017).《塔林手册 2.0》是 2013 年出版的《塔林手册 1.0》的后续项目,后者参见 Michael N Schmitt (ed), *Tallinn Manual on the International Law Applicable to Cyber Warfare* (CUP 2013).

对国家支持的网络行动进行国际法救济的专著。

第二,本书另一个重要发现是,国际法并不是解决所有网络行动相关问题的万灵药。某些情况下,国际法无法为网络行动的受害国提供帮助。目前识别了国际法的两个主要局限:其一,非国家行为体代表一国实施网络行动,并不需要依赖高度的组织化水平,互联网等新技术提供了各种方式让这些非国家行为体进行协调。这对归因相关的现行国际法构成了挑战,在评估一国对实施网络行动的团体是否具有控制因素时,需要考虑到这种情形。其二,虽然国家责任法为应对网络行动和寻求赔偿提供了一系列解决方案,但它并未为所有情况提供解决方案。有些情况不能仅通过国家责任法解决。

第三,网络空间为一国干预另一国内政和外交提供了许多新的可能性。在审查不法网络行动时,存在两个特别相关的维度:一方面,一国设计和发起旨在干预另一国事务的网络行动可以变得非常容易;另一方面,归因问题以及目标国证明施害国的责任或参与存在困难。许多网络行动的现实案例均构成网络干预,如 2007 年针对爱沙尼亚的网络行动、恶意软件 Stuxnet 破坏伊朗核项目离心机事件、2014 年对索尼影视娱乐的黑客攻击以及 2016 年对美国民主党国家委员会的黑客攻击。

值得强调的是,除这三个成果外,本书在教育和实践维度也具有重要意义:它以新的视角和新的方法审视国际法的传统概念,并分析了它们如何适用于新议题。因此,对于有兴趣反思国际法演变的读者而言,本书很有参考价值。从这个意义上说,它为国际法领域作出了重要贡献。关于本书在教育和实践上的贡献,还有两点需要提及。首先,本书虽以国际法为基础,但也值得非法律研究人员关注,特别是政治科学领域(因为国际法和国际关系密切相关)和计算机科学领域(因为它涉及一门技术学科)的研究者。其次,网络安全和网络防御以及它们如何受国际法规制,也是法律顾问、政策制定者、决策者、军队和私营公司感兴趣的问题。因此,本书的潜在读者已经不仅限于学术界。对国际法救济问题的系统分析使本书对实务人员特别有用。可以说,本书关注的主题具有内在实践属性。本书虽然聚焦于学术,但大量使用实例和场景来支持所提出的论点,这使本书更容易为非学术的读者群体所接受,在用于实践场景时尤其称手。

在介绍本书内容之前,还有两点需要提及。首先,本书对国际法与网络行动之间关系的研究虽然全面,但显然并未穷尽。本书以国际法如何适用以及各国如何适用国际法为重点,采取实证主义研究方法,这也是大

多数关于这些议题的学术研究的通常做法。本书在某种程度上可以被视为依循"干涉主义和管理主义路径"(interventionist and managerial project),这是让·达斯普雷蒙(Jean d'Aspremont)总结的国际法律学术界研究网络行动相关问题时所采的通行方法。[122] 然而,本书深信,国际法与网络行动之间的关系也值得利用其他理论框架和方法加以研究。[123] 从这个意义上说,国家在可适用于网络行动的国际法方面的做法和实践形式多样,非国家行为体在信息和通信技术相关问题中的作用也日趋重要,这都使得利用其他理论框架对这些议题进行分析成为必要。虽然本书无意于遵循此种方法,但本书相信,在国际法和网络行动的学术领域,会出现越来越多使用整合或者超越国际法方法的研究。其次,本书主要讨论在新的背景下如何适用国际法的问题,因此,对于国际法渊源的相关现有辩论只会点到为止。由于国际法可适用的规范主要是习惯法规范,除此之外,本书还会依赖于国际法院的若干判决和咨询意见。我们注意到,关于国际法院在习惯国际法发展中的作用以及国际法体系存在与否的辩论正在持续进行中,本书无意介入此种辩论。[124] 在本书中,国际法院的案件和裁决通常被用作对问题事项的一种观点表达和分析方法,以之作为讨论的起点而不是将其作为唯一正确的观点结论或分析方法。这一点可以通过本书部分议题在讨论国际法院判例时的不同处理方式得到说明,特别是在归因和武力威胁的议题上。

---

[122] 详见他对网络行动与国际法学术议题的精彩分析。Jean d'Aspremont, 'Cyber Operations and International Law: An Interventionist Legal Thought' (2016) 21 *Journal of Conflict and Security Law* 575.

[123] 关于不同理论框架和方法,主要参见: Anne Orford and Florian Hoffmann (eds), *The Oxford Handbook of the Theory of International Law* (OUP 2016).

[124] 关于这些辩论,主要参见: Christian J Tams, 'The Development of International Law by the International Court of Justice' in Enzo Cannizzaro et al, *Decisions of the ICJ as Sources of International Law?*, vol.II (Gaetano Morelli Lectures Series, International and European Papers Publishing 2018); Alain Pellet, 'Decisions of the ICJ as Sources of International Law?' in Cannizzaro et al, 同上注; Jean d'Aspremont, 'The International Court of Justice and the Irony of System-Design' (2017) 8 *Journal of International Dispute Settlement* 366; Loretta Chan, 'The Dominance of the International Court of Justice in the Creation of Customary International Law' (2016) 6 *Southampton Student Law Review* 44.

1.4 本书的内容

除引言(第1章)和结论外,本书由九章构成,分为三编。

第一编分析网络行动的归因问题。本编将归因问题解构为三个子议题并按此逻辑组织行文:归因于机器、归因于个人和归因于国家。第2章聚焦对发起或中转网络行动的机器和个人施害者的归因。第3章分析可能被收集并用于将网络行动归因于一国的证据。第4章是本编的核心,聚焦如何对代表聚合实体(aggregate entity)实施的网络行动进行归因,主要侧重讨论归因于国家的情形。

第二编由四章组成,聚焦网络行动的合法性。第5章认为,大部分网络行动本身并不违法,但根据其实施方式和后果,则可能构成不法行为。换言之,该章分析了网络行动可能构成国际不法网络行为的情形。一国实施网络行动存在三种可能违反国际法的情形:侵犯领土主权、非法干涉,以及干预人权。第6章论述了反战争法的可适用性,识别出网络行动可能构成使用武力或武装攻击的情形。该章的结论是,绝大多数国家支持的网络行动没有达到反战争法门槛或者说网络战门槛。因此,有必要分析反战争法以外的大多数网络行动,确认第5章关于国际不法网络行为的核心特征。在前几章的基础上,第7章进一步说明如何在特定情况下排除某些网络行动的国际不法性。第8章分析了从其领土内中转或发起网络行动的国家所承担的审慎义务。

第三编以前两编的研究结果为基础。如果网络行动可归因于一国(第一编)并具有国际不法性(第二编),在满足这两个累积性标准之后,受害国即有权向施害国主张责任。第9章审查了实施网络行动的国家责任的后果以及赔偿如何发挥作用。除承担责任之外,施害国还必须对其网络行动造成的损害提供充分赔偿。第10章讨论受害国为迫使责任国履行其义务所能采取的自助措施,并重点分析了三种主要的自助措施,即反报、反措施和自卫。

第一编　归因

归因是指将行动或行为归因于施害者的过程。它旨在回答"是谁干的"这一问题。从归因的角度来看,网络行动对国际安全和国际法构成的真实挑战之一是:至少到目前为止,要清楚识别网络行动的施害者——无论是作为个人还是国家代理人——并确定其行为是否可归因于国家或其他国际法主体,都极为困难,甚至是不可能的。

本编旨在从国际法角度探讨归因过程,最终希望回答以下问题:怎样才能够将网络行动归因于被指控的支持国?本编关注的归因问题也称归责,这一法律过程旨在根据国际法确定一项作为或不作为能否定性为一国的行动。这个问题至关重要,因为在没有进行归因的情况下,无法对大部分网络行动作出应对。例如,如果没有进行归因,就不能采取防卫措施和反措施,也不能主张施害国的责任。质言之,是否能够识别网络行动的施害者,包括机器、个人或国家,将决定一国在技术或法律层面如何反应。

归因过程同时具有法律性、事实性和技术性。① 网络行动的归因一般可分为三层:第一,归因到用于准备、发起或中转网络行动的机器;第二,归因于实施网络行动的个人;第三,归因于一个聚合实体,通常情况下是国家。② 然而必须指出的是,这三个层面是各有区别且相互独立的,如在不知道实施网络行动的机器或所涉个人的情况下,也有可能识别出责任国。

此外,在考虑归因过程之前,有必要清晰识别出网络行动及其性质和

---

① Nicholas Tsagourias,'Cyber Attacks,Self-Defence and the Problem of Attribution' (2012) 17 Journal of Conflict and Security Law 229,233;Matt Tait,'On the Need for Official Attribution of Russia's DNC Hack' (Lawfare,28 July 2016) https://www.lawfareblog .com/need-official-attribution-russias-dnc-hack.

② Susan Landau and David D Clark,'Untangling Attribution',Proceedings of a Workshop on Deterring Cyberattacks:Informing Strategies and Developing Options for U. S. Policy (National Academies Press;Committee on Deterring Cyberattacks:Informing Strategies and Developing Options 2010) 37;David Clark,Thomas Berson and Herbert S Lin (eds),*At the Nexus of Cybersecurity and Public Policy*:*Some Basic Concepts and Issues* (National Academies Press 2014) 58;Marco Roscini,'Evidentiary Issues in International Disputes Related to State Responsibility for Cyber Operations' (2015) 50 *Texas International Law Journal* 233,240;这篇论文在微小改动之后再次出版:Marco Roscini,'Evidentiary Issues in International Disputes Related to State Responsibility for Cyber Operations' in Claire Finkelstein,Jens David Ohlin and Kevin Govern (eds),*Cyber War*:*Law and Ethics for Virtual Conflicts* (OUP 2015).

后果。③ 当然,这个程序并非仅限于网络行动,而是适用于所有调查行动。国际法院在尼加拉瓜案中强调了这一点,其认为:

> 本案中法院的主要困难之一是确定与争议有关的事实。[……]有时,对于行为是否确实发生似乎没有争议,但关于谁是行为主体,却存在相互矛盾的报告,抑或是缺乏证据。因此,问题不在于将行为归因于某一特定国家以确定责任的法律程序,而在于追查施害者身份的实物证据这一前置程序。然而,该行动的实际发生过程可能被刻意掩盖在秘密之中。在此种情况下,法院首先需要努力确定实际发生的情况,然后才能进入下一阶段,以审查该行动(如经证明)是否可归责于被归因的国家。④

对于网络行动而言,行为"掩盖在秘密之中"的问题尤为突出。受害国首先必须确定自己确为网络行动的受害者,并对真实发生的情况予以还原和确认。例如,在Stuxnet的案例中,纳坦兹核设施离心机的不正常过早磨损可能首先系因离心机的故障或缺陷导致,而非恶意软件。识别网络行动及其影响是归因过程中的一个首要步骤。

国家是一个抽象实体。因此,它只能通过一人或多人作为媒介采取行动。在判断某项行动是否可归因于一国时,具体实施行动的个人即被视为国家得以行动的媒介。要对这个问题展开研究,需要优先解决网络行动归因于特定机器和个人施害者的问题。归因于机器或个人主要是技术和鉴定方法的问题,而归因于国家则主要基于国际法和事实证据。显然,国际法无法解决归因的技术问题。将网络行动归因于一国取决于现有的事实证据,因此可能需要依赖对机器或责任人的识别。本书第一编即详细论述归因的三个子议题,并特别注重从国际法视角分析归因问题。

值得指出的是,证据问题是网络行动归因过程中的一个重要维度。由于这部分的重点是归因于国家,因此关于证据问题的一章专门讨论了

---

③ Susan W Brenner, '"At Light Speed": Attribution and Response to Cybercrime/Terrorism/Warfare' (2007) 97 *The Journal of Criminal Law and Criminology* (1973-) 379, 380 and 405.

④ Military and Paramilitary Activities in and against Nicaragua (Nicaragua v. United States of America) (Merits) [1986] ICJ Reports 14, 38-39, para 57.

收集和使用证据,以将其用于网络行动归因于一国。本书还讨论了将网络行动归因于一国的证明标准,相关分析表明:归因于机器和个人的主要技术和鉴定过程与归因于国际法主体的法律过程之间存在联系。

  第一编的结构是围绕归因的三个子议题和证明标准问题而展开:第 2 章侧重于归因于机器和个人;第 3 章分析了可能被收集并用于将网络行动归因于一国的证据;第 4 章聚焦归因于实体,并侧重对国家这一主要的国际法主体的归因。

网络行动与国际法

第一编 归因

2. 归因于机器或个人:一个技术过程

网络行动的实施通常涉及一个或多个施害者和计算机系统。一方面,计算机系统可用于创建、发起或中转网络行动。另一方面,即便网络行动是以高度自动化的方式实施,也总需要有人参与到具体行动之中。对于国家实施或支持的网络行动而言,这一观察也同样适用。易言之,作为一个抽象实体,国家必须依靠个人代表它来实施行动。

因此,本章讨论归因问题的重点落在归因于参与创建、发起或中转网络行动的计算机系统和个人。这些归因过程主要是技术性的,其主要以鉴定分析为基础。

归因的三个子议题——归因于机器、归因于个人和归因于国家——相互独立。事实上,用于实施网络行动的计算机系统的所有者可能并非网络行动的实际行为人,不论该所有者是个人还是国家。因此,即使识别出计算机系统,可能也无助于识别个人施害者或者支持网络行动的国家。尽管在某些情况下,识别网络行动背后的个人是识别支持国的第一步,但这并非先决条件。清楚确定一项网络行动是谁干的或者说涉及了哪些人,对于分析这些人与被指控责任国的关系来说,是最基本的要求。同样,对于确定网络行动是否由国家支持或实施而言,归因于机器或个人施害者可能是重要的,在某些情况下甚至至关重要。因此,在本书第4章讨论归因于一国之前,有必要首先分析归因的前两个子议题。

本章由两部分组成,分别涉及归因于机器(2.1)和归因于个人(2.2)。

2.1 归因于机器

显而易见,对于网络行动的实施而言,计算机扮演着核心角色。它们被用于创建、发起和传输网络行动。一项网络行动可能涉及、影响或关联各种计算机。部分计算机可能是在未经其所有者或合法使用者同意,甚至在他们不知情的情况下被使用。将网络行动归因于机器是重要的;然而,对于归因于个人施害者或支持国而言,这一点可能并不总是有所帮助。①下一节(2.2)将讨论对个人施害者的归因,而对支持国的归因将在第4章阐述。

识别发起网络行动的计算机可能系为实现不同的目的,如既可能是为防止、减轻网络行动,也可能是为了对网络行动进行报复和惩罚。识别的时机至关重要:首先,在网络行动发起之前识别可能用于发起网络行动的计算机,可以使潜在受害者能够提前保护目标系统。在网络行动实施前作出识别,其作用主要体现在技术层面,特别是用于及时对目标系统的保护机制进行相应调整。其次,在网络行动实施过程中识别其来源,这将使采取措施减轻该项网络行动并限制其影响成为可能。在网络行动实施中作出识别之后,受害者能够据此采取技术措施以减轻对目标系统的影响,或者在得到国际法的授权时,针对责任国采取自卫措施或反措施。② 最后,在网络行动结束后作出识别,有助于进行报复或惩罚,③其主要具有法律和政治意义上的目的。

为了识别计算机,可能有必要查明计算机的所有者,即便该所有者或许并非网络行动的实际施害者。此外,如能识别网络行动源头的计算机,就可能知晓网络行动的发起地点。④ 对于确定网络行动真正的施害者而言,这一信息可能非常有用。⑤ 此外,这一信息也可能有助于要求发起或中转网络行动的领土国承担审慎义务。⑥

有几种方法可以识别用于实施网络行动的计算机。其中最简单的方

---

① Susan Landau and David D Clark,'*Untangling Attribution*' in *Proceedings of a Workshop on Deterring Cyberattacks: Informing Strategies and Developing Options for U.S. Policy* (National Academies Press; Committee on Deterring Cyberattacks: Informing Strategies and Developing Options 2010) 37; Jack Goldsmith,'How Cyber Changes the Laws of War' (2013) 24 *European Journal of International Law* 129,132.

② 参见后文第10章。

③ Landau and Clark (n 1) 34-35.

④ David A Wheeler and Gregory N Larsen,*Techniques for Cyber Attack Attribution* (IDA Paper P-3792,Institute for Defense Analyses 2003) 1; Landau and Clark (n 1) 33.

⑤ Susan W Brenner,'"At Light Speed": Attribution and Response to Cybercrime/Terrorism/ Warfare' (2007) 97 *Journal of Criminal Law and Criminology* 379,411.

⑥ 参见后文第8章。

法是定位特定计算机的识别号,如其序列号、MAC 地址或 IP 地址。⑦ 定位 IP 地址,是识别在互联网中工作的计算机的最可行也最有用的方法。⑧

2.1.1 如何识别机器

本小节详细介绍了识别源头计算机的三类主要识别号:序列号(2.1.1.1)、MAC 地址(2.1.1.2)和 IP 地址(2.1.1.3)。

2.1.1.1 序列号

序列号或序列代码是由生产商赋予特定产品的唯一标识号,用于在一系列产品中标识自身。例如,一台计算机的序列号由其生产商分配,而其各组成部件的序列号则由对应的制造商来分配。软件也以序列号标识,这也被称为产品标识号。这些序列号有多种用途,如用于识别用户使用软件的权利。

序列号通常镌刻在硬件设备上,或者内嵌于软件代码之中。就计算机而言也是如此——序列号既刻在其硬件上,也嵌在运行它的代码中。序列号不仅能使生产商在一系列产品中识别特定产品,还可用于辨识失窃产品。一般而言,在确定网络行动施害者的过程中,硬件和大部分案例中使用的机器是不易获取的,只能找到嵌入在软件中的序列号。

镌刻在制成品上的序列号可以通过各种方式去除,如锉平、刮削或抛光,并且在去除后还可以再添加上伪造的号码。⑨ 嵌入在软件中的序列号可以通过更改代码来伪造或替换。

2.1.1.2 MAC 地址

MAC 地址也称物理地址,是制造商为任一网络接口控制器(Network Interface Controller,NIC)所分配的唯一识别号。NIC 是将计算机连接到网络的硬件组件。每个 NIC 都有唯一的 MAC 地址。如果一台计算机有多个 NIC,其可能有多个 MAC 地址来对应这些 NIC,如以太网端口、无线连接或

---

⑦ David Clark, Thomas Berson and Herbert S Lin (eds), *At the Nexus of Cybersecurity and Public Policy: Some Basic Concepts and Issues* (National Academies Press 2014) 58.

⑧ Landau and Clark (n 1) 26.

⑨ Suzanne Bell, 'Serial Number Restoration', *A Dictionary of Forensic Science* (Online Version, OUP 2013).

蓝牙连接。简言之,可以通过计算机 NIC 的 MAC 地址来识别特定计算机。

A. 定义

MAC 地址有两种不同格式:48 位数字的 MAC 地址称为 MAC-48 或 EUI-48,⑩ 64 位数字的 MAC 地址称之为 EUI-64。⑪ EUI-48 是最常见的一种,用于标识连接到 Wi-Fi、蓝牙和大多数 IEEE 802 网络的设备。EUI-64 主要用于标识连接到 IPv6 或火线(FireWire)的设备。MAC 地址由电气和电子工程师协会(IEEE)管理。IEEE 注册机构(registration authority)为每个注册的组织(包括供应商、制造商或其他实体)分配一个唯一的 24 位标识号,作为该组织的唯一标识符(Organizationally Unique Identifier,OUI)。⑫

MAC 地址的前三个八位字节⑬对应于 NIC 制造商的 OUI。MAC 地址实际上是由 OUI 号码持有者分配的 24 位 OUI 串联而成的,并且这对每个 NIC 都是特有的。当然这是对于 EUI-48 而言的,即地址的前 3 个 8 位字节或后 3 个字节⑭,构成 MAC 地址的后 3 个 8 位字节或前三个字节;如果是在 EUI-64 的情况下为 40 位,即由地址的前 5 个 8 位字节和后 5 个 8 位字节,构成了 MAC 地址的后 5 个 8 位字节或前 5 个字节。因

---

⑩　EUI stands for Extended Unique Identifier.

⑪　'Guidelines for 48-Bit Global Identifier (EUI-48)' (IEEE Standards Association) https:// standards.ieee.org/develop/regauth/tut/eui48.pdf;'Guidelines for 64-Bit Global Identifier (EUI-64)' (IEEE Standards Association) https://standards.ieee.org/develop/regauth/tut/ eui64.pdf.

⑫　2014 年 1 月 1 日,IEEE 引入了新的 OUI 层结构;现在有三个不同大小的 MAC 地址块可用:一个称为 MAL(包括 OUI)的 24 位标识符、一个称 MA-M 的 28 位标识符和一个名为 MA-S 的 36 位标识符。'Guidelines for Use of Extended Unique Identifier (EUI),Organizationally Unique Identifier (OUI),and Company ID (CID)' (IEEE Standards Association) https://standards.ieee.org/develop/regauth/tut/eui.pdf.

⑬　"octet"术语对应"8 个连续位,即一个 8 位字节。在术语具有事先存在的硬件关联情况下,如在具有 7 位字节、9 位字节和 12 位字节的机器中,使用该术语代替字节以防止混淆"。Andrew Butter- field,Gerard Ekembe Ngondi and Anne Kerr (eds),A Dictionary of Computer Science (7th edn,OUP 2016)"Octet"。

一个"比特"表示二进制系统中的一个 0 或者 1。比特被用于表示内部计算数字、字符和指令,是计算机内任何二进制系统中存储信息的最小单位。指代'Bit'。

⑭　一个"字节"表示计算机硬件可以将其视为一个单位的固定位数。它是一个字的细分,尽管偶尔会遇到 6、7 或 9 位,但几乎都包含 8 位。字母 B 和 b 通常用作字节的符号,如 MB(兆字节)和 GB(千兆字节),尽管在这种情况下该词常常写成全称,如 Mbyte。指代'Byte'。

此,这使得人们可以通过任一 NIC 的 MAC 地址中的 OUI 来识别该产品的供应商或制造商。OUI 的名单可在 IEEE 网站上公开获得,除非注册的组织付费退出公开名单。⑮ 例如,OUI 十六进制数 CC-46-D6、00-CD-FE 和 00-1A-11 分别对应思科公司、苹果公司和谷歌公司。

并非所有 MAC 地址都符合 IEEE 标准,有些 MAC 地址并未包含 OUI。在局域网(LAN)介质上传输的第二个比特,称为通用/本地管理地址位(U/L 位),用于指示 MAC 地址是属于通用类型还是本地类型——前者对应数值为 0,符合 IEEE 的标准;后者对应数值为 1。⑯ 本地分配的 MAC 地址不必符合 IEEE,因此不必包括 OUI。

在局域网中,联网的计算机在建立 IP 连接之前,首先会发送地址解析协议(Address Resolution Protocol,ARP)数据包。ARP 数据包携带 MAC 和 IP 地址用于标识发送者。

B. 使用 MAC 地址进行识别

MAC 地址可用于识别和监视设备的使用者。连接到 Wi-Fi 网络的设备通过接入点交换数据包,在 Wi-Fi 场景下,这些数据包称为帧(frames)。这些帧中的有效载荷或内容数据⑰可以被加密,但头部(headers)始终为明文而不加密。被设备用来连接 Wi-Fi 网络的 NIC 的 MAC 地址,就是属于帧头的一部分,因此可明文获取。支持 Wi-Fi 功能的设备即使未连接到 Wi-Fi 网络,也会继续传输帧,其中就包括其 MAC 地址。人们可以使用多种技术来跟踪连接到网络的 MAC 地址,并且识别其所有者。⑱

---

⑮ IEEE Standards Association, Registration Authority, https://regauth.standards.ieee.org/standards-ra-web/pub/view.html#registries.

⑯ 'Standard Group MAC Addresses: A Tutorial Guide' (IEEE Standards Association) https://standards.ieee.org/develop/regauth/tut/eui48.pdf.

⑰ "有效载荷"或"内容数据"是指"为实现从发送方到接收方的传输,在一个持有由终端用户提供信息的网络中的一个单元或数据包的部分"。Andrew Butterfield, Gerard Ekembe Ngondi and Anne Kerr (eds), *A Dictionary of Computer Science* (7th edn, OUP 2016), 'Payload'; see also 同上注,'Body'.

⑱ Mathieu Cunche, 'I Know Your MAC Address: Targeted Tracking of Individual Using Wi-Fi' (2013) 10 *Journal of Computer Virology and Hacking Techniques* 219; Glenn Wilkinson, 'Snoopy: A Distributed Tracking and Profiling Framework', sensepost.com (25 September 2012) www.sensepost.com/blog/2012/snoopy-a-distributed-tracking-andprofiling-framework/; Brendan O'Connor, CreepyDOL: Cheap, Distributed Stalking (Black Hat USA 2013) www.youtube.com/watch?v=zojjHWSTdy8.

政府机构、市场营销公司和位置分析公司可以收集连接到特定网络的设备的 MAC 地址,并识别这些设备及其位置。爱德华·斯诺登(Edward Snowden)在一次采访中声称,美国国家安全局有能力"通过监控城市中每个人的 MAC 地址(每部手机、计算机和其他电子设备发出的唯一识别符)来绘制这些人的移动地图"。[19] 在伦敦,一些特定垃圾箱会记录从其旁边经过的连接到 Wi-Fi 设备的 MAC 地址。通过这些记录的数据,后台公司能够在初次记录后识别出反复通过特定路线的人员身份。这些数据随后会被用于广告目的。[20]

记录和监控 MAC 地址会带来一系列潜在影响,如导致隐私担忧。一些企业已经开始采取相应的措施来应对此种风险。例如,苹果公司已经决定,所有运行 iOS 7 及更高版本的产品将在扫描网络时生成一个随机的 MAC 地址。[21] 这意味着这些设备在每次联网时会被赋予不同的 MAC 地址,从而使跟踪和监视更加困难。

C. MAC 地址欺骗

MAC 地址是永久性的,是在 NIC 上进行的硬编码,因此有时称为烧录地址。然而,通过将 NIC 连接到一个特定网络,或者在连接网络时隐藏计算机的真实身份,可以实现 MAC 地址欺骗。[22]

即使 MAC 地址可以伪造,但它仍是识别计算机的有用手段。然而,如前所述,IP 地址通常是识别发起网络行动的计算机源头的更好方法。下一小节将更详细地介绍 IP 地址。

---

[19] James Bamford,'Edward Snowden:The Untold Story',WIRED(August 2014)www.wired.com/2014/08/edward-snowden/.

[20] Siraj Datoo,'This Recycling Bin Is Following You'(Quartz,8 August 2013)http:// qz.com/112873/this-recycling-bin-is-following-you/.

[21] Leo Mirani,'A Tiny Technical Change in IOS 8 Could Stop Marketers Spying on You'(Quartz,9 June 2014)http://qz.com/218437/a-tiny-technical-change-in-ios-8-couldstop-marketers-spying-on-you/.

[22] Edgar D Cardenas, *MAC Spoofing-An Introduction* (SANS Institute,GIAC Security Essentials Certification 2003)www.giac.org/paper/gsec/3199/mac-spoofing-an-introduction/105315;Mauno Pihelgas,'Back-Tracing and Anonymity in Cyberspace' in Katharina Ziolkowski(ed), *Peacetime Regime for State Activities in Cyberspace:International Law,International Relations and Diplomacy* (NATO Cooperative Cyber Defence Centre of Excellence 2013)35-36.

2.1.1.3 IP 地址

追踪互联网协议(IP)地址是识别发起网络行动的计算机的最常用手段。正如大卫·克拉克(David D Clark)和苏珊·兰道(Susan Landau)所指出的:

> 从 IP 地址切入,可以尝试推导出除个人层面以外的归因形式。一般而言,IP 地址都是成区段地分配给互联网服务提供商(ISP)、公司、大学、政府等。通常情况下,地址块的"所有者"是公开可查的,可以通过查核这些记录来确定特定 IP 地址的归属。这可以为调查网络行动的源头以及后续的事实查明提供基础。[23]

本小节将介绍 IP 地址的基本信息(A),并简要描述如何将 IP 地址用于识别目的(B)。最后,揭示 IP 地址很容易被伪造或欺骗,以及为何应该谨慎使用它们(C)。

A. IP 地址简介

所有连接到网络的设备都需要通过一个网络地址来在网络中标识自身。互联网和许多其他类型的计算机网络通常使用传输控制协议(TCP)和互联网协议(IP)来实现此功能,这两种协议最初是专门为 DARPA(美国国防部高级研究计划局)网开发的。连接到互联网或使用互联网协议的网络的任何设备,均以 IP 地址作为标识。需要注意的是,IP 地址与 MAC 地址不同,它指向网络接口而不是主机本身。事实上,IP 地址是指网络上主机——如一台计算机——的网络接口,而不是直接指向该主机。每个 IP 地址都属于特定的计算机网络。例如,一台连接到两个不同网络的计算机将会被分配两个不同的 IP 地址,一个 IP 地址对应一个网络。

互联网是网际网,互联网协议是实现此种网际网结构,将各种网络结合在一起的关键黏合剂。[24] 所有连接到互联网的网络都必须遵循互联网协议的规范,以 IP 数据包的形式发送传输数据。数据从发送方传输到目的地机器的过程可以简要描绘如下:拟发送的数据由发送方封装成 IP 数

---

[23] Landau and Clark (n 1) 33.

[24] Andrew S Tanenbaum and David J Wetherall, *Computer Networks* (5th edn, Prentice Hall 2012) 438.

据包,这些数据包由互联网上的 IP 路由器转发,直至到达它们的目的地。每个 IP 数据包均独立传输,并且可能通过不同的网络路径传输。这些传输路径由 IP 路由协议来确定。当所有 IP 数据包都到达目的地机器时,它们会被重新组装成原始数据包。㉕ 每个 IP 数据包的头部都包括发送端和目的端的 IP 地址。

目前使用的 IP 地址有两个版本。IP 地址版本 4(IPv4)由 32 位数字组成,也是现行 IP 的主要版本。㉖ IPv4 地址以"点分十进制表示法"进行规范表示,包含四个 0 到 255 之间的十进制数。每个数字代表一个由八个比特构成的字节。然而,由于接入互联网的设备呈指数级暴增,导致可用 IPv4 地址几近耗尽,这促使人们创建并部署 128 位的 IP 地址,即 IP 地址版本 6(IPv6)。㉗ IPv6 地址以"十六进制表示法"表示,包含 8 个十六进制数字,每个十六进制数由 16 个比特构成,其范围从 0 到 ffff(对应十进制的 0 到 65535)。㉘ IPv4 最初于 1983 年部署,IPv6 则是自 1999 年开始部署。㉙

每个 IP 地址由两部分组成:顶部位的网络地址或前缀,以及底部位的主机地址。㉚ 网络地址或前缀用于标识主机㉛所连接的网络,对连接到

㉕ Guy Pujolle, *Les réseaux* (6th edn, Eyrolles 2008) 398-399; Tanenbaum and Wetherall (n 24) 438.

㉖ Jon Postel, 'RFC: 791-Internet Protocol: DARPA Internet Program Protocol Specification' (IETF 1981) http://tools.ietf.org/html/rfc791.

㉗ S Deering and R Hinden, 'RFC 2460-Internet Protocol, Version 6 (IPv6) Specification' (IETF 1998) http://tools.ietf.org/html/rfc2460.

㉘ 十六进制是一种以 16 而不是 10 为基数的编号系统,使用符号 0、1、2、3、4、5、6、7、8、9、a、b、c、d、e 和 f,0 在十进制和十六进制中具有相同的值,f 等于 15。

㉙ 'Number Resources' (IANA) www.iana.org/numbers.

㉚ 在某些情形中,网络被分成多个子网。在这种情况下,IP 地址的网络地址部分保持不变并指代网络;相反,主机地址由两个子部分组成,一个子部分是子网号,另一个则是主机号。Jeffrey Mogul, 'RFC 917-Internet Subnets' (IETF 1984) https://tools.ietf.org/html/rfc917. See also Tanenbaum and Wetherall (n 24) 444-445.

㉛ 主机或主计算机是指连接到网络并提供服务,而不是简单地充当存储转发处理器或通信交换机的计算机。主机的大小从小微型计算机到大型分时或批量主机。许多网络具有分层结构,其中通信子网络为主机计算机提供分组交换服务,以支持分时、远程作业入口等。一个层次结构中的一个主机计算机可以充当另一个层次的分组或消息交换机。Andrew Butterfield, Gerard Ekembe Ngondi and Anne Kerr (eds), *A Dictionary of Computer Science* (7th edn, OUP 2016), 'Host'.

同一网络的所有主机来说,这部分地址都是相同的。

通过 IP 地址中的网络地址,路由器将 IP 数据包转发到目的地网络,主机地址则用于在目的地网络将 IP 数据包转发到接入这个网络的目的地主机。

IP 地址由互联网号码分配管理局(IANA)管理,而互联网号码分配管理局是互联网名称和号码分配公司(ICANN)的一个部门。IP 地址的分配方式是分等级的。首先,互联网号码分配管理局将 IP 地址分配给区域互联网注册中心(RIR)和一些其他机构。[32] 现有五个区域互联网注册中心:非洲网络信息中心(AFRINIC)、美国互联网号码注册中心(ARIN)、亚太网络信息中心(APINC)、拉丁美洲和加勒比网络信息中心(LACNIC)和欧洲 IP 资源网络协调中心(RIPE NCC)。随着 2003 年数字资源组织(NRO)的成立,五个区域互联网注册中心之间的合作已经制度化。[33] 其次,区域互联网注册中心将 IP 地址分配给国家互联网注册中心(NIR)、地方互联网注册中心组织(LIR)、互联网服务提供商(ISPs),或直接分配给其地理服务区域内的终端用户。最后,这些机构再为终端用户分配 IP 地址。

例如,连接到欧洲大学学院的计算机,其 IP 地址以前缀 192.167.90.0/24 开头。由于互联网号码分配管理局已将前缀 192.0.0.0/8(范围从 192.0.0.0 到 192.255.255.255)分配给美国互联网号码注册中心,因此可以很容易地追踪该 IP 地址。[34] 在分配的 IP 地址范围内,美国互联网号码注册中心将前缀为 192.167.0.0/16(范围为 192.167.0.0 至 192.167.255.255)的 IP 地址分配给欧洲 IP 资源网络协调中心。最后,前缀为 192.167.90.0/24 的 IP 地址(范围为 192.167.90.0 至 192.167.90.255)已由欧洲大学学院的互联网服务提供商——意大利学术和研究网络(GARR),在

---

[32] 对于 IPv4,see 'IANA IPv4 Address Space Registry' (IANA,10 August 2015) www.iana.org/assignments/ipv4-address-space/ipv4-address-space.xhtml. For IPv6,see:'Internet Protocol Version 6 Address Space' (IANA,22 October 2015) www.iana.org/assignments/ipv6-address-space/ipv6-address-space.xhtml;'IPv6 Global Unicast Address Assignments' (IANA,28 January 2016) www.iana.org/assignments/ipv6-unicast-addresssassignments/ipv6-unicast-address-assignments.xhtml.

[33] 'NRO Memorandum of Understanding',www.nro.net/documents/nro-memorandum-ofunderstanding.

[34] 'IANA IPv4 Address Space Registry' (n 32).

欧洲IP资源网络协调中心注册。

但是,有些IP地址是本地分配给使用TCP/IP协议但未连接到互联网的私人网络,这通常被称为私人IP地址。互联网号码分配管理局为私人IP地址保留了特定范围的地址段。具言之,IPv4为私人IP地址保留了三块地址段:10.0.0.0至10.255.255.255(前缀10/8)、172.16.0.0至172.31.255.225(前缀172.16/12)和192.168.0.0至192.168.255.255(前缀192.168/16)。㉟ 而IPv6的私人IP地址都是由前缀FC00::/7进行标识。㊱ 私人IP地址并非全球唯一,但却是局部唯一的。通过使用网络地址转换(NAT)的路由器,这类私人网络可以连接到互联网。㊲ 这个路由器是该网络与互联网的唯一网络接口,只有一个IP地址。该路由器会转化由其传输的每个IP数据包头部的地址信息。随着IPv4的耗尽,这种扩网解决方案变得非常流行。

B. 通过IP地址进行识别

2016年发生的针对民主党全国委员会(DNC)的黑客事件,㊳提供了一个通过IP地址进行识别的生动事例。俄罗斯联邦情报局(GRU)和俄罗斯联邦安全局(FSB)这两个俄罗斯国家级情报机构被怀疑是这一起网络行动的施害者。导致他们身份被暴露的重要原因是,这些机构所使用的是之前网络行动中已经使用过的IP地址——176.31.112[.]10。2015年针对德国联邦议院的网络行动也使用了这个IP地址,其当时就被认定

㉟ Y Rekhter et al,'RFC 1918-Address Allocation for Private Internets'(IETF 1996) https://tools.ietf.org/html/rfc1918.

㊱ R Hinden and B Haberman,'RFC 4193-Unique Local IPv6 Unicast Addresses'(IETF 2005) https://tools.ietf.org/html/rfc4193. However, the prefix FC00::/7 has been marked as deprecated by IANA since 2014; see:'Internet Protocol Version 6 Address Space'(n 32); C Huitema and B Carpenter,'RFC 3879-Deprecating Site Local Addresses'(IETF 2004) http://tools.ietf.org/html/rfc3879.

㊲ Pujolle (n 25) 420-427.

㊳ 参见下文第73—76页,第84—85页,第231—237页。

属于俄罗斯联邦情报局。㊱ 本案的有趣之处在于,所识别出的 IP 地址并非俄罗斯联邦情报局或俄罗斯联邦安全局的实际 IP 地址,而是他们在以前行动中曾经使用过的服务器 IP 地址。在这个事例中,IP 地址相当于施害者在犯罪现场留下的"一组指纹"。㊵ 换言之,它们是施害者行为的签名。虽然网络行动的施害者可能使用多种技术隐藏其真实 IP 地址,但是如果在不同的网络行动中使用相同的 IP 地址,哪怕这些 IP 地址是欺骗或伪造得到的,也仍然有助于将这些网络行动关联起来。因此,它们可能构成确定施害者身份的重要线索,针对民主党全国委员会的黑客事件就是如此。然而,值得注意的是,有时候为了误导归因,施害者也有可能实施"假旗"行动,使网络行动指向其他主体。㊶

C. IP 地址欺骗

IP 地址欺骗的要义在于,用伪造的 IP 地址替换发送方在 IP 数据包头部标记的 IP 地址。它有两个主要目标:首先,模拟发送数据包的 IP 地址,发送者可以实现身份隐匿。其次,通过提供一个能够使数据包发送至特定网络的 IP 地址,IP 地址欺骗可用于绕过防火墙等数据包过滤系统。例如,发送者通过实施 IP 地址欺骗,可以使来自网络外部计算机发送的数据包看上去是来自目的地计算机所处的网络,从而逃过目的地计算机防火墙的封阻。

TCP 协议让伪造 IP 地址无法轻易得逞。实际上,TCP 协议要求接收方和发送方之间相互通信来保证可靠的传输,这种机制可能会阻止伪造的 IP 地址。接收方必须确认收到发送方的 IP 数据包,而发送方必须确认收到接收方的确认。如果 IP 数据包头部的源字段中有伪造的 IP 地址,那么接收方也会通过伪造的地址试图与发送方进行通信,这种

㊴ Thomas Rid, 'All Signs Point to Russia Being behind the DNC Hack' (VICE, Motherboard, 25 July 2016) http://motherboard.vice.com/read/all-signs-point-to-russia-beingbehind-the-dnc-hack; 'Cyberangriff auf Bundestag: Deutsche Beamte beschuldigen russischen Militärgeheimdienst', Spiegel (30 January 2016) www.spiegel.de/netzwelt/netzpolitik/deutscher-bundestag-russischer-geheimdienst-unter-hacker-verdacht-a-1074641.html; 'Findings from Analysis of DNC Intrusion Malware' (Threat Geek, 20 June 2016) www.threatgeek.com/2016/06/dnc_update.html.

㊵ Rid (n 39).

㊶ Duncan B Hollis, 'Russia and the DNC Hack: What Future for a Duty of Nonintervention? -Opinio Juris' (OpinioJuris, 27 July 2016) http://opiniojuris.org/2016/07/25/russia-and-the-dnc-hack-a-violation-of-the-duty-of-non-intervention/; Georg Kerschischnig, Cyberthreats and International Law (Eleven International Publishing 2012) 12.

通信显然无法建立。要避免这种情况出现,就需要修改 IP 数据包头部中的 TCP 字段,以使那些含有伪造 IP 地址的 IP 数据包被接收方接收。

(i) IP 地址欺骗和 DoS 攻击

IP 地址欺骗对拒绝服务(DoS)攻击特别有用。DoS 攻击一般是向目标系统发送大量虚假访问请求,从而达到目标用户无法正常访问系统的目的。攻击者进行 IP 地址欺骗有两个优点:首先,它可以避免自身定位暴露,增加识别难度;其次,由于不同的网络连接对应不同的源 IP 地址,这使得过滤 DoS 攻击也会更加困难。

IP 地址欺骗还可以用于分布式反射拒绝服务(DrDoS)攻击的实施。㊷ 在一个 DrDoS 攻击中,攻击者不会将其请求发送到目标服务器,而是发送到称为反射器的其他服务器,然后伪造源 IP 地址以重新定向到目标 IP 地址。这会导致所有的回复都会发送到目标服务器。这种攻击模式有两个优点:第一,它隐藏了攻击者的 IP 地址;第二,虽然请求可能只有几个八位字节,但回复的信息可能要大得多,甚至可以多达几千个八位字节。这意味着反射器的使用放大了攻击效果。㊸

爱沙尼亚政府指控俄罗斯是 2007 年爱沙尼亚所遭受的网络行动的幕后黑手,但也承认其并没有相关证据支持这项指控。㊹ 在该起事例中,有些 IP 地址确实指向俄罗斯境内的一些地点,其中还有部分据称属于俄

㊷ Christian Rossow, Amplification Hell: Revisiting Network Protocols for DDoS Abuse (Internet Society 2014) www.internetsociety.org/sites/default/files/01_5.pdf; Vern Paxson,'An Analysis of Using Reflectors for Distributed Denial-of-Service Attacks' (ICIR,26 June 2001) www.icir.org/vern/papers/reflectors.CCR.01/reflectors.html.

㊸ 'Alert (TA14-017A): UDP-Based Amplification Attacks' (US-CERT, 19 August 2015) www.icir.org/vern/papers/reflectors.CCR.01.pdf.

㊹ 'Estonia Has No Evidence of Kremlin Involvement in Cyber Attacks' (RIA Novosti, 9 June 2007) http://en.ria.ru/world/20070906/76959190.html.

罗斯政府的计算机。㊺ 俄罗斯否认与此事有关。㊻ 一项调查显示,这次网络行动并非来自单一地点,而是来自 178 个国家的计算机。㊼ 针对爱沙尼亚的网络行动几乎不可能涉及位于这么多国家的施害者。更有可能的是,施害者使用了多种技术来隐藏其身份和位置。首先,DDoS 攻击可能依赖僵尸网络——大量未经计算机所有者许可、被控制的计算机组成的网络,而僵尸网络通过指挥与控制(Command & Control,C& C)服务器进行控制。僵尸网络中使用的被控计算机可能位于世界各地,这就是导致数量众多的国家被识别为攻击源的原因。其次,一些攻击可能采用了前文描述的 DrDoS 攻击,并使用了其他国家或地区的主机作为反射器。最后,施害者可能使用了跃点等技术手段连接到它们的指挥与控制服务器而非直接连接,这使归因更加困难。此例说明,对 DDoS 攻击的施害者进行识别可能极为复杂。

D. 关于 IP 地址的结论

在对用于实施网络行动或作为中间系统的计算机进行技术识别时,IP 地址构成识别的主要依据之一。然而,正如本节重点指出的那样,IP 地址很容易伪造,因此可能会产生误导,甚至对精准识别毫无用处。㊽

㊺ Joshua Davis, 'Hackers Take Down the Most Wired Country in Europe', WIRED (21 August 2007) http://archive.wired.com/politics/security/magazine/15-09/ff_estonia; Peter Finn, 'Cyber Assaults on Estonia Typify a New Battle Tactic', The Washington Post (19 May 2007) www.washingtonpost.com/wp-dyn/content/article/2007/05/18/AR2007051802122.html; Nate Anderson, 'Massive DDoS Attacks Target Estonia; Russia Accused' (Ars Technica, 14 May 2007) http://arstechnica.com/security/2007/05/massiveddos-attacks-target-estonia-russia-accused/; Christian Czosseck and Kenneth Geers, *The Virtual Battlefield: Perspectives on Cyber Warfare* (IOS Press 2009) 186.

㊻ Kertu Ruus, 'Cyber War I: Estonia Attacked from Russia' (2008) 9 *European Affairs* ["俄罗斯否认了这一指控,并警告爱沙尼亚不要在没有证据的情况下提出进一步指控。俄罗斯的观点是:爱沙尼亚团队追踪到的普京政府的 IP 地址,很可能是被劫持了"僵尸"电脑。尽管有明显的理由怀疑俄罗斯政府参与其中,但无法证实——这是一个典型的可以合理推诿(plausible deniability)的案例"]。

㊼ Charles Clover, 'Kremlin-Backed Group behind Estonia Cyber Blitz', Financial Times (11 March 2009) www.ft.com/cms/s/0/57536d5a-0ddc-11de-8ea3-0000779fd2ac.html#axzz2 TBcey8a5.

㊽ Robert Beverly et al, 'Understanding the Efficacy of Deployed Internet Source Address Validation Filtering', Proceedings of the 9th ACM SIGCOMM Conference on Internet Measurement (ACM 2009) http://doi.acm.org/10.1145/1644893.1644936 accessed 15 February 2016; Landau and Clark (n 1) 27,33-34,37.

2.1.2 网络行动归因的技术

有许多不同的技术可用于识别位于网络行动源头的计算机。在大多数情况下,这些技术的主要目的是揭示网络行动源头的 IP 地址。由于目前的研究主要集中在从法律视角考察国家支持的网络行动的归因问题,因此对归因技术方面仅作简要概述。

这些技术手段可分为多种类别。例如,大卫·惠勒(David A Wheeler)和格雷戈里·拉森(Gregory N Larsen)确定了十七类技术:存储日志和回溯查询,进行输入调试,修改发送的消息,发送单独的消息(例如,iTrace),重新配置和观察网络,查询主机,插入主机监视器功能(例如,黑客攻击),匹配流,漏洞利用和强制攻击者进行自我识别,蜜罐和蜜网,采用前向部署的入侵检测系统,进行过滤,实施欺骗预防,安全主机和安全路由器,监视攻击者,利用储备流,结合技术。⑲ 这种归因技术的分类使得我们可以根据它们的具体技术特征对其加以区分,从而确定哪些归因技术可能违反国际法。

从法律角度来看,有必要将那些需要渗透到另一个系统以实现归因的技术识别出来并区别对待。例如,插入主机监视器功能的技术意味着将查询功能插入尚未提供此类信息的计算机中,这种技术一般都未经计算机所有者许可。⑳ 但是如过滤等其他技术,因为不需要渗透到另一个系统,所以通常不会违反国际法。为了追踪网络行动的源头或源计算机本身,部分技术会渗透其他系统,这种系统有可能是攻击者的系统,也有可能是一个中介系统。如果该计算机位于外国,前述渗透就可能构成对外国领土主权的不法侵犯。

然而,这种渗透的非法性可以基于两个理由予以排除:危急情况和反措施。本书第 7 章将论述解除不法性的情况。㉑ 按照危急情况的逻辑,为反制网络行动需要对外国系统进行网络渗透时——包括被指控的施害者的系统,受害国可能会辩称,对于保护受在先的网络行动威胁的一国核心利益而言,这种行为是必要的。援引反措施可能更加困难,因为反措施

---

⑲ Wheeler and Larsen (n 4) 9-43.
⑳ 同上注,23-24.
㉑ 参见后文第 7 章。

只能用于对抗在先的网络行动的施害者，而这需要先将该网络行动归因于施害国。一国也可能决定采取反网络行动，以确定初始网络行动的施害国；随后如有需要，可以危急情况为由将其实施的反网络行动正当化，即便反网络行动针对的是与初始网络行为无责任关系的国家。如能通过反网络行动确定施害国，受害国即可对其采取反措施。

2.1.3 归因过程中的困难

网络行动的施害者可能会使用多种不同的技术来增加归因难度，如：施害者身份欺骗（例如 IP 地址欺骗），使用反射器主机，使用协议隐藏施害者的身份，使用清洗主机（例如踏脚石），或者进行瞬时网络行动（例如在几毫秒内完成行动）。(52) 此外，对未参与网络行动的计算机或个人进行识别和采取行动时，显然存在错误识别的风险。(53) 就此而言，必须谨慎进行证据的收集和使用，这一点将留待第 3 章专门讨论证据问题时详述。

2.1.3.1 多阶段网络行动

对具有多阶段特征的网络行动进行识别，构成网络行动识别议题的主要挑战之一。(54) 多阶段网络行动具有多种不同形式。例如，行为人可以使用跃点作为媒介，间接连接到目标计算机系统。在 DDoS 攻击中，行为人可能会使用多台僵尸计算机（聚集为僵尸网络）攻击目标，并通过指挥与控制服务器控制该僵尸网络。这意味着，在 DDoS 攻击的情况下，必须区分两种不同类型的受害者：目标系统以及各种用于执行攻击的被控计算机。(55) 乍一看，此类网络行动似乎是由几个不同的系统共同完成执行，受害者必须首先识别出僵尸计算机，然后从这些计算机中识别出至少

(52) Wheeler and Larsen (n 4) 2-3; Nicholas Tsagourias, ‘Cyber Attacks, Self-Defence and the Problem of Attribution’ (2012) 17 *Journal of Conflict and Security Law* 229, 233.

(53) Wheeler and Larsen (n 4) 3.

(54) Landau and Clark (n 1) 26.

(55) W Earl Boebert, ‘A Survey of Challenges in Attribution’, Proceedings of a Workshop on *Deterring Cyberattacks: Informing Strategies and Developing Options for U.S. Policy* (National Academies Press; Committee on Deterring Cyberattacks: Informing Strategies and Developing Options 2010) 43-44.

一台指挥与控制服务器,最后找到控制它的行为人——这种多步骤攻击显然会使归因变得更加困难。对于多阶段网络行动而言,这种"级联式归因"(cascade attribution)是必要的,因为必须确定中间系统以便将这些行动追溯到网络行动的施害者。⑯

2.1.3.2 关于归因于机器的小结

本节介绍了参与网络行动的计算机的识别过程。识别号——如序列号、MAC 地址和 IP 地址——可用于这一目的。然而,由于这些识别号可以伪造,在识别过程中它们可能毫无用处甚至具有误导性。需要强调的是,对参与网络行动的一台或多台计算机成功作出识别,并不构成识别施害者或将其归因于网络行动支持国的先决条件,这将在下一节和第 4 章中予以说明。

2.2 归因于个人

即使网络行动全过程中的某些环节可能以自动化的方式实施,但在网络行动背后总是存在一个施害主体。将网络行动归因于个人的目的即在于解决"谁实施了网络行动"的问题。⑰

识别出策划和发起网络行动的计算机,并非识别施害者的先决条件。归因的三个子议题——归因于机器、归因于个人和归因于聚合实体——是相互独立的。对计算机系统的识别可能无助于识别施害者或网络行动的支持国。⑱ 在一些案件中,识别网络行动背后的施害者是识别支持国的第一步,但这也不是先决条件。为了能够分析施害者与被指控的责任国之间的关系,弄清楚行为主体,也即哪些人参与了这起事件,是至关重要的。在另一些案件中,所收集的信息可能足以精确识别特定国家是责任主体,而无须具体识别网络行动背后的施害者。Stuxnet 事件即为这方面的例证。此外,一国可能会承认其参与了网络行动,但却不透露施害者身份。例如,当伊朗公开声称伊朗军队的电子战部队入侵了美国一架无人驾驶飞

---

⑯ Landau and Clark (n 1) 31;Brenner (n 5) 405-410.

⑰ Eric F Mejia, 'Act and Actor Attribution in Cyberspace: A Proposed Analytic Framework' (2014) 8 Strategic Studies Quarterly 117 www.airuniversity.af.edu/Portals/10/SSQ/docu ments/Volume-08_Issue-1/Mejia.pdf.

⑱ Landau and Clark (n 1) 37;Boebert (n 55) 43.

行器RQ-170"哨兵"时，它并未同时透露涉事伊朗军人的姓名。⑤⑨

可以通过多种不同的技术来识别网络行动背后的个人。网络行动的技术归因（technical attribution）可以揭示施害者的位置，这有助于识别个人。⑥⓪ 但是，正如在侦破谋杀案中并不总是依靠科学归因（scientific attribution）找到最终凶手，技术归因也非识别责任人的唯一手段。例如在某些情况下，施害者也可能会自愿或被迫承认其参与其中的事实。此外需要注意的是，用于识别施害者的技术信息不限于识别机器的相关信息。计算机代码、电子邮件地址——如果可以获取的话——以及网络行动的实际实施模式等，也可能提供有关施害者身份的重要信息片段。

与网络不相关的某些外部因素和证据也可能有助于识别施害者。⑥① 这一点可以与现实世界的情况进行类比理解，如在谋杀案中，并非总是需要在犯罪嫌疑人和杀害受害者的子弹之间建立明确的联系，才能判定其有罪。

在将网络行动归因于个人时，由于所收集的信息将指向违法嫌疑人，因此必须谨慎使用这些信息。此外，真正的施害者也可能故意留下误导性的线索信息，分散调查人员的注意力，干扰他们的识别。

下文将以数个事例说明归因于个人的相关问题：勒索软件BadRabbit（2.2.1），2015年针对乌克兰能源部门的网络行动（2.2.2），针对民主党全国委员会（DNC）的黑客攻击（2.2.3），间谍工具Babar（2.2.5），Stuxnet（2.2.6），以及针对爱沙尼亚的DDoS攻击（2.2.7）。

---

⑤⑨ 'L'Iran affirme avoir abattu un drone de reconnaissance américain', Le Monde (4 December 2011) www. lemonde. fr/proche-orient/article/2011/12/04/l-iran-affirme-avoir-abattuun-drone-de-reconnaissance-americain_1613231_3218. html; 'Iran Airs Footage of Downed US Drone' (PRESS TV, 8 December 2011); Scott Shane and David E Sanger, 'Drone Crash in Iran Reveals Secret U.S. Surveillance Bid', The New York Times (7 December 2011) www. nytimes. com/2011/12/08/world/middleeast/drone-crash-in-iran-reveals-secret-us-surveillance-bid.html; Greg Jaffe and Thomas Erdbrink, 'Iran Says It Downed U.S. Stealth Drone; Pentagon Acknowledges Aircraft Downing', The Washington Post (4 December 2011) www. washingtonpost. com/world/national-security/iransays-it-downed-us-stealth-drone-pentagon-acknowledges-aircraft-downing/2011/12/04/gIQAyxa8TO_story.html? wprss=rss_national-security.

⑥⓪ Brenner (n 5) 411.

⑥① Thomas Rid and Ben Buchanan, 'Attributing Cyber Attacks' (2015) 38 Journal of Strategic Studies 4, 21.

2.2.1 BadRabbit

BadRabbit 是一款勒索软件,于 2017 年 10 月 24 日被首次公之于众。[62] BadRabbit 是继 WannaCry 和 NotPetya 之后,在 2017 年造成第三次恶意软件大规模传播浪潮的始作俑者。这场勒索攻击的主要发生地是俄罗斯和乌克兰。正如卡巴斯基实验室(Kaspersky Lab)所解释的那样,BadRabbit 的致害手段与 WannaCry 和 NotPetya 不尽相同:

> 最初的感染源于多个被攻破网站提供的路过式下载(drive-by download),这些下载被精心伪装成 Adobe Flash Player 的更新。当受害者的计算机启动时,BadRabbit 的蠕虫组件就会尝试使用"永恒浪漫"漏洞(EternalRomance exploit)进行自我复制和传播,并采用了与 NotPetya 相似的横向移动技术。[63]

BadRabbit 与 NotPetya 也有相似之处,特别是二者都使用了 Mimikatz 和美国国家安全局的"永恒浪漫"漏洞,[64]这让一些专家认为它们可能系由同一个施害者创造。[65] 乌克兰、英国和美国等国都倾向于将 NotPetya 归因于俄罗斯。如果对 BadRabbit 作案手法的分析表明其施害者与 NotPetya 同属一人,那么进一步延伸,BadRabbit 也极有可能是代表俄罗斯联邦利

---

[62] CERT-FR, 'Campagne de rançongiciel Bad Rabbit [CERTFR-2017-ALE-016]' (Agence nationale de la sécurité des systèmes d'information (ANSSI), 25 October 2017) www.cert.ssi.gouv.fr/alerte/CERTFR-2017-ALE-016/; Anton Ivanov, Orkhan Mamedov and Fedor Sinitsyn, 'Bad Rabbit Ransomware' (securelist.com, 24 October 2017) https://securelist.com/bad-rabbit-ransomware/82851/; Matt Burgess, 'The Bad Rabbit Malware was Disguised as a Flash Update', WIRED (27 October 2017) www.wired.co.uk/article/bad-rabbit-ransomware-flash-explained; 'Protecting Yourself from Bad Rabbit Ransomware' (Trend Micro, 25 October 2017) www.trendmicro.com/vinfo/us/security/news/cyber-attacks/protecting-yourself-from-bad-rabbit-ransomware; 'Prevent BadRabbit Ransomware Using Trend Micro Products' (Trend Micro, 6 December 2017) https://success.trendmicro.com/solution/1118637?_ga=2.143327985.570516493.15 46687444-803753864.1546687444.

[63] Fedor Sinitsyn, 'Kaspersky Security Bulletin: Story of the Year 2017' (Kaspersky, 28 November 2017) https://securelist.com/ksb-story-of-the-year-2017/83290/.

[64] CERT-FR (n 62).

[65] Ivanov, Mamedov and Sinitsyn (n 62); Burgess (n 62).

益所为。2018年10月4日,作为经协调的集体归因和类集体归因的一项措施,澳大利亚、⑯新西兰⑰和英国⑱同时将BadRabbit归因于俄罗斯。

这会引起一些关于BadRabbit背后逻辑的有趣的、开放性的探讨。如果BadRabbit确系代表俄罗斯联邦的利益而实施,那么为何俄罗斯也成为这个勒索软件的主要目标之一?通过分析归因过程中施害者的作案手法,可以得出三个有趣的对立假设。

第一,这可能表明,被认为实施了NotPetya攻击,同时也被怀疑有可能实施了BadRabbit攻击的BlackEnergy组织、TeleBots组织和Sandworm并非代表俄罗斯联邦利益而行动。因为在NotPetya和WannaCry这两起案件曝光之后,其使用的网络工具都是公开可获取的,而BadRabbit只是再次使用了这些公开的工具而已。

第二,另一种可能性是,BlackEnergy组织、TeleBots组织和Sandworm确系代表俄罗斯联邦利益行动,将勒索攻击蔓延到俄罗斯本土,目的在于掩盖将NotPetya归因于俄罗斯的线索,并使任何企图将BadRabbit归因于俄罗斯的努力变得不再可信。

第三,根据第一个假设,通常被归因到俄罗斯情报局的作案手法可能是施害者故意实施的"假旗"行动,其目的是误导归因过程并栽赃俄罗斯。按照同样的逻辑,仅仅因为WannaCry、NotPetya和BadRabbit都利用了美国国家安全局的漏洞,也并不意味着美国国家安全局以及美国当然就是这些网络行动的幕后推手。

需要指出的是,2017年3月7日维基解密发布的Vault 7文件中有一节名为"UMBRAGE"的信息,揭露了美国中央情报局(CIA)有能力冒充其他行为体(包括其他国家)使用网络攻击技术。正如维基解密随附的新闻稿所简要介绍的那样:

> 从包括俄罗斯联邦在内的其他国家生产的恶意软件中,中央情

---

⑯ Australia, 'Attribution of a Pattern of Malicious Cyber Activity to Russia' (Prime Minister of Australia, 4 October 2018) www.pm.gov.au/media/attribution-pattern-maliciouscyber-activity-russia.

⑰ New Zealand, 'Malicious Cyber Activity Attributed to Russia' (The Government Communications Security Bureau (GCSB) of New Zealand, 4 October 2018) www.gcsb.govt.nz/news/malicious-cyber-activity-attributed-to-russia/.

⑱ UK, 'Reckless Campaign of Cyber Attacks by Russian Military Intelligence Service Exposed' (UK National Cyber Security Centre, 4 October 2018) www.ncsc.gov.uk/news/reckless-campaign-cyber-attacks-russian-military-intelligence-service-exposed.

报局远程设备处的 UMBRAGE 项目小组"偷师"了大量的攻击技术,并有意收集和维护一个这样的技术库。

通过 UMBRAGE 和相关项目,中情局不仅丰富了其所掌握的网络攻击的类型总数,还可以故意在特定网络行动中留下攻击技术来源组织的"指纹",以误导事后的归因。

UMBRAGE 项目所覆盖的网络攻击技术组件包括键盘记录器、密码收集、网络摄像头捕获、数据销毁、持久性、权限提升、隐形、防病毒(PSP)规避和调查技术。⑩

以上论述并非主张俄罗斯对 BadRabbit 不负有责任,也非暗示美国中央情报局应对此事件负责,而是希望表明存在这种做法,从而揭示前述推理假设的合理性。

2.2.2 2015 年针对乌克兰能源部门的网络行动

2015 年 12 月 23 日,在受到一系列网络行动攻击之后,乌克兰三家配电公司的信息系统受到影响,导致其电力供应暂时中断。据金·泽特(Kim Zetter)介绍,三家配电公司(Chernivtsioblenergo、Kyivoblenergu 和 Prykarpattyaoblenergo)⑪控制的近 60 座变电站——附加 30 座独属于 Prykarbattyaoblenergo 公司的变电站——被切断,导致超过 23 万人的供电中断了 1~6 个小时不等。⑫

---

⑩ 'Vault 7: CIA Hacking Tools Revealed' (WikiLeaks, 7 March 2017) https://wikileaks.org/ciav7p1/index.html. See, generally: Kim Zetter, 'WikiLeaks Files Show the CIA Repurposing Hacking Code to Save Time, Not to Frame Russia' (The Intercept, 8 March 2017) https://theintercept.com/2017/03/08/wikileaks-files-show-the-cia-repurposing-foreignhacking-code-to-save-time-not-to-frame-russia/; Issie Lapowsky and Lily Hay Newman, 'WikiLeaks CIA Dump Gives Russian Hacking Deniers the Perfect Ammo', WIRED (7 March 2017) www.wired.com/2017/03/wikileaks-cia-dump-gives-russian-hackingdeniers-perfect-ammo/.

⑪ Jim Finkle, 'U.S. Power Companies Told to Review Defenses after Ukraine Cyber Attack' (Reuters, 6 January 2016) www.reuters.com/article/us-usa-utilities-cybersecurityidUSKBN0UK2MM20160106.

⑫ Kim Zetter, 'Inside the Cunning, Unprecedented Hack of Ukraine's Power Grid', WIRED (3 March 2016) www.wired.com/2016/03/inside-cunning-unprecedented-hack-ukrainespower-grid/.

这次网络行动分两个阶段实施。[72] 首先,在侦察阶段,施害者通过钓鱼邮件攻破公司网络,这些邮件包含一份带有 BlackEnergy 3 恶意软件的微软 Word 格式文件作为附件。收件者只要打开该附件,就会导致系统感染,自动安装后门程序。[73] 此后门允许施害者探索和映射网络(map the networks),并通过访问 Windows 域控制器获取员工的账号。使用获取的账号,特别是那些用于登录 SCADA 网络的虚拟专用网络(VPN)的账号,施害者便可启动第二阶段网络行动。第二阶段又由三个不同的行动组成。第一,施害者通过一系列网络行动禁用接入 SCADA 网络的组件——主要是不间断电源系统,致使变电站无法正常工作;他们还使用恶意固件替换合法固件,使一些变电站串行到以太网的转换器(serial-to-Ethernet converters)无法运行。第二,施害者对变电站的客户呼叫中心实施电话拒绝服务攻击,防止消费者打电话报告停电的消息。第三,施害者利用 KillDisk 恶意软件从操作员台账中(operator stations)擦除文件,并使其无法操作。

在停电事件发生之后的几天,乌克兰安全局(SBU)指责俄罗斯。[74] FireEye 及其当时新收购的子公司 iSight Partners 认为沙虫团队(Sandworm Team)应对此负责。[75] 也有其他报道披露,沙虫团队需要对过去几

---

[72] See, generally: Michael J Assante, 'Confirmation of a Coordinated Attack on the Ukrainian Power Grid' (SANS Industrial Control Systems Security Blog 2016) https://ics.sans.org/blog/2016/01/09/confirmation-of-a-coordinated-attack-on-the-ukrainian-powergrid; John Hultquist, 'Sandworm Team and the Ukrainian Power Authority Attacks' (FireEye 2016) www.fireeye.com/blog/threat-research/2016/01/ukraine-and-sandwormteam.html; Zetter (n 71); 'Cyber-Attack against Ukrainian Critical Infrastructure [Alert (IR-ALERT-H-16-056-01)]' (US Industrial Control Systems Computer Emergency Response Team (ICS-CERT) 2016) www.us-cert.gov/ics/alerts/IR-ALERT-H-16-056-01.

[73] 'Cyber Attacks on the Ukrainian Grid: What You Should Know' (FireEye 2016) www.fireeye.com/content/dam/fireeye-www/global/en/solutions/pdfs/fe-cyber-attack-sukrainian-grid.pdf; Hultquist (n 72).

[74] Pavel Polityuk, 'Ukraine to Probe Suspected Russian Cyber Attack on Grid' (Reuters, 31 December 2015) www.reuters.com/article/us-ukraine-crisis-malware-idUSKBN0UE0ZZ20151231.

[75] Jim Finkle, 'U.S. Firm Blames Russian "Sandworm" Hackers for Ukraine Outage' (Reuters, 8 January 2016) www.reuters.com/article/us-ukraine-cybersecurity-sandwormidUSKBN0UM00N20160108.

年在各国开展的多起网络行动负责。⑯ FireEye 之所以将这些网络行动归因于沙虫团队,"主要是因为这些行动都使用了 BlackEnergy 3 这款恶意软件,这已经成为该团队的一张名片"。⑰ 根据斯洛伐克网络安全公司 ESET 的分析,沙虫团队也被认为需要对前文分析的 BadRabbit 以及 NotPetya 勒索攻击负责。⑱

2.2.3　针对美国民主党国家委员会的网络行动

据称,对美国民主党国家委员会(DNC)的黑客攻击,是由俄罗斯联邦通过其两个情报机构实施:俄罗斯联邦情报局(GRU)和俄罗斯联邦安

---

⑯　Robert Lemos,'Suspected Russian "Sandworm" Cyber Spies Targeted NATO,Ukraine'(Ars Technica,14 October 2014)https://arstechnica.com/information-technology/2014/10/suspected-russian-sandworm-cyber-spies-targeted-nato-ukraine/;Dan Goodin,'First Known Hacker-Caused Power Outage Signals Troubling Escalation'(Ars Technica,4 January 2016)https://arstechnica.com/information-technology/2016/01/first-knownhacker-caused-power-outage-signals-troubling-escalation/.

⑰　Hultquist(n 72);see also Joseph Cox,'Malware Found Inside Downed Ukrainian Grid Management Points to Cyberattack'(VICE,Motherboard,4 January 2016)https://motherboard.vice.com/en_us/article/z43vdx/malware-found-inside-downed-ukrainianpower-plant-points-to-cyberattack.

⑱　Anton Cherepanov,'The Rise of TeleBots:Analyzing Disruptive KillDisk Attacks'(ESET,WeLiveSecurity,13 December 2016)www.welivesecurity.com/2016/12/13/rise-telebotsanalyzing-disruptive-killdisk-attacks/.

全局(FSB)。⑦ 然而,俄罗斯否认参与这一事件。⑧ 鉴于本书在其他部分将详细讨论本事件,⑧¹此处仅侧重分析归因问题。

在遭到黑客攻击之后,DNC聘请的网络安全公司CrowdStrike就识别出两个独立行动的施害者组织,它们的代号分别为"舒适熊"(Cozy Bear)和"奇幻熊"(Fancy Bear)。⑧² 这两个组织因此前针对全球多家机构的恶意网络行动而为网络安全专家所熟知,业内一般将奇幻熊代称为

⑦ United States, 'Joint Statement from the Department of Homeland Security and Office of the Director of National Intelligence on Election Security' (Department of Homeland Security and Federal Bureau of Investigation 2016) www.dhs.gov/news/2016/10/07/jointstatement-department-homeland-security-and-office-director-national; United States, 'Joint Analysis Report: GRIZZLY STEPPE-Russian Malicious Cyber Activity' (Department of Homeland Security and Federal Bureau of Investigation 2016) www.us-cert.gov/ sites/default/files/publications/JAR_16-20296A_GRIZZLY%20STEPPE-2016-1229.pdf. See also: Max Fisher, 'Why Security Experts Think Russia Was behind the D.N.C. Breach', The New York Times (26 July 2016) www.nytimes.com/2016/07/27/world/ europe/russia-dnc-hack-emails.html; Ellen Nakashima, 'Russian Government Hackers Penetrated DNC, Stole Opposition Research on Trump', The Washington Post (14 June 2016) www.washingtonpost.com/world/national-security/russian-government-hackerspenetrated-dnc-stole-opposition-research-on-trump/2016/06/14/cf006cb4-316e-11e6- 8ff7-7b6c1998b7a0_story.html; David E Sanger and Eric Schmitt, 'Spy Agency Consensus Grows That Russia Hacked D.N.C.', The New York Times (26 July 2016) www.nytimes .com/2016/07/27/us/politics/spy-agency-consensus-grows-that-russia-hacked-dnc.html; Rid (n 45).

⑧ Andrew Roth, 'Russia Denies DNC Hack and Says Maybe Someone "Forgot the Password"', The Washington Post (15 June 2016) www.washingtonpost.com/news/world views/wp/2016/06/15/russias-unusual-response-to-charges-it-hacked-research-on-trump/.

⑧¹ 参见上文第61—62页和下文第231—237页。

⑧² Dmitri Alperovitch, 'Bears in the Midst: Intrusion into the Democratic National Committee' (CrowdStrike, 15 June 2016) www.crowdstrike.com/blog/bears-midst-intrusiondemocratic-national-committee/. CrowdStrike的发现后来被另外两家网络安全公司证实:Fidelis Cybersecurity公司和Mandiant公司,Ellen Nakashima, 'Cyber Researchers Confirm Russian Government Hack of Democratic National Committee', The Washington Post (20 June 2016) www.washingtonpost.com/world/ national-security/cyber-researchers-confirm-russian-government-hack-of-democraticnational-committee/2016/06/20/e7375bc0-3719-11e6-9ccd-d6005beac8b3_story.html.

"APT 28",舒适熊代称为"APT 29"。例如,在针对德国联邦议院㊳和法国电视网 TV5 Monde 的两起网络行动中,APT 28 就曾被公开追责。㊴ 然而,APT 28 和 APT 29 真正的幕后推手是谁,至今没有确定的答案。人们普遍怀疑是俄罗斯情报机构 GRU 和 FSB 的成员分别推动了 APT 28 和 APT 29。㊵

由于在 DNC 黑客攻击事件中,施害者重复使用了以前的网络行动中已被识别记录的 IP 地址,这使得从中识别出这两个组织成为可能。㊶ 例如,APT 28 重复利用了 IP 地址 45.32.129[.]185 和 176.31.112[.]10,而这些地址曾用于其 X 隧道网络的隧道工具和指挥控制服务器。㊷ 另一个 IP 地址 176.31.112[.]10 在被用于 DNC 攻击事件之前也已经为大众所知,因为该地址曾被用于对德国联邦议院的网络行动。㊸

在 CrowdStrike 公布其调查结果后,一位昵称为 Guccifer 2.0 的作者在一篇博客文章中宣称入侵 DNC 网络是他的功劳。㊹ 在另一篇博客中,该作者又否认其与俄罗斯情报机构存在任何关系,他写道:

很多人都在问我是否与特勤局和俄罗斯有联系?

我告诉你,我所做的一切都是我自己承担风险的。这是我的个人项目,我为此感到自豪。是的,我冒着生命危险。但我知道这是值得

㊳ Stefan Wagstyl, 'Germany Points Finger at Kremlin for Cyber Attack on the Bundestag', Financial Times (13 May 2016) www.ft.com/cms/s/0/668a131e-1928-11e6-b197- a4af20d5575e.html#axzz4GHYmkv4I.

㊴ Emmanuel Paquette, 'Piratage de TV5 Monde: l'enquête s'oriente vers la piste russe' (l'express, 6 September 2015) www.lexpress.fr/actualite/medias/piratage-de-tv5-mondela-piste-russe_1687673.html.

㊵ Josh Keller and Jasmine C Lee, 'Following the Trail of Stolen Emails from Russia to WikiLeaks', The New York Times (27 July 2016) www.nytimes.com/interactive/2016/07/ 27/us/politics/trail-of-dnc-emails-russia-hacking.html; Rid (n 39); Alperovitch (n 82).

㊶ Rid (n 39).

㊷ ThreatConnect Research Team, 'ThreatConnect Identifies Additional Infrastructure in DNC Breach' (ThreatConnect, 17 June 2016) www.threatconnect.com/tapping-into-democratic-national-committee/.

㊸ 'Findings from Analysis of DNC Intrusion Malware' (n 39); Rid (n 39).

㊹ 'Guccifer 2.0 DNC's Servers Hacked by a Lone Hacker' (GUCCIFER 2.0, 15 June 2016) https://guccifer2.wordpress.com/2016/06/15/dnc/.

的。几周前没有人知道我。现在全世界都在谈论我。这真的很酷！⑩

Guccifer 2.0 到底是谁？⑪ 到目前为止，其身份仍未可知。他/她承认来自东欧，可能是罗马尼亚。但是人们普遍认为，尽管 Guccifer 2.0 试图分散人们对指控俄罗斯的注意力，但其仍被认为与俄罗斯 GRU 存在关联。正如托马斯·里德(Thomas Rid)所指出的："名为 Guccifer 2.0 的账户自信地声称，这次攻击只是一个'独行黑客'所为，但他并未提供任何证据支持其主张。'独行黑客'这一说辞，似乎意在撇清俄罗斯的责任。"⑫

2018 年 7 月 13 日，哥伦比亚特区的一个联邦大陪审团对俄罗斯 GRU 的 12 名特工提起公诉，指控他们参与干扰 2016 年美国选举的行动，包括对 DNC 的黑客攻击。⑬ 基于大陪审团提交的起诉书，美国哥伦比亚特区地方法院签发了联邦逮捕令。⑭

2.2.4　Babar 和 Snowglobe

2009 年，加拿大通信安全机构(Communications Security Establishment Canada, CSEC)针对一款最初代号为"Snowglobe"的恶意软件展开

---

⑩　'FAQ from Guccifer 2.0' (GUCCIFER 2.0, 30 June 2016) https://guccifer2.wordpress.com/2016/06/30/faq/.

⑪　Dan Goodin,'"Guccifer" Leak of DNC Trump Research Has a Russian's Fingerprints on It' (Ars Technica, 16 June 2016) http://arstechnica.com/security/2016/06/guccifer-leakof-dnc-trump-research-has-a-russians-fingerprints-on-it/.

⑫　Rid (n 39).

⑬　United States Department of Justice, 'United States of America v. Viktor Borisovich Netyksho, Boris Alekseyevich Antonov, Dmitriy Sergeyevich Badin, Ivan Sergeyevich Yermakov, Aleksey Viktorovich Lukashev, Sergey Aleksandrovich Morgachev, Nikolay Yuryevich Kozachek, Pavel Vyacheslavovich Yershov, Artem Andreyevich Malyshev, Aleksandr Vladimirovich Osadchuk, Aleksey Aleksandrovich Potemkin, and Anatoliy Sergeyevich Kov Alev, Defendants' (向美国哥伦比亚特区地方法院提起的刑事诉讼：case 1：18-cr-00215-ABJ 2018) www.justice.gov/file/ 1080281/download.

⑭　'Russian Interference in 2016 U.S. Elections' (Federal Bureau of Investigation (Most Wanted)) www.fbi.gov/wanted/cyber/russian-interference-in-2016-u-s-elections.

调查,为我们提供了另一个有趣的案例。㊆ 该调查揭示,Snowglobe 的开发者使用"Babar"这个代号指称该款恶意软件,同时这个开发人员的用户名又为"titi"。㊇ 这两条信息表明,该恶意软件是由一个法国人设计的,因为"Babar"是法国著名儿童节目中的虚构角色,㊈ 而"titi"是法语中的一个常见昵称,也是"Thierry"这个名字的爱称。㊉ 此外,该软件计算机代码中所使用的语言和词汇也表明,这是由讲法语的人编写的:第一,它虽然使用英语,"但措辞和词汇使用不符合英语母语人士的典型特征";第二,CSEC 认为使用"ko"(kilo-octet,千字节)代替"kb"(kilo-byte,千字节)是"法国技术界的一个怪癖";第三,通常定义用户偏好的一些本地语言选项被设置为"fr_FR"(法语和法国)。有人还发现,在 Babar 代码和另一个相关的恶意软件 EvilBunny 中,都存在一些英文错误。㊋ 所有的这些信息表明,Babar 的开发人员讲法语,并且很可能位于法国。

㊆ 在一份由爱德华·斯诺登向一名记者提供并公开曝光的文件中,CSEC 简要介绍了这项调查。这份长达 25 页的文件已由德国新闻网站 Spiegel online 在线发布,法国《世界报》对这份文件进行了分析:CSEC CNT/Cyber CI, 'Snowglobe: From Discovery to Attribution' (Communications Security Establishment Canada, published by Spiegel in 2011) www.spiegel.de/media/media-35683.pdf; Martin Untersinger and Jacques Follorou, 'Quand les Canadiens partent en chasse de "Babar", Le Monde (21 March 2014) www.lemonde.fr/international/article/2014/03/21/quand-les-canadiens-par tent-en-chasse-de-babar_4387233_3210.html#cDQ3L4RRCulKOQZI.99.

㊇ See, generally, on Babar: CSEC CNT/Cyber CI (n 95); Untersinger and Follorou (n 95); Marion Marschalek, 'Shooting Elephants' (2015) https://drive.google.com/file/d/0B9Mrr-en8FX4dzJqLWhDblhseTA/view, accessed 17 February 2016; 'Babar: Suspected Nation State Spyware in the Spotlight' (Cyphort, 18 February 2015) www.infosecisland.com/blogview/24334-Babar-Suspected-Nation-State-Spyware-In-The-Spotlight.html; Paul Rascagnères, 'Babar: Espionage Software Finally Found and Put under the Microscope' (G DATA, 18 February 2015) www.gdatasoftware.com/blog/2015/02/24270-babar-espionage-software-finally-found-and-put-under-the-microscope; Kaspersky Lab's Global Research & Analysis Team, 'Animals in the APT Farm' (Kaspersky, 6 March 2015) https://securelist.com/blog/research/69114/animals-in-the-apt-farm/.

㊈ Babar the Elephant 是法国作家让·德·布伦霍夫(Jean de Brunhoff)1931 年出版的《Babar 的历史》(Histoire de Babar)一书中的虚构角色,后来他又写了六本 Babar 的书。之后这个角色出现在儿子劳伦特(Laurent)的更多书中,也出现在电影和电视改编作品中。

㊉ CSEC CNT/Cyber CI (n 95) 18.

㊋ Rascagnères (n 96).

2.2.5　Stuxnet 事件

Stuxnet 事件提供了两个有趣的事例,展示了技术信息如何在归因过程中发挥作用。首先,在驱动文件中出现了以下项目路径:b:\myrtus\src\objfre_w2k_x86\i386\guava.pdb。其中"myrtus"一词被认为意指《圣经》中的犹太王后以斯帖(Esther),赛门铁克(Symantec)在关于 Stuxnet 的报告中总结了这点:

> 根据维基百科,"以斯帖最初的名字是哈达萨(Hadassah)。哈达萨在希伯来语中的意思是'桃金娘'(myrtle)。以斯帖获悉了一个暗杀国王的阴谋,并'告诉国王哈曼(Haman)屠杀波斯帝国所有犹太人的计划……犹太人继续杀害那些针对他们的行刑者'。赛门铁克提醒读者在得出归因结论时应当保持谨慎,因为攻击者有天然的倾向性,试图将事件的非相关方牵连进来以混淆视听"[100]。

此外,Stuxnet 蠕虫代码中使用了一个 19790509 的标记值。赛门铁克认为这个数值可能对应于 1979 年 5 月 9 日,这一天是哈比卜·埃尔加尼安(Habib Elghanian)被处决的日期。报告称:

> 根据维基百科,"哈比卜·埃尔加尼安在德黑兰被行刑队处决,这给与他联系密切的伊朗犹太社区造成了巨大冲击。哈比卜是第一批,也是第一个被新伊斯兰政府处决的犹太人平民。这一事件导致曾经拥有 10 万名成员的强大伊朗犹太社区开始大规模流亡,一直持续至今"[101]。

结合以上两条信息解读,表明 Stuxnet 很有可能是由犹太人或以色

---

[100] Nicolas Falliere, Liam O Murchu and Eric Chien, 'W32. Stuxnet Dossier (Version 1.4)' (Symantec, 2011) 24 www.symantec.com/content/en/us/enterprise/media/security_response/whitepapers/w32_stuxnet_dossier.pdf.

[101] 同上注,18.

列开发者创建的,甚至就是以色列这个国家自身所为。⑩ 然而,正如赛门铁克所谨慎强调的那样,从这些信息出发,也可以得出任何归因结论,因为它们可能被用来误导归因过程,从而错误地牵连到与事件并不相关的第三方。

在Stuxnet事件中,对归因过程有用的第二条技术信息是这样一个事实,即用于创建Stuxnet和相关恶意代码的是两个独立的平台:用于开发Flame间谍工具的Flamer平台,以及用于开发Duqu的Tilde-d平台。⑩ Stuxnet最初是在Flamer平台(Stuxnet版本0.5)上开发,后来又转到Tilde-d平台(Stuxnet版本1.x)。⑩ 之所以转换开发平台,可能是为了2010版本Stuxnet的编码所需。⑩ 此外,Stuxnet的目标和操作方式也随着平台的转换而改变;Stuxnet 0.5 的目标是核设施的阀门系统,而Stuxnet 1.x 的不同版本则均指向修改离心机的速度。⑩ 对于归因问题而言,这一信息可能是重要的。事实上,两个平台之间的差异表明,这起事件涉及两组不同的开发人员。⑩ 这一推断被用来支撑如下假设:Stuxnet早期系由美国进行开发(Stuxnet 0.5),后期转而由美国和以色列联合开发(Stuxnet 1.x)。⑩

Stuxnet还提供了一个关于"承认"参与的有趣事例。据称,以色列国防军(Israel Defence Forces, IDF)前参谋长加比·阿什肯纳齐(Gabi Ashkenazi)中将参与了针对伊朗的网络行动。事实上,在加比的退休派对

---

⑩ John Markoff and David E Sanger, 'In a Computer Worm, a Possible Biblical Clue', The New York Times (29 September 2010) www.nytimes.com/2010/09/30/world/middleeast/ 30worm.html; Bruce Schneier, 'The Story behind the Stuxnet Virus' (Forbes, 7 October 2010) www.forbes.com/2010/10/06/iran-nuclear-computer-technology-security-stux net-worm.html; Kim Zetter, 'New Clues Point to Israel as Author of Blockbuster Worm, Or Not', WIRED (10 January 2010) www.wired.com/2010/10/stuxnet-deconstructed/.

⑩ Kim Zetter, *Countdown to Zero Day: Stuxnet and the Launch of the World's First Digital Weapon* (Crown 2014) 283.

⑩ Liam O Murchu et al, 'Stuxnet 0.5: The Missing Link' (Symantec, 2013) 3 www.symantec.com/content/en/us/enterprise/media/security_response/whitepapers/w32_stuxnet_dossier.pdf.

⑩ Zetter (n 103) 284.

⑩ Murchu et al (n 104) 3.

⑩ 同上注。

⑩ Zetter (n 103) 284; David E Sanger, *Confront and Conceal: Obama's Secret Wars and Surprising Use of American Power* (Crown 2012) 188-225.

上,播放了一段彰显他成功生涯的视频,其中就特别提及了 Stuxnet。⑩ 然而值得指出的是,无论是加比·阿什肯纳齐的参与,还是以色列国防军的参与,均未得到任何事后确认或进一步证实。

2.2.6 针对爱沙尼亚的 DDoS 攻击

2007 年针对爱沙尼亚的网络行动尚未被明确归因于任何国家。20 岁的爱沙尼亚人德米特里·加卢什凯维特(Dmitri Galuškevitš)是俄罗斯少数民族,他是迄今为止唯一一名因参与对爱沙尼亚改革党网站的 DDoS 攻击而被认定有罪的施害者。⑩ 由于加卢什凯维特是在爱沙尼亚领土内开展网络行动,所以爱沙尼亚当局能够比较容易地对其身份进行识别,收集相关不利证据并给他定罪。⑪

除此之外,另有两人公开承认参与了此次网络行动,但由于没有任何证据,无法对他们提出控诉。⑫ 其中一位是俄罗斯纳什集团(Nashi group)成员康斯坦丁·戈洛斯科夫(Konstantin Goloskokov),他承认参与了 2007 年针对爱沙尼亚的网络行动,还交代了参与此次行动其他成员的名单。⑬ 另一位是俄罗斯议会议员谢尔盖·马尔科夫(Sergei Markov)的助手,因为

---

⑩ Christopher Williams, 'Israel Video Shows Stuxnet as One of Its Successes' (15 February 2011) www.telegraph.co.uk/news/worldnews/middleeast/israel/8326387/Israel-videoshows-Stuxnet-as-one-of-its-successes.html; Michael Joseph Gross, 'A Declaration of Cyber-War', Vanity Fair (April 2011) https://archive.vanityfair.com/article/2011/4/adeclaration-of-cyber-war.

⑩ 'Estonia Fines Man for "Cyber War"' (BBC, 25 January 2008) http://news.bbc.co.uk/2/hi/technology/7208511.stm.

⑪ Dmitri Galuškevitš [2007] Harju County Court (Estonia) No 1-07-15185; Katri Lindau, '*Cyber Security in Estonia: Lessons from the Year 2007 Cyberattack*' (Tallinn University 2012); Rain Ottis, 'Analysis of the 2007 Cyber Attacks against Estonia from the Information Warfare Perspective', Proceedings of the 7th European Conference on Information Warfare and Security, Plymouth (2008).

⑫ Eneken Tikk, Kadri Kaska and Liis Vihul, International Cyber Incidents: Legal Considerations (NATO Cooperative Cyber Defence Centre of Excellence (CCDCOE) 2010) 23-24 www.ccdcoe.org/publications/books/legalconsiderations.pdf.

⑬ Clover (n 47).

前者声称其助手在 2007 年实施了针对爱沙尼亚的网络行动。[114]

2.2.7　关于归因于个人的小结

本节讨论了识别参与网络行动的施害者的归因过程。确定国家支持的网络行动的施害者所面临的主要挑战之一是管辖权问题。通常情况下,进行识别所需的信息可能位于另一国,其中可能就包含网络行动的支持国,受害国对此没有管辖权。受害国可以请求这些支持国合作,但无法保证后者会答应此种请求。例如,爱沙尼亚曾向俄罗斯提出请求,要求其在识别 2007 年网络攻击的施害者方面进行法律合作,但俄罗斯拒绝配合。[115]

在涉及国家归因的情况下,识别国家支持的网络行动的实际施害者可能只是归因过程的第一步。在确定实施网络行动的施害者身份之后,我们才可能进一步分析施害者与潜在支持国之间的关系。

2.3　关于归因于机器或个人的小结

本章分析了归因过程的前两个子议题:一方面,归因于准备、发起或中转网络行动的机器;另一方面,归因于参与或实施网络行动的个人施害者。本章重点分析了识别参与网络行动的机器和施害者过程中出现的实践案例和存在的困难。本书第一编的核心内容是第 4 章网络行动归因于国家,在进入这一主题之前,下一章将首先聚焦可能被收集用来识别参与网络行动的机器和个人的证据,并分析如何使用这些证据来确定个人是否代表国家行动。

---

[114]　John Leyden, 'Russian Politician: "My Assistant Started Estonian Cyberwar" - Dubious DDoS Lols' (The Register, 10 March 2009) www.theregister.co.uk/2009/03/10/estonia_cyberwarfare_twist/; 'Behind the Estonia Cyberattacks' (Radio Free Europe/Radio Liberty, 6 March 2009) www.rferl.org/content/Behind_The_Estonia_Cyberattacks/1505613.html.

[115]　Eneken Tikk and Kadri Kaska, 'Legal Cooperation to Investigate Cyber Incidents: Estonian Case Study and Lessons', 9th European Conference on Information Warfare and Security, Thessaloniki, Greece (Academic Publishing Limited 2010).

3. 证据问题:从技术归因到法律归因

为识别参与网络行动的机器和个人而收集的证据,也可用于确定他们是否代表国家行动。这就引出了一个问题,即在与网络行动有关的司法程序中,或者在一起关于网络行动的国际争端中,如何使用此类证据,以及其何时被视为可采纳的证据。

网络空间中的国家活动,特别是进攻性网络行动,会导致国家之间产生国际争端。迄今为止,尚无任何国家将关于网络行动的争端提交至国际法院或法庭,也没有任何国家向联合国安理会提交这类议题。一般而言,受害国会选择采取非司法措施(extra-juridical measures)来应对所遭受的恶意网络行动,这些非司法措施包括网络反措施或反报措施。① 然而,在未来,针对另一国实施的有害网络行动,一国向国际法院或法庭或者联合国安理会提起指控,这种可能性并非不存在。

相关证据的收集、出示和评估程序各不相同,这主要取决于所选择的国际法院或法庭的要求以及案件的具体情况。② 本书主张,如果要受理由一国针对另一国网络行动引起的国际争端,国际法院(ICJ)将是最合适的司法机关。因此,本章讨论在国际法院审理案件中可能适用的证据收集和评估程序。在国际法院面前,所有当事方都是平等的,享有平等的权利提交和陈述其法律主张。此外,根据《国际法院规约》和《法院规则》,每一方都承担对其主张的举证责任。③ 在曼逵尔与艾逵胡(Minquiers and Ecrehos)案中,国际法院规定:"各方需要证明其主张的权利及其所依据

---

① 参见后文第 10 章。

② Rüdiger Wolfrum and Mirka Möldner, 'International Courts and Tribunals, Evidence', Max Planck Encyclopedia of Public International Law (MPEPIL), https://opil.ouplaw.com/view/10.1093/law:epil/9780199231690/law-9780199231690-e26 (OUP 2013).

③ Robert Kolb, *La Cour internationale de Justice* (A Pedone 2014) 956-958.

的事实。"④

《国际法院规约》⑤第 48 条至第 52 条设置了国际法院审理争议案件时有关证据出示和证据评估的程序,这些程序由《法院规则》作出具体规定。⑥ 除此之外,《实践指南》在 2001 年被国际法院通过之前就已经被各国使用,至今已经过多次修订。虽然《实践指南》不具约束力,但其阐明了法院的程序。需要指出的是,国际法院不受各当事方提交的证据和事实约束,有权自主决定如何收集和使用证据。⑦

本章共有四节,分别讨论关于网络行动证据的国家实践(3.1)、国际法中的证据(3.2)、书面证据(3.3)和专家意见证据(3.4)。

3.1 关于网络行动证据的国家实践

围绕如何应对国家支持的网络行动已经出现了一些国家实践。这些初期国家实践似乎表明,各国越来越意识到有必要用证据支持其指控,证明相关网络行动的事实及其声称的行动源头(paternity)。在网络空间中,要隐藏或伪造网络行动的真实行动源头非常容易,特别是可以通过位于他国的代理计算机系统或僵尸网络来实施网络行动。因此,对网络行动的相关指控提供证据证明尤为重要。部分施害者甚至会在一个病毒的计算机代码中植入误导性的信息,企图将责任引导到第三方。类似这种行为,以及对已有证据可能的错误解读,都会造成将网络行动错误归因于无关的机器或个人,甚至国家的真实风险。

关于对国家支持的网络行动进行归因的国家实践,美国可能是被记录最多的国家之一。因此美国的相关实践可以作为讨论本章主题时一个有趣的基准。在早期,美国多年来都没有对针对其自身利益的网络行动作出正式回应,因此也未曾公开披露任何用于对事实和可能的归因进行

---

④ Minquiers and Ecrehos (France v. United Kingdom) [1953] ICJ Reports 47,52.

⑤ 《国际法院规约》是《联合国宪章》的附件,自颁布后未曾修订。

⑥ 1978 年 4 月 14 日,根据《国际法院规约》第 30 条,《法院规则》得以通过,并于 1978 年 7 月 1 日生效。自此,《法院规则》已被修改多次。See Handbook of the International Court of Justice (6th edn, International Court of Justice 2014) 17-19 www.icj-cij.org/files/publications/handbook-of-the-courten.pdf. The last series of amendments were introduced on 21 October 2019.

⑦ Kolb (n 3) 956.

证明的证据。

2014年索尼影业娱乐黑客攻击事件标志着美国实践的一个分水岭。当时,日本索尼集团的美国子公司遭到黑客攻击,大量数据被盗。2014年11月,黑客公布了部分被盗数据。黑客要求索尼方面取消电影《采访》的发布计划,这部喜剧电影讲述的是朝鲜领导人被暗杀的故事。美国官员声称这次黑客攻击由朝鲜发起。[8] 然而,朝鲜对此表示否认。美国方面称它有证据表明朝鲜参与其中,白宫还宣布将进行适当回应。[9] 针对这一据称由朝鲜实施的网络行动,美国对朝鲜实施了新的制裁措施。此外,外界猜测美国还以单边非司法措施(unilateral extrajudicial measures)的形式,采取了一些非官方的秘密对策。在这次事件中,美国将网络行动归因于朝鲜并作出了一些回应,但未披露证据。

2016年发生的美国民主党全国委员会黑客攻击,是美国实践的又一个标志性事件。在这次事件中,美国首次决定披露部分证据,以证明网络行动归因于俄罗斯。2016年7月22日,在费城民主党全国代表大会前几天,维基解密公布了来自民主党执政机构民主党全国委员会的19252封电子邮件和8034份附件,这些文件主要来自该委员会的七名主要工作人员。文件内容表明,民主党全国委员会领导层曾采取措施,试图让希拉里·克林顿击败伯尼·桑德斯。2016年10月7日,美国发布了《国土安全部和国家情报局长办公室关于选举安全的联合声明》,声明称:

> 美国情报界确信,近期针对美国个人和机构(包括美国政治组织)的电子邮件泄露事件,系由俄罗斯政府一手操控。通过DCLeaks.com和维基解密等网站以及Guccifer 2.0这一虚拟角色对据称为被黑的邮件予以披露,这符合俄罗斯的惯用手法,也契合俄罗斯的动机。这些窃密和披露的行径,意在干扰美国的选举进程。这种活动对莫斯科来说并不新鲜。俄罗斯人在欧洲和欧亚大陆长期使

---

[8] David E Sanger and Nicole Perlroth, 'U.S. Said to Find North Korea Ordered Cyberattack on Sony', The New York Times (17 December 2014) www.nytimes.com/2014/12/18/ world/asia/us-links-north-korea-to-sony-hacking.html.

[9] Dave Boyer, 'White House Threatens "Proportional" Response to North Korea Cyber attacks on Sony Pictures', The Washington Times (18 December 2014) www.washington times.com/news/2014/dec/18/white-house-threatens-proportional-response-north-/.

用类似的战术和技术,例如采取行动以影响该地区的公众舆论。我们认为,基于这些行动的范围和敏感性,只有俄罗斯最高级官员才能授权实施。⑩

2016年10月10日,白宫宣布美国总统正在考虑对俄罗斯的网络行动予以适当回应。⑪ 时任白宫新闻秘书乔什·恩内斯特(Josh Earnest)补充说,"我们不太可能提前宣布采取何种回应""总统可以选择实施我们从未公布的回应措施"。⑫ 由于美国并没有公开发布可以支持宣称俄罗斯对民主党全国委员会黑客攻击事件负责的相关证据,美国主张的合法性一度受到外界质疑。对此,2016年12月29日,国土安全部和联邦调查局发布了一份《联合分析报告》,披露了涉及俄罗斯情报机构FSB和GRU以及他们的作案手法在内的部分证据。⑬ 这份文件支撑了2016年10月发布的关于美国相信俄罗斯参与了民主党全国委员会黑客攻击事件的联合声明。虽然这起事件可能只是一个孤例,但这也可能标志着美国关于如何应对外国恶意网络行动的态度变迁:即便在争端解决机制或司法程序之外,也需要收集和公布证据以支持一国关于网络行动归因的指控。出于这个原因,研究国际法中的证据标准以及如何将其应用于网络行动,就显得比以往任何时候都更加重要。

---

⑩ 'Joint Statement', para 1 (Department of Homeland Security and Federal Bureau of Investigation 2016) www.dhs.gov/news/2016/10/07/joint-statement-department-home land-security-and-office-director-national; see also Ellen Nakashima, 'U.S. Government Officially Accuses Russia of Hacking Campaign to Interfere with Elections', *Washington Post* (7 October 2016) www.washingtonpost.com/world/national-security/us-government-officially-accuses-russia-of-hacking-campaign-to-influence-elections/2016/10/07/4e0b9654- 8cbf-11e6-875e-2c1bfe943b66_story.html.

⑪ Julie Hirschfeld Davis and Gardiner Harris, 'Obama Considers "Proportional" Response to Russian Hacking in U.S. Election', *The New York Times* (11 October 2016) www.nytimes.com/2016/10/12/us/politics/obama-russia-hack-election.html.

⑫ Jack Goldsmith, 'Thoughts on White House Pledge to Respond to DNC Hack' (Lawfare, 12 October 2016) www.lawfareblog.com/thoughts-white-house-pledge-respond-dnc-hack.

⑬ United States, 'Joint Analysis Report: GRIZZLY STEPPE-Russian Malicious Cyber Activity' (Department of Homeland Security and Federal Bureau of Investigation 2016) www.us-cert.gov/sites/default/files/publications/JAR_16-20296A_GRIZZLY%20STEPPE-2016-1229.pdf.

3.2 国际法中的证据

历史上,在司法程序以外的情形中提出指控,也会被要求提供证据支持。[14] 国际实况调查委员会(International Fact-finding Commissions)——例如 2008 年格鲁吉亚武装冲突后成立的委员会——正是如此行事的。[15] 国际司法的发展强化了这种实践,国际社会对证明标准也提出了越来越高的要求。

在可能导致国家间争端的国际事件发生之后,各国越来越依赖国际实况调查委员会,国际法的各个分支领域和各个层面都反映了这种发展。在关于实况调查委员会的成立以及司法程序外收集和评估证据的国家实践方面,2014 年马来西亚航空公司 MH17 航班在乌克兰坠毁的事件提供了一个研究案例。这个案例也说明了技术和科学证据带来的挑战。

2014 年 7 月 17 日,马来西亚航空公司 MH17 航班从阿姆斯特丹史基浦机场起飞,飞往目的地吉隆坡。这架飞机在乌克兰东部顿涅茨克地区坠毁。当时,该地区是顿涅茨克人民共和国战斗人员与乌克兰军队之间爆发武装冲突的区域。283 名乘客和 15 名机组人员全部遇难。坠机的真实原因尚不清楚,并且存在一些相互矛盾的说法。起初,亲俄分裂主义者和乌克兰军队相互指责,均称是对方发射的导弹造成坠机。[16] 灾难发生后第二天,联合国安理会成员国即呼吁启动"独立、全面和可信的国际调查"。[17]

随后,联合调查小组(Joint Investigation Team,JIT)成立,由荷兰安

---

[14] Joseph C Witenberg,'La théorie des preuves devant les juridictions internationales' (1936) 56 *RCADI* 1,6-7.

[15] 'Report of the International Fact-Finding Commission on the Conflict in Georgia' (2009) www.ceiig.ch/Report.html.

[16] Barry Kellman,'MH17 and the Missile Threat to Aviation' (2014) 18 *ASIL Insights* 17, www.asil.org/insights/volume/18/issue/19/mh17-and-missile-threat-aviation;Jethro Mullen,'Report:MH17 Hit by Burst of "High-Energy Objects" from Outside' (CNN, 9 September 2014) http://edition.cnn.com/2014/09/09/world/europe/nether lands-ukraine-mh17-report.

[17] United Nations,'Security Council Calls for Immediate,Credible Investigation into Downing of Civilian Aircraft over Ukraine' (Security Council,SC/11481,2014) www.un.org/press/fr/2014/CS11481.doc.htm.

全委员会(OVV-Onderzoeksraad Voor Veiligheid)负责协调。联合调查小组的工作得以顺利开展,依赖欧洲安全与合作组织(欧安组织)观察员以及顿涅茨克人民共和国紧急事务处提供的密切合作。联合调查小组首先从分裂主义分子那里找到了飞机残骸和黑匣子,并送回荷兰进行分析。[18] 2015年10月13日,荷兰安全委员会发布最终报告。[19] 通过对黑匣子、飞机重组残骸和收集到的其他材料进行分析,荷兰安全委员会认为,击落飞机的是一枚地面导弹。具体而言,这是一枚装备了9N314M型弹头,且部署在BUK型地空系统的9M38型导弹。这枚导弹是从分裂主义分子控制的区域发射,在推定的发射区域内,当时分裂主义分子正与乌克兰军队展开战斗。荷兰安全委员会调查报告的结论极具争议。涉案BUK导弹系统的俄罗斯制造商Almaz-Antey随后进行了独立调查,并重现了击落类似飞机的爆炸效果。根据这项独立调查研究,该制造商认为导弹是从乌克兰军队控制的地区发射的。[20] 此外,俄罗斯联邦航空运输局(Rosaviatsiya)对荷兰安全委员会的调查报告也持怀疑态度,并表示希望由其进行调查。但这项调查在本书付梓时尚未完成。随后,联合调查小组为获取该地区存在的BUK导弹系统及其位置信息,呼吁相关证人作证,这使得他们收集了许多人的证词。此外,联合调查小组还获取了有关导弹系统对话的电话窃听材料。为便利调查人员的工作,欧洲航天局(European Space Agency,ESA)还提供了卫星图像和相关专家线索。通过各种证词、电话窃听和卫星图像,联合调查小组得出结论,认为涉案的BUK导弹系统系从俄罗斯领土运来,然后在灾难发生的当天又被运走。这些证据还使联合调查小组能够精确定位导弹发射的地点,并确认该地

---

[18] 'UKRAINE. Les débris du vol MH17 enfin en cours d'évacuation' (L'Obs, 16 November 2014) http://tempsreel. nouvelobs. com/galeries-photos/photo/20140717. OBS4076/en-imagescrash-en-ukraine-d-un-avion-de-malaysia-airlines.html.

[19] OVV, 'Crash of Malaysia Airlines Flight MH17 (Hrabove, Ukraine, 17 July 2014)' (Onderzoeksraad Voor Veiligheid 2015) www.onderzoeksraad.nl/uploads/phase-docs/ 1006/debcd724fe7breport-mh17-crash.pdf.

[20] Claude Fouquet, 'MH17: la Russie va lancer sa propre contre-enquête' (lesechos. fr, 14 October 2015) www. lesechos. fr/14/10/2015/lesechos. fr/021403698371_mh17—la-rus sie-va-lancer-sa-propre-contre-enquete.htm.

点确实位于分裂主义分子控制的地区。㉑ 尽管联合调查小组收集的各类证据有助于还原MH17航班坠毁的情况,然而,证据也就只能发挥这么大的作用——这些证据无法确定哪些个人需要为导弹发射负责,也无法确定一国是否同谋。

值得注意的是,有建议认为需要建立一个中心化的网络行动归因机制,以发挥类似于国际实况调查的功能。例如,2016年微软曾发布一份白皮书,建议借鉴国际原子能机构(International Atomic Energy Agency,IAEA)的调查机制,为网络行动归因建立一个类似机制。㉒ 他们认为,这一倡议机制将在国家、私人行为体和学术界之间产生协同作用,以共同识别恶意网络行动的施害者:

> 可以设计一个类似的机制,通过该机制,政府和私营部门可以提供证据支持技术归因,并通过严格的同行审查来进行一定程度的验证。此机制的组织核心,将由来自各国政府、私营部门、学术界和民间团体的技术专家组成,他们有能力审查民族国家攻击者使用的战术、技术和程序,以及表明特定攻击是某国所为的、系统被攻破时所留下的线索指标(indicators of compromise)。本机制的主要作用是对攻击和归因证据提供技术分析。在某些情况下,基于事先商定的标准,它可能会公布调查结果。当然,有些人会反对这种做法。特别是政府可能不愿授权一个独立的组织来主导此种可能具有政治重要性和政治意味的调查。㉓

在法律上,证据"系被用于证明某些事实的存在与否"。㉔ 在网络行动中,事实通常是围绕两个主轴:网络行动及其后果的识别和网络行动的归因。

㉑ 'JIT:MH17 Shot Down with Missile Fired from Pro-Russian Rebel Controlled Field' (NL Times, 28 September 2016) http://nltimes.nl/2016/09/28/jit-mh17-shot-missile-firedpro-russian-rebel-controlled-field.

㉒ Scott Charney et al, 'From Articulation to Implementation: Enabling Progress on Cybersecurity Norms' (Microsoft 2016) 10-12 www.microsoft.com/en-us/cybersecurity/con tent-hub/enabling-progress-on-cybersecurity-norms.

㉓ 同上注,11.

㉔ Jonathan Law (ed), *A Dictionary of Law* (online version) (8th edn, OUP 2015), 'Evidence'; see also Jean Salmon (ed), *Dictionnaire de droit international public* (Bruylant 2001) 874.

正如 UNGGE 在 2015 年报告中所指出的:"在发生信息通信技术事件时,各国应考虑所有相关信息,包括事件大背景、在信息通信技术环境下进行归因的挑战,以及事件后果的性质和程度。"㉕事实上,对网络行动进行调查并非意味着证据仅能在网络空间内收集。为了确定网络行动的事实和归因,在真实世界中收集的证据也可能相关,甚至至关重要。

证据可以包括书面证据、实物证据、专家证词或证人证词以及传闻证据。本章重点讨论网络环境中尤其相关的两种主要证据形式:书面证据和专家意见证据。

3.3 书面证据

"书面证据"是指以书面文件形式证明所指控事实的一种证据类型。㉖ 应予强调,书面证据也是提交至国际法院的主要证据形式。㉗《国际法院规约》和《法院规则》均载有关于文件出示作为书面证据的若干规定,但并未界定文件的类型,这给当事方和法官留下了重要的裁量空间。

在关于国际法院审理过程中的程序性规定以及证据出示相关规定中,并没有关于数字证据的任何具体条款,仅在《实践指南》第 IXbis 条有所提及。该条规定,可被视为《法院规则》第 56(4)条所认定的"已出版物之一部分"的文件,"可以是任何格式(印刷或电子)、任何形式(物理或线上,如发布在互联网上)或载于任何数据媒体之上(纸质、数字或任何其他媒体)"。《实践指南》表明法院对数字证据持开放性解释,但除此之外就没有提供更多的细节。

3.3.1 可被收集的与网络行动有关的书面证据类型

在一国为确定有关网络行动的事实和归因而出示的证据中,大部分

㉕ UNGA,'Report of the Group of Governmental Experts on Developments in the Field of Information and Telecommunications in the Context of International Security' (22 July 2015) UN Doc A/70/174.

㉖ Witenberg (n 14) 59.

㉗ Loretta Malintoppi,'Fact Finding and Evidence before the International Court of Justice (Notably in Scientific-Related Disputes)' (2016) 7 *Journal of International Dispute Settlement* 421,422.

可能都是书面形式,亦即书面证据,因此不会在法院审理中产生任何具体程序问题。然而,需要重点澄清的是:前述论断只与证据出示相关,而不涵盖证据的收集和可采性问题,也不包括法官评估证据的能力问题。本章稍后将对后两个问题进行分析。

网络行动事件的过程之中通常会留下许多痕迹,这些痕迹可能被收集作为证据。这些痕迹大部分能以书面文件的形式呈现,构成书面证据。[28] 例如,在计算机病毒事件中,可以将病毒的计算机代码的分析报告作为证据。由编码语言组成的计算机代码很容易被视为书面证据。

此外,在网络行动相关争议中,IP 地址可能作为证据被收集和出示。有时候是因为相关计算机和服务器被用于发起或中转网络行动,有时候则因为它们是网络行动的目标,不论哪种情形,都需要通过 IP 地址来识别参与网络行动的不同计算机和服务器。出示 IP 地址一般表现为提交服务器日志,这些服务器日志即相关服务器实施活动的列表记录,其中包括与该机器通信的各 IP 地址的连接时间。在确定网络行动的事实和时间线时,这些信息可能特别有用。

这些不同的证据通常总结在一份报告中,报告将这些证据作为背景材料以认定事实。此外,这种网络相关的证据也可能附有非数字证据(non-digital evidence),用于认定如网络行动受害者遭受的损害,或者所涉计算机与个人之间的关系以及这些个人是否代表某个国家利益行动。

上文旨在说明在国际法院或法庭的诉讼程序中可能出示的数字证据的形式。收集和识别这类证据的难度不应低估,这个过程可能需要大量的专门技术知识。与收集网络行动证据有关的更进一步的困难是证明证据的真实性和完整性。[29] 当然,这项任务需要留待参与诉讼程序的专家来解决。

迄今为止,尚无国家将任何一起关于网络行动的争端提交至司法程序。然而,在一些据称由国家支持,甚至由国家实施的网络行动案例中,国家和非国家行为体——如网络安全公司——确实进行了证据收集,并将其

---

[28] See, for instance, Marco Roscini, 'Evidentiary Issues in International Disputes Related to State Responsibility for Cyber Operations' (2015) 50 *Texas International Law Journal* 233.

[29] 同上注,239.

汇编为报告,以详细说明相关网络行动的事实信息,并证明网络行动应该归因于特定组织或个人。这些报告提供了一个参照基础,人们可以据此分析,在国家支持网络行动案件的诉讼程序中一国可能提交何种材料。

3.3.2 收集和评估证据时应保持必要谨慎

与其他证据一样,在收集和分析数字证据时必须谨慎进行。在此过程中卷入专家至关重要,因为专家不仅能够分析数据,而且能够向非计算机科学专业人士——比如参与司法程序的当事人和法官——解释他们的结论。这个议题将在后文专门针对专家的一节中加以阐述。

2010年,在对伊朗核电站的几个离心机造成物理损坏之后,恶意软件Stuxnet㉚被发现是始作俑者。对该事件的嗣后调查为我们提供了一个有趣的案例。Stuxnet恶意软件被指控是一起美国和以色列的联合网络行动,目的是破坏伊朗的核计划,迫使伊朗放弃其军事层面的核野心。然而,伊朗以及其他国家都没有正式将这一网络行动归因于美国、以色列或任何第三国,也没有任何国家声称对这起事件负责。2010年6月,Stuxnet首次被白俄罗斯网络安全公司VirusBlokAda识别;随后,来自卡巴斯基和赛门铁克(Kaspersky and Symantec)等多家网络安全公司的专家对Stuxnet进行了分析。其后赛门铁克发布了一份报告,对Stuxnet及其功能进行了详细介绍。㉛ 报告还深入分析了Stuxnet的计算机代码,并从中识别出表明以色列与这个恶意软件之间可能存在潜在联系的两条线索。

第一,他们找到驱动文件中的项目路径是"b:\myrtus\src\objfre_w2k_x86\i386\guava"。其中文件夹的名称是"桃金娘",文件夹中的一个文件名是"番石榴",番石榴是桃金娘科的热带树种,属于桃金娘科。报告指出:

㉚ 关于 Stuxnet,一般参见:Kim Zetter, *Countdown to Zero Day: Stuxnet and the Launch of the World's First Digital Weapon* (Crown 2014); see also David E Sanger, *Confront and Conceal: Obama's Secret Wars and Surprising Use of American Power* (Crown 2012).

㉛ Nicolas Falliere, Liam O Murchu and Eric Chien, 'W32. Stuxnet Dossier (Version 1.4)' (Symantec 2011) www.symantec.com/content/en/us/enterprise/media/security_response/whitepapers/w32_stuxnet_dossier.pdf.

根据维基百科,"以斯帖最初的名字是哈达萨。哈达萨在希伯来语中的意思是'桃金娘'。以斯帖获悉了一个暗杀国王的阴谋,并'告诉国王哈曼(Haman)屠杀波斯帝国所有犹太人的计划……犹太人继续杀害那些针对他们的行刑者'。赛门铁克提醒读者在得出归因结论时应当保持谨慎,因为攻击者有天然的倾向性,试图将事件的非相关方牵连进来以混淆视听"㉜。

有一种假设认为,"桃金娘"和"番石榴"这两个名字是指《旧约》的王后以斯帖,这可以被理解为是在指代犹太人在波斯——伊朗伊斯兰共和国前身——的处境。

第二,Stuxnet建立了一个注册表键值19790509,这个键值特征可以让Stuxnet在未来试图入侵一台目标计算机时方便判断该目标是否已经感染:

如果该值等于19790509,则恶意进程将终止。这个值被认为是一个已感染标记,或者说是"不再实施感染"标记。如果该值设置正确,则不会发生感染。该值可能是一个随机字符串,不表示任何内容;但似乎也可以认为是与恶意进程中使用的日期标记格式相匹配。如果作为日期理解,该值可能表示1979年5月9日。当然,这个日期可以是指一个随意日期,或者一个出生日期,或者一个具有其他意义的日期。这一天发生了各种各样的历史事件,但根据维基百科,"哈比卜·埃尔加尼安在德黑兰被行刑队处决,这给与他联系密切的伊朗犹太社区造成了巨大冲击。哈比卜是第一批,也是第一个被新伊斯兰政府处决的犹太人平民。这一事件导致曾经拥有10万名成员的强大伊朗犹太社区开始大规模流亡,一直持续至今"。赛门铁克提醒读者在得出归因结论时应当保持谨慎,因为攻击者有天然的倾向性,试图将事件的非相关方牵连进来以混淆视听。㉝

总之,在Stuxnet的代码行中发现的这两个线索,可能都指向伊朗与犹太人之间的历史纠葛,一些人即据此推断以色列参与了Stuxnet的设

㉜ 同上注,24.

㉝ 同上注,18.

计。然而,这些线索及其分析应当被谨慎对待。虽然这些线索可能指向责任方,但也可能是代码的创造者故意为之,误导调查人员错误牵连以色列。因此,这类证据不应被视为以色列责任的明确证据,而仅仅是对这一推断方向某种程度的证明。

Stuxnet 的例子表明,让有能力的专家参与技术证据的搜索和分析极为重要;它同时也表明,对技术证据进行批判看待而非照单全收同样重要。网络行动确实是一种高度技术化的现象,但这并不意味着它们的分析和归因应局限于技术方法。相反,除技术专家外,其他学科的专家也要参与调查。

3.3.3 非法收集证据的有效性

作为网络空间的主要特征,计算机网络的互连互通使得远程访问相互连接的网络和计算机系统成为可能。这一特点意味着,从技术层面而言,数字证据更容易获取,同时这也便利了网络行动的施害者擦除或掩盖其行动痕迹。对于这些施害者来说,远程访问其实施网络行动留下的痕迹线索并对其进行移除、改造或摧毁等操作,其实是相对容易做到的。㉞ 因此,对那些希望获取和保护潜在证据的网络行动受害人来说至关重要的是,需要在行为人抹去其踪迹之前尽可能快速而彻底地展开证据收集。出于这个原因,调查人员展开行动时必须进行相应的裁量,以免刺激施害者动念篡改或抹除他们可能留下的证据。

网络空间的另一主要特征是其跨国性,这一点会对刑事案件、恐怖主义案件和跨国案件中技术证据的获取造成影响。㉟ 事实上,一国实施或支持的针对另一国的网络行动,很可能会通过位于第三国的计算机系统和网络中转。受害国如果希望在位于第三国领土内的计算机系统和网络上收集技术证据,相关程序由第三国国内法规定。㊱ 相反,受害国在其国外,或者说在其管辖范围以外的计算机系统和网络上收集证据可能被视为非法,事实上,这种收集行为往往没有取得有管辖权的国家的事先同意。

㉞　Christiane Féral-Schuhl, *Cyberdroit* 2011/2012. *Le droit à l'épreuve de l'internet* (6th edn, Dalloz 2010) 992.

㉟　Jonathan Bourguignon, 'La recherche de la preuve informatique et l'exercice des compé- tences extraterritoriales de l'Etat' in Société Française pour le Droit International, Internet et le droit international (Colloque de Rouen, Pedone 2014) 357-372.

㊱　Féral-Schuhl (n 34) 992 et seq.

一国在未经另一国同意的情况下,从另一国管辖范围内的计算机系统和网络获取证据,极有可能构成国际不法行为。具言之,这很可能构成对后者领土主权的侵犯。然而,如果责任国能够证明其获取证据的行为属于排除不法性的情形,则可减轻甚至排除行为的不法性。例如,受害国在网络行动责任国的网络中获取证据时,可能会以获取证据——尽管事实上可能违反后者的管辖权——构成反措施为由主张排除不法性。然而,此种主张恐怕难以成立。此外,受害国还可能声称,在责任国有机会移除或篡改证据之前,获取证据是必要的。但是如果受害国请求责任国合作,或者责任国察觉到受害国获取证据的行动或企图,责任国就有机会抢在受害国收集证据之前对证据进行移除或篡改。一国为保护基本利益免受严重和迫在眉睫的危险而实施的行为,其不法性可以通过援引危急情况予以排除。以上论述表明,为获取另一国计算机系统的证据而采取网络行动,其正当性似乎难以证立;为跨国获取证据提供合法化支撑的两个潜在理由似乎都很脆弱。这使得我们有必要分析非法收集证据的可采性和有效性问题。

　　非法收集的证据在法庭上会被视为合法吗?更具体来说,在国际法院的诉讼程序中,非法获得的证据是否具有可采性?对此,《国际法院规约》和《法院规则》都没有给出答案。然而,在科孚海峡案"(the Corfu Channel case)"中,法官采纳了英国非法获取的证据。㊲ 但必须指出的是,法官并没有对证据的有效性作出裁决。在该案中,英国为其非法获取的证据辩护如下:

　　　　根据(英国)政府的说法,必须尽可能快速地保全犯罪事实(corpora delicti),以免它们被布雷人员或阿尔巴尼亚当局抹除而变得无迹可查。这一理由在英国政府的论辩中呈现两种不同的形式。它首先表现为干涉理论的一种新的特殊应用,通过这一理论,干涉国能够确保在另一国领土占有证据,从而将证据提交国际法庭,便利案件审理。

　　　　英国代理律师在其答复中进一步将该国的"详述行动"(Operation Retail)定义为一种自我保护或自助方法。㊳

　　㊲　Corfu Channel (United Kingdom of Great Britain and Northern Ireland v. Albania) (Judgment on the Merits) [1949] ICJ Reports 4,34.

　　㊳　同上注,34-35.

法院驳回了这两个理由,认为英国的行为非法。然而,法院仍然采纳并考虑了非法获得的证据。值得注意的是,正如上文所指出的,英国政府的辩护逻辑与一国非法获取计算机证据所可能采取的辩护非常近似。可以推断,在涉及类似获取证据的案件中,法院的立场很可能不会变化,因此这些取证行动的不法性可能难以被排除。

此论断的重要性不言而喻,因为各国就网络行动出示的大量数字或其他形式的证据很可能是以非法形式获取。关于数字证据,已经表明,未经一国同意而从该国家管辖下的服务器收集的行为可能构成国际不法行为。各国也可能出示由其情报部门收集的证据,这些情报部门获取证据的手段可能合法也可能非法。即使认为间谍活动在国际法层面不是非法的,它可能也会牵涉违反某些国际法规范的行为,特别是可能违反目标国的领土主权或不干涉原则。㊴

2014年针对索尼电影娱乐公司的黑客攻击就是一个不错的例子。如前所述,美国将这一网络行动归因于朝鲜,但没有公开提供支撑其指控的证据。其原因可能是,美国之所以能够识别出朝鲜对网络行动负责,其实是通过其国家安全局对朝鲜网络的监控行为。㊵ 换言之,本例中归因之所以可能,不是因为网络行动之后所收集的技术证据,而是因为在网络行动之前就已经收集了朝鲜活动的相关信息。这种信息收集之所以可能,是因为此前对朝鲜网络进行了渗透,而这种网络渗透行动本身极有可能构成对朝鲜领土主权的侵犯。

3.4 专家意见证据

虽然"证据"一般指书面证据,但我们不应低估专家意见的重要性,尤其是在涉及技术或科学证据的争端之中。㊶

㊴ Fabien Lafouasse, L'espionnage dans le droit international (Nouveau monde 2012).

㊵ David E Sanger and Martin Fackler, 'N.S.A. Breached North Korean Networks before Sony Attack, Officials Say', The New York Times (18 January 2015) www.nytimes.com/ 2015/01/19/world/asia/nsa-tapped-into-north-korean-networks-before-sony-attack-officialssay.html.

㊶ Giorgio Gaja, 'Assessing Expert Evidence in the ICJ' (2017) 15 *The Law & Practice of International Courts and Tribunals* 409, passim; Malintoppi (n 27) 430-434.

在国际法院或法庭中,还没有关于"专家"的被普遍接受的定义。从这个意义上说,无论是《国际法院规约》还是《法院规则》都没有明确规定在国际法院审理的案件中谁可以被称为专家。《国际海洋法法庭和德意志联邦共和国关于法庭总部的协定》第1(1)条给出了"专家"的定义,认为其指"应争端当事方或法庭的请求,根据特殊知识、技能、经验和训练,以专家意见形式提供证词的人"。

与网络行动相关的争端中,专家参与至关重要,主要基于两个原因:第一,法官和律师可能都不具备必要的知识以理解争端的技术细节;第二,当事方提交的计算机证据应由能够证明其真实性并提供相关分析的有资质的专家进行分析。

在国际法院审理的案件中,专家可以按照四种不同的方式参与程序:由当事方任命,法官以非正式方式与专家协商,法官决定让专家参与诉讼,法官可能任命可以旁听诉讼但无权表决的襄审官(assessors)。

3.4.1　当事方任命的专家

可能被收集和提交的、与网络行动相关的大部分计算机相关证据,应当由专家收集和分析,以确保证据的真实性,并以最准确的方式确定事实。因此,希望收集此类证据的国家一般可以求助于国家计算机安全服务部门的专家,或以合同方式获得私人网络安全公司的专家支持。例如,美国民主党在2016年遭受黑客攻击后,聘请了私人公司CrowdStrike来提供技术分析;其后也主要是基于该公司收集的证据,美国方面才将该起网络行动归因于俄罗斯情报机构。

除调查环节和收集、分析证据环节之外,专家参与证据出示环节也是非常重要的,特别是在一个司法程序中。事实上,他们的参加和解释可以帮助不熟悉计算机科学的人理解这些证据。参加司法程序时,当事双方任命的专家还可以进行对抗性质证。

3.4.2　法院咨询的"隐形"专家

与其他国际司法机构一样,国际法院也必须处理涉及重要技术维度、需要专业知识的争端。边界争端就是一个典型例子。关于边界争端,罗伯特·詹宁斯(Robert Jennings)写道:

法院不得不频繁聘请制图师、水文学家、地理学家、语言学家,甚至专门的法律专家,辅助法院理解案件中的专业议题;并且,法院认为一般也没有必要公开这类信息,甚至不需要通知当事双方。㊷

在一些涉及重大技术问题的案件中,国际法院的法官会咨询非正式的专家并请求后者的协助,这些专家一般不会正式参与诉讼。总体而言,这些专家是法院书记官处的临时成员,他们的调查结果不递交给当事方,也不公之于众。㊸

让这些"幽灵专家"㊹参与司法程序的做法遭到了批评,㊺尤其是众多法官的批评。例如在乌拉圭河纸浆厂案中,奥恩·肖卡特·哈苏奈(Awn Shawkat Al-Khasawneh)法官和布鲁诺·西马(Bruno Simma)法官就曾提交联合反对意见,指出:

> 如果"隐形"专家提供的是与案件相关,但并非至关重要的科学问题(scientific margins)的意见,那么法院的这种咨询可能还情有可原。但在复杂的科学争议中,作出此种咨询就要另当别论了,本案即是如此。类似本案的情形中,采用这种做法会使法院丧失上文提及的透明度、公开性、程序公正性等优势,剥夺当事各方对证据发表意见或者协助法院理解证据的能力。这并非纯粹出于对抽象原则的担忧,而

㊷ Robert Yewdall Jennings, 'International Lawyers and the Progressive Development of International Law' in J Makarczyk, *Theory of International Law at the Threshold of the 21st Century: Essays in Honour of Krzysztof Skubiszewski* (1996) 416.

㊸ Philippe Couvreur, 'Le Règlement Juridictionnel', Le processus de délimitation maritime: étude d'un cas fictif, Colloque international de Monaco du 27 au 29 mars 2003 (A Pedone 2004) 349, 384.

㊹ The expression 'experts fantômes' is borrowed from Judges Awn Shawkat Al-Khasawneh and Bruno Simma: Joint Dissenting Opinion, Judges Al-Khasawneh and Simma in Pulp Mills on the River Uruguay (Argentina v. Uruguay) (Judgment) [2010] ICJ Reports 14, 114.

㊺ Lucas Carlos Lima, 'Expert Advisor or Non-voting Adjudicator? The Potential Function of Assessors in the Procedure of the International Court of Justice' (2016) 99 *Rivista di diritto internazionale* 1123, 1134; James Gerard Devaney, *Fact-Finding before the International Court of Justice* (CUP 2016) 83-88.

更多是出于对良善司法（good administration of justice）的担忧。㊻

应当区分两种寻求"隐形"专家咨询的情形：一种是与案件相关，但并非决定性的技术问题咨询；另一种是可能严重影响案件结果的咨询。㊼然而，现行国际法并未做到此种区分。

此种区分在网络行动相关争议中尤其重要。法官可以求助"隐形"专家，帮助其了解互联网和相关计算机系统的功能，尤其是帮助法官对争端主题事项进行一般性理解。相反，与当事方提供的证据事项以及案件技术方面相关的问题，最好由法院任命并参与诉讼的专家来处理。如下文所述，这种情况下，专家意见将递交给当事方，当事方随后能够相应发表意见。由于网络行动相关的诉讼可能涉及大量技术证据，并严重依赖专家对这些证据的评估，因此，法院任命专家这一方式对解决网络行动相关争议尤其具有相关性和重要性。

3.4.3 法院任命的专家

国际法院审理案件时，法官可以任命专家。㊽《国际法院规约》第50条规定，"法院得随时选择任何个人、团体、局所、委员会或其他组织，委以调查或鉴定之责"。《法院规则》第67条澄清了关于法官任命专家的立场：

> 1. 法院如果认为有必要作出安排，进行调查或取得鉴定意见，应在听取当事国意见后，发出这种决定的裁定，确定调查或鉴定意见的事由，说明进行调查的人或鉴定人的数目和任命方式，并规定应遵循的程序。法院应于适宜时，要求任命进行调查或提出鉴定意见的人作一郑重宣言。
>
> 2. 每一调查报告或记录及每一鉴定意见均应递交当事国各方，当事国各方有机会就上述文件发表意见。

㊻ Joint Dissenting Opinion, Judges Al-Khasawneh and Simma in Pulp Mills (Judgment) (n 44) 114.

㊼ Gaja (n 41) 414.

㊽ 在其他国际法院和法庭，这也是可能的。Louis Savadogo, 'Le recours des juridictions internationales à des experts' (2004) 50 *Annuaire français de droit international* 231, 233.

因此，与“隐形”专家不同，这些专家是由法院正式任命的，其调查结果也会公之于众，并允许当事方提交意见。

法院只在极少数案件中任命了专家，㊾正如卢卡斯·利马（Lucas Carlos Lima）所指出的：

国际法院仅在三个案件中任命了庭外专家。在科孚海峡（联合王国诉阿尔巴尼亚）案中，法院任命了三名海军专家，他们进行实地考察后提交了一份报告，当事各方有机会对此发表评论。在缅因湾地区（加拿大/美国）海洋边界划界案中，法院分庭任命了一名海军专家协助划定两国之间的边界，他的技术报告附在判决书后。在加勒比海和太平洋海洋划界案（哥斯达黎加诉尼加拉瓜）中，法院任命了两名专家收集两国之间“与海岸状况有关的所有事实要素”，要求他们“编写一份书面报告[……]送交当事方，并给予当事方评论的机会”。㊿

许多学者和国际法院的法官都支持法院任命专家这一方式，特别是在涉及关键技术问题的诉讼中。(51)

使用法院任命的专家来分析网络行动争端中当事方提出的技术论点，有助于法官对证据进行客观分析，并集中精力处理法律问题。

3.4.4 法院任命的襄审官

国际法院的法官可以任命襄审官，襄审官可以随法官一起参加开庭，但没有表决权。《国际法院规约》第 30 条第 2 款规定，“法院规则得规定关于襄审官之出席法院或任何分庭，但无表决权”。《法院规则》第 9 条对此进一步澄清，在争议类和咨询意见类案件中任命襄审官是可行的，这些襄审官的任命“应经无记名投票，并得到组成该案法庭的法官的多数票”。《国际法院规约》和《法院规则》都没有具体规定当事国是否可以参与任命襄审官的程序。

㊾ Devaney (n 45) 20-23.

㊿ Lima (n 45) 1131. 他提到的三个案件是：Corfu Channel (Merits) (n 41); Delimitation of the Maritime Boundary in the Gulf of Maine Area (Canada/United States of America) (Judgment) [1984] ICJ Reports 246; Territorial and Maritime Dispute between Nicaragua and Honduras in the Caribbean Sea (Nicaragua v. Honduras) (Judgment) [2007] ICJ Reports 659.

(51) Devaney (n 45) 218, 230-240.

正如乔治·加亚(Giorgio Gaja)所指出的那样,在国际法院审理的案件中,从未发生过任命襄审官的情形。[52] 他认为这有两个原因:第一,即使襄审官没有表决权,也可能对法官的决定施加重要影响;第二,当事方及其专家无法知晓襄审官的任命,亦无法对襄审官的意见进行评论。

在可能提交国际法院的关于网络行动的大部分争端中,当事方或法院任命的专家所提供的专业技术知识很可能已经满足审理所需,因此,襄审官在决策过程中协助法官也就显得不那么必要了。

3.5 关于证据问题的小结

本章分析了网络行动争端相关的证据问题。此类争端可能涉及大量高度技术性的证据,在诉讼程序中,当事方和法官收集和评估这些证据具有挑战性。相反,因为大部分与网络行动相关的技术证据可能容易以书面证据形式呈现,所以对网络行动相关的技术证据进行出示并不会带来特别的挑战。

然而,各国可能不愿意在诉讼程序中公开其所收集的证据。第一,从国家角度而言,披露其收集的证据,很有可能无意中透露出一国的网络能力。第二,通过公开披露网络行动相关的信息,可能导致其他行为体利用已披露的漏洞来实施网络行动。WannaCry[53] 在 2017 年 5 月造成的影响大量人员、机构和企业的那波网络行动浪潮已经证明了这一点。[54] "永恒之蓝"漏洞利用系通过代号"影子经纪人"(Shadow Brokers)的黑客攻击从美国国家安全局所获得,它曾被一些网络行动所利用,于 2016 年夏被

---

[52] Gaja (n 41) 418; see also Lima (n 45) 1124, 1130.

[53] Microsoft, 'Ransom: Win32/WannaCrypt (Updated 10 January 2018)' (Windows Defender Security Intelligence, 12 May 2017) www.microsoft.com/en-us/wdsi/threats/malware-encyclopedia-description?Name=Ransom:Win32/WannaCrypt. See also ANSSI, 'Alerte campagne de rançongicel-mise à jour du 15/05/2017' (Agence nationale de la sécurité des systèmes d'information, 15 May 2017) www.ssi.gouv.fr/actualite/alerte-cam pagne-de-rancongiciel-2/.

[54] Dominique Filippone, 'WannaCry: Le ransomware planétaire encore prêt à frapper' (Le Monde Informatique, 15 May 2017) www.lemondeinformatique.fr/actualites/lire-wanna cry-le-ransomware-planetaire-encore-pret-a-frapper-68202.html.

公开披露。㊸当时微软发布了这个漏洞的补丁,㊹但似乎许多计算机系统还来不及更新,所以漏洞依然存在。因此,在诉讼程序中披露一起网络行动的运作方式以及被利用的漏洞,国家实际上会冒着一种风险,因为被披露的信息可能被用于危害网络空间安全和稳定的后续行动。鉴此,为保障网络空间的安全和稳定,可能有必要考虑对一些证据进行保密。

  对网络行动进行事实认定和归因包含重要的技术维度,但仅将其简化为一种技术过程并不正确。因此,至关重要的是,除了技术专家外,也需要其他学科中了解网络空间和网络行动运作方式的专家参与这个过程,甚至参与诉讼程序。事实上,这些专家有助于连接争端的技术维度和法律维度。这也是本章的目的——连接上一章所分析的归因的技术维度与下一章将研究的归因的法律维度。

  ㊸ Dan Goodin,'NSA-Leaking Shadow Brokers Just Dumped Its Most Damaging Release Yet'(Ars Technica,14 April 2017) https://arstechnica.com/information-technology/2017/04/nsa-leaking-shadow-brokers-just-dumped-its-most-damaging-release-yet/.

  ㊹ Microsoft,'Microsoft Security Bulletin MS17-010-Critical Security Update for Microsoft Windows SMB Server(4013389)'(Microsoft TechNet,14 March 2017) https://technet.microsoft.com/en-us/library/security/ms17-010.aspx; Microsoft MSRC Team,'Customer Guidance for WannaCrypt Attacks'(Microsoft TechNet,12 May 2017) https://blogs.technet.microsoft.com/msrc/2017/05/12/customer-guidance-for-wannacryptattacks/.

4. 归因于国家

本章侧重从国际法的视角分析归因,即将一项网络行动归因于一国或其他国际法主体。在这个意义上,归因是一个法律过程,亦称为归责,旨在根据国际法确定一项作为或不作为可否定性为国家行为。①

国家作为抽象实体,只能通过一个或多个人作为媒介行事。就归因的目的而言,这些媒介被视为国家行事的手段。换言之,正如安齐洛蒂(Dionisio Anzilotti)所言:"国家行为不过是通过法律而归因于国家的个人行为。"②本书第 2 章已经讨论了归因于个人的问题。

将行为归因于国家是国际法的重要问题。③ 一国无法对在其领土或管辖范围内所有实体的活动负责。④ 同理,不能仅凭施害者的国籍就将其行为归因于国籍国,不能仅凭公司注册成立于一国就将其行为归因于

---

① Luigi Condorelli and Claus Kreß, 'The Rules of Attribution: General Considerations' in James Crawford et al (eds), *The Law of International Responsibility* (OUP 2010) 221.

② Dionisio Anzilotti, Cours de droit international (Recueil Sirey 1929) 469. ('Nous savons que l'activité de l'Etat n'est autre que l'activité d'individus que le droit international imputeà l'Etat'); English translation quoted from Djamchid Momtaz, 'Attribution of Conduct to the State: State Organs and Entities Empowered to Exercise Elements of Governmental Authority'引自 Djamchid Momtaz 的英文译文,"行为归因于国家:有权行使政府权力的国家机关和实体" in James Crawford et al (eds), *The Law of International Responsibility* (OUP 2010) 237.

③ Luigi Condorelli, 'L'imputation à l'état d'un fait internationalement illicite: solutions classiques et nouvelles tendences' (1984) 189 *RCADI* 9,19.

④ Corfu Channel (United Kingdom of Great Britain and Northern Ireland v. Albania)(Judgment on the Merits)[1949] ICJ Reports 4,18; David D Caron, 'The Basis of Responsibility: Attribution and Other Transsubstantive Rules of State Responsibility' in Richard B Lillich, Daniel B Magraw and David J Bederman (eds), *The Iran United States Claims Tribunal: Its Contribution to the Law of State Responsibility* (Brill & Martinus Nijhoff Publishers 1998) 126.

注册国,也不能仅凭公司为某一国所有就将这个行为归因于所有国。⑤ 根据国家责任法的规定,只有以下三个标准同时满足,国家才需要对某一行为承担责任:其一,该行为可归因于国家;其二,该行为构成国际不法行为;其三,不存在排除不法性的情形。⑥ 本章探讨第一个标准,即行为之归因,另外两个标准则留待本书第二编处理。⑦

值得指出的是,行为的归因不仅与国家责任相关,也涉及国际法的其他领域,如个人责任或条约法等领域。⑧

本章论述网络行动归因于国家的问题,主要围绕联合国国际法委员会(ILC)2001年通过的《国家对国际不法行为责任条款草案》(以下简称

---

⑤ Caron (n 4) 163-173; Olivier De Frouville, 'Attribution of Conduct to the State: Private Individuals' in James Crawford et al (eds), *The Law of International Responsibility* (OUP 2010) 261-264; James Crawford, *State Responsibility: The General Part* (CUP 2013) 161; International Technical Products Corporation v. the Islamic Republic of Iran (1985) 9 *Iran-US CTR* 206, 238-239; Flexi-Van Leasing Inc v. the Islamic Republic of Iran (1986) 12 *Iran-US CTR* 335, 348-351; EDF (Services) Limited v. Romania [2009] ICSID ARB/05/13 [190].

⑥ 国际法院在德黑兰人质案中对这三个标准进行了重点讨论,首先是合并处理行为的归因和不法性标准(28—37,第 56—79 段),接着是最后一个标准,即是否存在解除不法性的情况(37—41,第 80—89 段); United States Diplomatic and Consular Staff in Tehran (United States of America v. Iran) (Judgment) [1980] ICJ Reports 3.

⑦ 参见后文第二编。

⑧ Claus Kreß, 'L'organe de facto en droit international public: Réflexions sur l'imputation à l'etat de l'acte d'un particulier à la lumière du développements récents' (2001) 105 *Revue Générale de Droit International Public* 93, 95; Jörn Griebel and Milan Plücken, 'New Developments Regarding the Rules of Attribution? The International Court of Justice's Decision in Bosnia v. Serbia' (2008) 21 *Leiden Journal of International Law* 601, 603. 例如,在 Tadić 案中,前南斯拉夫问题国际刑事法庭(ICTY)处理的是个人责任问题,而不是国家责任问题,但必须首先确定行为是否可归因于国家,以确定冲突是国际性的还是非国际性的: *Prosecutor v. Dusko Tadić* (Trial Judgment) [1997] IT-94-1-T (ICTY, Trial Chamber); *Prosecutor v. Dusko Tadić* (Judgment) [1999] IT-94-1-A (ICTY, Appeals Chamber).

《草案》)展开,⑨该《草案》反映了关于国家责任的习惯国际法规范。⑩《草案》第二章专门规定国家责任之归因,共8个条文,分别对应本章的8个小节:第4条,国家机关的行为(4.1.1);第5条,行使政府权力要素的个人或实体的行为(4.1.2);第6条,由另一国交由一国支配的机关的行为(4.1.3);第7条,逾越权限或违背指示的行为(4.1.4);第8条,受到国家指挥或控制的行为(4.2.1);第9条,正式当局不存在或缺席时实施的行为(4.2.2);第10条,叛乱运动或其他运动的行为(4.2.4);以及第11条,经一国确认并视作其本身行为的行为(4.2.3)。

前述8个小节又可组合成两节:经授权行使政府权力的国家机关和实体所实施的网络行动的归因(4.1),以及由私人主体实施的网络行动的归因(4.2)。

值得注意,《塔林手册2.0》仅以3条规则(规则15—17)和14页的篇幅探讨了国家归因问题;⑪并以规则18处理了与其他国家实施网络行动责任相关的问题。⑫《塔林手册2.0》的国际专家遵循了联合国国际法委员会《草案》规定的归因路径,⑬在相关规则中也借鉴了国际法委员会的某些条款。据此,规则15规定了国家机关实施网络行动的归因,对应《草案》第4条;规则16侧重于对他国机关实施网络行动的归因;最后,规则

---

⑨ Articles on 'Responsibility of States for Internationally Wrongful Acts' (adopted by the International Law Commission at its fifty-third session in 2001, annexed to General Assembly Resolution 56/83 of 12 December 2001, and corrected by Document A/56/49(Vol I)/Corr4).

⑩ Antonio Cassese, *International Law* (2nd edn, OUP 2005) 244; Griebel and Plücken (n 8) 602; Michael N Schmitt (ed), *Tallinn Manual on the International Law Applicable to Cyber Warfare* (CUP 2013) 29, commentary under Rule 6, para 1; Marco Roscini, *Cyber Operations and the Use of Force in International Law* (OUP 2014) 34; Michael N Schmitt and Liis Vihul (eds), *Tallinn Manual 2.0 on the International Law Applicable to Cyber Operations* (2nd edn, CUP 2017) 79, para 1.

⑪ Schmitt and Vihul (n 10) 87-100, Rules 15-17.

⑫ 同上注,100-103.

⑬ 同上注,79,para 1("本章中,第一节至第三节是以关于国家责任的习惯国际法为基础。这部分法律主要体现在国际法委员会的《国家对国际不法行为责任条款草案》中,本章随后涉及的规则很大程度上就是以此为依据。就随后的规则所采纳的《草案》有关内容而言,国际专家组认为这些内容重述了习惯国际法。然而,国际专家组认识到,一些条款中的某些问题尚未得到确定,并非所有国家都将这些条款视为对习惯国际法的权威重述")(footnotes omitted).

17关注对非国家行为体实施的网络行动的归因,此规则以《草案》第8条"关于受到国家指挥或控制的行为归因"和第11条"经一国确认并视作其本身行为"作为基础。需要指出,《塔林手册2.0》并未提及《草案》第9条和第10条所规定的情形。归因作为国际法适用于网络行动的最重要问题之一,与之相关的条款如此之少,难免让人惊讶。更令人意外的是,关于非国家行为体实施的网络行动归因,《塔林手册2.0》仅仅是总结了几种路径,且未作深入分析。⑭

在4.1节和4.2节之后,本章着眼于进一步探究与网络行动国家归因相关的两个问题:其一,网络自主系统(cyber autonomous systems)的发展所带来的后果(4.3);其二,正在演化中的关于网络行动归因的国家实践(4.4)。

4.1 对国家机关和经授权行使政府权力要素的实体实施的网络行动的归因

作为国际安全所面临的日益严峻的挑战之一,网络威胁成为国家重点关注的对象,也构成一国寻求军事优势的潜在工具。大多数国家都在制定网络安全战略,其中包括实施防御性(defensive)与进攻性(offensive)的网络行动。⑮ 此类国家网络安全战略的实施,有赖于国家机关(4.1.1和4.1.3)以及它们所授权行使政府权力要素的实体来具体执行(4.1.2)。即便此类实体实施的是越权行为,也应归因于国家(4.1.4)。

4.1.1 国家机关

国家机关是国家得以采取行动的主要媒介。随着各国行动越来越深入地涉及网络空间,专门从事或参与网络防御和网络攻击的国家机关也相应得到发展。国家实施的网络行动由国家机关执行,并且多由主要负

---

⑭ 同上注,94-100.

⑮ *The Cyber Index: International Security Trends and Realities* (UNIDIR 2013); CarmenCristina Cîrlig, *Cyber Defence in the EU: Preparing for Cyber Warfare?* (Briefing, European Parliamentary Research Service 2014); 'Cyber Security Strategy Documents' (NATO Cooperative Cyber Defence Centre of Excellence (CCDCOE), 3 August 2015).

责军事与安全事项的机关执行,如军队或者国家安全与情报部门。但其他机构也可能参与网络行动,如它们可能参与数据收集。鉴此,有必要详细地说明国家机关是什么,以及其活动如何归因于国家,此即为本小节的主旨。

一国任何机关的行为皆可归因于该国,[16]即使其行为构成越权行为。[17] 国际法院已确认了国家机关行为归因于该国的规则的习惯法地位。[18]

《草案》第 4 条对"国家机关"概念采用较为广义的理解,认为这一概念包括"任何种类或类别、行使任何职能、任何行政级别的政府机关,包括省级甚至是地方机关"[19]。依国内法确立为国家机关的实体,在国际法上即被视为国家机关。[20] 相反,仅凭一个实体系由国家所有这一事实,并不能使该实体当然成为国家机关。[21]

国家机关行使何种职能并非关键问题,其可以行使"立法、行政、司法或其他任何职能"。[22] 第一,立法机关是行使立法权的机关,有权制定法律。第二,司法机关有权解释和适用一国法律。[23] 立法与司法机关实施的活动一般不包括网络行动。第三,行政机关执行和实施法律。网络行动的实施可能牵涉行政权力。军队和警察属于行政权力的一部分,并被

---

[16] Articles on State Responsibility, Article 4.

[17] 同上注, Article 7.

[18] Difference Relating to Immunity from Legal Process of a Special Rapporteur of the Commission on Human Rights (Advisory Opinion) [1999] ICJ Reports 62, 87, para 62.

[19] 'Commentary to the Articles on State Responsibility' (2001) 2 *Yearbook of the International Law Commission* (*Part II*) 31, 40, commentary to Article 4, para 6.

[20] Articles on State Responsibility, Article 4(2); Paolo Palchetti, 'De Facto Organs of a State', *Max Planck Encyclopedia of Public International Law* (*MPEPIL*) (OUP 2010) https://opil.ouplaw.com/view/10.1093/law:epil/9780199231690/law-9780199231690-e1394, para 1.

[21] EDF (Services) Limited v. Romania (n 5) para 190.

[22] Articles on State Responsibility, Article 4(1); see also: 'Commentary to the Articles on State Responsibility' (n 19) 40-41, commentary to Article 4, para 6; and Claire Finkelstein, 'Changing Notions of State Agency in International Law: The Case of Paul Touvier' (1995) 30 *Texas International Law Journal* 261, 276-282; Caron (n 4) 129-130.

[23] Caron (n 4) 131, 139-140.

视为国家机关。㉔ 因此,军队或警察实施的网络行动皆可归因于国家。㉕

负责网络安全的军事机关是国家机关,如美国网络司令部(US Cyber Command)。类似地,根据 2013 年通过的《爱沙尼亚国防联盟法案》(the Estonian Defence League Act),作为"在爱沙尼亚国防部政府项下运作的自愿性国防组织",爱沙尼亚网络防御联盟(Estonian National Cyber Defence League)是爱沙尼亚国防联盟的组成部分。㉖ 一些国家还设立了负责网络安全的专门机构,如法国网络和信息安全局(ANSSI)。这些机构通常属于国家机关。㉗

在网络安全方面,计算机应急响应小组(CERT)——又称计算机安全事件响应小组(CSIRT)——发挥着重要作用。CERT 既可以是政府机构,也可以是私人实体,因此区分二者的性质非常重要。易言之,并非所有 CERT 均可被视为国家机关。㉘ 例如,2011 年卢森堡大公国成立的政府计算机应急响应小组(GOVCERT.LU)显然属于国家机关。㉙ 美国国土安全部下属的美国计算机应急响应小组(US-CERT)同样是国家机关。㉚ 但是,法国巴黎银行的企业安全事件响应小组(BNP Paribas)则属于私人 CERT 而非国家机关。㉛ 因此,在分析 CERT 或 CSIRT 的行为时,有必要采用个案辨析的方式来确定有关的响应小组是否为国家机关。㉜

就归因而言,国家机关在一国体制中的级别并不重要,其可以在中央

㉔ Crawford (n 5) 119;Condorelli and Kreß (n 1) 222,227-228.

㉕ Johann-Christoph Woltag, *Cyber Warfare:Military Cross-Border Computer Network Operations under International Law* (Intersentia 2014) 89;Roscini (n 10) 34.

㉖ Estonian Defence League Act 2013.

㉗ Michael N Schmitt and Liis Vihul, *Proxy Wars in Cyberspace:The Evolving International Law of Attribution* (Fletcher Security 2014) 61;Schmitt and Vihul (n 10) 87,commentary to Rule 15,para 1.

㉘ Schmitt (n 10) 31,commentary to Rule 6,para 8;Georg Kerschischnig,*Cyberthreats and International Law* (Eleven International Publishing 2012) 149-150.

㉙ GOVCERT.LU,http://govcert.lu/en/.

㉚ US-CERT-United States Computer Emergency Readiness Team,www.us-cert.gov/.

㉛ CSIRT BNP Paribas,www.first.org/members/teams/csirt_bnp_paribas.

㉜ 假如它们不是国家机关,但当它们的行为处于国家有效控制之下,那么其行动仍可能归因于国家。参见后文第 4.2 节"私人实施的网络行动的归因"。See also:Schmitt (n 10) 31,commentary to Rule 6,para 8;Roscini (n 10) 35.

政府、省级机关抑或地方层级行使权能。㉝国家的内部组织结构也不重要：无论国家是单一制还是联邦制，或者一国的地区或省/州（Länder）享有一定程度的自治权，又或者一国是由若干成员单位共同组成的联邦，这些均不影响将国家机关的行为归因于该国。㉞例如，香港作为中华人民共和国下拥有自治权的特别行政区，㉟其有关机关的行为应归因于中国。

值得注意，我们不仅应当关注基于网络安全目的而设立的国家机关，还要关注实施网络行动的国家机关。例如，在一国税务机关入侵位于另一国的计算机服务器的场景中，㊱这种行为则属于国家机关行为，可归因于该国，并可能因此构成对受害国国家主权的侵犯。即便此种网络行动是由省级或地方税务局实施的，亦不影响关于归因的判断。

《草案》第4(2)条规定，国家机关的类别包括依据一国国内法规定的法律上的机关。㊲但必须指出，除法律上规定的国家机关之外，事实上的国家机关的行为也应归因于国家。一国不能"仅凭其国内法未规定某一国家机关的法律地位"，㊳而逃避对该机关的行为负责。

事实上的国家机关行为的归因，需要区别于在国家指挥或控制（di-

㉝ Commentary to the Articles on State Responsibility' (n 19) 41-42, commentary to Article 4, paras 7-10. See also: Condorelli (n 3) 57-61; Caron (n 4) 131.

㉞ 一国内部形式如何组织并不影响将国家机关行为归因于该国的判断，此逻辑在《草案》中得到确认。然而，并非所有国际法分支都是如此。例见 Patrick Jacob,'OMCet Imputation-Les organes de l'État: de deux apparences trompeuses' in Vincent Tomkiewicz, Organisation mondiale du commerce et responsabilité: colloque de Nice des 23 et 24 juin 2011 (Pedone 2013) 162-163.

㉟ 《中华人民共和国主席令(第二十六号)》，1990年4月4日；《中华人民共和国香港特别行政区基本法》，由中华人民共和国第七届全国人民代表大会第三次会议于1990年4月4日通过，1990年4月4日《中华人民共和国主席令(第二十六号)》公布，自1997年7月1日起施行。

㊱ 例如，德国购买从瑞士信贷银行(Credit Suisse)所窃取的数据，以识别潜在逃税者的姓名：'How Germany's Taxman Used Stolen Data to Squeeze Switzerland' (Reuters, 21 November 2013) www.reuters.com/article/2013/11/21/us-germany-swiss-datatheft-specialreport-idUSBRE9AK0GT20131121.数据也可能被德国国家机关利用网络行动直接窃取，这将被视为德国的行为。这些数据也可能是由德国国家机关利用网络行动直接窃取的，因此这些行为被认为可归因于德国。

㊲ 《草案》第4(2)条："包括根据国内法具有这种地位的任何个人或实体。"

㊳ 'Commentary to the Articles on State Responsibility' (n 19) 42, commentary to Article 4, para 11; see also: Crawford (n 5) 124-125; Palchetti (n 20); Momtaz (n 2) 243.

rection or control)下实施的行为的归因,本书后续将对此作出阐述。㊴简言之,事实上的国家机关的任何行为皆可归于国家;相反,在国家指挥或控制下实施的行为归因则需个案分析。㊵ 正如国际法院所强调的,如果"个人或一群人虽然并不具备国家机关的法律地位,但其行为实质上受到国家严格地控制",㊶那么此类主体将被视为事实上的国家机关,其行为可归因于国家。"事实上的国家机关"这一类型虽然仍受到一些学者的质疑,㊷但似乎已被大多数的学说与实践所认可。㊸

在尼加拉瓜案中,国际法院对非国家行为体行为的归因采用了两个判断标准:以"严格控制"(strict control)标准判定代理关系;㊹以及在代理关系未获得证明的情况下,以"有效控制"(effective control)标准判定某些行为的归因。第一个标准用于识别事实上的国家机关,对应于《草案》第4条的情况,第二个标准则涉及第8条规定的情形。㊺ 国际法院后续的"武装活动案"(the Armed Activities case)㊻和"波斯尼亚种族灭绝案"(the Bosnian genocide case)㊼的相关判决推理均依托于这两项标准,因此也证实了"严格控制"标准的存在,将其用于认定事实上的国家机关

㊴ 参见第4.2.1小节:受国家指示、指挥或控制实施的网络行动。

㊵ Crawford (n 5) 125-126;Palchetti (n 20).

㊶ Application of the Convention on the Prevention and Punishment of the Crime of Genocide (Bosnia and Herzegovina v. Serbia and Montenegro) (Judgment) [2007] ICJ Reports 43,204,para 391.

㊷ See,for instance,De Frouville (n 5) 268-269 ('[t]his approach does not convince us,as it mixes two distinct cases of attribution,the one being based on legal or institutional links,and the other on factual links').

㊸ Condorelli (n 3) 54-57;Kreß (n 8) passim;Paolo Palchetti,L'organo di fatto dello Stato nell'illecito internazionale (Giuffrè Editore 2007);Stefan Talmon,'The Responsibility of Outside Powers for Acts of Secessionist Entities' (2009) 58 *International & Comparative Law Quarterly* 493,passim;Ahmed Mahiou,'Le droit international ou la dialectique de larigueur et de la flexibilité:cours général de droit international' (2009) 337 RCADI 9,429-435;Palchetti (n 20) passim.

㊹ Military and Paramilitary Activities in and against Nicaragua (Nicaragua v. United States of America) (Merits) [1986] ICJ Reports 14,62-63,paras 109-110.

㊺ Marko Milanović,'State Responsibility for Genocide' (2006) 17 *European Journal of International Law* 553,577,583;Talmon (n 43) 502.

㊻ Armed Activities on the Territory of the Congo (Democratic Republic of the Congo v. Uganda) (Judgment) [2005] ICJ Reports 168,226,para 160.

㊼ Bosnian genocide (Judgment) (n 41) 204-206,paras 390-395.

的代理关系。对于国际法院而言,事实上的国家机关必须"完全依赖"(complete dependence)于国家而行动,因此"最终不过是该国的工具"。[48] 在尼加拉瓜案、武装活动案和波斯尼亚种族灭绝案中,国际法院并未认定任何实体为一国事实上的国家机关。[49] 这实则表明了该标准要求甚高。正如国际法院在波斯尼亚种族灭绝案中所指出的,该标准"一定是例外情形,因为要证明国家实施了极高程度的控制需要证据支持"。[50]

在德黑兰人质案(the Tehran Hostage case)中,国际法院认定伊朗政府应该对武装分子占领美国大使馆以及扣留使馆人员的行为承担责任,因为伊朗政府在多个声明中怂恿并批准了这些行为。[51] 有观点认为,这一裁决基本属于对事实上的国家机关判断标准的适用。[52] 然而,正如下文所述,将其视为一国对特定行为的事后认可(endorsement)可能更具说服力。[53]

在塔迪奇案(Tadić case)中,前南斯拉夫问题国际刑事法庭(以下称前南问题国际法庭,ICTY)也需要处理代理关系的问题。该法庭必须确定波斯尼亚塞族部队是否属于南斯拉夫联盟共和国(FRY)的事实上的国家机关。[54] 经过分析,前南问题国际法庭上诉法庭(The Appeal Chamber)最终放弃了在

---

[48] Nicaragua (Merits) (n 44) 62-63, paras 109-110; Bosnian genocide (Judgment) (n 41) 205, para 392.

[49] 在第一个案件中,国际法院得出结论认为,反政府人员并不是"完全依赖"美国: Nicaragua (Merits) (n 44) 62-63, para 110; 在第二个案件中,法院得出结论,刚果解放运动(MLC)既不是乌干达法律上的机构,也不是其事实上的机构: Armed Activities (Judgment) (n 46) 226, para 160; 最后,在第三起案件中,国际法院得出结论,塞族共和国、塞尔维亚共和国和"蝎子"(Scorpions)都没有"完全依赖"南联盟: Bosnian genocide (Judgment) (n 41) 205-206, paras 394-395.

[50] Bosnian genocide (Judgment) (n 41) 205, para 393.

[51] Tehran Hostages (Judgment) (n 6) 35, para 74.

[52] 例如,此种分析视角可参见 Kreß (n 8) 102-103.

[53] 参见下文第4.2.3节"国家事后认可的网络行动"。参见,《草案》(n 19) 52-54, commentary to Article 11, paras 4, 6, and 9; Stephan Wittich and Isabelle Buffard, 'United States Diplomatic and Consular Staff in Tehran Case (United States of America v. Iran)', Max Planck Encyclopedia of Public International Law (MPEPIL) (OUP 2008) https://opil.ouplaw.com/view/10.1093/law:epil/9780199231690/law-9780199231690-e229, para 20.

[54] Tadić (Appeals Chamber) (n 8) 35, para 87.

尼加拉瓜案中确立的判断方法。(55) 然而，上诉法庭似乎对尼加拉瓜案存在误解，故而同时使用“严格控制”和“有效控制”标准来识别事实上的国家机关，但在该案中仅第一个判断标准与之相关。(56) 实际上，第二个有效控制标准，其目的并非识别事实上的国家机关，而是在代理关系并未建立的情况下，分析某些行为的归因。本书后续将探讨国际法院的有效控制标准与前南问题国际法庭的全面控制标准之间的关系。(57) 然而，鉴于前南问题国际法庭的全面控制标准(overall control)是为了认定事实上的国家机关而发展出来的，(58)因此本节有必要对此进行简要阐释。

前南问题国际法庭并未满足于尼加拉瓜案所确立的两个标准，而是另行发展出了一种判断方法，即根据所考虑的是“个人”还是“有组织和等级结构的团体”，区分了两种控制程度。(59) 假如将“个人”行为归因于国家，则有必要证明该国为这一行为的实施提供了具体指示(specific instruction)。(60) “具体指示”标准适用于个人和无组织的军事团体，(61)此判

(55) 同上注，40，para 99 et seq; see also: Antonio Cassese, ‘The Nicaragua and Tadić Tests Revisited in Light of the ICJ Judgment on Genocide in Bosnia’ (2007) 18 *European Journal of International Law* 649, 653-655; Milanović, ‘State Responsibility for Genocide’ (n 45) 579-580.

(56) Tadić (Trial Judgement) (n 8), ‘Separate and Dissenting Opinion of Judge McDonald Regarding the Applicability of Article 2 of the Statute’, 288; André de Hoogh, ‘Articles 4 and 8 of the 2001 ICJ Articles on State Responsibility, the Tadić Case and Attribution of Acts of Bosnian Serb Authorities to the Federal Republic of Yugoslavia’ (2002) 72 *British Yearbook of International Law* 255, 290; Milanović, ‘State Responsibility for Genocide’ (n 45) 581; Talmon (n 43) 507.

(57) 参见后文第 4.2.1 小节“受国家指示、指挥或控制实施的网络行动”。

(58) See, generally: Kreß (n 8) 131; Talmon (n 43) 506-507.

(59) Tadić (Appeals Chamber) (n 8) 47, para 117; 作为一个全面分析，see Cassese (n 55) 655-663.

(60) Tadić (Appeals Chamber) (n 8) 48, paras 118-119 “一种情况是一国雇佣个人在另一国领土上从事某些具体的非法行为(例如，绑架国家官员、谋杀政要或国家高级官员、炸毁发电站，尤其是在战争期间实施破坏活动)。在这种情况下，有必要证明国家对实施违法行为作出具体指示，由此证明(如果只是通过必要的暗示)该个人作为事实上的国家代理人行事；或是有必要表明国家已公开事后追溯承认(retroactive approval)该个人的行动。针对个人的一般性权力行使不足以导致国家责任。当一个无组织的个人团体实施违反国际法的行为时，可能会出现类似情况。为了将这些行为归因于国家，似乎有必要证明国家不仅对这些个人行使了某种程度的权力，还就实施某些行为向他们发出了具体指示，又或者是事后公开承认了这些行为。”

(61) 同上注，60，para 141.

断标准明显区别于国际法院的严格控制标准，前者要求的控制程度较低。正如安东尼奥·卡塞斯（Antonio Cassese）所观察的，“这显然是国际法院在尼加拉瓜案中制定的‘有效控制’标准”，(62)但却被错误地适用于判断代理关系。与此相反，对于有组织和等级结构的团体，上诉法庭却采用了“全面控制”判断标准。在这种情况下，一国只要对团体达到全面控制就能使这些行为归因于该国，而无须就每项具体行为的实施作出指示。(63)这一标准是全新的，且无法与国际法院此前所采用的判断方法相关联。在所要求的控制程度上，该标准低于前南问题国际法庭适用于个人的判断标准，并且明显低于国际法院此前采用的两项标准。

欧洲人权法院（ECtHR）还解决了将非国家行为体的行为归因于国家的问题。在洛伊齐杜诉土耳其案（the Loizidou v. Turkey case）中法院要审查两个问题：其一，北塞浦路斯是否因土耳其大量驻军而属于土耳其管辖范围；其二，北塞浦路斯土耳其共和国（TRNC）当局的作为和不作为是否皆可归因于土耳其。(64) 欧洲人权法院基于“关于国家责任的国际法相关原则”作出推理，(65)并判决如下：

> 不必确定土耳其是否［……］实际对TRNC当局的政策和行动实施了详密的控制。从北塞浦路斯执行现役任务的大量军队可以明显看出，［……］土耳其的军队对北塞浦路斯实施了有效的全面控制。根据相关判断标准和案件情况，这种控制程度使得土耳其应对TRNC的政策和行动负责［……］。因此，就《公约》第1条而言，受到前述政策或行动影响的人或事属于土耳其的“管辖范围”。(66)

法院自行发展出的“有效全面控制”（effective overall control）标准，似乎源于国际法院所确立的判断标准。但欧洲人权法院并未提及国际法

(62) Cassese (n 55) 657.

(63) Tadić (Appeals Chamber) (n 8) 49, para 120.

(64) Loizidou v. Turkey (Judgment) [1996] ECtHR Application no 15318/89, Reports 1996-VI 15-19, paras 49-57. See, generally: Kreß (n 8) 107-109 and 127-132; Talmon (n 43) 508-511.

(65) Loizidou (Judgment) (n 64) 17, para 52.

(66) Loizidou (Judgment) (n 64) 17, para 52.

院的相关判例。该法院对代理关系仅要求较低程度的控制。⑥⑦ 必须强调,法院的论证并未充分展开,⑥⑧ 因此对于本书的分析而言作用不大。

目前情况下,一般很难将国家支持的网络行动与网络犯罪活动区分开来。在许多案例中,即使施害团体被指控系由国家控制或支持,但归因上的困难使得二者之间的关联难以被清晰地建立。例如,在 2008 年俄罗斯军事干预格鲁吉亚之前以及对其干预期间,俄罗斯商业网络(Russian Business Network,RBN)被认为参与了针对格鲁吉亚的网络行动。⑥⑨ 国际法院设立的较高门槛的判断标准在某些情况下可能过于严格,这导致其他法院和法庭采用更为宽松的门槛。⑦⓪ 网络行动对全面控制判断标准提出新挑战,严格控制判断标准的刚性可能受到质疑。⑦①

然而,随着各国对发展网络军队日益重视,一些原先在暗处活动的团体有可能会渐渐演化为国家机关。回顾伊朗伊斯兰共和国革命卫队(the Guardians of the Revolution in the Islamic Republic of Iran)的法律地位的变化,有助于说明这一点:他们起初属于私人团体,在革命后成为新政府的事实上的机关,并最终成为法律上的国家机关。

4.1.2 经授权行使政府权力要素的实体

经一国授权行使政府权力要素的私人实体之行为可归因于该国。⑦② 这些实体本身并非国家机关,而是"经国家法律授权、通常行使由国家机关行使的公共职能,并且该实体的行为与行使政府权力相关"。⑦③

---

⑥⑦ Kreß (n 8) 108;Talmon (n 43) 511.

⑥⑧ Kreß (n 8) 108;Talmon (n 43) 509.

⑥⑨ John Markoff,'Before the Gunfire,Cyberattacks',The New York Times (13 August 2008) www.nytimes.com/2008/08/13/technology/13cyber.html.

⑦⓪ Griebel and Plücken (n 8) 613.

⑦① Woltag (n 25) 91;Scott Shackelford,'From Nuclear War to Net War:Analogizing Cyber Attacks in International Law' (2009) 27 *Berkley Journal of International Law* 192,203.

⑦② Articles on State Responsibility,Article 5 ("根据第 4 条,个人或实体不是国家机关,但根据该国法律有权行使政府权力,该个人或实体在特定情况下以该身份行事,则其行为应视为国际法规定的国家行为");Condorelli (n 3) 61-67.

⑦③ 'Commentary to the Articles on State Responsibility' (n 19) 43,commentary to Article 5,para 2.

这些实体可以是私人企业、国有企业或是类国家实体(parastatal entities)。就归因而言,这些实体的法律地位并不重要,重要的是它们是否被授权行使政府权力要素。[74] 行使政府权力必须根据国内法的授权。[75] 行使政府权力的实体所实施的行为仅在与所授权的政府职能相关时,才可归因于授权国,即使该行为构成越权。[76] 国际法院在波斯尼亚种族灭绝案和武装活动案中都提到了这一归因理由,但并未详加适用或具体阐述。[77]《草案》第5条及其评注也未定义哪些内容事项构成"政府权力"。

行使政府权力的非国家行为体履行通常由国家机关行使的公共职能。[78]《国家责任条款评注》(The Commentary to the Articles on State Responsibility)(以下简称《评注》)中列举了若干非国家行为体行使政府权力的例子,如财产确认权和扣押权、[79]司法判决中的拘留权和惩罚权,以及关于出入境管制或检疫的权力。[80]《评注》明确指出,界定"政府权力"取决于"特定社会,及其历史和传统"。[81] 尽管如此,国际法委员会仍确定了识别行使"政府权力"所依赖的四个标准:其一,权力的内容;其二,授予实体权力的方式;其三,行使这些权力之目的;其四,实体为行使权力而对政府负责的程度。[82]

网络行动可能通过行使政府权力的实体实施。一般来说,行使如作

---

[74] 同上注, commentary to Article 5, para 3; see, generally: Momtaz (n 2) 244-246; Crawford (n 5) 126-132.

[75] Articles on State Responsibility, Article 5; Crawford (n 5) 132.

[76] Articles on State Responsibility, Article 7. See also infra 126-128.

[77] Bosnian genocide (Judgment) (n 41) 215, para 414; Armed Activities (Judgment) (n 46) 226, para 160.

[78] 'Commentary to the Articles on State Responsibility' (n 19) 43, commentary to Article 5, para 2.

[79] This was, for instance, the case in Hyatt International Corporation v. Government of the Islamic Republic of Iran (1985) 9 Iran-US CTR 72, 88-94.

[80] Commentary to the Articles on State Responsibility' (n 19) 43, commentary to Article 5, para 2.

[81] 同上注, commentary to Article 5, para 6.

[82] 同上注. See, generally, Hannah Tonkin, State Control over Private Military and Security Companies in Armed Conflict (CUP 2011) 101-108; Crawford (n 5) 129.

战或拘留等特定职能(functions)的私营军事和安保公司(PMSCs)⑧³,是私营主体行使政府权力的典型例子。⑧⁴ 网络安全公司也行使着类似的职能,如代表一国针对另一国实施网络行动。依据《草案》第 5 条的规定,要将行使职能的行为归因于国家,需要满足三个标准:第一,经由国家授权。第二,授权不能是默示的,必须通过法律、行政命令⑧⁵、法规或合同作出。⑧⁶ 第三,并非所有职权都涵盖在内,而必须在某种程度上构成行使国家主权职能或与之相关。在这种情况下,国际法区分一国以主权身份(sovereign capacity)实施的行为(公法行为,acta jute imperii)和以私人身份实施的行为(私法行为,acta jure gestionis)。政府权力的行使绝大多数涉及第一类行为,尽管这也并非绝对。⑧⁷

4.1.3　交由另一国支配的机关

在某些特殊情况下,一国可能将其某个机关交由另一国支配。该机关就此代表另一国并在其授权范围内行事。根据《草案》第 6 条的规定,交由 B 国支配并行使其政府权力要素的 A 国机关的行为,应归因于 B 国,而

---

⑧³　On PMSCs see, generally: Chia Lehnardt, 'Private Military Companies and State Responsibility' in Simon Chesterman and Chia Lehnardt (eds), *From Mercenaries to Market: The Rise and Regulation of Private Military Companies* (OUP 2007); Tonkin (n 82); Francesco Francioni and Natalino Ronzitti (eds), *War by Contract: Human Rights, Humanitarian Law, and Private Contractors* (OUP 2011); Christine Bakker and Mirko Sossai (eds), *Multilevel Regulation of Military and Security Contractors: The Interplay between International, European and Domestic Norms* (Hart 2012); Marie-Louise Tougas, *Droit international, sociétés militaires privées et conflit armé: Entre incertitudes et responsabilités* (Bruylant 2012).

⑧⁴　See, for instance: Lehnardt (n 83) 145-146; Tonkin (n 82) 101-108; Charlotte Beaucillon, Julian Fernandez and Hélène Raspail, 'State Responsibility for Conduct of Private Military and Security Companies Violating Ius Ad Bellum' in Francesco Francioni and Natalino Ronzitti (eds), *War by Contract: Human Rights, Humanitarian Law and Private Contractors* (OUP 2011) 403-407.

⑧⁵　Hyatt International Corporation v. Government of the Islamic Republic of Iran (n 79) 88-91.

⑧⁶　'Commentary to the Articles on State Responsibility' (n 19) 43, commentary to Article 5, para 2; Tonkin (n 82) 103; Beaucillon, Fernandez and Raspail (n 84) 404-405; Crawford (n 5) 130-131.

⑧⁷　Tonkin (n 82) 103; Crawford (n 5) 130-131.

非A国。⑧ 该条虽然没有界定"交由他国支配"的含义,但《评注》指出:

> 该机关不仅必须被指派履行属于其所支配的国家职能,而且在履行由受惠国(the beneficiary State)赋予的职能时,该机关还必须与该国的机构合作并在该国专属的指导和控制下行事,而非遵照派遣国的指示行事。因此,第6条并不涉及根据条约或其他方式进行国家间合作或协作的一般情形。⑧

此外,《评注》还确认了两项额外的标准:第一,只有一个国家的国家机关才可以交由另一国支配;第二,该国家机关必须行使接受国(receiving State)政府权力的要素。⑨

此种情形可见于一国将其驻外国的领事馆交由第三国支配的例子中。⑨ 仅当领事馆在接受国授权下实施的行为,并且该行为构成行使该国政府权力时,方可归因于接受国。借出的机关所实施的其他行为仍应归因于领事馆的本国即派遣国(Sending State)。

网络空间中最可能发生的相关情形是,A国将其某些网络单位(cyber units)置于B国权力之下,以帮助后者应对一波严重的网络攻击。此时重要的是派出机关——前述情形中的网络单位——应置于接受国的权力之下,而非仅被派去向接受国提供帮助,但仍处于其本国的权力之下。⑨ 只有在这种情况下,派出机关的行为才能归因于B国。此种情形可能只涉及所借出机关的某些行为,而非全部行为,其他行为仍应归因于A国。最后,最重要的是,在网络行动的情形中,一国的派出机关并不需要实际转移。故此,派出机关可以仍位于A国领土内,但代表B国行事。

---

⑧ Articles on State Responsibility, Article 6 ("由另一国交由一国支配的机关,若为行使支配该机关的国家权力而行事,其行为依国际法应视为支配该机关的国家的行为")。

⑧ 'Commentary to the Articles on State Responsibility' (n 19) 44, commentary to Article 6, para 2.

⑨ 同上注, commentary to Article 6, para 5. 国家机关和政府权力的概念在本章前文已有探讨;见上文4.1"对国家机关和经授权行使政府权力要素的实体实施的网络行动的归因"。

⑨ Affaire Chevreau (France contre Royaume-Uni) (1931) 2 RIAA 1113, 1141.

⑨ Commentary to the Articles on State Responsibility' (n 19) 44, commentary to Article 6, para 3; Crawford (n 5) 136.

为阐释这一观点,2008 年的俄罗斯-格鲁吉亚战争(Russo-Georgian War)提供了有意义的例证。在这场冲突发生之前及冲突期间,格鲁吉亚已多次受到网络行动的侵害。⑬ 爱沙尼亚 CERT 派出了两名信息安全专家,协助格鲁吉亚应对这一局势。⑭ 这种情况就不属于爱沙尼亚派出其国家机关接受格鲁吉亚支配,因为这两名专家仅被派去协助格鲁吉亚,而非置于该国权力之下。

4.1.4 越权网络行动

一国对经其授权行使政府权力的机关或个人的行为负责,即使它们的行为超出应有权限。但是,这些行为必须是代表国家实施,而非以代理人的私人身份实施。⑮

这些行为一般被视为越权,它们相当于在行为主体授权范围之外实施的行为。⑯ 这一习惯法规则(customary rule)不断获得重申,⑰并被载入《草案》第 7 条。⑱

第 7 条的文本分析表明,网络行动必须首先可归因于行使政府权力的国家机关或实体。2007 年爱沙尼亚案(Estonian case)可作为一个有意

---

⑬ See, generally, 'Report of the International Fact-Finding Commission on the Conflict in Georgia' (2009) vol.II, 217-219 www.ceiig.ch/Report.html.

⑭ Eneken Tikk et al, 'Cyber Attacks against Georgia: Legal Lessons Identified' (NATO Cooperative Cyber Defence Centre of Excellence (CCDCOE) 2008) 15.

⑮ Condorelli (n 3) 80-86; Crawford (n 5) 137. See, for instance: Estate of Jean-Baptiste Caire (France) v. United Mexican States (1929) 5 *RIAA* 516, 529; Yeager v. The Islamic Republic of Iran (1987) 17 *Iran-US CTR* 92, 110-111; Petrolane Inc v. The Islamic Republic of Iran (1991) 27 Iran-US CTR 64, 92.

⑯ Aaron X Fellmeth and Maurice Horwitz, '*Ultra Vires*', *Guide to Latin in International Law* (OUP 2009).

⑰ See, for instance: Union Bridge Company (United States) v. Great Britain (1924) 6 RIAA 138; Caire (n 95); Yeager (n 95); Petrolane Inc (n 95). See also Caron (n 4) 136-137.

⑱ Articles on State Responsibility, Article 7 ("国家机关或经授权行使政府权力要素的个人或实体,若以此种资格行事,即使逾越权限或违背指示,其行为仍应视为国际法所指的国家行为")。See also the commentary to Article 7: 'Commentary to the Articles on State Responsibility' (n 19) 45-47; Malcolm N Shaw, *International Law* (7th edn, CUP 2014) 573-574.

义的案例。在该事件中,俄罗斯议会议员谢尔盖·马尔科夫(Sergei Markov)证实,他的助手于 2007 年实施了对爱沙尼亚的网络行动,他宣称:"关于对爱沙尼亚的网络攻击……别担心,该攻击由我的助手实施。我不会透露他的名字,否则他可能很难再获得签证。"[99]虽然该声明及其内容的真实性仍然高度存疑,但是假设谢尔盖在俄罗斯杜马(the Dum)的助理事实上真的参与了针对爱沙尼亚的网络行动,那么这将相当于国家代理人参与的行为。谢尔盖澄清,他的助手采取行动"系出于其个人决定"。[100] 如果他的助手实际为俄罗斯联邦的代理主体,即使他的行为可能超出其职权范围(competence),这一事实也不会阻碍将该行为归因于国家。然而,他显然是以私人身份而非代表国家实施该行为。因此,依据《草案》第 4 条至第 7 条的规定,谢尔盖助手实施的网络行动并不归因于俄罗斯联邦。

只有由国家机关或国家的代理人,而非其他个人或实体实施越权行为时,该越权行为才可归因于国家。下一节将讨论国家归因的后一种情况:将私人或实体的行为归因于国家。

4.1.5 小结:关于国家机关和经授权行使政府权力要素的实体实施网络行动的归因

经政府授权行使权力的国家机关与实体已经参与实施网络行动。即便出现越权情形,此类实体的网络行动将自动归因于国家,除非行动主体以其私人身份行事。然而,在许多情况下,施害者作为国家代理人的身份可能难以确定。此外,大多数所谓由国家支持的网络行动,似乎由非国家行为体实施。故此,有必要分析由非国家行为体实施的网络行动如何归因于国家的过程。

---

[99] John Leyden, 'Russian Politician:"My Assistant Started Estonian Cyberwar"-Dubious DDoS Lols' (The Register, 10 March 2009) www.theregister.co.uk/2009/03/10/estonia_cyberwarfare_twist/;'Behind the Estonia Cyberattacks' (Radio Free Europe/Radio Liberty, 6 March 2009) www.rferl.org/content/Behind_The_Estonia_Cyberattacks/1505613.html.

[100] Leyden (n 99).

4.2 私人实施的网络行动的归因

私人主体——不论是单独行动还是组队行动——越来越多地参与到国家活动之中。某一行为在一国领土内实施[101]或由一国公民实施,这一事实并不构成将这一行为归因于该国的充分理由。[102] 然而,在某些情况下,个体行为可归因于国家,特别是:如果他们在国家指示(instructions)、指挥(direction)或控制(control)下行事(4.2.1),或者如果他们在国家当局不存在或缺席时行使公共权力(4.2.2),或者如果他们的行为获得国家的事后认可(4.2.3)。

4.2.1 受国家指示、指挥或控制实施的网络行动

必须区分以下两种归因过程:由事实上的国家机关实施网络行动的归因过程,在国家指示、指挥或控制下行事的非国家行为体所实施的网络行动之归因过程(4.2.1.1)。上一节已对前者进行讨论,因此本小节将集中探讨后者。对在一国的指示、指挥或控制下实施行为的归因,已经引发各种解释和论争,本书将先对此进行分析(4.2.1.2),然后再确定此种归因逻辑如何适用于网络环境(4.2.1.3)。

4.2.1.1 事实上的国家机关实施的行为与根据国家指示、指挥或控制而实施的行为之区别

在国家指示、指挥或控制下实施的行为,有时也被贴上之前讨论中指出的"事实上的国家机关的行为"这一标签,[103]但必须对二者进行区分。[104]

---

[101] 科孚海峡案(Merits) (n 4) 18;De Frouville (n 5) 261. 从一国领土发起或仅通过一国领土传输网络行动,对其承担审慎义务同等重要;见下文第 8 章。

[102] De Frouville (n 5) 261-264;see also:Jan Klabbers, *International Law* (CUP 2013) 128;'Commentary to the Articles on State Responsibility' (n 19) 47,commentary to Article 8,para 1.例如,在德黑兰人质案中,法院没有采用占领美国驻德黑兰大使馆和美国驻设拉子和大不里士领事馆的激进学生团体是伊朗公民的事实,而将他们的行为归因于伊朗:Tehran Hostages (Judgment) (n 6) 30-31,paras 58-60. 但是法院认为"并不意味着伊朗就此不对这些袭击承担任何责任";同上注,31,para 61.

[103] See,for instance:De Frouville (n 5) 265-271;Palchetti (n 20);Cassese (n 55).

[104] 参见前文第 4.1.1.1 小节"事实上的国家机关"。

对这两种不同的情况都使用"事实上的国家机关"加以指称,无疑令人困惑。就事实上的国家机关——根据国内法被认定为并不具备国家机关的资格——而言,其所有行为均可归因于国家,包括越权行为。目前来看,个人并不具备作为国家机关的资格,因此他们的行为也并非悉数归因于国家。有必要通过逐案分析,确定个人的哪些行为实际上受国家指示、指挥或控制实施,并据此可归因于该国。

国际法院在波斯尼亚种族灭绝案中的论证,可能是用于说明如何区分这些不同标准和概念的最佳例证。[105] 在斯雷布雷尼察种族灭绝(Srebrenica genocide)归因于南联盟(FRY)的问题上,国际法院遵循"三步走"的论证过程。首先,法院分析了可否根据南联盟法律上的国家机关行为来确定归因,并得出了否定结论。[106] 因此,法院采用"完全依赖"(complete dependence)的标准,分析了参与这些行为的实体可否视为南联盟事实上的国家机关,并同样得出了否定结论。[107] 据此可认为,斯雷布雷尼察种族灭绝并非由于南联盟任何法律抑或事实上的国家机关所导致。最后,法院分析了这些实体是否基于南联盟的指示、指挥或控制下实施行为。[108] 本小节解决最后一个问题,即实体在国家指示、指挥或控制下的行为的归因。

4.2.1.2 关于在国家指示、指挥或控制下实施的行为的多种归因方法

如何对那些在国家指示、指挥或控制下行事的非国家行为体实施的行为进行归因?国际法院、前南问题国际法庭和国际法委员会采用了不同的方法。下文分点具体阐述。

A. 国际法院的尼加拉瓜案和"有效控制"标准

在尼加拉瓜案中,国际法院采用了两种不同的标准来评估国家对非国家行为体的控制程度:"严格控制"标准和"有效控制"标准。前者用于确定非国家行为体是否为事实上的国家机关,对此前文已作分析。[109] 后一项"有效控制"标准是在根据严格控制标准难以判定代理关系时而采用的辅助标

---

[105] Bosnian genocide (Judgment) (n 41) 207, para 397.
[106] 同上注, 202-204, paras 385-389.
[107] 同上注, 204-206, paras 390-395.
[108] 同上注, 206-214, paras 396-412.
[109] 参见前文第 4.1.1.1 小节"事实上的国家机关"。

准(subsidiary test)。⑩ 该标准通常被视为更严格的方法,旨在对非国家行为体受国家指示、指挥或控制下实施的行为进行归因。然而,这两个标准有不同的目标:前者旨在将某个个人或群体定性为事实上的国家机关,从而将其所有行为归因于国家;后者并不致力于确定代理关系,而是当某些具体行为系处于国家充分控制(sufficient control)下实施时,结合个案情况对这些行为进行归因。⑪ 本部分将概述尼加拉瓜案,并阐述国际法院如何发展"有效控制"标准,以及在后续判例中如何予以确认。⑫

国际法院审理的尼加拉瓜案由"反政府武装分子"(Contras)的活动引起,该活动涉及1981年发起的针对尼加拉瓜桑地诺政府的游击叛乱。美国或秘密或公开地资助和协助了反政府武装分子的武装活动。法院认为,除其他事项外,美国违反了习惯国际法规定的不干涉他国事务、不对他国使用武力和不侵犯他国主权的义务。

本案中,法院必须处理归因问题,以确定美国支持的非国家行为体的相关行为可否归因于美国。法院区分了由本案案情引发的两种情况:其一,由国家机关支持、资助并武装,且在其控制下实施行动的个人;其二,由国家武装和资助,但在他们的行动中保持一定程度独立性的个人,如反政府武装分子。⑬

首先,国际法院需要厘清一系列并非由反政府武装分子组织实施的事件,但尼加拉瓜声称这些事件由美国军事人员或UCLAs("由美国军方或情报人员支付费用,并根据其直接指示行事的、身份不明的拉丁美洲国家的人员")⑭的直接行动所致。因此,尼加拉瓜主张,诸如美国在尼加拉瓜港口或水域布雷等事件,将导致美国需要"以更直接的方式"承担责

---

⑩ Milanović, 'State Responsibility for Genocide' (n 45) 577,583; Talmon (n 43) 502.

⑪ 然而,对此持相反观点的,可参见 Cassese (n 55) 650.

⑫ 法院在两个步骤中遵循了相同的推理方法,一是"严格控制标准",二是"有效控制标准", in both Armed Activities (Judgment) (n 46) and Bosnian genocide (Judgment) (n 41);参见后文第4.2.1.2.D小节"武装活动案和波斯尼亚种族灭绝案:重申'有效控制'标准"。

⑬ Cassese (n 55) 642-655.

⑭ "UCLA"代表"(受)单方控制的拉丁美洲资产",指的是"由美国军方或情报人员支付费用,并根据其直接指示行事的、身份不明的拉丁美洲国家的人员"。该首字母缩略词取自中央情报局的词汇,并被国际法院在尼加拉瓜案中使用。Nicaragua (Merits) (n 44) 45, para 75.

任。⑮法院针对其中的一些事件作出认定:虽然并无证据证明任何美国军事人员直接参与了这些行动,但美国的代理人员(agents)参与了这些行动的策划、指导、支持与执行。⑯因此,一国代理人参与相关行为的"策划、指导、支持和执行",似乎就足以使该国对这些行为负责。

其次,法院必须确定反政府武装分子的所有行为是否均归因于美国。法院首先分析了美国是否应对反政府武装分子的所有行为负责。国际法院对此持否定态度,因其认为反政府武装分子并非美国的机构。⑰法院的推理基于"完全依赖"标准,又称"严格控制"标准,对此前文已有论述。⑱

基于反政府武装分子并非美国国家机关这一判断,国际法院进一步调查他们的某些行为可否归因于美国。事实上,如果非国家行为体的行为在一国充分控制下实施,那么此种行为亦可归因于该国。

为此,国际法院采用了"有效控制"的辅助标准,以在"严格控制"标准未得到满足时补充使用。⑲这一标准并非旨在将个人或团体认定为国家机关,而是意在确定某一行为是否在国家的有效控制下实施,以及是否就此归因于该国。在"有效控制"标准之下,一国仅达到对个人或团体一般程度的控制或依赖尚不足够,还需证明各个具体行为的有效控制程度。⑳

在本案中,法院必须确定美国是否有效控制了反政府武装分子涉及侵犯人权和违反人道法的军事或准军事行动。若对此给予肯定回答,将引发美国的法律责任。㉑事实上,国际法院对此予以否定,并判定此类侵犯人权和违反人道法的行为属于反政府武装分子所为,不能归因于美国。㉒若要对美国进行归因,那么应当证明"对起诉国(the applicant

---

⑮ 同上注.

⑯ 同上注,51,para 86.

⑰ 同上注,62-65,paras 109-110,115.

⑱ 参见前文第4.1.1.1小节"事实上的国家机关"。

⑲ Milanović, 'State Responsibility for Genocide' (n 45) 577; Talmon (n 43) 502.

⑳ Talmon (n 43) 502; Elena-Laura Álvarez Ortega, 'The Attribution of International Responsibility to a State for Conduct of Private Individuals within the Territory of Another State' [2015] InDret 1,11.

㉑ Nicaragua (Merits) (n 44) 65, para 115.

㉒ 同上注,65,para 116. 然而,法院认为,美国应对自己与反政府武装分子有关的行动负责,构成不干涉原则的违反和对尼加拉瓜主权的侵犯。同上注,146-147,holdings paras 3 and 5.

State)所指控的违反人权和人道法的行为"确系由美国"指挥或实施",⑬ 但本案不属于此种情况。关于指挥的这两项标准,安东尼奥·卡塞斯 (Antonio Cassese)评论如下:

> 从这些判词中可以清楚地看出,法院所理解的"有效控制"是指 (1)美国就具体行动(滥杀平民等)向反政府武装分子发出指示,也即 美国下达实施这些行动的命令,或(2)美国强制反政府武装分子实施 具体行动,即强行让叛乱人员开展这些具体行动。⑭

围绕反政府武装分子的行为,国际法院不得不第三次回到这一归因问题上。尼加拉瓜主张,美国因参与下述行为而违反了禁止使用武力:招募、训练、武装、装备、资助、供应并以其他方式鼓励、支持、协助和指挥在尼加拉瓜境内和针对尼加拉瓜的军事和准军事行动。⑮

为了回应这一主张,法院需厘定"招募、训练、武装、装备、资助、供应并以其他方式鼓励、支持、帮助和指挥"是否构成将这些行为归因于美国的充分条件。国际法院最终被要求分析这些行为是否构成使用武力或威胁使用武力。就此,法院首先需要确定此类行为可否归因于一国,然后才能分析行为是否构成该国违反禁止使用武力的规定。国际法院区分了两种支持的形式,并裁定武装和训练游击队参与针对另一国的敌对行动,可被界定为威胁或使用武力,但若仅向该游击队提供资金则不能如此认定:

> 法院认为,虽然武装和训练反政府武装分子必然涉及对尼加拉瓜进行武力威胁或使用武力,但就美国政府提供的所有援助而言,情况未必如此。具言之,法院认为,仅为反政府武装分子提供资金虽然毫无疑问属于干涉尼加拉瓜内政的行为,但该行为本身并不构成使用武力。⑯

---

⑬ Nicaragua (Merits) (n 44) 62-65,paras 109-110,115.
⑭ Cassese (n 55) 653.
⑮ 尼加拉瓜共和国提起诉讼,起诉状:对尼加拉瓜进行军事和准军事行动案(尼加拉瓜诉美利坚合众国)(1984年4月9日提交国际法院登记处)2,16,para 26.
⑯ *Nicaragua* (Merits) (n 44) 119,para 228.

法院认为,美国对"武装和训练"反政府武装分子负有责任,故此他们的行动构成美国的非法使用武力。

如果对尼加拉瓜案进行小结,可以说法院在本案中确立的"有效控制"标准,一般被视为一项严格的标准。⑫⁷国际法院在随后处理非国家行为体的行为是否归因于一国的案件中,继续沿用了双轨制的判断标准——首先进行"严格控制"标准的分析,其次适用"有效控制"标准作为辅助判断。⑫⁸尼加拉瓜案所建立的判断方法,也成为前南问题国际法庭在塔迪奇案(Tadić)中进行法律推理的基础,⑫⁹下文将对此予以阐明。

B. 前南问题国际法庭的塔迪奇案和"全面控制"标准

在塔迪奇(Tadić)案中,前南问题国际法庭上诉法庭采用了另一种被称为"全面控制"(overall control)标准的判断方法。⑬⁰通常认为,该标准比国际法院在尼加拉瓜案所确立的"有效控制"标准更为宽松和灵活。⑬¹

前南问题国际法庭也需要确定非国家行为体的行为是否归因于国家。然而,关键问题并非确定一国对其行为的责任,而是通过判断一项武装冲突是国际性还是非国际性来确定所适用的法律。⑬²这种目标分歧,

---

⑫⁷ Klabbers (n 102) 129.

⑫⁸ *Armed Activities* (Judgment) (n 46); Bosnian genocide (Judgment) (n 41).

⑫⁹ *Tadić* (Trial Judgement) (n 8); *Tadić* (Appeals Chamber) (n 8).

⑬⁰ Tadić (Appeals Chamber) (n 8);围绕本部分的论述目的,本书侧重于上诉法庭的裁决——归因问题在本案一审中得到处理:Tadić (Trial Judgment) (n 8).

⑬¹ Prosecutor v. Zlatko Aleksovski [2000] ICTY, Appeals Chamber IT-95-14/1-A 57, para 145; Prosecutor v. Zenjnil Delalić Zdravko Musić also known as 'PAVO' and Hazim Delić Esad Landzo also known as 'ZENGA' (Čelebići Camp) (Appeal Judgment) [2001] Case No: IT-96-21-A (ICTY, Appeals Chamber) 8, para 20; The Prosecutor v. Dario Kordić and Mario Čerkez (Judgment) [2001] ICTY, Trial Chamber IT-95-14/2-T 32, para 112. See also: Shaw (n 98) 575; Klabbers (n 102) 129.

⑬² Tadić (Appeals Chamber) (n 8) 43-42, para 104. ("问题不在于这两类责任之间的区别,有争议的是一个初步的先决问题:根据国际法在何种条件下可以认定个人作为一个国家事实上的机关行事?从逻辑上看,这些条件在以下两种情况中应该是相同的:(1)法院的任务是确定个人所实施的行为是否可归因于国家,从而产生该国的国际责任;(2)法院必须代为确认个人是否作为事实上的国家机关人员,使该冲突具有国际性,并由此为适用'严重违反'(grave breaches)制度设定必要的先决条件。在这两种情况下,问题不在于区分国家责任和个人刑事责任;相反,问题在于确立不具有国家官员地位的个人实施的行为在法律上可归因于国家的标准。这主要指两种情形:一是如果证明这些行为可归因于一国,相应的国际责任也将归于此国;二是它们会确保将武装冲突被归类为国际冲突。")

即所判断关键问题不同,是前南问题国际法庭的上诉法庭在塔迪奇案中所采用的方法受到批评的主要原因之一。⑬

在本案中,前南问题国际法庭审判了波斯尼亚塞族人杜斯科·塔迪奇(Duško Tadić)。他于1992年在奥马尔斯卡(Omarska)、克拉特尔(Keraterm)和特尔诺波列(Trnopolje)营地以及波斯尼亚和黑塞哥维那的普里耶多尔市(Prijedor)等地犯下了多项罪行。在1992年占领普里耶多尔和攻击科扎拉茨(Kozarac)镇之后,非塞族平民被拘留在这些营地,他们惨遭虐待、性侵、酷刑和杀害。

第二审判分庭以及随后的上诉法庭需判定塔迪奇的行为是否违反了《前南斯拉夫问题国际法庭规约》(the ICTY Statute)第2条。⑭ 该条涉及"严重违反1949年各项《日内瓦公约》(the Geneva Conventions)情事"的行为,亦即发生在国际性武装冲突期间的行为。⑮

在1992年5月19日南斯拉夫人民军(Yugoslav People's Army)从波斯尼亚和黑塞哥维那领土撤出之前,波斯尼亚和黑塞哥维那与南联盟之间一直存在国际武装冲突。⑯ 上诉法庭必须就此确定,在这一日期之后——所审查的行为发生之时——武装冲突是否仍然具有国际性质,或者是否表现为非国际性。此前该法庭曾作出一项众所周知的裁定,即"如

---

⑬ It was, for instance, the case in the analysis made by the ICJ: Bosnian genocide (Judgment) (n 41) 210, para 405.

⑭ 《前南斯拉夫问题国际刑事法庭规约》,经联合国安全理事会通过1998年5月13日第1166第(1998)决议、2000年11月30日第1329(2000)号决议、2002年5月17日第1411(2002)号决议和2002年8月14日第1431(2002年)号决议,修正了1993年5月25日第827(1993)号决议,第2条"严重违反1949年《日内瓦公约》":国际法院应有权起诉严重破坏1949年8月12日《日内瓦公约》的行为,即对《日内瓦公约》有关规定保护的人或财产实施下列任何一种行为:
(1)故意杀害;
(2)酷刑或不人道待遇,包括生物学实验;
(3)故意使身体或健康遭受重大痛苦或严重伤害;
(4)无军事上的必要,非法和恣意地广泛破坏和侵占财产;
(5)强迫战俘或其他被保护人在敌国部队中服役;
(6)故意剥夺战俘或其他被保护人应享有的公允及合法审判的权利;
(7)非法驱逐出境或迁徙或非法禁闭;
(8)劫持人质。

⑮ Tadić (Appeals Chamber) (n 8) 33, para 80(i).

⑯ 同上注,34, para 86.

果武装冲突发生于两个或两个以上的国家之间,即为国际冲突",[137]因此法庭必须确定波斯尼亚塞族部队是否为事实上的南联盟国家机关。[138]

在审查作为事实上的国家机关中"国家对个人的控制"概念时,上诉法庭依据的是《草案》,因为这一问题并未在国际人道法中得到处理。[139]对于国际法院在尼加拉瓜案中采用的判断标准,上诉法庭进行了扩展性和批判性的分析。[140] 法庭指出其并不认为尼加拉瓜的判定标准"令人信服",[141]其理由一方面是基于"整个国际法体系有关国家责任的逻辑",[142]另一方面是"与国际司法和国家实践相悖"。[143] 然而,上诉法庭的推理似乎是基于对尼加拉瓜案中"有效控制"标准的误读。[144] 前南问题国际法庭特别提及各种案例以支持其主张:墨西哥-美国一般索赔委员会(Mexico-United States General Claims Commission)审理的斯蒂芬斯案(Stephens Case),[145]伊朗-美国索赔法庭(the Iran-United States Claims Tribunal)审理的伊格尔案(Yeager Case),[146]欧洲人权法院审理的洛伊齐杜诉土耳其案(Loizidou v. Turkey Case),[147]以及杜塞尔多夫高等法院(the Oberlandesgericht of Düsseldorf)审理的若日奇案(Jorgić Case)。[148] 然而,一些学者

---

[137] 同上注,34,para 84.

[138] 同上注,35,para 87.

[139] 同上注,39,para 98.

[140] 同上注,40,para 99 et seq;see also:Cassese (n 55) 653-655;Milanović, 'State Responsibility for Genocide' (n 45) 579-580.

[141] Tadić (Appeals Chamber) (n 8) 47,para 115.

[142] 同上注,47,para 116.

[143] 同上注,51,para 124.

[144] Tadić (Trial Judgement) (n 8) 'Separate and Dissenting Opinion of Judge McDonald Regarding the Applicability of Article 2 of the Statute',288;Hoogh (n 56) 290;Milanović, 'State Responsibility for Genocide' (n 45) 581;Talmon (n 43) 507.

[145] 5 Charles S Stephens and Bowman Stephens (USA) v. United Mexican States (1927) 4 RIAA 265 (Mexico-United States General Claims Commission) 266-267;cited in Tadić (Appeals Chamber) (n 8) 51,para 125.

[146] Yeager (n 95) 92;cited in Tadić (Appeals Chamber) (n 8) 52-53,paras 126-127.

[147] Loizidou (Judgment) (n 64);cited in Tadić (Appeals Chamber) (n 8) 54,para 128.

[148] Tadić (Appeals Chamber) (n 8) 54,para 129.

质疑法庭对这些案例的解读,并且不支持法庭的解读方法。⑭ 最终,上诉法庭决定不沿用国际法院的做法,而是自行发展审查方法。⑮

上诉法庭审查了将个人行为归因于国家的基本理由,并指出"不允许国家既通过个人采取事实上的行动,又在这些人违反国际法时与其撇清干系"。⑮ 在确定实现归因所必要的控制程度时,上诉法庭裁定可以根据实际情况以及关系性质而有所区别。据此,上诉法庭区分了"私人"(private individuals)和"有组织和等级结构的团体"(organized and hierarchically structured groups),并认为它们对应两种不同程度的控制。⑮

就私人而言,为将其行为归因于一国,有必要证明该国对私人实施该行为作出了具体指示。⑮ "具体指示"这一判断标准,既适用于个人也适用于无组织的军事团体。⑮ 正如安东尼奥·卡塞斯(Antonio Cassese)所言,"这一标准显然是国际法院在尼加拉瓜案中确立的'有效控制'标准"。⑮

相反,就具备组织和等级结构的团体而言,上诉法庭采用了"全面控制"标准,这不同于尼加拉瓜案"有效控制"标准。一旦确定一国对有组织的团体具备全面控制,便无须对具体行为逐一分析以使之可归因于国家。⑯

如果一国为某一组织提供装备、资助、培训或提供行动支持,则满足"有效控制"标准。"全面控制"标准则涵盖了更为松散的控制形式,如总体协调和促进军事或准军事活动的规划。⑰ 前南问题国际法庭所发展的标准包括两个部分:一方面,"提供财政和培训援助、军事装备和行动支

---

⑭ Milanović,'State Responsibility for Genocide'(n 45) 585-587. Antonio Cassese 在塔迪奇案中担任法官,在一篇文章中回应了对 Marko Milanović 的批评:Cassese (n 55) 658,n 17. Antonio Cassese 还认为,在塔迪奇案中确立的方法已在随后的国际案例和实践中得到采用:同上注,659-661,especially footnotes 18-19.

⑮ See,generally,the analysis in Mahiou (n 43) 433-435.

⑯ Tadić (Appeals Chamber) (n 8) 47,para 117.

⑰ 同上注,47,para 117;为进行全面分析,see Cassese (n 55) 655-663.

⑱ Tadić (Appeals Chamber) (n 8) 48,paras 118-119.

⑲ 同上注,60,para 141.

⑳ Cassese (n 55) 657.

㉑ Tadić (Appeals Chamber) (n 8) 49,para 120.

㉒ 同上注,56-58,paras 131 and 137;see,generally:Cassese (n 55) 657;Talmon (n 43) 506-507.

持";另一方面,"参与军事行动的组织、协调或计划"。上述标准在前南问题国际法庭之后作出的相关判决中得到沿用。[158] 然而,前南问题国际法庭还确认,仅提供无论是军事、经济抑或任何其他形式的援助,都不足以达到归因的程度。[159]

上诉法庭认定,塞族共和国武装部队的行为可归因于南联盟,因此本案中的武装冲突具有国际性。[160] 这一裁决推翻了审判分庭的裁决,后者适用了国际法院在尼加拉瓜案中阐明的"有效控制"标准,裁定塞族共和国武装部队(VRS)并非事实上的国家机构,因此冲突不具有国际性质。[161] 前南问题国际法庭和国际法院之间似乎意见相左。国际法院在尼加拉瓜案中确立两项标准:确定代理关系的"严格控制"标准(对应《草案》第4条);以及在代理关系无法被证明的情况下、对某些行为进行归因的"有效控制"标准(对应第8条)。故此,第二项标准,即"有效控制"标准并非旨在对一国事实上的机关予以认定。[162] 前南问题国际法庭关注代理关系问题,误解了"有效控制"标准并将之用于错误的情形。[163] 事实上,前南问题国际法庭发展的"全面控制"标准所关注的情况与尼加拉瓜案中确立的"严格控制"标准相同,即旨在确定代理关系,这区别于国际法院否定"全面控制"标准后采取的"有效控制"标准。然而,这种混淆误导了国际法院和国际法委员会,后者在《草案》第8条(代理关系未得到证明时的归因)中提及"全面控制"标准,[164] 而不是在第4条(代理关系判断)提及,而它本

---

[158] Kordić and Čerkez (Trial Judgment) (n 131) 33, para 115; Prosecutor v. Mladen Naletilić, aka 'Tuta' and Vinko Martinović, aka 'Štela' [2003] ICTY, Trial Chamber IT-98-34-T 67-68, para 198; The Prosecutor v. Dario Kordić and Mario Čerkez [2004] ICTY, Appeals Chamber IT-95-14/2-A 94, para 361.

[159] Tadić (Appeals Chamber) (n 8) 56-59, paras 131 and 137; Čelebići (Appeal Judgement) (n 131) 7, para 15. See also Talmon (n 43) 506.

[160] Tadić (Appeals Chamber) (n 8) 72, para 162.

[161] Tadić (Trial Judgment) (n 8) 217, para 607.

[162] Bosnian genocide (Judgment) (n 41) 207, para 397.

[163] Tadić (Trial Judgement) (n 8) 'Separate and Dissenting Opinion of Judge McDonald Regarding the Applicability of Article 2 of the Statute', 288; see also: Hoogh (n 56) 290; Milanović, 'State Responsibility for Genocide' (n 45) 581; Griebel and Plücken (n 8) 612-613; Talmon (n 43) 507.

[164] Bosnian genocide (Judgment) (n 41) 210, para 406; 'Commentary to the Articles on State Responsibility' (n 19) 48, commentary to Article 8, para 5.

应在此条提及。⑯ 为了确定代理关系,或者为了在代理关系无法得到证明时对某些行为进行归因,前述混淆及其后果使我们有必要对"全面控制"标准予以分析。⑯

C. 关于国家责任的条款

《草案》也涉及为确定国家责任而将行为归因于一国的问题。第 8 条"受国家指挥或控制的行为"规定:如果一人或一群人实际上是在按照(因该《草案》有官方中译本,故采用其译本中的译法)国家的指示、指挥或控制下行事,其为应视为国际法所指的一国的行为。⑯

国际法委员会所使用的"指示""指挥"和"控制"这三个标准,又不同于尼加拉瓜案和塔迪奇案的标准。相较于国际法院采用的判断方法,国际法委员会的判断方法似乎更为宽松,⑯并被视为"一个不错的折中标准,因其足够模糊,从而可以允许不同的解释"。⑯ 然而,国际法委员会似乎更倾向于采用国际法院的"有效控制"标准,而非前南问题国际法庭的"全面控制"标准。⑰

必须指出,国际法委员会并未遵循前南问题国际法庭对个人、无组织团体与有组织团体所作出的区分。易言之,国际法委员会不加区分地将其判断方法适用于任何个人或团体。⑰

国际法委员会采用了"指示""指挥"和"控制"这三个相互区隔的替代标准(disjunctive and alternative criteria)。⑰ 上述标准实际上可以分为两类,如《草案评注》中所指出的:"第一类涉及个人按照国家指示实施不法

---

⑯ Kreß (n 8) 131;Talmon (n 43) 506-507.

⑯ 有关网络行动与国际法方面的文献也受到此种混乱的误导:Schmitt (n 10) 32, commentary to Rule 6,para 10;Woltag (n 25) 89-91.

⑯ Articles on State Responsibility,Article 8.

⑯ Francesco Francioni,'The Role of the Home State in Ensuring Compliance with Human Rights by Private Military Contractors' in Francesco Francioni and Natalino Ronzitti (eds),*War by Contract:Human Rights,Humanitarian Law,and Private Contractors* (OUP 2011) 103;Marko Milanović,'State Responsibility for Acts of Non-State Actors:A Comment on Griebel and Plücken' (2009) 22 *Leiden Journal of International Law* 307,309-310.

⑯ De Frouville (n 5) 271;see,however,Cassese (n 55) 663-665.

⑰ Milanović,'State Responsibility for Genocide' (n 45) 583.

⑰ 'Commentary to the Articles on State Responsibility' (n 19) 49,commentary to Article 8,para 9.

⑰ 同上注,48,commentary to Article 8,para 7.

行为的情况。第二种情况则涉及个人在国家的指挥或控制下行事这一更普遍的情况。"⑬"指示"的标准显然遵循由国际法院和前南斯拉夫问题国际刑事法庭制定的"有效控制"和"具体指示"(specific instruction)标准。"指挥"和"控制"的标准则宽于国际法院的判断方法,但又不及前南问题国际法庭的全面控制标准那般宽泛。指挥和控制需要达到何种程度,取决于被指控行为的实际情况,而这有赖通过个案辨析来具体确定。

D. 武装活动案和波斯尼亚种族灭绝案:重申"有效控制"标准

在前南问题国际法庭的塔迪奇案和2001年国际法委员会通过《草案》之后,国际法院在另外两个案例中又审查了这一问题:第一次是2005年的武装活动案,第二次是2007年的波斯尼亚种族灭绝案。⑭ 在这两个案件中,国际法院均基于《草案》进行法律推理,并再度适用了国际法院在尼加拉瓜案中确立的"有效控制"标准。

(i)武装活动案

在武装活动案中,国际法院需要认定刚果解放运动(MLC-the Congo Liberation Movement)的行动可否归因于乌干达。该案判决仅有一段涉及归因问题,法院并未对该问题作详细阐述。⑮ 法院采用了与尼加拉瓜案相同的论证路径,先后分析了归因的两个主要方面。首先,根据《草案》第4条和第5条的规定,法院分析了刚果解放运动可否视为乌干达的一个国家机关,或者视为代表乌干达行使政府权力要素的一个实体。在对此作出否定判断之后,法院接着根据《草案》第8条的规定,审查刚果解放运动的行为是否处在乌干达的指示、指挥或控制之下。法院对这两个问题皆予以否定,并认定刚果解放运动行为不能归因于乌干达。⑯

就本书研究而言,这一案件的启发意义较为有限,因为法院并未展开对归因问题的详尽分析。然而,必须指出,法院在分析归因问题时,并没有采用或提及塔迪奇案中所适用的判断标准,而仅提及在其之前的尼加拉瓜案。

(ii)波斯尼亚种族灭绝案

其后,在波斯尼亚种族灭绝案中,国际法院再次重申了其在尼加拉瓜

---

⑬ 同上注,47,commentary to Article 8,para 1.
⑭ Armed Activities (Judgment) (n 46);Bosnian genocide (Judgment) (n 41).
⑮ Armed Activities (Judgment) (n 46) 226,para 160.
⑯ 同上注,226,para 161.

案中采用的判断标准。不同于武装活动案,法院在此案中也分析了前南问题国际法庭在塔迪奇案中采用的判断标准。然而,国际法院明确弃用了"全面控制"标准,转而援引国际法院此前适用的"有效控制"标准。⑰

在本案中,法院需要确定斯雷布雷尼察(Srebrenica)发生的大屠杀是否应归因于塞尔维亚和黑山(Serbia and Montenegro)。⑱ 法院认定,只有斯普斯卡共和国军(the Republika Srpska,VRS)在斯雷布雷尼察实施的大屠杀才构成违反《防止及惩治灭绝种族罪公约》(Genocide Convention)的灭绝种族行为。⑲ 法院随之需要认定斯普斯卡共和国军的这些行为可否归因于本案的被告国——塞尔维亚和黑山,以及该国是否应对上述行为负责。就归因问题,法院指出:

> 法院必须分别考虑该问题的两个层面。首先,应确定在斯雷布雷尼察犯下的罪行是否由被告国机关实施,或者更准确地说,由哪些可归因于被告国的个人或实体实施,因为它们实际上是被告国开展行动的工具。其次,如果对前一个问题的回答是否定的,那么应确定有关行为是否为被告国指挥或控制下的人员所实施,即便他们并非被告国的国家机关。⑳

法院首先分析了斯普斯卡共和国军是否属于塞尔维亚和黑山经法律授权的机关,并对此作出否定判断。㉑ 如上所述,法院还运用在尼加拉瓜案中发展出的"完全依赖"标准,㉒判断前述实体是否构成该国事实上的机关,并再次予以否定。㉓

由于斯普斯卡共和国军既不是塞尔维亚和黑山法律认定的国家机

---

⑰ Bosnian genocide (Judgment) (n 41) 210-211, paras 406-407; Ademola Abass, 'Proving State Responsibility for Genocide: The ICJ in Bosnia v. Serbia and the International Commission of Inquiry for Darfur' (2007) 31 *Fordham International Law Journal* 871, 890; Griebel and Plücken (n 8) 606-611.

⑱ 关于波斯尼亚种族灭绝案的归因问题, generally: Griebel and Plücken (n 8); Milanović, 'State Responsibility for Acts of Non-state Actors' (n 168).

⑲ Bosnian genocide (Judgment) (n 41) 166-198, paras 297 and 376.

⑳ 同上注, 201, para 384.

㉑ 同上注, 202-204, paras 385-389.

㉒ Nicaragua (Merits) (n 44) 62-63, paras 109-110.

㉓ Bosnian genocide (Judgment) (n 41) 204-206, paras 390-395.

关,也不是事实上的国家机关,法院分析了其是否按照该国的指示、指挥或控制行事。[184] 法院的分析以《草案》第 8 条为基础,而《草案》是习惯国际法规范的集中体现。[185] 法院对塔迪奇案确立的"全面控制"标准也进行了分析,认为:

> 在逻辑层面并不要求以同样的标准解决这两个问题,因为它们在性质上非常不同:一国对另一国领土内武装冲突的参与程度和性质,是将冲突定性为国际冲突的必要条件,但这不同于一国对冲突过程中犯下的具体行为承担责任所需要的参与程度和性质。[186] 二者有所不同,而这也并不产生逻辑矛盾。

此外,法院批判了前南问题国际法庭所采用的判断方法,指出:

> "全面控制"标准的主要缺点在于扩大了国家责任的范围,并远远超出国际责任法的基本原则——一国仅对自身行为负责,换言之,一国对无论以何种基础代表该国行事之人的行为负责。[187]

国际法院因而并未采用"全面控制"标准,而是决定回归其在"尼加拉瓜"案中确立的"有效控制"标准。就此,法院指出,"法院将根据其确立的已决判例,确定被告是否根据《草案》第 8 条所载的习惯国际法规则承担责任"。[188]

法院最终得出的结论是,没有足够的事实基础能够确定这些行为系在南斯拉夫联盟共和国(FRY)指挥或控制下所实施。[189]

E. 对前述方法的辨析

以上各部分阐述了国际法院、前南问题国际法庭和国际法委员会采

---

[184] 同上注,207,para 397;基于指导或控制的归因问题的分析于 206-214,paras 396-412.

[185] 同上注,207,para 397;法院对第 8 条作出批判性分析,参见 in Griebel and Plücken (n 8). Marco Milanović criticised 批判了这些作者的解释,参见 Milanović, 'State Responsibility for Acts of Non-state Actors' (n 168).

[186] Bosnian genocide (Judgment) (n 41) 210,para 405.

[187] 同上注,210,para 406.

[188] 同上注,210-211,para 407.

[189] 同上注,214,para 412.

取的不同判断标准。可将这些不同方法作如下总结。

任何个人、无组织团体或有组织团体依据一国的具体指示实施的特定行为，都应归因于该国。国际法院、前南问题国际法庭和国际法委员会均同意这一论断。这也是国际法院采用的"有效控制"标准和前南问题国际法庭采用的"具体指示"标准。

相反，当涉及无国家具体指示而实施的行为时，情况则更为复杂。前述三个机构采用了不同的判断方法。

国际法院认为，不管是个人、无组织团体还是有组织团体所实施的危害行为，如果缺乏有效的控制，则无法将行为归因于一国。

前南问题国际法庭则认为在这种情况下，需要首先确定行为由有组织的武装团体实施，还是由个人或无组织团体实施。第一种情形下，根据前南问题国际法庭的观点，一国对实施该行为的有组织团体的全面控制，就足以将行为归因于该国，此即塔迪奇案中所发展的"全面控制"标准。与之相反，在第二种情形下，在没有国家具体指示的情况下，由个人或无组织团体实施的行为不可归因于一国，这与国际法院的实践相符。

国际法委员会似乎倾向于第二种方法，使用指挥和控制的替代标准。⑲ 国际法委员会并不侧重于区分是由个人、无组织团体或有组织团体实施的危害行为。一国对施害者的行为具备一定程度的控制或指挥，就足以将行为归因于此国。

4.2.1.3　将前述方法应用于网络行动

国家支持的网络行动通常由非国家行为体实施。这一情形势必引发归因问题，特别是如何将他们的行为归因于涉事国家。首先应予确认，关于国家责任归因的规则毫无疑问可适用于网络行动。⑳

网络行动特别是鉴于互联网无所不在的特点，一定程度上对国家责任现有相关规则造成挑战，在归因问题上尤其如此。本书认为，在某些情况下，国际法院所要求的控制程度门槛过高，而无法适用于或至少会影响

---

⑲ 'Commentary to the Articles on State Responsibility' (n 19) 47-49, commentary to Article 8.

⑳ Shackelford (n 71) 203; Schmitt (n 10) 29-34, commentary to Rule 6, paras 1-14; Woltag (n 25) 87-94; Marco Roscini, 'World Wide Warfare-Jus ad bellum and the Use of Cyber Force' (2010) 14 *Max Planck Yearbook of United Nations Law* 85, 100.

到使用新技术的场景。[192] 同时,我们亦需警惕过度降低归因适用的门槛。对此,如何确定最合适的归因门槛,以解决网络行动中的归因难题,是一个亟待反思的问题。下文将探讨恰当设置该门槛的主要原因:第一个原因侧重于互联网的一般性运用,而不仅限于网络行动;第二个原因则集中关注网络行动。

首先,互联网提供了以更低的组织程度协调活动的最便捷方式。1998年,各种类型的行动者为支持萨帕塔民族解放军(ZANL)实施的网络行动就清楚地说明了这一点。其中,电子干扰剧院(The Electronic Disturbance Theater,EDT)是1997年在美国成立的一个网络活动者团体,匿名数字联盟(Anonymous Digital Coalition,ADC)是来自意大利的政治活动分子团体,他们均实施针对美国和墨西哥政府的网络行动,以支持帕萨塔民族解放军。除了自身实施这些行动之外,他还参与了行动策划,提供了实施行动所需的在线工具FloodNet,并且还呼吁任何对此感兴趣的个人参与他们的线上活动。尽管组织程度较低,这些活动仍然得到了有效协调。类似地,"匿名者"开展的活动(the actions of Anonymous)也表明无组织团体可以进行大范围的协同网络活动。此外,俄罗斯商业网络(Russian Business Network)开展的活动亦为一例。[193]

上述例子并不直接涉及非国家行为体实施的行为可否归因于国家的问题。其旨在说明,一国能够便捷地协调网络行动,并让非国家行为体参与其中,而不一定需要对它们达到很高程度的控制。鉴于归因所要求的门槛非常高,国家可能仅凭一定程度的控制即可实现其目标,从而无须面临为前述行为承担法律责任的风险。

其次,网络行动提供了简单且可激励他人参与行动的行动方式。例如,标准意义上的"武装和训练"是指武器的实物交付并派出代理(sending of agents)训练个人如何使用这些武器。在网络空间,要实现同样的目标变得更加容易。例如,在网上发布即时可用的、用于实施网络行动的恶意软件——比如FloodNet,是否可以等同于对最终软件用户的"武装"?将实际上的武装和训练与网络武装和训练之间进行粗暴的比较,虽然看似有些牵强,但其实现的最终效果很可能相同。同样,"训练"也可以通过在线指导完成。这一例子说明,现实世界和网络空间之间的情况类

---

[192] Shackelford(n 71) 203;Woltag(n 25) 91.
[193] Roscini(n 191) 100-101;Woltag(n 25) 90-93.

似,最终却可能导致不同的法律定性。

最后,对于涉及任何类型的网络行动——尤其是涉及所谓的国家支持的网络行动——归因而言,国家之间缺乏合作造成了严峻挑战。在多数情况下,认定所涉及的计算机和相关人员以及所有的支持国,所需要的信息和证据可能位于国外。这一识别和归因过程是否顺利可行,就取决于该外国的善意与合作程度。以爱沙尼亚为例,该国向俄罗斯提出司法合作请求,以协助查明 2007 年网络攻击施害者的身份,但遭到后者拒绝。[194] 因此,爱沙尼亚没能查出任何俄罗斯施害者并不令人意外,唯一查明的施害者是爱沙尼亚人德米特里·加卢斯凯维茨(Dmitri Galuškevitš),因为他在爱沙尼亚领土上行动,所以爱沙尼亚当局得以收集证据,从而认定他的身份并对其定罪。[195] 这正是国家间缺乏合作而造成对网络行动归因的严峻挑战。

为了具体说明归因在国家指挥或控制个人的网络空间领域的应用,本书将以 2007 年针对爱沙尼亚的网络行动的归因为例。

A. 2007 年爱沙尼亚 DDoS 攻击

爱沙尼亚政府指控俄罗斯是 2007 年网络行动的幕后黑手,但也承认没有实际证据能证明俄罗斯的参与。[196] 然而,俄罗斯运动(Russian movement)的成员承认了他们参与其中:

> 俄罗斯一直否认与该事件存在任何牵连。然而,为克里姆林宫工作的青年组织 Nashi 的"政委"康斯坦丁·戈洛斯科科夫(Konstantin Goloskokov)昨天向《金融时报》(*the Financial Times*)透露,他和同伙

---

[194] Eneken Tikk and Kadri Kaska, 'Legal Cooperation to Investigate Cyber Incidents: Estonian Case Study and Lessons', 9th European Conference on Information Warfare and Security, Thessaloniki, Greece (Academic Publishing Limited 2010).

[195] Dmitri Galuškevitš [2007] Harju County Court (Estonia) No 1-07-15185; Katri Lindau, 'Cyber Security in Estonia: Lessons from the Year 2007 Cyberattack' (Tallinn University 2012); Rain Ottis, 'Analysis of the 2007 Cyber Attacks against Estonia from the Information Warfare Perspective', Proceedings of the 7th European Conference on Information Warfare and Security, Plymouth (2008).

[196] Estonia Has No Evidence of Kremlin Involvement in Cyber Attacks' (RIA Novosti, 9 June 2007) http://en.ria.ru/world/20070906/76959190.html.

发动了这次袭击。这似乎是首次有人声称对该事件负责。⑲⑦

此外,俄罗斯议会议员谢尔盖·马尔科夫(Sergei Markov)证实,他的助手参与了对爱沙尼亚开展的网络行动。⑲⑧ 来自俄罗斯少数民族的20岁爱沙尼亚人德米特里·加卢斯凯维茨,是迄今为止导致爱沙尼亚改革党(the Estonian Reform Party)网站受到阻塞的网络行动中唯一被查明并定罪的施害者。⑲⑨

下文无意于讨论这一说法的真实性,也不讨论上述网络行动的法律定性,而仅侧重于分析将这些非国家行为体的网络行动归因于俄罗斯所需确定的必要条件。

让我们首先简要重述相关事实。针对爱沙尼亚的网络行动可分为两个阶段:第一阶段发生于2007年4月27日至29日,主要表现出"情绪驱动(emotionally motivutited)"的特征;第二阶段从2007年4月30日持续到5月18日,行为方式更为复杂,背后也存在更多组织协调。⑳⓪ 第一阶段主要是针对政府和媒体网站的DoS攻击,通过各种在线论坛和聊天进行协调。第二阶段包括更为协调和复杂的网络行动,也导致了更为有害的后果。在DoS攻击(后来被更大规模、更复杂、更为尖端的僵尸网络DDoS攻击所取代)中,施害者使用了许多不同国家的代理服务器并进行了IP地址欺骗,这加剧了归因的困难。除了DoS和DDoS攻击之外,本起事件中的网络行动还采取了篡改目标网站和评论以及发送垃圾邮件等形式。

需要声明,以下演绎推理仅基于有限的公开事实和信息,不构成对该案的全面分析或最终定论。显而易见,这些网络行动大多由非国家行为体实施,以声援和支持那些生活在爱沙尼亚的俄罗斯少数民族。一个自然而然的问题是:俄罗斯对这些网络行动要达到何种控制程度,才需要对

---

⑲⑦ Charles Clover, 'Kremlin-Backed Group behind Estonia Cyber Blitz', Financial Times (11 March 2009) www.ft.com/cms/s/0/57536d5a-0ddc-11de-8ea3-0000779fd2ac.html#axzz2TBcey8a5.

⑲⑧ 'Behind The Estonia Cyberattacks' (n 99).

⑲⑨ 'Estonia Fines Man for "Cyber War"' (BBC, 25 January 2008) http://news.bbc.co.uk/2/hi/technology/7208511.stm.

⑳⓪ Eneken Tikk, Kadri Kaska and Liis Vihul, International Cyber Incidents: Legal Considerations (NATO Cooperative Cyber Defence Centre of Excellence (CCDCOE) 2010) www.ccdcoe.org/publications/books/legalconsiderations.pdf.

行动负责?

　　本次网络行动似乎是通过各种在线聊天和论坛来实现协调的。因此,涉事的非国家行为体施害者似乎是无组织的,就此不构成一个单一的有组织团体。相反,他们似乎绝大多数是以个人或无组织团体的身份,决定开展网络行动以支持某项事业。此动念促使他们收集相关目标的信息,并开发用于实施网络行动的手段工具。

　　在这种情况下,似乎很难断定任何一人对所有网络行动进行了有效控制,更遑论要主张一国实施了此种控制。鉴于这些网络行动的性质和参与者的多样性,我们似乎可以作出以上结论。但是,并不排除这样一种可能,即本起事件中的一些涉案人员实际上可能是按照俄罗斯的具体指示采取行动。

　　因此,似乎可以断定,国际法院会倾向于认定上述网络行动无法归因于俄罗斯,因为"有效控制"标准无法满足。相较于国家对特定团体进行武装、训练甚至资助的情形,本案中国家实行控制的程度明显较低。对于个人和无组织团体而言,前南问题国际法庭将采取同样的判断方法。而在国际法委员会制定的替代性标准中,第一项"指示"标准显然也无法满足。

　　至此仍有两个可能用于归因的理由尚未讨论:根据前南问题国际法庭的"全面控制"标准对有组织团体进行归因,以及使用国际法委员会制定的"指挥"和"控制"标准进行归因。关于"全面控制"标准,其不要求一国对每个单独的行为进行具体指示,相反,此标准下所要求的国家对目标团体的控制程度更为宽泛,如可以包括仅提供资金的情形。如前所述,在爱沙尼亚事件中,我们不能想当然地认为这些施害者构成了有组织的团体,但是他们中的一些人可能隶属于有组织的团体。即便如此,国家施加控制的程度可能仍属微弱。事实上,即使俄罗斯确实是通过论坛或聊天平台煽动人们实施前述网络行动的幕后黑手(必须指出,这一论断迄今尚未证实),而且随后就如何实施这些行为作出指示,这种控制或指挥形式似乎明显低于"全面控制"标准,也无法达到国际法委员会所适用的判断标准的门槛。

　　如前所述,以上分析并未全面或最终回答针对爱沙尼亚的网络行动的归因问题。然而,这也表明,即便可以获得更充足的信息和证据,在国际法层面也很难将责任归因于俄罗斯。

　　正如前文所指出的,国家怂恿非国家行为体实施网络行动,其所需达

网络行动与国际法 ● 第一编 归因 ●

到的控制程度可能很低。倘若今后国家越发依赖网络来实施行动,那么最终将案件提交到国际法院或法庭时,法官们似乎有理由提出这样一个问题:在这种情况下,是否有必要或至少在可预期的范围内降低归因门槛的要求?然而同样重要的是,不可忽视过度下调归因门槛带来的风险,因为过于宽松的归因标准也可能打开过度归因的闸门,导致产生大量曲解和错误归因。

B. 私营网络安全公司

私营网络安全公司的行为可以基于多种理由归因于国家,尤其是如果它们属于事实上的国家机关或被允许行使政府权力之时。[201] 在这些情况下,此类主体的所有行为均归因于国家,即使它们存在越权。[202] 然而,大多数涉及私营网络安全公司的事件可能不属于前述情况,若如此,那么这些私营网络安全公司的行为则不会自动归因于国家。如上所述,当它们并非事实上的国家机关时,如果这些主体的某些行为是基于国家某种程度的控制下所实施的,那么它们的这些行为也可归因于国家。[203]

私营网络安全公司的问题可结合私营军事和安保公司(PMSCs)这一更广义的概念来研究。越来越多的国家雇佣私营军事和安保公司来履行以往由武装部队行使的职能,由此引发了许多法律问题。[204] 就将私营军事和安保公司的行为归因于国家而言,国际法院的"有效控制"标准似乎过于严格。与此相反,前南问题国际法庭的"全面控制"标准似乎更为合适。弗朗切斯科·弗朗西奥尼(Francesco Francioni)曾提出这些问题,并着重分析了这两项标准如何适用于国家依靠私营军事和安保公司行事的情形:

> 根据尼加拉瓜案的判断标准,只有证明 PMSC 或其雇员在从事侵犯人权的具体活动的行为系基于母国的有效控制时,这些行为才可能引发母国关于侵犯人权的国家责任。根据塔迪奇案的判断标

---

[201] 参见前文第4.1.1小节"国家机关"和第4.1.2小节"经授权行使政府权力要素的实体"。

[202] 参见前文第4.1.4小节"越权网络行动"。

[203] 参见前文第4.2.1.2小节"关于在国家指示、指挥或控制下实施的行为的多种归因方法"。

[204] See, generally: Lehnardt (n 83); Tonkin (n 82); Francioni and Ronzitti (n 83); Bakker and Sossai (n 83); Tougas (n 83).

准,也即卡塞斯标准(the Cassese test),母国对私营军事承包商维持政治军事性质的控制达到一般或"全面控制"即可,不需要母国具体指示私人行为体实施不法行为。㉕

在招募私人行为体实施网络行动时,国家很可能只是围绕预期结果给出相应指示,至于具体实施何种类型的网络行动,则留待私人行为体自行决定。例如,如果一国雇佣私人行为体实施网络行动以破坏另一国的核电站并对其造成物理损害,那么根据"有效控制"标准,这种情况可能难以归因于该国,但根据"全面控制"标准则可作出归因判断。依据国际法委员会定义的指示、指挥或控制的替代性标准,也可将此类行为归因于雇佣国。

4.2.1.4 小结:根据国家指示、指挥或控制实施的网络行动

在一国的指示、指挥或控制下实施的网络行动,可能构成国家支持的网络行动的主要类型。本小节论述表明,当前国际法律框架可适用于网络领域。然而,采用过于严格的标准可能会使在实践中要作出归因推论尤为困难。

4.2.2 国家不存在或缺席时实施的网络行动

在国家正式当局不存在或缺席时,行使某些政府权力职能的个人或团体,其行为归因于国家。这一规则已体现在国际法委员会编纂的《草案》第9条中。该条设置了三个累积性标准(cumulative cviteria):第一,行为必须构成行使政府权力之要素;第二,行为必须在国家当局不存在或缺席的情况下实施;第三,须在"被要求(call for)行使这些权力要素的情况下"实施。㉖

后两项标准的存在,导致本条的适用成为例外。事实上,要求仅在正式当局不存在时才可适用,这只发生在非常特殊的情形之下,如武装冲突或外国占领。政府权力的瓦解(collapse)必然使个体取而代之,并代表崩

㉕ Francioni (n 168) 102.

㉖ 《国家对国际不法行为的责任》对三个要素作出重申,如第 9 条(如果一人或一群人在正式当局不存在或缺席和在需要行使上述权力要素的情况下实际上正在行使政府权力要素,其行为应视为国际法所指的一国的行为)。See also 'Commentary to the Articles on State Responsibility' (n 19) 49, commentary to Article 9, para 3.

溃中的国家采取行动。在转换适用于网络空间时,既不涉及也不影响后两项标准,这意味着本书无须对此作进一步阐述。

相比之下,在涉及网络行动时,第一项标准可能会受到影响。网络行动能构成行使政府权力要素吗？此前有人论断,一些网络行动事实上可以构成行使政府权力要素。[207] 在国家不存在或缺席的情况下,某个团体为维护国家利益而针对另一国实施网络行动的行为,可能因此被视为构成行使政府权力要素。若要满足此种判断,须证明这些网络行动是在有必要行使政府权力的情况下实施的。

4.2.3 国家事后认可的网络行动

前面几小节讨论了根据实施不法行为时施害者与国家之间的关系对行为进行归因的问题。下文侧重于讨论一种相反情形:国家决定在事后认可(endorse)私人实施的行为。《草案》第 11 条"经一国承认并当作其本身行为的行为"针对的就是这种情况,该条规定:

> 按照前述各条款不归于一国的行为,在并且只在该国将该行为承认和当作其本身行为的情况下,依国际法应视为该国的行为。[208]

第 11 条适用的两个要件是累加条件,即国家需要承认某种行为,并且需要将行为当作该国本身的行为要满足这两项要件,既可以通过国家明示确认,也可以从国家的行为中推断出来。[209]

在国家继承的情况下,继承国可以决定认可被继承国的行为并继续实施该行为。[210] 在这种情况下,如果该行为构成国际不法行为,继承国将

---

[207] 参见前文第 4.1.2 小节"经授权行使政府权力要素的实体"。
[208] Articles on State Responsibility, Article 11.
[209] 同上注,53-54,commentary to Article 11, para 9.
[210] See, generally, on State responsibility and succession: Brigitte Stern, 'Responsabilité Internationale et Succession d'Etats' in Laurence Boisson de Chazournes and Vera Gowlland-Debbas (eds), *The International Legal System in Quest of Equity and Universality/L'ordre juridique international, un système en quête d'équité et universalité:liber amicorum Georges Abi-Saab* (Martinus Nijhoff Publishers 2001) 327-356;Patrick Dumberry, *State Succession to International Responsibility* (Martinus Nijhoff Publishers 2007) passim.

对自身行为以及其所认可的被继承国的行为负责。海牙常设仲裁法院(the Permanent Court of Arbitration)于 1956 年审理的奥斯曼帝国仲裁案(Affaire relative à la concession des phares de l'Empire ottoman arbitration)——也被称为"灯塔仲裁"(Lighthouses arbitration),是证明前述观点的典型例证。⑪ 该案涉及维护克里特岛(Crete)灯塔的特许权,此项特许权最初由一家法国公司在 1860 年从奥斯曼帝国获得。1913 年,希腊获得了克里特岛的主权,并在第一次世界大战期间决定剥夺这一特许权。法国要求希腊对奥斯曼帝国以及克里特岛自治政府的行为造成的损害进行赔偿。由于法庭裁定,在很大程度上,土耳其是奥斯曼帝国的继承国,因此,希腊无须对奥斯曼帝国的行为负责。⑫ 然而,该案中的一项未决索赔(an outstanding claim)涉及是否存在对克里特岛地方当局于 1908 年颁布立法后产生的契约义务(a contractual obligation)的违反,而此种违反在希腊于 1913 年获得克里特岛主权后仍然持续。这实际上意味着希腊继续实施了不法行为。法庭认为,由于希腊"在不久前以自治国家之身份确认了克里特岛的非法行为",因此应对其违反契约义务的行为承担责任。⑬

国际法院在德黑兰人质案中也分析了国家对私人行为予以事后认可的问题。⑭ 1979 年 11 月 4 日,美国驻德黑兰大使馆被数百名武装分子占领。美国大使馆的工作人员随后被扣留在使馆大厅中作为人质[11 月 5 日在美国驻大不里士和设拉子(Tabriz and Shiraz)的领事馆也发生了类似事件,但这些人员在被扣留之前已撤离]。被扣留的人质最终在 1981 年 1 月 20 日获得自由。国际法院需要裁定伊朗政府是否应该对武装分子占领大使馆和劫持人质的行为负责。为此,法院需要区分两个阶段:一是武装分子对大使馆和领事馆的袭击与控制;二是对大使馆和领事馆的占领以及人质劫持事件。对于第一阶段,法院认为激进的武装分子并非伊朗的机关,因此他们对德黑兰大使馆以及大不里士和设拉子领事馆的

---

⑪ Affaire relative à la concession des phares de l'Empire ottoman (Grèce, France) (1956) 12 *RIAA* 155.

⑫ 同上注,187.

⑬ 同上注,198. See also: Stern (n 210) 338-340; Dumberry (n 210) 136-141.

⑭ Tehran Hostages (Judgment) (n 6). 在波斯尼亚种族灭绝案中,国际法院提到了《草案》第 11 条,但发现"被申请人没有承认并将种族灭绝行为施害者的行为当作自身的行为"。Bosnian genocide (Judgment) (n 41) 215, para 414.

袭击不能归因于伊朗。㉕ 法院随后分析了第二阶段的问题,认定伊朗政府应承担责任,因为其在多种声明中认可（endorsed）了占领使领馆和劫持人质的行为。法院裁决:

> 阿亚图拉·霍梅尼（Ayatollah Khomeini）宣布政策,要求维持对大使馆的占领并扣押其人员作为人质,以此向美国政府施加压力。该政策得到伊朗其他当局的遵守,并在各种场合发表的声明中被一再确认。该政策的结果是从根本上改变了占领使馆以及将其外交和领事人员扣为人质的法律性质。阿亚图拉·霍梅尼和伊朗的其他国家机构对这些事实的认可（approval）,以及他们维持这些事实的决定,将对大使馆的持续占领以及对人质的持续扣押转化为该国的行为。㉖

国家承认（acknowledgement）和接受（adoption）武装分子占领和劫持人质期间的行为,与单纯的支持或认可（support or endorsement）不同,二者不能混为一谈。后一种情况应结合《草案》第16条来理解:援助或协助另一国实施不法行为的国家将对此种援助或协助行为承担国际责任,但不对不法行为本身承担责任。㉗ 国家的承认和接受行为不同于单纯的支持或认可,如何判断应取决于实施行为时发生的具体情形。㉘

例如,在检察官诉德拉甘·尼科利奇案（Prosecutor v. Dragan Nikolić case）中,前南问题国际法庭需要判定"身份不明人士"的行为是否已被稳定部队（SFOR）"承认和当作其本身行为"。审判法庭根据《草案》第11条作出推断,并得出否定结论。㉙

又如,根据国际法委员会的观点,1960年一群以色列人在阿根廷扣

㉕ Tehran Hostages (Judgment) (n 6) 29-30, paras 58-61.
㉖ 同上注,35,para 74.
㉗ Articles on State Responsibility, Article 16;'Commentary to the Articles on State Responsibility' (n 19) 53, commentary to Article 11, para 6.
㉘ Yeager (n 95) 101; see also Caron (n 4) 147.
㉙ Prosecutor v. Dragan Nikolić (Decision on Defence Motion Challenging the Exercise of Jurisdiction by the Tribunal) [2002] Case No IT-94-2-PT (ICTY, Trial Chamber II) paras 60-64.

押阿道夫·艾希曼(Adolf Eichmann)被认为是与这个问题有关的典例之一。[220] 在该案中,国家对私人行为的承认和接受系基于推断得出,而非由国家明示,因此更难以将之定性为一项来自国家的认可。

迄今为止,尚没有网络行动由一国承认或当作其本身的行为。[221] 然而,在这方面有两个案例值得分析:恶意软件震网病毒 Stuxnet(4.2.3.1),以及 2007 年针对爱沙尼亚的网络行动(4.2.3.2)。

4.2.3.1 Stuxnet

普遍认为,Stuxnet 系由美国和以色列联合发起的针对伊朗的行动。虽然关于该行动源头的推断尚未得到证实,但是两起涉及美国人或以色列人的事件,被视为在某种程度上指明了恶意软件的来源。

2011 年,白宫军备控制和大规模杀伤性武器协调员加里·萨莫尔(Gary Samore)称:"我们很乐见伊朗人在他们的离心机上遇到了麻烦,而我们——美国及其盟国——正在用尽办法让他们的处境雪上加霜。"[222]

同年,在以色列国防军前参谋长、以色列籍中将加比·阿什肯纳兹(Gabi Ashkenaz)的荣退仪式上,播放了一段展示他成功生涯的录像,其中就提及了震网病毒。[223]

这两起事件通常用来支撑所谓的 Stuxnet 系由美国和以色列所为的

---

[220] 'Commentary to the Articles on State Responsibility' (n 19) 53, commentary to Article 11, para 5.

[221] This possibility is, however, envisaged in Schmitt (n 10) 34, commentary to Rule 6, para 14.

[222] John Biggs, 'Cyberwar Is with Us: Details Emerge about Use of Stuxnet Worm in Iran' (TechCrunch, 1 June 2012) http://social.techcrunch.com/2012/06/01/cyberwar-is-withus-details-emerge-about-use-of-stuxnet-worm-in-iran/.

[223] Christopher Williams, 'Israel Video Shows Stuxnet as One of Its Successes', The Telegraph (15 February 2011) www.telegraph.co.uk/news/worldnews/middleeast/israel/8326387/Israel-video-shows-Stuxnet-as-one-of-its-successes.html; Michael Joseph Gross, 'A Declaration of Cyber-War' (April 2011) https://archive.vanityfair.com/article/2011/4/a-declaration-of-cyber-war.

观点。㉔ 然而，第一份说明即便确实来自美国官员，但其言辞太过含糊，甚至没有提到 Stuxnet。对于第二份材料而言，似乎无法将这段录像归结于以色列政府，更遑论该录像的内容。因此，就《草案》第 11 条而言，这两起事件显然不足以构成以色列或美国对该起网络行动的"承认和接受"。

4.2.3.2　针对爱沙尼亚的网络行动

如前文所述，㉕2007 年针对爱沙尼亚的网络行动事件发生之后，爱沙尼亚政府控诉俄罗斯发动了这些攻击，但其也承认并无证据证明这一指控。㉖ 俄罗斯政府从未承认其参与或支持该起网络行动。然而，俄罗斯青年组织 Nashi（Наши）的成员康斯坦丁·戈洛斯科科夫（Konstantin Goloskokov）表示，他参与了对爱沙尼亚的网络攻击，㉗此外俄罗斯议会议员谢尔盖·马尔科夫（Sergei Markov）证实，他的助手也参与实施了针对爱沙尼亚的网络行动。㉘

然而，由于两人都只是将网络行动归因于他们自身而非俄罗斯，因此他们的陈述并不构成代表俄罗斯联邦作出了明示或暗示的承认。此外，两个人均无资格以国家的名义发言。康斯坦丁·戈洛斯科科夫并非作为俄罗斯官员或代表国家发言，因此他的声明不可归于俄罗斯。谢尔盖·马尔科夫虽然是俄罗斯议会成员，但其并非俄罗斯政府成员。因此，依据所掌握的证据，似乎难以根据《草案》第 11 条的规定，认定这些声明构成俄罗斯联邦对 2007 年针对爱沙尼亚网络行动的事后认可。

㉔　See, for instance: Ronald J Deibert, *Black Code: Inside the Battle for Cyberspace* (McClelland & Stewart 2013) 177; 'Cracking the Code: Defending against the Superweapons of the 21st Century Cyberwar', 'Need to Know on PBS' (PBS, 20 May 2011) www.pbs. org/wnet/need-to-know/security/video-cracking-the-code-defending-against-the-superweapons-of-the-21st-century-cyberwar/9456/.

㉕　参见上文第 62,81,135—139 页。

㉖　'Estonia Has No Evidence of Kremlin Involvement in Cyber Attacks' (n 196).

㉗　Christian Lowe, 'Kremlin Loyalist Says Launched Estonia Cyber-Attack' (Reuters, 13 March 2009) www.reuters.com/article/us-russia-estonia-cyberspace-idUSTRE52B4D820090313; Clover (n 197).

㉘　'Behind The Estonia Cyberattacks' (n 99).

4.2.4 在群众暴乱、叛乱与内战背景下实施的网络行动

如果一项叛乱运动后续导致一个先已存在的国家的新政府成立,或者导致一个新国家的建立,那么该叛乱运动的行为可归因于该新政府或新国家。《草案》第 10 条"叛乱或其他运动的行为"重申了这一习惯法规则,该条规定:

> 1. 成为一国新政府的叛乱运动的行为,应视为国际法所指的该国的行为。
>
> 2. 在一个先已存在的国家的一部分领土或在其管理下的某一领土内,组成一个新的国家的叛乱运动或其他运动的行为,依国际法应视为该新国家的行为。
>
> 3. 本条不妨碍把不论以何种方式涉及有关运动的、根据第 4 条至第 9 条的规定应视为该国行为的任何行为归因于该国。[229]

一般而言,叛乱运动的行为不能归因于国家。[230] 在叛乱运动成功的情况下,上述归因理由则构成这项一般原则的例外情形。正如关于《草案》第 10 条的《评注》所述,[230] 第 10 条所载的两项归因规则为国家实践、仲裁裁决和相关学说所普遍接受。[232]

第 10 条的归因要件是叛乱运动成功接管一个既存国家或建立一个新国家。行为的特征或性质则无关紧要。因此,如果有关行为是网络行动,这一事实并不会改变适用第 10 条时对归因问题的判断,故没有必要

---

[229] 《草案》,第 10 条。

[230] 'Commentary to the Articles on State Responsibility' (n 19) 50-51,commentary to Article 10,paras 4-6.

[231] 同上注,50-52,commentary to Article 10,paras 3,12-16.

[232] See,generally:Liesbeth Zegveld,*Accountability of Armed Opposition Groups in International Law* (CUP 2002),Chapter 5,'Accountability of armed opposition groups in international law',164-219;Patrick Dumberry,'New State Responsibility for Internationally Wrongful Acts by an Insurrectional Movement' (2006) 17 *European Journal of International Law* 605,605-621;Dumberry (n 210) 224-249;Gérard Cahin,'Attribution of Conduct to the State:Insurrectional Movements' in Alain Pellet et al (eds),*The Law of International Responsibility* (OUP 2010) 247-256;Crawford (n 5) 170-181.

对基于这一条的归因逻辑作进一步阐发。

4.3 自主网络行动

从几十年前开始,网络空间和网络行动从科幻想象快速变成我们所经历的日常现实,与此发展过程类似,自主网络行动也正在成功地从科幻想象步入我们的现实世界。在结束本章关于网络行动归因于国家的讨论之前,有必要检视具有自主性特征的网络行动相关的归因问题。

人工智能及其发展前景影响了我们日常生活和当代社会的诸多方面,包括国家实施军事行动的方式。致命自主机器人(Lethal Autonomous Robots,LARS)和致命自主武器系统(Lethal Autonomous Weapons Systems,LAWS)的发展引发了一系列问题,它们的使用也触及了法律层面的问题。[23] 对于此类自主系统在未来的可能部署,人们表示担忧,许多人怀疑这些自主系统是否能够遵守国际人道法和国际人权法的规定和要求。因此,本节分析的自主网络行动问题,应结合 LARS 和 LAWS 等自主系统这一更广泛的背景加以考量,并应同时关注到与这一有可能

---

[23] See, generally: 'Losing Humanity: The Case against Killer Robots' (Human Rights Watch, Harvard Law School International Human Rights Clinic 2012) www.hrw.org/reports/2012/11/19/losing-humanity-0; Peter Asaro, 'On Banning Autonomous Weapon Systems: Human Rights, Automation, and the Dehumanization of Lethal DecisionMaking' (2012) 94 *International Review of the Red Cross* 687; Kenneth Anderson and Matthew Waxman, 'Law and Ethics for Autonomous Weapon Systems: Why a Ban Won't Work and How the Laws of War Can' (Task Force on National Security and Law, Hoover Institution, Stanford University 2013); Giovanni Sartor, 'Legal Issues of Autonomous Weapons' (presentation at the Workshop on Ethics of Cyber Conflict, Centre for High Defence Studies, Rome, 21-22 November 2013) https://ccdcoe.org/multimedia/legal-issues-autonomous-weapons.html; Jeffrey S Thurnher, 'The Law That Applies to Autonomous Weapon Systems' (2013) 17 *ASIL Insights* 4 www.asil.org/insights/volume/17/issue/4/law-applies-autonomous-weapon-systems; Bradan T Thomas, 'Autonomous Weapon Systems: The Anatomy of Autonomy and the Legality of Lethality' (2015) 37 *Houston Journal of International Law* 235; Robin Geiß, The International-Law Dimension of Autonomous Weapons Systems (Friedrich-Ebert-Stiftung 2015), translated from Robin Geiß, Die völkerrechtliche Dimension autonomer Waffensysteme (Friedrich-Ebert-Stiftung 2015); Nehal Bhuta et al (eds), *Autonomous Weapons Systems: Law, Ethics, Policy* (CUP 2016).

发生的军事革命相伴生的法律问题。

自主网络行动是指其一旦被激活,便无须人类操作员的进一步干预即可选择并打击目标的网络行动方式。㉔ 在它的众多特征中,比较显著的一点是它能够在短时间内收集并分析大量信息,然后根据这些信息作出决策。㉕ 它具备在极为有限的时间内完成分析大量数据的能力,以便迅速作出最佳应对,而这恰恰是以人为基础的网络防御所面临的日趋严峻的挑战之一。

简而言之,自主网络行动与其他网络行动的主要区别在于,前者能够在没有人类干预的情况下识别、跟踪、选择和打击目标。截至目前,这仍然是一个尚在发展的领域,能够实现的自主程度的水平可能不尽相同,例如,有的表现为由人类监督的自主网络行动(human supervised autonomous cyber operations)。自主网络行动主要用于防御,但在某些情况下,也可用于进攻性行动。㉖ 目前,完全自主的网络系统尚未出现,该类系统

㉔ 该定义源于美国国防部于 2012 年 11 月 21 日发布并于 2017 年 5 月 8 日更新的《关于"武器系统的自主性"的第 3000.09 号指令》的 13-14; Christof Heyns, 'Report of the Special Rapporteur on Extrajudicial, Summary or Arbitrary Executions' (2013) UN Doc A/HRC/23/47, 7-8, para 38; 'Report of the ICRC Expert Meeting on "Autonomous Weapon Systems: Technical, Military, Legal and Humanitarian Aspects", 26-28 March 2014, Geneva' (ICRC 2014).

㉕ Enn Tyugu, 'Artificial Intelligence in Cyber Defense' in Christian Czosseck, Enn Tyugu and Thomas C Wingfield (eds), 3rd International Conference in Cyber Conflict: Proceedings [NATO Cooperative Cyber Defence Centre of Excellence (CCDCOE) 2011] 96.

㉖ Luc Beaudoin, Nathalie Japkowicz and Stan Matwin, 'Autonomic Computer Network Defence Using Risk State and Reinforcement Learning' in Christian Czosseck and Kenneth Geers (eds), The Virtual Battlefield: Perspectives on Cyber Warfare (IOS Press 2009); Tyugu (n 235); Alessandro Guarino, 'Autonomous Intelligent Agents in Cyber Offence' in Karlis Podins, Jan Stinissen and Markus Maybaum (eds), 5th International Conference in Cyber Conflict: Proceedings [NATO Cooperative Cyber Defence Centre of Excellence (CCDCOE) 2013] 377-390; Caitríona H Heinl, 'Artificial (Intelligent) Agents and Active Cyber Defence: Policy Implications' in Markus Maybaum, Pascal Brangetto and Jan Stinissen (eds), 6th International Conference in Cyber Conflict: Proceedings [NATO Cooperative Cyber Defence Centre of Excellence (CCDCOE) 2014] 53-66.

仍处于起步阶段,但技术的迅猛发展使我们不得不提前思考相关问题。[237]

4.3.1 自主网络行动的政策地位

2019年1月18日,法国国防部部长弗洛伦斯·帕利(Florence Parly)介绍了法国新的《军事网络战略》(French Military Cyber Strategy),[238]其中概述了防御性和进攻性网络战的原则。[239]在她的演讲中,帕利坚持认为:"未来的网络攻击将与人工智能相结合,并以人类无法理解的速度在网络中交战。"然而,需要指出,在大多数关于人工智能发展及其对国际安全产生的影响的讨论与反思中,无论在国内还是国际层面,自主网络行动的问题仍有欠研究,如果说不是完全被忽视的话。LARS和LAWS吸引了主要关切,但它们只能代表人工智能潜在军事用途中的很小一部分。

以下例证有助于说明这一点。在美国国防部于2012年发布,并于2017年更新的《关于"武器系统的自主性"的第3000.09号指令》(the US Department of Defense Directive 3000.09 on 'Autonomy in Weapon Systems')中,特别将自主网络行动排除在其适用范围之外:

> 本指令[……]不适用于网络空间行动的自动或半自动(semi-autonomous)系统,非武装的无人驾驶平台,非制导弹药,由操作人员手动

---

[237] Alessandro Guarino, 'Autonomous Cyber Weapons No Longer Science-Fiction', Engineering and Technology (12 August 2013) https://candt.thcict.org/content/articles/2013/08/autonomous-cyber-weapons-no-longer-science-fiction/.

[238] Discourse of the French minister of defence, Florence Parly, Stratégie cyber des Armées, delivered in Paris on 18 January 2019, available at www.defense.gouv.fr/content/download/551517/9394183/20190118%20-%20Stratégie%20cyber%20des%20Armées.pdf. 同日,法国国防部部长详细介绍了法国战略。

[239] France, Ministry of Defence, 'Politique ministérielle de lutte informatique défensive' (Ministère des Armées, COMCYBER 2019) www.defense.gouv.fr/content/download/551563/9394730/Politique%20ministérielle%20de%20lutte%20informatique%20DEFENSIVE.pdf; France, Ministry of Defence, 'Éléments publics de doctrine militaire de lute informatique offensive' (Ministère des Armées, COMCYBER 2019) www.defense.gouv.fr/content/download/551555/9394645/Eléments%20publics%20de%20doctrine%20militaire%20de%20lutte%20informatique%20OFFENSIVE.pdf.

引导的弹药(例如激光或线导弹药),地雷,或未爆炸的爆炸性弹药。⑳

对此种适用范围上的限制,参与起草该指令的保罗·沙尔(Paul Scharre)评论如下:

> 这并不是因为我们在编写指令时认为自主网络武器不值得探究或无关紧要。而是因为我们知道,从官僚主义的角度来看,单单是制定一项围绕自主性的新政策就已经困难重重。如果还要把网络行动加进这一议程,将会使问题的复杂性成倍增加,这很可能使我们最终一无所获。㉑

这一理由虽然不无道理,但是同样极为重要的是,如何设法解决自主网络行动的发展及其对国际安全的影响。

如前所述,国际层面关于安全和自主系统的讨论主要集中于 LARS 和 LAWS,仅偶尔涉及自主网络系统。同样,国际层面——特别是联合国政府间专家组——就网络安全的讨论,也没有考虑到自主网络行动之发展可能产生的现实影响。

有两个原因使得讨论自主网络行动尤为重要和迫切。第一,与所谓的杀手机器人(killing robots)不同,自主网络行动正在逐渐成为现实。第二,也是更重要的理由是,由于互联网的特殊性,自主网络行动可能招致比 LAWS 和 LARS 更大的风险。在互联网上发布的自主网络系统有可能在几乎一瞬间,就能对全世界产生影响并进行自我复制。

4.3.2 自主网络系统的假想示例

下文将介绍用于防御或进攻目的的自主网络系统的假想示例。

在进攻性行动中,发起自主网络行动的操作人员需要确定最终目标和目的,但恶意软件可以自行决定实现该最终目标的方式,以及关于如何

---

⑳ United States,'Directive 3000.09 on Autonomy in Weapon Systems'(n 234),paragraph 2(b).

㉑ Paul Scharre,Army of None: Autonomous Weapons and the Future of War (W W Norton & Company 2018),Chapter 6.

感染、如何施加影响的具体步骤。例如,虽然Stuxnet并非自主网络行动,[22]但如果它具有自主行动的特性,那么操作人员将只需要定义最终目标:伊朗的离心机,接下来,恶意软件将自主进入侦察阶段,以确定哪些计算机网络和系统与目标相连,如何渗透这些计算机网络和系统,以及如果实施破坏或断开连接会引发何种后果。接着,软件将自主决定选择感染哪些计算机系统和网络作为其具体行动目标,以实现其最终目的。

防御性自主网络系统旨在检测对计算机系统的入侵,并通过对抗这些网络入侵来保护系统。有些防御性自主网络系统可能只在它们所保护的计算机系统或网络范围内运作;有些则可能对网络行动追踪溯源,并以施害者的计算机系统为反制目标。富士通(Fujitsu)为日本政府开发的一款软件就是这方面的例证。该软件旨在识别网络行动所使用的中介系统及行动来源,而后采取相应反制以使行动瘫痪。[23] 类似地,美国国家安全局据称正在实施一项代号MonsterMind的计划。据推测,该计划的最终成果可以通过监控和识别异常的互联网流量模式,自动响应网络操作,从而检测系统入侵情况,并切断已识别来源的网络行动的传入流量(incoming traffic)。[24]

进攻性和防御性自主网络系统的发展带来了若干问题,这些问题主要围绕溯源归因和责任承担,但也与遵守国际法有关。

4.3.3 将自主网络行动归因于发起国

下述问题已经具有现实意义,即网络行动的自主性是否会影响其归因于国家?答案是否定的。需要谨记,与我们从科幻小说中获得的想象不同的是,如果没有人为干预,自主网络行动就无法在网络空间的"阴影地带"施展。实际上,此类网络行动也由人类操作人员设计、编码和发起。因此,如果编码和启动自主网络行动的操作归因于某一国家,那么该计算机程序后续的自主行为也归因于该国。据此,一国应对其军队或网络安全公司在其指示、指挥或控制下发起的自主网络行动的行

---

[22] Guarino (n 236) 381.

[23] 参见下文第425页。

[24] James Bamford, 'Edward Snowden: The Untold Story', WIRED (August 2014) www.wired.com/2014/08/edward-snowden/.

为负责。

自主网络行动的归因问题,以及更普遍的责任和义务问题,引发激烈争论并见于相关文献。㉕ 网络行动的自主性并没有对行为归因于国家的法律适用提出挑战,至于行为归因于国家的具体法律问题,在前面两节中已有阐述。当然,该结论仅涉及国家责任法下的归因,而不影响民事和刑事责任问题。后一类问题已超出了本书研究范围,故不在分析之列。

4.3.4 围绕自主网络行动的法律问题

围绕自主武器系统争论的主要焦点之一是,国际人道法规定的相关义务是否能够得到遵守。㉖ 换言之,自主网络行动的操作人员能否将战争法转化成代码的形式,并上传到自主系统之中?虽然国际人道法并非本书拟讨论的范围,但这个问题确实引出了属于本书关注的一个广义话题,即自主网络行动遵守国际法的能力。

这一要求在防御性自主网络行动中尤为重要。防御性自主系统采取的行动,构成了受害国对施害国采取的自助措施。三种主要形式的自助——反报、反措施和自卫——都必须在特定的法律框架下实施。特别是由自主系统采取的、针对来犯网络行动的自助措施,应当符合比例性和

㉕ Geiß, The International-Law Dimension of Autonomous Weapons Systems (n 233) 20-23.

㉖ See, notably: Michael N Schmitt, 'Autonomous Weapon Systems and International Humanitarian Law: A Reply to the Critics' (Harvard Law School National Security Journal, 2012) http://harvardnsj.org/2013/02/autonomous-weapon-systems-and-international-humanitarian-law-a-reply-to-the-critics/; Michael N Schmitt and Jeffrey S Thurnher, 'Out of the Loop: Autonomous Weapon Systems and the Law of Armed Conflict' (2013) 4 *Harvard National Security Journal* 231; Tyler D Evans, 'At War with the Robots: Autonomous Weapon Systems and the Martens Clause' (2013) 41 *Hofstra Law Review* 231; Jeffrey S Thurnher, 'Examining Autonomous Weapon Systems from a Law of Armed Conflict Perspective' in Hitoshi Nasu and Robert McLaughlin (eds), *New Technologies and the Law of Armed Conflict* (TMC Asser 2014); Markus Wagner, 'The Dehumanization of International Humanitarian Law: Legal, Ethical, and Political Implications of Autonomous Weapon Systems' (2014) 47 *Vanderbilt Journal of Transnational Law* 1371; Kjølv Egeland, 'Lethal Autonomous Weapon Systems under International Humanitarian Law' (2016) 85 *Nordic Journal of International Law* 89.

必要性原则,[24]并根据来犯网络行动的具体特征和效果"量身定制"。有人可能会争辩,不可能对这些自主系统进行编程使其能够评估网络行动的合法性和强度,以使它们作出符合必要性和比例性要求的最恰当的应对措施。本书不同意这个观点。相反,本书认为自主系统编程在技术上具备可行性,不过这超出了目前研究的范围——技术的发展现状总是滞后于技术进步的步伐。

自主系统进行上述评估,应该首先确定入侵系统的网络行动是否合法。其次,评估必须确定网络行动烈度,以便决定从技术角度应该如何应对,以及从法律角度可以如何应对。实施这种评估可能存在困难,但并非不可能。

此处应该区分两种可能的应对形式:反制性网络行动(the counter cyber operation)是只发生在防御系统内,还是因为需要对在先的入侵行为进行追踪溯源而有必要对外国系统进行渗透。如果这些措施限于在被感染的计算机系统范围内实施,也即限于受自主系统保护的计算机系统内,那么为了应对入侵就可以采取任何形式的举措。相反,如果这些措施发生在该系统之外,对外国系统的任何入侵行为都可能构成对该国领土主权的侵犯。

在确定网络行动是否构成武装攻击从而触发自卫权时,对自主系统的评估可能更为复杂。根据现行的反战争法,构成武装攻击的网络行动理应造成物理损害。然而,自主网络系统似乎更难在没有人为干预的情况下评估此种损害。此外,即使一个自主系统意识到存在物理破坏,也可能难以评估其规模和强度,而这种评估对于调整反制性网络行动是十分必要的。

另一个重要的法律观察是,自主网络行动对一项国际法规范的违反是否存在可以排除不法性的事由。对于侵犯领土主权而言,这一点尤其重要。为了收集信息,一个进攻性的自主网络行动可能需要在侦察阶段感染若干与其目标相关的计算机系统。每一次对外国计算机系统的感染行为,都可能构成对该目标计算机系统所在国领土主权的侵犯。

与之相似,如果防御性自主网络行动在对初始来犯(initial operation)的网络行动进行追溯时,为了定位最初源头而侵入中介系统,这将同样违反领土主权原则。然而,负责防御性自主网络行动的国家可能会以危急情

---

[24] Guarino (n 236) 387.

况为这些侵入行为辩护。实际上,可能确有必要通过侵入系统来定位网络行动的来源,并最终阻却来犯的网络行动。此外,这些侵入系统的行动的强度可能非常低。例如,若可以证明反制性网络行动的侵入只是为了收集证据,以找到初始来犯网络行动所使用的后续节点,并且没有对中介系统施加任何进一步干预,那么在这种情况下,国家可以决定不将对其计算机系统的低烈度侵入定性为侵犯了本国主权。当然,最终只有通过未来的国家实践,才能确定国家是否将此类侵入定性为违反国际法,以及危急情况是否可以作为排除不法性的充分理由。

4.3.5　关于自主网络行动的小结

本节介绍了自主网络系统的当前发展和可能的未来部署。国际法并未禁止自主网络系统或行动,也没有对其作出具体规制。

正如本节所述,自主网络系统的相关内容可能会挑战本书其他部分所讨论的某些特定国际法规则。虽然这些现实挑战可能难以解决,但本书认为,无论在技术还是在法律上,回应这些挑战并非完全不可能。

4.4　关于网络行动归因于国家的国家实践

在关于网络行动归因于国家的讨论中,有必要考察正在发展中的国家实践。必须注意公开归因(public attribution)与其他方面归因之间的区别,本节重点讨论公开归因层面的国家实践。公开归因是指一国决定公开将网络行动归因于另一国或其他行为体。即使归因在事实上可以做到,一国也可能出于地缘政治背景等其他考虑,而不愿对网络行动进行公开归因。

在过去 10 年中,越来越多的国家公开将网络行动归因于其他国家。起初,此种公开归因多由单方面进行,但最近,一些国家开始推动联合归因(a joint attribution),以类集体(semi-collectively)的方式——在同一时间针对同一网络行动——和集体的方式(collectively)对网络行动进行归因。除了关于公开归因的实践之外(4.4.1),还存在归因向司法化方向发展(judicialisation of attribution)的实践(4.4.2)。这两个问题都将在本节得到讨论。

4.4.1 从单边归因到类集体和集体归因

公开将网络行动归因于另一国的国家实践曾经主要表现为单边实践。有趣的是,在既往的案例中,一国通常将网络行动归因于另一国,而不公开发布认定该国责任的证据。国际法学界似乎越来越多地要求在归因认定时应附上相应的支撑证据。

这一演化趋势已经体现在 UNGGE 2015 年报告的第 28(f)段中。[248] 此段与该报告的第 13(b)段合并,形成了得到联合国大会第七十三届会议通过的两项决议之一认可的"规则、规范和原则"之一,[249] 其内容如下:

> 各国必须就按照国际法归咎于它们的国际不法行为履行国际义务。但是,如果迹象表明信通技术活动由某国发起或源自其领土或信通技术基础设施,可能这件事本身并不足以将此活动归咎于该国。专家组指出,须经证实后才能对国家组织和实施不法行为提出指控。一旦发生信通技术事件,各国应考虑所有相关信息,包括所发生事件的更大背景,信通技术环境中归因方面的困难,以及后果的性质和范围。[250]

一些国家的实践也反映了这种演化倾向。例如,美国曾公开将 2014 年针对索尼影业的黑客攻击事件归因于朝鲜,而没有提供任何支撑性证据;但是在将 2016 年针对美国民主党委员会的黑客攻击事件归因于俄罗

---

[248] UNGA, 'Report of the Group of Governmental Experts on Developments in the Field of Information and Telecommunications in the Context of International Security' (22 July 2015) UN Doc A/70/174, para 28(f).

[249] 'Developments in the Field of Information and Telecommunications in the Context of International Security', UNGA Res 73/27 (11 December 2018) UN Doc A/RES/73/27; 'Advancing Responsible State Behaviour in Cyberspace in the Context of International Security', UNGA Res 73/266 (2 January 2019) UN Doc A/RES/73/266.

[250] UN Doc A/RES/73/27, para 1.2.

斯的指控中,美国同时公开了一份支撑性报告。㉕⁰

下文侧重于另一重要演化现象,即类集体归因和集体归因的发展,并将分析反映此种演化的国家实践的三个例子,即"WannaCry"事件、"NotPetya"事件,以及 2018 年 10 月 4 日针对多种行为的集体归因和类集体归因。

4.4.1.1 WannaCry 事件

"WannaCry"一般用于指代 2017 年 5 月使用 WannaCry 勒索软件加密蠕虫(也称为 WannaCrypt,WanaCrypt 0r,WCrypt 或 WCRY)的全球性勒索病毒活动。㉕² 该起事件中,施害者用 WannaCry 加密受感染系统上的数据,然后要求受害者以比特币加密货币支付赎金。

WannaCry 使用"永恒之蓝"(EternalBlue)漏洞利用工具获得访问权限,并使用双脉冲星(DoublePulsar)"后门"在目标系统中自动安装并执行。㉕³ 永恒之蓝漏洞利用工具系基于编号 CVE-2017-0144 的系统漏洞,㉕⁴ 它能影响各版本 Microsoft 操作系统上的 Windows 服务器消息块

㉕⁰ United States, 'Joint Analysis Report: GRIZZLY STEPPE-Russian Malicious Cyber Activity' (Department of Homeland Security and Federal Bureau of Investigation 2016) www.us-cert.gov/sites/default/files/publications/JAR_16-20296A_GRIZZLY%20STEPPE-2016-1229.pdf.

㉕² 各种别名被用于指代 WannaCry 勒索软件:'WORM_WCRY.A (Trend Micro) Ransom_WCRY.I (Trend Micro) Trojan.Ransom.WannaCryptor.H (BitDefender) Trojan/Win32.WannaCryptor (AhnLab) Ransom.Wannacry (Symantec) Trojan-Ransom.WannaCry (Ikarus) Win32/Exploit.CVE-2017-0147.A trojan (ESET) Win32/Filecoder.WannaCryptor.D trojan (ESET) Ransom-O (McAfee) Troj/RansomEMG (Sophos) Trojan horse FileCryptor.OYP (AVG) W32/Wanna.D! tr(Fortinet) WannaCry (other)'; see Microsoft, 'Ransom: Win32/WannaCrypt (Updated 10 January 2018)' (Windows Defender Security Intelligence, 12 May 2017) www.microsoft.com/en-us/wdsi/threats/malware-encyclopedia-description? Name=Ransom:Win32/WannaCrypt.

㉕³ 'Backdoor.Doublepulsar' (Symantec, 21 April 2017) www.symantec.com/security-center/writeup/2017-042122-0603-99.

㉕⁴ 'CVE-2017-0144' (Common Vulnerabilities and Exposures, 9 September 2016) https://cve.mitre.org/cgi-bin/cvename.cgi?name=CVE-2017-0144.

(SMB)协议。㉕ 有趣的是,永恒之蓝和双脉冲星都来自2016年8月13日由自称影子经纪人(the Shadow Brokers)的黑客团伙㉖组织的"方程式组织(Equation Group)网络武器拍卖",该次活动旨在拍卖从方程式组织偷来的漏洞利用工具。此前2015年2月,卡巴斯基(Kaspersky)曾确认过这些漏洞利用工具的存在,㉗并认为它们与美国国家安全局的特定入侵行动部门(Tailored Access Operations,TAO)相关。㉘ 最终,影子经纪人在2017年4月14日代号为"迷失东京"(lost in translation)的活动中将永恒之蓝和双脉冲星悉数公开,这也是他们第五次泄露方程式组织的

㉕ 对永恒之蓝和CVE-2017-0144漏洞的技术性的分析,可参见:'Vulnerability CVE-2017-0144 in SMB Exploited by WannaCryptor Ransomware to Spread over LAN', ESET Customer Advisory 2017-0010 (ESET 2017) https://support.eset.com/ca6443/?locale=en_US&viewlocale=en_US; Microsoft (n 252); Windows Defender Research, 'Analysis of the Shadow Brokers Release and Mitigation with Windows 10 Virtualization-Based Security' (Microsoft Secure, 16 June 2017) https://cloudblogs.microsoft.com/microsoftsecure/2017/06/16/analysis-of-the-shadow-brokers-release-and-mitigation-with-windows-10-virtualization-based-security/; Nadav Grossman, 'EternalBlue -Everything There Is to Know' (Check Point Research, 29 September 2017) https://research.checkpoint.com/eternalblue-everything-know/.

㉖ 'Equation Group-Cyber Weapons Auction' (Pastebin, 13 August 2016) http://pastebin.com/NDTU5kJQ.

㉗ Kaspersky Lab, 'Equation Group: Questions and Answers', Version 1.5 [Kaspersky Lab Global Research & Analysis Team (GReAT) February 2015] https://media.kasperskycontenthub.com/wp-content/uploads/sites/43/2018/03/08064459/Equation_group_questions_and_answers.pdf; Kaspersky Lab, 'Equation: The Death Star of Malware Galaxy'[Kaspersky Lab Global Research & Analysis Team (GReAT) February 2015] https://securelist.com/equation-the-death-star-of-malware-galaxy/68750/.

㉘ Robert McMillan, 'Group Claims to Have U.S. Government Hacking Tools for Sale', Wall Street Journal (16 August 2016) www.wsj.com/articles/group-claim-to-have-u-s-government-hacking-tools-for-sale-1471309022.

漏洞利用工具。㉕ 2017 年 3 月 14 日，在永恒之蓝和双脉冲星被公开泄露的前一个月，也即 WannaCry 爆发的前两个月，微软发布了 MS17-010 安全公告，㉖其中包含针对 WannaCry 使用的漏洞和影子经纪人发布的其他漏洞的补丁。这意味着 2017 年 5 月受 WannaCry 影响的系统不是最新版本，因为它们没有打上微软两个月前发布的补丁。至于为什么这些系统没有更新，则存在多种解释——例如，可能是因人为原因未及时更新系统，或者是因为系统运行定制的软件而难以对之更新。除 WannaCry 之外，永恒之蓝随后也被其他恶意软件所使用，其中包括 NotPetya。㉖

从 2017 年 5 月 12 日开始，WannaCry 被隐秘安装在曾被双脉冲星后门所感染的系统上，在 WannaCry 开始运行之前，双脉冲星的后门所感染的系统多达几十万台；㉖与此同时，WannaCry 也大量安装在通过永恒之蓝漏洞获得访问权限的系统上。一旦安装成功，WannaCry 就能够在系统上自动执行，搜索和加密 176 种不同的文件类型，并在文件名末端附加".WCRY"扩展名。随后，它会要求受害者在 3 天内支付 300 美元的比特

㉕ TheShadowBrokers,'Lost in Translation'（Steemit, 14 April 2017）https://steemit.com/shadowbrokers/@theshadowbrokers/lost-in-translation. See also: Dan Goodin,'NSALeaking Shadow Brokers Just Dumped Its Most Damaging Release Yet'（Ars Technica, 14 April 2017）https://arstechnica.com/information-technology/2017/04/nsa-leakingshadow-brokers-just-dumped-its-most-damaging-release-yet/; Dan Goodin,'Mysterious Microsoft Patch Killed 0-Days Released by NSA-Leaking Shadow Brokers'（Ars Technica, 15 April 2017）https://arstechnica.com/information-technology/2017/04/purported-shadow-brokers-0days-were-in-fact-killed-by-mysterious-patch/.

㉖ Microsoft,'Microsoft Security Bulletin MS17-010-Critical Security Update for Microsoft Windows SMB Server（4013389）'（Microsoft TechNet, 14 March 2017）https://technet. microsoft. com/en-us/library/security/ms17-010. aspx; Microsoft MSRC Team,'Customer Guidance for WannaCrypt Attacks'（Microsoft TechNet, 12 May 2017）https://blogs. technet. microsoft. com/msrc/2017/05/12/customer-guidance-for-wannacrypt-attacks/.

㉖ Andy Greenberg,'The Untold Story of NotPetya, the Most Devastating Cyberattack in History', WIRED（22 August 2018）www.wired.com/story/notpetya-cyberattack-ukraine-russia-code-crashed-the-world/.

㉖ Dan Goodin,'NSA Backdoor Detected on ＞55,000 Windows Boxes Can Now Be Remotely Removed',（Ars Technica, 25 April 2017）https://arstechnica.com/information-technology/2017/04/nsa-backdoor-detected-on-55000-windows-boxes-can-now-be-remotely-removed/.

币赎金,或在 7 天内支付 600 美元。㉖³ 在被感染系统屏幕上显示的勒索信息如下:

您只有 3 天时间支付赎金。否则,赎金将翻倍。如果您 7 天内不付款,您的文件将永远无法恢复。

利用 SMB 漏洞,WannaCry 可以在同一网段的网络中进行传播;此外,它也可以通过互联网传播。

值得注意,WannaCry 恶意软件执行的第一个动作是检查一个对应未经注册且未激活的域名的特定 URL。英国计算机安全研究人员马库斯·哈钦斯(Marcus Hutchins)——网络代号"MalwareTech"——率先发现,如果恶意软件发现该 URL 处于激活状态,它将自行终止。㉖⁴ 于是哈钦斯注册了该域名,希望将流量引导到旨在捕获和控制(hold)恶意流量(malicious traffic)的服务器环境中,这在网络安全技术上被称为"沉洞"(sinkhole)。㉖⁵ 虽然这无法恢复已被 WannaCry 恶意加密文件的系统,但可以阻止其对新系统的加密,从而为易受攻击的系统争取到一些时间来采取预防措施,以避免被 WannaCry 攻击。㉖⁶ 随后几天,WannaCry 的更新版本陆续发布,它使用了新的"kill switch"域名,但很快被其他研

㉖³ Symantec Security Response, 'What You Need to Know about the WannaCry Ransom ware' (Symantec Threat Intelligence, 23 October 2017) www.symantec.com/blogs/threat-intelligence/wannacry-ransomware-attack.

㉖⁴ Lily Hay Newman, 'How an Accidental "Kill Switch" Slowed Friday's Massive Ransom ware Attack', WIRED (13 May 2017) www.wired.com/2017/05/accidental-kill-switch-slowed-fridays-massive-ransomware-attack/.

㉖⁵ MalwareTech, 'How to Accidentally Stop a Global Cyber Attacks' (MalwareTech, 13 May 2017) www.malwaretech.com/2017/05/how-to-accidentally-stop-a-global-cyber-attacks.html.

㉖⁶ Newman (n 264).

究人员识别,后者还激活了这些域名。㉗

5月14日,WannaCry爆发3天后,欧洲刑警组织主任罗布·韦恩莱特(Rob Wainwright)说:"本事件的全球影响前所未见。最新统计显示,在至少150个国家有超过20万名受害者,这些受害者多为企业,其中包括了大型公司。"㉘ 受打击最大的受害者之一是英国国家医疗服务体系(the UK National Health Service)。㉙ WannaCry还感染并严重影响了Deutsche Bahn、FedEx、Nissan、Renault和Telefónica等公司以及大学和公共机构。㉚

从本书的角度来看,WannaCry事件存在两个有趣之处:一是关于被指控的施害国的责任。二是关于漏洞发现国的潜在责任,该国已经发现了漏洞,但却将它作为恶意工具供自身使用,而不是通知微软公司——否则,微软本可以就此更早地修补漏洞,并限制WannaCry造成的全球危机。这点将在本书后文展开。㉛

关于一国对WannaCry的责任问题,有几个国家将此次勒索软件活动归因于朝鲜。有意思的是,此种归因并非集体归因,而是一个类集体式的归因,因为每个国家都是单独,而非经协调地将WannaCry归因于

㉗ Joon Ian Wong, 'Just Two Domain Names Now Stand between the World and Global Ransomware Chaos' (Quartz, 15 May 2017) https://qz.com/983569/a-second-wave-of-wannacry-infections-has-been-halted-with-a-new-killswitch/; 'WannaCry-New KillSwitch, New Sinkhole' (Check Point Software Blog, 15 May 2017) https://blog.checkpoint.com/2017/05/15/wannacry-new-kill-switch-new-sinkhole/; David E Sanger, Sewell Chan and Mark Scott, 'Ransomware's Aftershocks Feared as U.S. Warns of Complexity', The New York Times (7 August 2018) www.nytimes.com/2017/05/14/world/europe/cyberattacks-hack-computers-monday.html.

㉘ 'Cyber Attack Hits 200,000 in at Least 150 Countries: Europol' (Reuters, 14 May 2017) www.reuters.com/article/us-cyber-attack-europol-idUSKCN18A0FX.

㉙ 'Investigation: WannaCry Cyber Attack and the NHS' (UK National Audit Office 2018) www.nao.org.uk/report/investigation-wannacry-cyber-attack-and-the-nhs/; United Kingdom, 'Cyber-Attack on the NHS', Thirty-Second Report of Session 2017-19' (House of Commons, Committee of Public Accounts 2018) https://publications.parliament.uk/pa/cm201719/cmselect/cmpubacc/787/787.pdf.

㉚ Sanger, Chan and Scott (n 267); Nicole Perlroth and David E Sanger, 'Hackers Hit Dozens of Countries Exploiting Stolen N.S.A. Tool', The New York Times (22 December 2017) www.nytimes.com/2017/05/12/world/europe/uk-national-health-service-cyberattack.html.

㉛ 参见下文第217—219页。

朝鲜。

2017年12月19日,时任美国总统特朗普任命的国土安全顾问托马斯·博塞特(Thomas P Bossert)在白宫召开新闻发布会,宣布:

> 经过仔细调查,美国正式公开将大规模的 WannaCry 网络攻击归因于朝鲜。我们并非轻率地作出这一指控,而是有证据支持,并且我们的伙伴和我们站在一起。其他政府和私营公司也赞同这一判断。英国、澳大利亚、加拿大、新西兰和日本认同我们的分析,他们与我们一起谴责朝鲜实施了 WannaCry。

> 一众商业团体也采取了行动。微软将攻击追溯到朝鲜政府的网络附属机构(cyber affiliates),安全社群(security community)的其他人员也贡献了他们的分析观点。㉒

英国方面,时任外交部部长的艾哈迈德勋爵声称:

> 经过评估,英国国家网络安全中心(National Cyber Security Centre)认为,代号为 Lazarus Group、来自朝鲜的行动者极有可能是 WannaCry 勒索软件活动的幕后黑手。就行动规模和破坏性而言,这是迄今对英国影响最大的勒索软件活动之一。㉓

㉒ Thomas P Bossert,'Press Briefing on the Attribution of the WannaCry Malware Attack to North Korea'(The White House,19 December 2017) www.whitehouse.gov/briefings-statements/press-briefing-on-the-attribution-of-the-wannacry-malware-attack-to-north-korea-121917/. See an interesting analysis of Bossert's statement in Jack Goldsmith,'The Strange WannaCry Attribution'(Lawfare,21 December 2017) www.lawfareblog.com/strange-wannacry-attribution. See also:Thomas P Bossert,'It's Official:North Korea Is behind WannaCry',Wall Street Journal (18 December 2017) www.wsj.com/articles/its-official-north-korea-is-behind-wannacry-1513642537;Ellen Nakashima and Philip Rucker,'U.S. Declares North Korea Carried out Massive WannaCry Cyberattack',Washington Post (19 December 2017) www.washingtonpost.com/world/national-security/us-set-to-declare-north-korea-carried-out-massive-wannacry-cyber-attack/2017/12/18/509deb1c-e446-11e7-a65d-1ac0fd7f097e_story.html.

㉓ 'Foreign Office Minister Condemns North Korean Actor for WannaCry Attacks'(UK Foreign & Commonwealth Office,19 December 2017) www.gov.uk/government/news/foreign-office-minister-condemns-north-korean-actor-for-wannacry-attacks.

事实上,在此前一个半月,英国安全部部长本·华莱士(Ben Wallace)在 BBC 的《今日(TODAY)》节目中就曾宣称:

> 对于这次攻击,我们坚信来自某一外国[……]我们尽可能地查证确定此事。显然,我无法谈论情报的细节,但很多网络安全社群和许多国家都认为朝鲜扮演了肇事者的角色。㉔

除美国和英国之外,澳大利亚也公开"谴责朝鲜今年 5 月使用 WannaCry 勒索软件攻击世界各地的企业和公共机构"㉕。加拿大通信安全局(Communications Security Establishment,CSE)的声明表达了更微妙的态度:

> 我们注意到,我们的盟友和合作伙伴围绕朝鲜在恶意软件 WannaCry 开发中承担的角色发表了多个声明。这与我们的判断一致。加拿大政府强烈反对利用网络空间实施肆无忌惮的破坏性犯罪活动。无论是个人抑或国家,使用 WannaCry 等恶意软件来勒索赎金、造成服务中断,都是不可接受的。㉖

美国时任总统特朗普任命的国土安全顾问于 2017 年 12 月 19 日的声明透露,日本和新西兰也将 WannaCry 归因于朝鲜。新西兰方面,新西兰政府通信安全局(Government Communications Security Bureau,GCSB)局长安德鲁·汉普顿(Andrew Hampton)于 2017 年 12 月 20 日在该局国家网络安全中心(National Cyber Security Centre,NCSC)的网站上发表声明,认为应将该行动归因于某些国家,但并未明确表态其是否也

㉔ Adam Withnall,'British Security Minister Says North Korea Was behind WannaCry Hack on NHS',The Independent (27 October 2017) www.independent.co.uk/news/uk/home-news/wannacry-malware-hack-nhs-report-cybercrime-north-korea-uk-ben-wallace-a8022491.html.

㉕ Australia,'Attributing the "WannaCry" Ransomware to Korea'(Australian Minister for Foreign Affairs,20 December 2017) https://foreignminister.gov.au/releases/Pages/2017/jb_mr_171220.aspx.

㉖ Canada,'CSE Statement on the Attribution of WannaCry Malware'[Communications Security Establishment (CSE) 2017] www.cse-cst.gc.ca/en/media/2017-12-19.

认为应将 WannaCry 归因于朝鲜：

> 来自包括美国和英国在内的一系列网络威胁分析报告，将 WannaCry 归因于朝鲜的网络威胁行动人员［……］我们支持我们的网络安全合作伙伴揭露这种不计后果的恶意网络行动。㉗

朝鲜民主主义人民共和国外交部发言人向朝鲜中央通讯社（Korean Central News Agency）发表的一份声明中否认了那些宣称朝鲜对 WannaCry 负有责任的指控：

> 美国正在煽动全球来对抗我们，他们强行将朝鲜民主主义人民共和国与最近引发国际社会强烈抗议的网络攻击事件相联系。美国是所有社会罪恶和全球网络犯罪的源头，并在没有任何鉴证（forensic evidence）证据的情况下无理指责朝鲜。这只能解释为美国在借机表达对朝鲜根深蒂固的反感。正如我们多次明确表示的那样，我们与网络攻击并无关联，我们也不认为有必要逐一回应美国的此类荒谬指控。但是，我们绝对不能容忍美国围绕网络攻击话题大做文章、径直指责我国的鲁莽行径。美国此举是严重的政治挑衅，目的是通过玷污和妖魔化朝鲜的国家形象，诱使国际社会与朝鲜形成对抗，其本质是因为朝鲜完成国家核力量的伟大事业将美国逼到墙角。美国此举也是对我们的制度和政治权力的直接挑战。美国试图将我们与网络攻击问题相联系的目的十分直白，因其执意要对我们作出最严厉的"制裁决议"。美国不满足于在核问题与"人权问题"上对朝鲜的纠缠，甚至也在网络问题上将朝鲜贴上"犯罪国"的标签，其主要是为了实现不可告人的意图，即制造对朝鲜进行制裁和向朝鲜施压的氛围［……］对于那些不合理地追随美国的脚步、执迷于参与反朝鲜阴谋的国家，我们也提出郑重警告。㉘

㉗ 'New Zealand Concerned at Korean Cyber Activity' (New Zealand, Government Communications Security Bureau, National Cyber Security Centre 2017) www.ncsc.govt.nz/newsroom/new-zealand-concerned-at-north-korean-cyber-activity/.

㉘ KCNA.kp, 'FM Spokesman Flails U.S. Anti-DPRK Moves over Cyber Issue' (KCNA Watch, 21 December 2017) https://kcnawatch.co/newstream/1513852222-173114421/fm-spokesman-flails-u-s-anti-dprk-moves-over-cyber-issue/.

至少就公开可获得的信息而言，某些国家对朝鲜的归因指控并没有辅以针对朝鲜的实际行动。有两个原因可以解释这一情况。一是因为这些作出归因指控的国家可能缺少针对朝鲜采取行动的选择空间。二是由于 WannaCry 的法律性质。这两个原因在本书后续将作进一步阐述。㉙

4.4.1.2　NotPetya

NotPetya 是指从 2017 年 6 月 27 日开始的一系列网络行动，其使用了 Petya 恶意软件的修改版本，主要针对乌克兰的系统和网络，但也波及其他国家。2017 年的 NotPetya 事件被认为是代表俄罗斯联邦针对乌克兰开展的一系列网络行动的组成部分，这个系列的网络行动还包括 2015 年针对乌克兰电网的网络行动。㉚

尽管 NotPetya 与 2016 年首次发现的加密勒索软件家族 Petya 恶意软件存在相似之处，但其与所有早期已知版本的 Petya 有明显差别，这就是我们为什么将其作为一个独立的恶意软件家族对待的原因。我们将它命名为 ExPetr（Notpetya，非官方名称），㉛其与 Petya 的主要区别之一在于它们的目标不同：Petya 是勒索软件，而 NotPetya 则是破坏性的。㉜

NotPetya 使用永恒之蓝漏洞利用工具获取目标系统的访问权限（类似于 WannaCry 和 EternalBromance 事例中的漏洞利用情形），㉝然后执

㉙　参见下文第 217—219 页。

㉚　Kim Zetter, 'Inside the Cunning, Unprecedented Hack of Ukraine's Power Grid', WIRED (3 March 2016) www.wired.com/2016/03/inside-cunning-unprecedented-hack-ukraines-power-grid/; Andy Greenberg, 'How an Entire Nation Became Russia's Test Lab for Cyberwar', WIRED (20 June 2017) www.wired.com/story/russian-hackers-attack-ukraine/.

㉛　Anton Ivanov and Orkhan Mamedov, 'ExPetr/Petya/NotPetya Is a Wiper, Not Ransomware' (Kaspersky Lab, 28 June 2017) https://securelist.com/expetrpetyanotpetya-is-a-wiper-not-ransomware/78902/.

㉜　Greenberg, 'The Untold Story of NotPetya' (n 261).

㉝　Kaspersky Lab (GReAT), 'Schroedinger's Pet(Ya)' (securelist.com, 27 June 2017) https://securelist.com/schroedingers-petya/78870/.

行Mimikatz内网渗透程序,其后BadRabbit勒索软件也使用了这一程序。[284] 如前所述,永恒之蓝漏洞利用工具是基于代码为CVE-2017-0144的漏洞,该漏洞影响多个版本微软Windows操作系统中的SMB协议。永恒之蓝由美国国家安全局开发,并于2017年4月被影子经纪人泄露。微软于2017年3月,即NotPetya启动前的4个月修补了被利用的漏洞。Mimikatz内网渗透程序则是一个Windows凭证转储开源程序(credential-dumping open-source program),用于提取存储在计算机内存(RAM)中的密码、哈希值、PIN和Kerberos票证。它最初是由本杰明·德尔皮(Benjamin Delpy)开发并作概念验证(Proof of Concept),[285]但其后即被用作Windows客户端的攻击工具。[286] 正如德尔皮所解释的,使用永恒之蓝,"你可以感染没有打补丁的计算机,然后你可以从这些计算机中获取密码(通过使用Mimikatz内网渗透程序)以感染其他已经打过补丁的计算机"。[287]因此,即使Windows系统打上了阻止永恒之蓝运行的补丁,但仍可能被NotPetya感染。

感染后,NotPetya恶意软件会等待10～60分钟,随后重新启动系统,再开始加密计算机NTFS分区中的主文件表(MFT)。MFT列出了存储在系统上的所有文件,包括它们的目录和元数据。此外,NTFS分区的MFT对于Windows操作系统实现正常功能也是至关重要的。同时,NotPetya会修改主引导记录(Master Boot Record,MBR),以向计算机用户显示要求通过比特币支付300美元赎金的信息。[288] 然而,根据多个渠道的消息,那些已经支付赎金的受害者也未能恢复他们的系统或数据,

---

[284] 关于BadRabbit恶意软件的介绍,可参见:CERT-FR,'Campagne de rançongiciel Bad Rabbit [CERTFR-2017-ALE-016]' [Agence nationale de la sécurité des systems d'information (ANSSI), 25 October 2017] www.cert.ssi.gouv.fr/alerte/CERTFR-2017-ALE-016/; Anton Ivanov, Orkhan Mamedov and Fedor Sinitsyn, 'Bad Rabbit Ransomware' (Kaspersky Lab, 24 October 2017) https://securelist.com/bad-rabbit-ransomware/82851/.

[285] Benjamin Delpy, 'Mimikatz' (Blog de Gentil Kiwi) http://blog.gentilkiwi.com/mimikatz.

[286] Andy Greenberg, 'He Perfected a Password-Hacking Tool-Then the Russians Came Calling', WIRED (9 November 2017) www.wired.com/story/how-mimikatz-became-go-to-hacker-tool/.

[287] Greenberg, 'The Untold Story of NotPetya' (n 261).

[288] Kaspersky Lab (GReAT), 'Schroedinger's Pet(Ya)' (n 283).

因为 NotPetya 的目标就是擦除计算机数据,而非勒索赎金。㉘⁹

会计软件 M.E.Doc 的开发者——乌克兰软件公司 Linkos 集团被认为是 NotPetya 的"零号患者"。㉙⁰ 事实上,普遍认为,NotPetya 正是通过 2017 年 6 月 27 日运行的 M.E.Doc 更新得以首次传播,而 M.E.Doc 软件在乌克兰被大量使用。㉙¹ Linkos 集团断然否认 NotPetya 的传播系因使用 M.E.Doc 导致。㉙²

从最初感染乌克兰开始,NotPetya 利用外国公司与它们在乌克兰的分支机构和商业伙伴之间的 VPN 连接传播到世界各地。㉙³ 例如,丹麦航运公司马士基是受 NotPetya 影响最大的受害者之一。根据安迪·格林伯格(Andy Greenberg)在《连线》杂志上对 NotPetya 事件的全面报道:

> 在那场流行病毒中,一次感染对马士基来说就已经是致命的:在乌克兰黑海沿岸港口城市敖德萨的一间办公室里,马士基乌克兰业务的一名财务高管要求 IT 管理员在一台电脑上安装会计软件 M.E.Doc。要使 NotPetya 发挥其传染能力,仅仅只需要这一个契机就够了。㉙⁴

首次感染病毒之后,NotPetya 即开始在马士基的全球系统中自我复

㉘⁹ Greenberg,'The Untold Story of NotPetya'(n 261);Ivanov and Mamedov(n 281);Sheera Frenkel,Mark Scott and Paul Mozur,'Mystery of Motive for a Ransomware Attack:Money,Mayhem or a Message?',The New York Times(28 June 2017)www.nytimes.com/2017/06/28/business/ramsonware-hackers-cybersecurity-petya-impact.html.

㉙⁰ Greenberg,'The Untold Story of NotPetya'(n 261).

㉙¹ Thomas Brewster,'Is This Ukrainian Company the Source of the "NotPetya" Ransomware Explosion?'(Forbes,27 June 2017)www.forbes.com/sites/thomasbrewster/2017/06/27/medoc-firm-blamed-for-ransomware-outbreak/;Urban Schrott,'TeleBots Are Back:Supply-Chain Attacks against Ukraine'(ESET Ireland,3 July 2017)https://blog.eset.ie/2017/07/03/telebots-are-back-supply-chain-attacks-against-ukraine/.

㉙² 'M.E.Doc Developer Signs Agreement with SBU on Countering Cyberattack Threats'(Interfax-Ukraine,12 July 2018)https://en.interfax.com.ua/news/general/517610.html.

㉙³ Schrott(n 291).

㉙⁴ Greenberg,'The Untold Story of NotPetya'(n 261).

制,导致该公司的计算机网络几乎完全瘫痪。㉙ 据估计,NotPetya 给马士基造成了近 3 亿美元的损失。NotPetya 影响了世界各地的许多公司、机构和其他行为体,如默克(Merck)制药公司(损失估计为 8.7 亿美元)、法国圣戈班(Saint-Gobain)建筑公司(损失估计为 3.84 亿美元)和蒙德勒兹(Mondelez)国际零食公司(损失估计为 1.88 亿美元)。㉖ NotPetya 在世界各地造成的损失合起来估计超过数十亿美元。㉗

斯洛伐克的一家网络安全公司 ESET 认为,NotPetya 的施害者正是 2015 年 12 月和 2016 年 12 月针对乌克兰能源部门开展网络行动的人,㉘ 2016 年 12 月针对乌克兰金融部门实施网络攻击的也是这一批人。㉙ 之所以得出这一评估结论,是因为这几起网络行动所使用的作案手法雷同,特别是它们都借助 BlackEnergy 恶意软件工具包和远程机器人恶意软件后门,使用 KillDisk 恶意软件,在受感染的磁盘上用特定的文件扩展名覆盖原文件,以及其他相似手法。㉚ ESET 将施害者称为"黑暗力量组织"(BlackEnergy group)"或"远程机器人组织"(TeleBots group),也有人将他们称为"沙虫"(Sandworm)。㉛

2017 年 7 月 1 日,乌克兰国家安全局(the Security Service of Ukraine,SBU)指责俄罗斯安全部门,声称:

㉙ Doug Olenick, 'NotPetya Attack Totally Destroyed Maersk's Computer Network:Chairman' (SC Media, 26 January 2018) www. scmagazine. com/home/security-news/ransomware/notpetya-attack-totally-destroyed-maersks-computer-network-chairman/.

㉖ Greenberg,'The Untold Story of NotPetya' (n 261).

㉗ Ellen Rosen, 'Manufacturers Remain Slow to Recognize Cybersecurity Risks', The New York Times (21 November 2018) www.nytimes.com/2018/11/21/business/manufacturers-remain-slow-to-recognize-cybersecurity-risk.html.

㉘ See supra 76-77.

㉙ Anton Cherepanov, 'The Rise of TeleBots:Analyzing Disruptive KillDisk Attacks' (ESET, WeLiveSecurity, 13 December 2016) www. welivesecurity. com/2016/12/13/risetelebots-analyzing-disruptive-killdisk-attacks/.

㉚ 同上;Schrott (n 291); Anton Cherepanov and Robert Lipovsky, 'New TeleBots Backdoor:First Evidence Linking Industroyer to NotPetya' (ESET, WeLiveSecurity, 11 October 2018) www. welivesecurity. com/2018/10/11/new-telebots-backdoor-linking-industroyer-notpetya/.

㉛ Cherepanov (n 300);Greenberg,'The Untold Story of NotPetya' (n 261).

现有数据——包括与国际反病毒公司合作获得的数据——使我们有理由相信,这些攻击系由同一黑客团体所为。它们在 2016 年 12 月通过"远程机器人组织"和"黑暗力量组织"攻击了乌克兰的金融系统、交通和能源设施[……]这能证明俄罗斯联邦特工部门(the Special Services of Russian Federation)参与了这次袭击。㉚

然而,俄罗斯否认参与这些行动,并控诉"这一揽子指控毫无根据"。㉛

2018 年 2 月 15 日,英国和美国将 NotPetya 归因于俄罗斯联邦。有趣的是,英国政府网站发布的新闻稿中包含一份"编者按",指出:

> 英国国家网络安全中心评估认为,几乎可以肯定俄罗斯军方应对 2017 年 6 月 NotPetya 的破坏性网络攻击负责。结合这一评估结论的高可信度以及更全面的背景来看,英国政府已作出判断,即俄罗斯政府需要对此次网络攻击负责。㉜

该"编者按"强调,英国政府的归因不仅基于技术证据,还综合考虑了更全面的背景。美国方面的归因则主要是在白宫网站上发表的简短声明:

> 2017 年 6 月,俄罗斯军方发起了历史上最具破坏性、代价最为惨重的网络攻击。此次被称为"NotPetya"的攻击迅速蔓延至全球,在欧洲、亚洲和美洲造成数十亿美元的损失。这是克里姆林宫破坏乌克兰稳定的持续性行动的一部分,此事件也更加清晰地表明俄罗斯参与了这一仍在进行中的冲突。此次冒进且不分皂白的网络攻

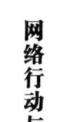

㉚ Pavel Polityuk, 'Ukraine Points Finger at Russian Security Services in Recent Cyber Attack' (Reuters, 1 July 2017) www.reuters.com/article/us-cyber-attack-ukraine-idUSKBN19M39P.

㉛ 同上注。

㉜ United Kingdom, 'Foreign Office Minister Condemns Russia for NotPetya Attacks' (Foreign & Commonwealth Office 2018) www.gov.uk/government/news/foreign-office-minister-condemns-russia-for-notpetya-attacks.

击,将产生诸多国际后果。⑤

值得注意,尽管英国外交部网络安全部长(British Foreign Office Minister for Cyber Security)认定"本次攻击事件表现出施害者对乌克兰主权的持续漠视"⑥,但英国、美国和乌克兰并未依据国际法对 NotPetya 的合法性——或者更准确地说是非法性——进行定性。NotPetya 的合法性问题留待本书后续讨论。⑦

4.4.1.3 对网络行动的首次集体归因

2018 年 10 月 4 日,英国和荷兰通过其时任首相特蕾莎·梅(Theresa May)和马克·吕特(Mark Rutte)发表联合声明,作出首次集体归因,宣称:

> 基于今天曝光的行动,我们进一步揭露了俄罗斯军事情报机构(Russian military intelligence service)GRU 开展的令人无法接受的网络活动。GRU 的行动目标是世界各地的机构,包括位于海牙的禁止化学武器组织(Organization for the Prohibition of Chemical Weapons,OPCW)。

这种试图侵入致力于禁止世界化学武器国际组织的安全系统的行为表明,GRU 全然不顾那些保障我们所有人安全的全球价值观和规则。

GRU 的冒进行动包括破坏性的网络活动和对非法神经毒剂(illegal nerve agents)的使用,正如我们在索尔兹伯里(Salisbury)看到的那样。那次袭击造成四人重伤,一名妇女死亡。

我们今天的行动重申了来自国际社会的明确信息:我们将维护以规

---

⑤ United States, 'Statement from the Press Secretary' (The White House, 15 February 2018) www.whitehouse.gov/briefings-statements/statement-press-secretary-25/. A month before, it was reported that the CIA considered the Russian intelligence service GRU to be responsible for NotPetya: Ellen Nakashima, 'Russian Military Was behind "NotPetya" Cyberattack in Ukraine, CIA Concludes', Washington Post (12 January 2018) www.washingtonpost.com/world/national-security/russian-military-was-behind-notpetya-cyberattack-in-ukraine-cia-concludes/2018/01/12/048d8506-f7ca-11e7-b34a-b85626af34ef_story.html.

⑥ United Kingdom (n 304).

⑦ 参见下文第 217—219 页。

则为基础的国际体系,并保护国际机构免受侵害。⑧

在这份联合声明中,他们先将若干行动归咎于GRU,进而归因于俄罗斯联邦;但至于涉及的是哪些具体行动,他们却保持了相对模棱两可的态度。同一天,这两个国家又各自发表了单独声明,详细说明了各自认定的归因内容。⑨ 在这次集体归因的同时,另外四个国家——澳大利亚、

---

⑧ Netherlands,'Joint Statement by Prime Minister May and Prime Minister Rutte on Cyber Activities of the Russian Military Intelligence Service, the GRU'(Government of the Netherlands,4 October 2018) www.government.nl/latest/news/2018/10/04/joint-statement-by-prime-minister-may-and-prime-minister-rutte-on-cyber-activities-of-the-russian-military-intelligence-service-the-gru; UK,'Joint Statement from Prime Minister May and Prime Minister Rutte'(GOV.UK,4 October 2018) www.gov.uk/government/news/joint-statement-from-prime-minister-may-and-prime-minister-rutte.

⑨ For the Netherlands:'Letter of 4 October 2018 from the Minister of Defence Ank Bijleveld-Schouten, Minister of Foreign Affairs Stef Blok and Minister of Justice and Security Ferdinand Grapperhaus, to the House of Representatives, regarding the disruption of a GRU cyber operation in The Hague'(Ministry of Defence of the Netherlands,4 October 2018) www.defensie.nl/downloads/kamerstukken/2018/10/04/letter-to-the-house-of-representatives-regarding-disruption-of-a-gru-cyber-operation-in-the-hague;'Netherlands Defence Intelligence and Security Service Disrupts Russian Cyber Operation Targeting OPCW-News Item-Defensie.Nl'(Ministry of Defence of the Netherlands,4 October 2018) https://english.defensie.nl/latest/news/2018/10/04/netherlands-defence-intelligence-and-security-service-disrupts-russian-cyber-operation-targeting-opcw;'GRU Close Access Cyber Operation against OPCW'(Ministry of Defence of the Netherlands,4 October 2018) https://english.defensie.nl/downloads/publications/2018/10/04/gru-close-access-cyber-operation-against-opcw. For the United Kingdom:'Reckless Campaign of Cyber Attacks by Russian Military Intelligence Service Exposed'(UK National Cyber Security Centre,4 October 2018) www.ncsc.gov.uk/news/reckless-campaign-cyber-attacks-russian-military-intelligenceservice-exposed;'UK Exposes Russian Cyber Attacks'(GOV.UK,4 October 2018) www.gov.uk/government/news/uk-exposes-russian-cyber-attacks.

⑩ Australia,'Attribution of a Pattern of Malicious Cyber Activity to Russia'(Prime Minister of Australia,4 October 2018) www.pm.gov.au/media/attribution-pattern-malicious-cyber-activity-russia; Australia,'Statement'(Australian Minister for Foreign Affairs,5 October 2018) https://foreignminister.gov.au/releases/Pages/2018/mp_mr_181005.aspx.

加拿大、⑪新西兰⑫和美国——也以类集体的方式对俄罗斯联邦作出了归因指控。例如美国就在同一天提出指控,认为被怀疑是 GRU 特工的七人涉及网络行动和虚假信息行动。⑬

除了这些集体和类集体归因,包括法国、⑭欧盟⑮和北约⑯在内的多个国家和国际组织也发表了支持性声明,但并未将任何行动归因于 GRU。俄罗斯联邦发表了多份驳斥这些归因的说明。⑰

耐人寻味的是,不同于通常情况下集中于一次网络行动的归因,上述归因针对的是一系列行动,包括:BadRabbit 事件,对美国民主党委员会

---

⑪ Canada,'Canada Identifies Malicious Cyber-Activity by Russia'(Global Affairs Canada,4 October 2018) www.canada.ca/en/global-affairs/news/2018/10/canada-identifies-malicious-cyber-activity-by-russia.html.

⑫ New Zealand,'Malicious Cyber Activity Attributed to Russia'(The Government Communications Security Bureau (GCSB) of New Zealand,4 October 2018) www.gcsb.govt.nz/news/malicious-cyber-activity-attributed-to-russia/ .

⑬ US Department of Justice,'U.S. Charges Russian GRU Officers with International Hacking and Related Influence and Disinformation Operations'(US Department of Justice,4 October 2018) www.justice.gov/opa/pr/us-charges-russian-gru-officers-international-hacking-and-related-influence-and.

⑭ France,Ministry for Europe and Foreign Affairs,'Royaume-Uni-Cyberattaques (04.10.2018)'(France Diplomatie:Ministère de l'Europe et des Affaires étrangères,4 October 2018) www.diplomatie.gouv.fr/fr/dossiers-pays/royaume-uni/evenements/article/royaume-uni-cyberattaques-04-10-2018.

⑮ European Union,'Joint Statement by Presidents Tusk and Juncker and High Representative Mogherini on Russian Cyber Attacks'(European Council,Council of the European Union,4 October 2018) www.consilium.europa.eu/en/press/press-releases/2018/10/04/joint-statement-by-presidents-tusk-and-juncker-and-high-representative-mogherini/# .

⑯ NATO,'Statement by NATO Secretary General Jens Stoltenberg on Russian Cyber Attacks'(NATO,4 October 2018) www.nato.int/cps/en/natohq/news_158911.htm.

⑰ Russian Federation,'Comment by the Information and Press Department on the Accusations against Russia by the Dutch Defence Ministry'(Ministry of Foreign Affairs of the Russian Federation,4 October 2018) www.mid.ru/foreign_policy/news/-/asset_publisher/cKNonkJE02Bw/content/id/3367418? p_p_id = 101_INSTANCE_cKNonkJE02Bw&_101_INSTANCE_cKNonkJE02Bw_languageId=en_GB; Russian Federation,'Comment by Deputy Foreign Minister Sergey Ryabkov on New Anti-Russia Accusations in the US'(Ministry of Foreign Affairs of the Russian Federation,4 October 2018) www.mid.ru/foreign_policy/news/-/asset_publisher/cKNonkJE02Bw/content/id/3367443.

的黑客攻击,对世界反兴奋剂机构(the World Anti Doping Agency)的黑客攻击,对加拿大体育道德中心(Canadian Centre for Ethics in Sport)的黑客攻击,对禁止化学武器组织的侵入企图,对英国国防和科学技术实验室的侵入企图,以及对英国外交和联邦事务部(UK Foreign and Commonwealth Office)的侵入企图。此外,澳大利亚和荷兰还提及它们在2018年5月25日作出的联合归因,当时它们要求俄罗斯对马来西亚航空公司MH17航班坠毁事件承担责任。㉛⁸ 关于上述归因的内容,本书提出两点评论意见:第一,并非所有国家对所有行动都作出了归因,每个国家归因的内容各有不同;第二,大多数国家还对那些它们并非受害者的行动作出了归因。例如,所有被归因的网络行动与新西兰均无直接干系,正如新西兰政府通信安全局在其声明中所澄清的那样:

> 新西兰的组织并未直接受到这些恶意网络活动的影响。但我们在新西兰也发现了一系列活动,这些活动的迹象表明其可能与俄罗斯国家行为体存在关联。㉛⁹

本书重点关注国际法,但值得注意,本次事件中大多数归因国没有提及国际法。英国国家网络安全中心的声明是一个例外,该声明指出:

> 这些攻击公然违反国际法,影响了包括俄罗斯在内的许多国家的公民,并使国民经济损失了数百万英镑[……]GRU的这些活动表明,其正在暗中破坏国际法和国际机构。㉜⁰

㉛⁸ Australia,'Holding Russia Responsible for Its Role in the Downing of MH17'(Australian Minister for Foreign Affairs, 25 May 2018) https://foreignminister.gov.au/releases/Pages/2018/jb_mr_180525c.aspx; Netherlands,'MH17: The Netherlands and Australia hold Russia responsible'(Government of the Netherlands, 25 May 2018) www.government.nl/latest/news/2018/05/25/mh17-the-netherlands-and-australia-hold-russia-responsible. See the analysis in Marko Milanović,'The Netherlands and Australia Attribute the Downing of MH17 to Russia'(EJIL:Talk!, 25 May 2018) www.ejiltalk.org/the-netherlands-and-australia-attribute-the-downing-of-mh17-to-russia/. On the downing of flight MH17, see *supra* 91-93.

㉛⁹ New Zealand (n 312).

㉜⁰ UK,'Reckless Campaign of Cyber Attacks by Russian Military Intelligence Service Exposed'(n 309).

澳大利亚的声明提及，"包括俄罗斯在内的国际社会已同意国际法和负责任的国家行为规范适用于网络空间"，俄罗斯的行为是对"那些其谈判促成的协议的公然无视"。[321]

然而，归因国作出的大多数声明对那些归因到 GRU 的事实特征含糊其词，对于这些事实的法律定性也未作阐发。

4.4.1.4 从集体归因到集体应对

类集体和集体归因的发展也必须结合集体应对（collective response）的发展来分析。

2017 年 6 月，欧盟成员国外交部部长决定批准制定"欧盟联合外交应对恶意网络活动的框架"，即所谓的"欧盟网络外交工具箱"（EU Cyber Diplomacy Toolbox）。[322] 欧盟及其成员国仍在努力完善这一联合框架，因此对于其内容和功能，我们所知的相关信息非常有限。然而，网络行动的公开归因似乎仍属于成员国的权限，而非欧盟的权限。在这一背景下，联合归因（joint attribution）的发展对于欧盟网络外交工具箱来说，既是机遇也是风险。机遇在于欧盟成员国的联合归因将促进联合应对框架的实施。风险在于欧盟成员国对网络行动的公开归因采取了非常多样化的方法，这可能会使未来实施该框架变得复杂。事实上，一些欧盟成员国，如法国，仍然没有对网络行动作出过公开归因；而其他国家，特别是英国和荷兰，已决定与非欧盟国家一起开展联合归因。后一种情形对欧盟在该问题上形成强有力的声音造成特别挑战，而这也会影响针对网络行动的联合应对框架的发展。

在考虑潜在的集体应对时，需要注意，国际法允许集体自卫，但禁止集体反措施，本书后文将具体阐述。[323] 这在网络领域具有重要影响：因为大多数网络行动处于武装攻击门槛线下，只能以反措施应对。在这种情况下，受害国只能由其自身作出应对，而不能进行集体应对。然而，受害国可以接受第三国的援助和协助，同时第三国的这些援助和协助本身不

---

[321] Australia, 'Attribution of a Pattern of Malicious Cyber Activity to Russia' (n 310).

[322] Council of the European Union, 'Draft Council Conclusions on a Framework for a Joint EU Diplomatic Response to Malicious Cyber Activities' ('Cyber Diplomacy Toolbox')-Adoption (7 June 2017) 7923/2/17 REV 2.

[323] 关于集体自卫与反措施，分别参见后文第 10.3.1 小节 "属人管辖的要求" 和第 10.2.4.2 小节 "实施反措施的第三国"。

构成反措施。㉔

4.4.2 归因的司法化

一国通常采用声明的形式将某些行为归因于另一国。然而,在网络行动的背景下出现了另一种做法,尤其是在美国。根据这种做法,一国会对网络行动来源国的特定代理人提出指控,从而间接地将该案涉及的网络行动归因于该来源国。这种"司法化的归因"(judicialised attribution)可以单独进行,也可以与其他形式的归因一并作出。

WannaCry 提供了一个很好的实例。美国将 WannaCry 归因于朝鲜。2017 年 12 月 19 日,时任美国总统特朗普的国土安全顾问托马斯·博塞特(Thomas P Bossert)在白宫举行的新闻发布会上公布了这一公开指控。㉕ 2018 年 9 月 6 日,美国司法部宣布对朝鲜公民朴振赫(Park Jin Hyok)提出正式控诉,控告他参与了多起恶意网络活动,包括索尼影业娱乐公司遭遇的黑客攻击,孟加拉国中央银行网络盗窃以及 WannaCry 事件。㉖ 此项控诉称,朴振赫是由政府资助的黑客组织"Lazarus Group"中的一名成员,并为朝鲜政府控制的影子公司(front company)——朝鲜博览会合资企业(Chosun Expo Joint Venture)工作,背地里为朝鲜政府的恶意网络行动提供支持。㉗ 同一天,美国财政部外国资产控制办公室(The Treasury's Office of Foreign Assets Control,OFAC)宣布针对"与

㉔ 关于提供援助与协助的法律后果,参见后文第 10.2.4.2.A 小节"声援性措施"。

㉕ Bossert, 'Press Briefing on the Attribution of the WannaCry Malware Attack to North Korea' (n 272).

㉖ United States Department of Justice, 'United States of America v. Park Jin Hyok' (Criminal Complaint before the US District Court for the Central District of California, case MJ18-1479 2018) www.justice.gov/opa/press-release/file/1092091/download. See also David E Sanger and Katie Benner, 'U.S. Accuses North Korea of Plot to Hurt Economy as Spy Is Charged in Sony Hack', The New York Times (1 November 2018) www.nytimes.com/2018/09/06/us/politics/north-korea-sony-hack-wannacry-indictment.html.

㉗ United States, 'North Korean Regime-Backed Programmer Charged with Conspiracy to Conduct Multiple Cyber Attacks and Intrusions' (US Department of Justice, Press Release 18-1452 2018) www.justice.gov/opa/pr/north-korean-regime-backed-programmer-charged-conspiracy-conduct-multiple-cyber-attacks-and.

朝鲜政府的恶意网络活动有关的某一实体和某一个人"实施新制裁,这个相关实体和个人所指的正是朝鲜博览会合资企业和朴振赫。[128]

据信,朴振赫身在朝鲜,但美国联邦调查局已对他发出搜查令(a search warrant)。[129] 然而,他前往美国或任何可将他引渡至美国的其他国家的可能性很小,因此他不太可能切实面临指控。基于同样的原因,财政部针对他所采取的制裁措施效果也十分有限,因为他的大部分资产可能都位于朝鲜境内。

在其他网络行动案件中,针对他们认为涉嫌代表伊朗、朝鲜和俄罗斯等国实施网络行动的代理人,美国也都提出了缺席指控。此种做法既有利于归因,也有利于实施制裁。

网络行动的公开归因提供了一种新的工具来传达归因的意思表示,它在形式上更为具体,而且不那么政治化。如本书所述,国家作为一个抽象实体,无法自行展开行动,对国家的归因主要是一个法律和政治过程。归因的司法化使归因过程得以去政治化,如此,归因过程将根据国内法而非国际法,争议问题将聚焦于可用证据以及涉案个人行为的合法性。在当前的国际背景下,最后这一点也非常重要,因为关于国际法的可适用性虽已形成普遍共识,但此共识尚未延伸到对可适用规范如何解释这一层面,事实上这类问题正面临一定程度的争议。将归因框定在国内法律体系中,就可以避免关于国际法规范如何适用的争论。

司法化也为国家的制裁政策提供了重要支撑。事实上,制裁并非针对被指控承担网络行动责任的国家,而是针对已查明身份和被定罪的个人以及实体。

概言之,对被指控的国家代理人提出控诉是一个耐人寻味的手段,这既可以向责任国释放信号,又避免对其进行直接点明羞辱。

4.4.3　关于归因问题的国家实践的小结

本节表明,一个或多个国家将网络行动归因于另一国时,可能采用多

---

[128] United States, 'Treasury Targets North Korea for Multiple Cyber-Attacks' (US Department of the Treasury 2018) home.treasury.gov/news/press-releases/sm473.

[129] United States, 'Park Jin Hyok' (Federal Bureau of Investigation (Most Wanted)) www.fbi.gov/wanted/cyber/park-jin-hyok.

种形式。需要强调,各国正在寻求通过集体归因和提供佐证证据等方式,来支持和增强其公开归因。

国家公开将网络行动归因于其他国家可能会产生超出国家间外交意义之外的后果。据报道,NotPetya 的两名受害者,Mondelez 国际公司和律师事务所 DLA Piper,基于保险单中的"战争排除"(war exclusion)条款,被各自的保险公司拒绝理赔其受到的与 NotPetya 相关的损失。[330] 一些国家作出的公开归因似乎导致保险公司不将 NotPetya 视为保险单涵盖的网络安全事件,而将其视为"在和平或战争期间出现的敌对或带有战争危险的(warlike)行为"。人们不禁会问,此类情形如果在国家司法机关未决诉讼中得以确认,是否会影响一些国家在公开归因方面仍处在发展之中的国家实践。

4.5 关于将网络行动归因于国家的小结

本章分析了将网络行动归因于一国可适用的国际法。第一节聚焦国家机关实施的网络行动,包括法律上的国家机关、事实上的国家机关和经批准行使政府权力的实体。越来越多的国家参与网络行动并相应提升其网络能力,从而创设并发展了专门参与或致力于网络行动的国家机关。第二节聚焦第一节未能涵盖的非国家行为体实施的网络行为的归因。

在国家间网络行动中,私人行为体似乎发挥着重要作用。它们并不构成一个独特的类别,因为可能涉及的非国家行为体种类繁多,它们与国家的关系也多种多样。例如,这些非国家行为体可以是参与网络行动的私营公司,与国家签约执行部分网络行动的私营安保公司,以及与国家签约或在某些国家支持下独立行动的个人和团体。正因为这些多样化关系的存在,使得深入研究国家责任法变得尤为必要,特别是在处理归因问题时。对非国家行为体的类别必须作出一项基本区分(summa divisio),即区分作为事实上的国家机关行事的私人行为体,和被授权行使政府权力的私人行为体,此二者又区别于其他类别的非国家行为体。属于第一类的非国家行为体的所有行动均归因于国家,即使它们是越权行为。对于其他非国家行为体的行为,如其既不作为事实上的机关,也不被批准行使政府权力,那么对其行为归因的判断就需要进行个案分析。只有其中的

---

[330] 参见下文第 388—390 页。

一部分行为可归因于国家,主要包括以下情况:在国家的指示、指挥或控制下;代替缺席或不存在的国家;通过叛乱运动,成为一个国家的新政府或产生一个新的国家;或得到国家事后认可。

因为在国家的指示、指挥或控制下实施的网络行动几乎可以适用于所有情形,故与国家归因最为相关。国际法院、前南问题国际法庭和国际法委员会采用不同的判断路径,这强调了一个事实,即归因标准往往是复杂且相互矛盾的。此外,该分析强调了在网络领域归因时存在的两种风险以及它们之间的紧张关系:一方面,使用过高的归因门槛将阻碍大多数网络行动的归因,因为网络空间使得以较低程度的组织实现行动协调成为可能;另一方面,过分降低归因门槛又会造成错误归因的风险。

总之,在归因问题上,关于国家责任的国际法似乎可适用于国家支持的网络行动。然而,在实践中,国家和司法机构必须保持审慎,因为分析网络领域的归因问题颇具挑战,并可能导致误判甚至是错误归因。

本章并未阐述国际组织的归因及其后果,但由此引出的重要问题值得另行研究。㉛ 当今,国际组织是国际社会中的关键角色,其中一些组织在网络安全领域尤为活跃,如联合国(UN)、国际电联(ITU)、欧洲委员会(CoE)、上海合作组织(SCO)和北约(NATO)。㉜ 还有一些组织在发展其防御性和进攻性网络能力。国际组织发展的网络能力可能会导致网络行动归因于它们,正如在其他非网络领域的行为中曾发生的情况那样。㉝

㉛ 如引用所述(as mentioned in the introduction),本书没有介绍国际组织及其网络空间活动:参见前文第 1.2.2 小节"属人管辖范围:国家支持的网络行动"。

㉜ United Nations; International Telecommunications Union; Council of Europe; Shanghai Cooperation Organisation; North Atlantic Treaty Organization. See Yaroslav Radziwill, Cyber-Attacks and the Exploitable Imperfection of International Law (Brill & Martinus Nijhoff Publishers 2015) 266 et seq.

㉝ Jan Klabbers, 'Responsibility of States and International Organisations in the Context of Cyber Activities with Special Reference to NATO' in Katharina Ziolkowski (ed), Peacetime Regime for State Activities in Cyberspace: International Law, International Relations and Diplomacy (NATO Cooperative Cyber Defence Centre of Excellence (CCDCOE) 2013) 485-506.

长期以来,国际组织的责任一直是国际法中被忽视的主题。㉞ 20 世纪 60 年代与联合国在刚果的行动(UNUC)有关的责任问题,以及 1985 年国际锡业理事会(ITC)的破产,均凸显了明确建立国际组织的法律义务和责任的必要性。类似于国际法委员会在国家责任层面已作出的努力,其为国际组织的责任也开展了广泛的工作。2011 年,国际法委员会通过了关于《国际组织责任条款草案》(the Draft Articles on the Responsibility of International Organizations)的定稿。㉟

与确立国家责任的强制性要件类似,国际组织的责任也建立在两个相同的累积性要件之上:一是行为违反国际法义务;二是该违法行为必须可归因于国际组织。㊱ 国际法委员会《国际组织责任条款草案》的第二章涉及"将行为归因于国际组织"(第 6 条至第 9 条)。国际组织的机关或代理人在按照国际组织规则执行其职能时的作为或不作为,均归因于该国际组织。㊲ 某一国际组织的代理人受另一国际组织支配,如果该国际组织对该行为实施有效控制,则可归因于后者。㊳ 在这两种情况下,越权行为都可归因于该组织,条件是"机关或代理人以官方身份并在该组织的整

㉞ 关于国际组织的责任,可参见:'Amsterdam Center for International Law Symposium on Responsibility of International Organizations and of (Member) States' (2010) 7 International Organizations Law Review 9, 9-75; Matthias Hartwig, 'International Organizations or Institutions, Responsibility and Liability', Max Planck Encyclopedia of Public International Law (MPEPIL), https://opil.ouplaw.com/view/10.1093/law:epil/9780199231690/law-9780199231690-e509 (OUP 2011); Johannes Antonius Maria Klabbers and Åsa Wallendahl (eds), Research Handbook on the Law of International Organizations (Edward Elgar 2011); 'IOLR Forum ARIO' (2012) 9 International Organizations Law Review 1, 1-85; Maurizio Ragazzi (ed), Responsibility of International Organizations: Essays in Memory of Sir Ian Brownlie (Martinus Nijhoff Publishers 2013); Evelyne Lagrange, Jean-Marc Sorel and Valère Ndior, Droit des organisations internationales (LGDJ: Lextenso éditions 2013) 993-1068; Kristina Daugirdas, 'Reputation and the Responsibility of International Organizations' [2014] European Journal of International Law 991; Dan Sārūshī, Mesures de réparation et responsabilité à raison des actes des organisations internationales (Martinus Nijhoff Publishers 2014); Roberto Virzo, Ivan Ingravallo and Nicolaas Max Blokker (eds), Evolutions in the Law of International Organizations (2015).

㉟ 《国际组织责任条款草案》(国际法委员会 2011 年第六十三届会议通过,并作为委员会该届会议工作报告的一部分提交大会(A/66/10,第 87 段)。

㊱ 同上注,Article 4.

㊲ 同上注,Article 6.

㊳ 同上注,Article 7.

体职能范围内行事"。㉝ 最后,国际组织可以承认和接受任何行为作为其自身行为。㉞ 简言之,网络行动可以在两种情况下归因于国际组织:情况一,如果它是由该组织的机关或代理人实施的,或由另一个国际组织交由它支配的一个机关或代理人实施的,并以官方身份在其职能范围内行事;情况二,如果国际组织承认了网络行动,并接受该行动作为其自身行动。

迄今为止,虽然没有任何网络行动被公开归因于国际组织,但是那些参与维和行动和国际安全事务的国际组织,很可能在不久的将来会实施网络行动。

㉝ 同上注,Article 8.
㉞ 同上注,Article 9.

本编结论

本书的第一编讨论了网络行动的归因,主要聚焦归因的国际法维度,即确定实施或支持网络行动的国家。这是第4章的目标。为了在具体情境中分析对国家的归因,需要结合检视另外两个归因的子议题,即识别参与网络行动的机器和个人施害者。这是第2章的目标。本书的一个重要结论是,尽管它们之间密切相关,但归因的各个子议题仍然相互独立且各不相同。即使无法识别实施网络行动的计算机,有可能仍然可以对国家进行归因。因此,在任何确定网络行动源头的实践中,如果技术归因无法开展或推进艰难,也不妨碍对个人施害者或潜在支持国进行归因。在技术和网络领域之外,可以大量收集相关因素的信息,这有可能促成作出归因判断。

在讨论识别所涉机器和个人施害者的第2章与讨论归因于国家的第4章之间,第3章重点关注证据问题,并在技术和法律维度的归因问题上架起桥梁。

第一编的阐述支持了本书的主要结论:国际法并不是万能的。事实上,国际法规范并不能解决与网络行动相关的所有问题,在某些情况下,网络行动的受害者根据国际法无法获得任何救济。在专门讨论国家归因的一章中,前述关于国际法的一系列局限性展露无遗。许多由国家支持的网络行动似乎并非由国家机关本身实施,而是由代表国家行事的非国家行为体实施。在这种情况下,通过新技术尤其是互联网提供了多种方式实现网络行动的协调,而无须进行高程度的组织。事实上,怂恿非国家行为体进行网络行动所需的控制程度可能特别低。这挑战了关于归因问题的现行国际法,在评估一国对实施网络行动的团体所施加控制的程度时,需要考虑到这一点。国际法院、前南问题国际法庭和国际法委员会发展出的关于控制的标准和门槛,在大多数情况下可能显得过于严格,从而造成了各国得以协调实施网络行动,但却在一定程度上不受惩罚的局面。这一局面引发的问题是,在这种情况下是否有必要或至少可以设想降低法律上的归因门槛。然而同样重要的是,不可忽视将归因门槛设置得太低的风险,因为闸门一旦放开,归因的标准变得过于宽松,将会导致误解和错误归因,并最终成为影响国际网络空间和平与安全的不稳定因素。

网络行动与国际法

第二编　网络行动的合法性

本编主要关注国家支持的网络行动的合法性问题。其目的是分析国家支持的网络行动是否构成国际不法行为。国际不法行为是一项违反对国家有约束力的国际义务的行为,该违反可以是由于一项作为或者不作为,或两者的结合。①

第二编将分四章来讨论网络行动合法性的不同方面。前两章重点讨论网络行动可能违反的国际法规范,其中:第 5 章分析网络行动可能构成国际不法网络行为的情况,重点分析领土主权、不干涉和人权等规范;第 6 章讨论网络战争的门槛,并分析网络行动可以被视为使用或威胁使用武力的情况。第 7 章分析可以排除一项行为的不法性的情况,不法性无法排除的行为将构成责任国对国际义务的违反。最后,本编的最后一章即第 8 章,将重点阐述审慎原则。

---

① 关于"国家对国际不法行为的责任"的条款(国际法委员会 2001 年第五十三届会议通过,2001 年 12 月 12 日大会第 56/83 号决议附件,经 A/56/49 号文件修正(第一卷)/勘误 4),第 1 条。

5. 国际不法网络行为:网络行动违反国际法规范

网络行动与国际法

本章关注第二编的核心内容,分析网络行动可能构成国际不法行为的多种情况。本章中提出的第一个观点,也是第一编所讨论的,即国际法中不存在对网络行动的普遍禁止(5.1)。国家间网络行动本身不被国际法禁止,但通常构成不友好或敌对行为。尽管缺乏对网络行动的普遍禁止,但实施网络行动可能会违反具体的国际法规范。例如,侵入外国计算机系统的网络行动可能侵犯目标国家的主权,在某些情况下还可能违反不干涉原则。

本章重点关注国家支持的网络行动可能违反的国际法初级规范,即国家主权(5.3)、不干涉(5.4)和人权(5.5)。如果要对网络行动可能违反的所有国际法规范进行类型化分析,是存在困难的。因此,本章只集中讨论网络行动可能违反的主要规范,但不构成一项全面分析。

5.1 作为敌对行为或不友好行为的网络行动

国际法中不存在对网络行动的普遍禁止。讨论国家支持的网络行动的合法性时,可以类比国家支持的间谍活动的合法性。鉴于国际法中对这些行为没有普遍性的禁止规则,[①]每一国都被允许保有实施这些行为

---

① 然而,大多数国家根据其国内法对间谍活动进行处罚:Georg Kerschischnig,*Cyberthreats and International Law* (Eleven International Publishing 2012) 171.

的能力。② 各国之所以不太可能接受禁止网络行动的具体国际法规范，原因有二：第一，各国不希望其在这一灰色领域的行动能力受到法律的限制；③第二，网络行动是否具有敌对意图事实上很难区分。

有趣的是，《塔林手册2.0》并未以一般规则确认国际法下不存在对网络行动的普遍禁止；但是从其他规则中可以推断出这一层意思。例如，《塔林手册2.0》规则3明确：一国享有实施网络行动的自由。④ 这可以认为是基于不存在普遍禁止的直接推论。

虽然网络行动是合法的，但它们仍然可能构成敌对行为或不友好行为。⑤ 不友好行为可以定义为一国在不违反国际法的情况下对另一国造成不利、无视或无礼的行为，包括作为或不作为。不友好行为会被后一国认为是对良好关系的破坏。这种行为可能使两国相互关系更加复杂和困难，但不会产生任何法律后果。⑥

---

② 国家支持的网络行动的情况与国家支持的间谍活动的情况类似：没有普遍禁止，这种情况在未来也不太可能改变。每个国家都希望保留自己从事间谍活动的能力。比如，关于间谍活动的合法性Fabien Lafouasse, *L'espionnage dans le droit international* (Nouveau monde 2012) 30-31; Fabien Lafouasse, 'L'espionnage en droit international' (2001) 47 Annuaire français de droit international 63, *passim*; Christian Schaller, 'Spies', *Max Planck Encyclopedia of Public International Law* (MPEPIL), https://opil.ouplaw.com/view/10.1093/law: epil/9780199231690/law-9780199231690-e295 (OUP2015); Roger D Scott, 'Territorially Intrusive Intelligence Collection and International Law' (1999) 46 *Air Force Law Review* 217, 217-218.

③ Prosper Weil, 'Le droit international public en quête de son identité. Cours général de droit international public' (1992) 237 RCADI 9, 232("如果各国不受条约的约束，那往往是因为它们不打算在法律上受到约束")。

④ Michael N Schmitt and Liis Vihul (eds), *Tallinn Manual 2.0 on the International Law Applicable to Cyber Operations* (2nd edn, CUP 2017) 16, Rule 3 ("国家可以在其国际关系中自由开展网络活动，但须遵守任何与之相抵触的国际法规则")。

⑤ 间谍活动通常被认为是一种不友好的行为：Lafouasse, *L'espionnage dans le droit international* (n 2) 232-233; Robert Kovar and Gérard Cohen-Jonathan, 'L'espionnage en temps de paix' (1960) 6 Annuaire français de droit international 239, 252; National Council of Switzerland, 'Système d'interception des communications par satellite du Département fédéral de la defense, de la protection de la population et des sports (projet "Onyx")' (联邦议院管理委员会代表团的报告, Conseil national Suisse 2003) 1405.

⑥ Jean Salmon (ed), *Dictionnaire de droit international public* (Bruylant 2001) 28; Dagmar Richter, 'Unfriendly Act', *Max Planck Encyclopedia of Public International Law* (MPEPIL), https://opil.ouplaw.com/view/10.1093/law: epil/9780199231690/law-9780199231690-e423(OUP 2013) para 1.

在尼加拉瓜案中,国际法院明确表示国际法不禁止不友好行为;这种义务(避免作出不友好行为)当然可能在条约中明确规定,或者甚至可能作为必要的暗示在约文中出现;但是,作为习惯国际法的问题,目前尚不清楚各国实践是否能够证明这样一项影响深远的规则的存在。⑦

尽管如此,但从《联合国宪章》⑧第2条第2段和第33条以及《关于各国依联合国宪章建立友好关系及合作之国际法原则之宣言》中可以推断,对不友好行为有必要尽量避免:国际争端各当事国及其他国家应避免从事足使情势恶化致危及国际和平与安全之任何行动,并应按照联合国的宗旨与原则而行动。⑨ 然而,这些约文显然并不构成禁止不友好行为的法律义务。

各国经常将其他国家的现实行为或其潜在倾向定性为不友好行为。例如,将诺贝尔和平奖授予一位异见人士,可能会导致其母国认为属于不友好的行为;⑩俄罗斯将欧盟、瑞士和日本的制裁视为不友好行动;⑪2015年恐怖袭击之后,肯尼亚视澳大利亚、法国、英国和美国发布的旅行警告为不友好行为;⑫根据2015年希腊监狱改革议案,可能导致一些恐怖分子被释放,美国驻希腊大使当即宣称,如果萨瓦斯·希罗斯或者任何手上沾着美国外交官和美国代表团成员鲜血的人获释,都将被视为极不友好

---

⑦ Military and Paramilitary Activities in and against Nicaragua (Nicaragua v. United States of America) (Merits) [1986] ICJ Reports 14 136-137, para 273.

⑧ Richter (n 6) para 26.

⑨ 'Declaration on Principles of International Law concerning Friendly Relations and Cooperation among States in Accordance with the Charter of the United Nations', UNGA Res 2625 (XXV) (24 October 1970),103.

⑩ Tania Branigan and Reuters, 'Nobel Committee Warned Not to Award Peace Prize to Chinese Dissident', *The Guardian* (28 September 2010) www.theguardian.com/world/2010/sep/28/nobel-peace-prize-liu-xiaobo.

⑪ "俄罗斯称欧盟'不友好'制裁将阻碍两国关系"(Reuters,10 July 2014)www.reuters.com/article/2014/07/10/us-ukraine-crisis-sanctions-russia-idUSKBN0FF1A820140710;"俄罗斯称对瑞士的制裁是毫无根据的和不友好的"(Reuters,28 August 2014) www.reuters.com/article/2014/08/28/ukraine-crisis-russia-switzerland-idUSL5N0QY4PX20140828;"俄罗斯称对日本的制裁'不友好',损害两国关系(Reuters,29 July 2014) www.reuters.com/article/2014/07/29/us-ukraine-crisis-russia-japan-idUSKBN0FY0GN20140729.

⑫ "肯尼亚斥责英国和美国不友好的旅行警告"(Reuters,15 May 2014) www.reuters.com/article/2014/05/15/kenya-security-idUSL6N0O13S720140515.

的行为。⑬ 这些例子表明,不友好行为及其认定并不产生任何法律效力,但它们可能会对相关国家间的良好关系产生负面影响。将某项行为认定为不友好行为也可能是一种警告信号,表明其可能引起相关国家间的冲突升级。例如在2011年,伊朗警告其阿拉伯海湾邻国,如果他们提高石油产量来取代处于国际禁令之下的伊朗原油,将会被认为是不友好的行为。伊朗进一步表示,这些国家需要自担后果,因为他们"将是包括霍尔木兹海峡在内的地区发生的任何事情的罪魁祸首"。⑭

由于不友好行为是合法的,它们并不会产生实施反制——包括反措施或者自卫——的权利。但是,一项不友好行为的受害国可以实施反报,这意味着只能对施害国回以其他不友好行为。⑮ 达格玛·里希特(Dagmar Richter)认为:"由于反报是对先前不友好行为的反制措施,如果按照国际法执行,这些反报措施所内含的不友好的性质会因为先前存在的挑衅而变得师出有名或'正当化'。"⑯

然而,一国享有实施网络行动的自由并不意味着国家采取任何形式的网络行动都不被国际法所禁止,也不意味着它们都为国际法所允许。根据具体形式和引发后果,国家支持的网络行动可能违反不同的国际法规范,尤其是国家主权、不干涉原则或人权法。⑰ 网络行动的合法性有两

---

⑬ "美国担心希腊新法律可能减轻游击队员的刑期"(Reuters,20 April 2015)www.reuters.com/article/2015/04/20/us-eurozone-greece-prisons-idUSKBN0NB25E20150420.

⑭ "伊朗警告阿拉伯支持石油制裁的后果"(Reuters,15 January 2012)www.reuters.com/article/2012/01/15/us-iran-idUSTRE80E0OG20120115.

⑮ 参见后文第10.1节"反报"。See also, generally, on the recourse to measures of retorsion in information warfare: George K Walker, 'Information Warfare and Neutrality' (2000) 33 *Vanderbilt Journal of Transnational Law* 1079, 1125-1127; Yoram Dinstein, 'Computer Network Attacks and Self-Defense' (2002) 76 *International Law Studies* 99, 100-101.

⑯ Richter (n 6) para 7.

⑰ 类似的结论也适用于国家支持的间谍活动,包括网络间谍活动。国家特工人员在外国领土上进行的间谍活动侵犯了该国的主权。从这个意义上说,法比安·拉福塞(Fabien Lafouasse)关于间谍活动的论证也适用于网络行动:Lafouasse, 'L'espionnage en droit international' (n 2) 76; Lafouasse, *L'espionnage dans le droit international* (n 2) passim; Schaller (n 2) para 3.除了主权原则之外,它还可能构成对不干涉原则的违反: Quincy Wright, 'Espionage and the Doctrine of Non-Intervention in Internal Affairs' in Roland J Stanger (ed), *Essays on Espionage and International Law* (Ohio State University Press 1962).

种情况:第一,国家支持的网络行动本身可能构成不友好行为,但在国际法下是合法的;第二,特定的网络行动如果违反了具体的国际法规范,就可能是非法的。

就间谍活动而言,法比安·拉福塞认为,出于各国在此问题上的对等国际实践,一般不会认定间谍活动在国际法上具有非法性,通常只考虑其不友好性。[18] 那么对于国家支持的网络行动,是否也能作出类似的断言?现实情况是,在大多数事例中,所谓的国家支持的网络行动的合法性并未受到广泛质疑,主要是由于这些行动被认为发生在法律的"灰色地带",或者主要是置于使用武力的维度上进行检视。然而,本书认为,鉴于国家支持的网络行动的潜在重要性,未来对这一问题的回答很可能会有所变化。

本节试图指出,国家支持的网络行动更类似于不友好行动,它们本身并不违法。以下各节重点讨论网络行动因其实施的方式或造成的影响而可能违反的国际法主要规范。接下来的三节分别聚焦国家主权(5.3)、不干涉原则(5.4)和人权(5.5)。但在此之前,有必要先讨论网络间谍活动的合法性(5.2)。

5.2 网络间谍具体法律机制的缺失

在探讨网络间谍的合法性问题时,可以与间谍活动的合法性[19]以及网络行动的合法性相比较。前文述及,虽然国际法中不存在对网络间谍活动的普遍性禁止,但网络间谍行为可能违反国际法的具体规范。《塔林手册 2.0》的规则 32 亦持类似观点,该条指出:"尽管一国在和平时期从事网络间谍活动本身并不违反国际法,但其实施方法可能会违反国际法。"[20]然而,在规则 32 的评注中,国际专家们给出的解释令人费解,具体

---

[18] Lafouasse, *L'espionnage dans le droit international* (n 2) 236.

[19] 克里斯蒂夏勒分析了间谍活动的合法性,他说:"虽然没有专门的国际规范来遏制或规范间谍活动,但这种活动的固有性质使它们总是有与国际法下的某些原则相冲突的风险。"首先,间谍秘密侵入外国的领土,通常会干涉该国的主权,违反了禁止干预的规定[……]。此外,这种行为还可能违反特定的国际条约法。Schaller (n 2) para 3.

同样,瑞士国民委员会(议会)关于情报收集系统 ONYX 的报告指出了关于间谍活动的三种可能情况:第一,从被监视国的领土上进行拦截(侵犯被监视国的领土主权);第二,从间谍国境内进行拦截(不侵犯领土主权);第三,对公海、外层空间等国际空间进行拦截(不侵犯领土主权)。National Council of Switzerland (n 5) 1404-1405.

[20] Schmitt and Vihul (n 4) 168.

体现为以下两点：

第一，在体例上规则32隶属于《塔林手册2.0》第5章，该章主题是"本身不受国际法约束的网络行为"。㉑ 同在此章的另一条规则33明确，非国家行为体实施的网络行动仅在有限的情况下才受到国际法约束。㉒ 关于网络间谍规则的此种体例安排略显奇怪，这似乎表明网络行动的合法性将视其是否以网络间谍为目的而有所不同。换言之，网络间谍活动的合法性需要作单独评价，而为其他目的实施的网络行动则规定在《塔林手册2.0》的其他章节。

第二，规则32在字面上遵循了传统主流的解释方法，即尽管间谍活动未被普遍禁止，但其仍可能导致对具体国际法规范的违反。在该规则的评注中也明确诠释了这一点。㉓ 但是，规则32以及其他规则的部分评注似乎又采取了另一种非主流的方式，认为网络间谍活动不仅是未被普遍禁止，而且由于其系为间谍目的而实施，因此网络间谍活动始终合法。㉔ 换言之，这种方法倾向于将有关活动以间谍为目的，视为排除其不法性的一种情况。规则32评注中第8段和第9段提到的两个例子特别引人注目，特别是第二个：

> 8. 对于达到特定严重程度的远程网络间谍行为是否违反国际法，专家们无法达成共识。例如，一国未经同意远程访问另一国的军事网络系统，并持续窃取多达千兆的机密数据。多数专家认为，不论其严重性如何，窃取数据的行为并不违反国际法的禁止性规定。他们认为，其中的法律问题不在于严重性，而是采取的手段是否非法。个别专家认为，如果网络间谍行为的对象国遭受的后果在某种程度上足够严重（例如，窃取核发射代码），相关行动可构成对其主权的侵犯（规则4）。多数专家反对这一观点，认为该观点并不能反映现行法。
>
> 9. 专家们也无法就关闭访问网络间谍行动——如个人在一国的指挥或控制下（规则17），将USB闪存驱动器接入另一国境内计算机——的合法性达成一致。多数专家认为该活动构成侵犯主权，

㉑ 同上注168-176.
㉒ 同上注174，Rule 33.
㉓ 同上注172，commentary to Rule 32，para 12.
㉔ 同上注19，171-172，213，323.

并非因其涉及网络间谍,而是行为人在另一国领土上未经同意实施该行动。个别专家认为,该活动并不是非法的,并认为间谍行为是禁止侵犯主权(规则 4)和禁止干涉(规则 66)的例外。㉕

虽然评注的某些部分对这个问题含糊不清,但必须指出,《塔林手册 2.0》总体上遵循的是传统方法。

本书认为,网络间谍活动的合法性与其他网络行动的合法性并无不同:网络间谍活动未被普遍禁止,但实际实施网络行动可能违反国际法的具体规范。网络间谍行为除了违反本书所研究的一般国际公法规范,即领土主权、不干涉、使用武力和国际人权法之外,还可能违反外交领事法、国际贸易法、世界贸易组织法、知识产权法等特定国际法部门的规范。虽然这些问题在本书中没有涉及,但已有越来越多的文献在讨论它们。㉖

5.3 网络行动和领土主权

国家支持的网络行动可能侵犯目标国的领土主权。领土主权赋予各国对其土地、领土和附属物的完全的和排他的权力,这些权力及于内水、领海、群岛水域、上方空域和下方底土。㉗

网络行动的一个突出特点是其形式多样,因此不应将其简化为从施害国领土上实施网络间谍活动这一种情形。一国从另一国领土内大规模

㉕ 同上注 170-171,commentary to Rule 32,paras 8-9.

㉖ See, generally: Russell Buchan, *Cyber Espionage and International Law* (BloomsburyPublishing 2018); David P Fidler, 'Economic Cyber Espionage and International Law: Controversies Involving Government Acquisition of Trade Secrets through Cyber Technologies' (2013) 17 ASIL Insights www.asil.org/insights/volume/17/issue/10/economic-cyber-espionage-and-international-law-controversies-involving; Katharina Ziolkowski, '*Peacetime Cyber Espionage-New Tendencies in Public International Law*' in KatharinaZiolkowski (ed), *Peacetime Regime for State Activities in Cyberspace: International Law, International Relations and Diplomacy* (NATO Cooperative Cyber Defence Centre of Excellence (CCDCOE) 2013) 425-463.

㉗ Nicaragua (Merits) (n 7) 111, para 212; Ram Prakash Anand, 'Sovereign Equality of States in International Law' (1986) 197 RCADI 27; James Crawford, *Brownlie's Principles of Public International Law* (8th edn, OUP 2012) 201; Alain Pellet et al, *Droit international public* (8th edn, LGDJ 2009) 457, para 270.

收集数据的事例比较戏剧性,也极为吸引眼球,使我们以偏概全地误以为所有网络活动都是如此。换言之,有必要对不同形式的网络行动进行区分,逐项分析其合法性,而不是将它们混为一谈。例如,针对在施害国领土上传输的数据而实施的网络间谍活动并不侵犯目标国的领土主权;㉘然而这一结论不能扩展到所有的网络行动,尤其是当它们侵入位于目标国领土上的信息和通信技术(ICT)基础设施时。本节将分析和讨论可能侵犯国家主权的不同形式的网络行动(5.3.2),但在此之前,有必要先定义国家主权(5.3.1)。

5.3.1 定义领土主权

领土主权引申自主权原则,因此下文先引入国家主权(5.3.1.1),再转而讨论国家的领土主权(5.3.1.2)。

5.3.1.1 国家主权

国家即主权体。㉙ 詹姆斯·克劳福德指出,严格来说"主权国家"这一术语存在同义反复,因为用主权这个形容词修饰国家显得多余。国家仅因其为国家而自然享有主权身份。㉚ 主权意味着领土内的最高权力,这是国际法的基石性原则。主权在国际法的中心地位得到了国际法院的

㉘ 例如,欧洲人权法院肯定了这一点:"来自外国的信号由位于德国领土上的拦截站监测,收集的数据在德国使用。鉴于此,法院认为,申请人未能以一致推论的形式提供证据,证明德国当局在制定和实施战略监测措施时的行为方式干涉了其受国际公法保护的领土主权。" *Weber and Saravia v. Germany* (decision as to the admissibility) [2006] ECtHR Application No. 54934/00, Reports 2006-XI 309, 334, para 88. See also Johann-Christoph Woltag, *Cyber Warfare: Military Cross-Border Computer Network Operations under International Law* (Intersentia 2014) 118.

㉙ Arbitration Commission of the European Conference on Yugoslavia, Opinion No 1(1991), 92 ILR 165'("国家通常被定义为一个由领土和服从于有组织的政治权威的人口组成的共同体,这样的国家以主权为特征"); annexed to: Alain Pellet, 'The Opinions of the Badinter Arbitration Committee: A Second Breath for the Self-Determination of Peoples' (1992)3 European Journal of International Law 178, 182.

㉚ James Crawford, Chance, Order, Change: The Course of International Law: General Course on Public International Law (Ail-Pocket 2014) 86, para 87 (footnote omitted).值得注意的是,他在该书第 2 版的脚注中引用了他的博士论文:James Crawford, *The Creation of States in International Law* (2nd edn, Clarendon Press; OUP 2006) 32-33.

支持,后者认为"整个国际法都建立在主权的基础之上"。㉛

国家主权是 16 世纪晚期才发展起来的概念。1576 年,让·博丹在他的专著《国家六论》中将主权与君主个人分离开来。他将主权定义为一个共和国所拥有的绝对和永久的权力,㉜并坚持认为君主只对上帝负责。㉝ 经博丹概念化之后的现代主权出现于 16 世纪晚期,当时各国正寻求从教皇和神圣罗马帝国手中独立出来。主权也指一国内部的统治权力,这被一些欧洲君主用来为他们的专制提供辩护。

《威斯特伐利亚和约》㉞标志着平等主权国家体系的建立。主权意味着国家平等。1758 年,埃默尔·德·瓦特尔(Emer de Vattel)在一篇关于主权平等的文章中写道:"矮子和巨人一样都是人;同样的道理,一个小小的共和国与最强大的王国一样,都是主权国家。"㉟国际法院重申了国家的主权平等,将国家认定为"法律上平等、形式上类同并且……直接受制于国际法的政治实体"。㊱

第二次世界大战后,主权及其引申原则被庄严载入《联合国宪章》。《联合国宪章》第 2 条第 1 款规定:"本组织是以所有会员国主权平等的原则为基础的。"㊲此外《联合国宪章》还规定国家在领土内具有最高权力并

㉛　Nicaragua (Merits) (n 7) 133, para 263.

㉜　Jean Bodin, *Les six livres de la République* (Estienne Gamonet 1629) 122 ('La souveraineté est la puissance absolue et perpetuelle d'une Republique').

㉝　同上注,125.

㉞　《威斯特伐利亚和约》是 1648 年通过的一系列三个条约:1648 年 1 月 30 日荷兰共和国和西班牙王国签订的《明斯特条约》,1648 年 10 月 24 日神圣罗马帝国皇帝与法国及其各自的盟友签署的《明斯特和约》(Instrumentum Pacis Monasteriensis),以及神圣罗马帝国与瑞典以及各自的盟友之间的《奥斯纳布吕克和约》。

㉟　Emer de Vattel, *Le droit des gens, ou Principes de la loi naturelle, appliqués à la conduite et aux affaires des Nations et des Souverains*, vol Ⅰ (London 1758) 11, para 18 ('Un nain estaussi un homme qu'un géant: une petite république n'est pas moins un État souverain que le plus puissant royaume.'); translated in Emer de Vattel, *The Law of Nations, Or, Principles of the Law of Nature, Applied to the Conduct and Affairs of Nations and Sovereigns, with Three Early Essays on the Origin and Nature of Natural Law and on Luxury* (trans Béla Kapossy and Richard Whitmore, Liberty Fund 2008) 75.

㊱　Reparation for Injuries Suffered in the Service of the United Nations (Advisory Opinion) [1949] ICJ Reports 174, 177-178.

㊲　联合国会员国在"国家权利和义务宣言草案"联合国大会第 375(Ⅳ)号决议(1949 年 12 月 6 日)中也重申了这一点;《关于各国依联合国宪章建立友好关系及合作之国际法原则之宣言》,联合国大会第 2625(ⅩⅩⅤ)号决议(1970 年 10 月 24 日)。

且免受其他国家的干涉。㊳

在习惯国际法㊴中,关于主权的实在法概念是国际法最基本的原则之一。国际法是自愿和愿意受其约束的共存的独立国家的法律,而并非是这些国家普遍承认和接受的存在于其主权之上的更高权威。㊵ 国际常设法院在荷花号案的判决中正式确认:

> 国际法支配独立国家之间的关系。因此,对各国具有约束力的法律规则系基于各国的自由意志得以产生——这些自由意志体现在公约中,或被普遍接受为表示法律原则的惯例中;这些自由意志之得以确立,是为了调节这些共存的独立社会之间的关系,或者为了实现共同的目标。㊶

主权原则因为一系列引申推论而加强,包括一国对领土及其常住人口的管辖权,不干涉的义务,对受国际法约束之同意。其中两个引申推论将在下文重点说明:一是领土主权(5.3.1.2),以及其如何适用于网络空间和计算机网络(5.3.1.3);二是管辖权(5.3.1.4)。

5.3.1.2 领土主权

一国的领土主权延伸到其陆地领土、㊷内水、群岛水域、领海㊸——包括

㊳ UN Charter, Article 2, paragraphs 4 and 7.

㊴ 国际法院在尼加拉瓜显然肯定了主权的习惯国际法的价值(Merits)(n 7) 63, para 111.

㊵ Anand (n 27) 22.

㊶ The case of the SS 'Lotus' (1927) Series A, No 10, Collection of judgments (PCIJ) 18.

㊷ 关于国际法中领土概念的界定 see, generally: RY Jennings and Arthur Watts (eds), *Oppenheim's International Law*, vol Ⅰ (9th edn, Longman 1992) 563-717, Chapter 5; Malcolm N Shaw, 'Territory in International Law' (1982)13 *Netherlands Yearbook of International Law* 61; Pellet et al (n 27) 454-457; Crawford, *The Creation of States* (n 30) 46-52; Crawford, *Brownlie's Principles* (n 27) 203-253.

㊸ United Nations Convention on the Law of the Sea 1982 (adopted 10 December 1982, entered into force 16 November 1994) 1833 UNTS 3, 21 ILM 1261 (1982) [hereafter UNCLOS], Article 2. Any State benefits, however, from a right of 'innocent passage' in the territorial waters of other States: UNCLOS, Article 17 et seq.

海底和底土,以及这些区域之上的㊹空气空间。㊺ 领土主权赋予国家对其领土和附属物的完全和排他的权力。㊻ 它是国家主权的一个重要引申推论。㊼

在著名的帕尔马斯岛仲裁裁决中,马克斯·胡伯(Max Huber)强调了主权的领土维度:

> 主权在国家关系中意味着独立,独立指的是在地球上某个部分

㊹ Frontier Dispute (Bénin/Niger) (Judgment) [2005] ICJ Reports 90,142,para 124 ('边界代表国家主权区域之间的分界线,不仅是在地球表面,而且在底土和上层空间');Nicaragua (Merits) (n 7) 111,para 212;Anand (n 27) 27;Crawford, *Brownlie's Principles* (n 27) 201;Pellet et al (n 27) 457,para 270;Malcolm N Shaw, *International Law* (7th edn,CUP 2014) 352-355.

㊺ Convention on International Civil Aviation (adopted in Chicago on 7 December 1944,entered into force 14 April 1947) 61 Stat 1180,15 UNTS 295,Articles 1 and 2.

㊻ 但是,在某些特殊情况下,也有属于一个以上国家的领土。这种情况下的领土称为共管。这一安排主要用于处理边界地位或其他有争议地区的问题。目前的一个例子是费伦特岛,在西班牙语中被称为 Isla de los Faisanes,在法语中被称为 Île des Faisans,它是法国和西班牙之间的一个共管岛屿,位于比达索阿河上,是根据1659年比利牛斯条约建立的。See,generally:Joel H Samuels,'Condominium Arrangements in International Practice:Reviving an Abandoned Concept of Boundary Dispute Resolution' [2008] *Michigan Journal of International Law* 727;Julio A Barberis,'Quelques considérations sur le condominium en droit international public', Promoting Justice, Human Rights and Conflict Resolution through International Law/La promotion de la justice,des droits de l'homme et du règlement des conflits par le droit international:liber amicorum Lucius Caflisch (Martinus Nijhoff Publishers 2007);Julio A Barberis,'El Condominio Internacional',Pacis artes:obra homenaje al profesor Julio D. González Campos (Eurolex 2005);Vincent P Bantz,'The International Legal Status of Condominia' (1998) 12 Florida Journal of International Law 77;Alain Coret,Le condominium (Librairie générale de droit et de jurisprudence 1960). See also:R Chiroux,'La fin d'une "curiosité juridique":le condominium francobritannique des nouvelles-Hébrides' [1976] Revue juridique et politique:indépendance et coopération:organe de l'Institut International de Droit d'Expression Française (I.D.E.F.) 309;Abdalla A El-Erian, Condominium and Related Situations in International Law:With Special Reference to the Dual Administration of the Sudan and the Legal Problems Arising out of It (Fouad I University Press 1952);Philippe Grignon-Dumoulin,Le Condominium et la mise en valeur des Nouvelles-Hébrides (1928);Auguste Brunet,Le régime international des Nouvelles-Hébrides:le condominium anglo-français (Rousseau-Challamel 1908).

㊼ 领土主权原则在《关于各国依〈联合国宪章〉建立友好关系及合作之国际法原则之宣言》中已确立,UNGA Res 2625 (XXV) (24 October 1970)("国家的领土完整和政治独立是不可侵犯的")。

行使一国的职能而排除任何其他国家的权利。过去几个世纪以来,国家组织的发展以及相伴随的国际法的发展,确立了国家对其本国领土享有专属管辖权这一原则。这成为解决国际关系大多数问题的一个出发点。⑧

领土主权具有两个主要特征:国家行使其职能的权利,以及这一权利的排他性。⑨ 领土主权存在两个主要维度:积极维度指对一国领土享有专属管辖权,消极维度指一国承担尊重其他国家权利的义务。⑩

领土主权是国际关系的基础,⑪国家管辖和禁止干预等推论均基于这一基础。⑫ 此外,领土主权原则与禁止使用武力和不干涉的原则密切相关,⑬在某些情况下它们还存在一定程度的重叠。⑭ 关于禁止使用武力和不干涉的原则将在本书的其他章节讨论,本章不作展开。⑮ 在简要介

---

⑧ The Island of Palmas (or Miangas) (1928) 11 RIAA 831,838; see also The North Atlantic Coast Fisheries Case (Great Britain, United States) (1910) 11 RIAA 167, 180 ("主权的基本要素之一,它是在领土范围内行使的,如果没有相反的证据,领土与主权的范围相一致")。

⑨ Pellet *et al* (n 27) 527; Jerzy Kranz, 'Notion de souveraineté et le droit international' (1992) 30 Archiv des Völkerrechts 411, 413 *et seq.*

⑩ Shaw (n 45) 354. 领土主权也与领土完整原则密切相关。See, generally, *Accordance with International Law of the Unilateral Declaration of Independence in Respect of Kosovo* (Advisory Opinion) [2010] ICJ Reports 403, 437, para 80; see also Jure Vidmar, 'Territorial Integrity and the Law of Statehood' (2012) 44 *George Washington International Law Review* 697, 706-709.

⑪ *Corfu Channel* (*United Kingdom of Great Britain and Northern Ireland v. Albania*) (Judgment on the Merits) [1949] ICJ Reports 4, 35; see also *Affaire du lac Lanoux* (*Espagne, France*) (1957) 12 RIAA 281, 301 ("领土主权是一种推定。它必须服从于所有国际义务,而无论这些义务来自哪里")。

⑫ Covenant of the League of Nations, Article 15, paragraph 8; UN Charter, Article 2, paragraph 7.

⑬ Nicaragua (Merits) (n 7) 63, para 111.

⑭ 同上注71, para 128 ("尊重领土主权原则的影响不可避免地与禁止使用武力原则和不干涉原则的影响重叠")。See, generally, Tom Ruys, 'The Meaning of "Force" and the Boundaries of the Jus Ad Bellum: Are "Minimal" Uses of Force Excluded from UN Charter Article 2(4)?' (2014) 108 *American Journal of International Law* 159.

⑮ 分别参见后文第6.1节"网络行动和禁止使用武力",第5.4节"网络行动和不干涉与不干预原则"。

绍国家的领土主权之后,下文将着重讨论领土主权如何延伸到网络空间和计算机网络。

5.3.1.3 网络空间和计算机网络中的领土主权

物理世界中的领土主权边界是极为确定的。如前所述,领土主权涵盖陆地领土,内水、群岛水域、领海——包括海床和底土,以及这些区域之上的空气空间。现在的问题是:领土主权是否也延伸到网络空间?

与之相关的前提问题是如何定义网络空间,本书引言部分已经给出答案。[56] 在此,美国国防部对网络空间的定义值得再次引用:

> 网络空间是指在信息环境中由信息技术基础设施相互依赖的网络和存储的数据组成的一个全球性的域,包括因特网、电信网络、计算机系统以及嵌入式处理器和控制器。[57]

虽然网络空间是一个虚构的领域,但它基于真实和有形的基础设施。构成网络空间和互联网物理架构的计算机网络及其组件,都是真实存在的,并且位于某国的领土主权范围内。

回到之前的问题:国家领土主权是否延伸到计算机网络? UNGGE在其2013年报告[58]中指出:

> 国家主权以及源自主权的国际规范和原则适用于国家开展与信息和通信技术(ICT)相关的活动,以及国家对其领土内ICT基础设施的管辖权。[59]

---

[56] 参见前文第1.2.1.1小节"网络空间"。

[57] US Department of Defense, 'Cyberspace', DOD Dictionary of Military and Associated Terms (2012), http://www.jcs.mil/Portals/36/Documents/Doctrine/pubs/dictionary.pdf.

[58] 'Developments in the Field of Information and Telecommunications in the Context of International Security', UNGA Res 66/24 (13 December 2011) para 4.

[59] UNGA, 'Report of the Group of Governmental Experts on Developments in the Field of Information and Telecommunications in the Context of International Security' (24 June 2013) UN Doc A/68/98, para 20.

此份报告呈交联合国大会之后,没有任何国家对此表示异议或提出保留。例如,对于报告成果,瑞典指出,"国家"将主权权威扩展到网络空间必须符合国际法和所有的国际义务,包括人权和个人的基本自由。⑩然而值得指出的是,本报告及其随附声明均为无约束力的国际法文件,这使得它们只能被作为软法看待。

迄今为止,似乎没有任何国家反对将领土主权扩大到位于一国领土内的信通技术基础设施。各国对位于其领土主权范围内和位于其管辖范围内的计算机网络的物理基础设施实行控制。现有文献均支持这种观点。⑪

有必要提到的是,最近出现了大量文献,它们将主权与"网络空间"和"互联网"联系起来,相关讨论主要围绕谁控制互联网这一核心问题展开。在这场讨论中,"主权""控制"和"权力"三个术语密切相关,相互缠绕,这

---

⑩ Sweden, 'Submission by Sweden to UNGA Resolution 68/243 Entitled "Developments in the Field of Information and Telecommunications in the Context of International Security"' (12 September 2014). See also the submissions of France (République française, 'Réponse de La France à La Résolution 68/243 Relative Aux 《Développements Dans Le Domain de l'information et Des Télécommunications Dans Le Contexte de La Sécurité Internationale》' (2014); and Germany (UNGA 'Report of the Secretary-General on Developments in the Field of Information and Telecommunications in the Context of International Security' (30 June 2014) UN Doc A/69/112,11).

⑪ Michael N Schmitt (ed), *Tallinn Manual on the International Law Applicable to Cyber Warfare* (CUP 2013) 15, Rule 1, 'Sovereignty'; Philippe Lagrange, 'Internet et l'évolution normative du droit international: d'un droit international applicable à l'Internet à un droit international du cyberespace?', *Internet et le droit international* (Colloque de Rouen de la Société française pour le droit international, Pedone 2014) 67-69; Benedikt Pirker, 'Territorial Sovereignty and Integrity and the Challenges of Cyberspace' in Katharina Ziolkowski (ed), Peacetime Regime for State Activities in Cyberspace (NATO Cooperative Cyber Defence Centre of Excellence (CCDCOE) 2013) 190-191; Wolff Heinegg von Heintschel, 'Territorial Sovereignty and Neutrality in Cyberspace' (2013) 89 *International Law Studies* 123,128-131; Andrey L Kozik, 'The Concept of Sovereignty as a Foundation for Determining the Legality of the Conduct of States in Cyberspace' (2015) 14 *Baltic Yearbook of International Law* 93,97-103.

很容易导致混淆。㉖ 本书无意于对这些争论进行辨析,因为它们涉及的更多是互联网治理问题,而非将领土主权扩展到网络空间和计算机网络。

5.3.1.4 国家对网络空间的管辖权

主权和管辖权有时会混同或者会被互换使用。尽管如此,它们是两

㉖ 这场关于网络空间的主权和控制的辩论,特别是关于互联网的主权和控制的辩论,在涉及确定哪些国家控制互联网的问题时非常具有解释性,在某种程度上是有益的。这与互联网的治理和监管问题尤其相关。这确实是强调某些行为者或国家对世界的支配或控制的一种可能的和精确的方式。See, generally: Jonathan L Zittrain, *Jurisdiction* (Foundation Press 2005); Timothy S Wu, 'Cyberspace Sovereignty: The Internet and the International System' (1996)10 *Harvard Journal of Law & Technology* 647; Adam D Thierer and Clyde Wayne Crews(eds), *Who Rules the Net? Internet Governance and Jurisdiction* (Cato Institute 2003); Roxana Radu, Jean-Marie Chenou and Rolf H Weber, *The Evolution of Global Internet Governance: Principles and Policies in the Making* (Springer 2014).

这些争论可以总结为三个主要趋势。第一,有人认为国家对网络空间没有主权。例如,电子前沿基金会(Electronic Frontier Foundation)的创始成员之一约翰·佩里·巴洛(John Perry Barlow)写道:"各工业国政府,你们这些令人厌倦的钢铁巨人,我来自网络空间,思想的新家园。我代表未来,请求过去的你们离我们远点。你们不欢迎你。在我们聚集的地方你没有主权。约翰·佩里·巴洛《网络空间独立宣言》(1996年2月8日) https://projects.eff.org/~barlow/Declaration-Final.html.

第二,一些人主张为网络空间量身定制一个特定的主权制度: see, generally, David R Johnson and David Post, 'Law and Borders: The Rise of Law in Cyberspace' (1995) 48 *Stanford Law Review* 1367.

第三,有人认为网络空间是全球共同财产,是人类共同遗产。这里的观点是,没有任何国家对网络空间行使主权,但它与外层空间或国际水域一样是共同的; see, notably, the detailed analysis of this question in Patrick W Franzese, 'Sovereignty in Cyberspace: Can It Exist' (2009) 64 *Air Force Law Review* 1,14-18. Cyberspace is considered as a global common notably in various strategic documents of the United States and NATO: Mark Barrett et al, 'Assured Access to the Global Commons: Maritime, Air, Space, and Cyber' (NATO 2011) www.act.nato.int/globalcommons; US Department of Defense, 'Strategy for Homeland Defense and Civil Support' www.defense.gov/news/jun2005/d20050630homeland.pdf.

个截然不同的概念。㊌ 本节简要介绍国家对网络空间管辖权的概念,㊍以帮助读者将其与国家对网络基础设施行使领土主权区分开来。㊎

国家管辖权体现了主权、主权平等和不干涉内政的原则。国家的管辖权指的是国家依法确定权利和执行义务,从而对法人和自然人行为进行控制的权力。㊏

一国对其领土主权下的区域享有领土管辖权,对具有其国籍的自然人或法人以及对注册在该国的船舶、飞机和航天器享有域外管辖权。㊐因此,国家管辖范围可以扩大到及于一国领土、领海、群岛水域和领空内的网络基础设施,悬挂该国国旗的船舶上的网络基础设施,以及安装在该国注册的飞机和卫星上的网络基础设施。㊑

5.3.2　侵犯一国领土主权的网络行动

本小节围绕以下问题展开:一国实施的网络行动可以通过何种方式侵犯目标国的领土主权?

我们首先需要注意一个重要区别。一些网络行动可能通过侵入目标

㊌　Anand (n 27) 28; contra, see Crawford, *Brownlie's Principles* (n 27) 204. See, generally, on the notion of States' jurisdiction: Bernard H Oxman, 'Jurisdiction of States', *Max Planck Encyclopedia of Public International Law* (*MPEPIL*), https://opil.ouplaw.com/view/10.1093/law: epil/9780199231690/law-9780199231690-e1436 (OUP 2007); Shaw (n 45) 469-505; Crawford, *Brownlie's Principles* (n 27) 447-508; Pierre-Marie Dupuy and Yann Kerbrat, *Droit International Public* (11th edn, Dalloz 2012) 84-118.

㊍　On States' jurisdiction in cyberspace, see, generally: Joachim Zekoll, 'Jurisdiction in Cyberspace' in Günther Handl, Peer Zumbansen and Joachim Zekoll (eds), *Beyond Territoriality: Transnational Legal Authority in an Age of Globalization* (Martinus Nijhoff Publishers 2012) 341 et seq; Joanna Kulesza, *International Internet Law* (Routledge 2012) 1-30; Oxman (n 63) paras 31-32; Schmitt, *Tallinn Manual* (n 61) 18 et seq. See also, on the jurisdiction of the International Criminal Court regarding crime committed online, Michail Vagias, '5.6 Localization of Crimes Committed over the Internet', *The Territorial Jurisdiction of the International Criminal Court* (CUP 2014) 130 et seq.

㊎　关于与人权有关的管辖权的讨论,也可参见后文第 5.5.1 小节"人权法对网络行动的可适用性"。

㊏　Oxman (n 63)。

㊐　Schmitt, Tallinn Manual (n 61) 18, Rule 2.

㊑　同上注 21, Rule 3.

系统,并对目标系统植入恶意软件来实现(5.3.2.2)。相比之下,还有一些网络行动可以在不侵入目标系统的情况下远程进行,但它们也会造成各种影响。DoS攻击就是这方面的一个很好的例子(5.3.2.3)。在这两种主要类别的基础上,还可能会出现另一种情况,即侵犯领土主权的网络行动是非自愿实施的,或者是由于错误或疏忽造成的(5.3.2.4)。在深入研究各种可能侵犯领土主权的案例之前,有必要先澄清侵犯领土主权的共同特征(5.3.2.1)。

5.3.2.1 只有国家方得侵犯另一国领土主权

侵犯领土主权只能产生于国家实施的行动或者可归因于国家的行动。本书第一编讨论了网络行动归因于国家的问题,但必须指出:只有归因于国家的网络行动才有可能构成侵犯领土主权。

根据国际法的传统观点,只有国家——有时还包括国际组织——才是国际法的主体。[69] 这意味着,一项国际协定不能直接为个人设定权利和义务,除非缔约各方有这种意图。在但泽法院管辖权案件中,国际常设法院重申了这一原则:

> 根据公认的国际法原则,本案中的公务员协议(Beamtenabkommen)作为一项国际协定,不能直接为私人创造权利和义务。但是,毫无疑问的是,如果缔约国有意如此,一项国际协定的目的也可能是缔约国通过一些确定的规则来规定个人的权利和义务,并由国家法院强制执行。[70]

如今,越来越多的国际条约直接对个人和其他非国家行为者赋予权利并规定其义务,特别是在人权法领域。[71]

但是,就领土主权而言,只有国家的行为才能构成对领土主权的侵犯。相比之下,个人本身不能侵犯领土主权。个人的侵犯行为如果能够被归因于国家,则其可能构成该国对领土主权的侵犯,但此时并非由个人

---

[69] Shaw (n 45) 188.

[70] Jurisdiction of the Courts of Danzig (Advisory Opinion) (1928) Series B, No 15 Collection of judgments (PCIJ) 17.

[71] Shaw (n 45) 188.

构成侵犯。可以设想,个人非法进入另一国领土,几乎肯定会违反该国的国内法。从这个角度来说,在跨境绑架案件中,只有在有证据表明存在国家参与的情况下,才会发生侵犯主权的结果。⑫

此外,根据审慎原则,各国不得在知情的情况下允许其领土被用来从事影响他国权利的行为。因此,一国如果允许非国家行为体或第三国利用其领土对另一国实施不法行为,受害国就可以基于审慎原则,要求施害国承担责任。这一点将在后文详加论述。⑬

5.3.2.2 侵入外国系统的网络行动

一些网络行动需要在侵入目标系统之后才能实施。例如,Stuxnet需要感染核电站的计算机系统才能产生危害。相反,网络间谍活动中收集数据的行为,有时可能是在数据过境国的领土内实施,而不涉及对目标系统的侵入。那么,侵入外国系统的网络行动是否构成对目标国领土主权的侵犯呢?

讨论这一问题的文献很少。个别论者认为,侵入外国系统的网络行动并不构成对主权原则的侵犯。⑭ 例如,本尼迪克特·皮克尔(Benedikt Pirker)主张,因为间谍活动在国际法中未被禁止,由此推断:"同样的规则也可适用于网络空间,因此侵入外国计算机系统本身不被禁止。事实上,互相实施间谍活动也是国家之间的一种寻常安排。"⑮本书同意前述观点的前半部分,正如前文所指出的,无论是间谍活动还是网络行动,国际法中都不存在普遍禁止。然而,由此推定网络行动侵入外国系统并不构成对领土主权的侵犯,这未免有些牵强。缺乏网络行动的普遍禁止,并不意味着所有网络间谍行为都不为国际法所禁止,也不意味着它们一概

---

⑫ See, generally: Prosecutor v. Dragan Nikolić (Decision on Defence Motion Challenging the Exercise of Jurisdiction by the Tribunal) [2002] Case No IT-94-2-PT (ICTY, Trial Chamber II) paras 97-99; *Prosecutor v. Dragan Nikolić* (Judgment) [2003] Case No IT-94-2-S (ICTY, Trial Chamber II), 7-8, paras 25-26. See, on the commentary, James Sloan, 'Prosecutor v. Dragan Nikolic: Decision on Defence Motion on Illegal Capture' (2003) 16 *Leiden Journal of International Law* 541, 548.

⑬ 参见后文第333页及以后。

⑭ Pirker (n 61); Heinegg von Heintschel (n 61).

⑮ Pirker (n 61) 202. 本文参考上一篇文章,但上一篇文章采用了一种更加微妙的方法: Heinegg von Heintschel (n 61).

被允许。国家代理人在外国领土上实施间谍活动,会侵犯该国的主权。⑦⑥申言之,一国在目标国领土上实施任何未经授权的行为,都涉嫌侵犯后者的领土主权。⑦⑦下列例子将表明,这一论断同样适用于网络行动。

2008年德国联邦情报局的丑闻是一个有趣的研究案例。2008年,德国对外情报机构(BND)想要刺探阿富汗商务和工业部部长和德国明镜周刊记者之间在2006年6月到11月之间的通信⑦⑧。为此,德国联邦情报局在阿富汗商务和工业部计算机网络中植入木马病毒。针对一名德国记者和一名阿富汗部长的间谍活动本身显然并不构成国际不法行为。但是另一方面,在阿富汗政府的网络中植入木马病毒,显然侵犯了阿富汗的主权。⑦⑨

卫星致损的情形可兹类比。未经允许将卫星发射进入一国领空,这个单一侵入行为本身即构成对后者领土主权的侵犯。这一点此前曾得到清楚定性,苏联卫星"宇宙954"坠毁一案可以说明。事实上,在该卫星于加拿大境内坠毁之后,加拿大即作了类似的论断:"'宇宙954'卫星对加拿大领空的侵入,以及该卫星致害放射性残骸在加拿大领土上的堆积,均构成对加拿大主权的侵犯。这一侵犯之所以得以确立是基于以下论点:卫星非法侵入的事实;侵入造成的有害性后果,即致害放射性残骸对加拿大造成的损害;以及对加拿大决定在其领土上采取行为之主权权利的干涉。"⑧⑩

此外,各国常常声称的是,某些飞机或船舶侵犯了它们的领土主权。

---

⑦⑥ Lafouasse, 'L'espionnage en droit international' (n 2) 76; Lafouasse, *L'espionnage dans le droit international* (n 2) *passim*; Schaller (n 2) para 3. In addition to violation of the principle of sovereignty, it may also constitute a violation of the principle of non-intervention: Wright (n 17).

⑦⑦ Jan Willisch, *State Responsibility for Technological Damage in International Law* (Duncker & Humblot 1987) 74.

⑦⑧ 'BND Scandal: How German Spies Eavesdropped on an Afghan Ministry', *Spiegel Online* (28 April 2008) www.spiegel.de/international/germany/bnd-scandal-how-german-spies-eavesdropped-on-an-afghan-ministry-a-550212.html; Pierre Bocev, 'Le patron de l'espionnage allemand est sur la sellette', *LeFigaro.fr* (29 April 2008) www.lefigaro.fr/international/2008/04/29/01003-20080429ARTFIG00010-le-patron-de-l-espionnage-alle mand-est-sur-la-sellette.php.

⑦⑨ Lafouasse, *L'espionnage dans le droit international* (n 2) 168-169.

⑧⑩ 'Claim against the Union of Soviet Socialist Republics for Damage Caused by Soviet Cosmos 954' (1979) 18 International Legal Materials 899, 907, para 21.

在绝大多数情况下,未经事先许可而进入领土主权区域的单一行为就足以构成侵犯,而不要求发生特定的行为或损害结果。㉛ 例如,假设在一国领海内探测到一艘未经授权的外国潜艇,那么仅仅其存在就构成对领海国领土主权的侵犯。㉜ 1986年,绿色和平组织的"彩虹勇士"号船舶在奥克兰港沉没,新西兰认为这一行为"严重违反新西兰主权和《联合国宪章》"㉝。一国在另一国领土上实施跨境绑架也可能构成对主权的侵犯。例如,1960年,阿根廷向联合国安理会提出申诉,声称外国在其领土上实施的、对阿道夫·艾希曼(Adolf Eichmann)的绑架侵犯了阿根廷主权。㉞

以上结论可以扩展到网络行动。如果一国的网络行动侵入处于外国

㉛ 在尼加拉瓜案中,国际法院指出,"属于另一国的政府或在其控制下的飞机未经授权飞越一国领土,也直接侵犯了尊重领土主权的原则"。Nicaragua (Merits) (n 7) 128, para 251. See also: Oliver J Lissitzyn, 'The Treatment of Aerial Intruders in Recent Practice and International Law' (1953) 47 *American Journal of International Law* 559; RC Hingorani, 'Aerial Intrusions and International Law' (1961) 8 *Netherlands International Law Review* 165; and for various examples from recent cases: Suzette V Suarez, 'Korean Air Lines Incident (1983)', *Max Planck Encyclopedia of Public International Law* (MPEPIL), https://opil.ouplaw.com/view/10.1093/law:epil/9780199231690/law-9780199231690-e1183 (OUP 2007); Jean-Pierre Stroobants et al, 'Les provocations calculées des vols militaires russes', Le Monde (2 July 2015) www.lemonde.fr/international/article/2015/02/07/les-provocations-calculees-des-vols-militaires-russes_4571985_3210.html; Ewen MacAskill, 'Swedish Armed Forces Widen Hunt for Suspected Submarine', *The Guardian* (20 October 2014) www.theguardian.com/world/2014/oct/20/russian-vessel-hunted-by-swedes-likely-midget-sub; James Reynolds, 'Turkey Downs Syria Military Jet "in Airspace Violation"' (BBC News, 23 March 2014) www.bbc.com/news/world-middle-east-26706417; 'Iranian Fighter Jet Chases US Spy Drone' (PressTV.ir, 15 March 2013) www.presstv.ir/detail/2013/03/15/293664/iranian-fighter-jet-chases-us-spy-drone/.

㉜ "确认斯德哥尔摩群岛有潜水艇。" (Swedish Armed Forces, 14 November 2014) www.forsvarsmakten.se/en/news/2014/11/confirmed-submarine-in-the-stockholm-archipelago/.

㉝ "关于新西兰和法国之间的分歧彩虹勇士事件" (1990) 19 Reports of International Arbitral Awards 199, 201.

㉞ 'Letter Dated 15 June 1960 from the Representative of Argentina Addressed to the President of the Security Council' UN Doc S/4336 (1960). The UN Security Council also qualified it as a violation of sovereignty: 'Question Relating to the Case of Adolf Eichmann', UNSC Resolution S/RES/138 (1960).

境内的网络基础设施,那么这无疑是对领土主权的侵犯。[85] 相反,如果某项网络间谍活动仅以刺探从另一国领土内过境的数据为目的,而不涉及对其国内系统的侵入,则可能不会侵犯后者的领土主权。[86]

话虽如此,大多数网络行动都将构成对目标国家领土主权的侵犯。与涉及间谍活动的情况类似,各国可能不会将所有发生的网络行动都归为对其领土主权的侵犯,并公开对其进行说明。但是在具体情形中,一国将特定网络行动认定或不认定为违反领土主权,其主要考虑通常是政治上的,而非法律上的。不论如何,这并不能改变多数网络行动可能构成对领土主权原则的违反这一事实。

A. 国家在另一国领土上行使权力

在荷花号案的判决中,国际常设法院裁定一国在另一国的领土上行使其权力构成对国际法的违反。国际常设法院认为:

> 国际法加之于国家的首要限制是,除非存在相反的允许性规定,一国不得以任何方式在他国领土内行使权力。[87]

网络行动可能为各国在另一国的领土上行使其权力提供一种易行的方式,然而这将构成对主权的侵犯。以下两种情况可以说明。

第一,由于执法活动通常仅限于一国管辖范围内,这可能促使国家诉诸网络行动来实施跨境执法。特别是,一国如果请求另一国对其领土内的个人采取执法行动而未果时,可能会对被请求国的不作为感到不满。此时,网络提供了多种手段使请求国可以对位于被请求国领土内的个人采取行动。但是,包括网络行动的任何政府行为,如果在未经他国同意的情况下侵入他国领土,将构成对领土主权的侵犯。例如,一国可以破坏或摧毁位于国外的黑客的电脑,以防止其实施进一步的网络行动。类似地,一国也可以通过侵入并篡改个人汽车的控制系统来造成车祸,从而杀害

---

[85] Heinegg von Heintschel (n 61) 128-129 ("但是,可以认为,损害是无关紧要的,仅仅一国侵入另一国的网络基础设施这一事实就应被视为对外国领土行使管辖权,无论如何都构成对领土主权原则的违反");Kozik (n 61) 99. See, *contra*, Pirker (n 61).

[86] Kozik (n 61) 99.

[87] Lotus (n 41) 18.

一个位于外国的恐怖组织头目。⑧⑧

至于通过网络行动在另一国领土上行使权力侵犯主权的第二种情况，我们可以从国际法院的判例中推断出来。在科孚海峡案中，英国在阿尔巴尼亚领海内采取域外执法措施以扣押相关证据。该案判决认为，皇家海军的行动构成对阿尔巴尼亚主权的侵犯。⑧⑨ 类似地，诉诸网络行动以获取位于另一国境内的服务器上的证据，也将构成对目标国主权的侵犯。

简言之，侵入外国系统的网络行动构成对被侵入国领土主权的侵犯，而不论该网络行动的目的为何。

B. 不以损害为必要要件

值得注意的是，《塔林手册2.0》开篇的前几条规则都用于讨论主权问题，⑨⑩它与本书采用的方法类似。但必须强调的是，本书和《塔林手册2.0》在若干重要问题上存在分歧，特别是：第一，侵犯主权是否存在损害

---

⑧⑧ On car hacking, see generally Andy Greenberg, 'Hackers Remotely Kill a Jeep on the Highway-With Me in It', *WIRED* (21 July 2015) www.wired.com/2015/07/hackers-remotely-kill-jeep-highway/.

⑧⑨ Corfu Channel (Merits) (n 51) 35. See also United States Diplomatic and Consular Staff in Tehran (United States of America v. Iran) (Judgment) [1980] ICJ Reports 3, 43, para 93.

⑨⑩ Schmitt and Vihul (n 4) Rules 1-5. See also the Symposium on Sovereignty, Cyberspace, and Tallinn Manual 2.0 organised by the American Society for International Law: Tom Ginsburg, 'Introduction to Symposium on Sovereignty, Cyberspace, and Tallinn Manual 2.0' (2017) 111 *AJIL Unbound* 205, 205-206; Gary P Corn and Robert Taylor, 'Sover-eignty in the Age of Cyber' (2017) 111 *AJIL Unbound* 207, 207-212; Michael N Schmitt and Liis Vihul, 'Sovereignty in Cyberspace: Lex Lata Vel Non?' (2017) 111 *AJIL Unbound* 213, 213-218; Phil Spector, 'In Defense of Sovereignty, in the Wake of Tallinn 2.0' (2017) 111 *AJIL Unbound* 219, 219-223; Ahmed Ghappour, 'Tallinn, Hacking, and Customary International Law' (2017) 111 *AJIL Unbound* 224, 224-228. See also: Gary P Corn, 'Tallinn Manual 2.0-Advancing the Conversation' (Just Security, 15 February 2017) www.justsecurity.org/37812/tallinn-manual-2-0-advancing-conversation/; Michael N Schmitt, 'Grey Zones in the International Law of Cyberspace' (2017) 42 *The Yale Journal of International Law Online* 1, 4-7; Liis Vihul and Michael N Schmitt, 'Respect for Sovereignty in Cyberspace' [Symposium: Tallinn Manual 2.0 on the International Law Applicable to Cyber Operations] (2016) 95 *Texas Law Review* 1639, 1639-1670; Andrew Keane Woods, 'The Tallinn Manual 2.0, Sovereignty 1.0' (Lawfare, 8 February 2017) www.lawfareblog.com/tallinn-manual-20-sovereignty-10.

的门槛,以及第二,审慎原则的具体内涵和适用。第二点将在本书后文详细讨论。[91] 事实上,在规则4"对主权的侵犯"的评注中,国际专家写道:

> 关于在一国领土内产生影响的远程网络行动,其准确的法律定性在国际法上尚无定论。国际专家组根据两个不同标准来评价其合法性:(1)对目标国领土完整造成的损害程度;(2)是否干扰或篡夺了政府的固有职能。[……]

关于前一标准,专家们通过三个不同的层次对其进行分析:(1)物理损害;(2)功能的丧失;(3)侵犯领土完整但未达到功能丧失的程度。[92] 国际专家们认为,如果网络行动符合第二个标准,即"干扰或篡夺了政府的固有职能",则不论其是否造成了物理上的破坏、损伤或者是功能的丧失,都属于侵犯主权的行为。[93] 对第一个标准,多数国际专家同意,任何物理上的损害或伤害都足以构成对主权的侵犯,另有部分专家则认为它"只是相关因素之一,而不能构成决定因素"。[94] 他们认为:"使他国境内网络基础设施丧失功能有时也会构成对主权的侵犯,但由于国家没有对此表达法律确信,专家们未能就其准确的门槛标准达成共识。"[95] 最后,"对于一项既未造成物理损害,也未造成功能丧失的网络行动是否以及何时构成侵犯主权,专家组尚未达成共识"[96]。

本书无意于详细介绍《塔林手册2.0》的观点,但可以看出,编纂手册的国际专家们认为,通过网络行动侵犯主权的行为取决于损害的门槛。有趣的是,类似的观点在第一版《塔林手册》中就已经存在:

> 一国针对位于另一国的网络基础设施的网络行动可能侵犯后者的主权。如其造成损害,这一点就确定无疑。植入不造成物理损害的恶意软件(例如用于监控活动的恶意软件)是否构成侵犯主权,国

---

[91] 参见后文第8章。
[92] Schmitt and Vihul (n 4) 20,commentary to Rule 4,paras 10-11.
[93] 同上注 21-22,commentary to Rule 4,para 15.
[94] 同上注 20,commentary to Rule 4,paras 11-12.
[95] 同上注 20-21,commentary to Rule 4,para 13.
[96] 同上注 21,commentary to Rule 4,para 14.

际专家组尚未达成共识。⑨⑦

据此,可以根据网络行动是否产生实际影响来对它们进行区分。⑨⑧但是这种解释方法似乎令人惊讶,原因有二。第一,在国家责任法中,损害一般不是国际不法行为的必要要件,"但是否需要这种要件取决于初级义务的规定,在这方面并不存在一般要求"。⑨⑨然而,第二,正如参与编撰《塔林手册》的国际专家们所指出的那样:"当一国未经另一国同意或没有国际法上的合法事由而实际进入另一国家的领土或领空时,即存在对主权的侵犯。"⑩⑩那么为什么这一点在网络空间会有所不同呢?换言之,为什么判断一国对另一国的信息和通信技术基础设施的侵入是否构成侵犯主权,需要取决于侵入行为造成的损害是否达到特定门槛?

在有关侵犯领土主权的判例或实践中,我们几乎都找不到对损害门槛的要求。⑩① 如前所述,仅凭一颗卫星、一艘船舶或一架飞机侵入一国领土主权区域这一单一事实,即可以构成对领土主权的侵犯。此外,根据《国家责任条款草案》,只造成非物质性损害的不法行为也可以侵犯主权。⑩② 这意味着,对于侵犯主权的行为,不需要依赖造成的损害来判断其

---

⑨⑦ Schmitt, *Tallinn Manual* (n 61) 16, commentary to Rule 1, para 6; see also the analysis in Heinegg von Heintschel (n 61) 128-129 ("如果干涉行为导致对网络基础设施造成的物理损害,似乎有一种普遍的共识,即这种行为构成对目标国主权的侵犯。根据一些情况,造成的损害不仅是物理上的,而且是严重的。但是,如果没有物理损害或只是轻微损害,则该活动是否可以视为侵犯领土主权尚不确定")。

⑨⑧ In the same way: Katharina Ziolkowski, 'General Principles of International Law as Applicable in Cyberspace' in Katharina Ziolkowski (ed), *Peacetime Regime for State Activities in Cyberspace* (NATO Cooperative Cyber Defence Centre of Excellence (CCD-COE) 2013) 163 ("对另一国领土造成实际影响的任何行为都侵犯了领土主权")。

⑨⑨ Commentary to the Articles on State Responsibility' (2001) 2 *Yearbook of the International Law Commission* (Part II) 31,36, commentary to Article 2, para 9. See also:同上注, 92, commentary to Article 21, para 6; James Crawford, State Responsibility: *The General Part* (CUP 2013) 54 *et seq*.

⑩⑩ Schmitt and Vihul (n 4) 19, commentary to Rule 4, para 6.

⑩① 例如,未经授权飞越另一国领土的行为已经构成对领土主权的侵犯:Nicaragua (Merits) (n 7) 128, para 251.

⑩② 'Commentary to the Articles on State Responsibility' (n 99) 106, commentary to Article 37, para 4 ("国家实践也提供了许多在一国的国际不法行为对另一国造成非物理损害的情况下要求赔偿的实例。包括[……]侵犯主权或领土完整[……]"); the ILC refers in a footnote to the *Rainbow Warrior* arbitration.

非法性。

如需以损害为必要要件,那么在判断网络行动是否构成侵犯主权时,就需要其侵入结果存在物理影响等损害结果。但正如我们刚才所指出的,似乎没有理由支持这一点。今后的国家实践有可能确认或修改关于这一问题的现行法规则。显然,相对那些未造成任何物理损害,或根本不会造成任何损害的网络行动而言,那些造成物理损害的网络行动更有可能构成侵犯主权。从纯理论的角度看,这两类网络行动都构成对领土主权的侵犯。但是,基于政治考虑——而非法律考虑,一国可能选择将或不将某一网络行动定性为对其领土主权的侵犯。

目前,针对国家支持的网络行动这一问题,几乎不存在国家实践,即使有少量事例,其对国际法也无参考意义。例如,从俄罗斯联邦总统普京2014年的一份声明中,我们可以看出一些端倪,该声明断言:网络间谍活动是对主权的侵犯。⑬ 然而,仅凭这一份声明,还远未构成一贯的国家实践,对于得出明确的法律结论而言助益不多。

反对以损害为必要要件,可能还有一个现实的原因,当然这更多是一个政治上的考量,而非法律上的理由。如果认为只要对外国系统的网络侵入没有造成任何损害,就不违反国际法的话,那么各国就有可能可以合法地侵入他国的系统。一国可以用恶意软件感染外国的计算机系统来作为一种预备措施,而完全不用担心会遭致法律惩罚。例如,一国可以通过侵入外国系统,在其中安装后门程序和逻辑炸弹用于未来备战,此时不存在侵犯主权的问题,而只有当侵入国选择实际触发使用这个后门程序或逻辑炸弹时,才会产生违反领土主权原则的后果。类比现实世界的话,按照这个逻辑,一国在外国领土上安装定时炸弹不会侵犯领土主权;只有在触发引爆这个炸弹时才发生侵犯领土主权的后果。显然,对于国际关系而言,这种理解是过于宽容和危险的。

C. 若干国家的态度演变与争论

前一节表明,将国家主权扩展到网络空间已是各国共识。然而,近年来以英国和美国为代表的若干国家所展现出的态度,似乎在某种程度上

---

⑬ Benjamin Bissell,'So How Does Putin Feel about Cyber, Anyway?'(LAWFARE-Hard National Security Choices, 3 October 2014) www.lawfareblog.com/2014/10/so-how-does-vladimir-putin-feel-about-cyber-anyway/;'Putin:Cyber Espionage Is Direct Violation of State's Sovereignty'(Interfax,11 July 2014) www.interfax.com/newsinf.asp?id=519963. The USA seems to follow a similar approach;see Ziolkowski (n 98) 163.

演变为一种关于国家主权是否适用于网络空间的争论。

2012年,美国国务院时任法律顾问的高洪柱(Harold H Koh)在一次演讲中概述了美国在网络空间适用国际法问题上的立场,其中即谈到了主权在网络行动中的适用性:

> 问题9:在关于网络行动的分析中,国家主权扮演什么角色?
>
> 答:国家在网络空间开展包括武装冲突场景之外的活动必须要考虑其他国家的主权。支撑互联网和网络活动的物理基础设施一般位于主权领土内,受领土国管辖。由于网络空间的互联性和互操作性,针对一国的网络信息基础设施的行动可能在另一国产生影响。只要一国想要在网络空间开展活动,就需要考虑其他国家的主权问题。[104]

然而就在四年之后,时任美国国务院法律顾问的布莱恩·依根(Brian J Egan)发表了一个类似的演讲,但他似乎对主权在网络空间中的作用表达了不同的立场。[105]他特别指出:

> 首先,涉及位于另一国领土上的计算机或其他联网设备的远程网络行动本身并不构成违反国际法。换言之,在国际法上并没有绝对禁止这种行动。如果在另一国领土内的这种活动没有造成影响或仅造成极少影响,这一点可能是最清楚不过的。[……]
>
> 在某些情况下,一国在另一国领土上实施未经同意的网络行动可能违反国际法,即使其低于使用武力的门槛。这个法律问题极富挑战,并导致了诸多难题。互联网的设计架构可能容易导致对其他主权法域的某种侵犯。未经同意的网络行动何时构成对另一国主权的侵犯,是美国政府的律师需要继续仔细研究的问题,这个问题需要通过各国实践和法律确信才能得到最终解决。

---

[104] Harold H Koh, 'International Law in Cyberspace' (2012) 54 *Harvard International Law Journal* 1, 6.

[105] Brian J Egan, 'Remarks on International Law and Stability in Cyberspace' (US Department of State 2016) https://2009-2017.state.gov/s/l/releases/remarks/264303.htm.

因此，美国倾向于认为，并非所有影响国外计算机系统的网络行动都是对国家领土主权的侵犯。美国选择这种立场似乎是出于实际原因，因为伊根指出，"大多数国家——包括美国——都从事海外情报收集活动……这种广泛存在，也许是近乎普遍的做法表明，习惯国际法本身并没有禁止这种活动"。

然而，伊根阐明的这种解释还是会令人困惑。虽然他说"习惯国际法本身并没有禁止国家在海外收集情报的做法"，并指出"涉及位于另一国领土上的计算机或其他联网设备的远程网络行动本身不构成违反国际法"。正如本书之前所阐述的，尽管间谍活动没有被普遍禁止，但间谍活动可能会导致对具体国际法规范的违反。⑯ 然而，伊根演讲中所阐明的解释似乎认为，低烈度的网络行动和情报活动不会侵犯有关计算机系统所在国家的主权，因此，判断网络行动是否侵犯主权将取决于一个损害门槛。前文提到，《塔林手册 2.0》规则 4 的评注中也阐明了类似的方法。⑰

准确地说，伊根所提出的美国立场，并非质疑网络行动构成违反国家主权的可能性，而是限制了这种可能性的范围。其认为，只有严重的网络行动才会构成对主权的侵犯，其他影响较为有限的网络行动在国际法下仍然合法。

这一解释路径认定，侵犯主权取决于损害的门槛。虽然美国和《塔林手册 2.0》对此都作了阐明，但其尚未被其他国家所公开采纳，因此似乎仍属少数派观点。

2018 年 5 月 23 日，英国总检察长杰里米·赖特（Jeremy Wright）发表了题为"21 世纪的网络和国际法"的演讲，其中对这一争论作了更加清晰的梳理。⑱ 在演讲中，赖特声称：

> 一些人试图论证存在一项具体的网络规则，即未经另一国同意干预其计算机网络属于"侵犯领土主权"。主权当然是基于规则的国际体系的基础。但是，除了禁止干涉之外，我不认为我们当下可以从这一基本原则当中，推断出一条针对网络活动的具体规则或特别禁

---

⑯ 参见前文第 5.2 节"网络间谍具体法律机制的缺失"。
⑰ 参见前文第 5.3.2.2 B 小节"不以损害为必要要件"。
⑱ Jeremy Wright, 'Cyber and International Law in the 21st Century' (UK Attorney General's Office 2018) www.gov.uk/government/speeches/cyber-and-international-law-in-the-21st-century.

止。简言之,英国政府的立场是:在当前的国际法中不存在这样的规则。

与美国的做法相反,英国显然反对网络行动可能构成侵犯国家主权。然而赖特并没有在他的演讲中进一步解释英国采取这种做法的原因。

目前,针对主权在网络空间的适用性问题,英国似乎处于相对孤立的一派。可以设想,如果未来英国成为重大网络行动的目标国,并发现自己因为反对这一规则的适用而导致在国际法角度上无能为力,那么它是否还会保持这种观点?

例如,英国将 WannaCry 归因于朝鲜,并将包括 BadRabbit 在内的其他几个网络行动归因于俄罗斯,但未详细说明其做法的合法性。在分析这些案件的合法性时,在大多数情况下,唯一可能被侵犯的国际法规范是国家主权。因此,我们不禁要问,英国是否认为这些行为只构成不友好行为?与此相关的一个有趣事例是,当英国将 NotPetya 归因于俄罗斯时,英国网络安全外交办公室的负责网络安全的外交官员表示:"这次攻击表明了责任国对乌克兰主权的持续无视。"⑩然而需要指出,英国的这项声明是在赖特演讲几个月之前作出的。

D. 目标的性质和感染的方式

在现实世界中,当代表一国行事的人非法越过边境进入另一国时,就发生了侵犯领土主权。领土主权延伸到位于领土内的信息通信技术基础设施。⑩

在网络空间中,要识别边界何时被跨越是一项困难的任务。首先,在网络空间中不存在可见或易识别的边界,数据在服务器之间频繁传输,这通常涉及跨越物理意义上的国家边界。

很明显,如果国家支持的网络行动直接侵入并感染了一国领土内的任一信通技术基础设施,即侵犯了后者的领土主权,而不论该网络行动造成何种影响。在这方面,有必要区分仅仅是中转还是实际入侵系统,此处的讨论聚焦后者。非法侵入只侵犯了计算机或服务器所在国的领土主权。但是,这并不必然会侵犯目标服务器上数据所有国的领土主权。例如,如

---

⑩ United Kingdom, 'Foreign Office Minister Condemns Russia for NotPetya Attacks' (Foreign & Commonwealth Office 2018) www.gov.uk/government/news/foreign-office-minister-condemns-russia-for-notpetya-attacks.

⑩ 参见前文第 5.3.1.3 小节"网络空间和计算机网络中的领土主权"。

果 A 国将其数据存储在位于 B 国领土内的服务器，C 国支持的网络行动感染该服务器只会侵犯 B 国的领土主权，而不构成对 A 国领土主权的侵犯。在这个事例中，服务器的位置才是判断的关键，由此类推，数据存储的位置也是判断的关键。至于服务器和数据由谁所有，则无关紧要。

当侵入目标系统是以间接方式实施的时候，情况会稍显复杂。例如，在 Stuxnet 事件中，对伊朗核电站计算机系统的侵入似乎是由于一个受感染的 U 盘造成的。2008 年，美国国防部的军事计算机网络遭到严重侵入，也是因为一个受感染的 U 盘，当时人们在一个美国军事基地的停车场里发现了这个 U 盘。⑪ 在这两起事件中，虽然侵入过程似乎是间接的，

---

⑪　美国国防部军事计算机网络遭受的重大入侵被认定为"美国军事计算机有史以来最严重的入侵"。简单来说，在美国驻中东军事基地，一个感染了恶意代码的优盘被插入了连接美国中央司令部网络的美军笔记本电脑中。名为 agent.btz 的蠕虫病毒在中央司令部运行的机密和非机密系统网络中传播而未被发现。据美国国防部副部长林恩（William J Lynn III）说，这种蠕虫病毒建立了一个相当于数字滩头堡的东西，数据可以从那里转移到外国控制下的服务器。这是网络管理员最担心的事情：一个程序悄无声息地运行，随时准备将操作计划交到未知的对手手中。一些人认为这是外国情报机构的工作，尽管一些专家不愿看到这是外国政府的工作。然而，该蠕虫的作者身份从未被正式确认，或者即使是这样，这一信息也没有公开分享。

旨在反击攻击的行动被命名为"Buckshot Yankee"。五角大楼花了近 14 个月的时间来根除恶意代码。这种情况提高了人们对美国陆军的脆弱性的认识，因为它无力充分应对网络威胁。这导致了美国网络司令部的成立，以及美国网络安全方法的重大变化，美国军方已经禁止 CDs、指状存储器、闪存媒体卡和所有其他可移动数据存储设备。

See, generally: William J Lynn III, 'Defending a New Domain' (2010) 89 *Foreign Affairs* 97; 'Worm that Wreaked Havoc for US Military Likely a Progenitor of Red October' (Infosecurity Magazine, 12 March 2014) www.infosecurity-magazine.com/news/worm-that-wreaked-havoc-for-us-military-likely-a/; Noah Shachtman, 'Under Worm Assault, Military Bans Disks, USB Drives', WIRED (19 November 2008) www.wired.com/2008/11/army-bans-usb-d/; Noah Shachtman, 'Hackers, Troops Rejoice: Pentagon Lifts Thumb-Drive Ban (Updated)', WIRED (18 February 2010) www.wired.com/2010/02/hackers-troops-rejoice-pentagon-lifts-thumb-drive-ban/. See more specif-ically on the question of attribution: Ellen Nakashima, 'Cyber-Intruder Sparks Response, Debate', The Washington Post (6 December 2011) www.washingtonpost.com/national/national-security/cyber-intruder-sparks-response-debate/2011/12/06/gIQAxLuFgO_story.html（"几乎从一开始，美国官员就怀疑是俄罗斯间谍创造了 Agent.btz 窃取军事机密。2008 年年底，俄罗斯发表声明谴责这一指控，称其"毫无根据"和"不负责任"。前官员说，有证据表明俄罗斯在开发恶意软件中扮演了角色，但一些人怀疑是否是间谍服务创造了 Agent.btz 侵入美国军方电脑"）；Noah Shachtman, 'Insiders Doubt 2008 Pentagon Hack Was Foreign Spy Attack (Updated)', *WIRED* (25 August 2010) www.wired.com/2010/08/insiders-doubt-2008-pentagon-hack-was-foreign-spy-attack/（"参与'Buckshot Yankee'行动的军队成员都不愿意给特工打电话。这是敌对政府的工作——尽管一直有传言说俄罗斯是幕后黑手"）。

但是网络行动针对的都是外国系统并使其受感染。因此可以认为,在这些案件中,受害国的领土主权受到了侵犯。

另一种可能的情况是,某人——无论其是否国家代理人——在出国时将其计算机接入外国网络并被病毒感染,回国后导致病毒在本国网络传播。为了帮助思考这个案例,我们可以通过两个不完全恰当的类比作为启发:(1)某人在国外感染了一种疾病,回国后导致这一疾病在其本国内传播;(2)某人出国购买炸弹,然后带回其本国内引爆。在这两个类比假想事例中,似乎很难确定相关行动或后果是否构成一国对另一国领土主权的侵犯。迁移到网络行动的场景,这一困难导致可能存在多种不同的结论。

情形一,A 国某人故意或无意从 B 国某人处购买了一个已经感染恶意软件的设备或软件,然后造成病毒在其本国或另一国的计算机中传播。因为表面上的施害者并非国家,即使恶意代码确系由一国编写,这种情况也不能被认为是对领土主权的侵犯。当然,如果能够证明行为人是在 B 国的控制下行动(对应下文第三种情形),那么就需要作出不同判断。

情形二,与情形一类似,但买方换成是 A 国或者是代表 A 国行事的代理人,而卖方仍然是一个私人,此时也不构成对领土主权的侵犯。

情形三,如果前例中的 A 国个人系从 B 国或以 B 国名义行事的人手中购买,那么将其认定为侵犯领土主权似乎是合理的。施害国蓄意出售已被感染的设备或软件,很可能就是为了造成恶意软件在目标国内传播或者针对目标国系统的结果。当然,B 国有可能以买方知情作为其核心辩护理由,在这种情况下,要认定 A 国的领土主权受到侵犯可能会更加复杂。

情形四,A 国从 B 国获得了一个设备或者软件,这个设备或软件由 B 国在 A 国不知情的情况下植入感染了恶意程序。当恶意程序开始攻击 A 国的通信技术基础设施时,这可能构成 B 国对 A 国领土的侵犯。此时,只有当 A 国对恶意程序不知情时,才构成侵犯领土主权。在某些情况下,一国可能出于各种目的自愿购买感染了恶意程序的设备或软件,这将导致无法认定销售国侵犯其领土主权,即使其后事实上在购买国的系统内造成病毒扩散。

上述情形表明,一国计算机网络可能受到另一国恶意代码感染的情况和方式是多样的。

E. 关于侵入目标系统的网络行动的结论

本小节认为,任何侵入外国系统的、未经授权的、由一国支持的网络

行动,都将构成对被侵入国领土主权的侵犯。必须强调,只有国家才能侵犯另一国的领土主权。

诚然,在某些情况下,一国在其领土内发现外国特工人员,其并不会认为这一事实即违反国际法,更不太可能会声称这是侵犯其领土主权。然而,这种态度选择是出于政治原因,而不是对主权原则的否认。[112] 我们可以期望,同样的情况也适用于网络行动,特别是大多数国家目前正在进行核心网络能力建设,并开始加强使用这些能力。很明显,当一国发现外国侵入其计算机系统时,它可能不会次次都主张侵犯领土主权的国家责任。然而,如果侵入系统的网络行动涉及损害时,侵犯领土主权的判断就变得尤其相关了。[113] 易言之,当网络行动造成损害,尤其是对敏感基础设施造成损害时,国家可能更倾向于主张侵犯领土主权。虽然这种情况并不影响对行动是否违反主权原则的法律判断,但它为一国在决定是否主张此种违反时,提供了进一步的政治理由。

最后,值得指出,侵入和感染是基于不以实害为目的的代码,还是由特定的软件或恶意程序造成,对二者进行区分似乎很重要。相比于那种对系统不构成任何实际威胁的代码,特定软件或恶意程序确实更有可能被认定为非法侵入。

5.3.2.3 未侵入外国系统的网络行动

一些网络行动不需要侵入目标系统就能产生效果。例如,DDoS攻击系通过产生大量对ICT基础设施的请求以使其无法访问。在这种情况下,每个单独的请求既不是非法的,也不是有害的。但正是大量的同时发生的请求扰乱了目标系统的正常运作。

由于没有侵入目标系统,因此也没有侵入领土,这种行为是否能构成侵犯目标国家的领土主权?一国在另一国领土上发生的任何未经授权的行为都侵犯后者的领土主权。传统的侵犯领土主权的行为指的是侵犯国的代理人,如间谍、船只或飞机越过边界。只要在一国领土主权范围内发现未经授权的潜艇、飞机或船只就足够了。

在前述情形中,由于没有恶意代码被注入目标国家的ICT基础设施,因此本身不存在侵入。但是,DDoS攻击产生的影响发生在目标国的

---

[112] Lafouasse, 'L'espionnage en droit international' (n 2) 77.

[113] 参见后文第9.3.4小节"赔偿的不同形式"。

领土主权范围内。例如,它们可能会使服务器变慢或使其无法被访问。因此,它们似乎可以被认为是侵犯目标国家领土主权的未经授权的行为,因为它们在这些国家的领土上产生了影响。

对目标基础设施的影响,即使是低烈度的,也会使目标国很容易检测到 DDoS 攻击。对于判断是否构成领土主权的侵犯不存在烈度的门槛,也不以物理损害为要件,这在前文已有讨论。但是,物理损害是否存在,或其烈度如何,这可能是促使一国公开疾呼其领土主权受到另一国侵犯的因素。在本书看来,我们可以将这一结论延伸到 DDoS 攻击的情形,特别是当我们考虑到比起仅具有非物理影响的网络行动,具有物理影响的网络行动更有可能被认定为侵犯领土主权。

侵犯领土主权只能是一国通过其国家行为或其控制下的个人的行为来实现。要判定 DDoS 攻击是否侵犯了领土主权,需要将其归因于某个国家。这一任务即使可能,也是非常复杂的,因为在大多数情况下,这类攻击是由来自不同地点的多人和僵尸电脑同时进行的。例如,针对爱沙尼亚、格鲁吉亚和立陶宛的大规模 DDoS 攻击被认为是同时来自许多不同的国家。

此外,DDoS 攻击通常是由具有共同目标的多人进行的,他们通过论坛和聊天进行协调,大多数时候都没有组织。例如 1998 年匿名数码联盟(ADC)组织了一场针对部分墨西哥网站的虚拟抗议,呼吁"所有有正义感的网民"将他们的浏览器连接到给定名单中的一个网站,并在指定时间内每隔几秒手动按下"重新加载页面"按钮,以封锁这些网站。⑭ ADC 和电子干扰剧院一起,也开发了用于进行 DDoS 攻击的软件——Flood Net,并将其发布在网上。他们呼吁用户下载该软件,并对美国白宫网站和墨西哥政府的网站进行 DoS 攻击。这些行动旨在支持萨帕塔民族解放军。似乎不可能将 DDoS 攻击的众多实施者——下载软件并遵循网站上基本指令进行操作的人——定性为有组织的。根据这一假设,通过煽动个人对目标国进行 DDoS 攻击,煽动国将成为反对另一国家运动的发起者;然而,认定这些施害者是在国家控制下行动似乎有些牵强。在此基础上,似乎很难断言整个 DDoS 攻击是由某个国家实施或支持的。因此,很难认定,发起这一行动的国家需对侵犯目标国的领土主权负有责任。

---

⑭ Anonymous Digital Coalition, 'NetStriking for Zapata' (18 January 1998), www.thing.net/~rdom/ecd/anondigcoal.html.

然而,在某些情况下,DDoS 攻击是由国家代理人或在国家控制下行动的人实施的,此时可以证明该行动可归因于该国。因此,在这种情况下,很可能构成对受害国领土主权的侵犯。

在混合性 DDoS 攻击的情形下,攻击由国家——通过其代理人或受其控制的人——和个人同时实施的情况可能会更加棘手。然而,似乎可以认为,如果受害国能够确定 DDoS 攻击的某一部分是在一国控制下进行的,那么就可以认定这是对受害国领土主权的侵犯,即使它只是整个网络行动的一小部分。

5.3.2.4 非自愿违反领土主权

前述各段详述了网络行动可能构成侵犯领土主权的情形。如果侵犯主权是出于错误或者出于疏忽,是否会有区别呢?以下表明答案是否定的。

航空和航海领域提供了几个因错误或疏忽而侵犯主权的例子。例如,2012 年 6 月 22 日,叙利亚武装部队在叙利亚领海上空拦截了一架土耳其军用飞机,导致这架飞机被击落两名机组人员死亡。[15] 这架飞机非自愿进入叙利亚领空并且只停留了很短时间。然而,这并不影响侵犯领土主权的认定。经常有飞机和船只侵犯不同国家的领土主权,而受影响的国家未作任何回应。在这里,没有回应是出于政治考虑,事实上并不构成放弃对不法性行为的主张。上述有关土耳其-叙利亚事件导致的航空器的击落应该被视为例外。

苏联卫星"Cosmos 954"的坠毁是支持这一论断的另一示例。在该例中侵犯加拿大领土主权不是自愿的。尽管这一侵犯属于非自愿性质,但它构成了对领土主权的侵犯。[16]

在网络领域中,恶意软件在世界范围内非自愿传播的示例也很多,或者至少是在没有针对特定计算机系统的情况下传播的。例如,虽然 Stuxnet 旨在对伊朗的核电站造成不利影响,但它却蔓延到了世界各地。受影响的其他国家完全可以声称,由于这种恶意软件在其领土主权范围内的计算机系统中传播,它们的主权受到了侵犯。在试图确定主权原则

---

[15] Jim Muir, 'Syrian Military Says It Downed Turkish Fighter Jet' (BBC News, 23 June 2012) www.bbc.co.uk/news/world-middle-east-18561219.

[16] 参见前文第 195—196 页。

是否受到侵犯时,受感染的系统和因此受影响的国家不是目标,这是否重要?显然,这一因素并没有改变情形的定性。

但是,受害国在考虑对施害国作出反应的各种备选办法时,可以考虑侵入行为的非自愿性质。此外,施害国也可能根据网络行动是否自愿入侵系统并造成影响而作出不同的反应。在非自愿侵入或损害的情况下,施害国很可能承认其错误行为和疏忽,并作出道歉。施害国采取的这类措施也可能影响受害国的反应。

这些案例也导致了另一个问题:错误或疏忽是否构成排除侵犯领土主权的不法性的情况?在这种情况下,不可抗力和意外事件可以成为很好的排除不法行为的考虑因素。当一个行为因不可抗拒的力量或不可预见的事件的发生而造成,超出一国的控制,使该国实际不可能履行其义务时,不可抗力可以排除该行为的不法性。[117]似乎一些网络行动可能是由"不可预见的事件"造成的。然而,如果一个行为是(试图援引它的国家的行为)国家实施的结果,那么这一国家显然无法援引不可抗力来排除该行为的不法性。[118]这在《国家责任条款评注》中已具体说明。根据该评注,它没有"涵盖有关国家的忽视或不履行义务所带来的情况,即使造成的伤害本身是意外的和无意的"。[119]因此,恶意软件的非自愿传播将构成对受影响国家的主权的侵犯。[120]

5.3.2.5 网络行动侵犯多国主权:以 WannaCry,NotPetya 和 BadRabbit 为例

美国和一些国家将 WannaCry 归因于朝鲜,但它们都没有在国际法下对其进行定性。美国总统特朗普的国土安全顾问宣称:"这是一次粗心和鲁莽的袭击。它影响到个人、行业和政府。其后果超出了经济范畴。

---

[117] Articles on 'Responsibility of States for Internationally Wrongful Acts' (adopted by the International Law Commission at its fifty-third session in 2001, annexed to General Assembly resolution 56/83 of 12 December 2001, and corrected by document A/56/49(Vol I)/Corr4), Article 23(1). See infra Chapter 6.

[118] 同上注,Article 23(2)(a).

[119] 'Commentary to the Articles on State Responsibility' (n 99) 76-77, commentary to Article 23, para 3 (footnotes omitted).

[120] Woltag (n 28) 155-156.

在英国,电脑受到严重影响,他们的医疗系统不仅危及金钱,还危及生命。"⑫ 但是,他并没有从国际法的角度分析这些事实。同样,一些国家对 NotPetya 和 BadRabbit 进行了归因,但没有讨论它们的合法性。尽管它们背后目标不同(WannaCry 和 BadRabbit 是勒索软件,而 NotPetya 虽然貌似勒索软件,但实际上会擦除受感染系统的数据),但从合法性的角度来看,这些恶意软件性质相似。

这些恶意软件迅速传播给多个国家的众多受害者。它们的影响主要包括侵入世界各地的大量计算机系统,阻塞数据并在某些情况下破坏数据。因此,这可能构成对计算机系统受到感染的领土国主权的侵犯。据我们所知,这些网络行动的目的不是为了胁迫相关国家,因此它们不能被视为非法干涉。最后,它们没有造成任何物理损害、伤害或人员死亡,因此在当前国际法下⑫似乎不可能认为它们是潜在的使用武力。⑬ 是故,这些恶意软件最多可被认为是对有关国家主权的侵犯,相关国家只允许采取和平的应对措施,而这种应对措施必须与每个国家单独遭到的主权被侵犯的程度相称。尽管它们的目标各异,但本书认为"NotPetya"

---

⑫ Thomas P Bossert,'Press Briefing on the Attribution of the WannaCry Malware Attack to North Korea'(The White House,19 December 2017) www.whitehouse.gov/briefings-statements/press-briefing-on-the-attribution-of-the-wannacry-malware-attack-to-north-korea-121917/.

⑫ 在这一点上,杰弗里·比勒(Jeffrey Biller)和迈克尔·N.施密特(Michael N Schmitt)指出,"造成轻微伤害或物理伤害以上的任何行动,毫无疑问都是使用武力。没有证据表明 NotPetya 导致了这样的后果。在我们看来,导致网络功能永久或长期丧失的行动也上升到使用武力的水平,但如上所述,关于 NotPetya 这个问题的可知事实是粗略的。人们越来越意识到,非破坏性的网络行动,比如那些造成广泛经济不稳定的行动,相当于使用武力。虽然 NotPetya 对乌克兰的过分关注可能已经达到了这种程度,但由于在这一问题上缺乏明确的国家实践和法律意见,无法在这方面得出明确的结论。Jeffrey Biller and Michael N Schmitt,'The NotPetya Cyber Operation as a Case Study of International Law'(EJIL:Talk!,11 July 2017) www.ejiltalk.org/the-notpetya-cyber-operation-as-a-case-study-of-international-law/.

⑬ 《纽约时报》记者妮可·珀罗斯(Nicole Perlroth)报道称,北约官员上周质疑此次袭击是否会触发北约的共同防御条款,《北大西洋公约》第 5 条将被援引使用。北约秘书长延斯·斯托尔滕贝格(Jens Stoltenberg)告诉记者,北约成员国去年一致认为,此类攻击可能会产生这种效果,并承诺帮助乌克兰加强网络安全防御。Nicole Perlroth,'Lasting Damage and a Search for Clues in Cyberattack',The New York Times (7 July 2017) www.nytimes.com/2017/07/06/technology/search-for-clues-global-cyberattacks.html.

"WannaCry"和"BadRabbit"构成了同样性质的国际不法行为:侵犯领土主权。[124]

正如下文中将讨论到的,习惯国际法不允许采取集体反措施,因此每个国家只能对侵犯其自身主权的行为作出反应。[125] 从这一角度来看,本书认为目前集体回应的局限性可能会促使习惯国际法未来的发展,以使得反措施足以应对这些类型的侵犯和威胁。

5.3.3 关于领土主权的小结

这一节证明了网络行动可以侵犯目标国家的领土主权。国家支持的行为可以构成这种违反,即使它们没有造成物理损害,或根本没有造成任何损害,或如果侵入是非自愿的。仅仅是对一个外国系统的侵入,或者仅仅是在这个系统中产生效果,就足以构成对主权的侵犯。侵入的规模和影响决定了违反的严重性及其后果,这些都是我们在划定国家责任时很重要的考虑因素。

5.4 网络行动和不干涉与不干预原则

广义而言,国际法中的不干涉原则(principle of non-intervention)包括两个子原则:一是不干预原则(principle of non-interference),即禁止一国干预另一国的内政或外交事务;二是禁止侵犯另一国的领土,[126]前述章节对此已作讨论。这两个子原则作为同一枚硬币——广义上的不干涉

---

[124] 杰弗里·比勒(Jeffrey Biller)和迈克尔·N.施密特(Michael N Schmitt)对 NotPetya 也得出了类似的结论,他们解释说:"对于较为次要的影响,比如永久拒绝访问数据或导致网络基础设施以非预期方式运行,这方面的法律还不确定。"我们认为,这些影响确实违反了尊重主权的义务。既然 NotPetya 严重削弱或阻断了网络基础设施的能力,其方式超过了暂时拒绝服务,该行动侵犯了该基础设施所在国家的主权。同上。

[125] 参见后文第 10.2.4.2 小节"实施反措施的第三国"。

[126] 对于 Gaetano Arangio-Ruiz 来说,"干涉"和"干预"两个词是等价的:Gaetano Arangio-Ruiz, 'Human Rights and Non-intervention in the Helsinki Final Act' (1977) 157 RCADI 195,257-see more specifically footnote 93. See also: Terry D Gill, 'Non-intervention in the Cyber Context' in Katharina Ziolkowski (ed), Peacetime Regime for State Activities in Cyberspace (NATO Cooperative Cyber Defence Centre of Excellence (CCD-COE) 2013) 217-218.

原则——的两面,经常容易混淆,这个争议话题已经被相关研究文献所关注。⑫ 例如,在尼加拉瓜案中,国际法院推理中界定的不干涉原则就包括上述两个方面的定义。⑫ 本节将在狭义上使用不干涉原则这个术语,即仅指禁止一国干涉另一国的内政或外交事务。

不干涉原则可以适用于网络行动。⑫ 本节分为两小节:第一小节聚焦不干涉原则内涵的界定(5.4.1);第二小节研究这一原则如何适用于网络行动(5.4.2)。

5.4.1 不干涉与不干预原则

通常认为,不干涉原则与禁止使用武力原则和国家主权原则密切相

---

⑫ Dupuy and Kerbrat (n 63) 130 *et seq*; see also: Philip Kunig, 'Intervention, Prohibition of', *Max Planck Encyclopedia of Public International Law* (*MPEPIL*), https://opil.ouplaw.com/view/10.1093/law: epil/9780199231690/law-9780199231690-e1434 (OUP 2008); Sean Watts, 'Low-Intensity Cyber Operations and the Principle of Non-intervention' (2015) 14 Baltic Yearbook of International Law 137, 144; another version of this article has been published in Claire Finkelstein, Jens David Ohlin and Kevin Govern (eds), *Cyber War: Law and Ethics for Virtual Conflicts* (OUP 2015) 249-270.

⑫ Nicaragua (Merits) (n 7) 106, para 202.

⑫ Ziolkowski (n 98) 164. Rule 66 of the *Tallinn Manual* 2.0 is dedicated to cyber interventions by States and takes a similar approach to the one developed in the present section: Schmitt and Vihul (n 4) 312-324, Rule 66 and subsequent commentary.

关。⁽¹³⁰⁾这一习惯国际法⁽¹³¹⁾的原则建立在尊重国家领土主权和国家主权平等的基础之上。⁽¹³²⁾

5.4.1.1 不干涉原则的内涵

不干涉原则规定在《联合国宪章》第2条。该条第1项确认了联合国各会员国主权平等，由此可以推出不干涉原则的结论。该条第4项禁止各国使用武力侵害任何国家的领土完整或政治独立，这也包括涉及使用武力的非法干涉。最后，该条第7项禁止联合国实施某些形式的干涉。⁽¹³³⁾

在尼加拉瓜案中，国际法院澄清了不干涉原则的内涵：

---

⑬⁰ On the principle of non-intervention, see, generally: Shaw (n 45) 832-841; Dupuy and Kerbrat (n 63) 130-139; Antonio Cassese, *Diritto internazionale* (Il Mulino 2003) 66-69; Antonio Cassese, *International Law in a Divided World* (Clarendon Press 1986) 143-148; Pellet et al (n 27) 486-488; Arangio-Ruiz (n 126) 252-332; Kunig (n 127); Maziar Jamnejad and Michael Wood, 'The Principle of Non-intervention' (2009) 22 *Leiden Journal of International Law* 345; Rosalyn Higgins, 'Intervention and International Law' in Hedley Bull (ed), *Intervention in World Politics* (Clarendon Press 1984); Paul Bastid, 'La révolution de 1848 et le droit international' (1948) 72 RCADI 167, 238-259-the fourth chapter of his course is dedicated to 'L'intervention et la non-intervention'; NA Ouchakov, 'La compétence interne des états et la non-intervention dans le droit international contemporain' (1974) 141 RCADI 1; M Ellery C Stowell, 'La théorie et la pratique de l'intervention' (1932) 40 RCADI 87; Pitman B Potter, 'L'inter-vention en droit international moderne' (1930) 32 RCADI 607. 一些作者对禁止干预原则的存在提出了质疑；see, notably: Anthony D'Amato, 'There is No Norm of Intervention or Non-intervention in International Law' (2001) 7 *International Legal Theory* 33, passim.

⑬¹ 此外，一些作者认为不干涉原则是强制法的规范；see, generally: the Separate Opinion of Judge Sette-Cama, *Nicaragua* (Merits) (n 7) 199; Cassese (n 130) 147; Jianming Shen, 'The Non-intervention Principle and Humanitarian Interventions under International Law' (2001) 7 International Legal Theory 1, 2 *et seq*; Dupuy and Kerbrat (n 63) 132, para 119.

⑬² *Nicaragua* (Merits) (n 7) 106, para 202.

⑬³ 第2条第7款的措辞限于联合国的干预，但一些作者认为，它也禁止其他国家的干预；see, for instance, Eduardo Jiménez de Aréchaga, 'International Law in the Past Third of a Century' (1978) 159 RCADI 1, 112. See, *contra*: Gilbert Guillaume, 'Article 2, Paragraphe 7' in Jean Pierre Cot, Alain Pellet and Mathias Forteau (eds), *La charte des Nations Unies: Commentaire article par article* (3rd edn, Economica 2005) 490-494; Georg Nolte, 'Article 2 (7)' in Bruno Simma et al (eds), *The Charter of the United Nations: A Commentary* (OUP 2012) 284-285.

该原则禁止所有国家或团体直接或间接干涉其他国家的内部或外部事务。被禁止的干涉必须涉及根据国家主权原则允许各国自由决定的事项。其中之一是政治、经济、社会和文化制度的选择以及外交政策的制定。如果一国通过胁迫的方式对另一国自由选择之事项进行干预，即构成不法行为。这种胁迫方式的典型表现是使用武力干涉，不论是以军事行动直接干涉，还是以支持另一国国内颠覆活动的间接形式进行干涉。[134]

简言之，这一原则禁止直接或间接干涉允许各国自由决定的事项，如"政治、经济、社会和文化制度的选择以及外交政策的制定"。[135] 从前引的判决摘录中可以看出，被禁止的干涉包括三个主要特征。[136] 第一，干涉必须由一国对另一国实施。[137] 个人或团体实施的行为只有在可以归因于国家时才可以构成干涉。第二，被禁止的干涉涉及目标国可以自由决定的事项，包括外部或内部事务。[138] 第三，胁迫因素构成被禁止的干涉的一个必备要件。在被禁止的干涉中，必须存在胁迫目标国以直接或间接干涉目标国的内部或外部事务的企图。[139]

---

[134] Nicaragua (Merits) (n 7) 107-108, para 205.

[135] Watts (n 127) 153-155.

[136] 盖塔诺·阿兰吉奥-鲁伊斯认为以下三个因素构成了非法干预："(i) 行为的性质及其手段或形式；(ii) 行动的对象或'目标'；(iii) 行动的目的。" Arangio-Ruiz (n 126) 257.

[137] Nicaragua (Merits) (n 7) 108, para 205 ("该原则禁止所有国家或国家集团直接或间接干涉其他国家的内部或外部事务")。

[138] 同上注，See also Arangio-Ruiz (n 126) 260-261.

[139] 同上注，(n 127) para 1. See also the analysis of the coercive element in Arangio-Ruiz (n 126) 257, 261 et seq.

不干涉原则已在各类条约、⁤⁰宣言⁤¹以及联大决议中得到重申,如《国家权利和义务宣言草案》⁤²、《关于不容许干涉各国内政和保护各国独立与主权的宣言》⁤³、《关于各国依联合国宪章建立友好关系及合作之国际法原则之宣言》⁤⁴、《关于不干涉国家内部事务的决议》⁤⁵以及《不容干涉和干预别国内政宣言》。⁤⁶

⁤⁰ 'Convention on Rights and Duties of States Adopted by the Seventh International Conference of American States' (adopted on 26 December 1933, entered into force on 26 December 1934), Article 8; 'Pact of the League of Arab States', Article 8; 'Charter of the Organization of American States', Article 15; 'Vienna Convention on Diplomatic Relations' (adopted in Vienna 18 April 1961, entered into force 24 April 1964) 500 UNTS 95, 23 UST 3227, 55 AJIL 1064 (1961), Article 41; 'Charter of the Organization of African Unity', Article 3; Vienna Convention on the Law of Treaties, Preambles; 'Constitutive Act of the African Union', Article 4(g); 'Charter of the Association of Southeast Asian Nations' (adopted 20 November 2007, entered into force 15 December 2008), Article 2 (2); 'Charter of the Organisation of the Islamic Conference' (14 March 2008), Article 2 (4). See also the study of various instruments integrating the principle of non-intervention in: Arangio-Ruiz (n 126); Ouchakov (n 130).

⁤¹ 'Conference on Security and Co-operation in Europe Final Act' (Helsinki 1975), Principle VI.

⁤² Draft Declaration on Rights and Duties of States', UNGA Resolution 375 (IV) (6 December 1949).

⁤³ 'Declaration on the Inadmissibility of Intervention in the Domestic Affairs of States and the Protection of Their Independence and Sovereignty', UNGA Res 2131 (XX) (21December 1965).

⁤⁴ 'Declaration on Principles of International Law Concerning Friendly Relations and Cooperation among States in Accordance with the Charter of the United Nations', UNGA Res 2625 (XXV) (24 October 1970).

⁤⁵ 'Non-interference in the Internal Affairs of States', UNGA Res 31/91 (14 December 1976).

⁤⁶ 'Declaration on the Inadmissibility of Intervention and Interference in the Internal Affairs of States', UNGA Res 36/103 (9 December 1981).

尽管不干涉原则具有习惯法的地位,但它并不是绝对的。[147] 不过这一原则的例外情况非常有限。例如,在尼加拉瓜案中,当事国为辩护其行为主张不干涉原则存在若干例外情况,国际法院对这些抗辩作了列明,包括:人道主义干涉例外,[148] 以及"支持民主的干涉"或"意识形态干涉"例外。[149] 各国是否有权实施人道主义干涉,以及不干涉原则的其他例外情况等问题,不仅在学者中引起了激烈的辩论,而且在国家实践中也存在极大的争议。[150]

5.4.1.2　干涉的不同形式

构成非法干涉需要满足三个要件:一国对另一国的行为、旨在胁迫后者、自由决定的能力。非法干涉可以采取多种形式,如使用武力、颠覆性干涉、外交干涉、政治干涉、域外强制管辖、经济胁迫和外交胁

---

[147]　例如,不干涉原则的非绝对性质已经表现出来:Affaire des biens britanniques au Maroc espagnol (Espagne contre Royaume-Uni) (1925) 2 RIAA 615, 641:('il estincontestable qu'à un certain point l'intérêt d'un État de pouvoir protéger ses ressortissants et leurs biens, doit primer le respect de la souveraineté territoriale, et cela même en l'absence d'obligations conventionnelles. Ce droit d'intervention a été revendiqué par tous les États, ses limites seules peuvent être discutées.'). 此外,有人强调指出,不干预原则本身并不是强制法的规范,如 Jamnejad and Wood (n 130) 358-359.

[148]　Nicaragua (Merits) (n 7) 134-135, paras 267-268.

[149]　同上注,133-134, paras 263-267.

[150]　Dupuy and Kerbrat (n 63) 132-139, para 120; Shen (n 131); Amy Eckert, 'The Non-intervention Principle and International Humanitarian Interventions' (2001) 7 *International Legal Theory* 49; D'Amato (n 130). This debate was already acknowledged in 1932 by M Ellery C Stowell in his course at the Hague Academy of International Law: Stowell (n 130) 138-148.

See also, for instance, Russia, 'Concept of the Foreign Policy of the Russian Federation (Approved by President of the Russian Federation V Putin on 12 February 2013, Unofficial Translation Available on the Website of the Russian Ministry of Foreign Affairs)' http://archive.mid.ru//brp_4.nsf/0/76389FEC168189ED44257B2E0039B16D ("以执行'保护责任'为借口,从外部进行军事干预和其他形式的干涉,破坏以国家主权平等原则为基础的国际法基础,这是不可接受的").

迫。⑮¹涉及使用武力的干涉可能同时违反不干涉原则和禁止使用武力原则。⑮²

最常见的非法干涉事例之一,是国家干涉内战或者支持叛乱分子。⑮³一国与其领土上的叛乱分子之间的内战及二者关系被认为是内政。

需要指出,即使没有使用武力或侵犯目标国的领土,也可被定性为非法干涉。⑮⁴换言之,使用武力或侵犯目标国的领土并非非法干涉的必要条件。

5.4.1.3 国际法院的实践

国际法院在科孚海峡案中首次作出存在非法干涉的判定,并在尼加拉瓜案和武装活动案中重申了其立场。⑮⁵

在科孚海峡案中,国际法院认为,英国皇家海军收集关于科孚海峡雷区存在的证据及其扫雷行动构成非法干涉。⑮⁶国际法院还判定,英国抗辩其实施干涉是为了保存证据和确保国际法被遵守的事实,但这不能排除干涉行为的不法性。

在尼加拉瓜案中,国际法院分析了一系列事例,用于说明哪些可以或不能被认定为非法干涉。例如,国际法院认为,"美国在1984年9月底之前通过财政支持、培训、武器供应、情报和后勤支持等方式,对尼加拉瓜反抗军的军事和准军事活动提供的支持"构成被禁止的干涉。⑮⁷此外,对反

---

⑮¹ Kunig (n 127) paras 22-27; see also: Matthew C Waxman, 'Cyber-Attacks and the Use of Force: Back to the Future of Article 2(4)' (2011) 36 *Yale Journal of International Law* 421,428-429; Jamnejad and Wood (n 130) 359-362,367-377; Pellet *et al* (n 27) 487-488; Arangio-Ruiz (n 126) 261 *et seq*; Gill (n 126) 221 *et seq*.

⑮² Nicaragua (Merits) (n 7) 110, para 209. See, for instance, the discussion on this matter in Watts,'Low-Intensity' (n 127) 146-149.

⑮³ Shaw (n 45) 832-841; Bastid (n 130) 240 *et seq*.

⑮⁴ Watts,'Low-Intensity' (n 127) 145,148.

⑮⁵ Corfu Channel (Merits) (n 51) 35; Nicaragua (Merits) (n 7) 108, para 206; Armed Activities on the Territory of the Congo (Democratic Republic of the Congo v. Uganda) (Judgment) [2005] ICJ Reports 168,227, paras 164-165.

⑮⁶ Corfu Channel (Merits) (n 51) 35("法院只能把所谓的干涉权视为一种武力政策的表现,这种政策在过去曾造成最严重的滥用,而且无论国际组织目前有什么缺陷,都不能在国际法中占有一席之地。在这里,这种特殊形式的干预也许更不被接受,因为,从事物的本质上讲,它将留给最强大的国家,并且很容易导致国际司法本身的扭曲").

⑮⁷ Nicaragua (Merits) (n 7) 124, para 242.

抗军的武装和训练,甚至仅仅是资金支持就可以构成非法干涉。⑮ 相反,国际法院裁定:在"1981年4月停止经济援助、1981年4月美国从尼加拉瓜进口的糖配额减少了90%、1985年5月1日通过的贸易禁运"等事例中,美国的行为并没有违反不干涉原则。⑯

在武装活动案中,乌干达的军事和准军事活动,以及其积极对在刚果民主共和国境内活动的非正规部队提供经济、军事和财政支持等行为,被法院定性为违反不干涉原则和非法诉诸武力。⑯

在介绍了不干涉原则的特点之后,下文将讨论该原则在网络领域的适用。

5.4.2 网络干涉

基于非法干涉的三个要件——一国针对另一国实施的行为、旨在胁迫后者、自由决定的能力,本小节将对网络行动的例子进行分析。为了达到胁迫一国的目的,网络行动似乎成了很好用的策略,这一点将在下面的案例研究中得到展示。

5.4.2.1 不干涉原则和网络行动的现有事例

下文将以索尼影视娱乐公司被黑(A)、Stuxnet(B)和针对爱沙尼亚的网络行动(C)这三起事件为例,分析不干涉原则适用于网络行动的情景。

A. 索尼影业事件

2014年,日本索尼集团的美国子公司索尼影视娱乐公司被黑客入侵,导致公司大量数据被盗,黑客在2014年11月公开发布了这些数据。黑客提出的诉求是,要求索尼取消电影《采访》(*The Interview*)的上映计划,这是一部关于刺杀朝鲜领导人的恶搞片。美国官员声称这次网络行动是由朝鲜支持的,⑯但朝鲜否认其与此事有任何关联。

在2014年12月发布的一份声明中,美国时任国土安全部部长杰·

---

⑮ 同上注119,para 228.

⑯ 同上注126,para 244.

⑯ Armed Activities (Judgment) (n 155) 227, para 163.

⑯ David E Sanger and Nicole Perlroth, 'U.S. Said to Find North Korea Ordered Cyber-attack on Sony', *The New York Times* (17 December 2014) www.nytimes.com/2014/12/18/world/asia/us-links-north-korea-to-sony-hacking.html.

约翰逊（Jeh Johnson）声称："索尼影业所遭受的网络攻击,不仅仅是针对一家公司或其员工的攻击。这还是对我们尊奉的'言论自由和生活方式'的攻击。"（着重号由译者添加）⑱这一声明似乎可以看作在批评此次网络行动干涉了美国内政事项。那么索尼影业黑客事件中的网络行动是否构成对不干涉原则的违反？

首先,要构成非法干涉,干涉行为必须系由一国对另一国实施。在这一事例中,朝鲜是否以网络行动发起者的身份实施相关黑客行为,我们尚不清楚。然而,为了分析需要,我们可以先假定认为,相关网络行动确系由一国所为,因此符合非法干涉第一个要件中关于干涉行为实施主体的要求。此外,根据此要件,只有国家才能成为非法干涉的受害者。对此,普遍认为,干涉可以通过间接的形式实施,如一国对外国公司采取行动,也有可能被认为是间接干涉另一国的内政,从而违反了不干涉原则。⑯

根据非法干涉的后两个要件,要构成非法网络干涉,涉事网络行动必须是为了在通常允许一国自由决定的事项上实施胁迫。在本起事件中,"尊奉的言论自由和生活方式"可以被认为是自由决定国家组织形式的一部分。但是,很难认为这些针对私人娱乐公司的网络行动会构成对美国的直接胁迫,也很难够上与网络行动更相关的间接胁迫。诚然,网络行动的确导致了索尼影业公司内部数据的外泄,也造成一些电影延迟上映、另一些电影被非法在网上发布,最终也给公司造成了一定的经济困难。然而,它并没有对美国产生直接或间接的胁迫性影响。

因此,结合事件的事实和不干涉的要件来看,对索尼影业的黑客攻击并不构成对不干涉原则的违反。

B. Stuxnet 事件

Stuxnet 感染了伊朗的核设施,破坏了伊朗的核计划,本起事件中最引人注意的后果是几台涉事离心机在物理意义上的损毁。普遍认为,Stuxnet 是迄今为止唯一一起网络行动可能构成使用武力的案例。那么,

---

⑯ 'Statement by Secretary Johnson on Cyber Attack on Sony Pictures Entertainment'（US Homeland Security, 19 December 2014）www.dhs.gov/news/2014/12/19/statement-secretary-johnson-cyber-attack-sony-pictures-entertainment.

⑯ Jamnejad and Wood (n 130) 372-373. Terry D Gill 将"一国通过干预另一国的银行活动或操纵股票市场而从事造成重大经济损失的活动"的情况定义为潜在的非法干预:Gill (n 126) 227.

本事件中的网络行动是否也构成对不干涉原则的违反？

首先是看干涉行为的实施国和目标国是否满足要件。就实施国而言，Stuxnet 的始作俑者的身份尚未被明确识别，虽然人们一般倾向于认为这起事件是由美国和以色列——也许还有其他国家的帮助——设计实施的。就目标国而言，Stuxnet 的主要破坏对象是伊朗境内由国家管控的核设施。

针对非法干涉的后两个要件，Stuxnet 据称旨在迫使伊朗重新审视其核进程，并试图终止其核武野心。有评论认为，伊朗的核方案既有民用目的，也有军事目的。不论如何，一国的能源和军事政策可以被认为属于一国的内政，即使近年来的一些条约也旨在限制这类活动。

因此，如果被指控的国家身份得到证实，那么 Stuxnet 事件似乎可以构成非法干涉的一个事例，即一国胁迫另一国改变其国内的能源和军事政策。[164]

C. 爱沙尼亚事件

2007 年针对爱沙尼亚的网络行动也是一个很好的例子。当时，爱沙尼亚当局将一个原本放置在塔林市中心的苏联时期的雕像改址移到郊外，其后便发生了针对爱沙尼亚的网络攻击。据称，这些网络行动中的一部分施害者来自俄罗斯。如果国家作为发起者或始作俑者的身份得到证实，即可以认为，该起网络行动是一国为了干涉另一国的内政而实施的。因此，它可以被认为是非法干涉。[165]

值得强调，前文关于侵犯领土主权的讨论中也已论及的是，[166]DDoS 攻击通常由多个行动者同时实施。因此，从纯技术角度而言，考虑到行为者众多且攻击瞬时发生，可能很难确定一国是否参与其中。

5.4.2.2 网络行动作为复合型施加影响行动的一部分

在 2016 年美国总统选举和 2017 年法国总统选举中，都发现存在外来网络行动进行干扰的迹象。这两起事件表明，网络行动可能被用作复合型施加影响行动（Composite Influence Operation）的一部分，以干涉一国选举过程。当然，与选举过程有关的网络行动的事例及其构成的威胁，

---

[164] Terry D Gill adopts a similar conclusion: Gill (n 126) 234-235.
[165] Similarly, 同前注 234.
[166] 参见前文第 207—210 页。

肯定不仅限于这两个例子,而且未来还势必会随着新的选举而有所增加。对于这类网络行动的后果,以及更广泛的干涉选举进程的企图,将在本小节的结语(D)中进行分析。

有趣的是,从国际法的角度来看,在2016年美国总统选举和2017年法国总统选举中,网络行动本身并不构成非法干涉,其更可能构成对国家主权的侵犯。然而,对于那些与网络行动相关的、更大范围上的施加影响行动而言,则可能构成对不干涉原则的违反。困难在于如何确定这一关键问题,即这些事件中,网络行动是应认定为一起实质性行动的预备行动,还是一项复合型行动的一部分?为了解决这个问题,下文将首先介绍预备行动与作为复合行动一部分的行动之间的区别(A),然后再从国际法的角度分析这两起事件(B和C)。

A. 预备行动与复合行动的区别

根据国家责任法,构成国际不法行为需要同时满足两个要件:存在可归因于一国的作为或不作为,且该行为构成对国际义务的违反。[167] 然而,很重要的一点是,我们需要区分三种不同形式的国际不法行为:已经完成的或瞬时完成的国际不法行为,持续性的国际不法行为,以及复合型的国际不法行为。要界定前两种形式相对容易。对于瞬时完成或已经完成的国际不法行为而言,违反"发生在该行为实施的时刻",无论其影响是否持续。[168] 相反,对于持续性的国际不法行为而言,"该行为延续的时间对应于该行为持续违反有关国际义务的整个期间"。[169] 最后一种形式即所谓复合型的国际不法行为,是指国际不法行为同时包含若干作为或者不作为的情形。虽然单独一项作为或不作为本身可能都构不成违反国际法,但这些作为或不作为累积聚合构成的复合行为却可能违反国际法。在国际法委员会编撰的《国家责任条款草案》第15条中,这一点已经得到确认:

第15条——复合行为违背义务

1.一国通过被一并定义为不法行为的一系列作为和不作为违背国际义务的情事,发生于一作为和不作为发生的时刻,该作为和不作

---

[167] Articles on State Responsibility, Article 2.

[168] 同上注,Article 14(1).

[169] 同上注,Article 14(2).

为连同其他的作为和不作为看待,足以构成不法行为。

2. 在上述情况下,该违背义务行为持续的时间为一系列作为和不作为中的第一个开始发生到此类行为再次发生并且一直不遵守该国国际义务的整个期间。⑰

在涉及网络行动的场景中,构成违反国际法的复合行为的概念尤其有适用意义。事实上,在多数情况下,网络行动可能只是更广泛行动的一部分,而这些行动可能不限于网络空间。然而,在一些情况下,与更广泛的行动有关的一些网络行动可能不是复合行动的组成部分,而是预备行动。

在 Gabčikovo-Nagymaros 项目案中,国际法院分析了预备行动与作为复合行为一部分的行动之间的区别。在该案中,捷克斯洛伐克在其领土上为多瑙河改道实施工程,法院必须确定这一行为是否属于由国际河流实际改道所构成的非法行为的一部分。法院指出:

> 1991 年 11 月至 1992 年 10 月期间,捷克斯洛伐克只在自己的领土上开展变通方案 C 所必要的工程,但如果当事各方达成协议,它就可能会放弃这种做法,因此不能认为这种安排预先确定了该国即将作出的最后决定。只要多瑙河没有单方面筑坝,变通方案 C 就不会被实际应用。
>
> 在不法行为或犯罪行为之前,通常会有预备行动,这不应与不法行为或犯法行为本身混为一谈。它们之间的区别,可以通过以下两项行动的区别类比理解:实际犯下的不法行为,不论其是立即发生还是持续进行;以及发生在此行为之前具有预备性质,但"不符合不法行为条件"的行动。⑰

根据法院的判决,实际不法行为与预备行动之间的区别,主要取决于有关行动是否"预先确定了将被作出的最终决定"。⑫ 因此,要区分预备行动与作为不法行为实际组成部分的行动,必须根据具体情况来识别判断。

---

⑩ 同上注,Article 15.
⑰ 同上注,Gabčikovo-Nagymaros Project (Hungary/Slovakia) (Judgment) [1997] ICJ Reports 7,54,para 79.
⑫ 'Commentary to the Articles on State Responsibility' (n 99) 61-62,para 13.

一项网络行动与另一项网络行动或非网络性质的行动联合实施,这是相当普遍的现象。就此而言,2007年9月6日以色列空袭疑似叙利亚核反应堆的"果园行动"就是一个很好的例子。空袭之前,以色列实施了多次行动,其中也包括网络行动,目的是摧毁叙利亚的雷达系统。⑬ 毫无疑问的是,以色列空袭构成对叙利亚的武装攻击,但接下来的问题是:针对叙利亚雷达系统的网络行动,应当视为是复合型武装攻击行动的一部分,还是应当被视为一项预备行动? 使叙利亚雷达系统失效可能是军事行动的准备措施,但是在此行动实施之后,以色列也可能决定停止攻击不再采取后续行动。在这种情况下,使雷达失效的行为需要被单独评估,其可能只构成对叙利亚主权的侵犯以及对叙利亚非法威胁使用武力,以表明以色列已为后续武装攻击准备就绪,但其并不等同于武装攻击本身。基于上述原因,摧毁雷达似乎并没有预先确定进行空袭的最后决定,因此应将其认定为一项准备行动,而不是轰炸雷达基础设施这一复合型非法行为的一部分。

同样,在Stuxnet事件中,在发起旨在破坏离心机的恶意软件攻击之前,施害者还实施了其他网络行动,以收集伊朗核计划运行情况的必要信息。⑭ 这些前置网络行动应被认定为预备行动,而不是与实际破坏离心机的网络攻击一起构成复合型非法行为的一部分。

B. 2016年美国总统大选期间对民主党全国委员会的黑客攻击

2016年美国总统大选期间发生了四起标志性的网络事件。第一,希拉里·克林顿的电子邮件争议以及美国联邦调查局(FBI)启动的相关调查——FBI指控希拉里在担任国务卿期间使用个人电子邮件服务器对机密信息进行了不当存储或传输。⑮ 第二,针对民主党全国委员会(DNC)的黑客事件。第三,据称美国39个州的选民数据库和软件系统遭到的黑

---

⑬ 参见前文第35页,参见后文第442—443页。

⑭ Kim Zetter, *Countdown to Zero Day: Stuxnet and the Launch of the World's First Digital Weapon* (Crown 2014) 227-247.

⑮ 'Hillary R. Clinton' [United States Federal Bureau of Investigation (FBI)] https://vault.fbi.gov/hillary-r.-clinton.

客攻击。⑯ 第四,据称是对美国大量使用的投票机器的黑客攻击。⑰ 本节重点讨论第二起事件,即对 DNC 的黑客攻击及其后果。

在 2015 年到 2016 年两年内,美国民主党的管理机构,即 DNC,成为一系列网络行动的目标。这些网络行动旨在侵入 DNC 的计算机网络和系统并窃取数据。结合 2016 年美国总统大选的背景,这些网络行动被认为是一系列针对美国政治组织的行动的一部分。⑱

人们普遍认为俄罗斯需要对这些网络行动负责,两家俄罗斯情报机构——俄罗斯联邦情报局(GRU)和联邦安全局(FSB)——被认为是这些网络行动的罪魁祸首。但俄罗斯否认牵涉其中。⑲ 与此同时,互联网上有一位代号为"Guccifer 2.0"的"独行黑客"声称他对入侵 DNC 网络负责。⑳

针对 DNC 的网络行动有不同的目标和目的。一些行动非法访问了民主党针对共和党总统候选人特朗普建立的研究数据库。㉑ 另一些行动窃取了数以万计的电子邮件和文件,这些文件随后通过维基解密公开发

---

⑯ Michael Riley and Jordan Robertson, 'Russian Hacks on U.S. Voting System Wider than Previously Known' (Bloomberg, 13 June 2017) www.bloomberg.com/news/articles/2017-06-13/russian-breach-of-39-states-threatens-future-u-s-elections.

⑰ Brian Barrett, 'America's Electronic Voting Machines Are Scarily Easy Targets', *WIRED* (2 August 2016) www.wired.com/2016/08/americas-voting-machines-arent-ready-election/; Lily Hay Newman, 'Voting Machines Are Still Absurdly Vulnerable to Attacks', *WIRED* (28 September 2018) www.wired.com/story/voting-machine-vulnerabilities-defcon-voting-village/.

⑱ Ellen Nakashima, 'National Intelligence Director: Hackers Have Targeted 2016 Presidential Campaigns', *The Washington Post* (18 May 2016) www.washingtonpost.com/world/national-security/national-intelligence-director-hackers-have-tried-to-spy-on-2016-presidential-campaigns/2016/05/18/2b1745c0-1d0d-11e6-b6e0-c53b7ef63b45_story.html.

⑲ On the attribution of these cyber operations,参见前文第 44—45 页,第 73—76 页,第 83—85 页。

⑳ See, generally, Thomas Rid, 'All Signs Point to Russia Being behind the DNC Hack' (Motherboard, 25 July 2016) http://motherboard.vice.com/read/all-signs-point-to-russia-being-behind-the-dnc-hack.

㉑ David E Sanger and Nick Corasaniti, 'D.N.C. Says Russian Hackers Penetrated Its Files, Including Dossier on Donald Trump', *The New York Times* (14 June 2016) www.nytimes.com/2016/06/15/us/politics/russian-hackers-dnc-trump.html.

布在网上。⑱² 维基解密网站指出：

今天，2016年7月22日星期五，美国东部时间上午10:30，维基解密公开了来自DNC高层的19252封邮件和8034个附件，作为我们新的"希拉里解密"系列的第一部分。这些泄露的信息来自美国民主党全国委员会7名关键人物的账号：通信主管Luis Miranda（10770封邮件）、国家财务总监Jordon Kaplan（3797封邮件），财务参谋长Scott Comer（3095封邮件）、[财务]数据与战略计划总监Daniel Parrish（1472封邮件）、财务总监Allen Zachary（1611封邮件）、资深顾问Andrew Wright（938封邮件），以及北加州金融主管Robert（Erik）Stowe（751封邮件）。这些邮件涵盖了从去年1月到今年5月25日的这段时间。⑱³

值得思考的一个突出问题是：这些网络行动的目的为何？⑱⁴ 可以说，它们的目的是影响或操纵2016年的美国总统竞选。⑱⁵ 一种推测认为，实

---

⑱² Tom Hamburger and Karen Tumulty, 'WikiLeaks Releases Thousands of Documents about Clinton and Internal Deliberations', *The Washington Post* (22 July 2016) www.washingtonpost.com/news/post-politics/wp/2016/07/22/on-eve-of-democratic-convention-wikileaks-releases-thousands-of-documents-about-clinton-the-campaign-and-internal-deliberations/.

⑱³ 'Search the DNC Email Database' (WikiLeaks, 22 July 2016) https://wikileaks.org/dnc-emails/.

⑱⁴ Susan Hennessey, 'What Does the US Government Know about Russia and the DNC Hack?' (Lawfare, 25 July 2016) www.lawfareblog.com/what-does-us-government-know-about-russia-and-dnc-hack.

⑱⁵ David E Sanger and Eric Schmitt, 'Spy Agency Consensus Grows That Russia Hacked D.N.C.', *The New York Times* (26 July 2016) www.nytimes.com/2016/07/27/us/politics/spy-agency-consensus-grows-that-russia-hacked-dnc.html.

施这些网络行动,是为了促成特朗普当选为下一任美国总统。[186]因为相比于希拉里·克林顿,俄罗斯政府和普京更倾向于特朗普当选。[187]有意思的是,特朗普曾向俄罗斯方面喊话,声称如果黑客攻击确由俄方所为,要求他们公开所窃取的其他电子邮件。[188]特朗普对俄罗斯的这种喊话可能会被外界的评论人士解读为主动邀请后者在总统竞选中支持他。此外,一些专家还警告,美国大选或将面临更严重的网络威胁,他们认为下一步的网络行动可能就是直接针对电子投票系统。[189]

2018年4月20日,就2016年总统大选期间遭黑客攻击一事,DNC对几方被告提起诉讼,包括俄罗斯联邦、GRU、Guccifer 2.0、维基解密、朱

---

[186] Bruce Schneier, 'By November, Russian Hackers Could Target Voting Machines', *The Washington Post* (27 July 2016) www.washingtonpost.com/posteverything/wp/2016/07/27/by-november-russian-hackers-could-target-voting-machines/; Shane Harris and Nancy A Youssef, 'FBI Suspects Russia Hacked DNC; U.S. Officials Say It Was to Elect Donald Trump', *The Daily Beast* (25 July 2016) www.thedailybeast.com/articles/2016/07/25/fbi-suspects-russia-hacked-dnc-u-s-officials-say-it-was-to-elect-donald-trump.html. On the relation between Vladimir Putin and Donald Trump, see Franklin Foer, 'Putin's Puppet' (Slate, 21 July 2016) www.slate.com/articles/news_and_politics/cover_story/2016/07/vladimir_putin_has_a_plan_for_destroying_the_west_and_it_looks_a_lot_like.html.

[187] Andrew Roth, 'Putin Says Trump Is "Absolute Leader" in U.S. Presidential Race', *The Washington Post* (17 December 2015) www.washingtonpost.com/world/putin-no-major-gaps-with-washington-over-efforts-to-end-syria-conflict/2015/12/17/a178255e-a431-11e5-8318-bd8caed8c588_story.html; Andrew Roth, 'Russia Denies DNC Hack and Says Maybe Someone "Forgot the Password"', *The Washington Post* (15 June 2016) www.washingtonpost.com/news/worldviews/wp/2016/06/15/russias-unusual-response-to-charges-it-hacked-research-on-trump/.

[188] Jose A DelReal, Robert Costa and Philip Rucker, 'Trump Invites Russia to Meddle in the U.S. Presidential Race with Clinton's Emails', *The Washington Post* (27 July 2016). www.washingtonpost.com/politics/trump-invites-russia-to-meddle-in-the-us-presidential-race-with-clintons-emails/2016/07/27/a85d799e-5414-11e6-b7de-dfe509430c39_story.html.

[189] Schneier (n 186); Isaac Chotiner and Jack Goldsmith, 'Is the DNC Hack an Act of War? And Is the U.S. Prepared to Defend Itself from the Foreign Powers Who Would Meddle in Our Elections?' (Slate, 25 July 2016) www.slate.com/articles/news_and_politics/interrogation/2016/07/is_the_dnc_hack_an_act_of_war_and_is_russia_responsible.html.

利安·阿桑奇(Julian Assange)以及特朗普竞选团队。[190] 在其原始诉状以及2018年10月3日的修订版诉状中,DNC陈述了其对事实的理解、各个行动者的角色、相关行动在美国法下的合法性以及其所遭受的损害。有意思的是,在2018年11月9日,法院收到俄罗斯联邦司法部的一封信,其中载有一份"俄罗斯联邦豁免声明"。[191] 在这份立场文件中,俄罗斯联邦重申其主权豁免,并澄清:

> 此立场文件向美国地方法院、美国国务院和相关诉讼当事人之送达,不代表俄罗斯联邦参加诉讼。俄罗斯不放弃在习惯国际法和美国法下的国家豁免,不服从美国地区法院的事项管辖权。俄罗斯联邦保留所有权利。[192]

更重要的是,俄罗斯司法部对DNC的指控进行了法律分析,并得出结论:

> 基于上述理由,俄罗斯联邦豁免于美国地方法院的事项管辖权。此外,对于DNC试图歪曲现行F例外条款含义、将一起本质上属于政治和外交事项卷入司法程序的做法,美国地方法院应予驳回。[193]

---

[190] Document filed by Democratic National Committee to the District Court for the Southern District of New York in the United States, 'Complaint against All Defendants - Democratic National Committee v. the Russian Federation et al.' (20 April 2018) www.docketbird.com/court-documents/Democratic-National-Committee-v-the-Russian-Federation-et-al/FILING-ERROR-DEFICIENT-PLEADING-FILED-AGAINST-PARTY-ERROR-COMPLAINT-against-All-Defendants-Filing-Fee-400-00-Receipt-Number-0208-14967553-Document-filed-by-Democratic-National-Committee-Modified-on-4-20-2018/nysd-1:2018-cv-03501-00001.

[191] Russian Federation, Ministry of Justice, 'Statement of Immunity of the Russian Federation on the Russian Federation's Immunity from the U.S. District Court's Jurisdiction under the 1976 Foreign Sovereign Immunities Act and Other Issues Relating to the Democratic National Committee's Allegations in Case No. 1:18-CV-3501 (S.D.N.Y.)' (6 November 2018) www.courtlistener.com/recap/gov.uscourts.nysd.492363/gov.uscourts.nysd.492363.186.0.pdf.

[192] 同上注.

[193] 同上注.

在美国纽约南区地方法院，这一案件——美国民主党全国委员会诉俄罗斯联邦等人一案（案件编号 1：2018-cv-03501），截至本书出版时仍处于待审未决状态。本书既无意于回应针对 DNC 的网络行动所产生的各种假设，也无意于提供对这个案例的全面分析。之所以提出这个案例和各种相关假说，是因为它为研究不干涉原则提供了有趣的视角。[194]

干涉一国政治活动是否违反不干涉原则？答案是肯定的。[195]一国对另一国选举过程的干预构成了一种胁迫，限制后者自由决定其内部组织和政府的能力。但是必须承认，干预外国选举是一种普遍存在的现象，[196]而且其并非总是被认为构成非法干涉。例如，一国元首仅仅表示其喜欢另一国的某一候选人并贬低另一候选人，这是司空见惯的；这种做法可能构成非法干预，但不太可能因此受到公开谴责。对应在本例中，即体现为普京支持特朗普的各种声明。[197]相反，如果外国对选举的干预具有更强的侵入性，如果俄罗斯联邦情报机构实施网络攻击并公布所窃取的数据，这显然构成非法干涉。[198]同样，以网络方式操纵投票机以改变选举结果，显然也构成非法干涉。[199]

---

[194] See also the analysis of the wrongfulness of the interference in the 2016 US presidential election in Jens David Ohlin, 'Did Russian Cyber Interference in the 2016 Election Violate International Law?' [Symposium: *Tallinn Manual 2.0 on the International Law Applicable to Cyber Operations*] (2016) 95 *Texas Law Review* 1579.

[195] Michael Wood, 'The Principle of Non-intervention in Contemporary International Law: Non-interference in a State's Internal Affairs Used to be a Rule of International Law: Is It Still?' Chatham House, summary of the International Law discussion group meeting 2007, 7.

[196] Jack Goldsmith, 'Yet More Thoughts on the DNC Hack: Attribution and Precedent' (Lawfare, 27 July 2016) www.lawfareblog.com/yet-more-thoughts-dnc-hack-attribution-and-precedent.

[197] Roth, 'Putin Says Trump Is "Absolute Leader" in U.S. Presidential Race' (n 187); Roth, 'Russia Denies DNC Hack and Says Maybe Someone "Forgot the Password"' (n 187).

[198] See also the analysis of this question in Duncan B Hollis, 'Russia and the DNC Hack: What Future for a Duty of Non-intervention? -Opinio Juris' (Opinio Juris, 27 July 2016) http://opiniojuris.org/2016/07/25/russia-and-the-dnc-hack-a-violation-of-the-duty-of-non-intervention/.

[199] Michael N Schmitt, 'The Use of Cyber Force and International Law' in Marc Weller (ed), *The Oxford Handbook of the Use of Force in International Law* (OUP 2015) 1116.

有趣的是,就在美国大选两天后,美国时任国务院法律顾问依根就适用于网络空间的国际法发表讲话,他指出:

> 下面请考虑我们在澄清禁止非法干涉的国际法时所面临的挑战。正如国际法院在尼加拉瓜案的实体判决中所阐明的那样,这一习惯国际法规则禁止一国对涉及另一国根据国家主权原则有权自由决定的事项采取胁迫行动,如一国对政治、经济、社会和文化制度的选择。这被普遍认为是习惯国际法中一个相对严格的规则。但是,国家实施网络行动可能会违反这一禁令。例如,一国的网络行动干扰另一国举行选举的能力或操纵另一国的选举结果将明显违反不干涉规则。为了提高透明度,各国需要做更多的工作,以澄清关于不干涉的国际法如何适用于各国在网络空间的活动。[200]

公开发布被黑的文件构成非法干涉。但是,此前的黑客攻击与公开被黑的文件不同,这只是一种预备行为,而非复合型行为的一部分。事实上,即使在成功实施黑客侵入之后,施害者仍可以决定不将这些文件进行公开发布。因此,必须将这两种行为视为不同的行为。旨在胁迫美国选举进程的文件公开很可能构成对不干涉原则的违反,但是此前对文件所属系统实施的黑客攻击和数据窃取,最多可能构成对美国主权的侵犯,而不构成非法干涉。

值得指出,依根在上述关于适用于网络空间的国际法的发言中澄清说,"涉及位于另一国领土上的计算机或其他联网设备的远程网络行动本身不构成违反国际法"。正如本书前面所讨论的,他似乎认为网络行动侵犯主权需要越过一定的门槛。[201] 因此,我们可能还需要思考,在本事例中,对DNC文件所属系统的黑客攻击是否跨越了这样一个门槛,以致可能被视为侵犯主权。

C. 2017 年法国总统大选期间对"前进党"的黑客攻击

2017年5月7日,马克龙当选法国总统。就像2016年美国总统大选一样,2017年法国总统选举也受到网络安全事件和虚假信息活动的破坏,这些行动主要是针对埃马纽埃尔·马克龙(Emmanuel Macron)和他

---

[200] Egan (n 105).
[201] 参见前文第 201—203 页。

的"前进党"。

首先必须强调,由于有美国的前车之鉴,在 2017 年大选期间,网络安全是法国政府的一个重要关切。2017 年 2 月,时任法国总统奥朗德要求国防和国家安全委员会为即将到来的选举准备具体措施,以应对包括网络威胁在内的外国干涉的风险。[202] 2 月 15 日,时任外交部部长让-马克·艾罗(Jean-Marc Ayrault)在议会上发表讲话,宣称法国不会容忍任何来自俄罗斯或其他国家干涉其选举进程的行为。[203] 针对网络选举面临的风险,法国国家网络安全局(ANSSI)发布了几次预警,这导致在线投票通道被取消,以至于法国的海外公民无法在 2017 年 6 月的议会选举中在线投票[204]。ANSSI 和全国总统选举委员会重申,ANSSI 负责选举的总体网络安全,但各政党和候选人负责其各自的网络安全。

5 月 3 日,也就是最后一轮总统选举的前一周,参加第二轮选举的两名候选人马琳·勒庞和马克龙在电视总统辩论中针锋相对。在辩论中,勒庞调侃道:"马克龙先生,我希望人们不会发现,你在巴哈马群岛有一个离岸账户。"[205] 这个通常被称为"马克龙门"的谣言,似乎是在辩论开始前两个小时才出现的,当时在 4chan 论坛上出现了两份文件,表明马克龙创建了一家以逃税为目的的公司。社交网络上大量转载了这个信息。

5 月 5 日晚间,马克龙竞选团队的大量被黑电子邮件和文件被发布在网上,此即所谓的"马克龙泄密"(Macronleaks)。这些文件首次以 EM-

---

[202] Julien Lausson, 'Présidentielle: pourquoi François Hollande redoute des cyberattaques' (Numerama, 15 February 2017) www.numerama.com/politique/232966-presidentielle-pourquoi-francois-hollande-redoute-des-cyberattaques.html.

[203] Julien Lausson, 'Cyberattaques: la France se dit prête à riposter en cas d'ingérence pendant la présidentielle' (Numerama, 16 February 2017) www.numerama.com/politique/233185-cyberattaques-la-france-se-dit-prete-a-riposter-en-cas-dingerence-pendant-la-presidentielle.html.

[204] 'Vote électronique' (Ministère de l'Europe et des Affaires étrangères) www.diplomatie.gouv.fr/fr/services-aux-citoyens/droit-de-vote-et-elections-a-l-etranger/vote-electronique/.

[205] 'How We Debunked Rumours that Macron Has an Offshore Account' (France 24-The Observers, 5 May 2017) https://observers.france24.com/en/20170505-france-elections-macron-lepen-offshore-bahamas-debunked.

LEAKS 为标题公布在 Pastebin 网站,并于 5 月 5 日上传到 4chan 论坛。[206] 之后在社交网络上被大量分享。[207] 7 月 31 日,维基解密以"马克龙竞选邮件"为题重新发布了许多被泄露的文件,附以如下说明:

> 今天,2017 年 7 月 31 日星期一,维基解密发布了一份电子档案,该档案支持搜索功能,内含 21075 封与埃马纽埃尔·马克龙竞选法国总统相关的、已经核实的电子邮件。这些邮件的时间覆盖从 2009 年 3 月 20 日到 2017 年 4 月 24 日的期间。通过其 DKIM 系统,维基解密对所有 21075 封邮件都进行了逐封核验。
> 另有来自 4493 个特别发件人、含 26506 个附件的 71848 封电子邮件的完整存档也一并公布,以资参考。
> 虽然维基解密只认证了 21075 封邮件——这些邮件标有绿色"DKIM 认证"标签,但根据统计抽样,其余绝大部分电子邮件存档应该也是真实的。由于电子邮件通常是以邮件链的形式存在并彼此包含,因此我们可以根据是否包含 DKIM 认证邮件来确认链中其他电子邮件的真实性。
> 今年 6 月 1 日,法国政府网络安全机构 ANSSI 的负责人纪尧姆·波帕德(Guillaume Poupard)向美联社透露,从获取邮件所使用的方法来看,它更像是"单独个人"的行为。波帕德表示,与媒体的揣测相反,ANSSI 无法将此次网络攻击归因于俄罗斯,而且法国此前也曾遭受过旨在伪造来源、栽赃陷害的黑客攻击。[208]

---

[206] EMLEAKS' (Pastebin, 5 May 2017) https://pastebin.com/bUJKFpH1. The page has been removed but is still available on an archive website: 'EMLEAKS-Pastebin. Com' (archive.today, 5 May 2017) http://archive.fo/eQtrm.

[207] On the propagation on Twitter of both MacronGate and MacronLeaks, see Kevin Limonier and Louis Pétiniaud, 'Cartographier le cyberespace: le cas des actions informationnelles russes en France' (2018) 30 Les Champs de Mars 317.

[208] 'Macron Campaign Emails' (WikiLeaks, 31 July 2017) https://wikileaks.org/macron-emails/.

马克龙泄密事件及其内容超出了本书的讨论范围,因此不再详加论述。[209] 我们将转而聚焦分析用于从马克龙团队获得文件的网络行动,主要是网络钓鱼行动。

代号"奇幻熊"的 APT 28 组织据称隶属于俄罗斯联邦情报局(GRU),其被普遍认为对 2017 年法国总统选举期间的网络钓鱼行动和其他网络行动负责。[210] 然而必须指出,2017 年 6 月 1 日,时任 ANSSI 负责人波帕德表示:"这次网络攻击的手法非常普通和简单,几乎任何人都可以实施这种行动。"[211]事实上,法国政府从未公开将此次网络行动或干涉选举进程的企图归因于任何国家或其他行为体。

有趣的是,2017 年 5 月 9 日,在美国参议院武装部队委员会的公开听证会上,时任美国国家安全局(NSA)局长、美国网络司令部司令迈克尔·罗杰斯(Michael S Rogers)上将在回答参议员德比·费舍尔(Deb Fischer)的问题时声称:

"我们可以看一下这次法国选举中发生的事情——我们是在一个非保密的听证会上,我不打算谈论具体细节。但是我可以说,我们已经发现存在俄罗斯的活动,就在上一周我们对这起事件作出公开归因的宣告之

---

[209] See, generally: Jean-Baptiste Jeangène Vilmer, 'The Macron Leaks: A Post-Mortem Analysis' (CSIS Europe Program 2019); Alexandre Escorcia et al, 'Information Manipu-lation: A Challenge for Our Democracies' (Joint report by CAPS [Center for Analysis, Prevision and Strategy of the French Ministry for Europe and Foreign Affairs] and IRSEM [Institute for Strategic Research of the French Ministry for the Armed Forces] 2018) 106-116 www.diplomatie.gouv.fr/en/french-foreign-policy/manipulation-of-information/article/joint-report-by-the-caps-irsem-information-manipulation-a-challenge-for-our. See also: Boris Toucas, 'The Macron Leaks: The Defeat of Informational Warfare' (Center for Strategic and International Studies 2017) www.csis.org/analysis/macron-leaks-defeat-informational-warfare; Heather A Conley and Jean-Baptiste Jean-gène Vilmer, 'Successfully Countering Russian Electoral Interference' (CSIS Briefs 2018) www.csis.org/analysis/successfully-countering-russian-electoral-interference.

[210] Feike Hacquebord, 'Two Years of Pawn Storm: Examining an Increasingly Relevant Threat' (A Trend Micro Research Paper 2017) 13 www.trendmicro.com/vinfo/us/security/news/cyber-attacks/espionage-cyber-propaganda-two-years-of-pawn-storm. See also Escorcia et al, 同上注。

[211] Martin Untersinger, '"MacronLeaks": l'enquête pointe vers un piratage "simple et générique"', Le Monde (2 June 2017) www.lemonde.fr/pixels/article/2017/06/02/macronleaks-l-enquete-pointe-vers-un-piratage-simple-et-generique_5137945_4408996.html.

前,我们已经与法国同行进行了交谈。这给了他们一个警告。[……]我们也正在与德国和英国的伙伴一起做类似的事情[……]为了弄清楚事情如何发生,我们可以从对方的经历中获取经验,这是我作为国家安全局局长而不是网络司令部司令的职责。"[212]

但正如前文所指出的,无论是在马克龙当选之前还是之后,法国政府从未正式将这些网络行动以及竞选期间与干涉企图相关的其他行动归因于任何外国。[213]

本书既无意于回应源自针对"前进党"的网络行动的各种假设,也无意于提供对该案件的全面分析。之所以讨论这个案例以及由此引发的各种假设,是因为其为我们研究利用网络行动干涉选举过程提供了有趣的视角。

与发生在美国的案例类似,对"前进党"的黑客攻击必须与将被黑客入侵获得的文件公开公布区别开来,因为这是两种不同的行动,而不能视为一种复合行动。这两种行动在法律上定性不同。

前一项行动是对"前进党"的黑客攻击。这项行动只是一项预备行动,并非旨在干扰选举进程的复合行动的一部分。就像之前分析的黑客入侵在民主党全国委员会事件一样,施害者本可以决定在黑客侵入后停止,而不继续向公众公布文件。因此,对"前进党"的黑客行动和对法国大选的干涉企图必须被视为两种不同的行动。黑客侵入和窃取文件的行动最多可能构成侵犯法国主权,但不构成非法干涉。

后一项行动是复合行动,包括旨在公开发布和传播这些文件以及抹黑"前进党"和它的候选人等不同行动。与美国的案件不同,在这起案件中,很多被公布的文件都经过修改甚至纯属捏造。然而,这一差异并没有改变公开发布和传播这些文件的最终目的,即在选举进程中对法国进行胁迫。尽管许多公开的文件是伪造的,而且公开的过程据说也难称专业,但这都无法改变该行动的目的。这样就有可能构成违反不干涉原则。事实上,该行动很可能满足非法干涉所需的三个必备要件:第一,干涉必须由一国对另一国实施。就本例而言,尽管法国政府从未公开将2017年大

---

[212] Video and transcript available on: 'Admiral Rogers Says Intel Community Warned of Russian Hacking ahead of Macron Leak' (C-SPAN, 9 May 2017) www.c-span.org/video/?c4668917/admiral-rogers-intel-community-warned-russian-hacking-ahead-macron-leak.

[213] Escorcia *et al* (n 209) 109.

选中企图进行的干涉归因于俄罗斯，但外界普遍认为俄罗斯应该对此负责。第二，被禁止的干涉涉及目标国可以自由决定的事项，包括外部或内部事务。一国选举程序当然属于这些事项之列。第三，被禁止的干涉必须构成试图通过直接或间接干涉国家的内部或外部事务的方式来胁迫目标国。对此胁迫要件，前文已作分析。基于这些原因，如果 2017 年法国总统选举中企图进行的干涉能够归因于某个外国，那么其很可能构成非法干涉。

D. 关于旨在干涉选举过程的网络行动和施加影响行动的结论

2016 年美国总统选举和 2017 年法国总统选举的两起事例表明，网络行动可能针对三个主要目标以影响一国选举进程：第一，针对政党和候选人；第二，针对选举的基础设施；第三，针对其他目标，如媒体。[214] 此外，这些网络行动还可能与施加影响行动相结合。

关于干涉选举进程的一个主要问题是：这种行动的目的是什么？在接受"mediametrics.ru"媒体关于信息战的采访中，俄罗斯前议员康斯坦丁·里科夫谈及他在特朗普选举中扮演的角色并声称："我们成功了，特朗普当选了总统。不幸的是，玛丽娜·勒庞没能成功当选。这两件事我们只做成了一件。"[215] 影响选举结果可能是虚假信息作战的目标之一，因此它也可能是作为针对选举施加影响行动的一部分的网络行动的最终目标。

然而，本书认为，当网络行动被用于针对选举进程时，也可能有其他短期和长期目标。

首先必须指出的是，试图通过网络行动以预先确定的方式来改变一国选举结果，这即便可能，也是高度不现实的。事实上，即使在严重依赖投票机器的国家，投票过程仍然是与互联网断开而且是分隔开来的。要通过网络行动来修改选举结果，需要众多参与者同步行动并且进行极高水平的协调。但是，通过网络行动也的确可能很容易影响选举进程的某

---

[214] See, notably, Defending Digital Democracy Project, 'The State and Local Election Cybersecurity Playbook' (Belfer Center for Science and International Affairs, Harvard Kennedy School 2018) 8-13 www.belfercenter.org/publication/state-and-local-election-cybersecurity-playbook.

[215] An extract from this interview is shown in the documentary by Paul Moreira, *Guerre de l'info: au coeur de la machine russe* (ARTE France, Premières Lignes 2017) https://boutique.arte.tv/detail/guerre-de-linfo-au-coeur-de-la-machine-r; see from 62 minutes, 30 seconds to 64 minutes.

些部分——更准确地说,是关于选举基础设施的部分。例如,网络行动可能针对某些选区的投票机器或选民数据库。此时的行动目标可能不是直接修改选举结果,而是让这些通过投票机器或者在某些选区进行的投票结果显得可疑进而被认定为无效。在这种情况下,选举的最终整体结果都可能是有争议的,而不仅仅是受网络行动影响的那一部分。网络行动影响选举过程这一事实,可以为落选的候选人对选举结果提出异议提供一定的正当性。当然这也有可能导致整个选举无效。不论是对选举结果的质疑,还是——作为最坏的情况——导致选举无效,实施网络行动影响一国选举,对相关国家的正常运行和稳定可能都会带来负面影响和挑战。

然而从长远来看,这类网络行动的破坏性将更加凸显。许多国家正面临着一场"民主危机",一方面是因为选出的代表面临越来越多的竞争;另一方面是因为过去几十年里,实际参加选举的选民人数在急剧减少。本书认为,前述网络行动可能会进一步加剧这场民主危机。事实上,由于网络行动导致选举的某些结果令人怀疑,可能会损害民众对选举进程的信任,从而危及这些选举进程的存在意义及其有效性。

上面分析的两个事例生动地说明,与选举进程相关的网络行动不论是数量上还是其构成的威胁上都在增加,这也构成可能影响新的选举进程的大趋势。

每个国家都在努力寻找最佳方式,以保护其即将到来的选举免受网络行动和干扰行动的影响,并试图提前确定这些行动的潜在施害者。有趣的是,从未来选举的角度来看,美国网络司令部已经开展了一些行动,以威慑和瓦解那些被认定过去曾干涉美国选举的俄罗斯行为体,特别是那些参与虚假信息行动的人。[216] 私人部门在这方面也很活跃。例如,2019年2月,微软警告称,欧洲即将到来的选举受到干涉的风险很高,并

---

[216] David Ignatius,'The U.S. Military Is Quietly Launching Efforts to Deter Russian Meddling', *The Washington Post* (8 February 2019) www.washingtonpost.com/opinions/the-us-military-is-quietly-launching-efforts-to-deter-russian-meddling/2019/02/07/4de5c5fa-2b19-11e9-b2fc-721718903bfc_story.html.

宣布其 AccountGuard 服务[217]将扩展到欧洲 12 个国家。[218]作为"微软捍卫民主计划"(Microsoft's Defending Democracy Program)的一部分,该倡议旨在保护选举过程免受网络威胁和虚假信息行动的影响。[219]

5.4.2.3 内战中的网络干涉

非法干涉最常见的一类事例,是对处于内战中的国家的干涉,或对他国叛乱分子的支持。内乱、内战以及一国与位于其领土上的叛乱分子之间的关系,性质上均属于一国的内部事务。一国为支持叛乱分子对另一国实施网络行动,这可能构成非法干涉。即使这些网络行动没有越过网络战的门槛,这一事实也不排除它们非法干涉的不法性。

如果一国有意采取措施以支持反政府武装与另一国展开斗争,那么对其而言,网络行动带来了多种手段上的可能性。例如,它可以对另一国的通信系统进行破坏,以便为叛乱分子创造优势。破坏另一国通信系统的低烈度网络行动显然不构成使用武力;但是,这很有可能构成非法干涉。

1999 年的科索沃战争为上述情形提供了可能的洞察视角。[220]当时,科索沃解放军得到了来自北约的空中支援,以对抗南斯拉夫联邦共和国

---

[217] According to the company's website, Microsoft AccountGuard is 'a new security service offered at no additional cost to customers in the political space [already using Microsoft Office 365]. The service is designed to help these highly targeted customers protect themselves from cybersecurity threats.'; see Microsoft, 'Microsoft AccountGuard Program' (February 2019) www.microsoftaccountguard.com/eu/.

[218] Tom Burt, 'Microsoft Expands AccountGuard to 12 More Countries in Europe' (Microsoft, 20 February 2019) https://blogs.microsoft.com/eupolicy/2019/02/20/accountguardexpands-to-europe/. The service was already available in Canada, Ireland, the UK and the USA, and has been extended to Denmark, Estonia, Finland, France, Germany, Latvia, Lithuania, the Netherlands, Portugal, Slovakia, Spain and Sweden.

[219] Tom Burt, 'Announcing the Defending Democracy Program' (Microsoft, 13 April 2018) https://blogs.microsoft.com/on-the-issues/2018/04/13/announcing-the-defending-democracy-program/.

[220] 在 1999 年科索沃武装冲突期间,科索沃解放军受益于北约对南斯拉夫联邦共和国军队的空中支援。See the description of the operation, 'Operation Allied Force', on the NATO website: www.nato.int/kosovo/all-frce.htm. 南斯拉夫联盟共和国就比利时、加拿大、法国、德国、意大利、荷兰、西班牙、葡萄牙、英国和美国使用武力以及支持、武装和训练科索沃解放军的行为向国际法院提起诉讼。这些申请和以下关于国际法院初步义务的判决都没有考虑到任何网络行动。

的军队。此外,据称美国空军还实施了网络行动,目的是控制塞尔维亚的通信网络,并获取权限以访问含有塞尔维亚军方和塞尔维亚官员敏感数据的计算机。值得注意,美国空军还曾使用卫星以及经过特殊改造的航空器侵入塞尔维亚的电信网络。[20] 这些网络行动可能被视为违反了不干涉原则,因为它们构成了由外国——北约成员国——在内战期间对叛军的支持。

5.4.2.4 网络间谍和不干涉原则

网络间谍活动的目的主要是收集数据,其本身并不违反不干涉原则。[21] 一国仅从另一国收集数据,本身并不构成旨在影响目标国对其内部或外部事务作出自由决定的胁迫行为。无论间谍活动是在目标国领土内进行,进而可能构成对其领土主权的侵犯,还是没有在目标国领土内进行,前述结论都成立。但是,网络间谍活动收集到的数据可能被用来胁迫目标国。从这个角度来看,间谍活动本身不构成非法干涉,但是它可能是旨在胁迫目标国的另一行动的预备措施,或者是旨在胁迫目标国的复合行动的一个有机部分,从而构成非法干涉。

这一结论不影响其他国际法规范关于间谍活动的合法性或非法性的

---

[20] James F Dunnigan, *The Next War Zone:Confronting the Global Threat of Cyberterrorism* (Citadel Press 2002) 70;quoted in D Delibasis, *The Right to National Self-Defence in Information Warfare Operations* (Arena books 2007) 33-34. 还必须指出,北约及其成员国是几次网络行动的目标,包括破坏网站(Supreme Headquarters Allied Powers Europe, governmental institutions, US universities, etc.)和针对北约服务器的DDoS攻击。当时北约网站管理员在接受采访时表示,北约不会发动反网络行动。这些网络行动据称是俄罗斯黑客和塞尔维亚军方所为。See: Ellen Messmer, 'Serb Supporters Sock It to NATO, U.S. Web Sites' (CNN.com, 6 April 1999) http://edition.cnn.com/TECH/computing/9904/06/serbnato.idg/index.html;Wayne A Larsen, 'Serbian Information Operations during Operation Allied Force' (Research Report, Air Command and Staff College, Air University 2000); Jeffrey Hunker, 'Cyber War and Cyber Power: Issues for NATO Doctrine' (2010) 62 Research Paper, NATO Defense College, Rome 1, 4; Jason Healey, 'Cyber Attacks against NATO, Then and Now' (Atlantic Council, 6 September 2011) www.atlanticcouncil.org/blogs/new-atlanticist/cyber-attacks-against-nato-then-and-now.

[21] Gill (n 126) 225-226; Lafouasse, *L'espionnage dans le droit international* (n 2).

判断。[23] 事实上,对位于国外的电脑及网络进行渗透侵入的间谍活动一般可视为侵犯国家主权。

5.4.3　关于不干涉原则的小结

不干涉原则的目的是维护各国合法权利,以捍卫其领土和主权完整,以及自由行使其合法特权和政策。不干涉原则禁止直接或间接干涉一国被允许由其自由决定的事项,如其对政治、经济、社会和文化制度的选择以及外交政策的制定。尼加拉瓜案确定了被禁止的非法干涉的三个主要要件。第一,干涉必须由一国对另一国实施。可归因于一国的私人或团体实施的行为也包括在列。第二,被禁止的干涉所针对的应该是允许目标国自由决定的事项,包括外部或内部事务。第三,被禁止的干涉必须具备通过直接或间接干涉目标国的内部或外部事务来胁迫目标国的企图。尽管不干涉原则具有习惯国际法的地位,但它并不是绝对的。然而,这一原则的例外情况极为有限。

本节论证了网络行动在某些情况下可能构成非法干涉,并且表明:非法干涉需要满足的三个累积性标准——一国对另一国进行的旨在通过限制后者自由决定的能力来胁迫后者的行为——在网络行动领域同样适用。简言之,这些法律判断标准也适用于网络行动,就像它们适用于任何其他类型的国家行动一样。

网络空间的发展为一国干涉另一国的内政和外交事务提供了许多新的手段。例如,2007 年针对爱沙尼亚的网络行动,破坏伊朗核计划离心机的 Stuxnet 事件,以及旨在干预美国和法国选举进程的网络行动,这些构成了本节所述的网络干涉的新形式。

以一个更普遍的观点来总结,本书认为大多数由国家实施或支持的、针对另一国的网络行动主要是为了胁迫目标国,因此可能违反不干涉原则。就此而言,本书相信这将构成大多数网络行动不法性的主要依据。

5.5　网络行动和人权

正如本章前几节已经全面论述的那样,一般由国家支持的网络行动

---

[23] 参见前文第 5.2 节"网络间谍具体法律机制的缺失"。

可能会侵犯他国权利。在某些情况下,它们还可能侵犯国际法所赋予的个人和团体的权利。易言之,网络行动可能会侵犯人权。

本节将简要概述国家支持的网络行动的各种形式以及它们可能如何侵犯人权。关于人权与国家支持的网络行动之关系,本书只作简要介绍。㉔ 鉴于其重要性,这个问题值得进一步地深入和广泛讨论;然而,囿于篇幅所限,本节只简要介绍国家支持的网络行动和潜在的人权侵犯之间的联系。

本节有两个目标。第一,本书试图证明,虽然隐私权被视为是网络间谍行动所威胁的主要对象,网络行动对其他类型的人权的影响也不应被低估。第二,本书还将展示,为何隐私权不是唯一可能被网络间谍活动和其他类型的国家支持的网络行动所侵犯的人权。在某些情况下,生命权、医疗保健权、社会保障权、言论自由权和财产权也可能受到网络行动的影响和侵犯。因此,本节的后两个小节用于探讨隐私权利(5.5.2)和可能受国家支持的网络行动影响的其他人权(5.5.3)。

后文分析旨在揭露网络行动可能干预人权行使的方式。首先应该强调的是,并非每一起干预人权规范的网络行动都构成对这些权利的实际侵犯。㉕ 在一起网络行动干预人权的示例中,为了评估网络行动是否可能违反特定的人权规范,识别出相关的人权规范仅仅是第一步。第二步是分析这种干预在国内法或国际法或两者结合下是否合法,这又取决于两个相互关联的问题:首先,这种干预是否必要,也就是说它是否追求一

㉔ The *Tallinn Manual* 2.0 also provides an introduction to the application of international human rights law to cyber operations, in Rules 34 to 38; Schmitt and Vihul (n 4) 179-208. On the treatment of the *Tallinn Manual* 2.0 on international human rights law, see, generally: Rebecca Ingber, 'Interpretation Catalysts in Cyberspace' [Symposium: *Tallinn Manual* 2.0 *on the International Law Applicable to Cyber Operations*] (2016) 95 Texas Law Review 1531, 1534-1545; Dinah PoKempner, 'Squinting through the Pinhole: A Dim View of Human Rights from *Tallinn* 2.0' [Symposium: *Tallinn Manual* 2.0 *on the International Law Applicable to Cyber Operations*] (2016) 95 Texas Law Review 1599, 1599-1618; Shane R Reeves and Robert E Barnsby, 'Give Them an Inch, They'll Take a Terabyte: How States May Interpret *Tallinn Manual* 2.0's International Human Rights Law Chapter' [Symposium: *Tallinn Manual* 2.0 *on the International Law Applicable to Cyber Operations*] (2016) 95 *Texas Law Review* 1515, 1515-1530.

㉕ Marko Milanovic, 'Human Rights Treaties and Foreign Surveillance: Privacy in the Digital Age' (2015) 56 *Harvard International Law Journal* 81, 133-140.

个合法的目的,如国家安全;其次,网络行动对人权规范造成的干预是否是合比例的。本节主要聚焦讨论前一个问题,暂不涉及后一个关于合比例性问题。如何平衡网络行动造成的人权干预与合法性、必要性和合比例性的关系,应当在另一项研究中进一步阐述。

在研究网络行动如何干预人权之前,有必要分析人权法——特别是与人权相关的条约法——对国家支持的网络行动的可适用性(5.5.1)。网络行动具有跨国性质,它们经常针对和影响位于国外的人和设备。人权规范的域外适用已经得到发展,以适应此种关于跨国适用方面的要求。

5.5.1 人权法对网络行动的可适用性

需要区分三种不同的情况。第一种情况:A国对干涉其领土内个人人权的另一国实施网络行动。第二种情况:A国对干涉其管辖范围内个人人权的另一国实施网络行动。第三种情况:A国对干涉位于其领土和管辖范围之外个人人权的另一国实施网络行动。

前两种情况指的是,人权法在国家领土及其管辖范围内的可适用性。一国有义务尊重并保障位于其领土内,或在其管辖下的个人的人权,如其位于国外的国民的人权。这是适用人权法的一般情形。[26] 然而必须指出,虽然领土的概念比较容易界定,但管辖权的概念却有多种含义。管辖权往往作广义理解,即指国家的域外活动。一国有义务尊重位于国外的外国人的人权,但前提是他们处于该国当局"有效控制"之下而从属于其管辖。[27] 同样地,当一国经领土国的同意或在其默许下,应邀对外国领土行使某些"公共权力"时,它可能具有域外管辖权。[28] 尽管对管辖权的概念——其中也包括尊重人权的义务——存在这些扩展理解,但对于受网络行动影响的大多数个人而言,其仍可被视为不从属于施害国的管辖。

实施网络监控计划的国家一般也会遵循关于人权法可适用性的传统

---

[26] Olivier De Schutter, *International Human Rights Law* (2nd edn, CUP 2014) 147 *et seq*.

[27] See, generally, 同上注 163-187.

[28] The concept of 'public powers' was developed by the ECtHR in *Banković and Others v. Belgium and Others* [2001] ECtHR Application No 52207/99, Reports 2001-XII, para 71; *Al-Skeini and Others v. the United Kingdom* (Judgment) [2011] ECtHR Application No 55721/07, Reports 2011-IV, para 135.

路径。㉙ 这些国家通常辩称，人权法可以适用于位于其领土上的个人而不论其国籍，以及位于国外的公民，以及更广泛地适用于其管辖下的个人，并旨在此种情形下限制国家的监控能力。例如，针对美国的监控计划，《外国情报监视法案》（FISA）禁止对已知位于美国境内的任何人以及任何在海外的美国公民进行监视。㉚

事实上，目前的主要挑战在于，各国的域外活动正在变得越来越多，其中也包括网络行动，而这些活动可以针对或影响其管辖范围以外的个人。㉛ 换言之，大多数网络行动可能会干涉位于国外，且处在施害国管辖范围之外的个人人权。这是否意味着，前述网络干涉不构成对人权规范的非法妨碍？这个问题还没有明确的答案。尤其是对于人权在网络行动和无人机打击时代的可适用性而言，这构成了一个较大挑战。在此种情形下，根据对国际人权法的既有解释，受影响的个人既无法被"属地逻辑"（spatial model）所涵盖——因为他们并非位于施害国的领土之上，也无法被"属人逻辑"（personal model）所涵盖——因为他们既非施害国的国民，也未处在其管辖之下。

近年来，关于人权法可适用性的限制开始瓦解。"属地逻辑"被认为太过限缩。正如马尔科·米兰诺维奇（Marko Milanovic）所正确指出的，"属地逻辑"正在被"属人逻辑"所吸收，并且"属人逻辑"本身的覆盖范围也在扩展，以至于它变成了一种无边界的、人权规范的域外适用。㉜ 这种无边界的适用目前还不存在，但这可能仅仅是一个解释问题。可以预见，人权条约的可适用性在将来会进一步扩展。作为一种替代方案，米兰诺

㉙　Milanovic（n 225）87-89；Ilina Georgieva,'The Right to Privacy under Fire-Foreign Surveillance under the NSA and the GCHQ and Its Compatibility with Art. 17 ICCPR and Art. 8 ECHR'（2015）31 *Utrecht Journal of International and European Law* 104,108-114.

㉚　Section 702 of the FISA,50 U.S.C.,§ 1881 *et seq.*

㉛　在人权法的域外适用方面，参见：Fons Coomans and Menno T Kamminga（eds）, *Extraterritorial Application of Human Rights Treaties*（Intersentia 2004）; Françoise Hampson,'The Scope of the Extra-Territorial Applicability of International Human Rights Law'in Françoise Hampson,Geoff Gilbert and Clara Sandoval（eds）, *The Delivery of Human Rights: Essays in Honour of Professor Sir Nigel Rodley*（Routledge 2011）157-182；Marko Milanovic, *Extraterritorial Application of Human Rights Treaties: Law,Principles,and Policy*（OUP 2011）.

㉜　Milanovic（n 225）113-118.

维奇提出了另一种"积极和消极义务"的模式,他在其中区分了国家确保人权和保障人权的积极义务,以及尊重人权的消极义务。㉓ 积极义务将在国家管辖范围内适用,而消极义务的适用范围则没有边界限制。同样,这只是关于人权义务如何被解释的一项建议,尚未被国家或者法院接受。米兰诺维奇所提出的模式是有意义的,因为它可以解决人权在现代网络监控实践中的可适用性问题。这也将有助于解决在域外无人机打击和网络行动中适用人权的问题。同样,彼得·马古利斯(Peter Margulies)认为,各国有义务尊重《公民权利和政治权利国际公约》(ICCPR)所规定的权利,这种义务也应及于域外。但是ICCPR的域外适用只涉及尊重这种权利的义务,而不是确保这种权利的义务。㉔ 他还认为,在网络监控的背景下,以管辖权为目的的"有效控制"(effective control)的概念太狭隘了,他建议用"虚拟控制"来取代这一概念。根据"虚拟控制"判断标准,一国对个人是否具有管辖权,仅需要看该国是否能控制个人的通信,而不论对个人是否有领土上或物理上的控制。㉕ 马古利斯的建议旨在使人权法适用于监控计划,并为进一步思考这个问题提供了有益的基础。

总而言之,大多数网络行动可能会干预位于施害国国外或处在其管辖范围之外的个人的人权。这意味着,对于现阶段的国际人权法而言,这种干预难以被认定为是对这些个人权利的非法侵犯。但是,各国域外活动的发展可能导致对人权法作出广义解释,这将使得非法侵犯人权的认定在未来会扩展,并得以适用于此类行为。不过至少在目前,这还只是一种推测。

5.5.2 数据时代的隐私

网络行动最可能侵犯的人权是隐私权。2013年,美国国家安全局(NAS)和英国政府通信总部(GCHQ)与澳大利亚、加拿大和新西兰合作实施的大规模监控项目曝光,成为网络时代间谍活动的典型例证。对这类项目中存在的对国际法和人权法——主要是隐私权——的违反,多个

㉓ Milanovic (n 231) 209-222; Milanovic (n 225) 113-118.

㉔ Peter Margulies, 'The NSA in Global Perspective: Surveillance, Human Rights, and International Counterterrorism' (2013) 82 *Fordham Law Review* 2137, 2148-2149.

㉕ 同上注, 2150-2152.

国际组织、国家、非政府组织和学术界表示了重点关切。㉖

隐私权是一个复杂的"伞形概念"(umbrella concept),它与自由的理念密切相关。㉗ 隐私权的内容并无严格界定,其可以包括不同的实质性要件。㉘ 最基础的隐私权一般包括对个人生活的各个方面的保护,如家庭、通信、住所、荣誉和名誉。主要的人权国际文件对隐私权提供了不同形式的保护,如《世界人权宣言》(UDHR)第 12 条、㉙《公民权利和政治权利国际公约》(ICCPR)第 17 条、㉚《美洲人权公约》(ACHR)第 11 条,㉛以

㉖ See, generally: Anne Peters, 'Surveillance without Borders? The Unlawfulness of the NSA-Panopticon' (*EJIL: Talk!*, November 2013) www.ejiltalk.org/surveillance-without-borders-the-unlawfulness-of-the-nsa-panopticon-part-i/; Margulies (n 234) 2137 *et seq*; Dan Schiller, 'Géopolitique de l'espionnage', Le Monde diplomatique (1 November 2014)10; Georgieva (n 229) 104-107; Milanovic (n 225) 81-82; Ashley Deeks, 'An International Legal Framework for Surveillance' (2015) 55 *Virginia Journal of International Law* 291.

See also 'The Right to Privacy in the Digital Age', UNGA Res 68/167 (18 December 2013) UN Doc A/RES/68/167; Human Rights Council, 'Panel Discussion on the Right to Privacy in the Digital Age' (24 March 2014) A/HRC/25/L.12,12.

㉗ Martin Scheinin, 'Core Rights and Obligations' in Dinah Shelton (ed), *The Oxford Handbook of International Human Rights Law* (OUP2013)535; InetaZiemele, 'Privacy, Right to, International Protection', *Max Planck Encyclopedia of Public International Law* (MPEPIL), https://opil.ouplaw.com/view/10.1093/law:epil/9780199231690/law-9780199231690-e863 (OUP 2009) para 1.

㉘ Maria Grazia Porcedda, Martin Scheinin and Mathias Vermeulen, 'Report on Regulatory Frameworks Concerning Privacy and the Evolution of the Norm of the Right to Privacy' (SurPRISE FP7 Project Deliverable D32 2013) passim; David Robertson, *A Dictionary of Human Rights* (2nd edn, Europa 2004) 179-180.

㉙ Universal Declaration of Human Rights, UNGA Res 217A (III) (10 December 1948).

㉚ International Covenant on Civil and Political Rights, UNGA Res 2200A (XXI), 21 UN GAOR Supp (No 16) at 52, UN Doc A/6316 (1966); 999 UNTS 171; 6 ILM 368 (1967); see also: UN Human Rights Committee, 'General Comment No. 16-Article 17 (The Right to Respect of Privacy, Family, Home and Correspondence, and Protection of Honour and Reputation)' (adopted at the Thirty-second Session of the Human Rights Committee 1988).

㉛ American Convention on Human Rights (adopted on 22 November 1969, entered into force 18 July 1978) OAS Treaty Series No 36; 1144 UNTS 123; 9 ILM 99 (1969) (hereafter ACHR).

及《欧洲人权公约》(ECHR)第 8 条。㉒

从一开始,技术的发展就引起了人们对隐私权的关注。㉓ 早在 19 世纪末"拍立得照片"刚被发明出来时,就引起了人们对隐私的担忧。在 1890 年发表在《哈佛法律评论》的一篇文章中,路易斯·布兰迪斯(Louis D Brandeis)和塞缪尔·沃伦(Samuel D Warren)指出:

> 即时摄影和报业已经侵入了私人和家庭生活的神圣领域;无数的机械装置都使得下面的预言更可能变为现实,即"壁橱里的低语将会从屋顶处四散传播"。多年来,人们一直认为,法律必须对未经授权的私人肖像流通提供救济;对于人们长久以来强烈感受到的报纸对隐私的侵犯,直到最近才由一位出色的论者进行了讨论。㉔

㉒ European Convention on Human Rights (adopted on 4 November 1950, entered into force 3 September 1953) ETS 5;213 UNTS 221 (hereafter ECHR).

㉓ Mathias Vermeulen, 'The Scope of the Right to Private Life in Public Places' (SURVEILLE FP7 Project Deliverable D47 2014) 4.

㉔ Louis D Brandeis and Samuel D Warren, 'The Right to Privacy' (1890) 4 Harvard Law Review 193,195.

在网络领域,关于隐私权的侵犯发展出了一个典型场景。㉕ 在高度数字化和互联化的社会中,越来越多的个人数据存储在计算机上,并通过网络进行交换。因此,包括国家、公司和个人在内的第三方可以在征得或未经其所有者同意的情况下,获得并使用这些数据,特别是用于监控目的。㉖ 需要区分两种主要的数据收集形式:一种是大规模的数据收集,另

㉕ 在网络环境下,隐私权与数据保护密切相关。隐私权和数据保护之间有一定的重叠,但也有重要的区别,特别是在这两项权利的范围上;see Peter Blume,'Data Protection and Privacy:Basic Concepts in a Changing World' (2010) 56 Scandinavian Studies in Law 151,153-154;Christoph Sobotta and Juliane Kokott,'The Distinction between Privacy and Data Protection in the Jurisprudence of the CJEU and the ECtHR' (2013) 3 International Data Privacy Law 222, passim;Peter Hustinx,'European Leadership in Privacy and Data Protection' in Artemi Rallo Lombarte and Rosario García Mahamut (eds),*Hacia un nuevo derecho europeo de protección de datos* (Tirant lo Blanch 2015) 15-25;Cristina Blasi Casagran, *Global Data Protection in the Field of Law Enforcement:An EU Perspective* (Routledge 2017) 4-5.

数据保护是指为保护计算机处理的个人数据而采取的立法,而这种立法措施因国家而异。例如,欧盟通过了适用于所有部门和数据的强有力的数据保护通用法律框架。相反,美国没有一个通用的框架,而是有许多专门适用于每个部门和数据形式的规则。See, for instance:Jan Dhont and María Verónica Pérez Asinari,'New Physics and the Law:a Comparative Approach to the EU and US Privacy and Data Protection Regulation' in François van der Mensbrugghe (ed),*L'utilisation de la method comparative en droit européen* (Presses universitaires de Namur 2003) 67-97;Maria Grazia Porcedda,'Transatlantic Approaches to Cybersecurity and Cybercrime' in Patryk Pawlak (ed),*The EU-US Security and Justice Agenda in Action* (EU Institute for Security Studies 2011) 41-54;Tania Abbas,'U.S. Preservation Requirements and EU Data Protection:Headed for Collision' (2013) 36 *Hastings International and Comparative Law Review* 257,257-288;*Handbook on European Data Protection Law* (European Union Agency for Fundamental Rights,Council of Europe and Registry of the European Court of Human Rights 2014) passim;Serge Gutwirth,Ronald Leenes and Paul De Hert (eds),*Data Protection on the Move:Current Developments in ICT and Privacy/Data Protection* (Springer 2016) passim.

㉖ Report of the International Law Commission,'Annex D. Protection of Personal Data in Transborder Flow of Information' [2006] *Yearbook of the International Law Commission* 489,489-493.

一种是有针对性的数据收集。⁽²⁴⁷⁾ 用于监控的大规模数据采集,一般是通过互联网电缆和基础设施进行。⁽²⁴⁸⁾ 在国家实践中,我们可以找到大规模数据收集的例子,如美国实施的监控计划和瑞士实施的 ONYX 计划。大规模数据收集有可能构成对隐私权的大规模侵犯,因为它涉及对众多个人数据的同时收集。⁽²⁴⁹⁾ 由于它们是对众多个体的隐私权的不加区别的干涉,这些做法已经引起了重点关注。⁽²⁵⁰⁾ 相较而言,有针对性的数据收集所侵犯的,是目标个人以及其他可能与目标数据一起收集的特定个人的隐私权。

隐私权也可能被除监控之外的网络行动所侵犯。针对特定个人进行间谍活动或为大规模监控之目的大量收集数据,均容易导致侵犯隐私权。然而,网络间谍活动并不是国家实施或支持的唯一一种侵犯隐私权和其他人权的网络活动。由于互联网的互联互通性,对于那些未被网络行动明确针对的个人和团体而言,他们的人权也可能遭到这一行动的侵犯。对索尼影业的黑客攻击⁽²⁵¹⁾提供了一个有趣的事例,说明了一起不以间谍为目的的网络行动可能会如何侵犯隐私权。黑客从索尼影业公司的服务器上随意收集数据并将其公开,其中包括私人电子邮件和员工的数据。在这个例子中,尽管网络行动并非以监视索尼影业员工为目的,但仍然侵害了他们的隐私权。

在其他一些情况下,对隐私权的干预可能不那么容易识别。例如,一项复杂网络行动可能包括侦察阶段,并且在行动进行的过程中也会持续记录数据。一般而言,恶意软件会不加区分地在机器间传播扩散,但是只

⁽²⁴⁷⁾ Frank La Rue,'Report of the Special Rapporteur on the Promotion and Protection of the Right to Freedom of Opinion and Expression' (UN Doc A/HRC/23/40 2013) 10-13; Ben Wagner, Joanna Bronowicka and Thomas Berger,'Surveillance and Censorship: The Impact of Technologies on Human Rights' (European Parliament 2015) 8.

⁽²⁴⁸⁾ See, for example, Peter Malanczuk,'Data, Transboundary Flow, International Protection', *Max Planck Encyclopedia of Public International Law* (MPEPIL), https://opil.ouplaw.com/view/10.1093/law: epil/9780199231690/law-9780199231690-e771 (OUP2009).

⁽²⁴⁹⁾ Navi Pillay,'Report of the Office of the United Nations High Commissioner for Human Rights on the Right to Privacy in the Digital Age' (UN Doc A/HRC/27/37 2014) 6-7.

⁽²⁵⁰⁾ Wagner, Bronowicka and Berger (n 247) 11-12.

⁽²⁵¹⁾ 参见前文第 226—237 页。

有在碰到特定系统时才会激活其攻击部分的代码。为了准确识别目标系统,一种方法就是从受感染的系统收集数据,并将其传输到服务器进行分析。例如,Stuxnet 就是按此方式运作——它通过一个特制程序寻找可编程逻辑控制器,并不加区分地传播;一旦找到正确的目标系统,它就会注入恶意代码,并在整个网络行动中持续记录来自受感染系统的数据。[252] 这种数据收集行为可能会侵害个人的隐私权。

这些事例表明,一项不以监控为目的的网络行动仍然可能收集数据,并可能干预隐私权。在简要介绍了网络行动与隐私权之间的关系之后,现在似乎可以对可能受到影响的其他人权进行分析。

5.5.3 其他人权

网络行动可能会产生各种各样的后果。按照严重程度,这些后果可以构成一个频谱:从完全没有后果,到仅限于网络空间的后果(数据盗窃、数据破坏等),再到有形后果,如财产损坏或破坏以及人身伤亡。最能说明问题的例子就是干扰甚至关停一个城市或者一个国家电网的网络行动,这将导致交通系统、供水系统、污水处理系统和食物供应出现故障,以及彻底断电。[253] 这种情况可能对受断电影响的人们的生命和健康造成严重后果。这些后果本身可能构成对具体人权规范的干预。

网络行动可能会对财产造成破坏和损毁——如对核电站离心机的物理破坏,以及非物理损害或破坏——如删除或损坏存储在硬盘上的数据。被盗、损坏或销毁的数据可能属于自然人或法人,这些人可能与目标国有关,也可能与目标国无关。对于可能被网络行动摧毁或损坏的财产而言,这一观察也同样适用。在这些事例中,网络行动可能会干扰数据或财产所有者的财产权。国际法对私有财产的保护是基于几种原理,其中最突出的是关于保护外国人的习惯国际法规范和人权法,如《世界人权宣言》第 17 条即明确承认财产权。在征用的裁判案例中,财产权也被普遍作为抗辩依据。只有通过未来的国家实践才能表明,这一权利是否延伸适用于网络行动造成损害和毁损的情况。当然,对数据的盗窃、篡改或销毁也

---

[252] Zetter (n 174) 231-235.
[253] 例如记者泰德·坎培尔 (Ted Koppel) 在 *Lights Out* 中提出的设想:*A Cyberattack, A Nation Unprepared, Surviving the Aftermath* (Crown 2015).

可以被认为是对隐私权的干涉。

造成人员伤亡的网络行动可能会违反关于人类生命和安全的人权规范。㉞ 虽然到目前为止,还没有网络行动造成人员伤亡的事例。但是,未来的网络行动可能会造成此种结果。生命权被认为是最重要的人权之一。㉟ 主要人权文件对此都有确认,包括《世界人权宣言》第 3 条、《公民权利和政治权利国际公约》第 6 条、《欧洲人权公约》第 2 条、《非洲人权公约》第 4 条、㊱《非洲人权与民族权宪章》第 4 条以及《儿童权利公约》第 6 条。㊲ 人身安全权利与生命权密切相关,并且也得到一些人权文件的承认,特别是《世界人权宣言》第 3 条和《欧洲人权公约》第 5 条。

总之,本节概述了在某些特定情况下,网络行动可能如何干预某些人权。这些人权包括生命权、安全权和财产权。未来网络行动的实践还可能揭示它们将如何干预其他人权。

5.5.4 关于网络行动和人权小结

本节分析了国家支持的网络行动与人权规范之间的关系。本节的两

㉞ Lucas Lixinski, *Legal Implications of the Privatization of Cyber Warfare* (EUI Working Papers, Academy of European Law 2010/2, PRIV-WAR project 2010) 10, http://hdl.handle.net/1814/13577; this working paper has been reprinted in Lucas Lixinski, 'Legal Implications of the Privatization of Cyber Warfare' in Norberto Nuno Gomes de Andrade and Lúcio Tomé Féteira (eds), *New Technologies and Human Rights: Challenges to Regulation* (Routledge 2016) 255-272; see also Vesna Poposka, 'Right to Life and Cyber Warfare: Applicability of Legal Regimes during Counterterrorist Operations (International Humanitarian Law)' in Metodi Hadji-Janev and Mitko Bogdanoski (eds), *Handbook of Research on Civil Society and National Security in the Era of Cyber Warfare* (IGI Global 2016) 450-474.

㉟ Robertson (n 238) 204; Niels Petersen, 'Life, Right to, International Protection', *Max Planck Encyclopedia of Public International Law* (*MPEPIL*), https://opil.ouplaw.com/view/10.1093/law:epil/9780199231690/law-9780199231690-e841 (OUP 2012) para 1.

㊱ African Charter on Human and Peoples' Rights (adopted 27 June 1981, entered into force 21 October 1986) OAU Doc CAB/LEG/67/3 rev 5; 1520 UNTS 217; 21 ILM 58 (1982).

㊲ Convention on the Rights of the Child (adopted 20 November 1989, entered into force 2 September 1990) UNGA Res 44/25, annex, 44 UN GAOR Supp (No 49) at 167, UN Doc A/44/49 (1989); 1577 UNTS 3; 28 ILM 1456 (1989).

个主要发现是：第一，间谍活动不是唯一一种可以干预人权规范的网络行动形式；第二，隐私权（或数据保护）并不是唯一可能受到影响的人权。有必要超越那些最显而易见的情况——换言之，即超越网络间谍活动对隐私权的侵犯，来理解和分析国家支持的网络行动与人权之间关系的复杂性。

网络行动的实施及其产生的后果，也可能间接影响其他人权，如涉及正当程序或无罪推定的人权。这一点在具体履行人权保护义务时特别重要。

本节提出的另一个重要问题涉及人权法对网络行动的可适用性。事实上，本节表明，网络行动可能会如何干扰某些人权，但在大多数情况下，权利主体往往位于施害国的领土和管辖范围之外。这种情况使得目前难以将相关网络干预定性为对人权规范的实际侵犯。

如果尊重合法性、必要性和合比例性，对人权的干涉也可能是合法的。本节在一开始就提出了这一论断，但后文没有进一步展开。同样，关于网络行动人权规范的履行问题，本节也没有进一步阐述。此外，在某些具体情况下，如武装冲突，㉘某些人权规范可能不再适用或适用范围有限，这一点在本节亦未涉及。这一节的主要目的仅仅是为读者提供一个基本的概述，介绍在国家支持的网络行动的发展中产生的各种人权问题和挑战。这些问题和挑战本身值得进一步地批判性考察和深入研究。

5.6 关于国家支持的网络行动的合法性的小结

本章表明，尽管网络行动的性质和形式多种多样，但大多数网络行动可能构成国际不法行为。一般来说，网络行动既可以侵犯目标国或第三国的领土主权，也可以违反不干涉目标国内政的原则，甚至同时违反国际法的这两项原则。就其影响和后果而言，网络行动也可能违反人权规范，即使其域外性增加了对这些违反行为进行定性以及对施害国施加责任的难度。

目标的性质——特别是受影响的计算机和网络是否属于关键基础设

㉘ Nehal Bhuta, 'The Frontiers of Extraterritoriality-Human Rights as Global Law' in Nehal Bhuta (ed), *The Frontiers of Human Rights：Extraterritoriality and Its Challenges* (OUP 2016) 9-19.

施或其本身是否构成关键信息基础设施,[29]对网络行动是否侵犯国家领土主权的判断没有影响。仅仅侵入位于外国领土内的计算机系统,即构成对该国领土主权的侵犯,而不论受感染的计算机系统的性质如何。然而,受害国在决定是否将网络行动定性为侵犯其主权以及在判断施害国的责任时,可以考虑目标的性质。对于针对关键基础设施的网络行动而言,由于此类行动的潜在后果可能更为严重,一国因此可能会更快地作出反应。

从不干涉原则来看,针对关键基础设施的网络行动更有可能构成非法干涉。一般来说,对于维持重要的社会功能或回应民众可能遭遇的重要风险而言,关键基础设施是必不可少的。因此,这种必要而敏感的基础设施与一国在行使其特权和执行政策事项时自由决定的能力密切相关。针对这类基础设施的网络行动可能被视为旨在就主权事务对一国施加胁迫。

本章认为,大多数由国家实施或支持的、针对另一国的网络行动,主要是为了在当下或在将来胁迫目标国,因此可能会违反不干涉原则。从这个意义上说,本书相信不干涉原则将是论证大多数网络行动不法性的主要法律依据。

---

[29] 关键基础设施,参见后文第 6.1.6 小节"针对关键基础设施的网络行动"。

6. 网络战争的门槛:从使用网络武力到网络武装攻击

本章分析反战争法在网络行动中的适用,并将论证:绝大多数的网络行动都未达到反战争法的适用门槛。

几个世纪以来,诉诸战争权一直是各国无限的,且不受规制的主权权利。① 规制诉诸武力的法律逐步获得发展,为实在国际法的普遍禁止使用武力奠定了基础。

关于"正义战争"(*bellum justum*)和"非正义战争"(*bellum injustum*)的区分,带来了对国家战争权利的第一个限制。这一区分可以追溯至罗马时期。② 特别是受基督教神学的影响,正义战争的理论在中世纪得到了实质性发展。根据这一理论,战争本身没有对错,但发动战争的理由可能导致战争是"正义"的或"非正义"的。③ 基于非正义事由发动的战争是非法的,但如果发动战争的事由是正义的,那么战争是合法的。在发动战争时,国家仍然可以利用正义战争作为借口,却不再产生法律后果。鉴于正义战争理论已经被实在国际法所摒弃,④本书不再赘述。但是值得注意的是,现今国际法对战争的规制起源于正义战争学说。⑤ 国际联

---

① Serge Sur,'The Evolving Legal Aspects of War' in Julian Lindley-French and Yves Boyer, *The Oxford Handbook of War*, Oxford University Press, 2012, p.116. ("几个世纪以来,除了一些程序性标准外,如正式宣战,各国基于国家意志而诉诸战争的主权和垄断权不受任何国际限制。")

② Yoram Dinstein, *War, Aggression, and Self-Defence* (5th edn, CUP 2012) 65.

③ Robert Kolb, *Ius contra bellum: Le droit international relatif au maintien de la paix* (Helbing Lichtenhahn & Bruylant 2003) 15. 关于"正义战争",参见 Stephen C Neff, *War and the Law of Nations: A General History* (CUP 2005) 45-82.

④ Kolb (n 3) 18-19; Dinstein (n 2) 69.

⑤ Mary Ellen O'Connell, 'The Prohibition of the Use of Force' in Christian Henderson and Nigel White (eds), *Research Handbook on International Conflict and Security Law: Jus ad Bellum, Jus in Bello and Jus post Bellum* (Edward Elgar Publishing 2013) 89-90.

盟的成立,标志着在规范各国使用武力方面的一个重要转折点。《国际联盟盟约》(以下简称《盟约》)第 11 条规定:"任何战争或战争的威胁都是整个联盟需要关切的问题,联盟应当采取一切被认为是明智且有效的行动以维护国家间的和平。"⑥然而,《盟约》并没有普遍禁止战争,而是阐明了一些种类的战争的非法性。历史表明,《盟约》未能成功阻止战争的发生。非战争措施是导致失败的主要原因之一——所谓非战争措施,即没有达到战争门槛的、低烈度的使用武力。这些措施在《盟约》或《白里安—凯洛格公约》⑦下的合法性或非法性并不明确,而且在理论上也没有达成共识。但是,大部分学者认为,除非这些措施构成变相的战争,否则它们是合法的。⑧ 国家实践也支持上述主张。⑨ 在《盟约》那些有着严格边界的概念范畴之间,非战争措施似乎处于一个灰色地带,这也解释了为什么《联合国宪章》第 2(4)条确立了普遍禁止使用武力的原则。

　　1945 年通过的《联合国宪章》及其著名的第 2(4)条禁止国家使用武力或威胁使用武力的规定,标志着国际法规制使用武力的转折点。⑩ 含义狭隘的"战争"(war)术语,被更宽泛的"使用武力"(use of force)这一术语所取代。⑪ 基于前述演变,诉诸战争权——无限的、不受规制的战

---

⑥ Covenant of the League of Nations (adopted 28 June 1919, entered into force 10 January 1920) 225 Parry 195;1 Hudson 1;112 BFSP 13;13 AJIL Supp 128 (1919), Article 11.

⑦ 美国和其他国家之间制定的放弃以战争作为国家政策工具的条约(1928 年 8 月 27 日通过,1929 年 7 月 27 日生效)94 LNTS 57(以下简称《白里安-凯洛格公约》)。

⑧ Kolb (n 3) 34,40.

⑨ 同上注,41.

⑩ Thomas M Franck 认为《联合国宪章》第 2(4)条对使用武力的普遍禁止是为了填补《国际联盟盟约》法律框架的漏洞。Thomas M Franck, *Recourse to Force : State Action against Threats and Armed Attacks* (CUP 22009) 1-2. See also :Rafâa Ben Achour and Slim Laghmani (eds), *Le droit international à la croisée des chemins : Force du droit et droit de la force-VIe rencontre internationale de la faculté des sciences juridiques, politiques et sociales de Tunis*, 14,15 et 16 avril 2004 (Pedone 2004) ('Ce n'est donc qu'avec l'adoption de la Charte des Nations Unies que se substitue au modèle westphalien, caractérisé par la force comme principale source de légitimité, le modèle onusien qui refuse toute légitimité de recours à la force et remplace le droit de la force par la force du droit.')

⑪ Christine Gray, *International Law and the Use of Force* (OUP 2004) 6-7.

争权利——逐渐被反战争法以及在国际关系中对战争的普遍禁止所取代。⑫

《联合国宪章》建立了集体安全机制,禁止国家单独诉诸武力(第 2 条第 4 项),但是以下两种情况例外:第一,联合国安理会根据《联合国宪章》第 7 章的规定授权诉诸武力;第二,基于自卫权(第 51 条)的使用武力。⑬ 这里存在三个相互关联的法律门槛:(1)威胁或使用武力的门槛;(2)武装攻击的门槛;(3)和平之威胁,和平之破坏及侵略行为的门槛。⑭ 被广为接受的是,这些概念之间存在着某种"从属关系":⑮"武装攻击"是较狭义

---

⑫ Kolb (n 3) 6; Olivier Corten, *The Law against War: The Prohibition on the Use of Force in Contemporary International Law* (Hart 2012) passim.

⑬ 《联合国宪章》还规定了另外三项禁止使用武力的例外,但已不再适用,即过渡措施(第 106 条);根据区域性安排而针对敌国集体(第 53 条)或单独(第 107 条)使用武力。随着以前的"敌国"成为联合国的成员,这些国家不再被认为是"敌国"。因此,第 53 条和第 107 条被废除。See, generally, Robert Kolb, 'Article 53' in Jean-Pierre Cot, Mathias Forteau and Alain Pellet (eds), *La Charte des Nations Unies: commentaire article par article*, vol II(3rd edn, Économica 2005) 1413-1414. 学界对禁止使用武力及其例外的解释仍存在争议。目前有两种主要的解释方法:第一,广义解释,是一种对禁止使用武力较为灵活的解释,该解释采纳了更多的禁止例外,如"预防性自卫""人道主义干涉"甚至是安理会的"默示授权";第二,限制性解释,即对禁止使用武力的严格解释。在尼加拉瓜案的判决中,国际法院对禁止使用武力的解释采取了类似于限制性解释的办法。实际上,国际法院认为禁止使用武力是一种严格的禁止。See Territorial and Maritime Dispute (Nicaragua v. Colombia) (Judgment) [2012] ICJ Reports 624, 98, para 186; see also: Gray, *International Law* (n 11) 31; Christine Gray, 'The International Court of Justice and the Use of Force' in Christian J Tams and James Sloan, *The Development of International Law by the International Court of Justice* (OUP 2013) 247. Olivier Corten 在对这两种方法的综合分析中认为,这种区别主要是解释方法上的区别,因为它们对习惯国际法中的禁止使用武力的地位和解释采用了不同的方法。限制性解释和广义解释各有利弊,但 Olivier Corten 更倾向于限制性解释,因为他认为这更接近于禁止使用武力的规范,而广义解释更主要基于一些国家的实践,但这些实践不被大多数国家认可。因此,限制性解释应该被认为是原则,广义解释则是由个案实践确立的例外。See Olivier Corten, 'The Controversies over the Customary Prohibition on the Use of Force: A Methodological Debate' (2005) 16 *European Journal of International Law* 803, 810-814.

⑭ Keiichiro Okimoto, *The Distinction and Relationship between Jus Ad Bellum and Jus in Bello* (Hart 2011) passim.

⑮ Tom Ruys, '*Armed Attack*' and Article 51 of the UN Charter: Evolutions in Customary Law and Practice (CUP 2010) 137.

的概念,作为"侵略"的子概念,而"侵略"本身则是"武力"的子概念。⑯ 然而,《联合国宪章》并未对这些概念作出明确界定。

前述三个门槛可以总结为:《联合国宪章》第2(4)条禁止国家威胁或使用武力。第一个门槛是《联合国宪章》所确立的、最广为适用和最低限度的门槛。网络行动只有达到这一门槛才可能构成反战争法下的网络战争。第二个门槛源自《联合国宪章》第51条的规定:武装攻击触发受害国的自卫权。关于武装攻击和使用武力概念的区别,目前仍然存有争论。少数意见认为这两个概念等同,因此所有使用武力的行为都将触发国家行使自卫权。⑰ 大多数意见则认为,只有最严重的使用武力才构成武装攻击。在尼加拉瓜案中,国际法院采纳了第二种观点,即只有"最严重的使用武力"才构成武装攻击。⑱ 第三个门槛系基于《联合国宪章》第39条的规定,即"联合国安理会应断定任何和平之威胁、和平之破坏或侵略行为之是否存在"。联合国安理会的"首要责任是维护国际和平与安全"。⑲ 联合国安理会是政治组织而非法院或执法机构。"侵略"已被定义为包含着"最严重和最危险的形式的非法使用武力"。⑳ 相反,和平之破坏、和平之威胁的概念尚未得到法律上的界定,而是由安理会自行决定并付诸实践。㉑ 总之,《联合国宪章》中的网络战争门槛即是《联合国宪章》第2(4)条所确立的威胁或使用武力的门槛。只有当网络行动达到这一门槛——换言之,能够被认定为达到威胁或使用网络武力的程度,才能构成反战争法下的网络战争。

在进一步深入分析网络行动和反战争法之前,我们必须解决一个前置问题:反战争法是否适用于网络战争? 答案是肯定无疑的。在第一起

---

⑯ 参见后文第6.3节"网络武装攻击和网络侵略"。

⑰ 例如,参考 Michael N Schmitt (ed), *Tallinn Manual on the International Law Applicable to Cyber Warfare* (CUP 2013) 47, para 7.

⑱ Military and Paramilitary Activities in and against Nicaragua (Nicaragua v. United States of America) (Merits) [1986] ICJ Reports 14, 101, para 191.

⑲ UN Charter, Article 24, paragraph 1.

⑳ Definition of Aggression, UNGA Res 3314 (XXIX) (14 December 1974).

㉑ Michael Wood, 'Peace, Breach of', *Max Planck Encyclopedia of Public International Law* (MPEPIL), https://opil.ouplaw.com/view/10.1093/law: epil/9780199231690/law-9780199 231690-e372 (OUP 2009); and Erika de Wet, 'Peace, Threat to', *MPEPIL*, https://opil.ouplaw.com/view/10.1093/law: epil/9780199231690/law-978019923 1690-e374 (2009).

网络行动实施之前,《联合国宪章》已经适用了近半个世纪。因此,《联合国宪章》并没有提及或包含任何关于网络行动的预判,只有《联合国宪章》第41条所规定的使用武力以外的措施,即"中断[……]电报、无线电和其他通信手段[……]",与网络行动存在着模糊的联系。对于本研究而言,这一倾向颇值得玩味,因为它恰当地反映了当时通信网络只用于通信目的。1945年,《联合国宪章》的起草者们未曾设想的是,通信网络也可用于军事网络行动。虽然没有具体提及网络行动,但这并不意味着《联合国宪章》不适用于网络行动。《联合国宪章》的条文表述方式足以使其能够灵活地适用于国际安全的新发展,包括适用于网络行动领域的发展。[22]显然,并非所有的网络行动都符合反战争法下的"武力"要求和其他门槛。按照个案方式进行分析是必要的,这也是本章的基本出发点。[23]

6.1 网络行动和禁止使用武力

《联合国宪章》第2(4)条确立了普遍禁止威胁或使用武力:

> 各会员国在其国际关系上不得使用威胁或武力,或以与联合国宗旨不符之任何其他方法,侵害任何会员国或国家之领土完整或政治独立。

本节仅讨论禁止使用武力。对于该条确立的第二项禁止,即禁止武力威胁,将在下一节讨论。[24]

此外,本节将聚焦于第2(4)条的第一部分,对第二部分的争论,即关于禁止范围的争论,此处仅作简要的讨论。长期以来,学者一直在讨论第2(4)条是否规定了普遍禁止,抑或是否在该条第二部分限制了禁止的范

---

[22] Matthew C Waxman, 'Regulating Resort to Force: Form and Substance of the UN Charter Regime' (2013) 24 *European Journal of International Law* 151; Yaroslav Radziwill, *Cyber-Attacks and the Exploitable Imperfection of International Law* (Brill & Martinus Nijhoff Publishers 2015) 125-126.

[23] Daniel B Silver, 'Computer Network Attack as a Use of Force under Article 2(4) of the United Nations Charter' (2002) 76 *International Law Studies* 73, 84-85.

[24] 参见后文第6.2节"网络威胁和网络武力威胁"。

围。㉕一部分论者采用了限缩解释,认为这一禁止允许一些例外,因此存在着该条款范围之外的使用武力的形式。然而,大部分学者认为,这一禁止适用于所有国家间的武力威胁和使用武力,这一观点也为实践所印证。㉖本书认为,第 2(4)条应当理解为规定了对威胁或使用武力的普遍禁止,因此,后文不再对该禁止的限缩解释所产生的假定例外情况作进一步阐述。

6.1.1 禁止使用武力

《联合国宪章》第 2(4)条是关于禁止使用武力的原则性规定,其重要性已经超过了《联合国宪章》的范围。并不令人意外的是,自 1928 年《白里安-凯洛格公约》以来,许多条约重申了这一规定。㉗下文将分析与本书有关的禁止使用武力的特点。

6.1.1.1 禁止使用武力与国际法院

在武装活动案中,国际法院将禁止使用武力视为"《联合国宪章》的基石"。㉘

国际法院成立后所受理的第一个案件科孚海峡案就涉及使用武力的问题。㉙从那时起,国际法院的许多案件都或直接或间接地涉及这一问题。㉚但是,国际法院仅在四宗相关案件中作出使用武力的实体判决,即科孚海峡案、尼加拉瓜案、石油平台案(the Oil Platforms case)和武装活

㉕ Gray, *International Law* (n 11) 30-33.

㉖ James Crawford, *Brownlie's Principles of Public International Law* (8th edn, OUP 2012) 747.

㉗ Dinstein (n 2) 101-104.

㉘ Armed Activities on the Territory of the Congo (Democratic Republic of the Congo v. Uganda) (Judgment) [2005] ICJ Reports 168,223-224,para 148.

㉙ 关于科孚海峡案的影响,参见 Karine Bannelier, Théodore Christakis and Sarah Heathcote (eds), *The ICJ and the Development of International Law: The Enduring Impact of the Corfu Channel Case* (Routledge 2011) passim.

㉚ 一般而言,参考 Christine Gray 关于国际法院使用武力案例的综合研究:Gray, 'The International Court of Justice' (n 13).

动案;㉛另有两份咨询意见涉及此议题,即核武器咨询案(the Nuclear Weapons case)和隔离墙咨询案(the Wall case)。㉜ 国际法院在禁止使用武力方面采取了严格且前后一致的解释方法,这种解释也被国家实践所广泛接受。㉝ 然而,以美国为代表的少数国家对这种解释方法提出了质疑。㉞

本书遵循国际法院提出的、为多数国家所遵循的严格解释方法。本书不会对相关判例逐个进行单独分析,而是会提到国际法院判例中耐人寻味的要点和结论。在大部分案件中,国际法院的判例与自卫中的诉诸武力有关。

6.1.1.2 禁止使用武力原则和不干涉原则

国际法院所支持的禁止使用武力原则,"得到了与其有所交叉且密切相关的不干涉原则的强化,国际法院对后者同样采用了一贯的和严格的解释方法"㉟。在尼加拉瓜案的判决中,国际法院认定不干涉原则具备法律确信和国家实践两要素,㊱并承认其习惯国际法地位。㊲ 有关这一原则的具体分析,可以参见前文。㊳

在尼加拉瓜案中,一些国家主张不干涉原则存在例外,如人道主义干涉、㊴"亲民主"干涉或"意识形态"干涉,并以此声称其行为有正当理由,

---

㉛ Corfu Channel (United Kingdom of Great Britain and Northern Ireland v. Albania)(Judgment on the Merits) [1949] ICJ Reports 4; Nicaragua (Merits) (n 18); Oil Platforms (Islamic Republic of Iran v. United States of America) (Judgment) [2003] ICJ Reports 161; Armed Activities (Judgment) (n 28).

㉜ Legality of the Threat or Use of Nuclear Weapons (Advisory Opinion) [1996] ICJ Reports 226; Legal Consequences of the Construction of a Wall in the Occupied Palestinian Territory (Advisory Opinion) [2004] ICJ Reports 136.

㉝ Gray, *International Law* (n 11) 31; Gray, 'The International Court of Justice' (n 13) 247.

㉞ 有关美国使用武力方法的全面研究,一般参见:Christian Henderson, The Persistent Advocate and the Use of Force: *The Impact of the United States upon the Jus Ad Bellum in the Post-Cold War Era* (Ashgate 2013); see also O'Connell (n 5) 90,114-118.

㉟ Gray, 'The International Court of Justice' (n 13) 248.

㊱ Nicaragua (Merits) (n 18) 106-111,paras 202-209.

㊲ 同上注,96,para 202.

㊳ 参见前文第5.4节"网络行动和不干涉和不干预原则"。

㊴ Nicaragua (Merits) (n 18) 134-135,paras 267-268.

但是未能获得国际法院的支持。⁴⁰ 众多国际条约⁴¹和联合国大会的多项决议一再重申不干涉原则,比如《国家权利义务宣言草案》、⁴²《关于各国内政不容干涉及其独立与主权之保护宣言》⁴³以及《关于各国依联合国宪章建立友好关系及合作之国际法原则之宣言》。⁴⁴

军事干预,即通过使用武力进行干涉,被《联合国宪章》第 2(4)条所禁止,这也是唯一被禁止使用武力原则所禁止的干涉形式。其他形式的干涉——如颠覆性干涉和外交干涉——虽然为不干涉原则所禁止,但不被《联合国宪章》第 2(4)条所禁止,因为这些干涉不构成使用武力。⁴⁵ 例如,根据国际法院的观点,武装或训练敌对武装力量,或是仅仅提供资金支持都可能构成非法干涉,但只有前者才可能构成使用武力。⁴⁶

6.1.1.3 禁止使用武力的习惯国际法地位和强行法地位

《联合国宪章》第 2(4)条规定的禁止使用武力具有习惯国际法地位。⁴⁷ 禁止使用武力在条约法和习惯国际法中均有表述,这带来一个问

---

⁴⁰ 同上注,133-134,paras 263-267.

⁴¹ Pact of the League of Arab States (22 March 1945) 70 UNTS 237, Article 8; Charter of the Organization of American States (adopted 30 April 1948, entered into force 13 December 1951), Article 15; Charter of the Organization of African Unity (adopted 25 May 1963, entered into force 13 September 1963) 479 UNTS 70, Article 3; Constitutive Act of the African Union (11 July 2000) 2158 UNTS 3, Article 4(g).

⁴² Draft Declaration on Rights and Duties of States, UNGA Res 375 (IV) (6 December 1949).

⁴³ Declaration on the Inadmissibility of Intervention in the Domestic Affairs of States and the Protection of Their Independence and Sovereignty, UNGA Res 2131 (XX) (21 December 1965).

⁴⁴ Declaration on Principles of International Law concerning Friendly Relations and Cooperation among States in Accordance with the Charter of the United Nations, UNGA Res 2625 (XXV) (24 October 1970).

⁴⁵ Philip Kunig, 'Intervention, Prohibition of', *Max Planck Encyclopedia of Public International Law* (*MPEPIL*), https://opil.ouplaw.com/view/10.1093/law:epil/9780199231690/law-9780199231690-e1434 (OUP 2008) paras 22-27; see also Matthew C Waxman, 'Cyber-Attacks and the Use of Force: Back to the Future of Article 2(4)' (2011) 36 *Yale Journal of International Law* 421, 428-429.

⁴⁶ Nicaragua (Merits) (n 18) 119, para 228.

⁴⁷ 同上注,98 et seq, para 187 et seq; see the analysis in Gray, 'The International Court of Justice' (n 13) 244; see also Kolb (n 3) 166.

题,即作为习惯国际法的禁止使用武力与作为条约法第 2(4)条规定的禁止使用武力是否有所区别? 在尼加拉瓜案判决中,国际法院证实了《联合国宪章》中的禁止使用武力原则和习惯国际法下的禁止使用武力原则之间具有相似性和相关性。虽然二者具有相似的内涵,但这种相似性并不及于禁止使用武力的例外情形,比如自卫。⑱ 这一具有相关性的成文法规则和习惯法规则可以共存,并同时"保持各自的独立性"。⑲ 必须注意到,尽管禁止使用武力的条约法与习惯法实际上是相同的,但它们各自可能会单独演变,且其内容可能会随着时间的推移而变化。⑳ 1966 年,国际法委员会在《条约法条款草案》的评注中认为,禁止使用武力是国际强行法的第一批条款之一。㉑

如今,禁止使用武力具有国际强行法性质已被广为接受。㉒ 然而,仍有一些评论者对禁止使用武力作为一般国际法的强制性规范作狭隘理解,㉓部分学者认为只有禁止侵略应当被视为强行法。㉔ 但是,持有这种

---

⑱ Nicaragua (Merits) (n 18) 89,para 187 et seq;see also Kolb (n 3) 166-167.

⑲ Nicaragua (Merits) (n 18) 95,para 178.

⑳ Dinstein (n 2) 100; see also Anthony D'Amato, 'Trashing Customary International Law' (1987) 81 American Journal of International Law 101,104.

㉑ 'Draft Articles on the Law of Treaties with Commentaries' (1966) II Yearbook of the International Law Commission 177,247,commentary to Article 50,para 1 ("《联合国宪章》关于禁止使用武力的规定就是国际强行法规则的一个明显例子"). 国际法院引述了 Nicaragua (Merits) (n 18) 100,para.190 的这段话。参见国际法院对这一提法的解释,James A Green, 'Questioning the Peremptory Status of the Prohibition of the Use of Force' (2010) 32 *Michigan Journal of International Law* 215,223-224.

㉒ See Corten,*The Law against War* (n 12) 200-213;Kolb (n 3) 167-168;Alain Pellet et al,*Droit international public* (8th edn,LGDJ 2009) 967; Green (n 51) 255; Christine Gray, *International Law and the Use of Force* (3rd edn,OUP 2008) 29; Mélanie Dubuy,*La guerre préventive et l'évolution du droit international public* (La Documentation française 2012) 208; Nicolaas Schrijver, 'Article 2,paragraph 4' in Jean-Pierre Cot,Mathias Forteau and Alain Pellet (eds), *La Charte des Nations Unies:commentaire article par article*, vol (3rd edn,Économica 2005) 437-466; Albrecht Randelzhofer and Oliver Dörr,'Article 2 (4)' in Bruno Simma et al (eds),*The Charter of the United Nations:A Commentary* (OUP 2012) 129;Dinstein (n 2) 105-109;Crawford (n 26) 747;Jean Salmon (ed),*Dictionnaire de droit international public* (Bruylant 2001) 595.

㉓ 请特别参阅 Green(n 51)各处所进行的全面分析。

㉔ Corten,*The Law against War* (n 12) 200-201.

理解和观点的,仅是少数派。本书认为绝对禁止使用武力是一般国际法中的强制性规范。

作为一般国际法的强制性规范,禁止使用武力"在国际法的位阶上比条约法甚至'普通的'习惯国际法的位阶更高"。⑤⑤ 通常适用于条约或习惯规范的例外情形不适用于强行法规范。⑤⑥ 比如,国际法委员会制定的《国家对国际不法行为的责任条款》中所确定的排除不法性的情形无法适用⑤⑦——如反措施(第 22 条)、危难(第 24 条)和危急情况(第 25 条)。⑤⑧

由于禁止使用武力同时具有习惯国际法和国际强行法的性质,因此,它是国际法最为神圣的规范之一。值得强调的是,目前没有一项特别的国际条约明确禁止国家诉诸"网络武力"。⑤⑨ 因而,诉诸"网络武力"受《联合国宪章》和习惯国际法所规定的普遍禁止使用武力原则的限制。关于是否有必要制定网络战特别条约,这在各国和学者之间仍然是一个有争议的话题。然而,就禁止使用武力或武力威胁而言,现有的《联合国宪章》第 2(4)条和习惯国际法规定的普遍禁止原则似乎足以起到规制作用。⑥⓪

---

⑤⑤ Prosecutor v. Furundžija (Judgment) [1998] ICTY, Trial Chamber IT-95-17/1-T,58,para 153;see also the section on 'The Source of International Law and Its Normativity' in:Samantha Besson,'Theorizing the Sources of International Law' in Samantha Besson and John Tasioulas (eds),*The Philosophy of International Law* (OUP 2010) 173-175.

⑤⑥ 'Commentary to the Articles on State Responsibility' (2001) 2 Yearbook of the International Law Commission (Part II) 31,Article 26;一般参见 Corten 的综合研究,*The Law Against War*(n 12)198-248.

⑤⑦ Articles on 'Responsibility of States for Internationally Wrongful Acts' (adopted by the International Law Commission at its fifty-third session in 2001,annexed to General Assembly resolution 56/83 of 12 December 2001,and corrected by document A/56/49 (Vol I)/Corr4).

⑤⑧ Corten,*The Law against War* (n 12) 200-201.

⑤⑨ 特别参见:Jason Barkham,'Information Warfare and International Law on the Use of Force' (2001) 34 *New York University Journal of International Law and Politics* 57,96-97;Matthew Hoisington,'Cyberwarfare and the Use of Force Giving Rise to the Right of Self-Defense' (2009) 32 *International & Comparative Law Review* 439, 444-446.

⑥⓪ 《塔林手册 2.0》的国际专家组似乎遵循了类似的解释,因为其规则 10 的内容主要是《联合国宪章》第 2(4)条在网络领域的重述,即"影响任何国家的领土完整和政治独立,从而构成威胁或使用武力的网络行动,或以任何方式违背《联合国宪章》的宗旨的网络行动,都是非法的"。See also Waxman (n 45) 431.

实际上,该规则具有足够的灵活性,以便于适应安全威胁的演变。[61] 而且,自《联合国宪章》通过以来,习惯国际法中的禁止使用武力的内涵并未改变,亦未因为国家实践而发生转变。[62]

6.1.2　作为禁止使用武力的网络行动

《联合国宪章》没有对"武力"这一术语进行定义,而"战争"作为网络战争的构成要素之一,只是"武力"的一种形式。[63] "武力"的概念更广,且更加具有事实性。[64] 正如约拉姆·丁斯坦(Yoram Dinstein)所指出的,"第2(4)条中的'武力'(force)一词前面并未以'武装'(armed)加以限定,但是'武装武力'(armed force)的完整表述却出现在《联合国宪章》的其他条文之中,包括序言、第41条和第46条"[65]。

缺乏一个精确的定义显然是有问题的。如果这一概念要得以适用,必须先对其进行解释。1969年《维也纳条约法公约》第31条规定了"解释的一般规则",这一规则也为本书所遵循。就此而言,禁止威胁或使用武力的规则必须"依其用语按其上下文并参照条约之目的及宗旨所具有之通常意义,善意解释之"[66]。作为对国际和平的新威胁,网络行动的出现构成了禁止使用武力这一规则上下文(context)的变动,但这并没有使禁止使用武力条文过时。《联合国宪章》第2(4)条规定的"武力"概念确实足够灵活,足以将网络行动囊括在内。[67]

---

[61]　Green (n 51) 237("现行规则允许所需的法律弹性以适应不断变化的全球安全威胁和武力行动")。

[62]　Gray,'The International Court of Justice'(n 13) 245;Dinstein (n 2) 100.

[63]　Salmon (n 52) 595;Corten,*The Law against War* (n 12) 51.

[64]　Kolb (n 3) 169.

[65]　Dinstein (n 2) 88 (footnotes omitted).

[66]　Vienna Convention on the Law of Treaties (adopted 23 May 1969,entered into force 27 January 1980) UN Doc A/Conf39/27,1155 UNTS 331,8 ILM 679 (1969),63 AJIL 875 (1969) 1980 [hereafter VCLT],Article 31(1).

[67]　Silver (n 23) 84.

学者们对武力的内涵仍争论不休,下文将连同"网络武力"的定义一起讨论。⑱

6.1.3 被禁止的武力不限于"武装武力"

《联合国宪章》禁止诉诸武力。然而,目前尚未就被禁止的武力的内涵达成共识。在各种文献中,学者分歧如下:⑲部分学者将被禁止的武力限定于"武装武力";⑳其他人则倾向于更广义的解释,认为武力不限于武

---

⑱ 关于"网络武力"的特征,特别参见 Marco Roscini, *Cyber Operations and the Use of Force in International Law* (OUP 2014); Alessandro Compagno, 'I cyber attacks: defifinizione e proposte di applicazione delle norme internazionali vigenti' (Master's Thesis, Università Degli Studi Firenze, Scuola di Scienze Politiche 'Cesare Alfifieri' 2014); Janne Valo, 'Cyber Attacks and the Use of Force in International Law' (Master's Thesis, University of Helsinki, Faculty of Law 2014) http://hdl.handle.net/10138/42701; Reese Nguyen, 'Navigating Jus Ad Bellum in the Age of Cyber Warfare' (2013) 101 California Law Review 1079-1130; Oona A Hathaway et al, 'The Law of Cyber-Attack' (2012) 100 *California Law Review* 817; Waxman (n 45); Katharina Ziolkowski, 'Computer Network Operations and the Law of Armed Conflflict' (2010) 49 *Military Law and Law of War Review* 47; Marco Roscini, 'World Wide Warfare-Jus ad bellum and the Use of Cyber Force' (2010) 14 *Max Planck Yearbook of United Nations Law* 85; Herbert S Lin, 'Offensive Cyber Operations and the Use of Force' (Cybersecurity Symposium: 'National Leadership, Individual Responsibility') (2010) 4 *Journal of National Security Law & Policy* 63; Marco Benatar, 'The Use of Cyber Force: Need for Legal Justifification' (2009) 1 *Goettingen Journal of International Law* 375; Hoisington (n 59); Marco Roscini, 'Threats of Armed Force and Contemporary International Law' (2007) 54 *Netherlands International Law Review* 229; Duncan B Hollis, 'New Tools, New Rules: International Law and Information Operations' [2008] SSRN eLibrary; Barkham (n 59); Michael N Schmitt, 'Computer Network Attack and the Use of Force in International Law: Thoughts on a Normative Framework' (1999) 37 *Columbia Journal of Transnational Law* 1998.

⑲ Crawford (n 26) 747; Randelzhofer and Dörr (n 52) 208.

⑳ Tom Ruys, 'The Meaning of "Force"and the Boundaries of the Jus Ad Bellum: Are "Minimal" Uses of Force Excluded from UN Charter Article 2(4)?' (2014) 108 *American Journal of International Law* 159, 163; Jutta Brunnée, 'The Meaning of Armed Conflflict and the Jus ad Bellum' in Mary Ellen O'Connell, *What Is War? An Investigation in the Wake of 9/11* (Martinus Nijhoff Publishers 2012) 32; Heather Harrison Dinniss, *Cyber Warfare and the Laws of War* (Cambridge Studies in International and Comparative Law, CUP 2012) 40-49; Hathaway et al (n 68) 842; Oliver Dörr, 'Use of Force, Prohibition of', *Max Planck Encyclopedia of Public International Law* (MPEPIL), https://opil.ouplaw.com/view/10.1093/law:epil/9780199231690/law-9780199231690-e427 (OUP 2015) paras 11-13.

装武力。⑦ 国际法院在"核武器咨询意见"中指出,这项禁止"适用于任何使用武力的情形,无论被使用的是何种武器"。⑫ 因此,国际法院似乎更倾向于采纳广义解释,而非将武力仅仅限定于武装武力。

然而,显而易见的是,"武力"的概念并非包含"任何种类的武力"。⑬ 起草《联合国宪章》的旧金山会议拒绝将一些武力形式纳入禁止规则之中。《联合国宪章》的准备工作资料表明,经济、政治和间接武力不属于第2(4)条的禁止范畴。⑭ 因此,诉诸经济或政治力量并不违反第2(4)条,但

---

⑦ Crawford (n 26) 747; Randelzhofer and Dörr (n 52) 210; Corten, *The Law against War* (n 12) 52; Dinstein (n 2) 88; Michael N Schmitt, 'Cyber Operations and the Jus Ad Bellum Revisited' (2011) 56 *Villanova Law Review* 569,574; Kolb (n 3) 171-172; Ian Brownlie, *International Law and the Use of Force by States* (OUP 1963) 361-362 ("毫无疑问,'使用武力'通常意味着一国有组织的陆军、海军或空军开展的军事攻击或'武装攻击';但这一概念在实践和原理上具有更广泛的意义"); Hans Kelsen, *Collective Security under International Law* (International Law Studies, Naval War College and The Lawbook Exchange, originally published in 1957 and republished in 2001) 57.

⑫ Nuclear Weapons (Advisory Opinion) (n 32) 244, para 39(这些禁止不特指某些武器。其适用于任何使用武力的行为,无论是否使用核武器。《联合国宪章》既不明确禁止也不允许使用任何特定的武器,包括核武器。无论根据条约法还是习惯法,一种本身已经是非法的武器,不会因为其被用于《联合国宪章》规定的合法目的而变为合法)。

⑬ See contra Kelsen (n 71) 57[第2条第4项的措辞可以理解为,成员国不仅有义务不使用武装武力,也有义务不使用任何其他形式的武力。……有两类武力没有被排除在该条款之外:(1)一国对另一国采取的违反国际法但未使用武装的行为;(2)不涉及使用武装武力的报复行为。第2(4)条所述的是"使用武力"。因此其禁止这两种使用武力。由此,《联合国宪章》不仅禁止使用武装武力,一会员国直接针对另一国实施的违反国际法的任何行为也为《联合国宪章》所禁止,会员国禁止诉诸战争和报复。]

⑭ 巴西提议,第2(4)条禁止"对本组织任何其他成员国的内政和外交的任何干预,以及……诉诸威胁或使用武力"。'Brazilian Comment on Dumbarton Oaks Proposals: Memorandum of Brazilian Acting Minister for Foreign Affairs to American Charge d'Affaires, November 4,1944' (1945) 3 Documents of the United Nations Conference on International Organization 232,237. 巴西还提议,在禁止威胁或使用武力的基础上,禁止"威胁或使用经济措施": 'Documentation for Meetings of Committee I/1' (1945) 6 Documents of the United Nations Conference on International Organization 527,558-559. Ecuador proposed inclusion of 'moral and physical force', 同上注,561. Iran proposed inclusion of the principle of non-intervention, 同上注 563. 这些提议在第2(4)条的禁止中加入经济、政治和间接武力的所有主张都没有获得通过: Schrijver (n 52) 443; Randelzhofer and Dörr (n 52) 208-212.

可能违反其他国际法原则,如不干涉原则或侵犯经济权利。⑦ 间接武力——包括一国参与他国使用武力的行为,或一国资助和控制非国家行为体的行为——在某些情况下似乎属于禁止使用的武力的范畴。⑦

  禁止使用武力是否涵盖所有形式的胁迫?发达国家和发展中国家在这一问题上存有分歧,相较于前者,后者倾向于作更广义的解释。⑦ 尽管对何种形式的胁迫将落入使用武力的门槛内存有争议,但可以明确的是,并非所有形式的胁迫都属于第2(4)条禁止的范畴。例如,经济和外交胁迫就不在禁止之列。

  新技术的发展使识别"武器"变得困难。不产生"爆炸后果"的武器的出现,对传统的识别方法提出了挑战,如化学武器、细菌武器和生物武器。很难将网络行动归类为武装力量,因此将其作为武器使用也是对传统框架的挑战。⑦ 伊恩·布朗利(Ian Brownlie)提出了一个框架,用于判断使用这些武器是否会落入禁止使用的武力范畴,即

    在以下两种情形中使用这些武器可以被认定为使用武力。第一种情况是,被评判的对象常常被冠以"武器"和"战争"的称谓形式。第二种情况更有说服力,即这些武器被用于造成人身伤亡或财产损

---

 ⑦ 例如,在'Declaration on Principles of International Law Concerning Friendly Relations and Cooperation among States in Accordance with the Charter of the United Nations',UNGA Res 2625 (XXV) (24 October 1970),联合国各会员国重申禁止威胁和使用武力的原则,但也宣告不干涉原则,"根据《联合国宪章》的规定,有义务不干涉任何国家内政的义务原则",并补充说"任何国家都不能使用或鼓励使用经济、政治或任何其他类型的措施来胁迫另一国,以便从该国获得行使其主权权利方面的服从,并从该国获得利益"。See,generally,O'Connell (n 5) 101.

 ⑦ Randelzhofer and Dörr (n 52) 211-212;Kolb (n 3) 172-173.

 ⑦ Waxman (n 45) 428-429;Gray,*International Law* (n 11) 30.

 ⑦ Oliver Dörr 和 Albrecht Randelzhofer 将计算机网络攻击定性为《联合国宪章》第2(4)条所禁止的非军事武力:(n 52)210("如果在极端情况下,使用物理的非军事武力可能会产生武装攻击的效果,从而促发《联合国宪章》第51条规定的自卫权,则会产生例外情况。仅在这一特定情况下,受影响国才能使用武力作为反击,而不违反《联合国宪章》第2(4)条的规定。然而,对'武装力量'的这种宽泛解释,只有在尽可能狭窄的范围内使用。这同样适用于一国对另一国信息系统的计算机网络攻击,因为利用国际技术进行的某些攻击可能会产生类似武器的破坏潜力,而且在现代国家实践中,这种攻击越来越被当作一种战争工具")。

毁的事实,或这些武器被描述为"大规模杀伤武器"的事实。⑲

布朗利所定义的这两个部分都可以适用于网络行动。第一,网络行动的使用常常被称为"网络战争"或"信息战争";第二,网络行动可以用于造成人身伤亡或财产损毁。⑳ 鉴此可以认为,布朗利提出的强调将武力限定为"武装的"或"武器化的"标准意义不大,因为当今有些形式的"武力"并不符合传统武器的特点。

总而言之,不宜再将禁止使用武力或武力威胁限定于武装武力。因此,关于网络行动是否属于武装行动的争论似乎已经过时,本书不再展开。下文将讨论特定情形下的网络行动可以构成受第 2(4)条所禁止的使用武力。

6.1.4 "网络武力"的多样化标准

谈及网络行动定性为使用武力的问题时,现有国家实践尚无定论,各国的立场在不断演变,且非常多样化,评论者也得出了迥异的结论。下文将对学术文献中的各种判断标准进行分析,以确定最合适和最精确的识别网络武力的方式。

评论者在提出各自主张时,几乎都是基于其对现有使用武力法律框架的研究,主要观点可归纳如下:目标标准(6.1.4.1)、工具标准(6.1.4.2)和后果标准(6.1.4.3)。㉑ 目标标准和工具标准是少数派观点,而后果标准则显得更受青睐。

---

⑲ Brownlie (n 71) 362.

⑳ Roscini,'World Wide Warfare' (n 68) 106;Dinniss (n 70) 58.

㉑ See,generally:Nguyen (n 68) 1117-1129;Silver (n 23) 86-92;Hollis (n 68) 7 {"首先,经典的'工具'标准认为['信息化作战'(IO)]不符合武装力量的条件,因为它缺乏与军事胁迫相关的物理特征。《联合国宪章》为这一观点提供了一些支撑——第 41 条列出了'不涉及使用武力的措施',包括'完全或部分中断……电报、无线电和其他通信手段'。其次,'目标'标准表明 IO 在进入'国家关键基础设施'系统时就构成使用武力或武装攻击。最后,'后果'标准较受美国国防部的支持,着重于 IO 的后果——只要 IO 打算造成与动能武力相当的效果(死亡或破坏财产),它就构成使用武力和武装攻击"} Hollis 使用的"信息化作战"的概念更为广泛,包括网络行动,同上注,1。

6.1.4.1 目标标准

顾名思义,目标标准侧重于关注网络行动的目标,只要网络行动的目标是"国家关键基础设施"系统,就将网络行动定性为使用武力。该标准主要是从自卫权发展而来,其认为现有规制使用武力的法律框架对目标国的保护不充分。这一标准的支持者认为,当网络行动的目标是国家关键基础设施时,将使得目标国有权采取诉诸武力的自卫措施。由于是仅根据网络行动的目标来确定网络行动的性质,而不考虑其烈度或特征,导致这种判断标准过于宽松。[82]

因此,这一标准本身不能被用以判断网络行动是否构成使用武力。尽管如此,该标准仍有其价值,因为在分析网络行动的严重程度和评估其影响时,目标系为一国基础设施这一性质特征,可以作为一项考虑因素。

6.1.4.2 工具标准

工具标准关注攻击行动本身,该观点认为大多数网络行动都不会构成使用武力,因为很难将它们特征化为武装的武力或使用武器的武力。这一判断标准的问题更为严重,因为其判断逻辑是基于网络行动和传统武器的相似性,而这种相似性非常难以确定,有可能导致牵强附会的分析。[83]

过去工具标准比较准确,但随着新兴技术和使用非传统武器战争方式的发展,导致这一判断方式丧失了其优势和价值。此外,由于网络行动可能具有双重或多重的用途,实操中也很难判断何种恶意程序应当被归类为"武器"。[84]

6.1.4.3 后果标准

后果标准关注网络行动的后果,包括虚拟后果、物理损坏或伤亡。造成物理损害或人身伤亡的网络行动都应被视作使用武力;但是对于没有造成物理损害后果的网络行动能否构成使用武力,则无定论。这一判断

---

[82] Roscini, *Cyber Operations* (n 68) 54; Radziwill (n 22) 138.

[83] Hathaway et al (n 68) 846; Nguyen (n 68) 1117-1119; Valo (n 68) 40.

[84] Compagno (n 68) 55; Roscini, 'World Wide Warfare' (n 68) 106.

标准为美国和大多数学者所沿用。⑥ 实际上，后果标准正是分析网络行动是否符合第 2(4)条所禁止的使用武力门槛的最佳标准。

有趣的是，马尔科·罗西尼(Marco Roscini)提出了将工具标准和后果标准综合运用的方法。⑥ 他认为，虽然在判断网络行动是否构成使用武力时，后果显然是最为重要的因素，但网络行动所用的工具和针对的目标都不应被忽视。换言之，罗西尼提出的标准主要是后果标准，但同时综合考虑了目标标准和工具标准。

上述标准均基于现有的禁止使用武力的法律框架。有人可能会问，如果抛开现有的法律框架，而针对网络行动定制一个新的判断标准，是否更加合适？⑥ 在《联合国宪章》框架之外另起炉灶创设新的法律框架，这个建议乍看似乎极具吸引力。但是，考虑到《联合国宪章》仍然具有相当的灵活性，而且在这些问题上很难达成共识，因此，基于以上两个令人信服的理由，还是应当继续沿用现有的法律框架。易言之，《联合国宪章》的法律框架似乎更加合适和恰当。在《联合国宪章》框架内，以后果标准为基础，以其他两项标准中的要素作为补充，是最为合适的判断方法，这也是本书所采用的观点。由于每次网络行动的性质不同，且其可能呈现的影响类型和烈度不同，因此，需要结合个案案情进行具体分析。⑥

6.1.5 胁迫性网络活动的"严重性"或"严重程度"标准

如果我们试图界定网络行动构成使用武力的清晰门槛，这种努力即使有可能得出结果，恐怕也是相当困难的。该门槛必须在个案中结合具体案件的各种条件和证据来分析确定。截至目前，还没有网络行动被视为使用武力，且国家实践也非常有限。因此，本书的研究仅基于当前的国际法现状和网络行动的既有实践展开，具有高度的推测性。⑥ 此外，对如

---

⑥ Roscini, *Cyber Operations* (n 68) 54.
⑥ 同上注,50[这是用来定义武装武力的工具,但该工具是通过其(暴力)后果来定性。对工具性的关注解释了为什么国际法院将武装团伙的武装和训练定性为使用武力：尽管这些活动不具有直接的破坏性,但这些活动与武器密切相关,因为它们旨在使有人能够使用它们]。
⑥ Hollis (n 68) 8.
⑥ Radziwill (n 22) 139.
⑥ Schmitt, 'Cyber Operations and the Jus Ad Bellum Revisited' (n 71) 575.

何定义和定性网络使用武力,也没有达成国际共识。⑩ 值得注意的是,由于网络行动的特殊性,将其置于"反战争法"进行规制的尝试,将会"充满极大的不确定性、争议性、模糊性,同时也缺乏可证性"⑪。

"严重性"或"严重程度"的门槛已经存在于"武装攻击"和"侵略"的判断中。一方面,国际法院考虑武装攻击是"最严重的使用武力的形式"。⑫ 另一方面,联合国大会第 3314 号决议将侵略定义为"最严重和危险的非法使用武力的形式"。⑬

国际法院和《联合国宪章》都未曾界定受禁止的武力的程度门槛。然而,这并不意味着这样的门槛不存在。下文旨在分析确定能否在国家实践中挖掘使用武力的程度门槛(6.1.5.1),以及分析其如何适用于网络行动(6.1.5.2 和 6.1.5.3)。

6.1.5.1 禁止使用武力的程度门槛

一些学者分析了自《联合国宪章》生效以来的国家实践,并从中推断出了程度门槛的存在,在此门槛之下使用武力的行为不违反《联合国宪

---

⑩ Vice Admiral Michael S Rogers, 'Nomination of Vice Admiral Michael S. Rogers, USN, to be Admiral and Director, National Security Agency/Chief, Central Security Services/Commander, United States Cyber Command' [2014] Nominations before the Senate Armed Services Committee, 113th Congress of the United States of America, 11-12 www.armed-services.senate.gov/imo/media/doc/Rogers_03-11-14.pdf [作为一个法律问题,国防部认为,对所有国家来说网络空间使用武力的定义都一样。同所有其他国家一样,我们在网络空间的活动将受到《联合国宪章》第 2(4)条的管辖。话虽如此,目前暂未就网络空间内外使用武力的确切定义达成国际共识。因此,其他国家很可能会就何为网络空间使用武力问题主张不同的定义和适用门槛,并在可预见的将来继续这样做].也可参考 Nominations of VADM James A. Winneflfled, JR., USN, to be Admiral and Commander, U.S. Northern Command, North American Aerospace Defense Command; and LTG Keith B. Alexander, USA, to be General and Director, National Security Agency/Chief, Central Security Service/Commander, U.S. Cyber Command' [2010] Nominations before the Senate Armed Services Committee, second session, 111th Congress of the United States of America, 215-216 www.fas.org/irp/congress/2010_hr/alexander.pdf.

⑪ Waxman (n 45) 443["网络攻击难以通过反战争法进行规制的原因之一在于,主张或抗辩违反第 2(4)条或第 51 条规定的武装自卫权的事实依据有很大的不确定性、争议性、模糊性和缺乏可证性。这些困难有技术、法律和政治或战略方面的原因"](脚注省略)。

⑫ Nicaragua (Merits) (n 18) 101, para 191.

⑬ Definition of Aggression, UNGA Res 3314 (XXIX) (14 December 1974).

章》第2(4)条的禁止规定。㉔ 一些案件也确认了低烈度的使用武力不构成国家违反禁止使用武力。程度门槛的存在,即从这些案件中推断而来。格鲁吉亚冲突问题的国际实况调查委员会提到了这一观点,其认为"禁止使用武力包括所有超过最低烈度门槛的物理形式的武力"。㉕ 其他学者则否认这一门槛的存在,他们否认要将"最低限度使用武力"排除在第2(4)条的禁止范围之外。㉖ 此外还有其他一些理由也可以解释,为什么某些低烈度的使用武力行为不会被视为禁止使用武力的行为,如希望避免事态升级,或希望促进有关国家间的友好关系,等等。㉗

典型的小规模使用武力包括以下事例,如定点清除行动、海外营救行动、小型海外反恐行动、警察行动、追捕行动和边境冲突。

国际法院从未清晰确立第2(4)条禁止使用武力的程度门槛。然而,从国际法院审理的几个案件中,可以推断总结出相关证据,表明存在最低程度的诉诸武力的门槛。第一个相关案件是科孚海峡案,国际法院认为,英国军舰在阿尔巴尼亚海域的干预行动构成了对阿尔巴尼亚主权的违反,但并不足以构成对禁止威胁或使用武力的违反。㉘ 一些学者即认为,

---

㉔ Olivier Corten 指出,并非一国实施的所有的跨国胁迫行动都符合禁止使用武力的情形。因此,其提出了认定《联合国宪章》第2(4)条的武力门槛的两个标准:其一,"胁迫行为的严重性";其二,"一国对另一国诉诸武力的意图"。这两个标准使他得以区分"一国对另一国使用武力,而不仅仅是一国针对涉嫌违法的个人的简单警察行动",参见 Corten, *The Law against War* (n 12) 52-92;O'Connell (n 5) 102-107.在102页她写道:即使在武装力量的范畴中,第2(4)条的范围比表面看起来更窄。最小或最低限度使用武力都可能低于第2(4)条规定的禁止使用武力的门槛。关于最低限度使用武力不属于第2(4)条范围的结论,是基于对国家实践的观察、国际法院某些判决隐含的含义和评论意见得出的。在这一点上没有明确的权威,与权威相反[……]支持第2(4)条是与武装力量相关而不是涉及所有武力的解释(脚注省略);Kolb (n 3) 247.

㉕ 'Report of the International Fact-Finding Commission on the Conflict in Georgia' (2009) vol II, 242 www.ceiig.ch/Report.html.

㉖ 例如,参见 Ruys(n 70)中制定的详细批判性分析;另请参见对格鲁吉亚冲突问题,国际实况调查委员会所采取的方法的批判性分析, in André de Hoogh, 'Georgia's Short-Lived Military Excursion into South Ossetia: The Use of Armed Force and Self-Defence' (EJIL: Talk!, 9 December 2009) www.ejiltalk.org/georgia's-short-lived-military-excursion-into-southossetia-the-use-of-armed-force-and-self-defence/.

㉗ Ruys (n 70) 169-170.

㉘ Corfu Channel (Merits) (n 31) 35.

这是支持程度门槛存在的一个论据。⑨

国际法院的其他一些案件也为这一门槛的存在提供证据。然而,正如前文所强调的,国际法院审理的大多数案件主要与自卫(第51条)有关,很难从中推断出第2(4)条下使用武力的程度门槛。⑩ 海上执法领域的其他案例似乎更能印证这一门槛的存在。在这些案例中,出现过对外国船只使用了最低程度的武力的情况,却没有被法院定性为使用武力。⑪

如果单独看每个案例,可能很难从中认定程度门槛的存在,但如果统揽各案,这些案例可以为这一门槛的存在提供充分的理由。正如那些主张门槛存在的学者所指出的那样,在国际法院的判例之外,可以找到关于程度门槛更有说服力的例子。⑫

玛丽·埃伦·奥康奈尔(Mary Ellen O'Connell)即支持禁止使用武力存在最低程度门槛。关于网络行动,她强调如下:

> 在网络空间中,一些论者为了触发第51条规定的诉诸武力的权利,试图在犯罪行为与武装攻击之间画上等号。互联网是一个进行

---

⑨ O'Connell (n 5) 102-105;Corten,*The Law against War* (n 12) 69-70. See,contra:Ruys (n 70) 166-167; Théodore Christakis,'Intervention and Self-Help' in Karine Bannelier,Sarah Heathcote and Théodore Christakis (eds),*The ICJ and the Development of International Lw:The Enduring Impact of the Corfu Channel Case* (Routledge 2011) 211[这具有重大意义,因为国际法中关于第2(4)条的适用门槛存在着重大的困境。基于科孚海峡案,我们可以认为,对第三国领土有限的干预,不具有真正的严重性,没有对第三国使用武力,甚至没有任何使用武力的意愿,可能达不到第2(4)条的适用门槛]。

⑩ 学者们提到以下案例:Nicaragua (Merits) (n 18);Oil Platforms (Judgment) (n 31);Wall (Advisory Opinion) (n 32);Armed Activities (Judgment) (n 28). See,for instance,O'Connell (n 5) 102-105.

⑪ 有关案件是:Fisheries Jurisdiction (United Kingdom of Great Britain and Northern Ireland v. Iceland) (Judgment on the Merits) [1974] ICJ Reports 3;Fisheries Jurisdiction (Federal Republic of Germany v. Iceland) (Judgment on the Merits) [1974] ICJ Reports 175. 在埃斯泰(Estai)渔业管辖权案件中,一艘加拿大船舶对一艘西班牙船舶使用了最低程度的武力,西班牙认为这构成使用武力。然而,国际法院认为其对该案件没有管辖权。参见 Fisheries Jurisdiction (Spain v. Canada) (Judgment on the jurisdiction of the Court) [1998] ICJ Reports 432,467,para 87.

⑫ 有关这几个示例的全面分析,请参阅 Corten,*The Law against War* (n 12) 52-92;也可参阅 O'Connell (n 5) 102-107;然而,相反可以参考,Olivier Corten 和 Mary Ellen O'Connell 在 Ruys (n 70)中对这些例子的批判性分析及解释。

通信和商业活动的场域，也是大量犯罪发生的地方。然而，促进网络安全应该是警察的职责，而不应是军事部门的工作。⑬

国家支持的网络行动应当与非国家支持的行动区分开来。实际上，只有前者才可能落入第2(4)条所禁止的范畴，而后者则应当交由刑法处理。但是，即使是国家实施的，或在国家有效控制下实施的网络行动，只有超过第2(4)条规定的门槛才会被认为是使用武力，下文将就此作进一步的分析。

6.1.5.2 网络行动和程度门槛

网络行动的类别极为多样，其规模大相径庭，影响各不相同，包括导致数据损毁、损失和人身伤亡。一些学者采用严重性标准来诠释程度门槛，换言之，要将一国对另一国发起的网络行动定性为使用武力，必须达到这一门槛。根据严重性标准，可将网络行动区分为不同形式，并识别出那些违反禁止使用武力的行动。

迈克尔·施密特(Michael N. Schmitt)在1999年发表的鸿文中提出了"规范框架"的八项标准，严重性标准是其中的一项。⑭ 其后，在施密特

---

⑬ O'Connell (n 5) 107；在脚注(n 107)中，她引用了之前其关于网络行动的文章：Mary Ellen O'Connell, 'Cyber Security without Cyber War' (2012) 17 *Journal of Conflict and Security Law* 187；此外，在法语第二版书中，Olivier Corten 致力于研究网络行动的一些发展以及第2(4)条的门槛：Olivier Corten, *Le droit contre la guerre: l'interdiction du recours à la force en droit international contemporain* (2nd edn, Pedone 2014) 130-140.

⑭ 在这篇文章中，Michael N Schmitt 提出了基于传统的工具标准和后果标准的"规范框架"，以审查网络行动是否符合用于区分武装武力和政治及经济胁迫的标准。这个想法更多的是提供了一个分析框架，而非一个明确的门槛。由于缺乏一个明确的识别武装武力的门槛，这个"规范框架"是基于以下六个标准：(1)"严重性"；(2)"即时性"；(3)"直接性"；(4)"侵入性"；(5)"可衡量性"；(6)"推定合法性"。Schmitt, 'Computer Network Attack' (n 69) 914-915. 此外，在一个脚注中，他还增加了第七个标准，即"责任"，同上注，915, n 81 ["可以说，责任是第七个共同点。武装胁迫是国家的专属行为；一般来说，只有国家可以跨越边界使用武力，而且在大多数情况下，只有国家有能力这样做，并产生重要的影响力。相比之下，非政府实体往往从事其他形式的胁迫(宣传、抵制等)行为。因此，在武装胁迫的情形下，国家(国际法规制的传统对象)和私人实体(通常只是国际管理的对象)的相对责任变得模糊的可能性缩小了。总之，与其他形式的胁迫相比，武装胁迫的后果更容易被归咎于国家行为者。然而，这是一个评估国家责任的问题，而不是合法性的问题。这是一个实际的挑战，而不是一个规范性的挑战。"]

(Schmitt)主持的国际专家组编撰《塔林手册》的进程中,该标准得到沿用和发展,其最新体现在《塔林手册2.0》规则69的评论中。[105] 该条规则明确了使用武力的定义。这一"规范框架"后来不断被重新诠释、评注和评判。[106]

由于本节聚焦于迈克尔·施密特的严重性标准,故对其他七个标准不再赘述。[107] 值得注意的是,施密特的"规范框架"是一个有意义的尝试,

---

[105] Michael N Schmitt and Liis Vihul (eds), *Tallinn Manual 2.0 on the International Law Applicable to Cyber Operations* (2nd edn, CUP 2017) 333-337, commentary to Rule 69, paras 8-11;它们已经在第1版中使用过,参见 Schmitt, *Tallinn Manual* (n 17) 47-52, commentary to Rule 11, paras 8-11. Schmitt 在《塔林手册》中提出的"规范框架"的标准层次可以概括如下:(1)"严重性",这一条标准着重于后果并评价损失或伤害的程度;最严重的网络行动——那些产生最严重的网络行动——产生损失、破坏、伤害或死亡的行动——最有可能被定性为使用武力。(2)"即时性",网络行动和其后果发生之间的持续时间;那些具有最直接后果的网络行动更有可能被定性为使用武力。(3)"直接性",这一标准评价网络行动与损失或伤害之间的因果关系;只要因果关系明确,就更容易被定性为使用武力。(4)"侵入性",这一标准评估了入侵或侵犯目标国主权的程度;网络行动的侵犯性越大,就越容易被定性为使用武力。(5)"效果的可衡量性",确定后果的难易程度;网络行动的效果越是可预测和可识别,就越容易被定性为使用武力。(6)"军事性",这一标准利用网络行动与军事行动之间的联系,将其定性为使用武力的可能性提高。(7)"国家介入程度",该标准评估了国家与网络行动之间的关系。一个国家可以自己或通过其他行为者参与。国家与网络行动的联系越紧密,就越容易被定性为国家的使用武力。(8)"推定合法性",这一标准旨在评估网络行动是否属于国际法下的其他行动类别,从而使其合法化。例如,经济和政治胁迫被推定为不违反禁止使用武力的规定。

[106] Barkham (n 59) 85-86; Silver (n 23) 89-92; Vida M Antolin-Jenkins, 'Defining the Parameters of Cyberwar Operations: Looking for Law in All the Wrong Places' (2005) 51 *Naval Law Review* 132, 168-172; Hoisington (n 59) 448-449; Schmitt, 'Cyber Operations and the Jus Ad Bellum Revisited' (n 71) 575-578; Dinniss (n 70) 63-65;

Georg Kerschischnig, *Cyberthreats and International Law* (Eleven International Publishing 2012) 133 et seq; Schmitt, Tallinn Manual (n 17) 48 et seq; Oliver Kessler and Wouter Werner, 'Expertise, Uncertainty, and International Law: A Study of the Tallinn Manual on Cyberwarfare' (2013) 26 *Leiden Journal of International Law* 793, 807-810; Nguyen (n 68) 1122-1123; Compagno (n 68) 57-58; Laura Baudin, *Les cyber-attaques dans les conflits armés: qualification juridique, imputabilité et moyens de réponse envisages en droit international humanitaire* (L'Harmattan 2014) 102-104; Radziwill (n 22) 140-141.

[107] Michael N Schmitt 的分析标准,参见 Barkham (n 59) 85-86; see also: Hoisington (n 59) 452; Daniel B Silver 给出了一个最有力的判断之一,他说"剔除那些似乎无法可靠地区别[计算机网络攻击]和武装胁迫的标准,剩下的就是严重性了",(n 23) 90; See more generally 89-92.

其试图寻找一种办法,将低于使用武力门槛的网络行动与经济或政治胁迫区分开来。施密特"规范框架"中的"严重性"标准,主要是以网络行动的后果同武装胁迫的通常后果之间的比较为基础。从这一角度来看,《塔林手册2.0》认为,"除了程度轻微外,对人员或财产造成有形损害后果本身就说明该网络行动是使用武力。"⑩⑧

这一方法具有重要意义,可以扩展其适用范围。更确切地说,可对此稍作修改,将严重性标准适用于对个人或财产造成物理损害的网络行动。下文将对该问题作进一步讨论,并将根据使用武力所需的程度门槛对网络行动予以分类。

6.1.5.3　造成现实影响的网络行动和仅造成网络影响的网络行动之区别

必须区分两种网络行动:一是造成物理影响(如物理损害、人身伤亡)的网络行动,二是仅造成非物理影响(如数据损毁、中断计算机进程或是DDoS)的网络行动。大部分评论者认为,造成物理损害或伤亡的网络行动应当被视为使用武力。⑩⑨ 相反,要对未给现实造成任何影响的网络行动进行定性,则极富争议。⑩⑩

任何形式的物理影响——无论是物理损害还是人身伤亡,都将使造成这一影响的网络行动构成使用武力。造成低烈度损害的网络行动也可能构成使用武力,如那些仅仅损毁一台计算机而没有导致进一步影响的网络行动。但是,受害国可能决定不将其视为使用武力的行动。试考虑

---

⑩⑧　Schmitt and Vihul (n 105) 334, commentary to Rule 69, para 9(a).

⑩⑨　See, for instance, Schmitt, 'Cyber Operations and the Jus Ad Bellum Revisited' (n 71) 573 ("如果说产生类似于动能力量造成的后果的网络行动不在禁止范围之内,这与排除其他破坏性的非动能行动,如生物或放射性战争,同样荒唐"). See also: Schmitt, 'Computer Network Attack' (n 68) 17; Christopher C Joyner and Catherine Lotrionte, 'Information Warfare as International Coercion: Elements of a Legal Framework' (2001) 12 *European Journal of International Law* 825, 850; 'A Helpless America? An Examination of the Legal Options Available to the United States in Response to Varying Types of Cyber-Attacks from China' (2001) 17 *American University International Law Review* 641, 666; Silver (n 23) 85; Hollis (n 68) 7; Hoisington (n 59) 447 et seq; Kerschischnig (n 106) 135; Dinniss (n 70) 74; Schmitt, *Tallinn Manual* (n 17) 48; Compagno (n 68) 59; Radziwill (n 22) 131.

⑩⑩　Barkham (n 59) 84-85; Lin (n 68) 73.

如下假想案例：一国针对另一国发起一项网络行动,旨在破坏该国政府成员的智能手机,这可能构成使用武力；但是,由于其影响是低烈度的,目标国似乎不太可能认为此种行动属于使用武力。Stuxnet事件是一个有力例证。Stuxnet蠕虫病毒对伊朗核电站的离心机造成了物理破坏,使该网络行动构成使用武力。尽管大多数学者同意Stuxnet事件是使用武力的行动,但无论是受害国伊朗还是其他国家都没有如此主张。⑪ 有人可能会认为,Stuxnet事件仅造成了极其有限的后果,因为其虽然摧毁了数台离心机,但并未破坏整个核电站,这可能是解释相关国家未将之定性为使用武力的原因或原因之一。然而,也有其他的原因可以解释相关国家的这项决定。比如,伊朗可能想要避免冲突升级,或希望采用其他方式予以回应。⑫ 重要的是,应当将Stuxnet事件在客观上符合使用武力的事实——至少本书如此认为——与一国主张其构成使用武力的决定分离开来。前者是一个法律问题,而后者主要是政治和战略问题。

不产生现实影响的网络行动是否构成使用武力？这是一个更富争议的问题。一些人强烈反对这类行动可以构成使用武力,而其他人则认为在特定条件下这类行动可能构成使用武力。⑬ 这引出了两个问题：其一,物理影响的产生本身是一个门槛吗？其二,物理影响是否总是被认为比非物理影响更为严重？这两个问题的答案都是否定的。诚然,物理影响更加看得见和摸得着,因此造成物理影响的网络行动更容易被视为使用武力。而仅造成非物理影响的网络行动也能够产生大规模影响。⑭ 如果网络行动产生了危及目标国家生存的后果——不管是直接后果或是间接后果,那么不将其视为使用武力似乎是不合逻辑的。

6.1.6　针对关键基础设施的网络行动

当衡量一个网络行动是否属于使用武力时,必须考虑网络行动的目

---

⑪　Dinniss (n 70) 37-75；关于Stuxnet事件,一般参见Kim Zetter, *Countdown to Zero Day: Stuxnet and the Launch of the World's First Digital Weapon* (Crown 2014).

⑫　关于程度门槛的批判性分析参见前引Ruys (n 70).

⑬　特别是,参见Hoisington(n 59)447("难题在于如何将不造成实际损害或间接造成损害的网络攻击与禁止使用武力的规定进行分类")(脚注省略)；另参见Silver (n 23) 85；Schmitt, 'Computer Network Attack' (n 68) 913 et seq.

⑭　Lin (n 68) 74.

标是否为关键基础设施。网络行动的目标是关键基础设施这一事实将构成一个加重因素,使衡量该行为性质的天平更可能倒向使用武力。本小节将讨论关键基础设施的概念(6.1.6.1)和关键信息基础设施(6.1.6.2),然后分析它们如何影响网络武力的定性(6.1.6.3)。

在此之前,有必要指出,本节采用关键基础设施的概念并主要将其用于使用武力的分析,但是这一概念也用于其他语境,特别是用于讨论网络安全和网络防御的问题。因此,后文也可能超出使用武力的维度来处理这一概念。例如,在讨论审慎原则在网络空间的适用时,关键基础设施的概念可能尤其重要。⑮

6.1.6.1 关键基础设施的概念

"关键基础设施"是一个总称,指一国认为对维持重要的社会功能不可或缺,或对公众构成潜在严重风险的基础设施、资产或系统。如果它们遭受损失、破坏或中断,可能实际上构成对公众的严重风险,或者对国家的安全造成消极影响。对关键基础设施的网络威胁构成了国家安全和国际安全的重大挑战。⑯ 可以看到,除了其他部门之外,大多数定义特别将政府和公共服务、安全、粮食、水、交通、能源、卫生、金融和银行等部门视为关键部门。⑰ 但是,究竟哪些才是关键部门,至今仍没有普遍接受的定义。⑱

大多数国家都发布了关键部门和关键基础设施定义的规定。他们的目标是确定哪些设施或资产属于关键基础设施,以及如何保护它们免受网络侵害等人为威胁或自然灾害。一般来说,国家会确定一个关键部门清单,然后在各部门内确定关键基础设施。

国际层面上,2003 年联合国大会通过了一项关于"建立全球网络安

---

⑮ Joanna Kulesza, *Due Diligence in International Law* (Brill & Martinus Nijhoff Publishers 2016) 292-299.

⑯ Eric Myjer,'Some Thoughts on Cyber Deterrence and Public International Law' in Nicholas Tsagourias and Russell Buchan (eds), *Research Handbook on International Law and Cyberspace* (Edward Elgar Publishing 2015) 287-290.

⑰ 'Creation of a global culture of cybersecurity and the protection of critical information infrastructures', UNGA Res 58/199 (23 December 2003); see also Nicholas Tsagourias, 'Cyber Attacks, Self-Defence and the Problem of Attribution' (2012) 17 *Journal of Conflict and Security Law* 229,231.

⑱ Roscini, *Cyber Operations* (n 68) 56; Carlo Focarelli, 'Self-Defence in Cyberspace' in Tsagourias and Buchan (eds), *Research Handbook* (n 116) 268.

全文化和保护关键信息基础设施"的决议,表明一般关键基础设施与"能源的产生、运输和分配、航空和海上运输、银行和金融服务、电子商务、供水、粮食分配和公共卫生"密切相关。这并非最终的清单,决议也承认"各国有权决定他们自己的关键信息基础设施"。[119]

基于 2008 年《欧洲关键基础设施的指令》(Directive on European Critical Infrastructures)的规定,[120]欧盟通过了《欧洲关键基础设施保护计划》(European Programme for Critical Infrastructure Protection,EPCIP),[121]作为保护欧洲关键基础设施的框架。欧盟区分了国家关键基础设施(NCI)和欧洲关键基础设施(ECI),后者指的是"位于成员国的关键基础设施,但其中断或破坏将对至少两个成员国产生重大影响。评估这样一种影响的重要程度时,也应该考虑跨部门因素,包括由于跨部门依赖导致的对其他类型的基础设施产生的影响"。[122] 该指令列出了两类 ECI 部门,包括几个子部门,如能源(电力、石油或天然气)以及交通(公路、铁路、航空、内河运输、远洋和沿海运输及港口)。[123] 这是一份相当局限的清单,因为它只关注重要的欧洲关键基础设施。

2004 年,欧洲理事会通过了一则关于"反恐行动中的关键基础设施保护"的通讯,其所列出的关键基础设施清单涵盖 ECI,但有所扩展。[124] 根据这一清单,涵盖关键基础设施的部门包括:

1. 能源设施和网络;
2. 通信和信息技术(例如电信、广播系统、软件、硬件和包括互

---

[119] 'Creation of a global culture of cybersecurity and the protection of critical information infrastructures', UNGA Res 58/199 (23 December 2003).

[120] European Union, 'Communication from the Commission on a European Programme for Critical Infrastructure Protection' (2006) COM(2006) 786 final.

[121] European Union, 'Directive on the Identification and Designation of European Critical Infrastructures and the Assessment of the Need to Improve Their Protection' (2008) Council Directive 2008/114/EC.

[122] 同上注, Article 2; European Union, COM(2006) 786 Final (n 120) 4.

[123] European Union, Council Directive 2008/114/EC (n 121), Annex I 'List of ECI sectors'.

[124] European Union, 'Communication from the Commission to the Council and the European Parliament-Critical Infrastructure Protection in the Fight against Terrorism' (2004) COM(2004) 702 final.

联网在内的网络);

3. 金融;

4. 医疗保健;

5. 食品;

6. 水(例如大坝、储水设施、水处理设施和网络);

7. 交通;

8. 危险品的生产、储存和运输;

9. 政府。⑫

随着时间的推移,美国对关键基础设施的理解也在不断变化。⑫ 现今,美国定义的关键基础设施可能与 16 个关键部门有关,这些部门是:

1. 化学;

2. 商业设施;

3. 通信;

4. 关键制造业;

5. 大坝;

6. 国防工业基础;

7. 紧急服务;

8. 能源;

9. 金融部门;

10. 食品和农业;

11. 政府设施;

12. 医疗保健和公共卫生;

13. 信息技术;

14. 核反应堆、核材料和核废料;

15. 交通系统;

16. 水和污水系统。⑫

---

⑫ 同上注,4.

⑫ 参见 Roscini, *Cyber Operations* (n 68) 56.

⑫ US White House, 'Critical Infrastructure Security and Resilience' (2013) Presidential Policy Directive/PPD-21.

法国确定了关键基础设施的 12 个部门,[128]并将其分为三大类,分别是:

1. 政府(国家的民事活动、国家的军事活动、司法活动、太空研究);
2. 公众保障(健康、供水、食品供应);
3. 经济和社会部门(能源,信息、视听和电子通信,交通,金融,工业)[129]。

简言之,上述 3 个实例表明,各国对关键基础设施采用了不同的清单和理解。尽管存在差异,但这些清单彼此之间又极为相似。

如今,关键基础设施非常依赖于计算机系统和网络,因此也特别容易受到网络行动的影响。[130] Stuxnet 事件表明,网络行动可以指向并破坏核电站,而核电站通常被视为关键基础设施。[131] 另一类似例证是,2014 年德国联邦信息安全办公室披露,一起网络行动对德国钢铁厂造成物理损害,[132]这也表明关键基础设施易受网络威胁的侵害。

关键基础设施面对网络行动时展现的此种脆弱性,是各国和国际组织所关注的一个重要问题。网络行动在现实中可能产生毁灭性的后果。保

---

[128] 在法语中,"关键基础设施"翻译为"opérateur d'important vitale"(OIV),"关键部门"翻译为"secteurs d'activités d'important vitale"(SAIV)。

[129] France,'Arrêté du 2 juin 2006 fixant la liste des secteurs d'activités d'importance vitale et désignant les ministres coordonnateurs desdits secteurs' JORF n°129 du 4 juin 2006 www. legifrance. gouv. fr/eli/arrete/2006/6/2/PRMX0609332A/jo/texte; France,'Arrêté du 3 juillet 2008 portant modification de l'arrêté du 2 juin 2006 fixant la liste des secteurs d'activités d'importance vitale et désignant les ministres coordonnateurs desdits secteurs' JORF n°0156 du 5 juillet 2008 www.legifrance.gouv.fr/eli/arrete/2008/7/3/PRMD0813 724A/jo/texte.

[130] Scott Shackelford,'From Nuclear War to Net War: Analogizing Cyber Attacks in International Law'(2009) 27 Berkley Journal of International Law 192,199;Baudin (n 106) 30.

[131] Bruce W McConnell and Greg Austin,'A Measure of Restraint in Cyberspace: Reducing Risk to Civilian Nuclear Assets'(EastWest Institute 2014) Policy Paper 1/2014 10-11.

[132] 有关案情参见后文第 382—383 页;see also Germany,'Die Lage der ITSicherheit in Deutschland 2014'(Bundesamt für Sicherheit in der Informationstechnik 2014) 31.

护关键基础设施免受网络行动侵害是一个重大的网络安全挑战,[133]这可以解释为何众多网络防御演习模拟的都是关键基础设施受到攻击的场景。[134]

6.1.6.2 关键信息基础设施

关键信息基础设施(CII)属于关键基础设施的一个子类别,其与计算机网络和系统尤其相关。CII是指一国基础性的计算机网络和系统,其中断或损毁将会严重影响公民的健康、安全、保障,或国民经济福祉,或政府和经济的有效运作。[135] 换言之,CII 被定义,是我们对关键基础设施的依赖不断加强的结果,或者更笼统地说,是我们的社会和经济日益依赖计算机网络和系统的结果。[136]

当今的社会和经济运作几乎完全建立在信息通信技术基础之上。因此,数量众多的计算机系统和网络被认定为CII。2007年针对爱沙尼亚的网络行动表明,当DDoS攻击中断了关键计算机系统和网络时,将对一个国家的运转产生严重的后果。[137]

关键基础设施易受网络行动侵害体现为两个方面。一方面,关键基础设施所依赖的计算机系统和网络具有脆弱性;另一方面,本身构成关键基础设施的计算机系统和网络也具有脆弱性。

从这一点来看,欧盟通过的《网络和信息系统安全指令》值得关注,该

---

[133] Eric Talbot Jensen, 'Computer Attacks on Critical National Infrastructure: A Use of Force Invoking the Right to Self-Defense' (2002) 38 *Stanford Journal of International Law* 207; European Union, 'Communication from the Commission to the European Parliament, the Council, the European Economic and Social Committee and the Committee of the Regions on Critical Information Infrastructure Protection, 'Protecting Europe from Large Scale Cyber-Attacks and Disruptions: Enhancing Preparedness, Security and Resilience' (2009) COM(2009) 149 final; Radziwill (n 22) 46 et seq.

[134] Radziwill (n 22) 44.

[135] 'OECD Recommendation of the Council on the Protection of Critical Information Infrastructures' (2008) C(2008)35; European Union, COM(2009) 149 final (n 133).

[136] 'Creation of a global culture of cybersecurity and the protection of critical information infrastructures', UNGA Res 58/199 (23 December 2003) UN Doc A/RES/58/199.

[137] European Union, COM(2009) 149 final (n 133) 5.

指令于 2016 年 8 月开始生效。㊵ 欧盟成员国必须在 2018 年 5 月之前将该指令转化为其国内法。㊶ 该指令将数字基础设施（IXPs,DNS 服务提供商和 TLD 名称注册中心）纳入应被视为基本服务运营商的实体类型列表中。㊷ 此外，它还创设了关于基本服务运营商网络和信息系统安全的特别义务。

6.1.6.3　网络武力和关键基础设施

如前所述，决定一个网络行动是否构成使用武力，主要根据其产生的后果。产生诸如人身伤亡或财产损毁后果的网络行动通常被视为是使用武力；而对于那些仅产生数据损毁或干扰之类的网络影响的网络行动，其性质更具争议，相较而言不太可能被认为是使用武力。

然而，网络行动所针对的目标性质，也可能影响该行动是否会被定性为使用网络武力。仅对市政图书馆的计算机网络造成有限干扰的网络行动不会被认为是使用武力。相反，如果受干扰的网络属于 CII，或对维持关键基础设施的功能十分重要，那么尽管该次网络行动仅造成了虚拟影响，其仍然更有可能被认为是使用武力。㊸ 重申下，并非所有针对和影响关键基础设施的网络行动都是使用武力，否则这一解释将过于宽泛。㊹ 但是不可否认，对那些没有产生物理影响，而通常被认为没有达到使用武力要求的网络行动而言，将关键基础设施作为目标，可能构成改变其性质判断的一个决定性因素。相反，如果网络行动仅产生非物理影响，也没有影响目标国的关键基础设施，那么这一网络行动大概率不会构成使用武力。㊺

关键基础设施和网络行动之间的关系不局限于使用武力问题，也将

㊵　European Union, 'Directive (EU) 2016/1148 of the European Parliament and of the Council of 6 July 2016 concerning measures for a high common level of security of network and information systems across the Union' (2016).

㊶　同上注,Article 25.

㊷　同上注,Annex II.

㊸　Marco Roscini, 'Cyber Operations as a Use of Force' in Nicholas Tsagourias and Russell Buchan (eds), *Research Handbook on International Law and Cyberspace* (Edward Elgar Publishing 2015) 245 et seq.

㊹　See, contra, Jensen (n 133) passim.

㊺　Roscini, *Cyber Operations* (n 68) 58.

进一步涉及武装攻击的门槛、⑭网络行动的合法性,⑮以及网络行动造成的损害赔偿义务⑯等问题。

6.1.7　胁迫性网络活动归因于国家及实施国意图

要判断网络行动的地位及可适用的法律框架,应取决于该网络行动所展开的背景。就此而言,有必要考虑网络行动实施国的意图以及施害国与受害国之间的情况。在某些情况下,国家支持的网络行动是由非国家行为体进行的,这将引发如何对此类行动进行归因的问题(6.1.7.1)。此外,基于错误判断的行动和受胁迫的行动也可能构成非法使用武力(6.1.7.2)。⑰

6.1.7.1　由代理人实施的胁迫性网络活动的归因

在国际法上,将行动归因于国家是一个很重要的问题。⑱ 国家是一个抽象的实体。国家只能通过一个或多个人作为媒介而行事,这些人的行为可归因于国家。⑲ 换言之,正如安齐洛蒂(Dionisio Anzilotti)所言,出于归因目的,"国家的行为只不过是法律归因于该国的个人行为"。⑳

禁止使用武力的规范仅适用于国家。然而,一国可能指挥或支持非国家行为体使用武力从而违反这一原则。在冷战期间获得极大发展的"代理人战争"现象使事实更加迷雾重重,导致很多时候难以确定参战国,

---

⑭ 参见后文第 6.3 节"网络武装攻击和网络侵略"。

⑮ 参见第 5 章。

⑯ 参见后文第 9.3.4 节"赔偿的不同形式"。

⑰ Corten, *The Law against War* (n 12) 79-84.

⑱ Luigi Condorelli, 'L'imputation à l'état d'un fait internationalement illicite: solutions classiques et nouvelles tendences' (1984) 189 RCADI 9,19.

⑲ Luigi Condorelli and Claus Kreß, 'The Rules of Attribution: General Considerations' in James Crawford et al (eds), *The Law of International Responsibility* (OUP 2010) 221.

⑳ Dionisio Anzilotti, *Cours de droit international* (Recueil Sirey 1929) 469 ('Nous savons que l'activité de l'Etat n'est autre que l'activité d'individus que le droit international impute à l'Etat'); English translation quoted from Djamchid Momtaz, 'Attribution of Conduct to the State: State Organs and Entities Empowered to Exercise Elements of Governmental Authority' in Crawford et al (eds), *The Law of International Responsibility* (n 149) 237.

更遑论对其采取后续行动。⁽¹⁵¹⁾ 一些据称是由国家实行的网络行动,实际上至少部分可归因于非国家行为体。⁽¹⁵²⁾ 例如,在2007年针对爱沙尼亚的网络行动发生之后,爱沙尼亚政府指责俄罗斯进行了这次攻击,但也承认其没有证据能够支持这一指控。⁽¹⁵³⁾ 相反,俄罗斯青年组织"Nashi"(Наши)⁽¹⁵⁴⁾的成员承认他们参与了这一行动,⁽¹⁵⁵⁾而且一名俄罗斯议会的议员也曾证实,他的助理曾对爱沙尼亚实施过网络行动。⁽¹⁵⁶⁾ 各种组织程度不同的团体,如匿名者(Anonymous)或俄罗斯商业网络(RBN),也被怀疑代表国家实施了网络行动。例如,在俄罗斯-格鲁吉亚武装冲突期间,RBN针对格鲁吉亚开展了网络行动。⁽¹⁵⁷⁾ 这种明显是由代理人实施的网络行动,对网络行动归因于国家以及国际法的适用提出了挑战。

这些行动可以由国内法合法授权的实体代表国家实施,比如被授权行使某些领域的政府权力的国家机关或实体。除非该代理人以其私人身份行事,那么即使这些实体系超出特定的授权范围采取行动,他们所实施的任何行动都将归因于国家。此外,这些行动也可能由未经国内法明确授权的实体实施,在这种情况下,他们所实施的部分行动也可能归因于国家。

---

⑮¹ Waxman (n 45) 446.

⑮² 在网络环境中,归因仍然是一项困难的任务;在很多情况下,很难确定地将网络行动归因于其发起人。在托马斯-里德看来,"就其核心而言,归因问题是一个政治问题,而不是技术问题"。Thomas Rid, *Cyber War Will Not Take Place* (OUP 2013) 140-see, generally, 139-164.

⑮³ 《爱沙尼亚没有克里姆林宫参与网络攻击的证据》(俄新社,2007年6月9日) http://en.ria.ru/world/20070906/76959190.html。

⑮⁴ 'Nashi'(Наши)纳什是指俄罗斯青年民主反法西斯运动或'Nashi'(俄语中为"我们的"),俄罗斯的一个政治青年运动。

⑮⁵ Charles Clover, 'Kremlin-Backed Group behind Estonia Cyber Blitz' Financial Times (11 March 2009) www.ft.com/cms/s/0/57536d5a-0ddc-11de-8ea3-0000779fd2ac.html#axzz2TBcey8a5.

⑮⁶ John Leyden, 'Russian Politician:"My Assistant Started Estonian Cyberwar"-Dubious DDoS Lols'(The Register, 10 March 2009) www.theregister.co.uk/2009/03/10/estonia_cyberwarfare_twist/; 'Behind The Estonia Cyberattacks' (Radio Free Europe/Radio Liberty, 6 March 2009) www.rferl.org/content/Behind_The_Estonia_Cyberattacks/1505613.html.

⑮⁷ Roscini, 'World Wide Warfare' (n 68) 100-101; Johann-Christoph Woltag, *Cyber Warfare:Military Cross-Border Computer Network Operations under International Law* (Intersentia 2014) 90-93.

本书第一编即聚焦于归因问题,第 4 章也对网络行动归因于国家的问题进行了具体讨论。⑱

6.1.7.2　基于错误理解或非自愿采取的胁迫性网络行动

一国对另一国采取行动的意图标准清楚表明,基于错误或非自愿进行的行动也可能构成使用武力。这一论断与其说是法律上的,不如说是事实上的,它是奥利维尔·科腾(Olivier Corten)在其观察梳理国家实践的基础上提出来的。⑲

这一标准与通过僵尸网络实施的网络行动尤其相关,在这一情形下,计算机网络被病毒感染并被远程操控,而网络的所有者可能并不知情。在 2007 年干扰爱沙尼亚的网络行动案例中,来自世界各地的大量计算机曾被用作僵尸网络的一部分。在评估这种情况是否构成对爱沙尼亚使用武力时,需要重点注意的是,即使相关国家拥有受感染的计算机,⑳但只要这些国家并非自愿或者故意针对受害国,就不应承担使用网络武力的责任。

6.1.8　证明胁迫性网络行动构成禁止使用武力的相关间接证据

除了国家的意图之外,还必须考虑如下两项间接证据或背景因素:网络行动发生的背景(6.1.8.1),以及胁迫性网络行动的公开性(6.1.8.2)。

6.1.8.1　胁迫性网络行动的背景

在判断一起网络行动是否达到禁止诉诸武力的标准时,评估网络行动发生的背景非常有用。网络行动主要表现为低烈度使用武力,从而使其难以构成使用武力。在这一点上,罗莎琳·希金斯(Rosalyn Higgins)对有关武力的程度问题观察如下:

---

⑱　参见第 4 章。
⑲　Corten, *The Law against War* (n 12) 78-84.
⑳　Dinniss (n 70) 66-67.

在任何综合分析中,都需要将使用武力的程度作为重要的考虑因素,因为,如果《联合国宪章》将举证责任分配给诉诸武力的国家,要求其证明其行为的正当性,那么意味着所有大规模的措施都会被推定为非法。当同其他情形一并考虑时,较低烈度性质的暴力仍然是一个相关因素。[161]

尚未有网络行动被任何国家或国际组织无可辩驳地定性为威胁使用武力或使用武力。这是因为直到现在,已经发生的大多数网络行动的烈度相对较低。不同的背景要素可能会影响网络行动的定性。比如,有关国家之间的关系可能会成为一个决定性因素。在两个和平的国家之间,要达到使用武力的门槛可能更高。相反,在两国处于紧张的冲突关系时,网络行动更容易被认为是使用武力。但是,国家也有可能刻意回避这种分类以免造成冲突升级。

另一个重要的背景因素之一是,网络行动是孤立的行为还是更加复杂情形的一部分。[162] 一个孤立的行为更不可能被认定为使用武力。[163] 奥利维耶·科尔滕(Olivier Corten)主张:"一个孤立的事件通常不会被国家认为落入《联合国宪章》所禁止使用武力的范畴,尽管这一事件当中包含的行为在其他情形下可能被认为是禁止使用的武力。"[164]因此,一项与其他行动配合实施的网络行动更容易被认定为使用网络武力。

在大多数事例中,网络行动都是作为独立行为实施。这可能有助于解释,为什么这些网络行动表面上符合第2(4)条的规定,但事实上都没有被认为是使用武力。

6.1.8.2 胁迫性网络行动的公开性

另一个需要考虑的间接证据或情境因素,是网络行动的公开性及其影响。公开性可以与"严重性"或"严重程度"标准相关联,因其可能影响

---

[161] Rosalyn Higgins, *The Development of International Law by the Political Organs of the United Nations* (OUP 1963) 181 (footnotes omitted); see, more generally, 180-181.

[162] 事件积累理论将在本章专门讨论武装攻击的部分中展开;参见后文第6.3.2节"武装攻击门槛线下的网络行动之积累"。

[163] Corten, *The Law against War* (n 12) 67-76.

[164] 同前引76。

公众对行动的认知。胁迫性网络行动的公开性及其后果必须与国家在政治和战略上的一般利益区分开来。

这里需要再次重申一个本书已多次强调的观点,即网络行动的法律定性(legal qualification of cyber operations)具有不确定性。在现有的不确定性的状态下,为了避免受到国际法的约束和不可预期的后果,以及为享受一定程度的自由,各国会避免将网络行动公之于众,也会避免将一个中低烈度的网络行动定性为使用武力。这主要基于三个理由。首先,就像私人行为体一样,国家总是避免承认和暴露自己的弱点,因此,在可能的情况下,它们可能更愿意将网络行动保持在其军事部门的保密范围内。其次,由于没有清晰确定的治理网络行动的条件和规范,各国可能更愿意利用这一"法律的灰色地带",这使得它们可以按照自己的欲望和利益行事。最后,将网络行动定性为使用武力可能会导致交战双方之间的冲突升级。

在这种背景下,当大规模网络行动造成严重损害时,各国可能更愿意揭露这些行动并将其认定为使用武力。如果一国的网络防御能力受到外国网络行动的影响,以致其运转甚至生存遭受威胁,那么该国可能更愿意将网络行动公之于众以寻求国际支持。在本书看来,当一国的民众意识到有关网络行动的影响时,其获得国际支持的可能性更大。

下述例子可以支持这一主张。2007年针对爱沙尼亚的网络行动和破坏伊朗核电站的Stuxnet蠕虫事件,对这两个目标国家均产生了严重的影响,这促使它们互通消息,并揭露这些网络行动及其后果。值得注意的是,在这两个案例中,相关国家都考虑了网络行动是否构成使用武力,但都没有对这个问题发表声明。⑯

---

⑯ 例如,学者们认为震网病毒可能相当于使用武力;see, notably: Duncan B Hollis, 'Could Deploying Stuxnet Be a War Crime?' (Opinio Juris, 25 January 2011) http://opiniojuris.org/2011/01/25/could-deploying-stuxnet-be-a-war-crime/; Schmitt, *Tallinn Manual* (n 17) 45.

关于另一个例子,最初爱沙尼亚探讨了援引《北大西洋公约》第5条的可能性,从而将这些网络行动视为"武装攻击",触发"个人或集体自卫权";然而,这一解决方案很快被排除;尤其,参见 Joshua Davis, 'Hackers Take Down the Most Wired Country in Europe', *WIRED* (21 August 2007) http://archive.wired.com/politics/security/magazine/15-09/ff_estonia; Eneken Tikk, Kadri Kaska and Liis Vihul, *International Cyber Incidents: Legal Considerations* (NATO Cooperative Cyber Defence Centre of Excellence (CCDCOE) 2010) 25 www.ccdcoe.org/publications/books/legalcon siderations.pdf; O'Connell (n 103) 192-193.

由于 Stuxnet 事件产生了物理损害(physical damage)，其很可能被定性为使用武力。该行动的影响被拿来与空袭的影响作比较。根据瑞茜·阮(Reese Nguyen)的观点，震网病毒"对伊朗核电站产生的物理损害，与1981年和2007年以色列空袭所造成的损害相当。后者摧毁了巴格达和叙利亚尚未完工的反应堆"。[166] 然而，虽然严重程度似乎不容小觑，但伊朗没有主张这一网络行动是使用武力，反而选择通过网络空间的秘密渠道，针对一家沙特公司开展反报行动。[167] 从这一意义上来说，可能有人会认为，Stuxnet 事件构成使用武力是有争议的，因为虽然其导致了物理损害，但可能尚未达到第 2(4) 条所规定的烈度门槛。这一事件也被视为标志性事件，其意味着在某些情况下，一国在考虑将网络行动定性为使用武力时，相较于传统动能武器造成损害的情形，对前者在损害程度上的预期更高。再次申明，以上观点罗列并不影响 Stuxnet 事件是否构成使用武力。本书的观点一如既往：Stuxnet 事件中，网络行动构成了使用武力，但只有在相关国家有充分的政治机会和动机的情况下，才会公开将其定性为使用武力。

6.1.9　关于网络行动及禁止使用武力的小结

造成诸如财产损坏或人身伤亡等物理影响的网络行动，更有可能被认定为属于禁止诉诸的武力。在这方面，Stuxnet 事件是少有的造成物理损害的网络行动案例，[168]因此也是最有可能被定性为使用武力的网络行动。但是，尽管大部分文献认为其可能是使用武力(本书亦持此观点)，这一结论尚没有得到任何国家的公开认可。

2007 年针对爱沙尼亚的网络行动扰乱了该国秩序，严重影响了该国的运行，但尚未危及其生存。这一案例曾被认为是用于说明禁止诉诸的武力的可能案例，但是，这一观点很快就被排除了。值得注意的是，要确

---

[166]　Nguyen (n 68) 1082-1083 (footnotes omitted).

[167]　例如，Nicole Perlroth 在"Cyberattack on Saudi Oil Firm Disquiets U.S."文章中这样声称，The New York Times (23 October 2012) www.nytimes.com/2012/10/24/business/global/cyberattack-on-saudi-oil-firm-disquiets-us.html.

[168]　德国联邦信息安全局在 2014 年报告了网络行动对一个钢铁厂造成物理损害的案例；参见 Germany (n 132) 31.此前，"极光"测试已经证明了网络行动对构成电网一部分的设备造成物理损害的可能性。

定此种对网络行动进行法律定性的勉强态度是一种持续的国家实践,抑或仅仅是一种新兴的习惯,现在还为时尚早。

其他网络行动的案例都未达到使用武力的门槛。这有力地证明了,只有少部分网络行动才可能真正构成使用武力。因此,如何寻找一个更为合适的法律框架,以解决绝大多数网络行动的问题,可能是更有益和实用的做法。

6.2 网络威胁和网络武力威胁

《联合国宪章》第2(4)条具有革命性意义,因为它在禁止使用武力的同时,还明确禁止威胁使用武力。⑲ 在本章关于反战争法适用于网络行动的论述中,已经定义了国际法中"网络武力"的概念,并证明了实际上国家实施的网络行动很难达到使用武力的门槛。与实际使用武力的案件类似,从国家或国际组织的视角来看,至今尚无网络行动构成武力威胁。

虽然第2(4)条中武力威胁和使用武力一起出现,但是我们应该将"武力威胁"从实际"使用武力"中独立出来分析,这也是本节的目标。⑳ 关注《联合国宪章》第2(4)条适用于网络行动的大部分文献侧重于研究使用武力的问题,因此,网络武力威胁仍属于被忽略但亟待研究的问题。本节将根据《联合国宪章》第2(4)条的第2项禁止——禁止武力威胁——来分析国家间的网络行动,以期填补前述空白。㉑ 本节的主要论

---

⑲ 禁止武力威胁的雏形出现在《国际联盟盟约》第10条和第11条,以及《凯洛格-白里安条约》中;see, generally: Brownlie (n 71) 364; Nikolas Stürchler, *The Threat of Force in International Law* (CUP 2007) 19-25; Roscini, 'Threats of Armed Force' (n 68) 233; Corten, *The Law Against War* (n 12) 92.

⑳ Stürchler (n 169) 44("有两个论点,为什么威胁应与实际使用武力区别对待。Sadurska 提到了第1个,即威胁事实上有时有助于维护国际安全,并以这种方式间接地服务于《联合国宪章》的中心目的[……]。与此密切相关的第2个论点是,威胁使用武力与实际使用武力的严重性不同")。See also on the 'threat of force': Francis Grimal, *Threats of Force: International Law and Strategy* (Routledge 2012); Corten, *The Law Against War* (n 12) 92-125; Roscini, 'Threats of Armed Force' (n 68); Romana Sadurska, 'Threats of Force' (1988) 82 *American Journal of International Law* 239; Brownlie (n 71) 364-365.

㉑ Schmitt, 'Computer Network Attack' (n 68); Barkham (n 59); Silver (n 23); Benatar (n 68); Hollis (n 68) 7-8; Hoisington (n 59); Valo (n 68) 25-46; Waxman (n 45); Dinniss (n 70) 37-74; Nguyen (n 68).

点是,就大多数国家间的网络行动而言,与其试图想尽办法将其认定为实际使用武力,或许将之认定为武力威胁更为合适。下述两种主要类型的武力威胁可以印证这一论点:一种是为了逼迫对手妥协而公开诉诸武力威胁。这种武力威胁的方式最为明显,其能从《联合国宪章》的措辞中直接推断出来。简单地说,一国对另一国公开威胁使用武力以迫使对方妥协,只有在此种威胁属于以禁止使用的武力相威胁时,这一做法才违反第2(4)条的规定。另一种威胁形式是通过展示武力以迫使被威胁的国家作出妥协。

本节共分为五小节:第一小节概括禁止武力威胁的特征(6.2.1)。第二小节是关于武力威胁传播形式这一前置问题的研究,更确切地说,就是诉诸网络武力威胁的问题(6.2.2)。第三和第四小节论证了在网络场域中,公开武力威胁和武力展示两种武力威胁形式(6.2.3 和 6.2.4)。第五小节致力于论证网络能力建设并不构成受禁止的武力威胁(6.2.5)。

6.2.1　禁止武力威胁

《联合国宪章》第 2(4)条禁止"威胁或使用武力",但不论是《联合国宪章》本身还是其准备工作文件,都没有提供武力威胁的定义。[172] 然而,可以推定禁止武力威胁并不包含国家之间的所有威胁,[173]本节将对此加以明确。基于研究需要,下文首先对禁止武力威胁的特点进行总结。

作为初步结论,需要注意的是,"威胁"一词在《联合国宪章》中一共出现过两次,即第 2(4)条的禁止"武力威胁"和第 39 条的"和平之威胁"。有必要对《联合国宪章》中这两个"威胁"的表述进行区分,本书仅关注前者,不对后者进行分析。

禁止武力威胁与禁止使用武力之间存有一些共同特点。其一,《联合国宪章》中的这些禁止有两个例外,使得威胁使用武力或使用武力具有合法性。这两种例外是:一国的行为属于单独或集体自卫(第 51 条),[174]或联合国安理会根据《联合国宪章》第 7 章进行了授权。其二,第 2(4)条规

---

[172]　Roscini, 'Threats of Armed Force' (n 68) 234.

[173]　Dinstein (n 2) 88.

[174]　Stürchler (n 169) 218-252.

定的禁止武力威胁也是习惯国际法规范,其措辞具有习惯法的分量,[175]并经由"既定实践"和法律确信(opinio juris)共同确认。[176] 如果说该条款的习惯国际法地位并无太多争议,但是其国际强行法(jus cogens)地位却较具争议。[177]

确定禁止武力威胁的内容仍任重道远。詹姆斯·克劳福德(James Crawford)很好地总结了这个问题:"虽然'使用'一词的含义在武装攻击的语境下尚属清晰,但是'威胁'一词的含义却仍待厘清。"[178]

目前只有三个来自国际法院的先例偶然地提到了武力威胁。[179] 在第1个案件中,即科孚海峡案,国际法院推断,旨在迫使他国政治妥协的海军力量展示行为属于被禁止的武力威胁。[180] 在第2个案件中,即尼加拉瓜案,国际法院不认为美国在尼加拉瓜边境的军事调度[181]和对尼加拉瓜的军事训练[182]构成武力威胁。在后一点上,国际法院证实,目前并不存在一般的国际法规则限制一国的军备程度。第3个也是最后一个案件,"威胁或使用核武器的合法性咨询意见",是最为重要的案例,因为在该案中,国际法院把对禁止威胁限制在诉诸被禁止的武力上。[183] 此外,该咨询意见还总结认为,拥有核武器本身不构成武力威胁。[184]

国际法院在这方面的判例可以说比较"稀少"和"分散",不同判例之间也存在明显的不一致。[185] "威胁或使用核武器的合法性咨询意见"是唯一给出明确定义的判例,而其他案例的帮助有限。仅凭判例的话,目前仍很难对禁止武力威胁作出明确的定义。

---

[175] 见前述第 6.1.1.3 小节"习惯国际法和强行法规定的禁止使用武力的地位"。

[176] Roscini,'Threats of Armed Force'(n 68) 252 et seq.

[177] 从这个角度看,值得注意的是,前面提到的关于禁止使用武力的强行法性质的文件和判决没有提到武力威胁;Roscini,'Threats of Armed Force'(n 68) 252 et seq.

[178] Crawford (n 26) 747;关于不同解释的全面研究,主要参见 Stürchler (n 169) 37-64;另参见 Corten, *The Law Against War* (n 12) 92-93.

[179] Corfu Channel (Merits) (n 31);Nicaragua (Merits) (n 18);Nuclear Weapons (Advisory Opinion) (n 32). 参见 Stürchler(n 169)65-91 中对这些先例和武力威胁的全面分析;另参见 Grimal(n 170)54-70。

[180] Corfu Channel (Merits) (n 31) 35.

[181] Nicaragua (Merits) (n 18) 118,para 227.

[182] 同上注,135,para 269.

[183] Nuclear Weapons (Advisory Opinion) (n 32) 246,para 47.

[184] 同上注,246-247,para 48,and 266,conclusion 2(b).

[185] Stürchler (n 169) 90.

此外,自《联合国宪章》通过以来,不同于对实际使用武力的关注,学者们往往忽视了对武力威胁的研究。⑱⑥ 因此,学者们对武力威胁的定义还没有达成共识。一些评论者遵循国际法院的方法,沿用了较为严格的解释进路,将威胁使用武力限定于使用被禁止的武力。另一些评论者则支持更为宽泛的解释进路,认为武力威胁应包括使用武力在内的其他情况。

6.2.2 网络武力威胁

在研究网络领域的武力威胁时,遇到的第一个问题是:通过网络的武力威胁是否可能违反《联合国宪章》第2(4)条规定的禁止? 换言之,一国为威胁另一国而采用的传达方式,对本书讨论的这一问题是否有意义? 答案显然是否定的。不论通过何种传达方式,一国只有将其诉诸武力的意愿传达给另一个国家,才有可能违反第2(4)条规定的禁止武力威胁。⑱⑦ 这种威胁可以是口头形式或书面形式,明确表明或通过展示武力来表明一国将随时诉诸武力(readiness)。通过网络的武力威胁可视为通过网络空间传达的威胁。因此,网络空间是威胁的唯一载体,而这并不影响威胁的内容或可信度。所以,网络空间作为威胁的载体这一事实,并不影响根据《联合国宪章》判断威胁的合法性。⑱⑧

口头的或书面的武力威胁可以通过诸如邮件或电话的方式传达给受威胁国家。此外,此种威胁还可以通过媒体进行传达,包括现今的互联网媒体。例如,2013年,美国国务卿约翰·克里(John Kerry)在与以色列总理内塔尼亚胡(Benjamin Netanyahu)会晤时表示,美国随时准备对叙利亚采取行动,并称"武力威胁是真实存在的"。⑱⑨ 由于这一警告没有实际传达到任何叙利亚政府官员,其在一定程度上属于诉诸武力的网络威胁。之后,叙利亚政府可以从媒体对这次会议的新闻报道和随后发布在美国国务院网站上的文字记录中接收到这一威胁信息。

---

⑱⑥ James Crawford, 'Foreword' in 同上注, xi.
⑱⑦ 同上注, 273.
⑱⑧ Roscini, *Cyber Operations* (n 68) 67-68.
⑱⑨ 'Remarks with Israeli Prime Minister Benjamin Netanyahu after Their Meeting' (US Department of State, 15 September 2013) www.state.gov/secretary/remarks/2013/09/214257.htm.

在对武力威胁传达形式进行简要总结之后,下文三个小节将聚焦讨论何种情形构成网络武力威胁(threat of cyber force)。

6.2.3 禁止威胁诉诸禁止使用的武力

公开武力威胁以逼迫对手妥协,构成第一种武力威胁形式。这可以从《联合国宪章》第2(4)条措辞中直接推出。由于第2(4)条规定禁止"威胁或使用武力",因此,第一步是确定威胁使用武力是否等同于实际威胁使用禁止的武力。本小节将对公开网络武力威胁进行分析,并分为两个小点阐述:第一小点将进一步分析公开武力威胁的特点(6.2.3.1),第二小点将研究网络行动何以构成公开武力威胁(6.2.3.2)。

6.2.3.1 国际法院的解释

在"以核武器进行威胁或使用核武器的合法性"咨询意见中,国际法院将禁止武力威胁限定为禁止威胁诉诸被禁止的武力。换言之,非法的威胁是附条件的诉诸武力的承诺(promise),但前提条件是所诉诸使用的武力本身亦为非法。对于这一理解武力威胁的进路,国际法院在咨询意见第47段进行了阐述:

> 为了减少或消除非法攻击的危险,国家有时候表示它们拥有某些武器用来自卫,以对付任何试图侵害它们的领土完整或政治独立的国家。表示如有某些事件发生便打算使用武力,是否属于《联合国宪章》第2条第4项规定范围内的"威胁",这一点取决于各种因素。如果其声称将要使用的武力本身就不合法,则声称使用武力就是第2条第4项所禁止的威胁。例如,一个国家威胁使用武力,以夺取另一国家的领土或迫使另一国家遵循或不遵循某些政治或经济路线,即属非法。《联合国宪章》第2条第4项中"威胁"和"使用"的概念是并立的,因为如果在某一情况下使用武力本身为非法,那么不论什么原因,威胁使用此种武力同样也为非法。简言之,某一国家声称准备使用武力必须符合《联合国宪章》规定的使用武力方式,才算合法。除此之外,也没有任何国家——不论是否为威慑政策辩护——向本院作出相反表示,即如果设想使用武力的方式为非法,威胁使用武力则为合法。[190]

---

[190] Nuclear Weapons (Advisory Opinion) (n 32) 246, para 47.

伊恩·布朗利(Ian Brownlie)于 1963 年首次提出这种武力威胁的解释进路,其后成为主流看法。⑲¹ 值得注意的是,不论是咨询意见还是法官的个人意见,都没有说明选择这一解释的原因。⑲² 然而,国际法院所确立的解释是明确的。我们可以通过一个例子来更好地帮助理解。

说明这种武力威胁的最好例子,是以最后通牒相威胁。作为武力威胁的最后通牒是指,例如,A 国向 B 国提出一项要求,如果 B 国在特定时间内拒绝或不遵守此种要求,那么 A 国将对 B 国诉诸武力。在 2003 年 3 月 17 日晚上 8 时 01 分,乔治小布什(George W Bush)总统关于伊拉克的电视讲话是一个教科书般的案例:

> 同胞们,伊拉克的形势现在已经到了最后作出决定的时候了。10 多年来,美国和其他国家一直在进行耐心而值得称赞的努力,试图以非战争方式解除伊拉克政权的武装。[……]然而,许多国家确实有决心和毅力采取行动,以应对此种和平之威胁,我们正在召集形成一个广泛的联盟,以执行世界对正义的要求。联合国安理会没有履行它的职责,因此,我们将承担起我们的责任。[……]几十年来的欺骗和暴政现在已经走到尽头。萨达姆·侯赛因(Saddam Hussein)和他的子嗣们必须在 48 小时内离开伊拉克。如果他们拒绝配合,将引发由我们择期发起的军事冲突。所有的外国公民,包括记者和调查员,都应当立即离开伊拉克,以确保自己的安全。⑲³

---

⑲¹ Brownlie (n 71) 364("武力威胁是指一国政府以不接受该国政府的某些要求为条件而明示或默示地承诺诉诸武力。如果在没有使用武力的正当理由的情形下,承诺诉诸武力,那么这种威胁本身就是非法的"); Stürchler (n 169) 39-40("布朗利解释方法的问题在于可能难以将其应用到现实中。首先,国家在威胁使用武力时,常常把模棱两可作为一种蓄意的策略。'拟采取'的措施故意定义不明确,以致目标国不清楚违抗的真正后果。很少有明确的最后通牒。因此,任何关于武力威胁的判断都必须仔细权衡这样一个问题,即合法性取决于如何评估对武力的隐晦指称。根据所指称的内容,合法性将在很大程度上取决于实际情况的后续发展")(footnote omitted); see also Grimal (n 170) 37.

⑲² Stürchler (n 169) 40.

⑲³ 'Address to the Nation on Iraq' (2003) 39(12) Weekly Compilation of Presidential Documents 338, 338-341.

在最后通牒的截止期限过后,布什总统宣布开展伊拉克自由行动。⑭此声明是关于口头威胁的恰当示例,即一国为迫使对手让步,明确表达在对手拒绝配合时诉诸武力。

6.2.3.2 公开威胁诉诸网络武力

对于网络行动而言,如果威胁使用的网络武力同样属于非法使用武力,则威胁使用网络武力的行为将违反第 2(4)条的禁止威胁。这是当今学者们的主流观点,也是《塔林手册 2.0》规则 70 所沿循的解释:

> 一旦实施就属于非法使用武力的网络行动或威胁实施的网络行动,构成非法的武力威胁。⑮

诉诸武力的一般威胁是否足以构成对第 2(4)条禁止的违反? 答案显然是肯定的。如果口头或书面的武力威胁没有说明可能会使用何种武力的,大多数情况下它们将构成一般的武力威胁。例如,在前文提及的两个案例中,即布什总统对伊朗的最后通牒以及约翰·克里对叙利亚的警告,其武力威胁就具有一般性,因为其没有具体说明可能使用的武力类型或烈度。在可预见的未来,武力威胁似乎在很大程度上仍将具有一般性,而且网络武力将成为威胁国的可能选择之一。

网络武力威胁将取决于每个案例的具体情况。其中,威胁的可信度以及目标国如何看待这一威胁,是两个尤为关键的因素。事实上,被威胁国如何理解武力威胁,对于认定其是否属于实际的武力威胁至关重要。尼克拉斯·斯图希勒(Nikolas Stürchler)对武力威胁的实践进行了深入的研究,他强调,在确定一个威胁的合法性时,可信度标准非常重要。⑯ 如果被威胁国认为武力威胁足够严重和危险,则可以认为这是一种可信的威胁。

以下两个假想的情况可以说明可信度标准的重要性。第一,假设俄罗斯威胁另一个前苏联国家将诉诸网络武力,那么这一威胁很可能构成

---

⑭ 同上注, 342,342-343.

⑮ Schmitt and Vihul (n 105) 338, rules 70. 这一规则在第 1 版中已经存在。Schmitt, *Tallinn Manual* (n 17) 52, rule 12.

⑯ Nikolas Stürchler 确定了两个主要标准,以确定威胁使用武力的合法性。第一,威胁是否可信——被认为足够严重和危险;第二,威胁是否真正试图使用武力,以管理预先存在的危机。Stürchler (n 169) 170-171.

受禁止的武力威胁。这是因为,俄罗斯此前两次参与或据称曾参与的网络行动,即针对格鲁吉亚[197]和爱沙尼亚[198]的网络行动,都使这种威胁具有可信度。此外,俄罗斯和一些前苏联国家之间关系紧张,这也使俄罗斯对这些国家诉诸武力——包括网络武力——的意愿更加可信。

第二,在其他的情形下,网络武力威胁可能不会被认为是可信的武力威胁。例如,针对网络基础设施薄弱的国家的网络武力威胁不会被认为是一个严重的威胁。实际上在这种情况下,威胁(promised)使用武力的后果并不会对目标国造成严重影响。在这里必须指出,我们不能就此作出相反的推论,因为即使一国缺乏强大网络能力,仍然也可能发起严重的网络行动,因此其网络武力威胁也可能被认为是可信的。事实上,筹备和发动一起严重的网络行动是相对容易和低成本的。

上述假想情形清晰地说明了可信度标准的重要性,以及其如何影响网络武力威胁是否被视为《联合国宪章》下受禁止的武力威胁。

最后,有必要就诉诸公开网络武力威胁的现实可能性进行评论。鉴于网络行动的独特性质,网络武力威胁基本不可能发生。大多数时候,网络行动的有效性来自利用网络漏洞等意外因素。针对特定基础设施发出威胁,将引起受威胁国家在目标基础设施中排查并修复可利用的漏洞。从类似的角度来看,对一国发出网络行动的普遍威胁也将促使该国加强保护其相关基础设施,并提前准备一些可能的技术对策,[199]以防止他国威胁使用网络武力的影响。

6.2.4 作为受禁止的武力威胁的网络武力展示

除公开威胁以迫使妥协外,展示网络武力构成第二种武力威胁形式。有少数关于网络武力威胁的文献会分析武力展示的情形,但大部分文献

---

[197] John Markoff, 'Before the Gunfire, Cyberattacks', *The New York Times* (13 August 2008) www.nytimes.com/2008/08/13/technology/13cyber.html.

[198] 'Estonian Links Moscow to Internet Attack', *The New York Times* (18 May 2007) www.nytimes.com/2007/05/18/world/europe/18estonia.html.

[199] 此处所称的反措施不是指法律术语,而是指网络安全意义上的反措施,其可定义为"一种行动、装置、程序或技术,通过消除或防止威胁、漏洞或攻击,最大限度地减少其可能造成的伤害,或通过发现和报告它,以便采取纠正措施"。RFC 2828, Internet Security Glossary, available at http://tools.ietf.org/html/rfc2828.

对此都有所忽略且研究不足。⑳

何种武力展示会构成违反禁止武力威胁？与公开武力威胁不同，武力展示是通过国家行为而非言语来实施威胁。武力展示可能有各种形式，最明显的是一国随时准备对另一国诉诸武力的军事行为——如调遣军队、演习、部署或测试核武器。㉑

当涉及网络行动时，如前一节所述，大多数网络行动不会构成实际使用武力，但可能构成一种属于受禁止的武力威胁的武力展示。为了解决这一问题，本书将会借助相关案例来研究两种类型的网络行动：一是在爱沙尼亚和格鲁吉亚发生的 DDoS 攻击；二是针对伊朗核电站的计算机蠕虫病毒。

6.2.4.1　作为武力展示的大规模分布式拒绝服务攻击

DDoS 攻击是一种网络行动，其旨在通过使用被侵入和控制的系统，针对目标设备或网络发起大量请求以使其无法访问。那么，大规模的 DDoS 攻击是否属于武力展示？似乎可以对此作肯定回答，但这必须满足特定条件。下文将讨论针对爱沙尼亚和格鲁吉亚的大规模 DDoS 攻击，以证明和说明这一判断。

作为 2008 年俄罗斯—格鲁吉亚战争的序幕，㉒格鲁吉亚遭到了一些据称由俄罗斯实施或支持的网络行动。㉓ 在俄格武装冲突期间，这些网络行动仍在持续。㉔针对格鲁吉亚的网络行动主要有两种类型：网站篡

---

⑳ 只有少数评论家在其文章中讨论《联合国宪章》第 2(4)条在网络环境背景下对网络武力威胁的适用问题。在大多数情况下，他们关注的是国际法院的解释及其对网络行动的应用，有时也会提到其他形式的武力威胁。然而，它们都未能对网络力量的威胁进行全面分析。参见 Roscini, *Cyber Operations*（n 68）67-69；Compagno（n 68）；Schmitt, *Tallinn Manual*（n 17）52-53；Kerschischnig（n 106）；Schmitt, 'Cyber Operations and the Jus Ad Bellum Revisited'（n 71）；Roscini, 'World Wide Warfare'（n 68）.

㉑　Stürchler（n 169）172-217；Grimal（n 170）43-46.

㉒　参见前文第 40 页。

㉓　Markoff（n 197）.

㉔　格鲁吉亚冲突问题国际实况调查委员会，由欧洲联盟理事会任命，负责调查格鲁吉亚冲突的起源和过程。其报告的一部分专门讨论了俄罗斯和格鲁吉亚武装冲突期间发生的网络行动，但没有根据国际法对其进行定性。'Report of the International Fact-Finding Commission on the Conflict in Georgia'（n 95）vol Ⅱ, 217-219.

改,包括篡改网站的视觉外观或内容,以及 DDoS 攻击。[205] 本书关注的重点,是发生在武装冲突开始之前的网络行动,需要考虑确定的问题是:这些攻击是否属于武力威胁?

格鲁吉亚政府并没有认定这些网络行动是威胁或使用武力。[206] 但是,格鲁吉亚和俄罗斯之间的紧张关系可能会使两国之间任何使用武力的威胁显得可信,因此,认为这些网络行动构成武力威胁似乎是合理的。值得一提的是,格鲁吉亚的网络基础设施并不是非常发达,该国并不高度依赖互联网。在这起事件中,因网络行动带来的影响是有限的,主要造成格鲁吉亚政府无法访问其网站,也无法利用这些网站进行沟通。因此,在此种情形下,论证这些网络行动属于武力威胁似乎又面临困难。值得注意的是,随着武装冲突的爆发,关于这个问题的所有可能的考虑都已经尘埃落定。[207]

第二个例子是关于 2007 年爱沙尼亚的网络攻击事件。2007 年 4 月,在爱沙尼亚拆除"二战"时期苏联士兵的青铜雕像之后,爆发了俄罗斯裔少数民族的街头暴力抗议。其间,爱沙尼亚遭受了多次网络行动,特别是对私人和公共机构的网站和服务器的大规模 DDoS 攻击。[208] 爱沙尼亚指责俄罗斯应当为这些网络攻击负责,但俄罗斯否认了其有任何形式的参与。[209] 与格鲁吉亚不同,爱沙尼亚是高度互联的国家,特别依赖计算机基础设施。这些网络行动导致爱沙尼亚大部分经济、媒体和政府无法正常运作,陷入瘫痪。

尽管爱沙尼亚和其他国家都不认为这些网络行动构成使用武力或武力威胁,但有理由认为它们可能构成了可信的武力威胁。实际上,网络行

---

[205] Eneken Tikk et al, 'Cyber Attacks against Georgia: Legal Lessons Identified' (NATO Cooperative Cyber Defence Centre of Excellence (CCDCOE) 2008) 7-12.

[206] 格鲁吉亚政府在给格鲁吉亚冲突问题国际实况调查委员会的信函中提到了网络行动,但既没有将其定性为武力威胁,也没有定性为使用武力。'Report of the International Fact-Finding Commission on the Conflict in Georgia' (n 95) vol III, 5-330.

[207] 格鲁吉亚冲突问题国际实况调查委员会的报告也涵盖了战争前的情况。它描述了来自双方的某些形式的武力威胁,但不包括网络行动,同上注,vol I, 20 para 13, and 25 para 24.

[208] Mark Landler and John Markoff, 'Digital Fears Emerge after Data Siege in Estonia', The New York Times (29 May 2007) www.nytimes.com/2007/05/29/technology/29estonia.html; Tikk, Kaska and Vihul (n 165) 18-22.

[209] Tikk, Kaska and Vihul (n 165) 23-24.

动造成了国家部分功能的瘫痪,限制了爱沙尼亚在可能需要采取军事行动时的反应能力。此外,这些网络行动发生在目标国和据称的威胁国关系破裂期间,这使得任何的武力威胁显得更为可信。鉴于目前的情况,这些网络行动可以被视为是使用武力的潜在预备措施。基于这些推断,这些网络行动可以被认为是武力展示,违反了《联合国宪章》第 2(4)条规定的禁止武力威胁。

爱沙尼亚的例子表明,针对网络依赖国家实施大规模 DDoS 攻击可以构成武力威胁。然而,格鲁吉亚的例子则反映出在某些情况下难以作出这种判断。

6.2.4.2 作为武力展示的造成非物理损害的计算机蠕虫攻击

下文转向对目标系统造成非物理损害的网络行动,因此其不属于实际使用武力。本书认为,在某些情况下这些网络行动可以被认定为武力威胁。

为了解释这一观点,本书将基于 Stuxnet 事件构造一个假想案例。在 Stuxnet 事件中,一种特制计算机蠕虫感染了世界范围内的多台计算机系统,并导致伊朗核电站几台离心机的物理损害。[⑳] 基于这一案例,我们可以设想存在一个恶意软件,其遵循相同的攻击路径,但与 Stuxnet 不同的是,这款恶意软件并不摧毁离心机,而只是篡改一些数据,或者是删除运行核设施的软件,或是进行任何其他不具有物理破坏性的活动。这种恶意软件所造成的影响的目的在于向核设施的所有者——同时也向目标国——展示:攻击者具有远程侵入有关系统的能力。这也可以解释为,攻击者试图表明其有能力随时采取进一步行动,如果需要施加更严重的后果的话。从这个意义上来说,若能证明施害者具有实际使用网络武力的意愿,就能够认定其行为构成武力威胁。

必须指出的是,即使前述假想案例在理论上是可能的,但从更为现实的角度来看,这种做法可能会适得其反。实际上,攻击国的行为会暴露其将如何侵入目标国的系统,这将使后者采取必要措施以修补相关系统,保

---

⑳ Jarrad Shearer,'W32. Stuxnet'(Symantec 2013) www.symantec.com/security_response/writeup.jsp? docid=2010-071400-3123-99;see also 'Cracking Stuxnet, a 21st-Century Cyber Weapon'(2011) www.ted.com/talks/ralph_langner_cracking_stuxnet_a_21st_cen tury_cyberweapon.

护其免受后续入侵,从而阻断攻击国对该系统的进一步行动。因此,如果攻击国的意图确实是针对同一系统进一步采取行动,这样的做法并不会收到成效。但是,攻击国可以选择针对一个特定的系统实施此种侵入和信号释放的动作,而这并不会影响其实际意图——利用另一个漏洞在另一个系统上进一步采取行动。

6.2.4.3 作为武力展示造成物理损害的计算机蠕虫攻击

因为造成物理损害而构成使用武力的网络行动,其同样可能被认为是武力威胁。Stuxnet 事件可以同时构成使用武力和武力展示,因此该事件中的网络行动可以表明攻击国进行进一步攻击的意愿和决心。[211]

首先要考虑的是,Stuxnet 事件对伊朗的核电站造成了物理损害,[212]且其行动在目标国的边界内进行。但是,即使行动越过受威胁国的领土边界,也没有任何规定认为不可以将其认定为武力威胁。例如,在1996年,一艘朝鲜潜艇在韩国海滩上搁浅,韩国宣称这是一个战争行为。[213] 尽管这一情况发生在受害国境内,[214]但是它可以被定性为武力威胁。

Stuxnet 事件是否构成一种武力展示,表明行为者有意愿对伊朗诉诸武力? 答案是肯定的,有如下几个理由:第一,美国和以色列据称是这一蠕虫病毒的始作俑者。[215] 第二,这一蠕虫病毒被认为专门用于影响和拖慢伊朗的核项目进程。[216] 因此,其可以被视为是美国和以色列对伊朗的武力展示,以表明在伊朗貌视他们的要求时,美国和以色列有诉诸武力的意愿。

---

[211] Nikolas Stürchler 声称,武力展示也可以是实际使用武力,如"边界事件"或"报复行为"。他的主张是基于对国家实践的观察,但这远远不能代表这一问题的一般做法。因此,这一论断肯定存有争议。Stürchler (n 169) 173.

[212] William J Broad and David E Sanger, 'Worm Was Perfect for Sabotaging Centrifuges', The New York Times (18 November 2010) www.nytimes.com/2010/11/19/world/middleeast/19stuxnet.html.

[213] 'Crisis Number: 420-NORTH KOREAN SUBMARINE' (International Crisis Behavior Project, July 2010) www.cidcm.umd.edu/icb/.

[214] 例如,这是 Stürchler(n 169)245-249 所采取的立场。

[215] David E Sanger, 'Obama Ordered Wave of Cyberattacks against Iran', The New York Times (1 June 2012) www.nytimes.com/2012/06/01/world/middleeast/obama-orderedwave-of-cyberattacks-against-iran.html.

[216] David E Sanger, *Confront and Conceal: Obama's Secret Wars and Surprising Use of American Power* (Crown 2012) 200.

现在有必要描述一种类似于武力展示，但又未达到实际受禁止的武力威胁的情况。

6.2.4.4 军事演习

应当区分武力展示和军事演习。一国如在境内或境外进行军事演习，通常会提前宣布，以免其被误认为是实际的武力威胁或是使用武力的前兆。[217] 如果一国没有公布一项军事演习，则第三国可能会认为这是一个实际的武力威胁。例如，1983 年 11 月，北大西洋公约组织进行了一场代号为"优秀射手"（Able Archer）的涉核军事演习。由于这场演习没有事先告知第三国，导致苏联误认为这是对核武袭击的真实预备动员，因而将其部队，包括核武部队，提升至高度戒备状态。[218] 直到这场演习结束之后，这种紧张事态才得以平息。然而，军事演习也可以是武力展示行为。例如，在 2008 年俄罗斯—格鲁吉亚战争前夕，美国和俄罗斯都在该地区进行了军事演习。可以认为二者都属于武力展示，表明他们诉诸武力的意愿。[219]

网络军事演习不同于其他形式的军事演习。传统的军事演习具有可视性，比如部队的部署转移和武器测试，因而可能被误认为是武力威胁。但是，在网络军事演习的情况下，其他国家可能无法看见或侦测到任何可以被误解为武力威胁的行动。在军事基地也许可以探查到一些不寻常的活动，但这无法与舰队的部署或武器测试相提并论。因此，将网络军事演习误解为是实际的武力威胁的风险非常低，或者说根本是不可能的。

最后，必须强调的是，只要没有表现出特定的使用武力的意愿，一般正常的军备不会构成武力威胁。军备和武力威胁之间是有区别的，而这又会引起另一个问题，即一国发展其网络能力是否会构成威胁使用武力？为了回答这一问题，我们可以将其与包括核武器在内的核军事能力的建设进行类比。

---

[217] Stürchler (n 169) 214; Roscini, *Cyber Operations* (n 68) 68.

[218] 例如，参见"危机编号：344-优秀射手 83"（国际危机行为项目，2010 年 7 月）www.cidcm.umd.edu/icb/.

[219] 'Report of the International Fact-Finding Commission on the Conflict in Georgia' (n 95) vol I, 20 para 13, and 25 para 24.

6.2.5 建设网络能力不构成受禁止的武力威胁

关于武力威胁,前几小节介绍和探讨了不同类型的网络武力威胁,本小节则旨在证明,建设网络能力不构成受禁止的武力威胁。这个问题困扰着国际社会的评论者和行为者,他们试图将发展某种武器和国家军备定性为武力威胁或和平之威胁。就这一点而言,核武器案例能提供最恰当的参照。[220]

有些国家认为,拥有核武器和核武威慑应被视作非法的武力威胁。另一些国家则反对这种看法。[221] 国际法院在"威胁或使用核武器的合法性咨询意见"中处理了这一问题。拥有核武器和核武威慑本身是否构成《联合国宪章》第2(4)条规定的非法威胁?国际法院含蓄地否定了这一点,其论述道:

> 究竟这是不是一种违反第2条第4项规定的"威胁",要看待评价的某种使用武力方式是不是侵害一国的领土完整、政治独立或违反联合国的宗旨;或者,如果其目的是作为防卫手段,要看它是不是一定违反必要性和相称性的原则。[222]

因此,拥有核武器本身可能并不会构成武力威胁。[223] 在伊朗或朝鲜的案例中,其行为构成武力威胁并不是由于它们发展核军事项目,而是由于伊朗和朝鲜各自对其他国家所制造的实际威胁。[224]

---

[220] Djamchid Momtaz, 'Le programme nucléaire de l'Iran et le régime de non-prolifération nucléaire', *Looking to the Future: Essays on International Law in Honor of W. Michael Reisman* (Martinus Nijhoff Publishers 2010) 989-1001.

[221] Stürchler (n 169) 79 et seq; Grimal (n 170) 120 et seq.

[222] Nuclear Weapons (Advisory Opinion) (n 32) 246-247, para 48, and 266, conclusion 2(b) ("无论是习惯国际法还是协定国际法,都没有全面和普遍禁止以核武器相威胁或使用核武器"). See also: Marc Perrin de Brichambaut, 'Les avis consultatifs rendus par la CIJ le 8 juillet 1996 sur la licéité de l'utilisation des armes nucléaires par un Etat dans un conflit armé (O.M.S.) et sur la licéité de la menace et de l'emploi d'armes nucléaires (A.G.N.U.)' (1996) 42 *Annuaire français de droit international* 315, 327; Stürchler (n 169) 79. 42 Annuaire français de droit international 315, 327; Stürchler (n 169) 79.

[223] Grimal (n 170) 120-126.

[224] 同上注,126-133.

在尼加拉瓜案中,国际法院针对国家军备建设推断出更为一般的观点,即在一般国际法中不存在限制国家军备程度的规则。㉕

同样的结论也可用于网络能力建设,没有必要将其视为武力威胁。例如,美国通过一项代号为"奥林匹克游戏"的项目来发展其网络能力。㉖这一项目本身不能被视为武力威胁。相反,如果美国利用这一项目来对他国实行网络行动,就可能构成威胁或使用网络武力。

6.2.6 关于网络武力威胁的小结

本节认为,相较于定性为实际使用武力,将当今国家间网络行动定性为武力威胁可能更为恰当。本节的第三小节表明,即便将一些网络行动定性为诉诸公开网络武力威胁并非总是恰当的,但是其仍然可能构成公开网络武力威胁。将网络行动定性为网络武力展示似乎是规制不同类型的网络行动的最佳选择。

对于曾被曝光的几起网络行动事件而言,要将它们定性为实际使用网络武力或公开网络武力威胁似乎是不可能的。相反,本节通过假想案例表明,一些构成武力展示的网络行动属于受禁止的武力威胁。

6.3 网络武装攻击和网络侵略

只有当网络行动达到"武装攻击"的程度时,才会触发受害国的自卫权。习惯国际法上的自卫权载于《联合国宪章》第51条,并在许多案例和咨询意见中为国际法院所引用。自卫权的条件和内容,留待本书第三编

㉕ Nicaragua (Merits) (n 18) 135, para 269 ("法院现在转向另一个因素,该因素对国内政策和外交政策都有影响。这就是尼加拉瓜的军事化问题,美国认为尼加拉瓜的军事化程度过高,可以证明其侵略意图,并在其中找到另一个论据来证明其对尼加拉瓜的活动是合理的。本法院认为,对美国的这一指控进行讨论是不相关的,也是不适当的。因为在国际法中,除了有关国家通过条约或其他方式可能接受的规则外,没有任何规则可以使一个主权国家的军备水平受到限制。这一原则毫无例外地适用于所有国家")。

㉖ David E Sanger, 'Obama Ordered Wave of Cyberattacks against Iran', *The New York Times* (1 June 2012) www.nytimes.com/2012/06/01/world/middleeast/obama-orderedwave-of-cyberattacks-against-iran.html; Sanger, Confront and Conceal: *Obama's Secret Wars and Surprising Use of American Power* (n 216) 200.

讨论。㉗《联合国宪章》并未定义"武装攻击"。因此,本书尝试通过确定在何种条件下网络行动可被归类为武装攻击,来定义"网络武装攻击"的构成要件。

为了区分不同种类的诉诸武力及其后果,《联合国宪章》使用了三个术语:"武力""侵略"和"武装攻击"。第2(4)条规定了禁止威胁或"使用武力"。第39条规定了安理会有权决定是否存在和平之威胁、和平之破坏和"侵略行为",进而可能导致采取包括使用武力或武力之外的措施。最后,第51条将自卫权限定于存在"武装攻击"的情形。这引发了一个问题,即这三种形式的诉诸武力之间是什么关系?广为接受的一种观点认为,它们之间存在"从属关系"。㉘ 武装攻击是最狭窄的概念,其属于侵略的子概念,而侵略本身又是武力的子概念。但是,《联合国宪章》没有界定这些术语。此外,由于《联合国宪章》不同语言版本使用了不同的术语,这将在一定程度上加深歧义。例如,自卫权在属事管辖意义上(ratione materiae)的行使条件为存在武装攻击,其英文表述为"armed attack",法文表述为"agression armée"。"agression armée"术语的使用就导致了武装攻击和侵略两个概念的混淆。㉙

在尼加拉瓜案中,国际法院指出,《联合国宪章》和条约法中都未界定武装攻击的概念。㉚ 在"核武器咨询意见案"中,国际法院认为,现有的《联合国宪章》对诉诸武力的规定"适用于任何武力的使用,而不论使用的是何种武器"。㉛ 因此,如果要将网络行动认定为武装攻击的可能形式,并不存在法律上的障碍。毋庸置疑,一些网络行动可能构成非法使用武力、侵略行为甚至是武装攻击。这一观点得到各国的支持,也被有关网络

㉗ 本书第三编阐述了自卫权以及国家支持的网络行动的受害国可以利用的另外两种自卫形式,即反措施和报复,参见后文第10章。

㉘ Ruys (n 15) 137.

㉙ Joe Verhoeven, 'Les《étirements》de la légitime défense' (2002) 48 Annuaire français de droit international 49, 54; Batyah Sierpinski, 'La légitime défense en droit international: quelques observations sur un concept juridique ambigu' (2006) 19 Revue québécoise de droit international 79, 91-92.

㉚ Nicaragua (Merits) (n 18) 94, para 176.

㉛ Nuclear Weapons (Advisory Opinion) (n 32) 244, para 39.

行动与国际法的文献所采纳。㉜ 但是,必须重申,直至今日,不论是国家还是国际社会,都没有将任何一起网络行动"明确和公开地"认定为达到了武装攻击的门槛。㉝

在尼加拉瓜案和乌干达诉刚果民主共和国案中,为了确定武装攻击的发生,国际法院引用了联合国大会通过的《侵略的定义》第3(g)条。㉞ 1974年12月14日,联合国大会通过了关于侵略定义的第3314号决议。㉟ 这一决议并不具有法律约束力,仅能作为指引,帮助安理会决定是否存在《联合国宪章》第39条规定的侵略行为。㊱《侵略的定义》的序言认为,"侵略是非法使用武力最严重和最危险的形式"。该决议第1条认为,"侵略是指一国使用武力侵犯另一国的主权、领土完整或政治独立,或以本《定义》所宣示的与《联合国宪章》不符的任何其他方式使用武力"。该文件第3条进一步列举了构成侵略的行为清单。通常认为,第3条的第(a)款、第(b)款、第(d)款和第(g)款所列举的侵略行为也同时构成武装攻击。这些行为是:

(a) 一国的武装部队侵入或攻击另一国的领土,或因此种侵入或攻击而造成的任何军事占领,不论时间如何短暂,或使用武力吞并另一国的领土或其一部分;

(b) 一国的武装部队轰炸另一国的领土,或一国对另一国的领土使用任何武器;

……

(d) 一国的武装部队攻击另一国的陆、海、空军或商船和民航机;

……

(g) 一国或以其名义派遣武装小队,武装团体非正规军或雇佣

㉜　Harold Hongju Koh, 'International Law in Cyberspace' (USCYBERCOM Inter-Agency Legal Conference 2012) www.state.gov/s/l/releases/remarks/197924.htm, Question/ Answer No 4; Roscini, *Cyber Operations* (n 68) 70-71; Schmitt, Tallinn Manual (n 17) 54, commentary to Rule 13, para 3.

㉝　Schmitt, *Tallinn Manual* (n 17) 57, commentary to Rule 13, para 13.

㉞　Nicaragua (Merits) (n 18) 103, para 195; Armed Activities (Judgment) (n 28) 223, para 146.

㉟　Definition of Aggression, UNGA Res 3314 (XXIX) (14 December 1974).

㊱　Ruys (n 15) 136.

兵,对另一国进行武力行为,其严重性相当于上述所列各项行为,或该国实际卷入了这些行为。

《侵略的定义》明确声明,其所列的行为"并非详尽无遗,安全理事会得断定某些其他行为亦构成宪章规定下的侵略行为"。[237] 同样地,该决议所列的被认为属于武装攻击的行为也没有穷尽所有可能,其他行为也可能构成武装攻击。[238]

武力、侵略和武装攻击概念之间的从属关系又引发了一个问题,即这些概念之间是否存在间隙?更准确地说,是否存在不构成武装攻击的非法使用武力?在尼加拉瓜案中,通过区分"最严重的使用武力的形式(那些构成武力攻击的形式)与其他不那么严重的情形",国际法院确认了这种间隙的存在。[239] 尽管如此,这种间隙是否存在,在国际法上仍是一个极富争议的议题。有一些国家——特别是美国——以及部分文献都将使用武力等同于武装攻击,其主张任何使用武力的行为都将自动触发自卫权。同样,参与《塔林手册2.0》编撰的大部分专家都承认这种间隙的存在。[240] 而即使在认为存在间隙的国家和学者之间,[241]就间隙有多宽这个问题,又还存有争论。

本书认同主流观点,即承认这一间隙的存在,因此只有最严重的网络武力的使用才构成网络武装攻击。例如,如果网络行动产生任何物理损害,那么这将使得该网络行动构成使用网络武力。[242] 但如果物理损害程度较低,则不能认为构成网络武装攻击。例如,由网络行动引发过热导致某一台智能手机的损害。在这种情形下,受害国仅能根据网络行动的非法性而采取反措施,但不能行使自卫权。如果像一些国家和学者所主张的那样,使用武力即等同于武装攻击,那么本书认为,在这两种情况下都应当适用更高的门槛,即武装攻击的门槛。

---

[237] Definition of Aggression, UNGA Res 3314 (XXIX) (14 December 1974), Article 4.

[238] Ruys (n 15) 139.

[239] Nicaragua (Merits) (n 18) 101, para 191; see also Gray, 'The International Court of Justice' (n 13) 250.

[240] Schmitt and Vihul (n 105) 341, commentary to Rule 71, para 6. See also the first edition: Schmitt, *Tallinn Manual* (n 17) 55, commentary to Rule 13, para 5.

[241] Roscini, *Cyber Operations* (n 68) 72-73.

[242] 参见前文第6.1.5节"胁迫性网络活动的'严重性'或'严重程度'标准"。

我们一般是根据网络行动的"规模和效果"来判断其是否达到武装攻击的门槛。㉓ 这一标准由两个累积要件构成：一是"规模"，即指网络行动的规模和烈度（使用的武力数量、位置和持续时间）；二是"效果"，即指网络行动所造成的后果（损失和伤亡）。㉔ 在网络行动的情形下，是否同时满足两个累积要件有时值得质疑。例如，与2007年针对爱沙尼亚的攻击相当的DDoS攻击可能符合规模标准，因为爱沙尼亚遭受的攻击具有较高的烈度和规模；但是，这些攻击似乎不满足效果标准，因为爱沙尼亚攻击也只对目标国产生了有限的影响。㉕ 网络行动的效果标准有待进一步优化。

6.3.1　网络行动的效果

根据网络行动产生的效果，可以将网络行动分为两类，即造成物理损害的网络行动（人身伤亡、财产损毁）(6.3.1.2)和仅造成非物理损害的网络行动（干扰、篡改或销毁数据）(6.3.1.3)。在具体讨论这些后果之前，有必要先回答何种后果应当被纳入考虑(6.3.1.1)。

6.3.1.1　需要考虑的后果

由于计算机网络的互联性，网络行动很容易造成严重的副作用和附带损失。例如，2003年1月25日，Slammer 蠕虫病毒㉖利用微软 SQL 服务器中的一个漏洞，在不到15分钟的时间就在全球范围内感染了数千台服务器。该蠕虫病毒主要是感染系统内存，然后伺机感染其他主机，但它

㉓　The 'scale and effects' standard was used by the ICJ in Nicaragua (Merits) (n 18) 103-104, para 195. 一般认为它是确定是否存在武装攻击的标准。

㉔　Ruys (n 15) 139; Avra Constantinou, Avra Constantinou, *The Right of Self-Defence under Customary International Law and Article 51 of the United Nations Charter* (Sakkoulas & Bruylant 2000) 63.

㉕　Roscini, *Cyber Operations* (n 68) 73.

㉖　Slammer 蠕虫病毒不是国家支持的网络行动，在此仅作为网络行动的例子使用。关于 Slammer 蠕虫病毒，参见 Edward Ray, 'Malware FAQ: MS-SQL Slammer' (SANS) www.sans.org/security-resources/malwarefaq/ms-sqlexploit.php; 'WORM: W32/SLAMMER' (F-Secure) www.f-secure.com/v-descs/mssqlm.shtml; Paul Boutin, 'Slammed!', WIRED (1 July 2003) www.wired.com/2003/07/slammer/; Brent Kesler, 'The Vulnerability of Nuclear Facilities to Cyber Attack' (2010) 10 *Strategic Insights* 15, 19-20.

并不会控制系统或影响储存在硬盘上的数据。Slammer 病毒造成了恶劣的破坏性影响。例如,其导致一些国家网络连接的延迟和中断;美国银行的数千台 ATM 机关停;美国大陆航空公司的售票系统瘫痪,迫使该公司取消多趟航班。Slammer 还感染了美国戴维斯—贝斯核电站的计算机系统,扰乱了安全参数显示系统(Safety Parameter Display System)的正常运行。幸运的是,对核电站系统的感染并未造成任何实际损失。通过这一事例我们可以看到,计算机蠕虫病毒实际产生的影响,是远远超出其在互联网上传播自身这一表面目标的。

根据《塔林手册 2.0》的观点,"网络行动的所有合理可预见的后果都可能使其构成使用武力"。[27] 本书支持这一判断,但主张应当全面理解这一标准。例如,攻击和扰乱城市电网所可能造成的损失和人身伤亡应被认为是合理可预见的后果。同样,干扰空中交通管制系统导致的飞机坠毁,也应当被视为一种合理可预见的后果。

6.3.1.2 造成物理损害后果的网络行动

造成物理损害后果的网络行动(包括人身伤亡和财产损毁)通常被视为使用武力,而其中最严重的形式将可能被认为达到武装攻击的门槛。[28]

然后,是否存在用于判断后果严重程度的门槛,对此亦有争论。[29] 换言之,是否只要发生任何财产损毁或人身伤亡,都足以将网络行动认定为网络武装攻击? 这一问题让人不禁要问,使用网络武力和网络武装攻击之间的门槛间隙。实际上,如上文所述,造成人身伤亡或损失的网络行动毫无疑问将构成使用网络武力。[30] 在网络领域之外,这一争论也常被提及。例如,国际法院将武装攻击限定为最严重形式的使用武力,但其也认为"一艘军舰的布雷行为也可能足以触发'固有的自卫权'"。[31]

造成破坏、损失或人身伤亡的网络行动,只有在其后果达到一定烈度

---

[27] Schmitt and Vihul (n 105) 343, commentary to Rule 71, para 13. 另请参见第 1 版:Schmitt, *Tallinn Manual* (n 17) 57, commentary to Rule 13, para 10.

[28] Joyner and Lotrionte (n 109) 855; Schmitt, *Tallinn Manual* (n 17) 55, commentary to Rule 13, para 6; Roscini, *Cyber Operations* (n 68) 73-74.

[29] Schmitt and Vihul (n 105) 341, commentary to Rule 71, para 7. 另请参见第 1 版:Schmitt, *Tallinn Manual* (n 17) 56, commentary to Rule 13, para 6.

[30] 参见前文第 6.1 节"网络行动和禁止使用武力"。

[31] Oil Platforms (Judgment) (n 31) 195, para 72.

时才可能构成武装攻击。网络行动的物理损害后果似乎应当达到一定的烈度以满足"效果"标准。㉒ 例如,在 Stuxnet 事件中,关于是否满足"效果"标准,就存在两种说法:有人认为达到了烈度门槛,有人认为仍低于这一门槛——事实上后一种可能性更高。㉓ 从这个角度看,本书认为,如果只考虑 Stuxnet 事件的影响,其可能仅构成使用武力而尚未达到武装攻击的程度;但是,以核电站为攻击目标的事实,将使相关网络行动的性质更为严重。因此,Stuxnet 事件也可能被视为武装攻击。《塔林手册 2.0》讨论了这一事件是否构成武装攻击,由于它造成了几台离心机的物理损害,因此"国际专家组的一些成员认为,这一行动已经达到了武装攻击的门槛,除非基于预先自卫而得以合法化(规则 73)"。㉔ Stuxnet 事件是迄今为止唯一已知的造成严重影响的网络行动,这似乎也表明,绝大部分网络行动都不太可能构成武装攻击。然而,这并不排除在未来造成严重影响的网络行动被定性为武装攻击的可能性。

6.3.1.3　仅造成非物理损害后果的网络行动

仅造成非物理损害后果的网络行动(如干扰、篡改或损毁数据)是否可能达到武装攻击的门槛?这是一个更为复杂且充满争议的问题。㉕ 一些国家在其网络战略中保留了这一选项,认为在某些情况下,仅造成非物理损害影响的网络行动也可能构成武装攻击。

窃取信息,即便窃取的是敏感的军事信息,通常也不会达到武装攻击的门槛,因为其不会直接造成人身伤亡或财产损毁。失窃本身作为后果尚无法达到"影响"标准。大多数评论者都持此观点。㉖ 尽管异议者认为,如果窃取的信息对国家安全至关重要,那么窃取信息也可能构成武装

㉒　Roscini, *Cyber Operations* (n 68) 75.

㉓　O'Connell (n 103) 201-202;Roscini, *Cyber Operations* (n 68) 76.

㉔　Schmitt and Vihul (n 105) 342,commentary to Rule 71,para 10. 另请参见第 1 版:Schmitt, *Tallinn Manual* (n 17) 58,commentary to Rule 13,para 13.

㉕　Schmitt, *Tallinn Manual* (n 17) 56,commentary to Rule 13,para 9.

㉖　同上注, 55,commentary to Rule 13,para 6;Roscini, *Cyber Operations* (n 68) 71.

攻击。㉗

理论上，只有在某些非常有限的情形下，造成严重非物理损害后果的网络行动才可能相当于武装攻击。

6.3.2 武装攻击线下的网络行动之累积

在某些情况下，一国可能成为一系列网络行动的受害者，且这一系列的网络行动都超过使用武力的门槛，但单独来看，其中的任何一起都不构成武装攻击。㉘

"事件积累"（accumulation of events）理论，也被称为"针刺"（pinprick）理论或"针刺战术"（Nadelstichtaktik），描述的就是这种情况。此理论认为，虽然孤立的每个事件都不构成武装攻击，但累积在一起却有可能构成武装攻击。国际法院在尼加拉瓜案中为这一理论铺平了道路，其提出了这样一个问题：入侵，"不论单独来看还是整体来看，在法律上是否可以被视为'武装攻击'"。㉙ 在石油平台案和刚果诉乌干达案中，我们可以找到类似的解释方法。㉚ 基于行使自卫权的目的，根据认定武装攻击的事件积累理论，将小规模事件综合起来分析的方法似乎已被广泛接受，尽管并非完全没有争议。㉛

关于网络行动和自卫的文献普遍支持这一理论，它们都认可，必要时

㉗ Christopher C Joyner 和 Catherine Lotrionte 认为："被盗或泄露的信息性质也会影响确定一项行动是否符合法律上的'攻击行为'。如果某些数据被认为对国家安全至关重要（属于'机密'的信息），这些信息可以在自卫制度下得到特别保护。例如，如果外国政府攻击了另一国国防部的计算机数据库或者国防部，并窃取与武装冲突中的部队位置有关的机密信息，或核武器发射装置的密码，即使这些行动没有造成直接的生命损失或破坏，也可以被视为'武装攻击行为'"。Joyner and Lotrionte (n 109) 855.

㉘ Dinniss (n 69) 93-95.

㉙ Nicaragua (Merits) (n 18) 119-120, para 231.

㉚ Oil Platforms (Judgment) (n 31) 191, para 64; Armed Activities (Judgment) (n 28) 223, para 147.

㉛ Ruys (n 15) 174; Dinstein (n 2) 206, para 547; Albrecht Randelzhofer and Georg Nolte, 'Article 51' in Bruno Simma et al (eds), *The Charter of the United Nations: A Commentary* (OUP 2012) 1409; Christian J Tams, 'The Use of Force Against Terrorists' [2009] *European Journal of International Law* 359, 388.

可以将几个网络行动合并处理。[262] 在一些情况下,网络行动可能会同时针对多种目标,以取得最大化的效果。例如,在 2007 年针对爱沙尼亚的网络行动中,数个政府和私人实体同时遭受攻击。[263] 在此种情况下,通过事件积累理论,我们能够将攻击由若干网络行动共同组成这一事实纳入考虑,从而使国家能够根据这一事实确定最为合适的应对方式。此外,如前所述,大多数达到使用武力门槛的网络行动,可能不构成武装攻击,因此,将这些网络行动综合起来进行分析可能是触发自卫权的唯一途径。然而,由于需要考虑孤立的事件本身是否构成使用武力,事件积累理论所能适用的情况也颇为有限。[264]

6.3.3 武装攻击的发起者

如果达到一定规模和效果,一国行为毫无疑问将构成武装攻击。传统意义上,武装攻击是一国对另一国诉诸达到一定严重程度的武力。在既有论述中,缺乏对武装攻击构成要件的定义,特别是未提及武装攻击的潜在发起者,造成这一现象的原因可能是,在 1945 年制定《联合国宪章》时,显然只有国家才能对另一国动用此种程度的武力。[265] 然而,过去半个世纪中,特别是在反殖民和国际恐怖主义的情形中,许多非国家行为体开始出现在人们的视野中,他们有能力实施在效果和规模上与武装攻击相当的行动。这一变化引发了一场关于武装攻击构成要件的辩论,人们开

---

[262] Matthew J Sklerov, 'Solving the Dilemma of State Responses to Cyberattacks: A Justification for the Use of Active Defenses against States Who Neglect Their Duty to Prevent' (2009) 201 *Military Law Review* 1, 76; Dinniss (n 69) 93-95; Schmitt, *Tallinn Manual* (n 17) 56, commentary to Rule 13, para 8; Roscini, *Cyber Operations* (n 68) 108-110.

[263] 对爱沙尼亚的网络行动,无论单独分析还是综合分析,都不构成武装攻击。相反的观点,见 Matthew Sklerov,他认为针对爱沙尼亚的网络行动构成了武装攻击,并写道:"2007 年针对爱沙尼亚的网络攻击是一系列协同网络攻击的例子,这些攻击综合在一起达到了武装攻击的程度。虽然对爱沙尼亚的一些攻击是针对关键基础设施,并且可能被认为是单独的武装攻击,但其综合影响远远大于任何单独的攻击所造成的损失,因而当然地将这些网络攻击升级到武装武力的程度。"Sklerov (n 262) 76, n 420.

[264] Roscini, *Cyber Operations* (n 68) 110.

[265] Lindsay Moir, *Reappraising the Resort to Force: International Law, 'Jus Ad Bellum' and the War on Terror* (Hart 2010) 22.

始探讨非国家行为体的行为是否可以构成《联合国宪章》意义上的武装攻击。㉖㉖ 鉴于这一发展，确定非国家行为体是否代表国家行事非常重要。换言之，必须确定非国家行为体的行为是否能够归因于国家。经过长期的理论争辩，㉖㉗现在广为接受的观点是：如果非国家行为体的行为可归因于国家，那么此类行为可能构成支持国的武装攻击。㉖㉘ 易言之，非国家行为体可归因于国家且达到武装攻击门槛的行为，将构成代表支持国发起的武装攻击。因此，受害国有权援引其对支持国的自卫权。总而言之，一个国家的行为或非国家行为体实施但可归因于国家的行为，可能构成实施国或支持国的武装攻击。

目前普遍接受的解释是，武装攻击只能由国家实施或代表国家实施。这引起了第二个悬而未决的问题，即非国家行为体实施的不可归因于国家的行为是否能够构成武装攻击？换言之，如果一个非国家行为体实施了一次武装攻击，这是否会触发受害国针对该非国家行为体的自卫权？《联合国宪章》第2(4)条规定，国家必须严格限制使用武力。因此，只有国家的行为或可归因于国家的行为才可能构成《联合国宪章》意义上的使用武力。相反，第51条并没有提到对武装攻击实施者的限定。我们观察到，在文献中出现了一个重要趋势，其认为武装攻击不限于国家行为，也

㉖㉖ Ian Brownlie, 'International Law and the Activities of Armed Bands' (1958) 7 *International and Comparative Law Quarterly* 712, passim; Gray, *International Law* (n 52) 132.

㉖㉗ Moir (n 265) 22 et seq.

㉖㉘ 例如，在 Nicaragua and Congo v. Uganda 案中，国际法院认为，可归因于国家的非国家行为体的行为可能构成武装攻击。Nicaragua (Merits) (n 18) 103-104, para 195 (see also 86, 119-120, paras 160 and 231); Armed Activities (Judgment) (n 28) 213-223, paras 106-147.

可能包括非国家行为体实施的不可归因于国家的行为。㉙ 因此,在对武装攻击概念的广义理解中,武装攻击行为的受害国可以使用其对国家和非国家行为体的自卫权。在这种情况下,自卫措施可以直接针对非国家行为体。可以说,《联合国宪章》第 51 条既没有准许也未禁止针对非国家行为体的自卫。㉚ 2001 年发生的美国 9·11 恐怖袭击事件以及随后美国针对恐怖组织开展的自卫行动,为这一理论提供了一些实践支持。㉛ 然而,在"美国 9·11 恐怖袭击事件"之后的两个案子——隔离墙咨询案和刚果诉乌干达案中,国际法院仍然不愿意对武装攻击的概念进行扩展,以涵盖不代表任何国家行事的非国家行为体的行为。㉜ 但是,国家实践和联合国安理会的实践则相反,它们似乎更倾向于将武装攻击的概念扩展到不代表任何国家行事的非国家行为体的行为。2015 年,法国遭受多起恐怖袭击,该国随后以针对这些恐怖袭击进行自卫为理由,为其在叙利亚

㉙ See, generally: Sean D Murphy, 'Terrorism and the Concept of Armed Attack in Article 51 of the U.N. Charter' (2002) 43 *Harvard International Law Journal* 41, 50; Sean D Murphy, 'Self-Defense and the Israeli Wall Advisory Opinion: An IPSE Dixit from the ICJ?' [2005] *American Journal of International Law* 62, 64 et seq; Christian J Tams, 'Light Treatment of a Complex Problem: The Law of Self-Defence in the Wall Case' [2005] *European Journal of International Law* 963, 963; Tom Ruys and Sten Verhoeven, 'Attacks by Private Actors and the Right of Self-Defence' [2005] *Journal of Conflict & Security Law* 239, 289 et seq; Tams (n 261) 384 et seq; Moir (n 265) 22-31; Noam Lubell, *Extraterritorial Use of Force against Non-state Actors* (OUP 2010) 31-32; Dinstein (n 2) 224-230.

㉚ 它只提到国家是武装攻击的受害者,而不是施害者,因此,一些学者认为这为非国家行为体的武装攻击留下了空间,受害国可据此行使自卫权;例如,参见 Murphy, 'Terrorism' (n 269) 50.

㉛ Lubell (n 269) 34; Randelzhofer and Nolte (n 261) 1416, para 35; Karl Zemanek, 'Armed Attack', *Max Planck Encyclopedia of Public International Law* (*MPEPIL*), https://opil.ouplaw.com/view/10.1093/law:epil/9780199231690/law-9780199231690-e241 (OUP 2013) para 14.

㉜ Wall (Advisory Opinion) (n 32) 194, para 139; Armed Activities (Judgment) (n 28) 222-223, para 146.然而,一些法官表示不同意他们的意见,并支持扩大针对非国家行为体的自卫权。参见 Gray, *International Law* (n 52) 128-136; Randelzhofer and Nolte (n 261) 1416-1419, paras 35-41.

针对伊斯兰国的军事行动作辩护。㉓

　　这一争论尚无定论,即自卫权是否已经扩大到包括针对非国家行为体实施的不可归因于国家的行为,还不能得到确认。㉔ 因此,在实在国际法中,武装攻击必须由国家实施或代表国家实施。然而,特别是考虑到大规模恐怖袭击增多的现实趋势,未来几十年中国际法有可能会发生变化,将非国家行为体的武装行动纳入其中,使其可以被认定为武装攻击。㉕

　　在网络环境下,施害的非国家行为体与据称的支持国之间的关系可能很难确定。因此将自卫权扩展解释,以用于应对由非国家行为体引起的威胁,看起来似乎是非常诱人的解释方案。但是,这其实将引发"滑坡效应"(slippery slope),应该极其谨慎地进行考虑。参与《塔林手册 2.0》编撰进程的专家组在这一问题上产生了分歧,但大多数意见认为自卫权也适用于非国家行为体。㉖ 本书第三编将进一步展开讨论针对非国家行为体的自卫问题。

　　综上所述,只有由国家实施的或由代表该国的非国家行为体实施的网络行动,才可能构成该国实施的武装攻击。而对于没有任何国家支持的非国家行为体实施的网络行动,根据现行国际法尚不能认定为构成武装攻击。但是,这一法律状况可能会发生变化,即武装攻击的概念在未来可能会有所扩展,以涵盖不代表国家行动的非国家行为体的行为。

　　㉓　有趣的是,法国《适用于网络空间行动的国际法白皮书》指出,"法国在特殊情况下,对具有'准国家'特征的行为者实施的武装攻击援引自卫权,如法国在叙利亚对恐怖组织 Daesh(ISIS/ISIL)的干预",France, 'International Law Applied to Operations in Cyberspace' (ministère des Armées 2019) 9.

　　㉔　Moir (n 265) 30-31;Randelzhofer and Nolte (n 261) 1417, para 37. 最近,许多国际律师在布鲁塞尔自由大学国际法中心发起的一封公开信中谴责了对恐怖主义团体援引自卫权的行为;see 'A Plea against the Abusive Invocation of Self-Defence as a Response to Terrorism-Contre une invocation abusive de la légitime défense pour faire face au défi du terrorisme' (Centre de droit international de l'Université Libre de Bruxelles, 29 June 2016) http://cdi.ulb.ac.be/contre-invocationabusive-de-legitime-defense-faire-face-defi-terrorisme/.

　　㉕　Zemanek (n 271) para 23.

　　㉖　Schmitt and Vihul (n 105) 345, commentary to Rule 71, paras 18-19. 另请参见第 1 版:Schmitt, *Tallinn Manual* (n 17) 58-59, paras 16-17. 另请参见非国家行为体实施的网络行动的自卫权, Schmitt, 'Cyber Operations and the Jus Ad Bellum Revisited' (n 71) 598-602;Dinniss (n 70) 95-99;Roscini, *Cyber Operations* (n 68) 80-89.

6.3.4 武装攻击的目标

武装攻击的传统特征是一国针对另一国的领土进行军事入侵。[277] 那么,针对一国的武装攻击能否发生在该国领土外?例如,针对一国或其国民的海外利益的攻击,是否可以构成武装攻击?这个问题的答案,取决于被攻击目标的性质,以及在进行自卫权判断时其是否构成"国家在外国的表现形式"(external manifestation)。[278] 换言之,我们首先必须对国家机关和其他实体及个人进行区分。

针对一国海外国家机关[279]的任何网络行动,都有可能构成对该国的武装攻击。普遍认为,在进行自卫权判断时,国家机关是国家在外国的表现形式。[280] 在部分文献中,对前述国家机关是否涵盖所有国家机关抑或是需要对涉事国家机关的性质加以区分,产生了一些争议。一个普遍共识是,一国位于海外的军事单位和军事设施,属于《联合国宪章》第51条中国家行使自卫权时在外国的表现形式。[281] 对这些单位和设施实施的攻击,也是在一国领土外针对该国发起武装攻击的主要形式。因此,任何针对这些单位和设施的攻击,如果达到了武装攻击的规模和效果门槛,都将构成针对目标国的武装攻击,进而触发目标国的自卫权。相应地,针对海外军事单位和设施所使用的计算机和计算机网络的任何网络行动,也有可能构成武装攻击。例如,针对在一国领空外飞行的军机的机载计算机系统的网络行动,如果导致该军机坠毁,那么该网络行动将构成武装攻击。

尽管人们普遍认为,针对一国大使馆和外交使节的敌对行动在某些情况下可以构成武装攻击,但是这个问题仍颇具争议。[282] 在进行自卫权判断时,大使馆通常被视为国家在外国的表现形式。因此,如果我们认为

---

[277] Gray, *International Law* (n 52) 128; Christopher Greenwood, 'Self-Defence', *Max Planck Encyclopedia of Public International Law* (MPEPIL), https://opil.ouplaw.com/view/10.1093/law:epil/9780199231690/law-9780199231690-e401 (OUP 2011) para 20.

[278] Ruys (n 15) 200; see, more generally, 199-249.

[279] 关于国家机关,参见前文第4.1.1节"国家机关"。

[280] Greenwood (n 277) para 21; Schmitt, *Tallinn Manual* (n 17) 60, commentary to Rule 13, para 20.

[281] Ruys (n 15) 199-200

[282] 同上注,201-204。

针对大使馆的攻击只要达到规模和效果门槛，就构成武装攻击，那么针对大使馆的计算机和计算机网络的网络行动亦可按此逻辑判断。此外还有人主张，针对海外外交使节的攻击也可能构成武装攻击。然而，这种攻击的烈度可能相对有限，从而无法构成武装攻击。[283]

针对一国海外的商业利益或该国国民[284]的海外利益发起的网络行动，能否构成对该国的武装攻击？普遍认为，对平民、船只或飞机发起的攻击可能构成武装攻击，从而允许船旗国援引自卫权予以回应，但是对此也不乏争议。[285]因此，可以认为，针对民航飞机的导航系统发起网络行动，并导致其坠毁，在某些情况下，这也将构成对航空器登记国的武装攻击。

互联网和计算机网络的发展，产生了一个新的可能的攻击目标，即服务器集群。例如，C国针对A国公司或A国本身所有的、位于B国的服务器集群发起网络行动，假设这一网络行动达到相当严重程度，那么这是否构成针对A国的武装攻击？答案似乎是否定的。[286]但是，这可能构成针对B国的武装攻击，因为这些服务器位于其领土内，因此这一网络行动可能构成对其领土的严重的使用武力。

值得注意的是，现如今，针对外国军事单位和设施、使馆和外交使节或其他国家和私人海外利益的网络间谍行动十分普遍。侵入系统的行为可能构成间谍行为国的国际不法行为。毫无疑问，单纯进行间谍活动和数据收集活动的网络行动，一般无法达到构成武装攻击所需要的烈度门槛。

6.3.4.1　针对关键基础设施的网络行动

如前文所述，关键基础设施是指一国认为对其维持重要社会功能非

---

[283]　同上注，204.

[284]　一些海外的军事干预也以保护海外国民为理由。然而，本书不再对这一极具争议性的理由作进一步展开，因为它在网络背景下的意义有限。关于这一点，参见 Derek W Bowett, *Self-Defence in International Law* (Manchester University Press 1958) 87-105；Brownlie (n 71) 298-301；Ruys (n 15) 213 et seq；Greenwood (n 277) para 24.

[285]　Brownlie (n 71) 305 et seq；Ruys (n 15) 209；Greenwood (n 277) paras 22-23. 在石油平台案中，国际法院似乎认为，对悬挂一国国旗的船只的攻击可能构成对该国的武装攻击：Oil Platforms (Judgment) (n 31) 191-192, para 64.

[286]　参与《塔林手册》制定过程的专家在这一点上存在意见分歧：Schmitt, *Tallinn Manual* (n 17) 60, commentary to Rule 13, para 20（"假设A国为刺杀B国一家海外国有公司的首席执行官而实施的网络行动，对该行动是否构成武装攻击，国际专家组成员存在着意见分歧"）.

常重要,或对其民众构成潜在严重风险的基础设施、资产或系统。㉗ 正如在讨论使用武力时所分析的那样,仅凭网络行动针对关键基础设施这一事实,不会使其当然地构成使用武力,更无法当然构成武装攻击。但是,以一国关键基础设施为目标这一事实,也有可能作为衡量网络行动是否构成使用武力,甚至武装攻击的决定性因素。

Stuxnet事件破坏并摧毁了伊朗核设施中的一些离心机,从而构成使用武力。但是,对于其规模和效果是否达到了武装攻击的程度,仍然存有争议。如果我们现在将其攻击、损失和影响了核电站的运行——核电站通常被认为是关键基础设施——纳入考量,那么评判其性质的天平将向武装攻击倾斜,从而更可能将其认定为构成武装攻击。

一般而言,如果某项网络行动构成使用武力,但在规模和效果上没有达到武装攻击门槛,倘若其目标是关键基础设施,那么其将更有可能被认为构成武装攻击。但是,这并不是一种必然的结果,并非所有针对关键基础设施的网络行动都会构成武装攻击。

如果网络行动仅造成数据影响,如仅干扰或损毁数据,那么对其分析将更为复杂。没有造成物理损害的网络行动不太可能构成使用武力,更不可能构成武装攻击。此种网络行动如果以关键基础设施为攻击目标,那么这一事实是否会改变前述论断?针对使用武力的判断,答案是肯定的。因此,我们可以说,网络行动攻击目标的性质可能是决定其是否构成使用武力的决定性因素。但是在回答是否达到武装攻击门槛这个问题时,本书持更加谨慎的态度。尽管如此,如果要认定此种情形达到这一门槛,在法律上并没有任何障碍,国家实践也可能选择采取构成武装攻击的解释。必须指出的是,针对关键基础设施的网络行动很可能会造成物理损害。㉘ 例如,扰乱一国交通管制系统的网络行动,很可能会造成人身伤亡和破坏。

简言之,在评估网络行动的规模和效果时,都应当考虑网络行动所攻击的目标的性质,更准确地说,要特别考虑网络行动是否针对关键基础设施。在一些情形下,攻击关键基础设施的事实,在判断网络行动是否构成网络武装攻击时可以起到决定性作用。

㉗ 关于关键基础设施,参见前文第6.1.6节"针对关键基础设施的网络行动"。
㉘ Tsagourias (n 117) 231; Roscini, *Cyber Operations* (n 68) 59.

6.3.5 关于网络武装攻击的小结

大多数网络行动不太可能构成《联合国宪章》意义上的使用武力,更不可能构成武装攻击。然而,一些规模和影响特别巨大的网络行动可能会构成武装攻击。本节分析了网络行动构成武装攻击的条件,表明这一门槛是非常高的,因此大多数网络行动都不可能达到这一门槛。

6.4 关于反战争法和网络行动的小结

本章主要讨论反战争法和网络行动的关系,并分析了网络行动是否可能达到反战争法上的三个门槛,即使用武力、武力威胁和武装攻击。据观察,迄今没有国家或国际组织公开且明确地将一个网络行动定性为使用武力,更不用说武装攻击。但是,本章证明了在某些情况下,网络行动可能会构成使用武力、武力威胁甚至是武装攻击。本书的结论是,大多数国家支持的网络行动都没有达到上述门槛。因此,这些网络行动应当在反战争法的法律框架之外进行分析。

7. 解除或减轻非法网络行动不法性的情形

在某些特定情形下,责任国违反国际义务的行为不法性可以被解除。这些特定情形并不解除或取消责任国的国际义务,而是使责任国的特定行为得以合法化,或使责任国免除责任。① 如前文所述,网络活动可能构成国际不法行为,那么有必要分析,此种不法性将在何种情况下得以解除或减轻。

2001年国际法委员会通过的《国家责任条款》中,列明了解除不法性的六种情形,即同意、自卫、反措施、不可抗力、危难和危急情况。② 前述列举反映了解除不法性的主要情形,但在理论上仍有争议,而且选择列入或排除哪些情形,也同样存在争议。③ 普遍观点是,国际法委员会所列明的前述解除不法性的情形反映了习惯国际法,本书亦遵循此理解。本章将概述每一种情形,并着重分析它们被援引以合法化国家支持的网络行

---

① 'Commentary to the Articles on State Responsibility' (2001) 2 Yearbook of the International Law Commission (Part II) 31,71; see, for instance, Gabčíkovo-Nagymaros Project (Hungary/Slovakia) (Judgment) [1997] ICJ Reports 7,39, para 48. See also: Affef Ben Mansour, 'Circumstances Precluding Wrongfulness in the ILC Articles on State Responsibility: Consent' in James Crawford, Alain Pellet and Simon Olleson (eds), *The Law of International Responsibility* (OUP 2010) 445-446; Sandra Szurek, 'The Notion of Circumstances Precluding Wrongfulness' in Crawford, Pellet and Olleson (eds), 同上注,434; James Crawford, *State Responsibility: The General Part* (CUP 2013) 281-283.

② Respectively Articles 20,21,22,23,24 and 25 of the Articles on 'Responsibility of States for Internationally Wrongful Acts' (adopted by the International Law Commission at its fiftythird session in 2001, annexed to General Assembly Resolution 56/83 of 12 December 2001, and corrected by Document A/56/49(Vol I)/Corr4). See the comment in Cliff Farhang, 'Mapping the Approaches to the Question of Exemption from International Responsibility' (2013) 60 *Netherlands International Law Review* 93, passim.

③ Szurek, 'The Notion of Circumstances Precluding Wrongfulness' (n 1) passim; see the justification of the choice made by the ILC, in Crawford (n 1) 274 et seq.

动不法性的情况。④

一般来说,解除不法性的情形可分为两类:一类是由于外部原因导致行为本身不被认为是非法的,如同意和不可抗力;另一类是行为本身违反国际义务,但可基于外部情形而被"原谅",⑤如危难和危急情况,或由于另一方在先的不法行为而被"原谅",如自卫和反措施。⑥ 将这些行为定性为"解除不法性的情形"是有争议的。⑦ 首先,前列的某些行为本身不构成不法行为,这时也就没有理由要去排除一项并不存在的不法性,如事先同意的行为。⑧ 其次,当行为构成对国际法的实际违反时,在效果上可区分为实际解除该行为不法性的情形,以及限制或解除施害国责任的情形。⑨ 作此区分的原因在于,即使行为国的行为因某种情形而具有合法性,但其仍有可能要承担物质损失的赔偿责任。⑩

在国际强行法与解除不法性的情形之间,存在以下两种不同关系:一是遵守强制法规范本身可能构成解除不法性的情形,因为强行法是较高级别且不可减损的规范。⑪ 二是如果违反的义务系属于强行法义务,则不适用于解除不法性的情形。⑫

如前所述,本章系在国际法委员会工作的基础上分析解除不法性的

---

④ 《塔林手册2.0》采用了类似的方法,规则19重申了国际法委员会关于国家责任条款第20条至第25条中解除不法性的六种情况;Michael N Schmitt and Liis Vihul (eds), *Tallinn Manual 2.0 on the International Law Applicable to Cyber Operations* (2nd edn, CUP 2017) 104.《塔林手册2.0》规则19侧重于网络行动的不法性可因特定情况而解除的情形,本章也是如此。除规则19外,还有其他关于解除不法性特定情形的规则:反措施(规则20-25)、危急情况(规则26)以及自卫(规则71-75)。

⑤ 沃恩·洛(Vaughan Lowe)使用了"原谅"一词,参见 Vaughan Lowe, 'Precluding Wrongfulness or Responsibility: A Plea for Excuses' [1999] *European Journal of International Law* 405.

⑥ Jean Salmon (ed), Dictionnaire de droit international public (Bruylant 2001) 171.

⑦ See, generally: Théodore Christakis, 'Les "circonstances excluant l'illicéité": une illusion optique?', *Droit du pouvoir, pouvoir du droit : mélanges offerts à Jean Salmon* (Bruylant 2007) passim; Lowe (n 5) passim; see, contra, Crawford (n 1) 274 et seq.

⑧ Christakis (n 7) 244-251; Lowe (n 5) 407。

⑨ Christakis (n 7) 257-270; Lowe (n 5) 409.

⑩ Articles on State Responsibility, Article 27.

⑪ 同上注, Article 21.

⑫ 同上注, Article 26. See also Schmitt and Vihul (n 4) 110, commentary to Rule 19, para 22.

主要情形。因此,本章侧重于分析同意(7.1)、不可抗力(7.2)、危难(7.3)和危急情况(7.4)。不可抗力、危难和危急情况的共同特征在于,其都是一国被迫实施与其国际义务不符的行为。不可抗力与危难或危急情况的区别在于,前者没有自由选择的余地。而在危难或危急情况下,国家受益于某种选择自由度。[13] 本书最后一编将讨论作为报复形式而实施的网络行动,包括出于自卫或反措施两种情形。[14]

7.1 受影响国同意实施的网络行动

一个行为即使构成国际不法行为,也可以经由受影响国的同意而合法化。[15] 此种同意必须在行为发生之前或发生之时作出。[16] 如果同意是在行为发生后给予的,那么这种行为仍然是非法的,但同意会减轻或解除施害国的责任。[17] 如果行为违反的是强行法,那么同意也不能解除此行为的不法性。[18] 将同意作为"解除不法性的情形"看待,这是值得商榷的,因为同意使得涉事行为具有合法性,因此不存在需要被解除或免除责任的不法性情形。[19]

一国邀请另一国对其领土进行军事干预,或授权另一国通过一国的内水、领土或领空,或授权另一国在其领土上逮捕某人或收集证据,这些

---

[13] Sandra Szurek, 'Circumstances Precluding Wrongfulness in the ILC Articles on State Responsibility: Distress' in James Crawford, *Alain Pellet and Simon Olleson* (eds), *The Law of International Responsibility* (OUP 2010) 483-484.

[14] 参见后文第 10 章。

[15] See, generally: Ademola Abass, 'Consent Precluding State Responsibility: A Critical Analysis' (2004) 53 *International & Comparative Law Quarterly* 211; Mansour (n 1).国际法委员会在《国家责任条款》第 20 条中作了明文规定。

[16] 'Commentary to the Articles on State Responsibility' (n 1) 73, para 3; Mansour (n 1) 444.

[17] Articles on State Responsibility, Article 45.

[18] 同上注, Article 26; Mansour (n 1) 446-447. 然而,人们普遍认为,对于违反强制法规范的行为,如一国邀请另一国进行军事干预时违反禁止使用武力的行为,可以给予同意,同上注,446-447。例如,国际法院讨论了乌干达对刚果民主共和国领土的干预是否是在后者的同意下进行。Armed Activities on the Territory of the Congo (Democratic Republic of the Congo v Uganda) (Judgment) [2005] ICJ Reports 168, 212-225, paras 105-106, 113, 149.

[19] Christakis (n 7) 244-251; Lowe (n 5) 407; see also Mansour (n 1) 440-441, 444.

都是国家同意从而使不法行为合法化的典型例子。

将同意作为解除不法性的情形适用于网络空间领域,这一点并没有争议。[20] 关于对作出同意的时机上的要求,也同样适用于现实世界和网络空间中的行动。[21] 一国对设在另一国境内的服务器和计算机实施网络行动是非法的,除非取得后者同意。比如,在2008年俄罗斯—格鲁吉亚武装冲突期间,格鲁吉亚是多起网络行动的受害国。格鲁吉亚政府可以从打击这些网络行动的国际合作中受益。在此情形下,格鲁吉亚政府可能已经同意其他国家在其境内的服务器上采取行动。在这种同意下实施的网络行动必须被认为是合法的,否则将构成对格鲁吉亚主权的侵犯。

7.2 不可抗力

不可抗力作为解除不法性的情形,是指不法行为的发生是不可避免的。换言之,有不可抗拒的力量或施害国无力控制、无法预料事件的发生。[22] 不可抗力作为解除不法性的情形,有三个累积性要件需要同时满足:不可抗拒、不可预见和客观性。[23] 该行为必须是非自愿的,或者至少没有自由选择的成分。[24]

不可抗力作为解除不法性的情形适用于网络空间领域,这一点并没

---

[20] 例如,这是 Johann Christoph Woltag 采用的方法,参见 Johann-Christoph Woltag, *Cyber Warfare: Military Cross-Border Computer Network Operations under International Law* (Intersentia 2014) 155.

[21] 关于同意的有效性一般参见:'Commentary to the Articles on State Responsibility' (n 1) 73, commentary to Article 20, para 4; Mansour (n 1) 441-445; Crawford (n 1) 284-289; Abass (n 15) 214-215.

[22] Articles on State Responsibility, Article 23. See, generally, on force majeure Federica I Paddeu, 'A Genealogy of Force Majeure in International Law' [2012] *British Yearbook of International Law*, passim.

[23] Sandra Szurek, 'Circumstances Precluding Wrongfulness in the ILC Articles on State Responsibility: Force Majeure' in James Crawford, Alain Pellet and Simon Olleson (eds), *The Law of International Responsibility* (OUP 2010) 477; Simon Hentrei and Ximena Soley, 'Force Majeure', *Max Planck Encyclopedia of Public International Law* (*MPEPIL*), https://opil.ouplaw.com/view/10.1093/law:epil/9780199231690/law-9780199231690-e1042 (OUP 2011) paras 11-16.

[24] 'Commentary to the Articles on State Responsibility' (n 1) 76, commentary to Article 22, para 1.

有争议。[25] 约翰-克里斯托夫·沃尔塔格(Johann- Christoph Woltag)曾提出质疑:"如果病毒以不受控制的方式传播,并导致原本并非目标的系统也受到感染,那么在此情况下,有关国家是否可以援引不可抗力。"[26]答案显然是否定的,因为对于施害国因其自身行为造成的状况,不可援引不可抗力解除不法性。[27]

不可抗力主要涉及不履行某项义务,而非实际采取某项行为,后者通常意味着,行为国在采取行为时通常有自由选择的成分。网络行动的实施似乎不太可能属于"非自愿"行为或至少不涉及"自由选择的成分",所以,将其定性为不可抗力的可能性似乎微乎其微。

7.3 危难

若以危难为由解除由个人实施的,但可归因于国家的行为的不法性,则相关行为必须是拯救施害者生命或其所照顾的其他人生命的唯一合理方法。[28] 与不可抗力不同,危难涉及一定程度的自由选择,"即使这种选择自由因危险情况而丧失(nullified)"。[29] 危难与危急情况非常相似。然而,在危难情况下,行动者的行为是为了拯救自身生命或其他人的生命;而危急情况则是指一国为保护其合法利益而采取的行为。[30]

构成危难的典型案例是:飞机或远洋船舶在恶劣天气、机械故障或航行困难的情况下,不得不在未获允许的情况下闯入一国领空或领海,导致侵犯他国国家主权,但其可主张构成危难,从而解除其行为的不法性。[31]

移植到网络空间领域,危难的概念似乎并没有改变。[32] 然而,行动者为了拯救自身或他所照顾的其他人的生命,网络行动似乎不太可能是适合选择采取的最合理的方式。因此,这种场景似乎不太可能发生,但也不能被完全排除。

---

[25]　This is, for instance, the approach adopted by Woltag (n 20) 155.
[26]　同上注 156-157.
[27]　Articles on State Responsibility, Article 23(2)(a).
[28]　同上注, Article 24.
[29]　'Commentary to the Articles on State Responsibility' (n 1) 78, commentary to Article 24, para 1.
[30]　Szurek, 'Distress' (n 13) 483.
[31]　'Commentary to the Articles on State Responsibility' (n 1) 78, commentary to Article 24, para 2.
[32]　Woltag (n 20) 155.

7.4 危急情况

要符合危急情况的条件,行为必须是国家为保障基本利益不受严重和迫切危险影响的唯一手段。[33] 在危急情况下,行为国受益于某个关键的选择。《国家责任条款》第 25 条规定了四个累积要素:(1) 保障的是基本利益;(2) 存在严重和迫切危险的威胁;(3) 危急情况下的行为是保障这一利益的唯一途径,且该行为在其他情况下构成违反国际法;(4) 保障的利益必须比被侵犯的利益更有价值。[34] 需要重点关注的是,要援引危急情况的抗辩,不依赖于另一国先前的不法行为,[35] 也不要求"严重和迫切的危险"构成国际不法行为。最后,如果危急情况系因行为国自身的原因造成,或有关义务明确排除了危急情况的适用,或与危急情况对抗的是一个强行法规范,则不能援引危急情况。

有趣的是,《塔林手册 2.0》对危急情况特别重视,因为除了在规则 19 关于解除不法性的规定中提到危急情况之外,它还在规则 26 中对危急情况作了单独规定,[36] 该规则以《国家责任条款》第 25 条的规定为基础。正如克里斯汀·夏勒(Christian Schaller)所指出的,人们可以认为,《塔林手册 2.0》的专家们所采用的关于危急情况的解释方法超出了现行法的规定;[37] 他特别强调,根据《塔林手册 2.0》与依据习惯国际法和《国家责任条款》第 25 条援引危急情况存在区别。[38] 例如,在评估危险的迫切性方面,《塔林手册 2.0》的专家组同意"当采取预防措施的'机会之窗'(另见规则

---

[33] Articles on State Responsibility, Article 25.

[34] Sarah Heathcote, 'Circumstances Precluding Wrongfulness in the ILC Articles on State Responsibility: Necessity' in James Crawford, Alain Pellet and Simon Olleson (eds), *The Law of International Responsibility* (OUP 2010) 496.

[35] Schmitt and Vihul (n 4) 137, commentary to Rule 26, para 9.

[36] 同上注,135.

[37] Christian Schaller, 'Beyond Self-Defense and Countermeasures: A Critical Assessment of the Tallinn Manual's Conception of Necessity' (Symposium: Tallin Manual 2.0 on the International Law Applicable to Cyber Operations) (2016) 95 *Texas Law Review* 1619, passim.

[38] 同上注,1623-1624.

73 的讨论)即将关闭时,该危险就是迫切的"。㉟《塔林手册 2.0》还提到了与依据危急情况所采取的武力措施的合法性问题相关的争论,并指出专家组对这一问题存在分歧。⑩ 在此必须回顾两点:第一,如果被违反的义务来自强行法,如禁止使用武力,则不适用解除不法性的情形;第二,危急情况的辩护不被视为普遍接受的禁止使用武力的例外情况之一。

在特定情形下,网络行动可能因援引危急情况而得以合法化。例如,对于来自另一国领土的个人发起危及基本利益的 DDoS 攻击,受害国可以通过网络行动进行反击,并以危急情况为由主张其反击行为是合法的。与不可抗力和危难相似的是,将危急情况作为网络空间领域中解除不法性的情形之一,并不存在争议。㊶

让我们想象一种更具争议的情况:受害国的货币遭到了投机攻击(speculative attacks),受害国因此诉诸网络行动,试图抵御这种投机攻击。例如,1992 年 9 月 16 日,乔治·索罗斯(George Soros)的基金抛售了 100 多亿美元的英镑,迫使英国退出欧洲汇率机制并使其货币贬值。㊷如果今天发生这样的投机性攻击,即一个国家受到不受其控制的外国证券交易所的决定和行动的影响,那么受害国可能会试图发起网络行动以关闭市场,并限制投机性攻击带来的损失。受害国可以如此抗辩,即为了保护基本利益——其货币和经济免遭严重和迫切的危险,所采取的网络行动构成危急情况。这种抗辩很难站得住脚,而且其他国家也不太可能接受它。

一个国家也可能会试图援引危急情况来为非法收集证据辩护。㊸ 这一点非常重要,因为由国家提供的关于网络行动的相关证据,包括数字证据和非数字证据,很可能就是非法获得的。关于数字证据,前文已经表明,未经其他国家同意在其管辖的服务器上进行数据收集,这可能构成国际不法行为。各国也可以出示由其情报部门以大抵上合法(more or

---

㊴ Schmitt and Vihul (n 4) 139, commentary to Rule 26, para 15; see also the discussion in Schaller (n 37) 1632-1636.

㊵ Schmitt and Vihul (n 4) 140, commentary to Rule 26, para 18.

㊶ 例如,这就是沃尔塔格所采用的方法,Woltag (n 20) 155.

㊷ Philip Johnston, 'Black Wednesday: the Day that Britain Went Over the Edge' (9 October 2012) www.telegraph.co.uk/finance/currency/9533474/Black-Wednesday-The-day-that-Britain-went-over-the-edge.html.

㊸ 关于非法收集证据的问题,参见前文第 3.3.3 节"非法收集证据的有效性"。

less)的方式收集来的证据。在大多数情况下,要以维护受到严重和迫切危险威胁的基本利益的危急情况来为非法收集证据进行合法性辩护,似乎是不太可能的。但这也并非完全没有可能,可以考虑如下假想案例:A国的关键基础设施被认为是一项基本利益,由于B国的网络行动而受到严重和迫切的危险的威胁(例如对目标核电站的潜在破坏)。在这种情况下,A国可能认为有必要开展网络行动,以获取B国计算机系统中的数据,以便减轻B国的网络行动影响,并消除其对核电站所构成的风险。在这种情况下,A国似乎有可能援引危急情况来证明,其旨在获取B国计算机系统中的数据和证据的网络行动是合法的。当然,这只是一个假想案例,可能只适用于极为有限的情况。

7.5 关于解除不法性情形的小结

本章重点讨论了国际法委员会所确定的四种解除不法性的情形,即同意、不可抗力、危难和危急情况。本章强调,一国可以明确地同意另一国所实施的网络行动,并因此解除行为国行为的不法性。本章认为,不可抗力和危难非常难以构成不法网络行动可行的合法化理由。相反,在某些情况下,一国可能会援引危急情况,为实施网络行动提供合法化的理由。总之,对一国可能支持或实施的大多数网络行动而言,似乎都很难因这四种情形得以合法化。

相反,网络行动很容易使受害国陷入不可抗力、危难或危急情况的境地。例如,攻击军用飞机导航系统的网络行动可能会引起危难情形,从而使为了拯救飞行员和乘客的生命而采取的、侵犯他国领土主权的行为得以合法化。同样,在攻击核电站将导致其发生故障并可能爆炸的网络行动中,受害国依据不可抗力或危急情况采取的措施可以被合法化。

本书第10章将全面阐述解除不法性的最后两种情况,即自卫和反措施。[44]

---

[44] 参见后文第10章。

8. 网络行动与审慎原则

国际法中的审慎原则(principle of due diligence)是一项对国家的义务,指国家不得故意允许其领土作针对他国权利的施害行动之用。① 在科孚海峡案中,国际法院提及了审慎义务(duty of diligence):各国都有"不得故意允许其领土作针对他国权利的施害行动之用的义务"。② 这项古老的原则还曾被用于1872年的阿拉巴马仲裁案中,该案分析了英国在美国内战期间的中立义务。③ 审慎原则直接派生于领土主权原则和国家间主权平等原则,④正如马克斯·胡伯(Max Huber)在帕尔马斯岛仲裁案(the Island of Palmas arbitration)中提及:

领土主权[……]涉及一国部署其相关活动的排他性权利。这种

---

① 有关审慎原则的论述,可参见 the seminal work of Joanna Kulesza, Due Diligence in International Law (*Brill & Martinus Nijhoff Publishers* 2016); Riccardo Pisillo Mazzeschi, '*Due diligence*' *e responsabilità internazionale degli stati* (Giuffrè 1989). See also: Société Française pour le Droit International, *Le standard de due diligence et la responsabilité internationale* (actes de la journée d'étude organisée par la Société française pour le droit international en partenariat avec la Società italiana di diritto internazionale edi diritto dell'Unione europea, Pedone 2018); ILA Study Group on Due Diligence in International Law-First Report (International Law Association, Duncan French (Chair) and Tim Stephens (Rapporteur) 2014) 2.

② Corfu Channel (United Kingdom of Great Britain and Northern Ireland v. Albania)(Judgment on the Merits) [1949] ICJ Reports 4, 22.

③ Alabama claims of the United States of America against Great Britain (1872) 24 *RIAA* 125, 129-131.

④ 作为领土主权的必然结果,审慎原则也是对国家主权的限制之一:Kulesza (n 1) 57; see more generally 55-65. See also Karine Bannelier and Théodore Christakis, Cyber-Attacks-Prevention-Reactions: The Role of States and Private Actors [Cyberattaques-Prévention-Réactions: Rôles Des Etats et Des Acteurs Privés] (Les Cahiers de la Revue Défense Nationale 2017) 16-17 https://ssrn.com/abstract=2941988.

权利将导致一种衍生义务,即领土国在其领土内保护他国权利的义务,特别是保护一国在和平与战争时期领土完整和主权不受侵犯的权利,以及一国对本国海外国民行使管辖权的权利。⑤

审慎义务是一项行为义务而非结果义务。⑥ 一国之所以承担责任,并不是因为它未实现某种被期待的结果,而是因为该国负有义务采取措施防止某项施害行动发生,却显然未能采取相应的举措。⑦ 施害行动的归因并不重要,它可以由一国或一个非国家行为体实施。⑧ 唯一需要关注的是,有关国家允许其领土作针对另一国权利的施害行动之用。⑨

国际环境法、外交关系法和外国人保护等国际法分支领域为审慎原则的发展提供了良好条件。⑩ 国际法的其他不同分支也涉及审慎原则。⑪ 在国际判例中明确确立为审慎义务的情形包括:美国内战期间的中立义务,⑫ 通知船只其水域存在水雷的义务,⑬ 保护外交和领事馆舍及工作人

---

⑤ The Island of Palmas (or Miangas) (1928) 11 *RIAA* 831,839; see also Affaire des biens britanniques au Maroc espagnol (Espagne contre Royaume-Uni) (1925) 2 *RIAA* 615,649.

⑥ The Island of Palmas (or Miangas) (1928) 11 *RIAA* 831,839; see also Affaire des biens britanniques au Maroc espagnol (Espagne contre Royaume-Uni) (1925) 2 *RIAA* 615,649.

⑦ 《防止及惩治灭绝种族罪公约》的适用 (Bosnia and Herzegovina v. Serbia and Montenegro) (Judgment) [2007] ICJ Reports 43,221, para 430. See also Timo Koivurova, 'Due Diligence', *Max Planck Encyclopedia of Public International Law* (*MPEPIL*), https://opil.ouplaw.com/view/10.1093/law: epil/9780199231690/law-9780199231690-e1034 (OUP 2010), para 1.

⑧ Trail Smelter case (United States, Canada) (1938) 3 *RIAA* 1905 1963.

⑨ Karine Bannelier-Christakis, 'Cyber Diligence: A Low-Intensity Due Diligence Principle for Low-Intensity Cyber Operations?' (2015) 14 *Baltic Yearbook of International Law* 23,25.

⑩ Pisillo Mazzeschi (n 1) 193 et seq; Koivurova (n 7) passim; ILA Study Group on Due Diligence in International Law-First Report (n 1) 24-31.

⑪ 审慎原则在国际法中的发展历史,可参见 ILA Study Group on Due Diligence in International Law-First Report (n 1) 2-4; Kulesza (n 1) 1-7,18 et seq.

⑫ Alabama (n 3) 129-131.

⑬ Corfu Channel (Merits) (n 2) 22.

员的义务,⑭阻截跨越其领土的武器运输的义务,⑮对在其领土内行动的反叛团体采取行动的义务,⑯防止和惩罚武装团体不法行为的义务,⑰甚至防止种族灭绝的义务。⑱

关于"审慎"一词的使用,需要先作如下说明。如前所述,审慎义务体现在国际法各个分支领域,但这一概念也用来描述不限于国际法领域的其他形式的法律或政治义务。广义上,审慎义务可理解为履行义务所需的一类行为标准,即国家或其他行为体在实施特定行为或履行有关特定义务时应当予以遵守的一类特定行为标准。《欧洲国际法期刊》(*the European Journal of International Law*)最近刊发合辑,组织专家对 2011 年联合国《工商业与人权指导原则》(Guiding Principles on Business and Human Rights)中"人权的审慎义务"展开讨论,其中着重强调了在审慎义务各个维度之间存在混淆的风险,特别是关于私人行为体是否应和公共行为体一样要受制于审慎义务,向来存有争论。⑲ ICT 技术的发展加重了这一问题。我们知道,国家有义务不得故意允许将其 ICT 基础设施用于恶意行动,但除此之外是否也存在其他需要关注的问题?例如,私营公司是否负有义务,不得让其 ICT 基础设施用于实施恶意网络行动,以

---

⑭ United States Diplomatic and Consular Staff in Tehran (United States of America v. Iran) (Judgment) [1980] ICJ Reports 3,32-33, para 68.

⑮ Military and Paramilitary Activities in and against Nicaragua (Nicaragua v. United States of America) (Merits) [1986] ICJ Reports 14,85, paras 157-168.

⑯ Armed Activities on the Territory of the Congo (Democratic Republic of the Congo v. Uganda) (Judgment) [2005] ICJ Reports 168,268, para 301.

⑰ Affaire des biens britanniques au Maroc espagnol (n 5) 642-646.

⑱ Bosnian genocide (Judgment) (n 7) 221, para 430.

⑲ See, generally: Robert McCorquodale and Jonathan Bonnitcha, 'The Concept of "Due Diligence" in the UN Guiding Principles on Business and Human Rights' (2017) 28 *European Journal of International Law* 899; John Gerard Ruggie and John F Sherman, III, 'The Concept of "Due Diligence" in the UN Guiding Principles on Business and Human Rights: A Reply to Jonathan Bonnitcha and Robert McCorquodale' (2017) 28 *European Journal of International Law* 921; Robert McCorquodale and Jonathan Bonnitcha, 'The Concept of "Due Diligence" in the UN Guiding Principles on Business and Human Rights: A Rejoinder to John Gerard Ruggie and John F Sherman, III' (2017) 28 *European Journal of International Law* 929.

及应当避免发布存在漏洞的软件,等等。⑳ 私营部门的审慎义务不属于本书讨论的范围。因此似乎有必要澄清,本章仅聚焦于公共行为体的审慎义务,即"各国不得故意允许其领土作针对他国权利的施害行动之用的义务",这也正是国际法院在科孚海峡案判决中所采用的定义。㉑

审慎原则可以适用于网络活动。㉒ 这项义务意味着,各国应当防止其领土用作发起或传输针对另一国的施害网络行动。㉓ 就此而言,引入审慎原则可能以一种有趣的方式缓解网络行动的归因问题。㉔

国际法中的审慎原则与非国家行为体的行为关系密切,因为该原则可以在这些非国家行为体的行为与国家责任之间搭建桥梁,使这些行为受到国际法施加的若干限制。国际法主要是国家之间的法律,一般不能直接强制加诸非国家行为体。在某些特定情况下,对于非国家行为体在一国领土或管辖范围内所实施的施害行为,审慎原则要求领土国对此类行为负责。在全球网络空间稳定委员会(GCSC)于 2018 年 11 月通过的"新加坡一揽子规范"(Singapore Norm Package)中,第 6 项规范即表达了这一含义:

> 非国家行为体不应参与攻击性的网络行动;如果此类活动发生,

---

⑳ See, for instance, Scott Charney et al, 'From Articulation to Implementation: Enabling Progress on Cybersecurity Norms' (Microsoft 2016) www.microsoft.com/en-us/cybersecurity/content-hub/enabling-progress-on-cybersecurity-norms.

㉑ Corfu Channel (Merits) (n 2) 22.

㉒ Karine Bannelier-Christakis, 'Obligations de diligence dans le cyberespace: qui a peur de la cyber-diligence?' [2017] *Revue belge de droit international* 612; Bannelier and Christakis (n 4) 13-26; Michael N Schmitt and Liis Vihul (eds), *Tallinn Manual 2.0 on the International Law Applicable to Cyber Operations* (2nd edn, CUP 2017) 30, Rule 6; Kulesza (n 1) 288-301; Bannelier-Christakis (n 9) passim; Michael N Schmitt, 'In Defense of Due Diligence in Cyberspace' (2015) 125 *The Yale Law Journal Forum* 68, passim.

㉓ Katharina Ziolkowski, 'General Principles of International Law as Applicable in Cyberspace' in Katharina Ziolkowski (ed), *Peacetime Regime for State Activities in Cyberspace* (NATO Cooperative Cyber Defence Centre of Excellence (CCDCOE) 2013) 165-169; Anatoly Streltsov and Andrey Krutskikh, 'International Law and the Problem of International Information Security' (2014) 6 *International Affairs* 64, 69-70; Scott Shackelford, Scott Russell and Andreas Kuehn, Unpacking the International Law on Cybersecurity Due Diligence: Lessons from the Public and Private Sectors (Research Paper No 15-64, *Kelley School of Business* 2015) 3; Bannelier-Christakis (n 9) 28.

㉔ 就这一个角度而言,关于国家主权与国际安全的审慎义务之间关系的有趣讨论,可参考 Kulesza (n 1) 276 et seq。

国家应采取相应预防和应对之举措。㉕

该规范显然以国际法上的审慎原则为基础,用于针对非国家行为体实施网络行动的具体场景。GCSC 在文件中说明了这一原则是如何用于规制此种场景,并在该条规范的评注中强调:"如果国家允许此类行动,它们可能因此承担国际法上的责任。各国必须在国内和国际层面采取相应行动,以防止非国家行为体实施进攻性网络行动。"㉖

UNGGE 将网络空间审慎义务作为行为规范纳入其 2013 年报告,并在其 2015 年报告中重申了这一规范。两份报告均指出,"国家应确保其领土不被非国家行为体用于不法使用 ICT"。㉗

参与编纂《塔林手册》的专家也认同审慎原则在网络空间的适用。在《塔林手册 1.0》中,规则 5㉘规定了审慎原则,该规则对应的评注明确指出,国际专家们对审慎原则的具体特征存在分歧。㉙ 在《塔林手册 2.0》

㉕ 全球网络空间稳定委员会(GCSC),'新加坡一揽子规范'(2018) 18-19 https://cyberstability.org/wp-content/uploads/2018/11/GCSC-SingaporeNorm-Package-3MB.pdf.

㉖ 同上注,19 (footnote omitted)。

㉗ 联合国大会,《国际安全背景下信息和电信领域发展问题政府专家组的报告》(24 June 2013) UN Doc A/68/98,para 23. 德国在对本报告的答复中提到了审慎原则及其在网络行动中的应用:"各国应采取一切必要措施,确保其领土不被其他国家或非国家行为体用于非法利用信息和通信技术侵害其他国家及其利益";引自联合国大会《秘书长关于国际安全背景下信息和电信领域发展的报告》(附录)(9 September 2013) UN Doc A/68/156/Add.1 9.

㉘ Michael N Schmitt (ed),*Tallinn Manual on the International Law Applicable to Cyber Warfare* (CUP 2013) 26,规则 5("一国不得在知情的情况下允许位于其领土内或在其政府控制之下的网络基础设施用于对其他国家产生不利后果和非法影响的行为")。此外,《塔林手册》指出,国际武装冲突的中立国不应允许交战各方使用其网络基础设施:同上注,第 252,规则 93。关于审慎义务与国际人道主义法,see ILA Study Group on Due Diligence in International Law-First Report (n 1) 11-14。

㉙ 参见关于规则 5 的评注 in Schmitt,*Tallinn Manual* (n 28) 26-29; see also Schmitt,'*Due Diligence in Cyberspace*' (n 22) 70-71.

中,³⁰规则6改写了第1版的规则5,更新后的措辞如下:"一国应采取审慎态度,不得允许其领土或处于其政府控制下的领土或网络基础设施,被用于实施影响他国行使权利,和对他国产生严重不利后果的网络行动。"³¹此外,规则7规定了审慎原则的遵守,并强调各国必须采取一切可预见的可行措施。³²

审慎原则在网络领域的适用是一个富有争议的议题。由于这一原则会导致相应义务强加于国家之上,因此,部分国家不愿将这一原则扩展到网络空间。³³ 此外,如何区分网络行动的发起国和传输国——也就是网络行动所途经的国家,这个问题给审慎原则在网络空间的适用带来了另一项挑战。本书主张审慎原则可适用于网络行动,并尝试分析其如何适用,以及其将对国家施加何种义务。网络审慎义务可以看作是硬币之一体两面:一方面,国家据此有义务防止其ICT基础设施的使用(8.1);另一方面,国家有义务采取措施终止已探知的网络行动(8.3)。本章将分析援引审慎原则是受损害门槛的限制(8.2)。此外,本章还将研究关于网络行动的审慎原则在未来可能获得发展的两种变化,即网络审慎原则是否可能创设以下两种义务:(i)防止网络行动造成潜在的跨境损害(8.4),以及(ii)披露零日漏洞(zero-day vulnerabilities)(8.5)。

8.1 防止国家网络基础设施被利用的义务是绝对的吗

一国是否担负一般义务,以防止另一国或非国家行为体利用其网络基础设施对第三国实施网络行动?如果答案是肯定的,那么就意味着国家有义务监控所有源自和经过其领土或处在其控制下的网络基础设施的

㉚ Schmitt and Vihul (n 22) 30-50,Rules 6-7. Ian Yuying Liu 撰写文章分析《塔林手册2.0》中的审慎原则以及一些国家对审慎原则适用于网络行动的分歧:Ian Yuying Liu, 'The Due Diligence Doctrine under Tallinn Manual 2.0' (2017) 33 *Computer Law & Security Review: The International Journal of Technology Law and Practice* 390. Michael N Schmitt 发表了一篇文章,强调《塔林手册2.0》中涉及的某些值得进一步研究的问题,包括审慎原则:Michael N Schmitt, 'Grey Zones in the International Law of Cyberspace' (2017) 42 *The Yale Journal of International Law Online* 1,11-13.

㉛ Schmitt and Vihul (n 22) 30.

㉜ 同上注,43.

㉝ Schmitt, '*Due Diligence in Cyberspace*' (n 22) 71,73;Liu (n 30).

互联网流量。无论如何,针对后一种情形的一般义务并不存在,也不太可能发生,原因有二:一是因为这可能成为一国实施大规模监控项目的正当理由,并且也与所追求的目标无关(8.1.2);二是因为一国并无义务了解其领土上发生的一切行动(8.1.1)。最后,我们需要区分两种情形:情形一,施害网络行动仅利用一国领土上的网络基础设施传输;情形二,施害网络行动通过该国领土上的网络基础设施发起(8.1.3)。

8.1.1 一国无义务完全了解其领土或其控制的网络基础设施内的所有事件和活动

根据国际法,一国没有义务完全了解其领土上发生的所有事件和活动。正如国际法院在科孚海峡案中所提到的:

> 不能仅仅从一国对其领土和水域实施控制的这一事实得出结论,认为该国必然知道或应当知道在上述范围发生的任何不法行为,也不能推出它必然知道或应当知道行为人。㉞

网络行动经由一国境内的计算机网络发起或传输,这一事实并不必然使该国承担责任,也不会导致举证责任转移至该国。㉟

一国有义务采取一切可行措施,防止其领土被用于从事侵犯他国权利的活动。前已述及,这是一项行为义务——采取措施的义务,而不是结果义务。

本书赞成《塔林手册 2.0》中专家的观点,即一国的审慎义务适用于在其领土上发生的网络行动,并向域外延伸至那些发生在受该国控制的境外领土上,以及受其控制的境外网络基础设施上的网络行动。㊱

在网络领域,这是否意味着:国家有义务监控源自其网络基础设施或通过其传输的互联网流量? 对此问题的回答是否定的,下一小节将说明原因。

㉞　Corfu Channel (Merits) (n 2) 18.

㉟　同上注.

㊱　Schmitt and Vihul (n 22) 32-33,commentary to Rule 6,paras 8-10.

8.1.2 可能导致大规模监控正当化的滑坡效应

如果为一国施加一般义务,要求该国了解其计算机网络中正在发生的事件和活动,那么这种义务可能会被理解为国家需要对这些网络进行大规模、无差别的监控。因此,此种义务有可能成为大规模监控的正当理由。如下所述,这种逻辑不仅会对公民自由和人权造成滑坡效应的风险(a slippery slope),而且与审慎义务关联性也极为有限。

在其鼎盛时期,美国国家安全局(NSA)的大规模监控计划能够监控美国75%的互联网流量。[37] 这意味着NSA也无法监控所有来自美国或经美国中转的流量。即使其有能力监视所有互联网流量,但是处理被监控数据需要耗费大量工作,以至于无法保证相关工作是与特定目的相关,甚至无法保证可实现工作目标。事实上,大规模监控计划的目标,通常只是为了过滤特定的通信,或是为了监视特定词语的使用。也就是说,为实现这个目标,通常只需要检索某些特定内容。而在网络环境中,这些监控对象可以表现为多种形式,要定义能够检测出所有监控对象的特定过滤条件,几乎是不可能实现的。而仅监控元数据可能又无助于实现其目的,因此有必要对每个数据包进行深入检查,以确定这些流量数据的真实内容及其用途。同时,将恶意代码嵌入另一个合法软件的代码中并不困难,因此,有能力区分代码中的哪一部分属于恶意软件是必要的。施害者弄清过滤机制的运作方式只是时间问题,一旦弄清,他们就能够调整恶意代码的架构以绕开过滤,因此他们总能设法找到系统中的漏洞并加以利用。据此,我们注意到,那些开展大规模监控计划的国家,如美国,也仍然无法阻止网络行动侵入其国内网络,破坏其网络基础设施。

除了上述所列困难之外,还需指出,大多数网络行动通常在极短的时间内发生,常常只有几秒钟。这意味着监控和识别过程必须在非常有限的时间内进行。[38] 鉴于当前的技术水平,这几乎无法实现。由于目标旨

---

[37] Jennifer Valentino-Devries and Siobhan Gorman, 'New Details Show Broader NSA Surveillance Reach: Programs Cover 75% of Nation's Traffic, Can Snare Emails', *Wall Street Journal* (20 August 2013) www.wsj.com/articles/SB10001424127887324108204579022874091732470.

[38] Schmitt, Tallinn Manual (n 28) 27, commentary to Rule 5, para 4; Bannelier-Christakis (n 9) 28.

在防止网络行动在一国基础设施中传输,因此在对网络行动进行识别时,必须同时采取应对措施。或许在网络领域迅速推进的技术演化(例如人工智能的发展),将能够为我们提供解决前述困难的新方案,从而提高此类监控技术的技术适应性和能力。�39 抛开这些新发展不论,它们所引发的法律问题并不会改变。除此之外,正如迈克尔·施密特(Michael N Schmitt)所指出的,"在学者和国家法律顾问之间,似乎正在形成一种共识:既反对监控本国领土内网络活动的义务,也反对防止对本国境内网络基础设施恶意使用的义务"。㊵ 本书认为,所有这些原因均证明,一国在网络基础设施中实施大规模监控与审慎原则要达致的目的并不相关。

有人可能争辩,一国实施监视活动,应受国际法、人权法和国内法的限制,㊶因为这些法律可以抑制大规模监控可能造成的负面影响。然而,认为从审慎义务之中可以解读出合法的大规模监控,将导致滑坡效应,而且这也几乎无助于防止网络威胁行动使用一国计算机网络。

前文已多次指出,审慎义务是行为义务而非结果义务。尽管如此,监控互联网流量的要求,随后可能会被转变为大规模监控计划的正当理由,但这一转变对履行审慎义务并无实质贡献。审慎义务不得对国家造成过度负担,而要求国家实施这种监控,则会造成对国家能力和履行人权法义务双重意义上的过度负担。据此可以认为,此种监控义务并不合理。

如果一国已经存在此种监控能力,情况可能有所不同。在这种情况下,具备监控能力的国家是否有义务使用此种能力,以遵守其审慎义务?简言之,答案是肯定的。国家有义务使用其掌握的任何手段来履行审慎义务。因此,审慎义务并不要求国家专门实施互联网流量监控计划,但如果国家已具备这种能力,则必须使用它们。审慎义务的具体内容,取决于各国的能力。国际法协会(ILA)关于审慎义务的第一份报告论及人权法和国际环境法的审慎义务,其在相关论述中强调了这一点,㊷即有必要区别对待发达国家和发展中国家,因为它们控制(control)和遵守审慎义务的能力不尽相同。同样,在网络空间中,并非所有国家都具有同等能力,

---

㊴ Schmitt,'*Due Diligence in Cyberspace*'(n 22)72-73.

㊵ 同上注,75.

㊶ Bannelier-Christakis(n 22)644;Bannelier and Christakis(n 4)20;Bannelier-Christakis(n 9)30.

㊷ ILA Study Group on Due Diligence in International Law-First Report(n 1)respectively 18 and 27.

有些国家可能比其他国家更有能力履行审慎义务,[43]特别是已经存在大规模监控计划并由此可将其用于监控网络活动的国家。然而,审慎义务的负担必须具有合理性,不能超过国家的能力范围。

总之,审慎义务并未给国家施加义务,要求其监控领土内网络基础设施的互联网流量,[44]或者要求其发展实施监控的必要技术。但如果一国已经具备实施此种监控计划的能力,那么为了遵守审慎义务,该国必须利用这些能力。必须强调,不论是根据国内法还是国际法,这种必须利用监控计划的情况,既不为一国的监控能力提供合法化支持,也不排除此种能力潜在的不法性。

8.1.3 从一国领土发起以及仅通过一国领土传输网络行动的区别

网络行动无法与物理世界完全分离。如果一项网络行动仅是通过一国领土传输,那么只需要依靠电缆和设备的电子脉冲即可实现,这种传输在大多数情况下不到一秒即可完成。相反,从一个国家的领土上发起网络行动,则不是仅仅靠几次电子脉冲就能实现。多数情况下,它还包含物理维度。需要区分两种情况:一种是施害者通过远程控制的网络基础设施发起网络行动;另一种是施害者在一国领土内发起网络行动。

通过网络基础设施发起的网络行动,涉事网络基础设施可能是位于一国领土之上,但其被位于另一国的施害者所侵入并控制。例如,被用来实施 DDoS 攻击的僵尸计算机就是典型例证。针对 A 国的 DDoS 攻击,其施害者可能位于 B 国,但施害者使用位于 X 国、Y 国和 Z 国的"僵尸"计算机组成僵尸网络。在这种情况下,从审慎原则的角度来说,X 国、Y 国和 Z 国具体要承担何种义务?需要再次强调,这三个国家没有义务监控他们的互联网流量,也无义务知晓发生在其领土内网络基础设施上的所有事件和活动。下文将指出,如果他们知道或应当知道有人恶意使用其领土内的受控制的基础设施,所承担的义务情况可能会有所不同。

如果网络行动直接从一国领土发起——如由位于其领土上的有组织

---

[43] Schmitt, *'Due Diligence in Cyberspace'* (n 22) 74-75.

[44] 关于同一观点,可参见 Schmitt and Vihul (n 22) 43-46,commentary to Rule 7, paras 3-13.

的团体发起,则审慎义务应予适用。在这种情况下,领土国可以运用除网络手段之外的多种手段,以使其自身意识到这种情况。事实上,为了实施高度复杂的网络行动,在准备阶段通常包括物理性的投入,而这可能被有关国家察觉。例如,如果一国察觉到受其监控的某个特定组织的活动频率异常增多,那么可以合理推断有情况出现——它们或者正在谋划一起施害行动,或者行动已经付诸实施。

如何区分传输国和发起国,以及这种区分对审慎原则适用于网络行动的后果?本书将在第三节(8.3)再回到这一讨论。

8.2 无须损害门槛

《塔林手册 2.0》的专家认为,适用审慎原则的条件包括两个累积性要求:一是相关网络行动必须"违背"受影响国家的国际法权利;二是它必须产生"严重的不利后果"。[45] 此外,他们还一致认为,"审慎原则也适用于非国家行为体实施的网络行动,这些行动本身虽然没有违反国际法,但却造成了严重的不利后果[……]并影响目标国的权利"。[46] 此外他们还指出,损害门槛不依赖"物理损害或人身伤害"的发生。[47]

第一项要求直接源自国际法院在科孚海峡案中的意见,[48]关于这一点没有任何争论。第二项要求,即损害门槛,可能更具争议性。《塔林手册 2.0》规则 6 的评注指出:

> 适用审慎原则所要达到的确切损害门槛在国际法上尚无定论。所有专家都同意,当情势涉及一项导致"严重不利后果"的网络行动时,就会产生审慎的要求,尽管他们并不能为识别此等后果划出明确的门槛。他们通过类比审慎原则在国际环境法上的适用而采纳了这一标准。其中一些专家支持本规则适用较低的门槛,如提议以"显著"(significant)或"实质"(substantial)术语以替代"严重"(serious)一词。[49]

---

[45] 同上注,34,commentary to Rule 6,para 15.
[46] 同上注,35,commentary to Rule 6,para 21.
[47] 同上注,37-38,commentary to Rule 6,para 28.
[48] Corfu Channel (Merits) (n 2) 22.
[49] Schmitt and Vihul (n 22) 36-37,commentary to Rule 6,para 25 (footnotes omitted).

事实上,在特雷尔冶炼厂(Trail Smelter)案的裁决中,法院认为,根据国际法和美国法的原则:

> 当存在严重后果且有明确和令人信服的证据证明造成此种伤害时,任何国家均无权以这样一种方式使用或允许使用其领土,致使因烟尘对他国领土内或对他国领土或其财产或人员造成伤害。[50]

这一裁决承认,在防止跨境环境损害的审慎原则适用时,存在损害门槛。[51] 在此基础上,《塔林手册 2.0》的专家认为,网络行动也存在类似标准。专家们进一步澄清了他们的观点,因为专家赞同:"仅仅影响目标国的利益,如造成不方便、轻微的破坏或可以忽略不计的花费,并非所有使用一国领土对目标国造成不利后果的情况都会涉及审慎原则。"[52]

本书认为,此种损害门槛的要求并非审慎这一习惯法原则的一部分,因此也不是可适用于网络行动的现行法的一部分。国家是否有可能从国际法角度援引领土国的审慎义务,并非以对相关网络行动烈度的评估为条件。但是,后者可能会影响一国是否会实际援引领土国的审慎义务。因此,这不是一项法律要求,而是国家在判断援引或不援引审慎原则时机时会考虑的因素。更准确地说,损失(damage)或伤害(harm)的发生并不是审慎原则的必备要件。[53] 根据该原则,各国必须履行审慎义务,确保其主权控制下的领土和物体不被用于损害他国。该原则不要求发生实际伤害或损失。相反,它依赖于其他国家可能遭受的潜在损失或伤害。即使这种损失或伤害从未变为现实,国家也仍然必须遵守其审慎义务。因此,第二项"严重不利后果"的要求,似乎无法从一般国际法中得出,其正当性似乎也无法得证。

从这个角度来看,本书对《塔林手册 2.0》主张的审慎原则损害门槛的分析,类似于本书在分析关于侵犯领土主权定性所建议的门槛时所持

---

[50] Trail Smelter case (United States, Canada) (n 8) 1965.

[51] See generally Kulesza (n 1) 91-105.

[52] See generally Kulesza (n 1) 91-105.

[53] 更普遍地,损害的发生不是国际不法行为的必备要件,参见'Commentary to the Articles on State Responsibility' (2001) 2 Yearbook of the International Law Commission (Part II) 31, 92, commentary to Article 21, para 6; James Crawford, State Responsibility: The General Part (CUP 2013) 54 et seq.

的立场。㊽

总之,审慎原则的一般习惯法原则似乎不涉及损害门槛。然而,这一门槛已经在审慎原则的某些具体维度——如跨境环境损害——中得到确认,并可能在未来转化至包括网络行动在内的其他维度。诚然,需要区分两种责任情形:诉诸审慎原则以确定一国未履行其审慎义务的责任,或诉诸审慎原则以确定一国对重大跨境损害的责任。本节分析表明,在第一种情形下并无损害门槛;但在第二种情形中,存在此种损害门槛,第 8.4 节将继续讨论这一点。

8.3 一国采取措施终止利用其基础设施实施不法网络行动的义务

审慎原则的另一主要内涵是:如一国知悉不法网络行动正在使用其网络基础设施,则有义务采取一切可行且合理的措施来终止该行动。㊾ 由此产生的义务包括三个分析维度:首先,要求领土国知悉网络行动(8.3.1);其次,应该平衡所采取措施的可行性和合理性(8.3.2);最后,应当区分仅通过一国传输的网络行动以及来自一国领土的网络行动(8.3.3)。

8.3.1 领土国知情

作为适用审慎原则的先决条件,领土国必须知悉网络行动正在使用其网络基础设施。对此,应区分两种情形:情形一是网络行动的受害国通知领土国,并要求领土国采取措施终止该行动。在这种情况下,领土国无疑知悉该网络行动,因此有义务对其采取一切可行和合理的措施。情形二是虽然受害国没有通知,但领土国也有可能知晓这次行动。此情形中,证明领土国知晓或应当知晓网络行动的举证责任,应当由受害国承担。之所以不认为举证责任应该转移,是因为领土国并无义务完全知晓其领

㊽ 参见上文第 5.3.2.2 B 节"不以损害为必要要件"。

㊾ Schmitt and Vihul (n 22) 43, Rule 7; Bannelier-Christakis (n 9) 37; Schmitt, 'Due Diligence in Cyberspace' (n 22) 72-75. See, more generally, Tehran Hostages (Judgment) (n 14) 32-33, para 68.

土上发生的一切事件。㊗

如果一国对网络行动实际知情,该国毫无疑问应受到审慎义务的约束。㊗ 但是,推定知情是否足以导致审慎义务的适用? 换言之,一国本应知晓网络行动的这一事实是否足够?《塔林手册 2.0》的专家认为,"就规则 6 的目的而言,知情包括推定知情"。㊗ 一方面,领土国"不能仅凭'其对行为和实施者并不知情'这一托词,来回避前述要求。国家可能在一定程度上有义务提供相关细节情况,以说明其使用了哪些信息和调查手段"。㊗ 另一方面,对于援引其责任的国家而言,证明领土国本应知情的证明标准会非常高。概言之,一国为成功援引领土国未履行审慎义务,必须证明领土国确实知情,而不是本应当知情。

8.3.2 终止网络行动的措施

如果一国知晓其领土被用于实施不法网络行动,则其必须采取一切可行与合理的措施来终止该行动。㊗ 审慎义务作为行为义务而非结果义务,该国应尽"最大努力"终止网络行动,但不会因其事实上未能实现此结果而承担责任。㊗ 相反,如果国家未能使用它掌握的所有手段,或者未能采取一切可行与合理的措施,那么该国就未满足审慎义务的要求。

在许多情况下,网络行动的瞬时性可能导致审慎原则几乎无法适用。部分网络行动仅需几毫秒即可启动、传输并产生效果,因此,领土国通常没有足够的时间,来识别这类行动并相应作出应对。㊗ 在科孚海峡案中,国际法院已强调了时间维度的重要性。㊗ 我们不能期待领土国会立即作

㊗ Corfu Channel (Merits) (n 2) 18.

㊗ Schmitt and Vihul (n 22) 40, commentary to Rule 6, para 37; Bannelier-Christakis (n 9) 28-29.

㊗ Schmitt and Vihul (n 22) 41, commentary to Rule 6, para 39. 有趣的是,参加《塔林手册》第 1 版的专家就这一问题产生分歧:Schmitt, Tallinn Manual (n 28) 28, commentary to Rule 5, para 11; see also Bannelier-Christakis (n 9) 29. 59 Corfu Chan.

㊗ Corfu Channel (Merits) (n 2) 18. (译者注:前述要求在原判词中指,循国际惯例,在科孚海峡案中阿尔巴尼亚不可回避对其领海内布雷情形作出解释的义务。)

㊗ Schmitt and Vihul (n 22) 43, Rule 7.

㊗ Bosnian genocide (Judgment) (n 7) 221, para 430.

㊗ Bannelier-Christakis (n 9) 28.

㊗ Corfu Channel (Merits) (n 2) 22-23.

出反应,而应当给予领土国足够的时间来了解情况和作出应对。某些网络行动的瞬时性甚至使回应更加复杂。然而,并非所有的网络行动都是如此。有些行动至少在一定程度上具有连续性特征。例如,DDoS 攻击需要持续一段时间才能奏效。同样,如 Stuxnet 这类复杂的网络行动则会持续数年,在此期间,它们可能会持续与其施害者进行通信,因此有可能使用位于不同国家的网络基础设施,如远程控制服务器。在这类案例中,审慎义务尤其能够发挥作用。例如,在持续进行的 DDoS 攻击中,受害国可能会请求僵尸计算机和控制服务器所在地国采取相应行动。这即使无法阻止 DDoS 攻击,但可能会降低其规模和效果。

8.3.3 网络行动传输国和发起国之区别

审慎义务是否适用于仅通过一国领土传输的网络行动?换言之,领土国是否有义务采取措施,终止那些通过其领土内计算机网络传输的网络行动?参与《塔林手册 2.0》的专家认为,审慎义务也适用于传输国。如果传输国"(1)知晓达到一定的损害门槛的进攻性行动之存在[……]且(2)有能力采取可行措施以有效终止行动",则必须采取相应的行动。[64] 卡丽娜·班涅利耶-克里斯塔克斯(Karine Bannelier-Christakis)进一步强调,"没有法律理由认为传输国不存在审慎义务"。[65] 理论上,基于审慎义务,传输国有责任采取一切可行且合理的措施,终止网络行动通过其领土内计算机网络进行传输。

但是,现有技术现实限制了这项义务的实施。[66] 互联网是按如下方式设想构建:数据包应想方设法抵达它们的目的地,即便它们为抵达目的地所预设的路径不再可行。如果数据包抵达其目的地的原定路径不再可用,它们会使用另一个路径。虽然这一现实导致终止传输的义务难以履行,但这也并非毫无可能。传输国履行义务以试图阻断通过其境内设施传输的网络行动,很可能会减慢甚至暂时阻止相关网络行动的实施,或缩减 DDoS 攻击的规模。但不论如何,它从来不是万灵解药。

在这些案例中,以合理性对审慎义务进行平衡非常重要。例如,期望

---

[64] Schmitt and Vihul (n 22) 33, commentary to Rule 6, para 13.
[65] Bannelier-Christakis (n 9) 27.
[66] See also Schmitt and Vihul (n 22) 34, commentary to Rule 6, para 14.

传输国关闭所有通过其领土传输的互联网流量以终止网络行动,这似乎并不合理。我们对政府行为的期待,不是完全关闭传输,而是实施某种过滤,通过此种过滤机制,系统在发现嵌有恶意代码的特定数据包经其网络传输时,能够自动予以阻断。同样,大多数网络行动的瞬时性可能会使过滤机制难以奏效,因为实施这些过滤机制的时间可能超过实际网络行动所需的时间。

简言之,尽管审慎义务延伸适用于传输国,但计算机网络运行的技术现实和网络行动的瞬时传输使该义务几乎无法履行。不过,这并不妨碍传输国在可能的情况下采取措施,也不能作为其不作为的借口。

8.4 迈向防止网络行动造成潜在重大跨境损害的责任

对可归因于一国并构成国际不法行为的网络行动,一国可能要承担责任。审慎原则是国家责任的一项子原则,该原则要求国家对网络行动的发生负责,而不是对网络行动本身负责。晚近发展起来的"国际法未加禁止的行为造成的国家责任"制度,也以审慎原则作为一项基础。在国际空间法[67]和国际环境法中,这种责任制度已经获得实质性的发展。

国际环境法规定,各国有义务防止其领土用作实施造成另一国领土内损害的活动,也有义务防止危险活动造成跨境损害。前一种义务由特雷尔冶炼厂(Trail Smelter)案引入。在该案中,位于美国边境附近的加拿大冶炼厂造成空气污染,并破坏了美国领土内的树木和农作物。法庭指出:

> 根据国际法和美国法的原则,当存在严重后果且有明确和令人信服的证据证明造成此种损害时,任何国家均无权以这样一种方式使用或允许使用其领土,致使因烟尘对他国领土内或对他国领土或其财产或人员造成伤害。[68]

国际法委员会还研究了由国际法未加禁止的行为造成的跨境损害的

---

[67] 《空间物体造成损害的国际责任公约》(1972年3月29日通过,1972年9月1日生效)961 UNTS 187,24 UST 2389,10 ILM 965 (1971)。

[68] Trail Smelter case (United States, Canada) (n 8),1965.

后果问题,并最终于 2001 年通过了《预防危险活动造成的跨境损害条款草案》(Draft Articles on Prevention of Transboundary Harm from Hazardous Activities)⑩,其后在 2006 年又通过了《危险活动所致跨境损害的损失分配原则草案》(Draft Principles on the Allocation of Loss in the Case of Transboundary Harm Arising out of Hazardous Activities)。⑪

鉴于各领域的情况不同,国际环境法或国际空间法规定的审慎义务不能直接移植到网络领域,但它们提供了若干可以借鉴的路径,以发展出类似的审慎义务用于针对网络行动。即使按照最严重的指控来分析,WannaCry 和 NotPetya 可能也只构成对目标国领土主权的侵犯。⑪ 然而,它们给部分国家的众多公司造成了巨大的经济损失。我们可能想知道,国际法是否可以发展出一项具体制度,专门用于弥补此种损失。在这类案例中,施害国具有双重义务。首先,它将对其犯下的国际不法行为负责,如侵犯受害国的领土主权。其次,它将为其网络行动造成的伤害和损害承担责任。此外,这种制度也可适用于相关网络行动不构成国际不法行为的情况。在这种情况下,虽然无法主张施害国的国家责任,但该国可能要对其造成的损害负责。必须再次指出,在网络安全和网络行动方面,这一原则尚未明确建立,因此以上主张纯粹是一种假想论述。

即便我们承认存在一种防止网络行动造成跨境损害的义务,那么这种义务也应受损害门槛的限制。事实上,只有当跨境损害具有某种严重性时,一国才负有责任。国际环境法亦遵循这一逻辑。

承认关于网络行动后果的责任原则,也有助于创建和增强全球网络安全文化。事实上,这可能会促使各国在实施网络行动时更为谨慎,特别是如果我们考虑到恶意软件可能会在非受控状态下自主传播,以及这些网络行动可能带来的副作用。网络行动造成跨境损害的责任原则是否得到承认,目前仍处于一种假想讨论的状态,其最终状态只有通过国家实践才能确认。

---

⑩ 《关于预防危险活动的越境损害的条款草案》,联合国国际法委员会 2001 年第五十三届会议通过,并作为委员会关于该届会议工作报告的一部分提交大会(A/56/10)。

⑪ 《危险活动所致跨境损害的损失分配原则草案》,国际法委员会 2006 年第五十八届会议通过,并作为委员会关于该届会议工作报告的一部分提交大会(A/61/10)。

⑪ 参见上文第 217—219 页。

8.5　迈向零日漏洞披露义务

WannaCry 事件引出关于国家责任的两个不同问题。第一,部分国家公开将 WannaCry 归因于朝鲜,因此,如果它们认为 WannaCry 是国际不法行为,则可以援引国际法要求朝鲜承担责任。⑫

与国家责任法的传统路径不同,关于责任的第二个问题关注:对没有及时通知微软其产品存在漏洞一事,美国是否负有责任？或者美国是否对由其创造且随后被 WannaCry 所利用的漏洞利用工具负责？

在谈到 WannaCry 时,俄罗斯总统普京表示,"关于这些威胁的来源,我相信微软的领导层已直言不讳地指出:病毒的最初来源是美国的情报部门"。⑬

同样,微软总裁兼首席法务官布拉德·史密斯(Brad Smith)在微软博客上发表了一份声明,阐明:

> 最后,政府构建漏洞库的做法为什么会产生问题,这次攻击提供了又一例证。这种模式于 2017 年开始出现。我们已经看到,美国中央情报局(CIA)存储的漏洞出现在维基解密(WikiLeaks)上,这次事件中,从 NSA 窃取的漏洞已经影响到全球消费者。政府控制的漏洞一再泄露到公共领域,造成了大范围损害。我们可以将其类比为常规武器领域中的一个相似场景——试想美军的一些战斧导弹被盗。最近的这次攻击表明,在当今世界两种最为严重的网络安全威胁来源——民族国家行动和有组织的犯罪行动——之间,产生了完全出人意料,但又令人不安的联系。
>
> 世界各国政府应将这次袭击视为警钟。它们需要采取一条不同的路径,在网络空间遵守适用于物理世界的武器的相同规则。我们要求政府考虑,囤积和利用这些漏洞将对平民造成什么损害。这是

---

⑫　关于 WannaCry 的合法性,参见上文第 217—219 页。

⑬　Macarena Vidal Liy, 'Putin culpa a los servicios secretos de EE UU por el virus "WannaCry" que desencadenó el ciberataque mundial', El País (Madrid, 15 May 2017) https://elpais.com/internacional/2017/05/15/actualidad/1494855826_022843.html; 'Putin Warns of Risks of Governments Creating Hacking Tools', Reuters (15 May 2017) www.reuters.com/article/us-cyber-attacks-putin-idUSKCN18B15Y.

我们在今年 2 月呼吁制定新的"数字日内瓦公约"(Digital Geneva Convention)来治理这些议题的原因之一,其中提出了包括关于政府向供应商披露漏洞而非储存、出售或利用漏洞的新要求。⑭

在 WannaCry 和 NotPetya 事件中,美国是否负有潜在责任? 为讨论这一问题,必须将其分解为三个子问题。

第一个子问题是:依据美国国家安全局(NSA)作为永恒之蓝和双脉冲星这两个漏洞来源的事实,是否足以将 WannaCry 归因于美国。答案无疑是否定的。包括国家在内的某一个行为体使用另一国生产的工具的事实,不足以将使用的后果归因于后一国。事实上,它并未在相关国家和施害者之间创建充分的从属关系,哪怕它们之间并非毫无关联。

第二个子问题是:美国的行为是否构成对其审慎义务的违反。换言之,如果照搬科孚海峡案中国际法院的措辞——美国是否知情却还允许其领土作实施 WannaCry 之用。⑮ 在 WannaCry 案的情形中,美国的领土并未用于实施勒索软件活动。因此,美国并未违反其关于允许其领土用于实施网络行动的审慎义务。

第三个子问题是:是否可能主张由包括美国在内的多个行为体,来共同承担 WannaCry 的责任? 这一问题留待本书后续解决。⑯

本节表明,如果一国不披露漏洞或开发相关漏洞利用工具,均不构成国际不法行为。⑰ 同样,在第三方使用此漏洞或漏洞利用工具的情况下,不能要求该国承担国际法下的责任。话虽如此,值得注意,随着斯诺登泄密以及近期影子经纪人对美国国家安全局黑客工具的泄露等事件的发生,迫于提高透明度的全球压力,各国的漏洞披露实践也在缓慢演进。一些国家确实正在实施漏洞评估流程(Vulnerabilities Equities Processes,

---

⑭ Brad Smith,'The Need for Urgent Collective Action to Keep People Safe Online: Lessons from Last Week's Cyberattack'(Microsoft On the Issues,14 May 2017)https://blogs.microsoft.com/on-the-issues/2017/05/14/need-urgent-collective-action-keep-people-safeonline-lessons-last-weeks-cyberattack/.

⑮ Corfu Channel (Merits) (n 2) 22.

⑯ 参见下文第 394 页。

⑰ 这项分析系笔者与 Aude Géry 进行于 2018 年 1 月的国际网络安全论坛上围绕"网络武器的扩散与国际法"举办的专业研习课程。

VEP），以确定它们是否应该披露零日漏洞，还是要将其保密以备将来之需。[78]

8.6　关于网络审慎义务的小结

审慎义务是行为义务而非结果义务。各国有义务防止其网络基础设施用于实施不法网络行动，并采取一切可行且合理的措施，来终止源自或通过其领土内计算机网络传输的网络行动。这一义务不包括监控该国领土内计算机网络的所有互联网流量。同样，审慎义务只能在不法行动——包括不法网络行动——进行期间才得援引。[79]

与"法不得强人所难"（ad impossibilia nemo tenetur）这句法谚的意旨相同，在评估领土国采取的措施时，必须依据合理性和可行性标准。所要求采取的措施不得对国家构成过分繁重的负担。因此，国家采取的措施必须与其能力相称，而这可能因国家而异。一国可以自由选择采取何种措施，这可以包括技术、政治或法律上的不同形式。[80] 审慎义务不能理解为要求国家制定特定立法，因为这会导致该义务从行为义务转为结果义务。[81] 然而，一国为了遵守审慎义务，其可能有强烈的动机采取部分特定的立法措施，并将其纳入国内法律秩序。

在少数情况下，因领土国不履行审慎义务，网络行动的受害国会有权援引领土国责任，甚至强制领土国采取适当措施。[82]

---

[78] See, for instance: Sasha Romanosky, 'Developing an Objective, Repeatable Scoring System for a Vulnerability Equities Process' (Lawfare, 4 February 2019) www.lawfareblog.com/developing-objective-repeatable-scoring-system-vulnerability-equities-process; Sven Herpig and Ari Schwartz, 'The Future of Vulnerabilities Equities Processes Around the World' (Lawfare, 4 January 2019) www.lawfareblog.com/future-vulnerabilities-equitiesprocesses-around-world; Kate Charlet, Sasha Romanosky and Bert Thompson, 'It's Time for the International Community to Get Serious about Vulnerability Equities' (Lawfare, 15 November 2017) www.lawfareblog.com/its-time-international-community-get-serious-about-vulnerability-equities.

[79] Schmitt, *Due Diligence in Cyberspace* (n 22) 75.

[80] Ziolkowski (n 23) 169.

[81] Bannelier-Christakis (n 9) 33-35.

[82] 本书第三编详细论述了国家责任以及受害国对责任国采取的自助措施，见本书第 9 章和第 10 章。

第一编已经专门讨论归因问题。引入审慎原则可能以一种有趣的方式缓解网络行动归因存在的困难。㉝ 在已经发生的大部分网络行动中,很少有例子可以确切地归因于一国或其他行为体。有时候受害国虽然强烈怀疑某国应对网络行动负责,但是它通常没有任何确凿的证据材料来支撑其指控。某些情况下,如果受害国能够证明网络行动系从一国领土发起或传输,那么它就可以援引领土国不履行其审慎义务的责任。这可以为受害国要求嫌疑国承担责任,以及其可能采取的针对性应对措施提供法律依据。需要注意,受害国向责任国主张的救济和采取的应对举措,必须是合比例且必要的。在涉及不履行审慎义务的情形中,受害国所能采取的救济和应对举措的烈度,显然应当低于在对不法网络行动作出明确归因时的情形。

　　㉝　这一视角,关于国家主权与国际安全审慎原则之间关系的有趣探讨,可参见 Kulesza (n 1) 276 et seq。

本编结论

本书第二编讨论了国家支持的网络行动的合法性。第 5 章和第 6 章分析了网络行动可能构成国际不法行为的情形,如侵犯一国领土主权、违反不干涉原则、侵犯人权或违反禁止使用或威胁使用武力,甚至构成武装攻击。根据这些章节的发现,第 7 章解释了在某些特定情形——特别是危急情况下,网络行动的不法性可以被排除。最后,第 8 章分析了在网络空间中适用的审慎原则。

第二编表明,大多数网络行动均未达到网络战的门槛,其中绝大多数可能违反不干涉原则、国家主权和人权。据此,网络行动构成国际不法行为的情况得到揭示,而这是国家责任的两个必备要件之一。在第一编讨论的是第一个要件,即网络行动的归因问题。有趣的是,本编的论述表明,对于大多数类型的网络行动而言,要确定其合法性反而相对容易。

如果网络行动归因于一国并构成国际不法行为,那么受害国可以要求施害国承担责任。第三编将分析援引国家责任的后果,以及针对不法网络行动的救济措施。值得注意,后文将证明,即使在一起特定事件中有可能对网络行动作出归因判断,且可以相对容易地确定该网络行动的不法性,但要求一国停止其行为并对其行为所产生的后果进行赔偿,仍可能困难重重。

第三编　针对国家支持的网络行动的救济措施

一国因另一国支持的网络行动受损,受害国有权向网络行动支持国主张责任,并要求其对所造成的损害寻求赔偿。受害国得以向责任国提出停止不法网络行动的请求,并就可能造成的损害寻求赔偿。如果责任国不遵守其在国家责任法下的义务,受害国可以寻求通过司法或司法以外的程序,要求责任国承担责任。

本书第二编重点讨论了国家支持的网络行动可能违反的国际法规范。在该编,我们确定了一项网络行动如何可能构成一个国际不法行为。本书第一编分析了将网络行动归因于一国的问题。因此,本书已经研究了国家责任的必要基础,即可归因于一国的不法行为。

第三编旨在分析受害国或其他利益相关国如何向责任国主张责任,并就可能造成的损害寻求赔偿。第9章着重讨论国际不法行为的后果以及责任国由此承担的义务。责任国有义务停止其不法网络行动,并有义务对所造成的损害进行充分赔偿。受害国应首先要求责任国履行其义务,如果责任国不遵守,受害国可以诉诸司法或司法以外的程序,强迫不法行为国遵守其义务。本书不涉及运用司法程序的相关内容。第10章着重讨论受害国可能使用的司法以外的程序,主要聚焦三类自助措施:反报、反措施和自卫权。

9.国家责任和国际不法网络行动的后果

次级规则的责任源于两个累积性要素:该行为违反国际义务,且违法行为依国际法归因于国家。① 因此,正如《国家对国际不法行为责任条款草案》(以下简称《草案》)第1条明确指出的,责任的产生不需要受害国主张:

> 一国的每一个国际不法行为引起该国的国际责任。②

作为国际不法行为的后果,不法行为国负有义务停止行为、不重复该行为以及进行相应赔偿。③ 这些后果是自动产生的,不取决于受害国的任何行动。

如果责任国违反了其对受害国所承担的个别责任,受害国有权主张责任国对其作为或不作为负责。如果义务是针对包括受害国在内的若干国家或整个国际社会,并且特别影响到该国,或所被违反的义务"具有这样一种性质,即彻底改变了由于该项义务被违背而受到影响的所有其他国家对进一步履行该项义务的立场",受害国也有权向责任国主张责任。④ 如果责任国拒绝停止不法行为或者拒绝赔偿,受害国可以采取反

---

① 《塔林手册 2.0》规定,"[a]国家对可归因于该国并构成违反国际法律义务的网络相关行为承担国际责任": Michael N Schmitt and Liis Vihul (eds.), *Tallinn Manual 2.0 on the International Law Applicable to Cyber Operations*, 2nd ed., CUP, 2017, p.84, Rule 14.

② 关于"国家对国际不法行为的责任"的条款(国际法委员会 2001 年第五十三届会议通过,作为大会 2001 年 12 月 12 日第 56/83 号决议的附件,并经 A/56/49(Vol.1)/Corr.4 号文件更正),第 1 条。

③ 《塔林手册 2.0》第 27 条、第 28 条和第 29 条对这些义务进行了分析,这些规定出现在手册的第 142—151 页。《手册》采用的方法主要基于国际法委员会的《草案》,本书也是如此。

④ Articles on State Responsibility, Article 42. See also Malcolm N Shaw, *International Law*, 7th ed., CUP, 2014, p.581.

措施,迫使责任国履行其义务。如何主张责任超出了本书的范围,本书不作进一步讨论。相反,反措施将在第 10 章与其他自助措施一并讨论。⑤

本章将分析责任国对其针对他国的网络行动应负何种义务:第一,如果网络行动具有持续性,责任国有义务停止该行为(9.1)。第二,根据个案案情,责任国可能需要提供不重复不法行为的承诺和保证(9.2)。第三,责任国必须对网络行动造成的损害进行赔偿(9.3)。第四,有必要研究共同责任的问题,这适用于网络行动涉及多个国家的情况(9.4)。

9.1 停止的义务

对具有持续性质的不法网络行动负有责任的国家有义务停止该行为。事实上,在缺乏有效法律授权的情况下,实施国际不法行为的国家有义务立即停止违反国际法规范的行为。⑥ 这种义务是不法行为的直接后果,⑦即使受害国没有提出任何要求或采取任何行动,这种义务也仍然存在。⑧ 根据国际不法行为的性质,停止该行为可采取各种形式,其可能包括放弃实施某些行为——如停止对与另一国交战的武装团体的支持,或采取一项具体行动——如释放人质。⑨

---

⑤ 参见后文第 10.2 节"反措施"。

⑥ Articles on State Responsibility, Article 30(a).

⑦ Catherine Deman, 'La cessation de l'acte illicite' (1990) 23 Revue belge de droit international 476,476.

⑧ Francesco Capotorti, 'Cours général de droit international public' (1994) 248 RCADI 1,263.

⑨ 美国驻德黑兰外交和领事人员(美利坚合众国诉伊朗案)(Judgment)[1980] ICJ Reports 3,44,para 3 of the operative part (dispositif)。在"彩虹武士"案中,停止行动的形式是遣返两名法国特工:新西兰和法国就两国 1986 年 7 月 9 日缔结的两项协定的解释或适用所产生的分歧所涉"彩虹武士"事件 (1990) 20 RIAA 215,270,para 113.

国际法院在多起案件中都确认了停止国际不法行为的义务。⑩ 正如国际法委员会在《国家责任条款评注》中所指出的,"停止的作用是制止违背国际法的行为,并且保障那些根本性初级规范的持续有效性和效力。因此,责任国停止不法行为的义务除了保护受害国的利益,还保护整个国际社会在维护法治和依靠法治中的利益"⑪。实际上,不仅受害国可以要求国际不法行为的责任国停止其不法行为,国际法的其他主体也可能要求停止,最典型的是联合国大会或联合国安理会。⑫

通常认为停止义务是一项独立的义务,但是该观点尚未获得一致的认可。首先,有时它也被视为是关于被不法行为违反的初级义务之遵从义务的一部分。⑬ 其次,国际法委员会在《草案》中明确规定的停止义务和赔偿义务之间的区别,在法律文献中仍然是一个有争议的话题,在实践

---

⑩ Haya de la Torre (Colombia v. Peru) (Judgment) [1951] ICJ Reports 71, 82; Tehran Hostages (Judgment) (n 9), 44, para 3 of the operative part (dispositif); Military and Paramilitary Activities in and against Nicaragua (Nicaragua v. United States of America) (Merits) [1986] ICJ Reports 14, 149, para 12 of the operative part (dispositif); Legal Consequences of the Construction of a Wall in the Occupied Palestinian Territory (Advisory Opinion) [2004] ICJ Reports 136, 197, para 150; Jurisdictional Immunities of the State (Germany v. Italy: Greece intervening) (Judgment) [2012] ICJ Reports 99, 153, para 137("对国际不法行为负有责任的国家有义务停止该行为,如果该行为仍在继续").

⑪ 'Commentary to the Articles on State Responsibility' (2001) 2 *Yearbook of the International Law Commission* (Part II) 31, 89, commentary to Article 30, para 5.

⑫ 例如,在联合国安理会第 660 号决议(1990 年 8 月 2 日)联合国文件 S/ Res /660 中,安理会谴责伊拉克入侵科威特,并"要求伊拉克立即无条件地将其所有部队撤回到 1990 年 8 月 1 日驻扎的地点";同样,在联合国安理会第 1304 号决议(2000 年 6 月 16 日)中,联合国安理会文件 S/ Res /1304 要求外国武装部队结束对刚果民主共和国的占领; see generally: Olivier Corten, 'The Obligation of Cessation' in James Crawford et al (eds.), *The Law of International Responsibility*, OUP, 2010, p.546; see also 'Commentary to the Articles on State Responsibility' (n 11) 89, commentary to Article 30, para 4.

⑬ Deman (n 7) 477-478; Pierre d'Argent, *Les réparations de guerre en droit international public: la responsabilité internationale des Etats à l'épreuve de la guerre* (Bruylant & LGDJ 2002) 675.

中也并不总是容易辨别。⑭ 例如,在涉及释放人质或归还被扣押物品的案件中,不可能作出前述区分,因为这些行为同时构成了对不法行为的停止和赔偿。然而,这两项义务内涵不同:停止意味着对一项持续的不法行为负有责任的国家有义务停止该行为。而恢复原状则主要指恢复以前的状态(the status quo ante)。一般来说,停止并不等于恢复在不法行为发生之前存在的情况,恢复不法行为发生之前的状态是赔偿义务的一部分。⑮ 此外,对停止和赔偿之间进行区别也很重要,因为适用于赔偿的限制并不同样适用于停止。例如,停止不受合比例性要求的约束。⑯

停止义务有两个累积性要件:一是不法行为具有持续的性质,二是违反的义务在停止命令发出时仍然有效。⑰ 第二个要件不需要进一步阐述,因为在网络领域讨论这一类问题时,并不会有任何不同。网络行动违反的义务在要求停止不法行为时必须是仍然有效的。相反,对第一个要件有必要进行一些分析:不法行为需要在一系列场合继续或重复,这意味

⑭ See the analysis of this debate in Deman (n 7) 486-494; d'Argent,同上注, 675; 'Commentary to the Articles on State Responsibility' (n 11) 89, commentary to Article 30, paras 7-8. 少数评论家认为,不能将停止与恢复原状区别开来。see, generally: Benedetto Conforti, 'Cours général de droit international public', 1988, 212 RCADI 9, pp.206-207; Massimo Iovane, *La riparazione nella teoria e nella prassi dell'illecito internazionale* (Istituto di diritto internazionale dell'Universita di Napoli, A Giuffre 1990) pp.181; Christian Dominicé, 'Observations sur les droits de l'État victime d'un fait internationalement illicite', Droit International 2 (Institut de hautes études internationales, Pedone 1982) pp.17-31; republished in Jeanne Belhumeur and Luigi Condorelli (eds.), *L'ordre juridique international entre tradition et innovation: recueil d'études* (Publications de l'Institut de hautes études internationales, Presses universitaires de France 1997) pp.261-316. Christine Gray 认为在恢复和停止之间存在混淆"彩虹武士"案,其后果是"新西兰没有得到对法国侵犯其权利的充分救济":Christine Gray, 'The Different Forms of Reparation: Restitution' in James Crawford et al (eds.), *The Law of International Responsibility*, OUP, 2010, p.590; see, contra, James Crawford, *State Responsibility: The General Part*, CUP, 2013, p.466; see also, contra, 'Commentary to the Articles on State Responsibility' (n 11) 89, commentary to Article 30, para 8.

⑮ Jurisdictional Immunities (Judgment) (n 10) 153, para 137.

⑯ 'Commentary to the Articles on State Responsibility' (n 11) 89, commentary to Article 30, para 7.

⑰ *Rainbow Warrior* (n 9) 270, para 114.

着其可能在未来再次实施。⑱ 由此产生的问题是：在何种情况下，网络行动可能构成持续的不法行为？在大多数情况下，只要不法网络行动持续存在，就会持续违反国际义务。易言之，不仅仅是发起一项网络行动，才会涉嫌违反诸如主权原则、不干涉原则或禁止使用武力原则。

9.1.1 发生 DDoS 攻击的停止义务

DDoS 攻击通常试图使在线服务不可用，或者通过来自多个来源的流量淹没目标主机造成服务中断。对 DDoS 攻击进行归因是一项困难的工作，因为它们通常由几个施害者同时进行，有时也依赖于中介系统来推进和放大他们的攻击。

例如，在 2007 年，爱沙尼亚成了一波 DDoS 攻击的目标，导致一些网站和通信系统出现故障，这些攻击显然来自世界各国。同样，2008 年，在俄格战争进行的同时，针对格鲁吉亚的 DDoS 攻击也产生了类似的影响，而且该攻击显然是从多个地点发起的。

DDoS 攻击通常具有持续性，因为只要攻击发生，它们的影响就会持续下去，并且只随攻击的结束而结束。因此，一旦 DDoS 攻击超过了合法性的门槛，责任国——或当有多个施害国主体时的部分责任国——就会自动和立即承担停止攻击的义务。责任国有义务停止其对目标国的 DDoS 攻击，即使目标国并不清楚攻击或施害者的情况，也没有采取任何行动。

9.1.2 恶意软件侵入的停止义务

恶意软件侵入另一国计算机系统，构成了关于停止义务的另一个有趣案例。一般来说，如本书前文所述，恶意软件侵入另一国计算机系统侵犯了目标国的领土主权。⑲ 用于入侵的恶意软件可能服务于多种行动目

---

⑱ Deman (n 7) 480-483; 'Commentary to the Articles on State Responsibility' (n 11) 89, commentary to Article 30, para 3; see the analysis of what constitutes a 'violation of an obligation on a series of occasions' in Crawford, *State Responsibility* (n 14) 462-463.

⑲ 参见前文第 5.3.2.2 小节"侵入外国系统的网络行动"。

的：它可能构成后门，并保持在休眠状态直到其创建者决定唤醒使用这个后门；它可能监视受感染的系统；它也可能导致受感染系统发生故障，并造成各种影响。只要被感染的系统中存在恶意软件，无论其创建者是否运行或准备运行这个软件，它都明确构成一种持续的国际不法行为。因此，停止义务在这一情形下得以适用。

问题是：停止义务到底意味着什么。它是否意味着加害者或受害者要删除恶意软件？或者，简单地说，终止其与恶意软件的通信进程，从而终止对加害者的控制？网络行动的特殊性质，给我们解读停止义务带来了挑战，这需要一些创造性和灵活性。首先，正是受害者系统中恶意软件的存在——而不限于其使用——构成了对领土主权的侵犯。其次，如果是飞机、船舶或代理人侵犯一国领土主权，那么一旦其离开受害国领土主权下的区域，即构成侵犯的结束。然而在网络环境下，情况则有所不同。恶意软件不存在"离开"的概念，而是需要从受害者的系统中删除。最后，对于受害者来说，为了删除恶意软件而授予加害者对目标系统的额外访问权，这是非常荒谬的。

在恶意软件侵入的情况下讨论停止义务，再次提醒我们注意上述关于停止义务和恢复原状义务——更普遍而言的赔偿义务——之间的区别。⑳ 从受感染的系统中删除恶意软件，很可能既构成停止，也构成赔偿，因为目标系统随后可能会恢复到其感染前的状态。然而，本书认为，停止应该作更广义的理解，以包括恶意软件尚未从受感染的系统中删除的情况。本书提出两个标准，以确定责任国是否履行了其停止有关恶意软件感染目标系统的义务：第一，终止施害者对恶意软件的任何使用、通信和控制。如此，恶意软件将成为埋藏在目标系统中的一段休眠代码。第二，施害者必须将所有必要的信息传达给目标国家，以便后者彻底和明确地从受感染的系统中删除恶意软件，从而终结侵入状态。这意味着要通过目标系统中被利用的漏洞进行通信。因此，停止不等于重新回到原有状态——这是完全恢复原状所对应的情况，相反，停止义务意味着向受害国提供为重新建立原有状态而需的所有必要信息。它还将使受害国有机会更新其系统，针对入侵者所利用的漏洞打好补丁，从而防止通过同样的漏洞实施进一步侵入。

这两个标准是累积性的。例如，在一个恶意软件试图监视目标系统

---

⑳ 参见后文第 9.3.4 小节"赔偿的不同形式"。

及其用户的情况下,仅仅停止与恶意软件的通信及对其的利用是不够的。因为该恶意软件将在目标系统中保持运作状态,并将持续构成对受感染系统的侵犯。而仅仅提供删除恶意软件所需的所有信息,这本身也并不会停止侵入状态。受害者必须在目标系统内采取积极的措施来消除感染。只有这样才似乎可以辩称,施害者创造了必要的条件,以结束其违反国际法规范的行为。

这种方法与现行国际法有所出入。事实上,只要恶意软件存在于受感染的系统中,即使它处于休眠和未被利用的状态,也构成了对领土主权的侵犯。因此,施害国的不法行为并没有停止,其停止义务也仍待履行。这与国际法院在"隔离墙咨询意见"中的推断类似,该案中法院认为,履行停止的义务有三个条件:停止建造隔离墙,拆除现有结构,废除所有与修建隔离墙有关的立法和监管法案或使其失效。[21] 然而在网络领域,如果沿用这种解释方法存在挑战。事实上,要求施害者删除恶意软件,有可能将使它获取对受感染系统的更多访问权限,从而收集更多信息。此外,施害者为删除其恶意软件而采取的行为,也可能会对目标系统造成额外的损害。因此,最好是由系统的合法所有者执行删除恶意软件的操作。基于这些原因,本书认为,停止义务不应取决于施害者是否删除了恶意软件,而最好应该向施害者强加一种义务,即让施害者提供删除恶意软件所需要的所有信息。这一观点并非应然法(de lege feranda),而仍然是在实在国际法的范围内,因为这一解释也符合停止义务的现行内容。

9.1.3 关于停止义务的小结

多种形式的网络行动可能具有持续的性质,从而构成持续的不法行为。在这种情况下,一旦网络行动违反了国际法规范,只要它继续进行,施害国就有义务停止网络行动。

---

[21] *Wall* (Advisory Opinion) (n 10) 201, para 163 (3) B. On the question of cessation in the Wall Advisory Opinion, see generally Pierre d'Argent, 'Compliance, Cessation, Reparationand Restitution in the *Wall* Advisory Opinion' in Malcolm N Shaw *et al* (eds.), *Völkerrecht als Wertordnung/Common Values in International Law:Festschrift für Christian Tomuschat/Essays in Honour of Christian Tomuschat* (NP Engel Verlag 2006) pp.467-473.

9.2 关于不重复的承诺和保证

如果情况需要,责任国可能必须要提供适当的承诺和保证,表明其在未来不会重复不法行为。㉒ 与停止义务相反,这并非一种不法行为的自动和系统性的后果,它取决于案件的具体情况。㉓

履行不重复的承诺和保证的义务有时会与抵偿(satisfaction)相混淆,抵偿是一种赔偿的形式。㉔ 由于二者具有不同的功能,因此必须对它们加以区分。㉕ 抵偿是面向过去的,其考虑的是过去或现在的不法行为,旨在恢复原有状态,或至少是修复不法行为的后果。相比之下,不重复的承诺和保证是前瞻性的,其目的是防止未来不法行为的发生。㉖ 承诺和保证的目的是恢复受害国和责任国"对其持续关系的信心"。㉗ 尽管如此,在某些情况下,这两项义务可能合并,特别是如果受害国要求承诺和保证不重复作为一种抵偿的形式。㉘

2001年,在拉格兰德(the LaGrand)案中,国际法院首次㉙作出裁定,

㉒ Articles on State Responsibility, Article 30 (b).

㉓ 'Commentary to the Articles on State Responsibility' (n 11) 91, commentary to Article 30, para 13; see, generally: Sandrine Barbier, 'Assurances and Guarantees of Non-repetition' in James Crawford *et al* (eds.), *The Law of International Responsibility*, OUP, 2010, pp.557-559; Crawford, *State Responsibility* (n 14) p.469.

㉔ Capotorti (n 8) 266; Giuseppe Palmisano, 'Les garanties de non-répétition entre codification et réalisation jurisdictionnelle du droit: à propos de l'affaire LaGrand' (2002) 106 *Revue Générale de Droit International Public* 753, 781-784; Barbier (n 23) 555-556.

㉕ Christian J Tams, 'Recognizing Guarantees and Assurances of Non-repetition: LaGrand and the Law of State Responsibility', *Yale Journal of International Law*, Vol. 27, 2002, pp.441, 443.

㉖ d'Argent, *Les réparations de guerre en droit international public* (n 13) 678-679; see also Palmisano (n 24) 784.

㉗ 'Commentary to the Articles on State Responsibility' (n 11) 89, commentary to Article 30, para 9.

㉘ 同上注, 90, commentary to Article 30, para 11.

㉙ 但是,关于不重复的承诺和保证,在以前的案件中已经作为一项不法行为的后果在法院被起诉:Gabčíkovo-Nagymaros Project (Hungary/Slovakia) (Judgment) [1997] ICJ Reports 7, 74-75, paras 127 and 129; Fisheries Jurisdiction (Spain v. Canada) (Judgment on the jurisdiction of the Court) [1998] ICJ Reports 432, 437, para 10.

要求责任国提供不重复的保证和承诺。㉚ 这在后续判例中得到了重申。㉛ 法院确认,该义务仅在提出相应请求的情况下才适用:

> 虽然法院可以像过去那样,裁定一个对国际不法行为负有责任的国家向受害国家提供不重复的承诺和保证,但只有在情况表明需要时,法院才会这样做,而这种情况应由法院来评估。
>
> 作为一般规则,没有理由假设实施已被法院宣布为不法行为的国家在未来会重复该行为,因为必须推定其是善意的[see *Factory at Chorzów, Merits, Judgment No. 13, 1928, P.C.I.J., Series A, No. 17, p. 63; Nuclear Tests (Australia v. France), Judgment, I. C.J. Reports 1974, p. 272, para. 60; Nuclear Tests (New Zealand v. France), Judgment, I.C.J. Reports 1974, p. 477, para. 63; and Military and Paramilitary Activities in and against Nicaragua (Nicaragua v. United States of America), Jurisdiction and Admissibility, Judgment, I.C.J. Reports 1984, p. 437, para. 101*]。法院认为,没有理由裁定要求提供不重复的承诺和保证,如哥斯达黎加

㉚ LaGrand (Germany v. United States of America) (Judgment) [2001] ICJ Reports 466, 514-516, paras 127 and 128(6). See, generally: Tams (n 25) *passim*; Christian J Tams, 'Les obligations de l'État responsable: le lien manquant?' in Pierre-Marie Dupuy (ed.), *Obligations multilatérales, droit impératif et responsabilité internationale des états: Colloque international de Florence, 7 et 8 décembre* 2001 (Institut Universitaire Européen, Pedone 2003) 83-84; Palmisano (n 24) *passim*; Laurence Dubin, 'Les garanties de non-répétition à l'aune des affaires Lagrand et Avena: la révolution n'aura plus lieu' (2005) 109 Revue Générale de Droit International Public 859, passim.

㉛ Land and Maritime Boundary between Cameroon and Nigeria (Cameroon v. Nigeria: Equatorial Guinea intervening) (Merits) [2002] ICJ Reports 303, 452, para 318; Avena and Other Mexican Nationals (Mexico v. United States of America) (Judgment) [2004] ICJ Reports 12, 70, para 153(10); Armed Activities on the Territory of the Congo (Democratic Republic of the Congo v. Uganda) (Judgment) [2005] ICJ Reports 168, 256, para 257; Application of the Convention on the Prevention and Punishment of the Crime of Genocide (Bosnia and Herzegovina v. Serbia and Montenegro) (Judgment) [2007] ICJ Reports 43, 166-167, para 466; Dispute regarding Navigational and Related Rights (Costa Rica v. Nicaragua) (Judgment) [2009] ICJ Reports 213, 267, para 150; Pulp Mills on the River Uruguay (Argentina v. Uruguay) (Judgment) [2010] ICJ Reports 14, 105, para 278.

所请求的那样，除非存在法院在本案中不知道的特殊情况。㉜

因此，只有在必要时，责任国才必须提供不重复的承诺和保证。在拉格兰德案中，德国想要对两名已被美国判处死刑且被执行的德国公民行使领事职能和外交保护，美国为阻止德国的这种努力而实施了国际不法行为。㉝ 国际法院裁定，以正式道歉的形式表示抵偿作为承担国际责任的方式是不够的，美国必须承诺和保证今后不会重复这类行为。㉞

难点在于，如何确定在哪些情况下需要提供关于不重复的承诺和保证？事实上，提供不重复的承诺和保证属于例外情形，而非必然如此，即只有在情况表明需要这种承诺和保证时才要求提供。㉟ 在评估是否应当提供时，可以考虑三个因素：重复发生的风险、违约的严重性和违反义务的性质。㊱ 重复发生的风险是评估这种承诺和保证的必要性的主要因素。㊲ 这些因素必须根据具体情况进行评估，㊳因此，很难事先确定哪些情况需要作出承诺和保证。

国际法规范适用于网络行动，尽管关于如何解释适用的问题尚未完全确定。只要网络行动的合法性尚有商榷空间，各国就可能诉诸采取这种网络行动并一再重复，这就构成了当前和未来发生和重复此类行为的风险。因此，国际法院和法庭以及一些国家可能会要求就特定网络行动提供不重复发生的保证和承诺，以澄清和证实这些行为的不法性。在大规模DDoS攻击的案例中，由于对行动的法律定性可能存在争议，因此这一点可能值得特别关注。在本书看来，针对这种形式的网络行动要求施害国保证和承诺不再重复，可能有助于明确它们在国际法上的非法性。

关于不重复的保证和承诺可以采取各种形式，包括：对不重复不法行为作出含糊的口头承诺，采取具体措施防止将来出现同样的不法行为的

㉜ Navigational and Related Rights (Judgment) (n 31) 267, para 150.
㉝ 根据《维也纳领事关系公约》(1963年4月24日在维也纳通过，1967年3月19日生效，596 UNTS 261, 21 UST 77, TIAS 6820)。
㉞ LaGrand (Judgment) (n 30), 510–514, paras 120–127.
㉟ 'Commentary to the Articles on State Responsibility' (n 11) 90, commentary to Article 30, para 13.
㊱ Barbier (n 23) 557.
㊲ Palmisano (n 24) 784.
㊳ Tams (n 30) 85.

承诺,以及立即采取具体措施的承诺。㊴ 这些涉及特定类型行为的措施可分为一般措施和具体措施两大类。㊵ 一般措施相当于责任国的一种承诺,即如果没有对这些措施的任何具体说明,它将不会再次实施同样的不法行为。相反,具体措施主要指那些旨在确保不会再发生这种不法行为的措施。例如,在网络环境中,具体措施可能意味着要求责任国修改其国家网络政策,以便将禁止违反国际法规范的网络行动涵盖在内。该义务可以以多种方式履行,且应具有一定程度的灵活性。例如,在拉格兰德案件中,国际法院即强调,"以何种方式履行义务的选择权"属于责任国。㊶

尽管在大多数情况下,我们在逻辑上和倾向上会将停止义务和不重复的承诺和保证的义务与赔偿义务区分开来,但是停止义务和不重复的承诺和保证的义务有时的确会与赔偿义务相混淆。因此,在讨论了这两项义务之后,有必要转向讨论充分赔偿的义务。

9.3 承担赔偿责任的义务

国际常设法院在霍茹夫工厂(the Factory at Chorzów)案中明确,对初级义务的违反将导致需要赔偿所造成的损害的次级义务。法院裁定:

> 违反承诺将导致以适当形式进行赔偿的义务,这是一项国际法原则。㊷

此后,国际法院在若干案件中重申和澄清了关于充分赔偿的这一公认义务。㊸ 赔偿的目的是"尽可能地消除不法行为的所有后果,并重建到

㊴ Palmisano (n 24) 773-774.
㊵ Barbier (n 23) 559.
㊶ LaGrand (Judgment) (n 30),513-514,para 125.
㊷ Factory at Chorzów (Jurisdiction) (1927) Series A, No 9 Collection of Judgments (PCIJ) 21.
㊸ Armed Activities (Judgment) (n 31) 257,para 259("法院指出,一般国际法已明确规定,对国际不法行为负有责任的国家有义务对该行为所造成的伤害作出充分赔偿"); Avena (Judgment) (n 31) 59,para 119; Gabčíkovo-Nagymaros (Judgment) (n 29) 81,para 152.

假设没有犯下该行为时可能出现的状态”。㊹

作为违反国际义务的法律后果，赔偿义务在《国际常设法院规约》第36条中得到承认，并在《国际法院规约》第36条中得以重申。㊺ 国际法委员会将该义务编纂进了《草案》之中，第31条第1款规定：“责任国有义务对国际不法行为所造成的损害提供充分赔偿。”㊻

根据违反义务的情况和性质，责任国的义务可以是对一个或多个国家的义务，也可以是对国际社会整体的义务。㊼ 在违反对一些国家的义务（部分对世义务，erga omnes partes obligations）的情况下，责任国的义务不仅针对受害国，也扩展到其他国家；而在违反对国际社会整体的义务时（对世义务，erga omnes obligations），责任国的义务则扩展到所有国家。㊽ 相反，只有受害国才能从给予充分赔偿的义务中受益。㊾ 例如，一个违反禁止诉诸武力的国家可能会被任何国家要求承担责任，因为它违反的是一项对世义务。但是，只有受害国才有权要求对所遭受的损害进行赔偿。㊿

责任国有义务对受害国就国际不法行为所造成的损害作出充分的赔偿。(51) 因此，在分析赔偿形式（9.3.4）之前，有必要界定损害由什么构成

㊹ Factory at Chorzów (Merits) (1928) Series A, No 17 Collection of Judgments (PCIJ) 47; reaffirmed in Bosnian genocide (Judgment) (n 31) 232, para 460.

㊺ 《国际常设法院规约》[1920年12月16日通过，1921年8月20日生效，6 LNTS 379, 390, 114 BFSP 860, 17 AJIL Supp 115(1923)]，第36条；《国际法院规约》[附于《联合国宪章》，1945年6月26日通过，1945年10月24日生效，3 Bevans 1179, 59 Stat 1031, TS 993, 39 AJIL Supp 215(1945)]，第36条。

㊻ Articles on State Responsibility, Article 31(1).

㊼ 同上注，Article 33(1).

㊽ 'Commentary to the Articles on State Responsibility' (n 11) 112, commentary to Part Two, Chapter III, para 7; Brigitte Stern, 'The Obligation to Make Reparation' in James Crawford *et al* (eds.), *The Law of International Responsibility*, OUP, 2010, p. 568；关于违反对世义务，国际法院指出，所有国家都可能有法律利益：Barcelona Traction, Light and Power Company, Limited (Belgium v. Spain) (New Application: 1962) (Judgment of Second Phase) [1970] ICJ Reports 3, 32, para 33（“鉴于所涉权利的重要性，可以认为所有国家在保护这些权利方面都有法律利益；它们是对世义务”）。

㊾ 在某些情况下，受到违反的主要义务保护的个人也可能受益于赔偿义务，特别是在涉及人权义务时；参见，如 Stern (n 48) 567; Susan Marks *et al*, 'Responsibility for Violations of Human Rights Obligations' in James Crawford *et al* (eds.), *The Law of International Responsibility*, OUP, 2010, pp.725-790.

㊿ d'Argent, *Les réparations de guerre en droit international public* (n 13) 568.

(51) Articles on State Responsibility, Article 31(1).

(9.3.1),不法行为和损害之间的必要因果关系(9.3.2),以及减轻损失的义务(9.3.3)。最后一小节通过 NotPetya 案例的视角分析赔偿的形式(9.3.5)。

9.3.1 网络行动和损害的概念

在国际法律师看来,以赔偿为目的的"损害"(injury)或"损失"(damage)如何定义,仍然是一个有争议的问题。[52] 争议的重点是每个术语的确切含义和内容。詹姆斯·克劳福德(James Crawford)总结了这个问题,他强调:在某些情况下,损失可能是"损害的要点",[53]而在其他情况下则不然。此外,在没有不法行为的情况下也可能遭受损失(damnum sine iniuria)。国际法委员会采取了一种包容性的方法。《草案》第31条第2款规定:"损害包括由一个国家的国际不法行为造成的任何损失,无论是物质上的或精神上的损失。"[54]因此,损失既可以是物质上的,也可以是精神上的。"物质损失"主要指对一国或其国民造成的财产或其他利益的损失,其可以用金钱方式来进行评估。"精神损失""包括遭受疼痛和痛苦、失去亲人或受到与侵犯家庭或私人生活有关的侮辱"。[55] 事实上,这种损失并不要求必须要是物理上的才能存在。[56] 只有在损失是"由国际不法行为造成的"的情况下,才有可能得到赔偿。[57] 因此,不法行为和损害之间必须存在因果关系,这意味着并非所有的损失都将得到赔偿。[58]

---

[52] James Crawford, 'State Responsibility', *Max Planck Encyclopedia of Public International Law* (MPEPIL), OUP, 2006. https://opil.ouplaw.com/view/10.1093/law:epil/9780199231690/law- 9780199231690-e1093, para 27;Brigitte Stern 认为,"损害"和"损失"这两个词没有区别:Stern (n 48) 569;see also Crawford, State Responsibility (n 14) 485-492.

[53] James Crawford, 'Fourth Report on State Responsibility, by Mr. James Crawford, Special Rapporteur' (International Law Commission 2001) DOCUMENT A/CN.4/517 and Add.1,9,para 33;Crawford, 'State Responsibility' (MPEPIL) (n 52) para 27; Crawford, *State Responsibility* (n 14) 485.

[54] Articles on State Responsibility, Article 31(2).

[55] 'Commentary to the Articles on State Responsibility' (n 11) 92, commentary to Article 31, para 5.

[56] See, generally, *Rainbow Warrior* (n 9), 266-267, paras 107-110.

[57] Articles on State Responsibility, Article 31(1).

[58] 'Commentary to the Articles on State Responsibility' (n 11) 92, commentary to Article 31, para 9; see, however, the critical analysis of the ILC Articles' approach on causation in Stern (n 48) 569-570.

9.3.2 因果关系

责任国只有在其国际不法行为"造成"损害的情况下,才有义务作出充分赔偿。⁵⁹ 因此,在损害和归因于责任国的国际不法行为之间,必须存在因果关系。⁶⁰

给予受害国的赔偿,可能因受害国或寻求赔偿的人的任何故意或疏忽行为或不作为而受到不利影响。⁶¹

总而言之,施害国只有在满足两个累积性要件的情况下才有义务作出赔偿:一是损害的发生,二是这种损害与国际不法行为之间必须存在因果关系。⁶² 只有满足这两个要件,受害国才有权要求赔偿所造成的损失。网络行动和所造成的损失之间的联系,可能会受到受害国行为的影响。有鉴于此,读者可能会问:受害国是否有义务减轻损失。换言之,是否可以认为受害国负担着某种"减轻损失的义务"。

9.3.3 减轻损失的义务

"减轻的义务"⁶³并不是一种引起责任的义务。⁶⁴ 它也不能用作因一国疏忽而造成的另一项国际不法行为的正当化依据。⁶⁵ 然而,这一义务

---

⁵⁹ Articles on State Responsibility, Article 31(1).

⁶⁰ See, generally: d'Argent, *Les réparations de guerre en droit international public* (n 13) 622 et seq; Crawford, *State Responsibility* (n 14) 492 et seq.

⁶¹ Articles on State Responsibility, Article 39.

⁶² Brigitte Stern, *Le préjudice dans la théorie de la responsabilité international*, Pedone, 1973, p.382; d'Argent, *Les réparations de guerre en droit international public* (n 13) 564; Jean Combacau and Serge Sur, *Droit international public*, 7th ed., Montchrestien, 2006, pp.528-530; Stern (n 48) 569-570; Pierre d'Argent, 'Reparation, Cessation, Assurances and Guarantees of Non-repetition' in Andre Nollkaemper and Ilias Plakokefalos (eds.), *Principles of Shared Responsibility in International Law: An Appraisal of the State of the Art*, CUP, 2014, p.220.

⁶³ 受害国的责任减轻不应与适用于实施网络行动的国家的审慎原则相混淆,审慎原则包括减轻网络行动对第三国的影响的责任。关于审慎义务,参见前文第8章。

⁶⁴ 'Commentary to the Articles on State Responsibility' (n 11) 93, commentary to Article 31, para 11.

⁶⁵ Gabčíkovo-Nagymaros (Judgment) (n 29) 55, para 80.

可以影响和缓和责任国的赔偿义务。(66) 但是,它只为计算损失和确定适当的赔偿提供了依据。在加布西科沃-纳吉马罗斯(the Gab čikovo-Nagymaros)项目案中,国际法院将减轻的义务定义如下:

> 根据这一减轻义务的原则,受害国若没有采取必要措施限制所遭受的损失,则无权就本可以避免的损失提出补偿。(67)

减轻损失是指减少国际不法行为所造成的丧失或损害,受害国有义务采取一切合理的措施来减少其损失。(68) 这项义务仅要求尽到最大努力,而非要求实现某种结果。也就是说,受害国没有义务需要成功击退针对其系统的网络行动,但受害国必须采取一切必要措施,来限制网络行动可能产生的负面影响。

在网络环境中,减轻的义务尤为重要。在这个领域,它可以有两个维度:一是实施稳健的网络安全系统以保护国家关键基础设施的一般义务;二是有义务采取必要措施,减轻正在进行的网络行动对计算机系统的影响。这两者在本质上都是特定的,尽管第二个维度只是减轻影响的一般性义务,但它被转移适用于网络领域。

然而,由于网络空间的特殊性,第一个维度很独特。对于国家和私营企业来说,网络安全都构成重要挑战,它们也一直在努力改善其系统和网络的安全水平。其中一个主要措施是定期更新系统,以确保系统免受已知漏洞的攻击。漏洞被频繁发现和曝光,为了填补漏洞,就要求系统持续更新。因此,如果一个国家支持的网络行动所使用的恶意软件系通过一个已知漏洞感染了目标系统,而该漏洞如果事先本应得到处理,那么可以认为目标系统的所有者没有履行其减轻损失的义务。这并不妨碍受害国寻求赔偿,但可以作为降低补偿金的理由。同样,在计算补偿水平时,特别是在涉及关键基础设施时,受害国作出不明智的网络安全决策可能成为不利于它的一个因素。(69) 下面的案例有助于说明这一点。

---

(66) Stephan Wittich, 'Compensation', *Max Planck Encyclopedia of Public International Law* (*MPEPIL*) (2008) https://opil.ouplaw.com/view/10.1093/law:epil/9780199231690/law-9780199231690-e1025, para 21.

(67) Gabčíkovo-Nagymaros (Judgment) (n 29) 55, paras 80-81.

(68) 减轻责任必须与本书先前分析的审慎义务区别开来,后者参见前文第 8 章。

(69) 关于关键基础设施,参见前文第 6.1.6 小节"针对关键基础设施的网络行动"。

2003年1月25日,通过利用微软 SQL Server 中的一个漏洞,Slammer[70]在不到15分钟的时间内感染了全球数千台服务器。Slammer 造成了严重的破坏性影响,比如导致多国的互联网连接减速和中断,数千台美国银行的自动取款机不得不关闭,大陆航空公司的售票系统严重阻塞并迫使该公司取消了数个航班。然而,Slammer 病毒的目标是感染系统内存,并从那里寻找其他要感染的主机;它不控制系统,也不影响存储在硬盘驱动器上的数据。删除 Slammer 的过程很简单,只需要关闭 Slammer 使用的入口点 1434 端口,然后重新启动服务器。尚未感染 Slammer 的服务器可以通过关闭其 1434 端口来防止感染。Slammer 还感染了美国 Davis-Besse 核电站的计算机系统,导致安全参数显示系统的正常运行中断。人们希望,对核电站系统的感染不会带来任何长期损失。核电站的计算机系统有防火墙的保护,不应该受到 Slammer 的攻击。然而,蠕虫病毒之所以能够绕过防火墙,是因为一位专员绕开防火墙,建立了核电站网络和他办公室网络之间的虚拟连接。作为对这个事件的因应措施之一,人们在两个网络之间设立了防火墙。

如果我们假设系由一国创建和启动了这个恶意软件,那么除其他措施外,受害国可以代表运营核电站的公司要求补偿。补偿的范围可以包括因核电站故障而造成的声誉损失,以及为将计算机系统恢复至干净、安全状态所需的费用。责任国可以辩称,受害国未能履行其减轻的义务,可以依据的理由有二:第一个理由是,核电站网络与专员网络之间的连接不安全。因此,核电站没有得到充分的保护。第二个理由是,一旦发现漏洞,系统就应该被更新,以保护它免受恶意软件的攻击。但是这两个理由都很难站住脚,目前还不确定它们是否会被成功运用。尽管如此,它们仍然貌似有一定的道理,并在未来可能被用作证明受害方未能减轻其损失的理由。

---

[70] "The Slammer worm"并不是国家支持的网络行动,这里只是作为网络行动的一个例子。On Slammer, see, generally: Edward Ray, 'Malware FAQ: MS-SQL Slammer' (SANS) www. sans. org/security-resources/malwarefaq/ms-sqlexploit. php; 'WORM: W32/SLAMMER' (F-Secure) www.f-secure.com/v-descs/mssqlm shtml; Paul Boutin, 'Slammed!', *WIRED* (1 July 2003) www.wired.com/2003/07/slam mer/; Brent Kesler, 'The Vulnerability of Nuclear Facilities to Cyber Attack' (2010) 10 Strategic Insights 15, 19-20. See also the analysis in Georg Kerschischnig, *Cyberthreats and International Law*, Eleven International Publishing, 2012, pp.51-52.

在 WannaCry 和 NotPetya 事件中被利用的漏洞,都是微软在这些恶意软件开始运行前几个月就已经知道并提供补丁的漏洞。[71] 大量受害者之所以仍受到攻击,是因为他们没有更新到最新系统。一些国家公开将 WannaCry 和 NotPetya 分别归因于朝鲜和俄罗斯,而没有进一步说明这些恶意软件活动的不法性,也没有说明施害国的责任。但是,如果这两起案件中的受害国都主张施害国承担责任并有义务对所造成的损失进行赔偿,那么施害国就可以主张,受害国没有履行其减轻损失的义务。如果是用于对要求其承担赔偿的范围提出抗辩,上述理由将是一个虽然不够充分但貌似合理的论点。但是,如果这一论点被用来抗辩施害国的赔偿义务,那么它几乎不可能产生任何效果。

减轻的义务在理论上很容易概念化,但在实践中可能会出现非常复杂的情况。在大多数情况下,网络基础设施并非由国家直接所有或管理,而是由私营企业所有或管理。因此,人们很自然地会问:在私人拥有基础设施的情况下,国家的义务范围有多大?例如,针对位于 B 国境内的属于 C 公司的工厂,A 国实施网络行动并造成物理损失。倘若工厂的计算机系统保持最新状态(例如,对一个可能感染系统的漏洞已经打上补丁),那么对工厂造成的物理损失本可以避免,或者至少在很大程度上得到减轻。在这种情况下,私人行为体未能维护强健的网络安全,这是否会影响 B 国承担的减轻义务?对此给予肯定回答似乎有些牵强。不能因为私人行为体没有建立起强健的网络安全机制而追究国家的责任。一个或许可以考虑的因素是,国家缺乏激励措施来鼓励其公司认真对待此类网络威胁。例如,该国缺乏对敏感基础设施实施强健的网络安全的监管或立法措施,削弱了私营企业的责任,而将更多的网络安全责任放在国家层面。然而这种责任似乎给国家造成了不合比例的负担。因此在实践中,实施强健的网络安全义务可能并不切实可行,特别是由于它只能直接适用于国有的网络基础设施。关于采取必要措施减轻正在进行的网络行动的影响的义务,以上分析也同样适用。让一国对私人行为体的网络安全缺陷负责是不相称的。"法不强人所难"(ad impossibilia nemo tenetur 'nobody is held to the impossible'),这句法谚表明,在一国无法遵守的情况下对减轻义务加以限制是合理的。这些关于在网络环境下减轻义务的解释的建议,可能会被未来的国家实践所证实,也可能会被摒弃。各国很可

---

[71] 同上注,第 100—101 页。

能会确认,减轻义务适用于网络空间,但这一义务的限制条件由国家实践最终界定。

总之,减轻的义务并非一项绝对义务。尽管如此,在评估责任国的赔偿义务时,受害国的行为可能会被考虑在内。国家不能因为未能实施强健的网络安全措施,或未能采取适当措施减轻网络行动的影响而承担责任。但是,在评估损失和计算责任国应负的赔偿时,应考虑到这种采取了措施但未成功或因疏忽而未采取措施。此外,本小节还论证了,由于计算机系统和网络的复杂结构,在现实情况下适用减轻义务将极为困难。

9.3.4 赔偿的不同形式

对国际不法行为造成的损害进行充分赔偿的义务可以采取三种形式:恢复原状(restitution)、补偿(compensation)和抵偿(satisfaction)。[72] 国际常设法院在论及霍茹夫工厂案的实体问题时,详细说明了赔偿的义务以及它可能采取的两种形式——恢复原状和补偿。法院指出:

> 赔偿必须尽可能消除非法行为的所有后果,并重新恢复到假设没有犯下这种行为,很可能存在的情况。这是一项包含在不法行为的实际概念中的基本原则,这一原则似乎是由国际惯例,特别是由仲裁庭的裁决所确立。以实物返还,或者在不可能返还实物时,支付与实物返还所能承受的价值相对应的价款;如有必要,对无法通过恢复原状或支付实物的替代价款来弥补的那些损失,还需给予赔偿。以上原则应有助于确定违反国际法行为应得到的补偿数额。[73]

恢复原状是赔偿的主要形式,[74] 它主要是指重新恢复到以前的状态

---

[72] Articles on State Responsibility, Article 34.
[73] *Chorzów* (Merits) (n 44) 47.
[74] Primacy of restitution over the other forms of reparation was confirmed in 同上注,47;quoted in Bosnian genocide (Judgment) (n 31),232, para 460;see also: The M/V 'SAIGA' (No 2) (Saint Vincent and the Grenadines v. Guinea) (Judgment) [1999] ITLOS Reports, para 170;关于德士古海外石油公司/加利福尼亚亚洲石油公司与阿拉伯利比亚共和国政府之间争端实质问题的裁决(国有化财产的补偿)(1978) 17 International Legal Materials 1, 36, para 109; see also Gray (n 14) 589.

(the status quo ante)。⑦⑤ 但是，如果实际上不可能进行恢复原状，或者恢复原状的负担和所获得的利益不相称时，恢复原状可能会受到限制。当恢复原状不能或不足以确保充分赔偿时，责任国有义务进行补偿。⑦⑥ 补偿义务包括支付经济补偿，"其应涵盖任何经济上可评估的损失，包括已经确定的利润损失"。⑦⑦ 最后，如果不能通过恢复原状和补偿来获得全部赔偿，那么责任国就有义务对所造成的损害给予抵偿。⑦⑧ 抵偿是赔偿的最后一种形式，可以由非物质因素或道德因素的赔偿构成，如道歉、表示遗憾或承认违约行为。⑦⑨

恢复原状、补偿和抵偿是三种可能的赔偿形式。⑧⓪ 这三种不同形式的赔偿可以单独使用，也可以组合使用，以满足充分赔偿的义务。⑧① 例如在某些情况下，恢复原状可能不够充分，因此还应辅以补偿。⑧② 除了这三种赔偿形式之外，还可以裁定赔付利息，以作为赔偿的一个组成部分，来确保作出了充分赔偿（裁决前利息），或者作为与裁定的赔付金额相关的

---

⑦⑤ 《草案》第35条要求恢复到实施不法行为以前所存在的状况，这构成了对恢复原状最狭隘的理解。对恢复原状的广义理解意味着（重新）确立不发生不法行为时的情况：'Commentary to the Articles on State Responsibility' (n 11) 96, commentary to Article 35, para 2.

⑦⑥ Articles on State Responsibility, Article 36(1); as confirmed in the above extract from *Chorzów* (Merits) (n 44), 47; see, for instance, *Affaire des biens britanniques au Maroc espagnol* (*Espagne contre Royaume-Uni*) (1925) 2 RIAA 615, 621-625 and 651-742, in which compensation was considered after it was concluded that restitution was impossible.

⑦⑦ Articles on State Responsibility, Article 36(2).

⑦⑧ 同上注，Article 37(1).

⑦⑨ 同上注，Article 37(2); the PCIJ did not refer to satisfaction in *Chorzów* (Merits) (n 44), 47, 只提到恢复原状和补偿作为赔偿的形式。然而，在其他案件中，特别是科孚海峡案（大不列颠及北爱尔兰联合王国诉阿尔巴尼亚），裁定了抵偿。[1949] ICJ Reports 435-436; see also *Rainbow Warrior* (n 9), 272-273, para 122.

⑧⓪ Yann Kerbrat, 'Interaction Between the Forms of Reparation' in James Crawford *et al* (eds.), *The Law of International Responsibility*, OUP, 2010, p.573.

⑧① Articles on State Responsibility, Article 34.

⑧② *Chorzów* (Merits) (n 44) 47-48; The M/V 'SAIGA' (No 2) (Judgment) (n 74) 65, para 170; *Papamichalopoulos and Others v. Greece* (Article 50) [1995] ECtHR Application No 14556/89, No 330-B, Series A, para 36.

利息(裁决后利息)。(83) 利息及其利率如何裁定,需依个案情况来确定。

然而,赔偿的义务是有限度的。例如,无论是通过恢复原状、补偿还是抵偿,赔偿都应与所遭受的损失相称。(84) 此外,如果受害国或个人造成了伤害,无论是故意的还是过失的,这也应该作为限制赔偿的因素被考虑在内。(85)

在简要介绍了可能采取的赔偿形式之后,以下将重点关注恢复原状(9.3.4.1)、补偿(9.3.4.2)和抵偿(9.3.4.3),并分析它们在网络行动造成损失的情况下如何适用。

9.3.4.1 恢复原状

恢复原状是第一种,也是最主要的赔偿形式。它主要指重新恢复到以前的状态;也就是说,重新恢复到不法行为发生之前即存在的情形。要判断可以要求对哪些对象恢复原状,取决于被违反的主要义务。(86) 但是,如果恢复原状在实质上是不可能的,或者恢复原状的负担和由此产生的利益不相称,则可以作出不支持恢复原状的裁定。(87)

实际恢复原状和法定恢复原状,是恢复原状的两种主要形式。实际恢复原状是国家实践中最常见的一种。(88) 它可以采取各种形式,包括"释放被拘留的人,将在其领土内被逮捕的人移交给一国,归还船舶或其他类

---

(83) Articles on State Responsibility, Article 38; Penelope Nevill and Elihu Lauterpacht, 'The Different Forms of Reparation: Interest' in James Crawford *et al* (eds.), *The Law of International Responsibility*, OUP, 2010, p.613.

(84) 例如, *The Lusitania* (1923) 7 RIAA 32, 39 裁决说得很清楚"救济应与损失相称,以便受害方得到偿还。在充分赔偿的基础上加上罚金并命名为损害赔偿,再加上惩戒性、报复性或惩罚性等限定词,这是一种糟糕的术语混淆,将不可避免地导致混乱的思想"; see also *Loayza-Tamayo v. Peru* (Reparations and Costs) (1998) Series C No 42 Inter-American Court of Human Rights (IACHR), 20, para 87("在本判决中作出的赔偿必须与违法行为相称……")。因此,恢复原状不应"涉及与恢复原状而非补偿所产生的利益不成比例的负担"[第 35(b)条];补偿"应包括任何财务上可评估的损害"(第 36 条);最后,抵偿"应与损害成比例"[第 37(3)条]。

(85) 《草案》第 39 条"对损害的作用"("在确定赔偿时,应考虑到提出索赔的受害国或任何人或实体由于故意或疏忽以作为或不作为促成损害的情况")。

(86) 'Commentary to the Articles on State Responsibility' (n 11), commentary to Article 35, para 6; see also Gray (n 14) 594-595.

(87) Articles on State Responsibility, Article 35.

(88) Gray (n 14) 590.

型的财产,包括文件、艺术品、股票等"。⑧⑨ 法定恢复原状,有时也被称为"司法性还原",指的是修改违反国际法的法律状态。它可能需要修改或撤销司法决定、行政措施、立法行为或宪法规定。⑨⓪

在实践中,恢复原状似乎很少被裁定为一种赔偿形式。⑨① 尽管恢复原状系为首要的赔偿形式,但国际法院只在为数不多的案件中作出了此种裁定。在柏威夏寺(the Temple of Preah Vihear)案中,国际法院命令"将柬埔寨第五份意见书中指明的、自1954年泰国占领该寺庙之日起已被泰国当局从该寺庙或寺庙区域移走的任何物品归还给柬埔寨"。⑨② 在德黑兰人质案中,国际法院命令伊朗结束对美国领事和外交人员的囚禁,以此作为一种恢复原状。⑨③ 在逮捕令(the Arrest Warrant)案中,国际法院命令比利时"取消逮捕令",⑨④这构成了对损失的全部赔偿。在陆地与海洋边界(the Land and Maritime Boundary)案中,国际法院裁定,各国有义务迅速和无条件地撤回其在属于另一国主权领土上的行政、军事和警察力量。⑨⑤ 最后,在阿韦纳(Avena)案中,美国有义务"通过自己选择的方式,审查和重新考虑对墨西哥国民的定罪和判决",这也被视为完全恢复原状。⑨⑥

如前所述,在国际法下区分停止和恢复原状是一个棘手的问题。本书前文已述及,停止恶意软件的入侵必须满足两个累积要件:一是施害者停止对恶意软件的一切使用、通信和控制;二是施害者必须传达所有必要的信息,以便恶意软件从被感染的系统中彻底、明确地被移除,从而终止

---

⑧⑨ 'Commentary to the Articles on State Responsibility' (n 11) 97, commentary to Article 35, para 5 (references omitted).

⑨⓪ 同上注;Gray (n 14) 590-591.

⑨① Kerbrat (n 80) 584-586;Gray (n 14) 595-596.

⑨② *Temple of Preah Vihear* (*Cambodia v. Thailand*) (Merits) [1962] ICJ Reports 6,37 (*dispositif*).

⑨③ Tehran Hostages (Judgment) (n 9) 44-45, para 3 of the operative part (*dispositif*).

⑨④ Arrest Warrant of 11 April 2000 (Democratic Republic of the Congo v. Belgium) (Judgment) [2002] ICJ Reports 3,33, para 3 of the operative part (*dispositif*).

⑨⑤ *Land and Maritime Boundary* (n 31) 457, para 5 of the operative part (*dispositif*).

⑨⑥ Avena (Judgment) (n 31) 72, para 9 of the operative part (*dispositif*); however, *contra the qualification of this case as restitutio in integrum*, see, generally, Kerbrat (n 80) 584.

侵入状态。如果这两项要求得到遵守,将使受害国恢复原状,从而既满足停止的义务,又满足恢复原状的义务。但这并不一定意味着实际上已经进行了充分赔偿,特别是当先前的网络行动造成损失时。

网络行动造成的损失可能是虚拟的,也可能是实体的。网络行动可能破坏或删除数据,也可能影响受感染系统的正常运行。由此产生的故障可能会造成物理破坏,就像Stuxnet对伊朗离心机造成的物理破坏一样。在这种情况下,停止侵入行为和停止使用恶意软件本身并不构成对损害的完全赔偿。除了停止侵入之外,还需要修复由此造成的损失。对于DDoS攻击,我们也可以得出同样的结论;停止攻击相当于同时履行停止和赔偿义务,但如果造成了损失,则仍需弥补。

在造成物理破坏或数据丢失的情况下,损害不能通过恢复原状进行修复。事实上,责任国无法恢复损坏或丢失的物品,因此,损害应该通过其他形式的赔偿来修复,其中最有可能的是补偿。因此,在这种情况下,对损失的赔偿将包括恢复原状和补偿。

在某些情况下,恶意软件可能具有间谍功能。其可能既从目标系统复制了数据,同时还从受感染的系统中对这些数据进行了篡改或删除。在这种特定情况下,对损失的赔偿可以部分通过恢复原状来实现,即向原始所有者提供复制或删除的数据副本。然而,这种情况在现实中不太可能发生,原因有三:首先,考虑到当今最重要的计算机系统都进行了备份,以便所有者能够恢复被删除或修改的数据,这种赔偿方式可能毫无用处;其次,施害者可能很容易否认其持有数据副本,还可能在归还数据前对数据进行恶意篡改;最后,存在返回的数据可能被损坏的风险。当然,以上断言是否正确,只有依赖未来的国家实践和司法裁判来决定。

此外,在恶意软件复制和下载数据的情况下,可以辩称,恢复原状也可能导致责任国控制下的被复制的数据被销毁。但这种销毁将只能是象征性的,因为受害国几乎不可能确切地知道责任国是否真的删除了它所控制的所有被盗数据。斯诺登泄密事件发生后,英国政府通信总部(GCHQ)命令《卫报》的记者销毁用来存储泄露文件的电脑。这个例子生动地说明了这种要求毫无用处,因为记者们已经将这些数据复制了好几

份，并分散储存在其他地方。(97)

总而言之，在大多数情况下，停止网络行动将同时满足停止的义务和恢复原状的义务。然而，如果发生了损失，恢复原状似乎不能解决所有问题。在这种情况下，一般可以要求补偿。

9.3.4.2 补偿

补偿构成第二种赔偿形式。补偿要求责任国支付一笔款项，以在无法恢复原状，或恢复原状不足以赔偿的情况下作为替代。(98) 习惯国际法的补偿原则(99)被国际常设法院和国际法院确认作为一种赔偿形式，(100)国际法委员会将此编纂为《草案》第36条。(101)

损失一般应该是"可通过金钱标准进行评估的"，才存在获得补偿的问题。(102) 在卢西塔尼亚(the Lusitania)案中，仲裁员明确表示，即使损失难以用金钱来评估，这也不妨碍补偿。(103) 国际法委员会在《国家责任条款评注》中提供了一份不完全清单，其中列明了若干涉及可要求补偿的损失

---

(97) Luke Harding, 'Footage Released of Guardian Editors Destroying Snowden Hard Drives', The Guardian (31 January 2014) www.theguardian.com/uk-news/2014/jan/31/footagereleased guardian-editors-snowden-hard-drives-gchq.

(98) Wittich (n 66), paras 10-11.

(99) John Barker, 'The Different Forms of Reparation: Compensation' in James Crawford *et al* (eds.), *The Law of International Responsibility*, OUP, 2010, p.599.

(100) *Chorzów* (Merits) (n 44) 27-28("国际法的一项原则是，对一项不法行为的赔偿可能包括因违反国际法的行为对受害国国民所遭受的损害作出相应的赔偿"); Gabčíkovo-Nagymaros (Judgment) (n 29) 81, para 152("国际法的一项既定规则是，受害国有权向犯下国际不法行为的国家就其造成的损害获得补偿"); Bosnian genocide (Judgment) (n 31) 232-233, para 460.

(101) Articles on State Responsibility, Article 36.

(102) 'Commentary to the Articles on State Responsibility' (n 11) 99; The M/V 'SAIGA' (No 2) (Judgment) (n 74) para 171("根据案件的具体情况，对经济上可量化的损害可以采取货币赔偿的形式，对非物质损害也可以采取货币赔偿的形式")。

(103) *The Lusitania* (n 84) 40("毫无疑问，受伤害者根据国际法规则有权对造成精神痛苦的伤害、对其感情的伤害、羞辱、羞耻、退化、社会地位的丧失或对其信用或名誉的伤害获得补偿，而这种赔偿应与所受伤害相称。这种损害是非常真实的，仅凭它们难以用金钱标准来衡量或估计的这一事实就使它们变得没有实际意义，并且没有理由不使受伤者因此而得到补偿性损害赔偿，而不是作为一种惩罚。美国几个州的判决和法规的趋势似乎是扩大了评估实际和补偿性损害赔偿时所要考虑的因素的范围，相应的结果是缩小了惩罚性损害赔偿规则的适用范围")。

的情形：

> 对国家本身造成的损失，可能产生于击落其飞行器或击沉其船舶、对其外交驻地和外交人员的袭击、对其他公共财产所造成的损失、对污染损失作出反应所涉的费用，或诸如由于某一不法行为造成必须向受害官员支付养恤金和医疗费用而产生的附带损失等。[104]

例如，在科孚海峡案中，针对三种不同的损失类别，英国寻求并获得补偿：为失踪的驱逐舰"索马雷兹"（Saumarez）号提供替代物，驱逐舰"沃拉奇"（Volage）号所遭受的损失，以及海军人员伤亡所造成的损失。[105] 此外，国际法院和法庭以及人权机构还处理过关于人身伤害的补偿。[106] 例如，在 M/V"赛加"（Saiga）案中，国际海洋法法庭裁决对圣文森特和格林纳丁斯（Saint Vincent and the Grenadines）所遭受的损失以及船员的人身损失给予补偿。[107] 判决的补偿金取决于案件的情况，这包括主要被违反的规范的实质内容、当事人的行为和对规范的违反情况。[108]

本研究无意于讨论证明标准和补偿计算的标准，因为这是个案决断的问题。[109] 此外，一般来说，举证责任由求偿人承担，但这可能会受到案件情况的影响。与其他法律纠纷一样，处理涉及网络行动案件的法院、法庭和仲裁员将根据案件的具体事实和情况来计算适当的补偿数额。[110] 对于网络行动造成的损失，本小节将就如何评估相关补偿提供一般指引。

A. 物质损失

根据《国家责任条款评注》的定义，物质损失是指"对国家和其国民的

---

[104] 'Commentary to the Articles on State Responsibility' (n 11) 100, commentary to Article 36, para 8 (references omitted).

[105] *Corfu Channel* (*United Kingdom of Great Britain and Northern Ireland v. Albania*) (Assessment of the amount of compensation) [1949] ICJ Reports 244.

[106] 'Commentary to the Articles on State Responsibility' (n 11) 102, commentary to Article 36, para 19.

[107] The M/V 'SAIGA' (No 2) (Judgment) (n 74) paras 170-173.

[108] 同上注, para 171.

[109] On the question of proof, see, notably: Marco Roscini, 'Evidentiary Issues in International Disputes Related to State Responsibility for Cyber Operations' (2015) 50 Texas International Law Journal 233, *passim*; Barker (n 99) 602-611.

[110] Wittich (n 66), paras 12-14.

财产或其他利益造成的、可以用金钱标准评估的损失”。(111) 损失会对国家合法利益造成损害。一般来说，需要保护的国家合法利益可分为三类：主权权益、财产利益和国民利益。(112) 与本书相关的问题是：网络行动是否能够造成这种损失？换言之，网络行动是否会造成损失，进而导致受害国能够向施害国主张责任？本小节对这个问题提供了肯定的答案，下文将对此进行论证。

本小节的结构对应于网络行动可能造成的损失的不同形式。在某些特定情况下，网络行动会产生物理损失，此时对物质损失的认定更加容易(i)。然而一般来说，网络行动主要产生非物质损失，这也可被称为无形损失或非物质损失。然后，我们必须确定这种损失是否会构成物质损失(ii)。最后，本书将再次回到由于删除恶意软件所导致的成本的补偿问题(iii)。

(i)网络行动造成的物质损失

在某些特定情况下，网络行动会造成物质损失。在爱达荷州 Aurora 国家实验室于 2007 年进行极光发电机测试后，这一问题得到了揭示。(113) 该测试成功地演示了，网络行动如何对柴油发电机的部件造成物理损失。更广泛而言，该测试旨在展示网络行动如何对部分电网进行物理破坏并导致其故障。几年后，Stuxnet 病毒以一个具体案例证明了这种可能性。Stuxnet 病毒感染了伊朗纳坦兹核设施的计算机系统，致其不正常快速旋转而解体，因此损坏了几台离心机。2014 年，德国联邦信息安全办公室(Bundesamt für Sicherheit in der Informationstechnik)发布了一份关于德国网络安全状况的报告，其中提及一场对一家钢铁设施造成大规模破坏的网络行动。不过该报告并没有透露具体信息。(114) 根据报告，网络行动导致控制系统的多个部件产生故障并不断累积，影响到整个设施，使高

---

(111) ‘Commentary to the Articles on State Responsibility’ (n 11) 92, commentary to Article 31, para 5.

(112) d’Argent, *Les réparations de guerre en droit international public* (n 13) 595.

(113) See, generally, the description of the Aurora test in Kim Zetter, *Countdown to Zero Day: Stuxnet and the Launch of the World’s First Digital Weapon* (Crown 2014); see also Jeanne Meserve, ‘Mouse Click Could Plunge City into Darkness, Experts Say’ (CNN, 27 September 2007) http://edition.cnn.com/2007/US/09/27/power.at.risk/index.html.

(114) ‘Die Lage der IT-Sicherheit in Deutschland 2014’ (Bundesamt für Sicherheit in der Informationstechnik 2014) 31.

炉无法关闭,并对未透露性质的某种机器造成巨大破坏。对机器造成的巨大破坏是物理意义上的,因此这次网络行动是历史上第二次据报道造成物理破坏的事例。⑮ 然而,值得重申,绝大多数的网络行动不会造成任何物理损失。网络行动造成的损失主要是虚拟的。

在评估赔偿时,也可以考虑被网络行动实际破坏的基础设施的性质。对一个关键基础设施造成损失,⑯其在性质上可能是更严重的,因此需要更多的赔偿。在这种情况下,本书认为,关键基础设施受到网络行动破坏的受害国可以通过两种形式要求赔偿:首先,对基础设施造成的实际物质损失,更有可能通过补偿作出;其次,这种赔偿可以通过抵偿的方式来实现。关键基础设施遭到中断或破坏的潜在严重后果,确实可能导致受害国要求施害国承认其不当行为、作出道歉,或者保证不重复这种行为。⑰

对网络行动造成的物理损失的评估方式与对其他物理损失的评估方式相同。一般来说,由于损坏的财产不能返还,责任国必须提供补偿。补偿的水平将根据所违反的初级义务和案件的具体事实而有所不同。⑱ 因此,对补偿的评估需要根据个案确定。

(ii)网络行动造成的非物理损失

大多数网络行动都会产生非物理损失,如对数据的篡改或破坏,或使数据无法访问。这种损失是否构成可按金钱标准评估的物质损失?

如今很少有人反对,根据国际法,数据和软件应该被当作财产来对待,这也是其他法域的普遍做法。在国内法中,大多数国家立法承认数据和软件的财产地位,这主要是在知识产权法和版权法的框架范围内进行规定。同样地,计算机数据似乎在国际层面也受到了保护。例如在

---

⑮ Kim Zetter, 'A Cyberattack Has Caused Confirmed Physical Damage for the Second Time Ever', *WIRED* (8 January 2015) www.wired.com/2015/01/german-steel-mill-hackdestruction/; Robert M Lee, Michael J Assante and Tim Conway, 'German Steel Mill Cyber Attack' (SANS, ICS CP/PE (Cyber-to-Physical or Process Effects) case study paper 2014) https://ics.sans.org/media/ICS-CPPE-case-Study-2-German-Steelworks_Facility.pdf; 'ICS Cyber-Attack on German Steelworks Facility and Lessons Learned' (Dragos Security, 18 December 2014) https://dragossecurity.com/blog/9-ics-cyberattack-on-german-steelworks-facility-and-lessons-learned.

⑯ 关于关键基础设施,参见前文第 6.1.6 小节 "针对关键基础设施的网络行动"。

⑰ 这一主张是在关于抵偿的一节中提出的;参见后文第 9.3.4.3 小节 "抵偿"。

⑱ Crawford, *State Responsibility* (n 14) 519.

WTO法中，计算机程序享有保护，但这种保护并不及于数据。[119] 2001年的《布达佩斯网络犯罪公约》将侵犯计算机数据和系统的机密性、完整性和可用性的行为定性为犯罪行为。[120] 国家对其数据是否具有财产权，这尚未得到任何国际法条约、国际司法或法庭决定的承认。然而，我们可以合理推断，计算机数据构成了"财产或其他权益"。当然这一主张最终只能通过国家实践来证实，只有国家实践才能对这个问题提供最终答案。

由此产生的另一个问题是，对数据的篡改、阻止访问和破坏，是否可以用金钱标准评估。数据和软件是被频繁交换和出售的财产，因此它们的价值很容易计算出来。因此，对网络行动造成的虚拟损失进行金钱评估是可能的。

《塔林手册2.0》也采用了类似的方法。"国际专家组认为，在网络行动的语境下，由于网络行动的干扰以及数据丢失所造成的经济损失构成物质损害"，而"单纯因短暂网络中断或个人电子邮件丢失导致的苦恼不构成物质损失"。[121]

(iii) 对移除恶意软件所产生的成本的补偿

从计算机系统中删除恶意软件可能会使受害国或私人行为体付出重大代价。除了网络行动造成的损失外，受害国还将承担从其系统中删除恶意软件的费用，在某些情况下，甚至还需要承担恢复系统——包括重建系统安全环境——的费用。责任国是否必须承担这些费用，作为其全面赔偿义务的一部分？

我们可以通过清理污染所产生的费用之情形来进行类比。例如，1978年1月，苏联的一颗卫星"宇宙954号"在加拿大境内坠毁。加拿大对苏联卫星侵入其领空以及在加拿大领土上沉积的有害放射性碎片寻求补偿。[122] 其第二项求偿包括定位、移除、测试和清理受影响地区的放射性碎片的费

---

[119] 《1994年与贸易有关的知识产权协议》(1994年4月15日在摩洛哥马拉喀什签署的《建立世界贸易组织的马拉喀什协定》附件1C, 1869 UNTS 299, 33 ILM 1197 (1994))，第10条。

[120] 《2001年网络犯罪公约》(2001年11月23日在布达佩斯签署，2004年1月7日生效，ETS 185)第2条"非法访问"，第3条"非法截取"，第4条"数据干扰"，第5条"系统干扰"和第6条"设备滥用"。

[121] Schmitt and Vihul (n 1) 144-145, commentary to Rule 28, para 2.

[122] 'Claim against the Union of Soviet Socialist Republics for Damage Caused by Soviet Cosmos 954' (n 121) 899-930.

用。⑫³ 1981 年，双方同意和解，加拿大的两项声索均获得补偿。⑫⁴

对于清理计算机系统和完全消除国家支持的网络行动所造成的影响的费用，也可以作出类似的补偿裁定。

B. 精神损失

精神损失可能单独发生，也可能与物质损失一起发生。精神损失是指与财产或人身的实际损失无关的损害，它通常无法以金钱标准来进行评估。(125) 精神损失可以通过抵偿来弥补，因为它通常不能进行金钱标准评估，但在某些情况下也可以通过补偿来进行赔偿。(126) 例如，在迪亚洛(the Diallo)案中，几内亚要求赔偿其国民在刚果民主共和国被任意逮捕、拘留和驱逐所造成的物质和非物质损失。国际法院指出，刚果民主共和国的不法行为所造成的非物质损失，造成了严重的心理痛苦和名誉损失，(127)并判决对这一非物质损失给予 85000 美元的补偿。(128)

网络行动可能会造成精神损失。例如，对网站进行涂改——篡改网站的视觉外观和内容——可能会被视为对网站所有者的荣誉、尊严和威望的侵犯。(129) 在 2008 年俄格战争中的网络行动浪潮中，数个官方网站和商业网站均遭网络涂改而被迫下线。例如，作为 DDoS 攻击的一个主要目标，格鲁吉亚总统府的网站(www.president.gov.ge)被迫下线超过 24

(123) 同上注，903-904，para 8.

(124) 'Protocol in Respect of the Claim for Damages Caused by the Satellite "Cosmos 954". Signed at Moscow on 2 April 1981.' (1981) 1470 United Nations Treaty Series 269.

(125) 'Commentary to the Articles on State Responsibility' (n 11) 99，commentary to Article 36，para 1.

(126) Kerbrat (n 80) 581；这一解决办法特别适用于基于当事人之间的协议的"彩虹武士"案中。See *Rainbow Warrior* (n 9)，271，para 115；see，contra，'Commentary to the Articles on State Responsibility' (n 11) 99，commentary to Article 36，para 1("经济上可评估"这一限定语意在排除对有时被称为对一国"精神损害"的赔偿……)；the Commentary，however，acknowledges the solution adopted in *the Rainbow Warrior* case：同上注，92，commentary to Article 31，para 7.

(127) Ahmadou Sadio Diallo (Republic of Guinea v. Democratic Republic of the Congo) (Judgment on the Compensation owed by the Democratic Republic of the Congo to the Republic of Guinea) [2012] ICJ Reports 324，334-335，paras 21-24.

(128) 同上注，335，para 25.

(129) Dancho Danchev，'Georgia President's Web Site under DDoS Attack from Russian Hackers' (ZDNet，22 July 2008) www.zdnet.com/article/georgia-presidents-web-siteunder- ddos-attack-from-russian-hackers/.

小时。事件发生几天后,格鲁吉亚总统府的网站遭到了涂改,网站首页还被挂上了将总统比作阿道夫·希特勒的图片。[130] 由于它对格鲁吉亚国家及其总统的尊严和威望构成了侵犯,因此这可能造成精神损失。然而,似乎任何法院或法庭都不太可能裁决要求对总统府的网站所遭受的非物质损失给予补偿。在这种情况下,抵偿将是一种更适当的赔偿形式。

相比之下,如果国家支持的网络行动造成私人网站或商业网站的涂改和被迫下线,对于由此造成的声誉损失,法院或法庭似乎更有可能裁决要求对此种非物质损失给予补偿。作为 2007 年针对爱沙尼亚的网络行动的一部分,爱沙尼亚政府、媒体、私人公司和银行的一些网站和服务均受到了攻击和影响。例如,爱沙尼亚主要商业银行汉萨银行(Hansapank)和乌希斯银行(SEB Eesti Ühispank)的服务分别于当年 5 月 9 日和 5 月 15 日被迫中断一个半小时。[131] 同样,在 2008 年针对立陶宛和格鲁吉亚的网络行动中,私人网站和服务器也受到了攻击并遭到影响。[132] 在这种情况下,补偿似乎是修复所受伤害的最恰当方式。

总之,网络行动造成的损失,无论是物质的还是非物质的,往往是可以用金钱标准评估的,因此补偿将构成这些案件中的主要赔偿形式。

9.3.4.3 抵偿

当恢复原状或补偿无法完全修复损失时,抵偿是现有的第三种,也是最后一种赔偿形式。[133] 抵偿主要用于那些无法以金钱评估和无法得到补

---

[130] Dancho Danchev, 'Coordinated Russia vs Georgia Cyber Attack in Progress' (ZDNet, 11 August 2008) www.zdnet.com/article/coordinated-russia-vs-georgia-cyber-attack-inprogress/.

[131] Eneken Tikk, Kadri Kaska and Liis Vihul, *International Cyber Incidents: Legal Considerations* (NATO Cooperative Cyber Defence Centre of Excellence (CCDCOE) 2010) 19-20 www.ccdcoe.org/publications/books/legalconsiderations.pdf.

[132] Danchev (n 130); 'Lithuania: Attacks Focused on Hosting Company' (PC-World, 4 July 2008) www.pcworld.com/article/147960/article.html.

[133] 《草案》第 37(1)条("一国际不法行为的责任国有义务抵偿该行为造成的损害,如果这种损害不能以恢复原状或补偿的方式得到赔偿")。

偿的损失情况,这通常是涉及道德损失和法律损失。⑭《国家责任条款评注》第37条列举了这种损失的几个例子：

针对一国的国际不法行为对另一国造成非物质损失的情况,国家实践还提供了许多要求抵偿的实例。例如,侮辱国旗,侵犯国家主权或领土完整,攻击船只或飞机,虐待或蓄意攻击国家元首或政府首脑、外交或领事代表或其他受保护人士,以及侵犯使领馆官邸或使团人员的驻地。⑮

抵偿可能包括非物质的或道德上的赔偿,如道歉、表达后悔或承认违约。⑯ 此外,通过抵偿进行赔偿是有限度的,因为它不应当是不合比例的,也不得对需为损害负责的国家造成羞辱。⑰

本研究旨在确定何时可以对网络行动造成的损害给予抵偿。正如本书前面所提到的,网络行动导致侵犯主权,是裁定将抵偿作为一种赔偿形式的典型情况。侵犯领土主权即意味着构成非物质损失,这通常无法以金钱评估。由于没有物质损失,因此,恢复原状和补偿无法适用。将抵偿作为侵犯领土主权的一种赔偿形式,最显著的案例是科尔孚(Corfu)海峡案和彩虹勇士号(the Rainbow Warrior)案。⑱

鉴于网络行动的国际法律制度尚未完全确定,通过请求责任国承认其网络行动的非法性,抵偿可以成为一个确认非法网络行动的有效工具。其可以与要求责任国保证和承诺不再重复相同性质的非法网络行动一起提出。

---

⑭ *Rainbow Warrior* (n 9),272-273,para 122["对于违反国际义务的行为,各国和国际法院和法庭长期以来都有将抵偿作为广义上的一种救济或赔偿形式的做法。这种做法特别涉及直接对国家造成道德损失或法律损失的案件,而非涉及国际责任的人身损害的案件"]。See also:Bernard Graefrath, 'Responsibility and Damages Caused:Relationship between Responsibility and Damages' (1984) 185 RCADI 9,69,84;Capotorti (n 8) 266.

⑮ 'Commentary to the Articles on State Responsibility' (n 11) 106,commentary to Article 37,para 4 (footnotes omitted).

⑯ Articles on State Responsibility, Article 37(2); the list of forms of satisfaction given in Article 37(2) is not exhaustive: 'Commentary to the Articles on State Responsibility' (n 11) 106,commentary to Article 37,para 5;on the possible forms of satisfaction see,generally,同上注,106-107,paras 5-7,commentary under Article 37; see also Eric Wyler and Alain Papaux, 'The Different Forms of Reparation:Satisfaction' in James Crawford *et al* (eds.), *The Law of International Responsibility*, OUP,2010,pp.629-634.

⑰ Bernard Graefrath 列举了一些滥用抵偿作为羞辱外国国家和公民的手段的例子:Graefrath (n 134) 85-86.

⑱ *Corfu Channel* (Merits) (n 79) 35-36;*Rainbow Warrior* (n 9).

在专门讨论恢复原状的章节中,本书认为,要求销毁包含网络行动所窃取数据的硬盘是没有意义的,因为施害者可以很容易地复制这些数据。然而,这些措施可用于履行抵偿。在这种情况下,销毁硬盘驱动器可能是出于政治目的。第一,它可以作为一个标志,表明责任国愿意终止其错误行为,并交出它可能从被盗数据中获得的资料和任何潜在的好处。第二,通过表明正常关系的恢复和与被盗数据相关的冲突的结束,它还可能对这两个国家的公众舆论产生影响。总之,销毁硬盘驱动器可能是要求以抵偿形式进行赔偿的例子。

网络行动目标的性质也可能会促使受害国要求抵偿。针对关键基础设施的网络行动可能会产生特别严重的后果。[13] 在这种情况下,采取抵偿的形式,可能相当于要求施害国承认其不当行为、为其道歉,并保证不重复这种行为。这一断言只是假设性的,并不反映当前的国家实践。然而在本书看来,考虑到造成关键基础设施破坏的网络行动的具体性质和潜在风险,这提供了一种恰当的处理方式。

我们无法事先确定何种抵偿形式是适当的,这将取决于个案的具体情况。因此,在本研究中无法确定在每一种情况下分别应该给予哪种形式的抵偿。它必须根据具体情况作出决定。

9.3.4.4 关于赔偿形式的小结

关于赔偿形式的这一节表明,网络行动所造成的损失可能难以通过恢复原状来修复。在大多数情况下,补偿构成了最适当的赔偿形式。

9.3.5 对 NotPetya 事件后果进行赔偿的困难

NotPetya 事件指的是从 2017 年 6 月 27 日开始,通过修改版 Petya 恶意软件实施的一系列网络行动,其主要针对乌克兰的系统和网络,但也波及其他国家。[14] 虽然 NotPetya 模仿的是勒索软件的行为方式,但其目的是删除受感染计算机上的数据。NotPetya 是迄今为止造成最大经济

---

[13] 关于关键基础设施,参见前文第 6.1.6 小节"针对关键基础设施的网络行动"。

[14] 关于 NotPetya,参见前文第 162—168 页。

损失的恶意软件之一,其在全球范围内造成了超过 10 亿美元的损失。[14]

一些国家认为俄罗斯联邦要对 NotPetya 负责。如果这些国家实际主张俄罗斯承担责任,将会导致对网络行动的后果进行赔偿的问题。国家责任法规定的三种赔偿形式是:恢复原状、补偿和抵偿。由于 NotPetya 抹除了受感染的系统,因此无法通过恢复原状来修复相关系统。相反,由于 NotPetya 造成了重要的经济损失,因此补偿似乎是对 NotPetya 后果进行赔偿的合适选择。最后,受害国还可决定,要求责任国采取除补偿外的其他赔偿形式,如要求责任国承认其不法行为作为抵偿。

因此,如果受害国向施害国主张责任,国际法可以提供适当的解决办法来弥补 NotPetya 的后果。迄今为止,受害国只是对案件进行了归因,而没有触及 NotPetya 在国际法上是否合法的问题,也没有触及国家责任问题。

如果考虑到弥补有关私人行为体的实际损失,如何对 NotPetya 后果进行赔偿的问题将更具争议性。

2018 年 10 月 10 日,Mondel_ez 国际公司在美国伊利诺伊州库克县巡回法院起诉其保险公司苏黎世美国保险公司,因为后者拒绝赔偿因 NotPetya 给 Mondel_ez 国际公司带来的损失,这项损失据估计达到 1.88 亿美元。[15] 根据 Mondel_ez 国际公司提供的信息,苏黎世美国保险公司保单的承保范围包括:

> 对 MDLZ 的财产造成的"所有物理损失或损坏的风险",特别是包括"电子数据、程序或软件的物理损失或损坏,包括因恶意引入机器代码或指令而造成的损失或损坏"。

此外,保单还规定,对于"在被保险人的电子数据处理设备或媒体不能正常运行而直接导致业务中断期间所发生的损失或费用",保险公司也应予以赔偿。

---

[14] Ellen Rosen, 'Manufacturers Remain Slow to Recognize Cybersecurity Risks', *The New York Times* (21 November 2018) www.nytimes.com/2018/11/21/business/manufacturers-remain-slow-to-recognize-cybersecurity-risk.html.

[15] Mondelez International, Inc (Plaintiff) v. Zurich American Insurance Company (Defendant) Circuit Court of Cook County, Illinois 2018-L-011008.

在 2018 年 6 月 1 日的一封信中,苏黎世美国保险公司以保单中的第 B.2(a)项除外条款为由,拒绝赔付 Mondel_ez 国际公司的损失:

> B. 本保单不包括因下列情况直接或间接[……]造成的损失或损害:
>
> 2.(a)通过下列主体实施的、在和平或战争时期的敌对或类似战争的行动,包括阻碍、打击或防御任何实际的、即将发生的或预期的攻击的行动:
>
> (i)政府或主权国家(法律上或事实上);(ii)陆军、海军或空军;或(iii)上述 i 或 ii 中规定的任何一方的代理人或授权机构。

截至本书出版时,该案(2018-L-011008)仍在审理中。美国司法系统是否会确认苏黎世美国保险公司对 NotPetya 的解释,我们拭目以待。(译者注:2022 年 10 月,本案以和解结案,法院并未对案件作出判决。)

同样,在英国,保险公司希斯科克斯(Hiscox)似乎也拒绝赔偿 DLA Piper 律师事务所由于 NotPetya 造成的损失,且很可能也是以其保单上的"战争排除条款"作为抗辩。[143]

这两个案例表明,一些国家对 NotPetya 作出的公开归因,可能会影响这些国家的私营公司向其保险公司索赔因 NotPetya 而遭受的损失。

9.4 共同责任

在某些情况下,可能不止一个国家对受害国所遭受的损害负责。[144]

---

[143] Tabby Kinder, 'Companies at Risk as Hiscox Rules out DLA Piper's Cyberattack Claim', The Times (25 March 2019) www.thetimes.co.uk/article/companies-at-risk-as-insurerrules- out-cyberattack-claim-2psj2jbz0.

[144] Articles on State Responsibility, Article 47. See, generally: Crawford, *State Responsibility* (n 14) 648-650; Andre Nollkaemper and Ilias Plakokefalos (eds.), *Principles of Shared Responsibility in International Law: An Appraisal of the State of the Art*, CUP, 2014, *passim*.

可以区分两种涉及多个国家造成损害的情况。[145] 其一,责任国可能犯下了不同类型的国际不法行为,对受害国造成不同损害。[146] 例如,来自 C 国的国民可能被 A 国绑架,然后转移到 B 国,后者对其施加酷刑。因此,C 国国民所遭受的损害是由两种截然不同的不法行为造成的：A 国的绑架和 B 国的虐待。其二,责任国可能共同犯下了损害受害国的国际不法行为。[147] 这通常发生在共同实施不法行为的情况下。

9.4.1　若干国家的多个国际不法行为造成的损害

在多个国家实施不同的不法行为时,各国应对其自身行为负责。因此,在情况需要时,每个国家都有义务停止行为,并提供不再重复的承诺和保证。但是,这些义务只与其本国的行为有关,而与其他国家的行为无关。关于充分赔偿的义务,有必要评估每一项国际不法行为与损害之间的因果关系。[148] 如果一国与国际不法行为有充分直接的和确定的因果关系,那么它就必须修复相应的损害。基于国际法院的种族灭绝案,皮埃尔·达·阿金特(Pierre d'Argent)构想了一个颇具启发性的假想案例：如果 A 国违反了其防止种族灭绝的义务,但种族灭绝的罪行却由 B 国犯下,那么在 A 国的不法行为和 B 国犯下的种族灭绝行为之间,[149] 可能很难建立"充分直接的和确定的因果关系"。[150] 因此,A 国将对违反防止种族灭绝的义务负有赔偿责任,而 B 国将对种族灭绝罪本身负有赔偿责任。

我们要区分两种情况：一种是造成损失的不法行为在造成损害方面是"相互补充的";另一种是只有不法行为的累积才导致损害,这种情形可以被称为"累积的"。在相互补充的不法行为的情况下,每个国家都应对

---

[145]　d'Argent, 'Reparation, Cessation, Assurances and Guarantees of Non-repetition' (n 62) 210-211; see also Schmitt and Vihul (n 1) 147-149, commentary to Rule 28, paras 11-13.

[146]　d'Argent, 'Reparation, Cessation, Assurances and Guarantees of Non-repetition' (n 62) 213 *et seq.*

[147]　同上注,232 et seq.

[148]　同上注,222.

[149]　Bosnian genocide (Judgment) (n 31) 234, para 462.

[150]　d'Argent, '*Reparation, Cessation, Assurances and Guarantees of Non-repetition*' (n 62) 222.

其自身行为的后果进行赔偿。㉛ 相反,在累积性不法行为的情况下,每一单独采取的行为并不会造成伤害,只有它们的累积才是受害国所遭受损害的必要条件。此时有两种方法可供选择:一是确定某一行为是否是造成损害的主要原因,并因此向施害国请求赔偿;二是认定任何一种不法行为的受害国均应对造成的损害负全部责任。㉜

这样的情况极易在网络空间中出现。例如,A国用恶意软件感染了V国的计算机系统,并用该恶意软件留下后门用于后续访问受感染的系统。A国向B国提供了访问这个后门的权限,B国决定利用这个后门,以便用具有破坏性的恶意软件感染V国的系统。在这种情况下,A国和B国都有责任,但A国只应对前一次感染进行赔偿,而B国应对后一次恶意软件造成的损害进行赔偿。因此,赔偿方案可以设计如下:A国对其侵犯V国主权负有赔偿责任,这极有可能通过抵偿的方式予以弥补;相反,B国对V国遭受的损失负有赔偿责任,这一般可以通过补偿的方式进行修复。

9.4.2 若干国家的联合国际不法行为造成的损害

在多个国家共同实施不法行为的情况下,每个国家都要承担责任。㉝ 对这些责任国,受害国可以提出共同主张或单独主张。㉞ 受害国可以从一个或多个责任国获得补偿,但补偿只能限制在损失数额范围之内。因此,对这一次损失,不能由两个不同的责任国进行两次完全补偿。㉟

通常认为,Stuxnet是美国和以色列两国共同实施的联合网络行动。在这种情况下,两国都将对此项联合的国际不法行为负责,双方都应当对所造成的损失承担全部赔偿责任。

联合实施国际不法行为可以表现为多种形式,各个国家的参与可能产生的是不同的影响。在某些情况下,参与形式可能仅表现为向实际施

㉛ 同上注,224-227.

㉜ 同上注,227-232.

㉝ Articles on State Responsibility, Article 47.

㉞ Certain Phosphate Lands in Nauru (Nauru v. Australia) (Judgment on the Preliminary Objections) [1992] ICJ Reports 240, 258-259, para 48.

㉟ d'Argent, 'Reparation, Cessation, Assurances and Guarantees of Non-repetition' (n 62) 237-241.

害国提供援助或协助。如果满足以下两个累积性标准,那么援助或协助另一国实施国际不法网络行动的国家亦应负责:首先,它是故意为之;其次,假若该网络行动实际上是由帮助国实施也具有不法性。⑯ 援助国只对其为进行不法网络行动而提供的援助或协助负责,而不对网络行动本身负责。

在网络情境中,这种援助或协助的提供可以采取多种形式。例如,A国可以向B国提供计算机专家,以协助它对C国发起网络行动。⑰ 在这种情况下,B国将对网络行动及其后果负责,而A国将只对其协助B国的行为负责。出售进入第三国计算机系统后门的权限或有关漏洞的信息也可能构成一种协助形式。例如,如果A国向B国出售其事先植入C国系统的后门的访问权限,则A国只为植入后门以及向B国提供协助的行为负责,而不对B国使用购买的后门所实施的网络行动负责。然而,有必要澄清,在这种情况下,我们所讨论的并非联合网络行动(更遑论联合不法网络行动),而是两种不同的网络行动。因此,每个国家只对自己的网络行动负责。这后一个例子还表明,一个联合的国际不法行为与多重国际不法行为所造成的损害之间的界限,有时很难界定。

对于一国为另一国实施不法网络行动提供的各种形式的援助或协助,可能需要分别予以考量。只有通过未来的国家实践,我们才能确定如何处理各种协助形式的法律制度。在某些情况下,援助国将只对它所提供的援助负责。然而,在另一些情况下,一国所提供的援助或协助可能被视为一种合作的形式,因此,国家不仅要对提供的协助负责,还要对不法的网络行动及其后果负责。

提供援助或协助还需与审慎义务进行区分。⑱ 一国有义务防止其领土被用于对另一国实施不法行为。这是一项行为义务而非结果义务。通过一国计算机网络传输网络行动并不意味着该国提供了援助或协助。相反,一国明确允许另一国使用其网络基础设施发起网络行动的事实,显然

---

⑯ Articles on State Responsibility, Article 16. See also Christian Dominicé, 'Attribution of Conduct to Multiple States and the Implication of a State in the Act of Another State' in Alain Pellet *et al* (eds.), *The Law of International Responsibility*, OUP, 2010, pp.281-289; Crawford, State Responsibility (n 14) 333 *et seq*.

⑰ 关于交由另一国支配的机关,参见前文第4.1.3小节"交由另一国支配的机关"。

⑱ 关于审慎义务,参见前文第8章。

构成为实施不法网络行动提供援助或协助的一种形式。

9.4.3 关于共同责任的小结

各国可能有动力联合实施大规模或高度复杂的网络行动——如Stuxnet事件,而共同责任的规则将特别适用于这类行动。

本书先前阐述过,对于及时没有告知微软其产品中存在漏洞,以及创建了被WannaCry病毒后来所使用的漏洞利用工具,美国是否应承担相应责任。包括美国在内的一些国家认为,WannaCry系由朝鲜所为。然而,我们可能希望知道,WannaCry病毒所使用的漏洞是否与美国有关,这是否可能导致该国与实施国共同为该勒索病毒负责。对于美国在WannaCry事件中可能承担的潜在责任而言,这一问题的实质不是共同施害,而是美国是否实施了一个不同的国际不法行为,从而导致情况发生并造成损害。正如本书已经提出的,在国际法中尚无任何规定禁止一国开发和使用恶意的网络工具,因此美国在这个案件中并没有犯下任何不法行为。

9.5 关于国家责任和国际不法网络行动后果的小结

本章分析了实施国际不法网络行动的国家的责任。一国要对网络行动的实施负责,必须满足两个条件:网络行动必须构成国际不法行为,且它必须归因于该国。在国际法下的网络行动的合法性问题已在本书的第二编得到讨论,而归因问题已在第一编得到讨论。

根据国家责任法,责任国有几项义务。第一,如果这种行为具有持续的性质,它就有义务停止其不法行为。第二,在某些情况下,责任国有义务提供关于不重复的承诺和保证。除此之外,第三个标准规定,当不法网络行动造成损失时,责任国有义务进行充分赔偿。这种赔偿可以采取三种不同的形式:恢复原状、补偿和抵偿。在某些情况下,不法行为国也可能通过向受害国支付利息来实现赔偿。⑲ 本章表明,在大多数情况下,补偿是最适当的赔偿形式,其次是抵偿。

受害国可以诉诸司法或司法以外的措施,迫使不法行为国履行其义

---

⑲ Articles on State Responsibility, Article 38.

务,即如果造成损失,则终止其网络行动并给予充分赔偿。第 10 章将聚焦受害国可以采取的自助措施,作为迫使不法行为国遵守其在国家责任法下的义务的、司法以外的措施。

网络行动与国际法 ● 第三编 针对国家支持的网络行动的救济措施 ●

10.针对国家支持的网络行动的自助措施

不法网络行动的受害国可以采取司法以外的措施,以迫使不法行为国履行其义务。本章分析受害国可能使用的主要的自助形式,即反报(10.1)、反措施(10.2)和自卫(10.3)。

国际社会缺乏中央强制性的司法和执行机制。因此,自助措施是执行国际法的一个重要手段。如今,反措施构成了自助的主要形式之一。这种情况出现在第二次世界大战后,当时国际社会摒弃了使用武力解决争端的方式,这一态度立场,明确体现在《联合国宪章》第2条第4款和联合国大会1970年通过的《关于各国根据联合国宪章建立友好关系与合作的国际法原则宣言》中。① 但禁止使用武力原则存在两个例外:基于自卫权的使用武力,以及联合国安理会授权的使用武力。然而,在大多数涉及国家支持的网络行动的情形中,自卫权并不适用,10.3对此进行论证。因此,反措施是一国应对其他国家非法网络行动时最有可能采取的自助形式。

讨论自助和网络行动的大多数文献都集中在自卫权的问题上。由于大多数网络行动都不构成武装攻击,这一结论促使一些学者开始考虑对

---

① "关于各国依联合国宪章建立友好关系及合作之国际法原则之宣言", UNGA Res 2625 (XXV) (24 October 1970).

国家支持的网络行动采取反措施的可能性。② 这种状况应被逆转,我们应当将反措施视为针对网络行动实施自助的主要和首选形式。这意味着自卫将只在特殊情况下才会被考虑。这里并不是说应该完全摒弃自卫,而是应该避免将自卫作为主要的救济形式。只有在少数情况下,自卫才可能是网络行动受害国所能采取的最佳选择,如果不是唯一选择的话。

10.1 反报

反报是指采取合法但不友好的措施。更准确地说,尽管反报措施具有合法的性质,但它们是不友好的、无礼的、严厉的、苛刻的、不公平的或

---

② Thilo Marauhn and Torsten Stein,'Völkerrechtliche Aspekte von Informationsoperationen'(2000)60 Zeitschrift für ausländisches öffentliches Recht und Völkerrecht 1,26;Matthew J Sklerov,'Solving the Dilemma of State Responses to Cyberattacks:A Justification for the Use of Active Defenses against States who Neglect their Duty to Prevent', *Military Law Review*,Vol.201,2009,p.1,36. *et seq*;Marco Roscini,'World Wide Warfare-*Jus ad bellum* and the Use of Cyber Force',*Max Planck Yearbook of United Nations Law*,Vol.113,2010,p.14,85.;Heather Harrison Dinniss,*Cyber Warfare and the Laws of War*,Cambridge Studies in International and Comparative Law,CUP,2012,p.105;Marco Roscini,*Cyber Operations and the Use of Force in International Law*,OUP,2014,pp.104-107;Robin Geiß and Henning Lahmann,'Freedom and Security in Cyberspace:Shifting the Focus Away from Military Responses towards Non-forcible Countermeasures and Collective Threat-Prevention' in Katharina Ziolkowski (ed.),*Peacetime Regime for State Activities in Cyberspace:International Law,International Relations and Diplomacy* (NATO Cooperative Cyber Defence Centre of Excellence (CCDCOE),2013,pp.632-633. See also:Katharine C Hinkle,'Countermeasures in the Cyber Context:One More Thing to Worry About',*The Yale Journal of International Law Online*,Vol.37,2011,p.11,11.;Oona A Hathaway *et al*,'The Law of Cyber-Attack',*California Law Review*,Vol.100,2012,p.817,857. *et seq*;Mary Ellen O'Connell,'Cyber Security without Cyber War',*Journal of Conflict and Security Law*,Vol.17,2012,p.187,204.;Michael N Schmitt,'"Below the Threshold" Cyber Operations:The Countermeasures Response Option and International Law',*Virginia Journal of International Law*,Vol.54,2014,p.697,697-699. 然而,Sheng Li 认为反措施不适合主动网络防御,原因有三:第一,它不能为易受攻击的国家提供充分的保护,因为只有受害国才能采取反措施;第二,采取反措施可能会削弱禁止使用武力的作用;第三,也是最后一点,它没有解决非国家行为体造成的威胁。Sheng Li,'When Does Internet Denial Trigger the Right of Armed Self-Defense?'(2013)38 *Yale Journal of International Law* 179,211-215.

有偏见性的措施。受害国采取这种措施以针对对损害负有责任的另一国。③ 此外,反报不限于仅对合法行为作出反应;一国可以对国际不法行为甚至武装攻击实施反报。④ 因此,我们必须对反报与反措施加以区分,后者构成非法措施,只不过其非法性是被法定排除的。⑤ 事实上,反报既不构成不法行为,也并非主要用于应对国际不法行为。

一国采取反报措施,表示它不同意另一国在法律限度范围内的活动。这些措施可表现为多种形式,包括断绝或中断外交关系或其他形式的联系,驱逐目标国的外交官、记者或其他公民,旅行限制,对外国人的限制性管制,减少或中断经济援助计划,各种形式的经济和商业限制,以及禁止通商。⑥

反报行为必须合法,这是对反报的唯一法律限制。应对国在法律上可以自由采取反报措施,⑦但必须确保这些措施维持在合法的范围之内。但如果反报可以被证明是对国际不法行为采取的反措施,则可以构成对

---

③ 这一定义的反驳是基于 Alphonse Rivier 提供的两个著名的定义,Principes du droit des gens, Vol. 11 (A Rousseau 1896) 189, http://gallica.bnf.fr/ark:/12148/bpt6k5724168d ('Un État à l'égard duquel un autre État a pris une mesure qui, tout en étant légale et licite, est discourtoise, rigoureuse, dommageable, peut prendre à son tour, à l'égard de celui-ci, des mesures ayant le même caractère, afin de l'amener à composition. Ce moyen de contraire s'appelle la rétorsion.'); Lassa Oppenheim, *International Law: A Treatise*, Vol.11, 'War and Neutrality' (Longmans 1905) 31("反报是一个专业术语,指的是用相同或类似的行为来报复无礼或不友好或不公平和不平等的行为。反报与国际不法行为无关,因为它不是在法律分歧的情况下的一种强制手段,而只是在某些政治分歧的情况下的强制手段"). See also: Jean Salmon (ed), *Dictionnaire de droit international public* (Bruylant 2001) 1007; Math Noortmann, *Enforcing International Law: From Self-Help to Self-Contained Regimes* (Ashgate 2005) 43; Alain Pellet et al, *Droit international public* (8th ed., LGDJ 2009) 1054, p.572; Malcolm N Shaw, *International Law*, 7th ed., CUP, 2014, p.818.

④ Noortmann (n 3) 43.

⑤ 《草案》排除了反报,因为这类措施"不属于[……]条款的范围": 'Commentary to the Articles on State Responsibility' (2001) 2 *Yearbook of the International Law Commission* (Part II) 31, 128, commentary to Part III, Chapter II, p.3.

⑥ 同上注; Shaw (n 3) 818; Pellet et al (n 3) 1057-1058, p.573.

⑦ Oscar Schachter, 'International Law in Theory and Practice: General Course in Public International Law' (1982) 178 *RCADI* 1, 185.

此要求的一个例外。⑧ 反报的正当性不是法律问题,而是政治问题。⑨ 实施国必须认识到反报行为的潜在后果,因为它可能导致国家之间的外交关系破裂和风险升级。

反报的政治正当性是一个重要的问题。例如,联合国大会谴责一国使用"经济、政治或任何其他类型的措施来强迫另一国,以要求该国在行使某些主权权利时表现出屈从,或者从该国获得任何形式的好处"。⑩ 根据这些例子,可以认为,为了追求非法目的——例如干涉另一国内政——而采取的反报措施可能是非法的,但这种结论似乎也有些牵强。⑪

10.1.1 网络反报

网络空间为反报提供了一种有用的媒介。⑫ 如果一国对另一国的行为不满,可能会决定通过怂恿个人对后者进行网络行动——典型如 DDoS 攻击——来表达其不满。这种情况可以通过一些事例加以说明。以下两小节将通过反报这一视角,分析针对爱沙尼亚和格鲁吉亚的网络行动(10.1.1.1)和 Ababil 网络行动(10.1.1.2)。在此之前,有必要作出一个重要的免责声明:本书所提及的这些事例仅作为论证的基础,相关分析不构成对这些事例的最终结论。此外,并不是这些案件的所有事实都是完全可以复原的,这意味着为了作出论证,有必要采取一些近似处理和

---

⑧ 参见后文第 10.2 节"反措施"。

⑨ Oppenheim (n 3) 32.

⑩ 'Declaration on the Inadmissibility of Intervention in the Domestic Affairs of States and the Protection of Their Independence and Sovereignty', UNGA Res 2131 (XX) (21 December 1965); 'Declaration on Principles of International Law Concerning Friendly Relations and Cooperation among States in Accordance with the Charter of the United Nations', UNGA Res 2625 (XXV) (24 October 1970); 'Charter of Economic Rights and Duties of States', UNGA Res 29/3281 (12 December 1974) UN Doc A/RES/29/3281, Article 32; 'Declaration on the Inadmissibility of Intervention and Interference in the Internal Affairs of States', UNGA Res 36/103 (9 December 1981) UN Doc A/RES/36/103.

⑪ Schachter (n 7) 185-187; Pellet et al (n 3) 1056, p.573.

⑫ On cyber retorsion, see also Karine Bannelier and Théodore Christakis, *Cyber-Attacks Prevention-Reactions: The Role of States and Private Actors* [*Cyberattaques- Prévention- Réactions: Rôles Des Etats et Des Acteurs Privés*] (Les Cahiers de la Revue Défense Nationale 2017) 34-36 https://ssrn.com/abstract=2941988.

假设。在这两个假设的例子之后,本书将分析关于反报措施的新兴国家实践,特别是各国为应对国家支持的网络行动而采取的反报措施(10.1.1.3)。

10.1.1.1 针对爱沙尼亚和格鲁吉亚的网络攻击事件

在2007年针对爱沙尼亚的网络行动以及2008年针对格鲁吉亚的网络行动中,主要采用的都是DDoS攻击的形式,这显然是由多个不同的施害者通过各种在线形式协调实施的。俄罗斯联邦被指控实施了这两起网络行动,或者至少被怀疑参与了这些行动。但这些指控或怀疑从未得到证实。

在这两起案件中,目标国都先实施了一些令俄罗斯不满的行为,但这些行为并没有侵犯国际法规定的任何权利。在爱沙尼亚事件中,该国决定从原址移走一座来自"二战"时期的苏联士兵的战争纪念铜像,并将其重新安置在郊区,俄罗斯对此表示反对。[13] 在格鲁吉亚事件中,对于该国针对分裂分子的挑衅,以及在南奥塞梯发动的大规模军事进攻,俄罗斯提出抗议;有所不同的是,在后一次事件中,俄罗斯更进一步对格鲁吉亚采取了军事行动。再次强调,这两起案件中的目标国都没有犯下伤害俄罗斯的国际不法行为。

俄罗斯涉嫌参与的行为尚未得到证实,这里可能存在两种不同的假想形式,需要加以区分。一种是俄罗斯代理人可能实施了一部分DDoS攻击。另一种值得考虑的假想情况是:一些俄罗斯代理人通过网络参与了对DDoS攻击的煽动,特别是通过网络发布声援俄罗斯和反对目标国的信息,以及就如何实施DDoS攻击提供步骤指南。在后一种假想情况

---

[13] Mark Landler and John Markoff, 'Digital Fears Emerge after Data Siege in Estonia', The New York Times (29 May 2007) www.nytimes.com/2007/05/29/technology/29estonia.html; 'Cyberwar: War in the Fifth Domain', The Economist (1 July 2010) www.econo mist.com/node/16478792; Eneken Tikk, Kadri Kaska and Liis Vihul, International Cyber Incidents: Legal Considerations (NATO Cooperative Cyber Defence Centre of Excellence (CCDCOE) 2010) 14-34 www.ccdcoe.org/publications/books/legalconsiderations.pdf; Ian Traynor, 'Russia Accused of Unleashing Cyberwar to Disable Estonia', The Guardian (17 May 2007) www.theguardian.com/world/2007/may/17/topstories3.russia; 'Estonian DDoS Attacks-A Summary to Date' (ArborNetworks.com, 17 May 2007) www.arbornet works.com/asert/2007/05/estonian-ddos-attacks-a-summary-to-date/.

中,俄罗斯代理人并没有亲自实施 DDoS 攻击。

在第一种情况下,俄罗斯违反了不干涉原则。其代理人实施的 DDoS 攻击的确会构成一种旨在胁迫目标国的国际不法行为。因此,这种情况不涉及反报的问题。

在第二种情况下,俄罗斯代理人并没有直接实施 DDoS 攻击,而只是促进和煽动这些行动。此时俄罗斯不对 DDoS 攻击负责。网络煽动显然仅仅只是一种宣传形式,⑭它处于国际合法性的边缘,特别是有可能涉及不干涉原则。反报措施的合法性必须与其目标的合法性区别开来。换句话说,俄罗斯代理人单独采取的行为无疑是合法的。但是,他们的目的是非法的,因为他们的目的是就内政事项胁迫另一国,这将构成对不干涉原则的违反。如前所述,人们普遍承认,仅凭反报措施追求的是非法目标这一事实,并不会使其自动成为非法行为。

基于这些原因,本书认为前述假想情况可以有两种不同的解释方向:一方面可以说,尽管反报的目的不合法,但只要其措施并非不合法,即属于合法的反报;另一方面可以说,这些措施是非法的,因为它们是非法行动的一部分。显然,第一种解释是有利于施害国的解释。本书认为,大多数国家倾向于赞成第二种解释。

简而言之,可以说,煽动对另一国进行 DDoS 攻击可能构成反报措施,就此而言它们处于合法的边缘。然而,它也很可能被认为是违反不干涉原则的不法行为。

10.1.1.2 Ababil 行动

针对 Stuxnet 病毒的报复措施的指控,使我们有机会了解另一个有意思的情况。Stuxnet 的目标是伊朗核计划,这被认为是以色列和美国为打击伊朗核野心采取的一项措施。正如本书已经说明的,如果对以色列和美国的归因得到证明,那么他们对伊朗犯下的显然就是一项国际不法

---

⑭ Eric De Brabandere,'Propaganda', *Max Planck Encyclopedia of Public International Law* (MPEPIL), https://opil.ouplaw.com/view/10.1093/law:epil/9780199231690/law-9780199 231690-e978 (OUP 2012).

行为。伊朗被指控在2012年对美国的银行采取了报复措施,[15]但伊朗否认参与了此类报复性网络行动。[16]

其后,一个自称为"伊兹-丁-卡萨姆网络战士"(Izz ad-Din al-Qassam cyber Fighters)的黑客活动组织声称,其对这次美国银行遭到的网络攻击负责。他们声称自己与伊朗政府并无联系。[17]他们进一步透露,他们针对美国银行的网络行动是为了抗议之前发布的一段网络视频。[18]这些事态发展似乎表明,伊朗并没有参与其中,也不对此次网络行动负责。这项代号为"Ababil"的行动,分别于2012年9月、2012年12月和2013年2月分三个阶段实施。在各次行动中,伊兹-丁-卡萨姆网络战士都会在Pastebin网站宣布他们的行动,并呼吁人们加入他们一起攻击特定目标。[19]为了执行DDoS攻击,他们主要使用的是一个名为"itsoknoproblembro"的工具包。这些网络行动的复杂性表明,很可能有一个国家参与

---

[15] Ellen Nakashima,'Iran Blamed for Cyberattacks on U. S. Banks and Companies',The Washington Post(21 September 2012)www.washingtonpost.com/world/national-secur ity/iran-blamed-for-cyberattacks/2012/09/21/afbe2be4-0412-11e2-9b24-ff730c7f6312_ story.html;Zahra Hosseinian,'Iran Denies Hacking into American Banks'(Reuters,Dubai,23 September 2012)www.reuters.com/article/us-iran-cyberattacks-denial-idUS BRE88M06O20120923. 最近,美国司法部起诉了7名伊朗人,他们被指控参与了针对几家美国银行的网络行动:Justin Cosgrove,'DOJ Unseals Indictments against 7 Iranian Computer Specialists'(Jurist. org,24 March 2016)www. jurist. org/paperchase/2016/03/doj-unseals-indict ments-against-7-iranian-computer-specialists.php.

[16] 'Iran Never Responded to Cyber Attacks with Counter Raids:Foreign Ministry'(PressTV,27 November 2015)http://217.218.67.231/Detail/2015/11/27/439413/Irancyber- attack-JaberAnsari-US-Stuxnet.

[17] al-Qassam cyber fighters(Pastebin account),'Phase 2 Operation Ababil'(Pastebin,10 December 2012)http://pastebin.com/E4f7fmB5("没有政府或组织支持我们,我们也不等待任何支持")。

[18] Noah Shachtman,'Bank Hackers Deny They're Agents of Iran',WIRED(27 November 2012)www.wired.com/2012/11/bank-hackers-deny-theyre-agents-of-iran/.

[19] al-Qassam cyber fighters(Pastebin account),'Bank of America and New York Stock Exchange under Attack Unt'(Pastebin,18 September 2012)http://pastebin.com/mCHia4W5;al-Qassam cyber fighters(Pastebin account),'Operation Ababil:Second Step over Chase.Com'(Pastebin,19 September 2012)http://pastebin.com/izrLhERu;al-Qassam cyber fighters(Pastebin account),'Phase 2 Operation Ababil'(n 17);al-Qassam cyber fighters(Pastebin account),'Phase 3,Operation Ababil'(Pastebin,5 March 2013)http://pastebin.com/kXSsVScS.

其中,仅仅由非国家行为体难以完成这项任务。[20]

根据这些信息,我们可以得出结论:该组织系为独立行动,在没有任何国家提供支持或指示的情况下,部署了一个很可能系由国家开发的工具。[21] 当然如此假设可能有所夸大,但它仍然提供了一个看似可信和有趣的案例研究。事实上,即使该工具包确系由国家开发,那么这个开发国也可以故意发布这一工具包作为一种报复形式,因为它知道这一工具包将被利用,以针对那些对其实施了网络行动的国家。

一国仅仅是公开发布恶意工具包,此行为并不构成国际不法行为。但是它可以被视为对先前针对该国的非法网络行动的一种反报。事实上,对一项国际不法行为可以采取反报措施;但是,基于这种反报措施所针对的是不法行为,那么目标国也可以辩称,这些措施构成反措施而非反报。然而,这种以应对非法行为为目本身并不会使这些应对措施不合法。

这种行为可能会引起另一个问题:发布工具包的国家对所造成的损失承担何种责任。事实上,国家显然不对非国家团体的行为负责,如果后者的行为不能归因于国家。但是可以认为,国家允许非国家团体将其开发的恶意工具包用于非法目的,这可能违反了审慎义务。这种解释进路看起来有吸引力,但它应该被摒弃。首先,这种解释将构成对审慎原则的扩展,因为在这种情况下,非国家行为体并未使用属于国家的领土或基础设施,而只是使用国家开发的一段代码。其次,如果类比现实世界情况的话,一国对外出售武器,是否还要对这些武器造成的损害负责?对此一般是作否定回答的。也许网络行动的具体特点将导致国际社会以不同的方式对待这种情况,并制定具体的法律框架来规范可被另一个国家或非国家行为体使用的"网络武器"的发布。

---

[20] Shachtman (n 18); Antone Gonsalves, 'Bank Attackers More Sophisticated than Typical Hacktivists, Expert Says' (CSO, 28 September 2012) www.csoonline.com/article/2132319/ malware-cybercrime/bank-attackers-more-sophisticated-than-typical-hacktivists-expertsays. html.

[21] 类似的假设也可以从俄格战争期间发生的网络行动中得出。一些网站正在煽动针对一系列指定目标的 DDoS 攻击,并提供软件下载和实施攻击: see Stefan Kirchner, 'Distributed Denial-of-Service Attacks under Public International Law: State Responsibility in Cyberwar' (2009) VIII The IUP Journal of Cyber Law 10, 13-14.

10.1.1.3 关于反报的国家实践

正如本书第一编所述,各国对网络行动作出公开归因的事例越来越多。[22] 通常,一国将网络行动归因于其他国家时,并不会评估相关网络行动的合法性,也不会向施害国主张法律责任,如索尼影业公司遭黑客攻击以及 WannaCry 和 NotPetya 等事件都是如此。

有趣的是,由于他们没有将有关网络行动定性为国际不法行为,他们似乎也只采取了形式上合法的措施予以应对,至少公开信息表明如此。这些应对措施可以包括对参与网络行动的个人或实体实施制裁,或者驱逐外交人员。迄今为止,还没有任何国家将其应对措施公开框定在反措施的国际法律机制内,或在应对网络行动时援引自卫权。

在 2016 年美国总统大选期间,美国民主党全国委员会(DNC)遭到黑客攻击,美国对该事件的回应就是验证以上观察的一个很好的例子。[23] 2016 年 10 月 7 日,美国国土安全部和国家情报局局长办公室联合发布报告,确认俄罗斯政府对多项黑客攻击和民主党文件的网上泄露负有责任。[24] 2016 年 10 月 10 日,白宫宣布美国政府将采取相应的应对,并于 2016 年 12 月 29 日对俄罗斯和某些个人发起新的制裁。此外,奥巴马总统还驱逐了 35 名俄罗斯外交人员,他们于 2017 年 1 月 1 日离开了美国领土。有评论指出,美国还采取了司法之外的措施,包括针对俄罗斯利益的网络行动,尽管这些措施尚未得到正式承认。2016 年 10 月底,自称"网络狩猎者"(Cyber Hunta)的乌克兰黑客侵入了与俄罗斯总统的亲信顾问弗拉迪斯拉夫·苏尔科夫(Vladislav Surkov)关联的电子邮件账户,并在网上公布了被黑的电子邮件和文件。这些泄露的文件表明,俄罗斯确曾参与乌克兰东部的分裂运动。[25]

---

[22] 参见后文第 4.4 节"关于网络行动归因于国家的国家实践"。

[23] 关于民主党全国委员会黑客事件,参见前文第 62、73—76、83—85、231—237 页。

[24] United States, 'Joint Statement from the Department of Homeland Security and Office of the Director of National Intelligence on Election Security' (Department of Homeland Security and Federal Bureau of Investigation 2016) www.dhs.gov/news/2016/10/07/jointstatement- department-homeland-security-and-office-director-national.

[25] Andrew E Kramer, 'Ukrainian Hackers Release Emails Tying Top Russian Official to Uprising', *The New York Times* (27 October 2016) www.nytimes.com/2016/10/28/world/ europe/ukraine-russia-emails.html.

对于制裁的实施,特别是确定个人和实体的身份以将其作为制裁的对象,存在一个有意思的指控,这也常被俄罗斯媒体转载:

> 目前,多个黑客组织活跃在俄罗斯,收集有关俄罗斯公民的情报,为美国和其他国家的新制裁提供线索和理由[……]网络安全行业的一位消息人士向 RBC 杂志证实,俄罗斯已经发生了两到三起已知事件,黑客侵入了俄罗斯银行的计算机系统,翻阅客户的交易和账户余额,寻找外国制裁的潜在对象。㉖

本书的目的并不是要证实或反驳这些指控。然而,如果这些问题得到证实,它将引发有关美国对俄罗斯个人和实体制裁的争论,特别是关于其合法性的问题。

国家实践的另一个演化主要体现在美国的实践中,可以通过反报措施的视角来分析,即归因的司法化。㉗ 它主要指通过指控某国代理人从事网络行动,进而间接将案件归因于该国。这种做法为国家的制裁政策提供了重要的支持。事实上,这些制裁并非针对据称对网络行动负有责任的国家,而是针对已确定和已定罪的、对有关网络行动负有责任的个人和实体。

10.1.2 关于反报的小结

本节聚焦讨论反报,并说明了各国可以如何利用网络反报。网络行动的复杂性使得有时很难评估其合法性,因此对网络行动的反制可分为反报和反措施两种。

10.2 反措施

由另一国发起的网络行动的受害国如果认为该网络行动构成了一项

㉖ 'Russian Cybersecurity Company Says Hackers Are Stealing Financial Data for Future Western Sanctions' (Meduza, 7 December 2018) https://meduza.io/en/news/2018/12/07/russian-cybersecurity-company-says-hackers-are-stealing-financial-data-for-future-west ern-sanctions.

㉗ 参见前文第 4.4.2 小节"归因的司法化"。

国际不法行为,则可以采取反措施作为应对。㉘ 重要的是,针对网络行动的反措施不需要在网络领域进行,而是可以采取多种形式。例如,网络行动的受害国可能会中止对某条约特定条款的适用,或实施限制性的经济措施。同样,受害国可能会采取网络反措施来应对网络和非网络的不法行为。这是因为没有要求反措施必须与此前被违反的规范对等。

一般来说,有关反措施和网络行动的文献都集中在对自卫权的讨论上。由于大多数网络行动都没有达到武装攻击的门槛,这使一些学者考虑采用反措施来应对国家支持的网络行动。㉙ 本书的理解与此相反,认为反措施是针对网络行动的主要自助形式。

"反措施"通常是指为对抗或抵消另一行为而采取的措施。㉚ 然而,这个术语被广泛运用到了各个学科领域,包括法律、国防、医学、工程、污染预防和计算机安全。例如,在计算机安全中,反措施是指为应对计算机攻击、漏洞或威胁而采取的技术措施。㉛ 在军事术语中,反措施是指被用来确定旨在削弱敌人活动的作战效能的技术或设备。㉜ 本节重点讨论国际法下的反措施,它是指一国(受害国)采取的非法措施,旨在回应另一国(责任国)在先实施的、被受害国指称为国际不法行为。

㉘ See for instance, Bannelier and Christakis (n 12) 41-49; Michael N Schmitt and Liis Vihul (eds.), *Tallinn Manual 2.0 on the International Law Applicable to Cyber Operations*, 2nd ed., CUP, 2017, pp.11-134, Rules 20-25; Michael N Schmitt (ed), *Tallinn Manual on the International Law Applicable to Cyber Warfare*, CUP, 2013, p.36, Rule 9.

㉙ Marauhn and Stein (n 2) 26; Sklerov (n 2) 36 *et seq*; Roscini, 'World Wide Warfare' (n 2) 113; Dinniss (n 2) 105; Roscini, *Cyber Operations* (n 2) 104-107; Geiß and Lahmann (n 2) 632-633; Yaroslav Radziwill, *Cyber-Attacks and the Exploitable Imperfection of International Law*, Brill & Martinus Nijhoff Publishers, 2015, pp.156-160. See also: Hinkle (n 2)11; Hathaway et al (n 2) 857 *et seq*; O'Connell (n 2) 204; Schmitt, '"Below the Threshold" Cyber Operations' (n 2) 697-699; Georg Kerschischnig, *Cyberthreats and International Law*, Eleven International Publishing, 2012, pp162-163.

㉚ Angus Stevenson (ed), 'Countermeasure', *Oxford Dictionary of English*, 3rd ed., OUP, 2015.

㉛ R Shirey, 'RFC 2828-Internet Security Glossary' (IETF 2000) 44 https://tools.ietf.org/html/rfc2828("可通过消除或预防,尽量减少可能造成的伤害或发现并报告它以便采取纠正措施,以达到减少威胁、漏洞或攻击的一种行动、装置、程序或技术").

㉜ Denis Alland, 'The Definition of Countermeasures' in James Crawford, Alain Pellet and Simon Olleson (eds), *The Law of International Responsibility*, OUP, 2010, p.1127; Schmitt, Tallinn Manual (n 28) 40, commentary to Rule 9, para 13.

反措施在国家责任法中发挥着重要作用,因为它构成了确保国际法得到遵守的、主要的、非司法的去中心化机制。[33] 此外,反措施也是排除国际不法行为的不法性的情况之一。[34] 反措施已被国家实践、法理[35]和学

---

[33] James Crawford, *State Responsibility: The General Part*, CUP, 2013, p.676; Beatrice I Bonafè and Enzo Cannizzaro, 'Countermeasures in International Law' (*Oxford Bibliographies*, 30 November 2015) www.oxfordbibliographies.com/view/document/obo-9780199743292/obo-9780199743292-0159.xml.

[34] Articles on 'Responsibility of States for Internationally Wrongful Acts' (adopted by the International Law Commission at its fifty-third session in 2001, annexed to General Assembly Resolution 56/83 of 12 December 2001, and corrected by Document A/56/49 (Vol I)/Corr4), Article 22.

[35] See generally: *Responsabilité de l'Allemagne à raison des dommages causés dans les colonies portugaises du sud de l'Afrique (sentence sur le principe de la responsabilité)* (Portugal contre Allemagne) (hereafter 'the Naulilaa case') (1928) 2 RIAA 1011; *Responsabilité de l'Allemagne en raison des actes commis postérieurement au 31 juillet 1914 et avant que le Portugal ne participât à la guerre* (Portugal contre Allemagne) (hereafter 'the Cysne case') (1930) 2 RIAA 1035; *Air Service Agreement of 27 March 1946 between the United States of America and France* (1978) 18 RIAA 417; *United States Diplomatic and Consular Staff in Tehran* (United States of America v. Iran) (Judgment) [1980] ICJ Reports 3, 27-28, pp.53; *Military and Paramilitary Activities in and against Nicaragua* (Nicaragua v. United States of America) (Merits) [1986] ICJ Reports 14, 126-127, pp. 246-249; *Gabčíkovo-Nagymaros Project* (Hungary/Slovakia) (Judgment) [1997] ICJ Reports 7, 55-57, pp.82-87; *Application of the Interim Accord of 13 September 1995* (the former Yugoslav Republic of Macedonia v. Greece) (Judgment) [2011] ICJ Reports 644, pp.682-692, pp.120-121, 164.

术文献㊱所广泛接受。国际法委员会在《草案》中编纂了有关反措施的规则。㊲ 作为自助的措施,反措施容易被滥用;因此,国际法委员会《草案》的编纂旨在构建适当的条件和限制,以将这种风险降到最低。㊳

在20世纪,反措施的概念逐渐取代了报复的概念。㊴ 1978年,《航空服务协定》(the Air Services Agreement)案㊵的仲裁庭是最早使用反措施概念的仲裁庭之一,这一概念随后被国际法委员会和国际法院采纳。㊶ 历史上,任何自助的措施都包含在一般化的报复(reprisals)概念中。㊷ 如今,报复的概念失去了它的一般性质,它现在指的是在武装冲突期间所采

㊱ On countermeasures, see, generally: Charles Leben,'Les contre-mesures inter-étatiques et les réactions à l'illicite dans la société internationale' [1982] Annuaire français de droit international 9; Omer Yousif Elagab, *The Legality of Non-forcible Counter-Measures in International Law*, OUP,1988;Elisabeth Zoller, *Peacetime Unilateral Remedies: An Analysis of Countermeasures* (Transnational 1984);Linos-Alexander Sicilianos, *Les reactions décentralisées á l'illicité: des contre-mesures á la légitime défense* (Librairie Générale de Droit et de Jurisprudence 1990);Carlo Focarelli, *Le contromisure nel diritto internazionale* (Giuffrè 1994);Yoshirō Matsui,'Countermeasures in the International Legal Order' [1994] The Japanese Annual of International Law 1; Denis Alland, Justice privée et ordre juridique international: étude théorique des contre-mesures en droit international public (A Pedone 1994);Math Noortmann, Countermeasures in International Law: Five Salient Cases (Gadjah Mada University Press 2005);Noortmann (n 3); Mary Ellen O'Connell, The Power and Purpose of International Law: Insights from the Theory and Practice of Enforcement, OUP,2008; Elena Katselli Proukaki, The Problem of Enforcement in International Law: Countermeasures, the Non-injured State and the Idea of International Community (Routledge 2010) 68-210; James Crawford, Alain Pellet and Simon Olleson (eds.), *The Law of International Responsibility*, OUP,2010, p.1127-1214; Crawford, State Responsibility (n 33) 684-712.

㊲ Articles on State Responsibility, Articles 22,49-54.

㊳ 'Commentary to the Articles on State Responsibility' (n 5) 128,commentary to Part III, Chapter II, para 2; Crawford, State Responsibility (n 33) 686.

㊴ Noortmann (n 3) 35; O'Connell (n 36) 233.

㊵ *Air Service Agreement* (n 35).

㊶ 国际法院在1980年首次使用了"反措施"一词,in Tehran Hostages (Judgment) (n 35) 27-28, para 53.

㊷ Noortmann (n 3) 38; Matthias Ruffert,'Reprisals', *Max Planck Encyclopedia of Public International Law* (MPEPIL) (OUP 2009), https://opil.ouplaw.com/view/10.1093/law: epil/9780199231690/law-9780199231690-e1771, pp.1-6.

取的措施，通常称为交战报复（belligerent reprisals）。㊸ 传统上包含在报复概念内的单边且和平但非法的自助措施，现在则被称为反措施。相反，单边且和平但合法的自助措施，现在被称为反报，必须将其与反措施区分开来。㊹

在分析反措施的主要特征之前，必须强调，由于反措施类型的不同，它是一个多功能的概念。例如，恩佐·坎尼扎罗（Enzo Cannizzaro）认为，通过诉诸反措施，应对国想要实现的功能有四种：规范功能（normative）、惩罚功能（retributive）、强制功能（coercive）和执行功能（executive）。㊺ 第一，具有规范功能的反措施，如那些旨在重建因不法行为而改变的规范性平衡的反措施。㊻ 第二，具有惩罚功能的反措施，㊼如旨在将所遭受的损害的成本强加给责任国的措施。㊽ 第三，具有强制功能的反措施，如旨在强制责任国停止不法行为并遵守其义务的反措施。㊾ 第四，具有执行功能的反措施，如旨在消除不法行为的负面影响，并单方面从被违反的规则中产生预期利益的反措施。㊿ 诚然，反措施不存在单一的类型，而通常表现为某种“组合式的”反措施。(51) 反措施的多功能维度在相称性评估中非常重要，这将在后文加以说明。(52)

㊸ ‘Commentary to the Articles on State Responsibility’ (n 5) 128, commentary to Part III, Chapter II, para 3; Ruffert (n 42) para 7; Crawford, State Responsibility (n 33) 684.

㊹ 关于反报，参见前文第 10.1 节“反报”。

㊺ Enzo Cannizzaro, ‘The Role of Proportionality in the Law of International Countermeasures’ European Journal of International Law, Vol.12, 2001, p.889, 899-900.

㊻ 同上注.

㊼ 我从恩佐·坎尼扎罗(Enzo Cannizzaro)的著作中借用了“报复”这个词。“报复功能”不应与任何形式的“惩罚功能”混淆。报复措施的思想不是报复或惩罚不法行为国，而是把行为的代价放在不法行为者身上。受害国和加害国之间的平衡已被破坏，但行为和报复措施旨在重新建立这种平衡。

㊽ Cannizzaro (n 45) 904.

㊾ 同上注，909.

㊿ 同上注，911.

(51) Katselli Proukaki (n 36) 274.

(52) 参见后文第 10.2.3 小节“实质限制”；see also: Cannizzaro (n 45) 899-913; Katselli Proukaki (n 36) 274-276.

10.2.1 反措施的主要特点

尽管反措施在国际法中很重要,但国际法中没有对反措施的一般定义进行概念编纂。例如,《草案》就没有纳入对反措施的定义。丹尼斯·艾伦德(Denis Alland)在对反措施的主要特点进行综合分析后,提出以下定义:

> 反措施是和平的单边应对举措,其本质上是非法的,由一个或多个国家对另一个国家采取,如果前者认为后者犯下了一项国际不法行为,此种国际不法性可以证明这种应对举措是正当的。[53]

这一定义突出了反措施的主要特点:一国对另一国采取的单边的、和平的、非法的措施;其针对的是被认为具有国际不法性的行为。反措施必须是可逆的,其以强制性为目的,而不以惩罚为目的。

10.2.1.1 单边措施

反措施只能针对一国的国际不法行为。[54] 构成国际不法行为包括两个要件,一是存在可归因于一个国家的作为或不作为,二是此种作为或不作为构成对国际法义务的违反。[55] 关于国家支持的网络行动的归因问题,本书第一编已有所阐述。[56]

第二项要件所要求的、行为对国际法义务的违反,相关合法性评估需由受害国作出。这种自我评估是一个重要的方面,因为反措施是应对国认定另一国所犯的行为构成国际不法行为的结果。换言之,反措施是基

---

[53] Alland, 'The Definition of Countermeasures' (n 32) 1135. Elisabeth Zoller 提出了另一个定义:"反措施在性质上是一种强制执行法律的措施,其本身又在于对遵守法律的暂时豁免。关于传统的和平时期单方面补救办法,这一术语理论上应超越反措施,如果不作为对国际罪行的应对诉诸这些措施,这些措施原则上就是非法的。[……]因此,在国际不法行为的两个主要后果,即赔偿和惩罚之间,必须将明确的反措施置于赔偿和外部惩罚之内。"Zoller (n 36) 75.

[54] Articles on State Responsibility, Article 49.

[55] 同上注,Article 2.

[56] 参见前文第 4 章。

于应对国对前一行为的合法性的单边理解。国际法判例、国家实践和学术研究都承认反措施的这种自我评价特性。(57) 本书第二编考察了国家支持的网络行动构成国际不法行为的情况。(58)

在某些情况下,应对国对情况的自我评估可能是错误的。如果评估不正确,因此导致不存在在先的不法行为可以作为采取反措施的正当化理由,那么应对国就要承担责任。事实上,根据国际法,这种反措施将不再具有合理性,而是构成一种国际不法行为。(59)

10.2.1.2 在先的不法行为

反措施只能针对国际不法行为,对该行为的不法性评估由应对国决定。关于在先的不法行为的要求带来两个后果。首先,不存在先发制人的反措施或预防性的反措施。(60) 一国不能为了防止另一国的不法行为而实施非法行为,并以反措施作为理由。(61) 一些国家和少数文献主张预先自卫权的有效性。(62) 因此,反措施和自卫措施之间存在重要区别。其次,即使是针对特定的不法行为采取了反措施,在这两种行为之间也不要求对等。反措施所对应的义务,不需要与在先的国际不法行为所影响的义务属于同类,也不要求二者密切相关。(63)

10.2.1.3 国家间维度

反措施的国家间维度是其另一个重要特征,由此产生两个限制:第一,只有国家才能采取反措施;第二,反措施必须指向另一个国家。

然而,即使存在前述第一个限制——只有国家才能采取反措施,并不能在事实上阻止一国将反措施的实施外部化。一国可以通过其国家机关

---

(57) Leben (n 36) 21-24; Noortmann (n 3) 53; Alland, 'The Definition of Countermeasures' (n 32) 1129.

(58) 参见前文第 5 章。

(59) 'Commentary to the Articles on State Responsibility' (n 5) 130, commentary to Article 49, p.3.

(60) Noortmann (n 3) 55-56; Ruffert (n 42) p.11.

(61) 本结论不影响可排除预期非法行为的不法性的任何其他情况,如必要性或不可抗力,如第二编所述,参见前文第 7 章。

(62) See the discussion on anticipatory self-defence, *infra* 10.3.2.1 Beginning of Self-Defence.

(63) Crawford, *State Responsibility* (n 33) 685.

或通过私人行为体作为媒介来采取反措施。[64] 例如,国家可以依靠某私人安保公司来采取反措施。为了构成国际法下的有效反措施,这些措施必须根据第一编所述的、关于国际法上的归因逻辑能够归因于应对国。[65] 这些措施必须由国家机关实施,或者由根据国家指挥、控制或指示而行动的非国家行为体采取,或者国家事后认可这些行为。易言之,非国家行为体采取的无法归因于国家的措施不能被认为是有效的反措施,即使这些措施是为了支持受害国而采取的。

在这方面,DDoS 攻击的例子具有启发性。设想如下场景:B 国采取的某项措施侵害 A 国,A 国决定对 B 国采取 DDoS 攻击作为反措施;一些个人和团体决定支持 A 国的反击,并参与到针对 B 国的 DDoS 攻击之中。此假想案例中,只有以下 DDoS 攻击才可归因于 A 国,因而才可能构成有效的反措施:由 A 国的国家机关实施,或者在 A 国指挥、控制或指示下行动的个人和团体实施,或者事后经 A 国追认。除此之外,其他 DDoS 攻击不得归因于 A 国,也不得视为反措施。

根据第二个限制——反措施必须针对责任国,[66]其意味着反措施不能针对第三国。只有责任国才能成为反措施的目标。然而,反措施可能会影响到第三国,此时反措施本身可能构成应对国对受影响的第三国所犯下的国际不法行为。此种针对受影响第三国的行为的不法性,不会因为前一责任国在先实施的不法行为而得到排除。

例如,A 国对 B 国的国际不法行为采取反措施,但这种反措施也影响到 C 国。A 国的应对措施将同时构成对 B 国的有效反措施,以及对 C 国的国际不法行为,这使得 C 国可以对 A 国采取反措施。下文将进一步阐述反措施与第三国之间的关系。[67]

国际法只允许一国对另一国采取反措施。反措施不能针对非国家行

---

[64] For a similar view, see Schmitt, '"Below the Threshold" Cyber Operations' (n 2) 727.

[65] 参见前文第 4 章。

[66] The Cysne Case (n 35) 1056-1057; Gabčíkovo-Nagymaros (Judgment) (n 35) 55, para 83; Alland, 'The Definition of Countermeasures' (n 32) 687.

[67] 参见后文第 10.2.4 小节"第三国与反措施"。

为体实施,作为对他们在先行动的应对。⑱ 然而,一个非国家行为体可能成为一国针对另一国的反措施下的具体受害者。⑲ 例如,以中止贸易协定条款的形式采取的反措施显然会影响到非国家行为体。同样,非国家行为体也可能是反措施的主要受害者。在"航空服务协定"案中,美国采取的反措施是"中止法国航空公司原先每周三次经蒙特利尔往返洛杉矶和巴黎的航班运营"。⑳ 显然,该反措施的主要受害者是法国航空公司,它是一个法国籍航空承运人。由于互联网的互联特性,采取网络行动这种形式的反措施很容易会影响到非国家行为体,甚至可能特别针对非国家行为体而实施,如互联网公司和在线服务用户。

10.2.1.4 可恢复性

反措施应当具有可恢复性。㉑ 这并不是一个绝对条件,因为反措施的某些具体效果是不可恢复的。㉒ 因此,《草案》第 49 条第 3 款规定,反措施应"尽可能"容许恢复,从而突出了这一义务的相对性质。㉓ 例如,中止某项贸易协定中的安排可能会导致不可恢复的经济损失。在网络反措施的情况下,当一个特定的服务器或计算机被暂时阻断时,由于该设备的不可用性所造成的经济损失将是不可恢复的。同样地,即使 DDoS 攻击能够被阻止,其影响也并不总是可恢复的。㉔ 鉴于反措施的目的是迫使不法行为国遵守其义务,而不是为了惩罚不法行为国,因此反措施的可恢复性是一个重要考量事项。

---

⑱ 希瑟·哈里森·丁尼斯(Heather Harrison Dinniss)在其关于战争法适用于网络战的书中给出了"电子反措施"的例子,该电子反措施是由 1998 年美国国防部对参与的 the Floodnet 攻击进行支持 the Zapatista 运动的非国家行为者采取的。这种措施在军事术语中可称为"反措施",但在国家责任法中则不然,事实上,在后一框架中,反措施只能由一国针对另一国而不是针对非国家行为体采取;see Dinniss (n 2) 108。
关于 1998 年各种非国家行为体为支持 the Zapatista 运动而实施的网络行动,参见前文第 134 页。

⑲ Schachter (n 7) 179-182.

⑳ *Air Service Agreement* (n 35) 421.

㉑ Articles on State Responsibility, Article 49(3); Gabčikovo-Nagymaros (Judgment) (n 35) 56-57, para 87.

㉒ 'Commentary to the Articles on State Responsibility' (n 5) 131, commentary to Article 49, para 9.

㉓ 同上注。

㉔ Schmitt, '"Below the Threshold" Cyber Operations' (n 2) 714.

10.2.1.5 反措施的目的

反措施的目的是迫使责任国遵守其根据国家责任法所需承担的义务，而非对其实施惩罚。⑦ 如果反制措施对责任国造成重大损失，则其在性质上似乎更像惩罚性报复，而不是旨在迫使责任国遵守其国际法义务的反措施。例如，如果 A 国针对 B 国实施网络行动并破坏 B 国工业基础设施，导致后者采取网络反措施，旨在对 A 国的基础设施造成类似损失。这种反措施将是不可恢复的，其重点是为遭受的损失实施报复，而不是迫使责任国停止不法行动，因此这种反措施可能被视为非法。

反措施旨在迫使责任国遵守其在国家责任法下的义务，问题是这些义务包含哪些？反措施旨在迫使责任国终止其不法行为，保证不重复该不法行为，并进行充分赔偿。⑦ 反措施并不仅限于谋求不法行为的停止，这使其区别于其他形式的自助措施。⑦ 因此，在责任国终止其不法行为后，如果责任国没有对所造成的损害给予充分赔偿，受害国仍可能有权采取反措施。⑦

以下例子可以说明：A 国对 B 国实施网络行动，侵犯其领土主权，并对 B 国的工业基础设施造成了严重损失。为了获得对 A 国网络行动造成的伤害的充分赔偿，即使在网络行动以及由此产生的不法行为停止之后，B 国也有权采取反措施。

反措施除了具有非惩罚性的特征之外，也不应激化责任国与应对国

---

⑦ Elagab (n 36) 46. See also Zoller (n 36) 75; 'Commentary to the Articles on State Responsibility' (n 5) 130, commentary to Article 49, p.1; Crawford, *State Responsibility* (n 33) 687.

⑦ 《草案》第 49 条第 1 款界定了反措施的目的和限制，并具体规定其目的'促使该国遵守第二部分规定的义务'。《草案》第二部分处理一国国际责任的内容，并明确规定责任国的停止和不重复义务（第 30 条）和赔偿义务（第 31 条）。

⑦ 参见后文第 10.3.2.2 小节"自卫权的结束"。

⑦ See, however, *contra*, Schmitt, *Tallinn Manual* (n 28) 37, commentary to Rule 9, p.3 ["因此，国际专家组的大多数成员同意，如果有关国际不法行为已经停止，受害国不再有权发起或坚持采取反措施，包括网络反措施"（脚注略）《塔林手册 2.0》采取了相反的做法，并指出，"如果它们旨在使一个责任国履行其法律义务，则不得对已经结束、不太可能再次发生的国际不法行为采取反措施，以及关于赔偿（规则 28）和承诺与保证（规则 27）在适当情况下作出了规定。在这方面，请注意仍可采取反措施以确保赔偿"（脚注略）]；Schmitt and Vihul (n 28) 118, commentary to Rule 21, p.6.

之间的现有争端。⑦ 有些反措施实际上可能导致争端升级,这是在采取反措施时必须考虑到的风险。当涉及执行反措施,特别是网络反措施时,这是一个重要的考虑因素。此外,为了确保这些措施不构成仅以造成损失为目的、从而对先前的不法行为进行报复的措施,应对国应特别注意在采取反措施时可能会出现的冲突升级的风险。

10.2.1.6 反措施的非强制性特征

古老的报复概念也包括强制性措施。毫无疑问,反措施必须是调和性的。⑧ 受害国不能采取相当于使用武力——更遑论武装攻击——的反措施,即使先前的行为违反了禁止使用武力的规定。必须区分反措施和自卫措施。第二编已经分析了禁止使用武力的情况,下一节将阐述自卫权。⑧

在过去 30 年里开展的一场辩论,主题是讨论一个国家是否有权采取强制反措施,以应对低于武装攻击门槛线下的武力使用。与这场辩论密切相关的,是使用武力的标准和武装攻击的标准之间存在差距的讨论,后文将予以分析。⑧ 必须指出,起草《塔林手册 2.0》的专家们在这个问题上存在分歧,大多数专家反对这种情况下的强制性反措施。⑧

---

⑦ Yuji Iwasawa and Naoki Iwatsuki,'Procedural Conditions' in James Crawford, Alain Pellet and Simon Olleson (eds), *The Law of International Responsibility*, OUP, 2010,p.1152.

⑧ Articles on State Responsibility,Article 50(1)(a)。这在《关于各国依联合国宪章建立友好关系及合作之国际法原则之宣言》的第 1 项原则中得到了明确的确认,联合国大会第 2625 号决议(XXV) (1970 年 10 月 24 日)。国际法院如下两起案件中证实了这一点:科孚海峡(大不列颠及北爱尔兰联合王国诉阿尔巴尼亚)案(关于案件实质的判决) [1949]国际法院报告 435;尼加拉瓜(案件实质)(n35)127,p.249。See also:Mathias Forteau,*Droit de la sécurité collective et droit de la responsabilité internationale de l'État* (A Pedone 2006) 473;Alland,'The Definition of Countermeasures' (n 32) 1130;Charles Leben,'Obligations Relating to the Use of Force and Arising from Peremptory Norms of International Law' in James Crawford, Alain Pellet and Simon Olleson (eds.), *The Law of International Responsibility*, OUP, 2010, pp.1202-1204.

⑧ See, respectively, on the use of force *supra* 6.1 Cyber Operations and the Prohibition of the Use of Force, and on self-defence 10.3 Self-Defence.

⑧ 一些学者主张,对于武装攻击门槛线下的武力使用,有可能采取强制反措施:参见后文的讨论第 10.3.4.1 小节"针对武装攻击门槛线下的使用武力诉诸武装报复"。

⑧ Schmitt and Vihul (n 28) 125-126, commentary to Rule 22, pp.11-12.

10.2.2 程序限制

在采取反措施之前,受害国应遵守两个主要的程序限制:第一,受害国有义务要求责任国停止国际不法行为,并作出充分赔偿;第二,受害国有义务通知责任国其将采取反措施的决定,并提出谈判建议(10.2.2.1)。但是,在某些情况下,如果有必要采取紧急反措施,前述关于通知的义务可能会被搁置(10.2.2.2)。

10.2.2.1 要求赔偿和通知

受害国在采取反措施之前应履行的第一项义务,是要求责任国遵守国家责任法规定的义务;易言之,即要求责任国停止国际不法行为并作出赔偿。[84] 责任国先前可能没有意识到其行为的不法性,因此收到受害国的要求之后,其可能愿意遵守义务。因此,在采取反措施之前要求赔偿,有助于确保不法行为国认识到其行为的不法性质,并促使其在受害国采取任何进一步措施之前遵守义务。这一要求有时也被称为催告,其已经在航空服务协定案和加布西科沃-纳吉马罗斯项目案中得到阐述。[85]

受害国在采取反措施之前的第二项要求,是其有义务通知不法行为国并提出谈判。[86] 这一要求并不是绝对的。事实上,在某些情况下,受害国可能需要采取紧急反措施。

有趣的是,参与《塔林手册 2.0》的专家在这个问题上存在分歧,"少数专家[……]采取的立场是,习惯国际法要求受害国在采取反措施之前寻求谈判,而大多数专家否定了此种要求,认为受害国在寻求谈判之前或者谈判期间都可以采取反措施"。[87] 上述《塔林手册 2.0》的多数派立场,

---

[84] Articles on State Responsibility, Article 52(1)(a).

[85] *Air Service Agreement* (n 35) 444, paras 85-87; Gabčikovo-Nagymaros (Judgment) (n 35) 56, p.84.

[86] Articles on State Responsibility, Article 52(1)(b). See also O'Connell (n 36) 250-251. 在国际法委员会《草案》的早期版本中,这一要求的两个组成部分——通知和提议谈判——实际上是两个不同的要求,在 2001 年的最终版本中合并在一起;see Maurice Kamto, 'The Time Factor in the Application of Countermeasures' in James Crawford, Alain Pellet and Simon Olleson (eds.), *The Law of International Responsibility*, OUP, 2010, p.1171.

[87] Schmitt and Vihul (n 28) 120-121, commentary to Rule 21, p.13.

是建立在各国可以采取紧急反措施的可能性之上。但此种多数意见偏离了《国家责任草案》第52条第1款。本书认为,在采取反措施之前需要寻求谈判是惯例要求,而紧急反措施仅仅构成这种管理要求的一项例外;例外存在的可能性,并不影响惯例要求本身。

在启动反措施之前发出通知,有助于明确表明采取反措施的应对国是出于必要而采取的行动。⑱ 这些程序性的要求限制了各国滥用反措施。它们的作用是用来表明其他解决方式未能奏效,并用来支持采取一项表面上违法的反措施行为确有必要。

10.2.2.2 紧急反措施

在某些情况下,受害国可能需要紧急采取反措施⑲而无法事先通知责任国。⑳ 如果反措施的成功取决于意外的因素,此时紧急反措施能够获得最充分的正当化支持。㉑ 注意在这种情况下,也只是免除通知这一项程序性要求,受害国在采取紧急反措施之前仍然必须先主张赔偿。

这种可能性被编入《草案》第52条第2款,其目的是为受害国提供一个解决办法,如果受害国事先通知有可能损害其受国际不法行为所影响的权利、危及行为后果,以及影响其采取反措施的权利,受害国可以援引这项规定以免除其程序义务。《国家责任条款评注》为紧急反措施提供了如下理由:

> 在现代化通信条件下,如果某个国际不法行为的责任国拒不停止该不法行为,也拒不提供任何改正措施,那么其也可能设法规避反措施,如从受害国的银行里撤回资产。这些动作可能在极短时间之内完成,此时第1款第b项所要求的通知将毫无意义。㉒

此例证强调了现代通信条件与紧急反措施之间的关系。

---

⑱ O'Connell (n 36) 251.

⑲ 紧急反措施有时也被称为"临时反措施";see Kamto (n 86) 1172.

⑳ Iwasawa and Iwatsuki (n 79) 1153.

㉑ André de Hoogh, *Obligations Erga Omnes and International Crimes: A Theoretical Inquiry into the Implementation and Enforcement of the International Responsibility of States* (Kluwer International Law 1996) 239.

㉒ 'Commentary to the Articles on State Responsibility' (n 5) 136, commentary to Article 52, p.6.

2018年5月,英国总检察长杰里米·赖特(Jeremy Wright)发表演讲,概述了英国关于在网络行动中适用国际法的立场,并强调:

> 在这一问题上,英国偏离国际法委员会工作的一个议题是,英国正在以反措施应对隐蔽的网络入侵。
>
> 在这种情况下,我们不同意一国总是承担在其采取反措施之前事先通知敌对国的法律义务。理应认为,反措施的隐蔽性和保密性是必要的,并应与在先行为的不法性相称,但是我们认为,如果国际法对反措施的要求,有可能使一国在防卫其自身时暴露了高度敏感的国家能力的话,那么这是不正确的——不论是对网络领域还是对任何其他领域而言,这一点同样成立。[93]

前述演讲提及其立场与国际法委员会工作存在"分歧",这颇令人费解,因为国际法委员会也承认,某些时候可以在不事先通知的情况下采取反措施,正如本节所述的那样。

就应对网络行动所采取的反措施这个问题而言,紧急反措施可能是一个重要组成部分。如果一国受到正在进行的网络行动的侵害——如DDoS攻击或感染系统的恶意软件导致运行故障,受害国可能不得不实施不法网络行动,以减轻在先的不法网络行动的影响,或者以获取为如此行事而必需的信息。这种网络反措施是否能够成功,可能在一定程度上取决于意外的因素。如果程序要求事先通知此类网络反措施的话,将使责任国有机会避免或至少减轻反措施的效果。为了限制这种风险,应对国可能倾向于在不事先通知的情况下采取紧急反措施。下例有助于说明这一点。

假设B国对A国实施DDoS攻击,A国试图渗透和破坏用于DDoS攻击的服务器。这些服务器可能分布在A、B、C、D和E国。反措施只能针对责任国。因此,对位于B、C、D和E国的服务器的渗透行为构成针对这些国家的国际不法行为,只有针对B国的措施才构成反措施。在此例中,如果A国通知B国它将采取反措施,B国将能够改变网络行动的进程,将原本由其境内服务器承载的流量导向其他服务器,使A国无法通

---

[93] Jeremy Wright, 'Cyber and International Law in the 21st Century' (UK Attorney General's Office 2018) www.gov.uk/government/speeches/cyber-and-international-law-inthe- 21st-century.

过反制性网络行动来缓解攻击压力。例如,B国可以将其境内的服务器迁移到国外的服务器,使A国以反措施为正当化理由对服务器实施网络行动的可能性不再成立。因此,在这种情况下,A国似乎更有可能不事先通知B国,而对B国采取紧急反措施。

设想第二个事例:A国作为受害国,其领土上的工业基础设施受到恶意软件的影响。B国设计并启动了相关恶意软件,构成对A国主权的侵犯。为了减轻该恶意软件的影响,或者更进一步,为了将其从受感染的系统中删除,A国首先需要获得更多关于该恶意软件的信息。为此,A国需要跟踪追溯该恶意软件的来源,并感染属于B国的计算机。这种非法侵入B国计算机的行为可能构成违反国际法的行为,但其有可能通过反措施来正当化。在这种情况下,如果A国将其意图通知B国,后者将有机会删除或转移A国试图寻找的数据。

可以说,这两种情况更关心反措施的必要性,而不是反措施本身,后者是相当于排除不法性的理由。但是,在这两种情况下,可以认为对系统的侵入不仅是必要的,甚至还构成一种激励,这将迫使责任国遵守其在《国家责任法》下的义务。此外,对于责任国履行义务而言,即使一项反措施并非必要,该反措施仍可能是正当的。⑭ 这两种情况实际上说明了在网络空间中发生的两种形式的实现执行功能的反措施。这些情况下所描述的表面上的国际不法行为,可以通过危急情况和反措施两种路径来辩称其合法性,这两种路径均构成排除不法性的情况。

更普遍地说,对于大多数网络行动而言,保密以及意外的因素是他们成功的重要组成部分。因此,当一国考虑采取网络反措施时,无论这些反措施是针对网络或非网络不法行为,不通知该不法行为国都将是有益的。

10.2.3 实质限制

对反措施的实质限制主要表现在对其规模和效果(10.2.3.1和10.2.3.2)及持续时间(10.2.3.4)上的要求,此外国际法还禁止一些具体形式的反措施(10.2.3.3)。

---

⑭ 'Commentary to the Articles on State Responsibility' (n 5) 135, commentary to Article 51, para 7; Roger O'keefe, 'Proportionality' in James Crawford, Alain Pellet and Simon Olleson (eds.), The Law of International Responsibility, OUP, 2010, p.1158.

10.2.3.1 必要性

采取反措施受到必要性要求的限制。为了迫使不法行为国遵守其在《国家责任法》中规定的义务,特别是关于其停止网络行为的义务或修复可能造成损害的义务时,可以采取反措施。如前所述,不法行为终止并不必然意味着反措施必要性的结束,相反,它可能仍然是迫使不法行为国对损害作出充分赔偿的必要措施。⑮

10.2.3.2 相称性

相称性原则适用于国际法和国内法的许多分支,包括战时法、诉诸战争权法、条约法、人权法、海洋划界法和国家责任法。⑯ 一般而言,这一原则意味着,一国的行为相对于其预期取得的结果必须是理性和合理的。相称性是构成反措施有效性的一个条件。反措施的相称性要求已在国家实践、学说和法理中得到承认。⑰ 在瑙利拉(Naulilaa)案、航空服务协定案和加布奇科沃·纳吉马罗斯项目案中,法院对这一要求进行了分析。⑱

反措施所必须遵循的相称性,是指与何相称? 它是一种定量的相称性,从而重点关注所遭受的损害;还是一种定性的相称性,我们应重点关注该行为的严重性以及对国际法的违反程度? 《草案》第51条规定了反措施的相称性要求:

> 反措施必须和所遭受的损害相称,并应考虑到国际不法行为的

---

⑮ 参见前文第 9.3.4 小节"赔偿的不同形式"。

⑯ See, for instance: Cannizzaro (n 45); Judith Gardam, *Necessity, Proportionality and the Use of Force by States*, CUP, 2004; Emily Crawford, 'Proportionality', *Max Planck Encyclopedia of Public International Law* (*MPEPIL*), https://opil.ouplaw.com/view/10.1093/law:epil/9780199231690/law-9780199231690-e1459 (OUP 2011); Eric Engle, 'The History of the General Principle of Proportionality: An Overview' (2012) 10 *Dartmouth Law Journal* 1; Michael A Newton and Larry May, *Proportionality in International Law*, OUP, 2014.

⑰ See, generally, Cannizzaro (n 45) *passim*.

⑱ *The Naulilaa case* (n 35) 1028; *Air Service Agreement* (n 35) 443-444, p.83; Gabčíkovo Nagymaros (Judgment) (n 35) 56, pp.85, 87.

严重程度和有关权利。⁹⁹

因此,在评估相称性时,必须同时考虑到定量和定性的因素。¹⁰⁰ 很明显,在相称性检验中没有考虑到欲使责任国遵守义务,需要对其施压到何种程度。¹⁰¹ 但是,反措施绝不能构成对责任国的惩罚措施,这应通过相称性检验进行评估。

正如恩佐·坎尼扎罗(Enzo Cannizzaro)所建议的,相称性检验可以根据两种不同的逻辑路径进行评估,即区分外部相称性和内部相称性。¹⁰² 外部相称性评估是指应对国在采取反措施时所追求的目标是否适当。内部相称性是评估反措施的内容相对于采取反措施的应对国预期的结果是否适当。为了支持他的论点,恩佐分析了国际法院的德黑兰人质案和加布奇科沃·纳吉马罗斯项目的案件,¹⁰³并表明国际法院遵循了评估相称性时的两步法。¹⁰⁴ 此外,颇令人信服的是,他还论证了这个问题应根据反措施的功能来评估外部相称性,并识别出四种可能的功能:规范功能、惩罚功能、强制功能和执行功能。¹⁰⁵

首先,应评估规范功能反措施的相称性,同时考虑到违背义务行为和应对行为在法律上的对等性(规范性标准)。¹⁰⁶ 规范性标准一般以对等的方式(reciprocity)起作用,因为它对应对措施与违背义务的行为进行比较,以达到法律上的对等。他指出,由于这两项准则之间存在重叠,反措施的对等性特征系基于密切相关的同类准则,这一特征通常耗尽了相称性要求。¹⁰⁷

第二,应评估惩罚性反措施的相称性,同时考虑到违反行为和应对措

---

⑨⑨ Articles on State Responsibility, Article 51. The wording of Article 51 is based on paragraph 85 of the ICJ's decision in Gabčikovo-Nagymaros (Judgment) (n 35) 56.

⑩⓪ 'Commentary to the Articles on State Responsibility' (n 5) 135, commentary to Article 51, p.6; O'Keefe (n 94) 1160.

⑩① O'Keefe (n 94) 1158.

⑩② Cannizzaro (n 45) 899.

⑩③ Tehran Hostages (Judgment) (n 35); Gabčikovo-Nagymaros (Judgment) (n 35).

⑩④ Cannizzaro (n 45) 897-899.

⑩⑤ 参见前文第 409 页;同上注,899-900.

⑩⑥ 同上注,899-904,907-908.

⑩⑦ 同上注,901.

施产生的影响(惩罚性标准)。[108] 惩罚性标准主要侧重于定量意义上的对等。

第三,应评估强制性反措施的相称性,同时考虑到促成遵约的紧迫性(强制性标准)。[109] 在这种情况下,相称性的评估更多地侧重于反措施对其目标的适当性,而不是不法行为与反措施在数量上的对等性。[110] 在某些情况下,反措施造成的损失可能高于在先不法行为造成的损失。[111]

第四,在评估执行性反措施的相称性时,应确保所采取的措施是必要的,而且其效果不超过预期的效益(执行性标准)。[112] 恩佐坚持认为,尤其是那些具有执行性功能的反措施,绝不能是暴力的,[113] 也不得侵犯其他国家的领土主权。[114]

如果反措施以相同或密切相关的义务为基础,则很可能通过相称性检验。[115] 但这并非绝对,反措施所基于的义务也可以与其针对的不法行为所违反的义务性质截然不同。此时要评估相称性更为困难,因为反措施仍然必须与责任国的不法行为相称。允许此种非绝对性存在的基本理由是,受害国的权利不应受到责任国不法行为的限制。[116] 虽然这些行为必须相称,但应对国仍然可以自由决定采取哪种行为作为反措施。

相称性只能作出近似评估。[117] 相较于反措施针对的义务系由在先不法行为所影响的情况,要分析那些影响不同类型义务的反措施的相称性时,情况更是如此。

10.2.3.3 禁止采取的反措施

反措施并非可以影响所有类型的义务。首先,如前所述,反措施不能是暴力性的,不能违反禁止使用武力的原则。[118] 反措施还不能违反其他

---

[108] 同上注,899-900,904-908.
[109] 同上注,899-900,909-911.
[110] 同上注,909.
[111] 同上注,910.
[112] 同上注,899-900,911-913.
[113] *Corfu Channel* (Merits) (n 80) 35.
[114] Cannizzaro (n 45) 911-912.
[115] O'Keefe (n 94) 1159.
[116] 同上注.
[117] *Air Service Agreement* (n 35) 443-444,para 83;O'Keefe (n 94) 1165-1166.
[118] 参见前文第 10.2.1.6 小节"反措施的非强制性特征".

几项义务，包括基本人权义务、禁止报复的人道主义性质的义务或国际法的任何其他强制性规范。⑲

此外，一些条约载有禁止针对国际法具体规范采取反措施的规定。⑳有些条约还规定了具体执行制度，如欧盟条约；另一些条约规定了暂停反措施的具体程序，如WTO法。㉑ 关于这些规范反措施的制度，已有大量文献涉及，此处不再说明。㉒

采取反措施的应对国还应遵守另外两套义务：关于在应对国和责任国之间适用的解决争端程序规定的义务，㉓以及尊重外交和领事不可侵犯的义务。㉔

10.2.3.4　反措施的时间要素

责任国停止国际不法行为并不当然意味着反措施不再合理且应终止。反措施得以合法化的理由确实是基于该措施迫使不法行为国停止其行为，并使其遵守《国家责任法》规定的义务。但即使国际不法行为已经停止，责任国仍可能必须为其行为所造成的损失提供充分赔偿。㉕此时受害国仍有权采取反措施，直至不法行为者作出充分赔偿并遵守其义务。

在两种情况下，反措施不得采取或必须停止。第一，国际不法行为已

---

⑲　Articles on State Responsibility, Article 50(1).

⑳　O'Connell (n 36) 231.

㉑　'Commentary to the Articles on State Responsibility' (n 5) 133, commentary to Article 50, p.10.

㉒　See, generally: Noortmann (n 3) 127-172; Bruno Simma and Dirk Pulkowski, 'Of Planets and the Universe: Self-Contained Regimes in International Law' (2006) 17 *European Journal of International Law* 483; Katselli Proukaki (n 36) 210-247; Bruno Simma and Dirk Pulkowski, 'Leges Speciales and Self-Contained Regimes' in James Crawford, Alain Pellet and Simon Olleson (eds.), *The Law of International Responsibility*, OUP, 2010.

㉓　Articles on State Responsibility, Article 50(2)(a). See also Crawford, *State Responsibility* (n 33) 691.

㉔　Articles on State Responsibility, Article 50(2)(b). This was recognised by the ICJ in Tehran Hostages (Judgment) (n 35) 38-40, paras 83-86.

㉕　如前所述，《塔林手册》的两个版本在这一点上采取了不同的方法：Schmitt, *Tallinn Manual* (n 28) 37, commentary to Rule 9, p.3; Schmitt and Vihul (n 28) 118, commentary to Rule 21, p.6.

经停止并已作出充分的赔偿,或没有必要作出赔偿。[126] 在这种情况下,责任国和应对国之间不再有任何争端,反措施必须终止。[127] 第二,当国际不法行为已经停止,争端正由法院或法庭审理时。[128] 只有在法院或法庭有权作出对各方当事人具有约束力的决定的情况下,这后一项要求才能得到满足。它意味着法院或法庭已在一个特别程序的案件中介入,并且有权处理这个案件。[129] 此时责任国还需善意地执行争端解决程序。[130]

10.2.4　第三国与反措施

反措施通常是由国际不法行为的受害国针对作出该行为的责任国所采取。然而,在某些情况下,第三国可能受到反措施的影响(10.2.4.1),或者第三国可能决定对国际不法行为的责任国采取措施(10.2.4.2)。

10.2.4.1　受反措施影响的第三国

只有在针对责任国时,反措施的不法性才可以被解除。因此,那些影响第三国的"反措施"不能被视为反措施,相反它们构成针对这些国家的国际不法行为。

例如,B国依靠位于B、C和D国的服务器实施DDoS攻击,A国是受害国。此时只有B国应该对此攻击负责。如果A国决定以恶意软件侵入的形式针对B、C和D国的服务器采取网络反措施,那么只有针对B国时的这种措施的不法性才得以被排除。影响到C国和D国的措施仍然是不法的,不构成有效的反措施。

对于应对网络行动实施反措施而言,这是一个重要限制,尤其是在网络反措施的情况下。受害国不能通过针对第三国的基础设施采取有效的

---

[126] Articles on State Responsibility, Article 53.

[127] 'Commentary to the Articles on State Responsibility' (n 5) 137, commentary to Article 53, pp.1-2.

[128] Articles on State Responsibility, Article 52(3). See also Iwasawa and Iwatsuki (n 79) 1153.

[129] 'Commentary to the Articles on State Responsibility' (n 5) 136-137, commentary to Article 52, pp.7-8.

[130] Articles on State Responsibility, Article 52(4); 'Commentary to the Articles on State Responsibility' (n 5) 138, commentary to Article 52, p.9.

反措施,以影响责任国。[131] 实际上,由于互联网的互联性,一国实施的网络行动在到达受害国之前,可能需要通过多个设在第三国的服务器进行传输。受害国必须确保其应对举措不影响这些第三国,也不直接针对第三国。然而必须指出,在某些特定情况下,针对第三国的措施的不法性有可能因为符合其他排除不法性的情况(例如危急情况)而得到排除。[132]

2012年,日本报纸 *Yomiuri Shimbun* 发表了一篇报道,披露日本曾在2008年与私营公司富士通签订合同,以开发一种旨在追踪网络行动来源并使其瘫痪的恶意软件。该恶意软件不仅可以识别病毒的来源,还可以识别用于网络行动传输的中继计算机。[133] 一旦投入使用,这种恶意软件可以渗透到位于第三国的中继计算机,此时日本将侵犯这些第三国的主权。如果恶意软件不仅破坏了网络行动的源头机器,也破坏了位于第三国的中继计算机,那么这种破坏行为就会更加严重。这一案例说明,国家对网络侵入采取自动技术应对措施时存在法律上的风险。[134]

此外,对于采取反措施影响第三国的潜在后果,应对国必须有所认识并认真考虑。如前所述,针对第三国采取措施的不法性并未被排除,这意味着这些措施仍然是非法的。因此,第三国随后可能对应对国采取反措施。

10.2.4.2 实施反措施的第三国

第三国反措施是指受害国以外的国家采取的反措施。第三国能否采取反措施?对此种措施有何限制?第三国是否存在采取反措施的可能性,这是一个很有争议的问题。[135] 为了回答这个问题,必须区分两种情况:一是第三国采取声援性措施,以声援受国际不法行为损害的另一国

---

[131] Michael N Schmitt and M Christopher Pitts, 'Cyber Countermeasures and Effects on Third Parties: The International Legal Regime', *Baltic Yearbook of International Law*, Vol.14, 2015, pp.1, 6.

[132] 同上注,14-15.

[133] Yomiuri Shimbun, 'Govt working on defensive cyberweapon/Virus can trace, disable sources of cyber-attacks', *The Daily Yomiuri Online* (Japan, 3 January 2012).

[134] 关于自主网络行动,参见前文第4.3节"自主网络行动"。

[135] Crawford, *State Responsibility* (n 33) 703; Martin Dawidowicz, 'Third-Party Counter-Measures' in Freya Baetens (ed) *Sovereignty, Statehood and State Responsibility-Essays in Honour of James Crawford*, CUP, 2015, pp.340-347. See also Schachter (n 7) 182-184.

(A)；二是第三国针对违反对世义务采取措施(B)。

A. 声援性措施

声援性措施是指受害国以外的国家对责任国所采取的措施。显然，一些国家实践已经表明，第三国为了支持受害国，有可能会对不法行为国采取不合法措施。[136] 例如在尼加拉瓜案中，为辩护其非法支持反政府武装具有合法化，美国提出的理由就是，其行为系为应对尼加拉瓜对于哥斯达黎加、萨尔瓦多和洪都拉斯的武装反对派运动给予的非法支持。因此在该起案件中，受害国是哥斯达黎加、萨尔瓦多和洪都拉斯，尼加拉瓜是不法行为国，而美国是采取行动支持受害国的第三国。然而国际法院明确规定，不存在集体反措施的权利，因此第三国无权采取反措施。[137] 詹姆斯·克劳福德(James Crawford)认为，如果受害国曾向进行干预的第三国请求援助，法院就有可能得出不同的结论。[138]

在国际法委员会2000年版《国家责任条款草案》中，曾出现过支持受害国的第三国采取反措施的条款，该版第54条第1款规定：

"根据第49条第1款有权向一国主张责任的任何国家，可应因不法行为而受到损害的任何国家之请求并代表其采取反措施，但以该受害国本身可根据本章采取的反措施为限。"[139]

这条规定受到多国的严厉批评，最后被删除，代之以《草案》最终文本中的"保留条款"。[140] 这些条款的最后文本并没有赋予第三国采取反措施以支持另一国的权利。因此，必须得出结论，根据现行国际法，受害国是

---

[136] Crawford, *State Responsibility* (n 33) 703.
[137] *Nicaragua* (Merits) (n 35) 127, p.249.
[138] Crawford, *State Responsibility* (n 33) 704.
[139] "起草委员会二读临时通过的《国家责任条款草案》", Article 54(1), reproduced in 'Document A/55/10: Report of the International Law Commission on the Work of its Fifty-Second Session (1 May-9 June and 10 July-18 August 2000)', *Yearbook of the International Law Commission*, Vol.2, 2000, (Part II) pp.1, 70.
[140] James Crawford, 'Fourth Report on State Responsibility, by Mr. James Crawford, Special Rapporteur' (International Law Commission 2001) DOCUMENT A/CN.4/517 and Add.1 18, pp.71-74. See also: Crawford, *State Responsibility* (n 33) 703; Dawidowicz (n 135).

采取反措施权利的唯一受益者,第三国无权采取支持性反措施。⑭

这一结论对于网络安全极为重要。低于武装攻击门槛的不法网络行动的受害国不能因其他国家代表其采取不法措施而受益。易言之,第三国不能采取支持性不法措施,对不法行为国实施积极的网络防御。也就是说,反措施只能由受害国采取,不存在集体反措施的权利。一些学者批评这种限制将对易受攻击国产生不利影响。⑫ 例如,李盛(Sheng Li)以2007年针对爱沙尼亚的网络行动为例,强调"即使爱沙尼亚被授权对俄罗斯计算机网络发起积极的防御反措施,但两国在规模和网络战能力方面的巨大差距意味着,这种努力不太可能产生显著效果"。他进一步强调,由于集体自卫权得到了承认,自卫权并没有"受到这一缺陷的影响"。在爱沙尼亚事件中,这种法律上的限制将使爱沙尼亚无法得益于盟国的帮助。⑬ 这一论点很有吸引力,但有可能为支持受害国的集体反措施打开闸门。因此这个问题需要非常谨慎地处理。一个显而易见的风险是,如果存在集体反措施的权利,强国实际上很可能滥用这一权利,以胁迫其他国家。尽管如此,本书断言,创设集体反措施权在未来可能是适用于网络行动的国际法最有可能的演化方向之一。一些国家和学者主张存在依据《国家责任法》的集体反措施权。⑭

受害国没有被完全放弃,其可以请求第三国提供其他形式的支持。在2008年俄罗斯-格鲁吉亚武装冲突期间,多起网络行动以格鲁吉亚为目标。该国受益于其他国家的支持,方才得以减轻这些网络行动的影响,这些支持性举措包括将格鲁吉亚的网站转移到位于美国和爱沙尼亚的服

---

⑭ 参加《塔林手册2.0》的专家对此问题意见不一,只有"(少数)专家认为,只要受害国邀请,一个非受害国可以采取反措施,以回应对受害国所犯下的国际不法行为"。Schmitt and Vihul (n 28) 131-132,commentary to Rule 23,pp.5-9.

⑫ Li (n 2) 212; Schmitt,'"Below the Threshold" Cyber Operations' (n 2) 731.

⑬ 同上注。

⑭ 在2019年 CyCon 大会上,爱沙尼亚总统表示:"爱沙尼亚正在进一步表明立场,即没有直接受害的国家可以采取反措施,支持直接受到恶意网络行动影响的国家。"Estonia,'President of the Republic at the Opening of CyCon 2019' (President of the Republic, May 2019) https://president.ee/en/officialduties/ speeches/15241-president-of-the-republic-at-the-opening-of-cycon-2019/; See an analysis of this position in: Michael N. Schmitt,'Estonia Speaks Out on Key Rules for Cyberspace' (Just Security, 10 June 2019) https://www.justsecurity.org/64490/estoniaspeaks- out-on-key-rules-for-cyberspace/.

务器上。此外,法国和波兰的计算机应急反应小组(CERTs)帮助格鲁吉亚对网络行动进行分析,爱沙尼亚的CERTs还向格鲁吉亚派遣了两名专家。⑭ 所有这些措施既不构成反措施,也不违反国际法。

总之,国际法不赋予第三国采取反措施以支持受害国的权利。但是,第三国有权采取合法措施来支持受害国。

第三国可决定向采取网络反措施的受害国提供援助或协助,而第三国自己不采取反措施。按照前文所述,援助国在这种情况下将只对其提供的援助或协助承担责任,而不对作为反措施的网络行动本身负责。⑯ 所提供的援助或协助是否合法,不受其系为支持有效的反措施而提供这一事实的影响。因此,如果提供的援助或协助是非法的,则其不法性无法排除。再次强调,没有任何规定阻止一国向另一国提供合法援助或协助,以实施有效的网络反措施。

B. 对世义务遭违反时的应对措施

是否存在一种为确保集体利益而采取反措施的权利,如为了保护对世义务或部分对世义务所产生的集体利益?在国际法中这是一个悬而未决且争议很大的辩论问题。⑰ 如对最终版《草案》的评注所述,国际法委员会认为国家实践尚处于萌芽阶段,没有编纂这类反措施。⑱《草案》第54条是一个保留条款,它为采取这种措施敞开了大门,但其是否能够得到确立,将取决于国际法的进一步发展。⑲

《草案》2000年版本第54条第2款提供了这种可能性,其中规定:

> 在第41条所述[一国严重违背对整个国际社会承担的、对保护其根本利益至关重要的义务]的情况下,任何国家均可根据本章为所

---

⑮ Tikk, Kaska and Vihul (n 13) 76-77.
⑯ 关于提供援助或协助的法律后果,参见前文第10.2.4.2 A小节"声援性措施"。
⑰ Denis Alland, 'Countermeasures of General Interest' (2002) 13 *European Journal of International Law* 1221. See also: Crawford, *State Responsibility* (n 33) 703-704; Dawidowicz (n 135).
⑱ 'Commentary to the Articles on State Responsibility' (n 5) 137-139, commentary to Article 54, paras 3 and 6.
⑲ 同上注,139, para 6.

违背义务的受益人采取反措施。⑩

该版本草案的这一条款引起了很大争议,多国在对国际法委员会草案条款的评论中提出了严厉批评。⑪ 这导致《草案》文本的最终版本删除了关于集体利益的反措施。第54条规定第三国有权采取合法措施而不是反措施。事实上,《草案》允许第三国对违反部分对世义务或对世义务的不法行为国采取合法措施。第48条第1款规定,如果"违反的义务是对包括该国在内的一组国家的,并且是为了保护这些国家的集体利益而创设的(部分对世义务)",或者"违反的义务是针对国际社会整体的(对世义务)",⑫第三国有权向不法行为国主张责任。有权向不法行为国主张责任的第三国,也有权根据第54条"对该国采取合法措施,以确保违法行为的停止,并为受害国或违反义务下的受益人提供赔偿"。⑬ 国际法委员会在评注中澄清了"合法措施"的使用,据此:

> 该条提到"合法措施"而不是"反措施",是为了不妨碍受害国以外的国家针对违反保护集体利益的义务或违反对整个国际社会承担的义务而采取措施的任何立场。⑭

国际法委员会的态度似乎并不明确,丹尼斯·阿兰德(Denis Alland)强调了这一点。⑮ 评注规定,第54条既未允许也未排除关于普遍利益的

---

⑩ 'Draft Articles on State Responsibility Provisionally Adopted by the Drafting Committee on Second Reading', Article 54, paragraph 2, reproduced in: 'Document A/55/10: Report of the International Law Commission on the Work of Its Fifty-Second Session (1 May-9 June and 10 July-18 August 2000)' (n 139) 70.

⑪ Crawford, 'Fourth Report on State Responsibility' (n 140) 18, paras 71-74. See also: Crawford, *State Responsibility* (n 33) 703-706; Dawidowicz (n 135).

⑫ Articles on State Responsibility, Article 48(1).

⑬ 同上注, Article 54.

⑭ 'Commentary to the Articles on State Responsibility' (n 5) 139, commentary to Article 54, p.7.

⑮ Alland, 'Countermeasures of General Interest' (n 147) 1233. See also: Linos-Alexander Sicilianos, 'Countermeasures in Response to Grave Violations of Obligations Owed to the International Community' in James Crawford et al (eds), *The Law of International Responsibility*, OUP, 2010, pp.1144-1148.

反措施。但该条使用"合法措施"的措辞,实际上使之难以实施。[156] 事实上,反措施是不法措施,其不法性被排除(第 22 条)。使用"合法措施"意味着只能采取反报措施。

尽管存在这种矛盾,但评注明确表示,这个问题有待于国际法的未来发展加以解决。[157] 没有任何条约允许采取集体反措施,因此有必要分析确定习惯国际法规范的国家实践和法律确信。对若干案例的分析[158]似乎证实,存在关于法律确信和国家实践的一贯做法,以支持证立一种允许采取集体反措施的习惯国际法规范。[159] 然而,当一国没有得到联合国安理会的授权,或者并非为了应对种族灭绝、劫持人质、奴役、种族隔离或侵略等严重违法行为时,它们通常似乎更愿意采取合法措施。[160]

这场争论可以归结为两种利益的相互竞争:一方面,必须更好地执行国际法,特别是在涉及对世义务和强行法的情况下;另一方面,存在大国滥用这一权利的风险,以及破坏联合国安全理事会权威的风险。[161] 有论者认为,关于普遍利益的反措施不符合国际法的传统观点。[162] 马丁·达维德维奇(Martin Dawidowicz)分析了关于普遍利益反措施的争议,并得出结论:"到目前为止,使用第三方反措施既不像许多人担心的那样被滥用,也不像许多人所希望的那样有效。"[163] 本书无意于回答国际法是否发展到使第三国有权采取符合集体利益的反措施的程度,但前文说明了今后存在这种发展的可能性。

在当前的国际法和网络技术条件下,仅凭网络行动不太可能构成对对世义务的严重违反。实际上,仅通过网络手段似乎很难实施种族灭绝、劫持人质、奴役、种族隔离或侵略等行径。相反,网络反措施可能构成阻

---

[156] Sicilianos (n 155) 1145.

[157] David J Bederman, 'Counterintuiting Countermeasures', *American Journal of International Law*, Vol.96, 2002, pp.817, 827-828.

[158] Katselli Proukaki (n 36) 102-201. See also: the analysis of practice in Sicilianos (n 155) 1147-1148; Dawidowicz (n 135).

[159] Katselli Proukaki (n 36) 207.

[160] 同上注, 204-205.

[161] Sicilianos (n 155) 1137-1142; Dawidowicz (n 135) 342.

[162] Sicilianos (n 155) 1137. Martin Dawidowicz,但是,他对这种看法提出了批评,因为他认为国家实践证明了采取这种反措施形式的几个例子:Dawidowicz (n 135) 347-351.

[163] Dawidowicz (n 135) 361.

碍违反对世义务的可能手段。网络行动可能会严重扰乱一国政府或军队的组织，从而减缓其实施严重违反国际法的行为。国际社会通常被认为是一种运行缓慢的机器，因此拖延实施严重违反国际法的行为，很可能也是有价值的。

10.2.5 关于反措施的小结

本节讨论了反措施作为司法之外的措施，其由网络行动的受害国为迫使施害国遵守《国家责任法》规定的义务而采取。本书开篇就指出，绝大多数国家支持的网络行动都是非法的，但尚未达到网络战的门槛。基于这一观察可以认为，针对网络行动的首选应对措施，应该是反措施而非自卫。本节展示了应对不法网络行动的反措施的适当性。从相似的立场来看，关于自卫权的分析也将辅助支持这一主张，下一节将表明：即使可以对网络行动援引自卫权，它也未必是最适当的应对形式。

10.3 自卫

出于对网络战的过度关注，有关文献和国家倾向于将自卫作为主要的救济措施形式，以应对国家支持的网络行动所产生的威胁。毫无疑问，网络行动有可能达到类似武装攻击程度的"规模和影响"，这反过来又会引起目标国的自卫权。⑭ 然而，迄今为止，尚无任何网络行动无可争议地符合武装攻击的标准，也没有任何网络行动被公开定性为武装攻击。⑮ 其他形式的自助，特别是反措施，通常只被视为无法进行自卫时的一种权宜之计。⑯

本书认为这一立场应被逆转：反措施应被视为应对网络行动的主要和首选的自助形式。这意味着自卫只在例外情况下才予以考虑。上一节表明，大多数网络行动都可以通过反措施处理。作为对前文的补充，本节将证明在绝大多数情况下自卫是不适用的。这并不是说我们应该放弃自

---

⑭ 参见前文第 6.3 节"网络武装攻击和网络侵略"。

⑮ O'Connell（n 2）190-191,199. See also: Schmitt, *Tallinn Manual* (n 28) 57-58, commentary to Rule 13, para 13; Roscini, *Cyber Operations* (n 2) 104.

⑯ 参见前文第 396—397 页。

卫,而是建议不要将其视为主要的救济形式。然而,在一些非常有限的情况下,自卫可能是网络行动受害国的最佳选择,有时候甚至是唯一的选择。对此有几个论据支持。首先,只有少数最严重的网络行动,才有可能会越过武装攻击的门槛。大多数网络行动可能是非法的,但不属于武装攻击。因此,在大多数情况下,反措施是唯一有效的选择。其次,自卫的适用范围和条件存在更多限制,使其更难以适用。有必要首先分析针对网络行动的自卫权——部分原因是它在一些非常有限的情况下构成了一种有效的选择,然后再得出为什么反措施是首要选择。

《联合国宪章》第 2 条第 4 款确立了禁止各国单独诉诸武力的集体安全制度,并规定了这一禁止的两个例外:一是诉诸联合国安全理事会根据《联合国宪章》第 7 章授权使用的武力;二是第 51 条规定的自卫权。[167]

根据《联合国宪章》第 51 条的规定,自卫权在属事管辖上的适用条件是发生武装攻击,该条规定:

> 在安全理事会采取必要措施维持国际和平与安全之前,如果针对联合国成员国发生武装攻击,本宪章不得损害单独或集体自卫的固有权利。各成员国在行使这一自卫权利时所采取的措施应立即向安全理事会报告,并不应以任何方式影响安全理事会根据本宪章在任何时候采取其认为必要的、以维持或恢复国际和平与安全的行动的权力和责任。

在自卫中诉诸武力,是因为受害国可以证明它是武装攻击的受害者。事实上,援引自卫权的国家负有举证责任。[168] 关于武装攻击的要求已经

---

[167] 禁止使用武力的其他三个例外也在《联合国宪章》中有所规定,但已不再适用:过渡措施(第 106 条)和在区域安排内集体对敌国使用武力(第 53 条)或单独使用武力(第 107 条)。前敌对国成为联合国会员国后,则不再被视为敌对国,因此第 53 条和第 107 条已失效。See, generally, Robert Kolb, 'Article 53' in Jean-Pierre Cot, Mathias Forteau and Alain Pellet (eds), *La Charte des Nations Unies : commentaire article par article*, vol.11, 3rd ed., Économica, 2005, pp.1413-1414.

[168] Shaw (n 3) 822; Olivier Corten, *Le droit contre la guerre : l'interdiction du recours à la force en droit international contemporain*, 2nd ed., Pedone, 2014, pp.654-655.

为国际法院、[169]国际法委员会[170]和国家实践[171]所确认。如本书前面所分析的,国家支持的网络行动可能在有限的情况下达到武装攻击所要求的规模和影响的门槛,并触发受害国的自卫权。[172] 因此,本节不涉及"网络武装攻击"的定义,而是重点讨论针对网络行动的自卫权的行使条件和方式。一般来说,合法行使自卫权必须满足三个条件:第一,该措施必须是应对武装攻击;第二,该措施必须是必要且合比例的;第三,必须要向安全理事会报告该措施,并在安全理事会采取"维持国际和平与安全的必要措施"时停止。[173]

以下问题需要解决:第一,谁有权行使自卫权,这一权利是针对谁行使的?(10.3.1)第二,何时可以针对网络武装攻击行使自卫权?(10.3.2)第三,行使自卫权的条件和方式是什么?(10.3.3)第四,在未达到武装攻击门槛的情况下,针对网络使用武力,有哪些救济措施?(10.3.4)在对这些问题作出回答,并在国家支持的网络行动的背景下进行分析之后,本节将得出结论:作为针对网络行动的救济措施,为什么反措施比自卫权更可取。

10.3.1　属人管辖的要求

在《联合国宪章》体系下,只有在应对其他国家实施的武装攻击时,一

---

[169]　*Nicaragua* (Merits) (n 35) 103-104,110-111,122-123,paras 195,211,237;*Oil Platforms* (Islamic Republic of Iran v. United States of America) (Judgment) [2003] ICJ Reports 161,186-187,para 51.

[170]　《草案》第 21 条将自卫规定为排除不法行为的情形。可以证明的是,自卫是一种权利,而不仅仅是一种排除不法行为的情形,正如国际法委员会在"国家责任条款评注"中承认的那样(n 5) 74,commentary to Article 21,para 1。自卫是国际法的首要规范,不是次要规范,因此自卫行为是合法的。See,generally:Théodore Christakis and Karine Bannelier,'La légitime défense en tant que circonstance excluant l'illicéité' in Rahim Kherad (ed),*Légitimes défenses* (LGDJ,2007) *passim*;Corten,*Le droit contre la guerre* (n 168) 654.

[171]　Christine Gray,*International Law and the Use of Force*,3rd ed.,OUP,2008,p. 28;Corten,*Le droit contre la guerre* (n 168) 657-758.

[172]　参见前文第 6.3 节"网络武装攻击和网络侵略"。

[173]　Christopher Greenwood,'Self-Defence',*Max Planck Encyclopedia of Public International Law* (*MPEPIL*),OUP,2011,https://opil.ouplaw.com/view/10.1093/law:epil/9780199231690/law-9780199231690-e401,para 8.

国才享有自卫权。此外,《联合国宪章》第 51 条规定,自卫权可以单独行使也可以集体行使。主张集体自卫权有两个条件:受害国必须认为其是武装攻击的受害者,第三国系应受害国的请求进行干预。⑭

一般来说,自卫处理的是一国对另一国的攻击。但是,这并不意味着非国家行为体的行为完全与此无关。只要非国家行为体的行为归因于国家并达到武装攻击的门槛,就构成了代表支持国的武装攻击。此时受害国即有权援引自卫权针对支持国。

此外,部分文献支持对非国家行为体行使自卫权,即使他们并未得到国家的支持。⑮ 此时自卫措施针对的是非国家行为体,而非针对国家。这一问题尚无定论,我们也不能肯定自卫权是否扩大到包括不可归因于国家的非国家行为体的攻击。然而,它在未来更有可能朝着扩大的方向发展。因此,武装攻击可能是不代表任何国家行事的非国家行为体的行

---

⑭ *Nicaragua* (Merits) (n 35) 105, para 199; Oil Platforms (Judgment) (n 169) 186, para 51. See also: Albrecht Randelzhofer and Georg Nolte, 'Article 51' in Bruno Simma *et al* (eds), *The Charter of the United Nations: A Commentary*, OUP, 2012, pp. 1420-1421; Robert Kolb, *Ius contra bellum: Le droit international relatif au maintien de la paix*, Helbing Lichtenhahn & Bruylant, 2003, pp.191-192; Yoram Dinstein, War, *Aggression, and Self-Defence*, 5th ed., CUP, 2012, pp.292-297; James Crawford, *Brownlie's Principles of Public International Law*, 8th ed., OUP, 2012, pp.749-750.

⑮ See, generally: Sean D Murphy, 'Terrorism and the Concept of Armed Attack in Article 51 of the U.N. Charter', 2002, p.43 *Harvard International Law Journal*, pp.41, 50; Sean D Murphy, 'Self-Defense and the Israeli Wall Advisory Opinion: An IPSE Dixit from the ICJ?' [2005] *American Journal of International Law* 62, 64 *et seq*; Christian J Tams, 'Light Treatment of a Complex Problem: The Law of Self-Defence in the Wall Case', *European Journal of International Law*, 2005, p.963; Tom Ruys and Sten Verhoeven, 'Attacks by Private Actors and the Right of Self-Defence', *Journal of Conflict & Security Law*, 2005, pp.239, 289 *et seq*; Christian J Tams, 'The Use of Force against Terrorists', *European Journal of International Law*, 2009, p.359, 384 *et seq*; Lindsay Moir, *Reappraising the Resort to Force: International Law*, 'Jus Ad Bellum' and the War on Terror (Hart 2010), pp.22-31; Noam Lubell, Extraterritorial Use of Force against Nonstate Actors, OUP, 2010, *passim*; Dinstein (n 174) 224-230. See also the separate opinions of Judges Kooijmans and Simma in the *Armed Activities case: Armed Activities on the Territory of the Congo* (*Democratic Republic of the Congo v. Uganda*) (Separate Opinion of Judge Kooijmans) [2005] ICJ Reports, pp.306, 313-315, paras 26-32; *Armed Activities on the Territory of the Congo* (*Democratic Republic of the Congo v. Uganda*) (Separate Opinion of Judge Simma) [2005] ICJ Reports, pp.334, 337-338, paras 12-13.

为造成的。可以说,《联合国宪章》第51条既未允许也未禁止对非国家行为体行使自卫权。⑯ 2001年发生的"美国9·11恐怖袭击事件"引发美国对恐怖组织采取自卫行动,属于支持这一理论的实践。⑰ 然而,国际法院在"美国9.11恐怖袭击事件"之后裁决的两起案件中,即隔离墙咨询意见和武装活动案,仍然不支持将武装攻击的概念扩大到不代表任何国家行事的非国家行为体的行为。⑱ 辩论仍在持续,自卫权是否已扩大到包括无法归因于国家的、由非国家行为体实施的攻击,这一点尚未得到确认。⑲

在网络情境下,可能难以确定施害的非国家行为体与被指控的支持国之间的关系。此时将自卫权扩展到因为非国家行为体带来的威胁可能有一定的吸引力;然而,这构成了一个滑坡谬误,应当极为谨慎地予以对待。参与《塔林手册2.0》的专家对此意见不一,但大多数专家认为自卫权也适用于非国家行为体。⑳ 此外,包庇非国家行为体的国家参与针对另一国的网络行动,或允许将其领土用于这一目的,这可能会违反审慎义务。㉑

自卫权关于属人管辖的要求并没有因为移植适用于网络空间而有所

---

⑯ 它只把一个国家称为武装攻击的受害者,而不是施害者,因此一些学者认为不排除受害国对非国家行为体的武装攻击行使自卫权的可能性; see, for instance, Murp 'Terrorism' (n 175) 50.

⑰ Randelzhofer and Nolte (n 174) 1416, para 35.

⑱ *Legal Consequences of the Construction of a Wall in the Occupied Palestinian Territory* (Advisory Opinion) [2004] ICJ Reports 136, 194, para 139; *Armed Activities on the Territory of the Congo* (Democratic Republic of the Congo v. Uganda) (Judgment) [2005 ICJ Reports 168, 222-223, para 146. 然而,一些法官在其意见中表达了不同态度,支持扩大对非国家行为者的自卫权。See, generally: Gray (n 171) 128-136; Randelzhofer and Nolte (n 174) 1416-1419, paras 35-41.

⑲ Moir (n 175) 30-31; Randelzhofer and Nolte (n 174) 1417, para 37.

⑳ Schmitt and Vihul (n 28) 345-346, commentary to Rule 71, paras 18-20; Schmitt, *Tallinn Manual* (n 28) 58-59, paras 16-17. See also on self-defence against cyber operations perpetrated by non-state actors: Michael N Schmitt, 'Cyber Operations and the *Jus Ad Bellum* Revisited' (2011) 56 *Villanova Law Review* 569, 598-602; Dinniss (n 2) 95-99; Roscini, *Cyber Operations* (n 2) 80-89.

㉑ Schmitt, 'Cyber Operations and the *Jus Ad Bellum* Revisited' (n 180) 603; Dinniss (n 2) 95-99; Nicholas Tsagourias, 'Cyber Attacks, Self-Defence and the Problem of Attribution' (2012) 17 *Journal of Conflict and Security Law*, p.229, pp.232-233; Schmitt, *Tallinn Manual* (n 28) 61, commentary to Rule 15, para 23; Roscini, *Cyber Operations* (n 2) 81-88; Radziwill (n 29) 150-152.

不同。因此，本书只对它们进行简要介绍，但不作深入阐述。而且前文已经讨论了两个主要的关注点：将网络行动归于国家和审慎义务。[182]

10.3.2 属时管辖的要求

只有在发生武装攻击时才能行使自卫权。由此导致这项权利的属时适用问题，而这涉及两个相互关联的方面：自卫权何时开始，以及自卫权何时结束？

10.3.2.1 自卫权的开始

需要我们回答的第一个问题是：自卫权自何时发挥作用？《联合国宪章》第51条的措辞及其准备工作文件表明，自卫权始于武装攻击发生之时，而非在那之前。[183] 这一点毫无疑问，因为一旦武装攻击开始，受害国就有权行使自卫权。

部分评论者和国家认为，习惯国际法中规定了预先自卫权。[184] 这一观点不符合第51条的文本，[185]但其支持者普遍断言，关于自卫权的习惯性规范先于《联合国宪章》存在，不会因《联合国宪章》通过而被删除，因此，习惯国际法继续规定预先自卫权。[186] 通常被用来支持预先自卫权的有效性的论据，是时任美国国务卿丹尼尔·韦伯斯特（Daniel Webster）就卡罗琳（Caroline）事件给英国大使的信。韦伯斯特的如下论断常被引用：当一国因面临紧迫攻击需要立即行使自卫权时，自卫权是被允许的；这种

---

[182] 分别参见前文第4章和第8章。

[183] Kolb, *Ius Contra Bellum* (n 174) 192-193; Corten, *Le droit contre la guerre* (n 168) 662-674.

[184] See the comprehensive analysis of the debate on anticipatory forms of self-defence in Moir (n 175) 12-22. See also: Ian Brownlie, *International Law and the Use of Force by States*, OUP, 1963, pp.258-260; Gray (n 171) 160-165; Kinga Tibori Szabó, *Anticipatory Action in Self-Defence: Essence and Limits under International Law* (TMC Asser Press & Springer 2011); Mélanie Dubuy, *La guerre préventive et l'évolution du droit international public* (La Documentation française 2012); Corten, *Le droit contre la guerre* (n 168) 662 *et seq*.

[185] Brownlie (n 184) 275-278.

[186] Derek W Bowett, *Self-Defence in International Law*, Manchester University Press, 1958, pp.118-192. See also Crawford, *Brownlie's Principles* (n 174) 750.

攻击带来"自卫权的必要性、即时性、压倒性,使当事国没有其他选择的余地,也没有考虑的时间"。[187] 大多数国家[188]和文献拒斥预期形式的自卫权,而且似乎很难找到一致的支持性的国家实践。[189] 这场无休止的理论辩论"像达摩克利斯(Damocles)之剑一样,悬在诉诸战争权法之上",[190]并威胁着《联合国宪章》中集体安全体系的脆弱平衡。

关于预期自卫权的辩论,"美国 9.11 恐怖袭击事件"标志着一个分水岭。[191] 2002 年 9 月美国通过《美国国家安全战略》(NSS),该战略强烈主张对紧迫的威胁进行预期自卫之合法性:[192]

> 几个世纪以来,国际法均承认,针对一项预示着紧迫攻击危险的武力,国家在合法采取行动自我防御之前,无须要求这项攻击实际发生。[193]

美国的立场得到了少数几个国家支持,从而重新激活了关于预期自卫的辩论。[194] 然而,许多国家批评了这种做法,其仍然认为,根据实在国际法,预期自卫是未经授权的。[195] 因此,各国之间没有一贯的法律确信支

---

[187] Daniel Webster, 'Letter to Henry Stephen Fox' in KE Shewmaker (ed), *The Papers of Daniel Webster: Diplomatic Papers*, Vol I, pp.1841-1843 (1983) 62. See, generally, on the Caroline case: RY Jennings, 'The Caroline and McLeod Cases' (1938) 32 American Journal of International Law 82; Christopher Greenwood, 'The Caroline', *Max Planck Encyclopedia of Public International Law* (*MPEPIL*), https://opil.ouplaw.com/view/10.1093/law:epil/9780199231690/law-9780199231690-e261, OUP, 2009.

[188] Gray (n 171) 160.

[189] See, generally, the analysis in Brownlie (n 184) 275-280, 367; Tom Ruys, '*Armed Attack*' *and Article 51 of the UN Charter: Evolutions in Customary Law and Practice*, CUP, 2010, pp.255-305; Corten, *Le droit contre la guerre* (n 168) 662-716.

[190] Ruys (n 189) 250.

[191] Robert Kolb, 'Self-Defence and Preventive War at the Beginning of the Millennium' (2004) 59 Zeitschrift für öffentliches Recht 111, 111; Ruys (n 189) 305-342; Crawford, *Brownlie's Principles* (n 174) 752.

[192] White House, 'The National Security Strategy of the United States of America' (2002) 13-16 http://georgewbush-whitehouse.archives.gov/nsc/nss/2002/.

[193] 同上注,15.

[194] Ruys (n 189) 305-310, 330 *et seq*; Corten, *Le droit contre la guerre* (n 168) 694-698.

[195] Ruys (n 189) 330-342; Corten, *Le droit contre la guerre* (n 168) 698-702.

持预期形式的自卫。因此我们必须得出结论,在实在国际法中,并没有确认预期自卫权的现行法权利。⑲

由于本书重点讨论的是国家支持的网络行动,因此它并不试图解决关于预期自卫的无休止辩论。以上对相关辩论的简短评价表明,第51条既未明确允许,也未明确禁止预期自卫,但预期自卫权不是实在国际法的一部分。然而,无休止的理论辩论以及一些国家对预先自卫的零星承认突出表明,有必要在国家支持的网络行动方面处理这一问题,这主要基于两个理由:第一,国际法可能会缓慢演变并纳入预期自卫,即使因为考虑到自卫权的历史和演变,这种可能性似乎很低;第二,各国可能会将其针对国家支持的网络威胁采取的一些行动作为预期自卫措施来加以正当化。大多数网络行动没有达到武装攻击的门槛,因此就网络行动的预期特征、规模和影响而言,预期自卫构成了一个非常脆弱的正当化理由。此外,一些关于网络行动与国际法的文献也主张对紧迫的网络武装攻击行使自卫权。⑲

预期自卫并非一个单一类型,可以确定三种主要形式:拦截性自卫(A)、先发制人的自卫(B)和预防性自卫(C)。⑲ 拦截、预防和先发制人的自卫都是指针对尚未开始的武装攻击威胁的自卫。所使用的这些不同术语并不透明,对其使用也并不总是前后一致。⑲ 除拦截性自卫外,还必须区分两种不同形式的预期自卫:一方面,对尚未开始的紧迫的威胁采取行动,以下称为先发制人的自卫;另一方面是对未来威胁采取的行动,特别是在发展大规模杀伤性武器的情况下,以下称作预防性自卫。在实在国

---

⑲ Ruys (n 189) 342.

⑲ Schmitt,'Cyber Operations and the *Jus Ad Bellum* Revisited'(n 180) 590-593; Schmitt and Vihul (n 28) 350, Rule 73 'Imminence and immediacy'; see also Schmitt, *Tallinn Manual* (n 28) 63, Rule 15. See, contra, Yoram Dinstein,'Computer Network Attacks and Self-Defense'(2002) 76 *International Law Studies* 99,111. See also:Dinniss (n 2) 88-89;Radziwill (n 29) 153.

⑲ Kolb, *Ius Contra Bellum* (n 174) 194;Ruys (n 189) 253-254.

⑲ Slim Laghmani,'La doctrine américaine de la "Preemptive Self-defense"' in Rafâa Ben Achour and Slim Laghmani (eds), *Le droit international à la croisée des chemins:Force du droit et droit de la force-VIe rencontre internationale de la faculté des sciences juridiques, politiques et sociales de Tunis*,14,15 et 16 avril 2004 (Pedone 2004) 137-140;Dubuy (n 184) 246. See also:Ruys (n 189) 252-254;Dinstein (n 174) 195,para 516.

际法下,先发制人的自卫和预防性自卫都具有高度争议性。

A. 拦截性自卫

拦截性自卫是指武装攻击已经开始,但尚未到达目标国或尚未对目标国造成影响的情况。[200] 这方面的一个教科书式的案例是:在一艘舰船开航后,目标国不应被动地等待该船前来实施打击,而应能够在该船到达其领土并产生影响之前即有权采取拦截措施,阻止此种打击。[201] 另一个例子是,一支舰队正在前往攻击的途中,但在攻击开始前遭到拦截。[202]

拦截性自卫是预期自卫中争议最小的形式。它并不完全是一种预防性的自卫形式,因为它发生在武装攻击已经开始但尚未产生效果的时候。它介于对已发生的实际武装攻击进行自卫和预期自卫之间。《联合国宪章》第 51 条虽未规定拦截性自卫,但也没有明确禁止。但通常认为这是符合《联合国宪章》第 51 条的,[203]因为在这种情况下,武装攻击事实上已经开始。[204]

网络行动在源头系统和目标系统之间传输所需时间不到一秒。因此,至少就目前的技术状况而言,拦截性自卫对网络情境几乎没有意义。[205]

某些情况下的网络行动更为复杂,可以包括几个阶段。这方面的一个说明事例,就是针对特定系统而设计的网络行动。在最终网络行动产生影响和破坏之前,可能会先实施另一个行动,旨在收集目标系统的信息。如果网络行动的破坏性影响使其具有武装攻击的性质,那么武装攻击是从破坏性的网络行动开始,还是从之前的侦察阶段开始?本书认为,只有当网络行动造成损害时,武装攻击才会开始。在这个假设中,攻击者一定已经越过了"法律意义上的卢比孔河",[206]或者说已经越过不可逆转

---

[200] See, generally: Sicilianos (n 36) 403-405; Tarcisio Gazzini, *The Changing Rules on the Use of Force in International Law* (Juris 2005) 151-153; Dinstein (n 174) 203-205, paras 538-542; Ruys (n 189) 346-367; Corten, *Le droit contre la guerre* (n 168) 673; Shaw (n 3) 822.

[201] Gazzini (n 200) 200; Corten, *Le droit contre la guerre* (n 168) 672.

[202] Yoram Dinstein 在 1941 年日本偷袭珍珠港事件的基础上建立了这个假设的例子,断言美国本可以使用这种拦截性自卫的权利,拦截并摧毁前往夏威夷发动攻击的日本航母打击力量:Dinstein (n 174) 203, para 539.

[203] Kolb, *Ius Contra Bellum* (n 174) 194.

[204] Corten, *Le droit contre la guerre* (n 168) 673.

[205] Radziwill (n 29) 153.

[206] 这个表达借用的是 Dinstein (n 174) 204.

的临界点。[207] 对此,只有实际的网络行动才能越过,而不是侦察阶段。其他任何答案都等于承认,如果一个国家发现有外国网络行动对其系统进行间谍活动,那么该国就有自卫权。因此,与其说这种情况是拦截性自卫,不如说是预防性自卫或先发制人的自卫。虽然收集到的信息有可能用于实施具有破坏性影响的网络行动,但间谍行动本身并不足以构成武装攻击的开始。

然而,在其他一些情况下,具有破坏性的网络行动可能需要更长的时间才能产生效果。此时可以认为,目标国可以基于拦截性自卫作出应对。例如,在目标系统中植入一个逻辑炸弹不足以构成武装攻击的开始,构成武装攻击要求该逻辑炸弹必须已经开始针对该系统发挥作用。只要逻辑炸弹处于休眠状态,它就只构成对目标国主权的侵犯。[208]

基于 Stuxnet 案例,我们可以得出一个假想事例。为便于讨论,让我们假定 Stuxnet 构成了武装攻击,[209]而且可以归因于某个国家。在这种情况下,如果伊朗在其离心机损坏之前就在系统中发现了病毒,那么即可以说伊朗有权采取拦截性自卫措施,以减轻网络行动的影响,防止攻击国继续实施攻击。在这个假想事例中,攻击已经开始,但尚未造成任何损害;不过假若损害发生,其很可能构成武装攻击。然而此种情形必须谨慎处理。只有网络行动产生的效果已经不可逆转,才符合前述关于拦截性自卫的判断。因此,困难在于确定某个网络行动是否已经越过这一界限。对前述假设情况,我们可以在拦截性自卫和先发制人的自卫两种情况下分别加以考虑;事实上,如果没有明确超越不可逆转的界限,自卫措施似乎更具先发制人的性质,而不是拦截性;以前者作为正当化的理由更具争议,对此下文将加以阐述。恶意软件是否已经开始其破坏性活动这一事实,是影响相关判断的决定因素——例如,网络行动虽然已经开始改变核离心机转子的速度,但尚未造成任何损失。

如果恶意软件似乎仍处于侦察阶段,其行为没有显示出任何破坏性目的,则不能认为已经开始进行武装攻击,这也就无法作为拦截性自卫措施的正当化理由。虽然这种区别在理论上似乎很明确,但在实践中可能是模糊的。受害国可能难以确定网络行动的实际目的。针对这种不确定

---

[207] Ruys (n 189) 347.

[208] Schmitt, *Tallinn Manual* (n 28) 65, commentary to Rule 15, para 6.

[209] 参见前文第 315 页。

性,攻击国很容易否认网络行动构成武装攻击,并为此提供证据。例如,在基于 Stuxnet 的假想事例中,伊朗必须深入研究 Stuxnet 的代码,明确确定其目的是破坏离心机,且破坏性活动已经开始,然后才能援引其自卫权。相反,攻击国可以很容易地争辩说,恶意软件仅具有间谍目的,只是在收集关于离心机的信息,或者只是在进行相关测试。攻击国披露的情况显然会暴露其行动的非法性,但同时也会削弱基于拦截性自卫的任何正当化理由,甚至使这些理由沦为无效。因此,如果伊朗在 Stuxnet 病毒产生任何影响之前对肇事者行使拦截性自卫,国际社会是否会认为这是对自卫的合法行使,我们是不好判断的。

要构成针对网络行动的有效拦截性自卫形式,必须满足两个条件:第一,目标国必须查明网络行动造成损失的可能性;其次,它还必须查明损害性活动已经开始,即使这种活动尚未产生这种影响。如果只满足第一个条件——如一国在其系统中识别外国恶意软件,则将构成对其主权的侵犯,但似乎不太可能构成拦截性自卫的有效理由。当然也可以认为,这已经构成了网络行动的第一步,我们可以将其与正在前往攻击途中的舰队的例子进行比较。然而,情况显然不同。第一,攻击尚未开始,因此国家无权采取拦截性自卫;这种以先发制人的自卫为理由的应对是否有效,将在下文详述。第二,也是更重要的,如果国家发现其系统内存在恶意软件,它完全可以采取单独的措施来减轻恶意软件的影响或删除恶意软件。⑳ 因此,国家没有任何理由对攻击国采取自卫措施。因此,针对攻击国的拦截性自卫措施将是不必要的,因而是非法的。㉑

总而言之,拦截性自卫似乎对阻却国家支持的网络行动没有什么帮助,原因有二。首先,由于大多数网络从着手到生效之间通常不存在迟滞,这种瞬时性使得采取拦截性自卫行动的机会窗口非常小,如果不是完全不存在的话。㉒ 其次,大多数网络行动的复杂性以及其在产生任何效果之前可能无法被识别的事实,使得采取拦截措施的可能性非常小,而且具体论证也将非常复杂。

B. 先发制人的自卫

先发制人的自卫是指针对尚未开始的迫在眉睫的威胁采取的行动。

---

⑳ Roscini, *Cyber Operations* (n 2) 79.

㉑ 关于必要性的要求,参见后文第 10.3.3 小节"对条件的要求:必要性和相称性"。

㉒ Schmitt and Vihul (n 28) 351, commentary to Rule 73, para 3.

这种权利是否存在有很大争议,根据实在国际法,尚不能认定其有效性。⑬

要对一个即将发生的国家支持的网络行动进行识别,是一项复杂的工作。⑭ 与其他形式的敌对行动不同,网络行动通常没有明显的发动迹象。例如,在网络行动之前不会在边境进行任何动员或集结部队。它们总是隐蔽的,通常只有在受害者受到影响后才被发现。

为了确定武装攻击的迫近性(imminence),迈克尔·施密特(Michael Schmitt)将相关评估建立在"最后一个可行的机会窗口"的确定上。⑮《塔林手册 2.0》承认对迫在眉睫的武装攻击的自卫权,⑯并提到施密特对"最后的机会之窗"的测试。⑰ 然而,"最后的机会之窗"可能很难识别,以下将予以说明。

对于在网络行动的情景下与先发制人的自卫尤其相关的情况,相关文献已经识别出两种:第一,当网络行动表明常规军事行动迫在眉睫时;第二,当一个网络行动显示另一个更具潜在破坏性的网络行动迫在眉睫时。⑱

第一种假想的情况可以"果园行动"(Operation Orchard)为例。2007

---

⑬ See the analysis in Kolb, *Ius Contra Bellum* (n 174) 192 *et seq*; Ruys (n 189) 255-305; Corten, *Le droit contre la guerre* (n 168) 662-716.

⑭ Radziwill (n 32) 154.

⑮ Michael N Schmitt, 'Responding to Transnational Terrorism Under the *Jus Ad Bellum*: A Normative Framework' [2008] *Naval Law Review* 1, pp.16-19. 在其他出版物中,他使用了网络行动"最后的机会之窗"的测试。Michael N Schmitt, 'Computer Network Attack and the Use of Force in International Law: Thoughts on a Normative Framework' (1998-99) 37 *Columbia Journal of Transnational Law*, pp.532-533; Schmitt, 'Cyber Operations and the *Jus Ad Bellum* Revisited' (n 180) 592; Michael N Schmitt, 'The Law of Cyber Warfare: Quo Vadis?' (2014) 25 *Stanford Law & Policy Review* pp.269, 286.

⑯ Schmitt and Vihul (n 28) 350, Rule 73.

⑰ 同上注,351, commentary to Rule 73, para 4.《塔林手册 2.0》提出了以下例子:"考虑这样一种情况:一个国家的情报机构收到确定的信息,称另一个国家正准备发动一场网络行动,将在未来两周内摧毁该国的主要石油管道。该行动包括使沿管道的微控制器增加管道内的压力,从而导致一系列爆炸。由于国家情报部门没有被利用的具体漏洞的信息,因此它无法对微控制器建立有效的网络防御。不过,情报部门确实掌握了参与行动的人员将在特定地点和时间聚集的信息。目标国有理由断定武装攻击即将发生,必要时会使用武力进行自卫(规则 72),并且对这些个体的攻击在预防性自卫的相称性上是合法的(规则 72)。"同上注,352, commentary to Rule 73, para 6; see also Schmitt, *Tallinn Manual* (n 28) 65, para 5.

⑱ Dinniss (n 2) 88. See also Roscini, *Cyber Operations* (n 2) 79.

年9月6日,以色列对一个疑似叙利亚核反应堆实施空袭。[219] 以色列飞机在未被发现的情况下侵入叙利亚领空。为此,以色列除了使用针对地面设施的常规精确制导炸弹之外,还组合使用了网络作战和干扰行动,摧毁了叙利亚的雷达。在这个例子中,网络行动先于空袭。尽管孤立地采取的网络行动不能被定性为武装攻击,但空袭无疑满足了武装攻击的标准。这里我们再次看到,拦截性自卫和先发制人的自卫之间的区别很难区分,使得这两种合法化理由都有可能用于辩护。网络行动可被视为包括空袭在内的整个军事行动的先导步骤。一旦网络行动开始影响叙利亚的系统,叙利亚就有权对以色列使用拦截性自卫。从事后的角度来看,这一理由似乎是合理的。但是在网络行动发生的时候,几乎不可能将其确定为更大规模军事行动的第一步。例如,即使在没有必要进行空袭的情况下,以色列也可以进行具有相同效果的网络行动,以向叙利亚展示其意志。在这种情况下,网络行动将只能构成对叙利亚主权的侵犯。或者也可以说它们可能被视为武力威胁,但显然不是武装攻击。

同样,爱沙尼亚的案例也推翻了这一假想。2007年针对爱沙尼亚的网络行动旨在破坏该国的稳定,这一行动据称得到了俄罗斯的支持。俄罗斯和爱沙尼亚之间的这种紧张局势,似乎可以被视为俄罗斯对爱沙尼亚即将进行干预的第一步,[220] 然而事实上并没有发生后续入侵或常规干预。因此,爱沙尼亚以预防性自卫为理由对俄罗斯作出的任何军事应对,都将是不合理和非法的,还可能使俄罗斯有权对爱沙尼亚使用武力进行自卫。即使在网络行动之后真的发动了军事干预——例如2008年格鲁吉亚发生的情况,但很明显的是,在进行网络行动时,几乎不可能肯定地断定随后是否会发生军事干预。

鉴于上述情况,为评估预备性网络行动是否可能产生预期自卫权,本书提出三个判断因素:第一,网络行动应当是可能构成武装攻击的整体行

---

[219] Allen Thomson, 'A Sourcebook on the Israeli Strike in Syria' (updated 9 January 2015) (Federation of American Scientists 2007) http://fas.org/man/eprint/syria.pdf; 'Israel Admits Air Strike on Syria' (BBC, 2 October 2007) http://news.bbc.co.uk/2/hi/middle_east/7024287.stm; Erich Follath and Holger Stark, 'The Story of "Operation Orchard": How Israel Destroyed Syria's Al Kibar Nuclear Reactor', *Spiegel Online* (2 November 2009) www.spiegel.de/international/world/the-story-of-operation-orchard-how-israeldestroyed-syria-s-al-kibar-nuclear-reactor-a-658663.html.

[220] Dinniss (n 2) 88.

动的一部分;第二,网络行动必须是不可撤回的步骤;第三,目标国只有在"最后的机会之窗"时才能采取行动。㉑ 尽管关于评估针对预备性网络行动的预期自卫的这种测试有其意义,但显然,在大多数情况下几乎不可能确定即将到来的行动的总体后果,因此,这种测试似乎难以实际适用,如果说不是完全不可能被适用的话。此外,在前述两个虚构案例中,我们已经假设一国对网络行动负有责任,若非如此,目标国在网络行动发生时就不可能证明其归因,也就无法在随后以预期自卫为由诉诸武力。㉒

第二种假想情况涉及网络活动,该网络活动将表明一项网络行动迫在眉睫。必须澄清,这一假想情况与潜在的攻击国计算机内电子活动的增加无关。即使可行,要对此进行监测也将极为复杂,而且监测结果也难以解读。这一假想情况所关注的情形是,发现了某个网络行动,其可能影响系统,或者可能构成一项更大行动的先导步骤。对此一个恰当的例子是网络间谍工具被发现的场景,这个网络工具可以识别和收集有关核电站的数据,其目的是筹划并发起一场对核电站基础设施造成破坏的网络行动。

在拦截性自卫的情况下已经出现过这种情况,当时的结论是,为收集潜在目标的数据而发起网络行动,并不构成迫在眉睫的武装攻击的开始。包括特洛伊木马(Trojan horses)或其他恶意软件在内的病毒,是否可以成为网络武装攻击迫在眉睫的证据?答案显然是否定的。㉓ 首先,为未来潜在的网络行动执行侦察的这些间谍工具只会提供关于目标的信息,而不会提供关于未来任何潜在的网络行动的信息;从侦察阶段收集的信息中,我们也无法推断出未来潜在的网络行动的迫近性、强度和影响。例如,收集飞机运行数据的网络间谍恶意软件可用于网络行动,目的是防止飞机再次起飞或使之坠毁——前一种目的可能不会被认为是武装攻击,但后一种目的则相反。

能够造成网络武装攻击的恶意软件可能已经感染了系统,但仍处于休眠状态,不会产生任何影响。这方面一个很好的例子,就是在系统中植入一个逻辑炸弹。㉔ 对于潜伏的恶意软件这种情况,迈克尔·施密特提

㉑ Schmitt, 'Computer Network Attack' (n 215) 932-933.
㉒ Dinniss (n 2) 89.
㉓ 同上注,89-90.
㉔ Schmitt and Vihul (n 28) 352, commentary to Rule 73, para 7.

出了在考虑先发制人的自卫措施之前必须满足的三个累积性要素:第一,攻击者已经决定使用恶意软件的潜在破坏功能;第二,恶意软件的规模和影响很可能达到武装攻击的程度;第三,激活恶意软件应该是迫在眉睫的。㉕ 尽管以上所提出的测试看似是合理的,但对潜伏的恶意软件进行预期自卫是不合理的,因为它无法满足必要性的要求。事实上,与拦截性自卫的情况类似,如果一国在其系统内发现了一个能够造成破坏性影响但尚未开始的网络行动,该国通常能够提前移除恶意软件。因此,这不是一个预期自卫的问题,而是一个必要性的问题。这意味着,如果目标国可以采取非暴力性措施移除恶意软件,那么它就无权诉诸自卫,因为这是没有必要的。㉖

最后,必须回顾,先发制人的自卫是高度争议的话题,大多数国家或文献都不接受这一主张。本书坚持认为,根据实在国际法,先发制人的自卫是非法的。此外,即使认可先发制人的自卫构成目标国的现行法律权利,在网络行动的场景中也没有什么帮助。

C. 预防性自卫

预防性自卫也是极具争议性的概念,它通常被用来主张对未来的攻击进行预防性打击,未来的打击既不是迫在眉睫的,也尚未完全变成现实。㉗ 同先发制人的自卫一样,绝大多数国家和文献并不承认预防性自卫的存在。㉘

仅仅以一国发展"网络武器"为由,并不能作为证明对其采取预期自卫措施的正当性的基础。㉙ 可以实在国际法中不存在预防性自卫来支持这一论断,除此之外,关于发展网络能力的国家实践也能支持这一点。大

㉕ Schmitt, 'Cyber Operations and the *Jus Ad Bellum* Revisited' (n 180) 592-593.
㉖ 关于必要性的要求,参见后文第 10.3.3 小节"对条件的要求:必要性和相称性"。
㉗ Roberto Ago, 'Addendum-Eighth Report on State Responsibility by Mr. Roberto Ago, Special Rapporteur-the Internationally Wrongful Act of the State, Source of International Responsibility (Part 1), UN Doc. A/CN.4/318/Add.5-7' (1980) 2 *Yearbook of the International Law Commission* (Vol 2, Part I) pp.13, 67, para 116; Kolb, 'Self-Defence and Preventive War' (n 191) 124; Ruys (n 189) 254; Corten, *Le droit contre la guerre* (n 168) 662-663.
㉘ Randelzhofer and Nolte (n 174) 1423, para 52.
㉙ Schmitt and Vihul (n 28) 353, commentary to Rule 73, para 10; Radziwill (n 29) 155-156.

多数国家已经或正在发展进攻性网络能力。一些国家公开表示不同意这一点,并担心网络武器竞赛的潜在后果。有趣的是,从未有任何国家提出针对网络威胁的预防性自卫问题。

D. 关于自卫开始和预期自卫形式的小结

自卫权始于"网络武装攻击"的发起,无论武装攻击是否已经产生任何效果(拦截性自卫)。针对迫在眉睫的网络武装攻击主张自卫权可能是有争议的,但似乎很难识别迫在眉睫的网络行动,以及它是否达到武装攻击的规模和效果。最后,针对正在发展网络能力的国家,不存在预防性自卫权。

10.3.2.2 自卫权的结束

自卫措施是针对武装攻击而采取的;自卫权从武装攻击开始时起,到武装攻击结束时止。理论上对武装攻击的反应应该是立即的。在实践中,对即时性的要求并不作严格理解,这给应对国留下了一定程度的灵活性。㉚ 事实上,受害国在采取自卫措施之前可能需要作一些准备。例如"美国9.11恐怖袭击事件"后,美国花了一个月的时间用于准备在阿富汗的自卫行动。㉛ 然而,应对措施必须在合理的期限内作出;否则它将被视为报复性措施,而不是对武装攻击的自卫性应对措施。㉜ 过了很长时间才采取的措施也可能被认为是不必要的。㉝ 在尼加拉瓜案中,国际法院裁定,美国采取的措施是没有必要的,因为美国是在其指称的武装攻击结束几个月后才进行干预的。㉞

在网络行动的场景中,这是一个重要的限制。许多网络行动只持续几秒钟,这使得反应窗口期非常短暂。受害国可以在网络行动结束后的合理期限内采取自卫措施。然而,自卫措施不能在网络行动结束后持续,

---

㉚ Avra Constantinou, *The Right of Self-Defence under Customary International Law and Article 51 of the United Nations Charter* (Sakkoulas & Bruylant 2000) pp.160-161;Gazzini (n 200) 144;Gardam (n 96) pp.150-153;Ruys (n 189) 100;Dinstein (n 174) pp.233-234.

㉛ Kolb, *Ius Contra Bellum* (n 174) 197.

㉜ 同上注,196-197.

㉝ 关于必要性的要求,参见后文第10.3.3小节"对条件的要求:必要性和相称性"。

㉞ 在本案中,国际法院不认为尼加拉瓜的行为构成武装攻击,但仍然分析了美国所采取措施的必要性:*Nicaragua* (Merits) (n 35) 122,para 237.

以迫使攻击国对其网络行动造成的损失提供充分赔偿——这是反措施和自卫之间的一个重要区别。

此外,自卫措施只是对集体安全制度的一种权宜之计,因此一旦安全理事会采取了"维持国际和平与安全的必要措施",自卫措施就必须立即停止。㉟

10.3.3 对条件的要求:必要性和相称性

为合法行使自卫权,所采取的措施必须符合必要性(10.3.3.1)和相称性(10.3.3.2)这两个累积性条件。《联合国宪章》第51条没有规定必要性和相称性的标准。然而,国际法院在多个案例中,已经确认这两个条件构成习惯国际法的一部分。㊱ 关于承认和适用这两项标准的国家实践基本是前后一致的。㊲ 此外,文献对这些条件的存在也有共识,㊳在国际法委员会关于《草案》第21条的评注中㊴以及国际法研究所在2007年通过的关于自卫权的决议中,这些条件的存在都得到了重申。㊵ 必要性和相称性的要求一般是分开适用的,但二者并不总是容易区分。㊶ 这些要求是区分自卫与报复措施的要素之一。㊷

㉟　UN Charter, Article 51.

㊱　*Nicaragua* (Merits) (n 35) 94 and 103, paras 176 and 194; *Legality of the Threat or Use of Nuclear Weapons* (Advisory Opinion) [1996] ICJ Reports p.226, p.245, para 41; Oil Platforms (Judgment) (n 169) p.183, para 43; Armed Activities (Judgment) (n 178) p.223, para 147. See also the analysis in James A Green, *The International Court of Justice and Self-Defence in International Law*, Hart, 2009, p.63 et seq.

㊲　Gray (n 171) 148; Ruys (n 189) 91-95.

㊳　See, generally: Enzo Cannizzaro, *Il principio della proporzionalità nell'ordinamento internazionale* (Giuffrè 2000) pp.275-326; Gardam (n 96) p.138 et seq; Thomas M Franck, 'On Proportionality of Countermeasures in International Law' (2008) 102 *American Journal of International Law* p.715, pp.719-722; Gray (n 171) 148; Randelzhofer and Nolte (n 174) pp.1425-1427; Corten, *Le droit contre la guerre* (n 168) 759; Newton and May (n 96) pp.63-67, pp.181-189.

㊴　'Commentary to the Articles on State Responsibility' (n 5) 75, commentary to Article 21, para 6.

㊵　国际法研究所,"关于自卫的决议(国际法中使用武力的目前问题)"(2007年圣地亚哥会议),第2段。

㊶　Gray (n 171) 150; Greenwood (n 173), para 26; Randelzhofer and Nolte (n 174) 1425, para 57.

㊷　Gray (n 171) 150.

10.3.3.1 必要性

必要性的目的是确定一项具体的自卫措施是否为实现自卫权的合法目的所必需。换句话说,具体措施必须是击退影响应对国的武装攻击的必要措施。必要性有两个主要含义:第一,所采取的自卫措施必须是最后手段,没有任何可能的替代应对措施。㉓ 作出应对的国家必须在援引自卫权之前用尽非暴力性措施。㉔ 第二,该措施的目的是击退武装攻击,因此应相应地选择其目标。例如在石油平台案中,由于目标性质的问题,国际法院将美国采取的措施定性为不符合必要性标准。事实上,为了击退所谓的武装攻击,没有必要以平台为目标。㉕ 在武装活动案中,国际法院驳回了乌干达采取自卫权行动的说法,并指出:"占领距离乌干达边界数百公里的机场和城镇,似乎与所声称的一系列越界攻击不相称,也不是达到这一目的所必要的。"㉖此外,自卫措施的即时性也被认为是必要性要求的一部分。㉗

自卫措施与武装攻击之间的必要性关联可能构成针对国家支持的网络行动进行自卫的重要限制。必要性的第一个方面——自卫只能作为最后手段,防止在大多数网络行动中诉诸自卫。在大多数情况下,可以采取非暴力措施来击退网络行动,这将使自卫变得不再必要。第一,目标国可能能够加固其自身系统的安全环境,或为网络行动利用的漏洞打上补丁,因此自卫将显得多余。第二,网络行动的目标国应首先考虑对网络行动的实施国采取反措施的可能性,然后再考虑自卫措施。这是在决定使用武力自卫之前必须用尽非暴力性措施的要求的一部分。因此,如果目标国有可能采取网络反措施,如关闭用于实施网络行动的计算机,那么这将是比对施害者使用武力自卫更好的选择。只有当所有非暴力性选择都不

㉓ Rosalyn Higgins, *The Development of International Law through the Political Organs of the United Nations*, OUP, 1963, p.205; Ago (n 227) 69, paras 120-121; Gardam (n 96) 4, 148-149; Gray (n 171) 150; Green (n 236) 76; Dinstein (n 174) 232.

㉔ Green (n 236) 80-85.

㉕ Oil Platforms (Judgment) (n 169), 196-198, paras 73-76.

㉖ Armed Activities (Judgment) (n 178) 223, para 147.

㉗ 例如在尼加拉瓜案中,国际法院裁定,在据称的武装攻击发生几个月后采取的自卫措施不被认为是必要的: Nicaragua (Merits) (n 35) 122, para 237.

足以击退网络行动时,受害国才有权诉诸武力自卫。㊹ 这一要求支持了如下论点,即应将反措施视为针对网络行动的主要自助解决办法,而不只是在无法实施自卫时的权宜之计。

作为必要性第二个方面的要求,应对国必须证明其措施对于击退网络行动是必要的。一系列广泛的措施可能仍然是可以接受的,如针对网络行动所使用的物理基础设施——如用于网络行动中转所使用的服务器或互联网基础设施,或为网络行动供电的电力系统——以及发起网络行动的基础设施采取行动。

第 51 条提到必要性的一个要素:只有在安全理事会尚未采取任何措施的情况下,才准许采取自卫措施。一旦安全理事会采取了"维持国际和平与安全的必要措施",自卫措施就不再必要且必须停止。

最后,关于必要性的结论是,在自卫之前必须用尽可能的非暴力性措施,这一要求大大限制了对网络行动使用自卫的可能性。因为在大多数情况下,非暴力性措施实际上可以用来结束网络武装的攻击。

10.3.3.2 相称性

相称性的目的是为了确定为实现自卫的合法目的而采取的自卫措施的强度和持续时间是否适当。相称性评估的前提是对自卫措施及其目的进行比较。在自卫中所采取的措施应与它们旨在实现的合法目标相称。此外,为自卫而采取的措施也应与其旨在击退的最初武装攻击相称。㊸ 这项评估的目的,是为了显示应对措施的适当性,因此在实施这项评估时要有一定的灵活性。㊺

相称性并不是对等性。因此,不要求自卫时使用与最初武装攻击相同的武器。㊺ 网络和非网络措施可以作为应对网络武装攻击的自卫措

㊹ Dinstein (n 197) 109; Dinniss (n 2) 102-103; Laurie R Blank, 'International Law and Cyber Threats from Non-state Actors' (2013) 89 International Law Studies 406, 418; Roscini, *Cyber Operations* (n 2) 89; Radziwill (n 29) 145; Schmitt, *Tallinn Manual* (n 28) 62, commentary to Rule 14, paras 2-3; Schmitt and Vihul (n 28) 348-349, commentary to Rule 72, paras 2-3.

㊸ Gardam (n 96) 156; Dinstein (n 174) 262, para 697; Blank (n 248) 418-419; Radziwill (n 29) 146.

㊺ Ago (n 227) 69, paras 120-121; Dinstein (n 174) 232, para 613.

㊺ Kolb, *Ius Contra Bellum* (n 174) 205.

施,反之亦然。㉒ 然而,必要性和相称性的要求可能对自卫权时使用的武器㉓和方法以及应对措施的地理覆盖范围产生影响。㉔ 在网络情境下,有时只有以网络行动应对网络武装攻击似乎才符合相称性和必要性。㉕ 例如,关于关闭网络武装攻击行为人使用的服务器的合法目标,为了实现这一目标,受害国有两种选择:要么对服务器进行物理轰炸,要么发起网络行动,通过停止服务器的冷却系统来损坏或摧毁服务器。在这种情况下,采取第一种方案似乎是不相称和不必要的,因为存在另一种损害较小的方案可供选择。然而,在某些情况下,只能采取使用动能武器的应对方式,因为施害国对计算机技术的依赖可能没有达到所需的程度,或者防御国的网络能力可能不够强大。㉖

要求优先选择破坏性较小的解决方案,也可能鼓励诉诸网络行动作为对非网络武装攻击的自卫行为。在某些情况下,网络行动可能为应对动能式武装攻击提供了一种破坏性较小的选择,这也意味着冲突升级的风险较小。我们可以在Stuxnet案例的基础上提出一个假设。Stuxnet病毒不构成自卫行为,因为伊朗没有发动任何触发这种权利的武装攻击。㉗ 有人断言,美国拒绝以色列对伊朗核设施进行空袭这一选项,因为美国已经在伊朗的两个邻国——伊拉克和阿富汗——卷入武装冲突,并担心对伊朗使用武力可能产生的影响。因此,开发针对离心机的恶意软件似乎是破坏性较小的选择。㉘ 如前所述,Stuxnet案不属于自卫的情

㉒ Dinstein (n 197) 108; Schmitt, 'Cyber Operations and the *Jus Ad Bellum* Revisited' (n 180) 593-594; Dinniss (n 2) 104; Roscini, *Cyber Operations* (n 2) 69; Radziwill (n 29) 146; Schmitt, *Tallinn Manual* (n 28) 62-63, commentary to Rule 14, para 5; Schmitt and Vihul (n 28) 349, commentary to Rule 72, para 5.

㉓ *Nuclear Weapons* (Advisory Opinion) (n 236) 245, para 42.

㉔ Gardam (n 96) 162-167, 168-173; Greenwood (n 173), para 29.

㉕ Randelzhofer and Nolte (n 174) 1420; Kerschischnig (n 29) 155-156; Radziwill (n 29) 146.

㉖ Radziwill (n 29) 146.

㉗ See, however, contra: James P Farwell and Rafal Rohozinski, 'Stuxnet and the Future of Cyber War' (2011) 53 Survival 23, 33; Julian Richards, *Cyber-War: The Anatomy of the Global Security Threat* (Palgrave Macmillan 2014) 40.

㉘ David E Sanger, *Confront and Conceal: Obama's Secret Wars and Surprising Use of American Power* (Crown 2012) p.188 et seq; Kim Zetter, *Countdown to Zero Day: Stuxnet and the Launch of the World's First Digital Weapon* (Crown 2014) pp. 193-194.

形;然而,武装攻击的受害国在决定是否援引自卫权时,可能认为自己必须作出类似的选择。因此,网络行动可能更受欢迎,因为它提供了一种迫使责任国遵守义务的破坏性较小的选择,其造成的冲突升级的风险也较小。

此外,针对网络武装攻击的网络应对可能比以动能武器应对更容易得到合法化支撑,这一点应与影响选择何种自卫措施的政治和战略因素一并考虑。㉕⁹

10.3.3.3 关于适用条件的小结

本节分析了相称性和必要性要求在针对网络武装攻击的自卫方面的适用情况,并表明在大多数情况下,这些要求可能会限制应对国的可用选择,并强烈促使其通过网络行动进行应对。

相称性和必要性的这些要求也可能使自主网络防御系统的开发和部署变得更加困难,但也并非完全不可能。㉖⁰ 其要求对这些自主系统进行编程时,就应实现这样一种目标,以便它们能够确定被作为反制目标的网络行动是否非法,是否构成武装攻击。此外,自主系统的应对必须符合相称性和必要性的要求。

10.3.4 针对武装攻击门槛线下的网络武力使用的救济

武装攻击是"最严重"的使用武力的形式,㉖¹因此,正如大多数国家和文献所证实的那样,这两种概念之间存在差距。㉖² 于是出现了下面的问题。对于跨越使用武力门槛但没有达到武装攻击的网络行动,有什么救济措施? 必须区分两种辩论,一种是针对武装攻击门槛线下的使用武力诉诸武装报复(10.3.4.1),另一种是多次武装攻击门槛线下的使用武力的累积(10.3.4.2)。

㉕⁹ Matthew Waxman, 'Self-Defensive Force against Cyber Attacks: Legal, Strategic and Political Dimensions', SSRN Scholarly Paper ID 2235838 117 (Social Science Research Network 2013) http://papers.ssrn.com/abstract=2235838.

㉖⁰ 参见前文第 4.3 节"自主网络行动"。

㉖¹ Nicaragua (Merits) (n 35) 101, para 191; Oil Platforms (Judgment) (n 169) 187, para 51.

㉖² Randelzhofer and Nolte (n 174) 1402.

451

10.3.4.1 针对武装攻击门槛线下的使用武力诉诸武装报复

自卫权只允许针对武装攻击。因此,没有达到武装攻击的网络武力使用不会产生自卫权。㉖ 在尼加拉瓜案中,国际法院指出,"虽然武装攻击会导致集体自卫权,但使用较轻程度的武力则不能导致这一自卫权"。在这种情况下,受害国只有采取相称的反措施才是正当的。㉖ 因此,在没有进行武装攻击的情况下使用武力的受害国只有权采取非暴力性的反措施。

国际法院的立场遭到批评,有人认为,对武装攻击门槛线下的使用武力的反措施可能意味着使用武力,必要性和相称性的要求就足以防止不必要和不相称地使用武力。㉖ 在石油平台案中,希马法官(Judge Simma)提交的独立意见主张,对武装攻击门槛线下的使用武力采取防御性措施是可能的:

> 我认为,对于诸如"海岛城"或"萨缪尔·b.罗伯茨"号等类型的攻击,不能否认允许采取严格防御性的军事行动。在这种情况下,我们看到的是没有达到武装攻击的非法使用武力,按照第51条的含义,"武装攻击"的确是"最严重的使用武力的形式"。针对这种小规模使用武力的情况,自卫行动——通过"低于第51条门槛"的武力行动——应被视为合法。换句话说,我建议区分以下两个方面:一方面,针对武装攻击的(全面)自卫,其中"自卫"和"武装攻击"都按照《联合国宪章》第51条中的含义加以理解;另一方面,低于第51条门槛的敌对行动的情况,如针对个别船只采取敌对行动,受害方作出合比例的防御性措施,如果没有达到《联合国宪章》所明确的自卫行动在定性和定量上的门槛的话,则其可因前述敌对行动得到正当化。㉖

㉖ Roscini, Cyber Operations (n 2) 104-110.
㉖ *Nicaragua* (Merits) (n 35) 127, para 249; see also 110-111, para 211.
㉖ Gray (n 171) 147.
㉖ *Oil Platforms* (*Islamic Republic of Iran v. United States of America*) (Separate Opinion of Judge Simma) [2003] ICJ Reports 324, 331-332, para 12. See a critical analysis in Olivier Corten, 'Judge Simma's Separate Opinion in the *Oil Platforms* Case: To what Extent are Armed "Proportionate Defensive Measures" Admissible in Contemporary International Law?' in Ulrich Fastenrath *et al* (eds), *From Bilateralism to Community Interest: Essays in Honour of Bruno Simma*, OUP, 2011.

因此，没有达到武装攻击的使用武力所针对的受害国，可以适度使用武力作出应对。㉖⁷ 随着《联合国宪章》的通过及其对使用武力的普遍禁止，单方面的武装报复权被国际法所取消。然而，在这种情况下，它找到了一种像凤凰一样浴火重生的方法。㉖⁸ 这一论点的主要依据之一与关于使用武力和武装攻击界限之间差距的依据相同，也就是说，在《联合国宪章》第2条第4款和第51条之间存在一条低于武装门槛线下的使用武力的灰色地带，受害国很难对此进行应对。㉖⁹

国际法学会成员在2007年圣地亚哥会议上就这个问题进行了辩论。这个问题似乎存在极大争议，没有达成共识；"国际法学会的一些成员支持希马法官的观点，并打算至少在应然法（de lege ferenda）的层面上承认某些防御性武装措施的可接受性。而另一些人则坚持，应该继续禁止武装报复，并坚持必须避免在国际关系的实际状况中削弱反战争法"。㉗¹ 最后，国际法学会通过的《圣地亚哥关于自卫的决议》遵循了传统方法，不承认对武装攻击门槛线下的武力使用进行武装报复的权利：

> 引发自卫权的武装攻击必须具有一定程度的严重性。涉及使用较低烈度武力的行为可能引起符合国际法的反措施。在攻击烈度较低的情况下，目标国也可采取绝对必要的警察措施击退攻击。还注意到，安全理事会可采取本决议第3段所述的措施。㉗²

《塔林手册2.0》对这一问题采取了不同的做法。有趣的是，尽管《塔林手册2.0》中关于国家责任法的大多数规则都直接复制了国际法委员

㉖⁷ For a similar view, see Dinstein (n 174) 254, para 673.

㉖⁸ Green (n 236) 56; Dinstein (n 174) 254, para 673; Corten, *Le droit contre la guerre* (n 168) 846.

㉖⁹ Gray (n 171) 147-148; Corten, 'Judge Simma's Separate Opinion' (n 266) 851.

㉗⁰ Emmanuel Roucounas (Rapporteur), 'Tenth Commission: Present Problems of the Use of Armed Force in International Law Sub-Group on Self-Defence' (2007) 72 *Annuaire de l'Institut de droit international* p.77, pp.95-96, para 35.

㉗¹ Corten, 'Judge Simma's Separate Opinion' (n 266) 860 (footnotes omitted). 参见不同角度的分析 in Olivier Corten, 'Résolutions de l'Institut de droit international sur la legitime defense et sur les actions humanitaires', 40 *Revue belge de droit international* p.598, pp.608-613.

㉗² Institut de droit international (n 240), para 5.

会的《草案》,但关于反措施的六条规则[273]中没有一条涉及《草案》第 50(1)(a)条关于禁止武力性反措施的内容。规则 22[274]包括第 50 条第(1)款关于基本人权的(b)段、关于交战报复的(c)段和关于强制性规范的(d)段,但不包括该款关于武力性反措施的(a)段。但是,在规则 20[275]和(主要是)规则 22[276]的评注中讨论了禁止武力性反措施的问题。《塔林手册 2.0》保留了对武力性反措施的开放态度,其指出:"虽然国际专家组所有成员都认为,反措施不得上升到武力攻击的程度(规则 71),但是在越过使用武力的门槛但未达到武力攻击的门槛的网络反措施是否合法的问题上,他们的意见存在分歧。鉴于这种分歧,本规则不包括这种限制。"[277]然而,专家们在这个问题上意见不一,因为大多数专家反对武力性反措施,只有少数人支持这种进路。[278] 少数人使用了与希马法官在石油平台案的独立意见中曾使用的类似的论点来为自己的立场辩护,他们认为:"对于不符合武装攻击(无论是否通过网络手段)条件的非法使用武力,暴力性反措施是适当的。少数专家们这样做的依据是,多数人的观点意味着,一国在面临没有达到武装攻击门槛的使用网络武力时,将无法以自己的暴力性网络(或非网络)行动作出应对。换句话说,受害国将仅限于以低于使用武力水平的网络反措施作出应对,从而被剥夺了采取具有相称性的应对措施的机会。"[279]必须再次指出,大多数专家认为暴力性反措施是非法的,因此反对在遭受武装攻击门槛线下的使用武力时诉诸武装报复。

大多数文献和国家实践仍然反对恢复承认针对武装攻击门槛线下的使用武力可以进行武装报复。[280] 此外,国际法委员会在其《草案》中明确

---

[273] Schmitt and Vihul (n 28) 111-134,Rules 20-25.

[274] 《塔林手册 2.0》规则 22 规定:"采取反措施,无论是否具有网络性质,都不能包括影响基本人权、构成受禁止的交战报复或违反强制规范的行为。"采取反措施的国家必须遵守关于外交和领事不可侵犯性的义务。"同上注,122 - 123.

[275] 同上注,111-112,para 2("如规则 22 所指出的,武力性行动作为反措施的要求是一个尚未解决的问题。然而,和平时期的武力性报复如今已被广泛纳入《联合国宪章》的武力使用范例,该范例允许各国在应对武力攻击时诉诸武力自卫[规则 71]"。

[276] 同上注,123-126,paras 1,9-15.

[277] 同上注,125,commentary to Rule 22,para 10.

[278] 同上注,125-126,commentary to Rule 22,paras 11-12.

[279] 同上注,commentary to Rule 22,para 12.

[280] Sicilianos (n 36) 411-413; Ruys (n 189) 145-146; Corten, *Le droit contre la guerre* (n 168) 379-382.

指出,反措施不能影响禁止使用武力。㉘

因此,如果针对受害国的网络行动违反了禁止使用武力,但未达到武装攻击,则该受害国不能使用武力予以应对。在这种情况下,只能依靠非暴力性措施,如反措施或反报,或将情况提交联合国安理会。㉚

10.3.4.2 多次武装攻击门槛线下的网络行动的累积

在某些情况下,一国可能成为一系列越过使用武力门槛,但其单次行动均未构成武装攻击的网络行动的受害者。㉛ 这种情况在前文已有论述。㉜ 据观察,这种方法为大多数网络行动提供了一种有趣的解决方案,但实际意义有限。对于发生多次未能达到武装攻击门槛的网络行动的情形,事件累积理论使得正在进行的攻击的现实情况能够纳入考量——这是由多次网络行动组成的,这有助于确定最适当的应对措施。然而,事件累积理论能够发挥效用的情况可能是有限的,因为其要求各单独事件都必须独立地构成使用武力。

10.3.5 关于自卫的小结

本书第二编表明,大多数网络行动都没有达到武装攻击,㉝因此,只有在非常有限的情况下才能进行自卫。本小节补全了这一初步论点,其表明即使在可以进行自卫的案件中,自卫也不是在每一种情况下都是最适当的应对措施。从严格的法律和技术角度来看,在许多情况下,反措施将是比诉诸自卫更合适的应对网络武装攻击的方式。然而,在某些情况下,自卫是最适当的办法,因此不应完全摒弃自卫。

10.4 针对国家支持下的网络行动的自助措施的小结

本章分析了国家支持的网络行动的受害国可能采取的三种自助措

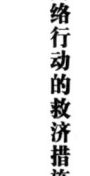

㉘ Articles on State Responsibility, Article 50(1)(a).

㉚ Schmitt,'Cyber Operations and the *Jus Ad Bellum* Revisited'(n 180) 587; Tsagourias (n 181) 233; Roscini, *Cyber Operations* (n 2) 104-105; Radziwill (n 29) 157.

㉛ Dinniss (n 2) 93-95.

㉜ 参见前文第 6.1 节"网络行动和禁止使用武力"。

㉝ 参见前文第 6.4 节"关于反战争法和网络行动的小结"。

施——反报、反措施和自卫。值得牢记的是,网络和非网络措施可以混合使用,可以用动能措施应对网络行动,反之亦然。

本章的主要结果表明,在绝大多数情况下,反措施构成了针对网络行动的最适当的自助措施。自卫通常是人们在考虑采取自助措施时的首选形式,但只在极少数情况下才可以使用,而且通常是不适当的。这一发现支持了书中提出的论点,即应扭转目前的普遍认知:反措施应被视为应对网络行动的主要的自助措施,而不仅仅是在自卫不可能的情况下作为权宜之计。

关于将网络行动公开归因于其他国家,以及采取单边自助应对措施的国家实践仍处在发展之中,从美国的两个国家实践事例中——2014年索尼影业娱乐公司被黑事件[26]以及2016年美国民主党全国委员会(DNC)被黑事件,[27]我们可以观察到一个有趣的模式。在这两起事例中,美国都对另一国作出了公开归因:朝鲜应为索尼影视娱乐公司遭到黑客攻击负责,而俄罗斯联邦则被公开指责企图干预2016年美国大选。在这两起事件中,白宫也宣布美国政府将采取适度的应对措施。有趣的是,对这两种情况,据报道出现了两种不同类型的应对:公开应对和秘密应对。

第一,采取反报措施的公开应对。美国对朝鲜和俄罗斯以及据称与相关行为有关的个人和实体采取了新的制裁措施。在干预2016年美国大选的事件中,他们还驱逐了35名俄罗斯外交官。

第二,一种既未归因于美国也未得到美国事后承认的秘密应对,如果此种应对措施被归因于美国,将构成国际不法行为。

第一个案例发生在2014年12月,针对朝鲜的大规模分布式拒绝服务攻击导致朝鲜网络中断数天。这次网络行动被认为是美国在索尼影业被黑客攻击后的应对措施。这一猜想得到了一些美国官员的支持,但没有得到美国政府的官方证实,后者否认与此事有任何牵连。

第二个案例发生在2016年10月,自称Cyber Hunta的乌克兰黑客入侵了俄罗斯总统亲密顾问弗拉迪斯拉夫·苏尔科夫(Vladislav Surkov)的电子邮箱账户,并在网上公布了被黑的电子邮件和文件。这些泄露

---

[26] 参见前文第226—227页。
[27] 参见前文第73—76、83—85、231—237页。

的文件提供了俄罗斯参与乌克兰东部分裂运动的证据。㉘

通过分析这两个例子,本书断言,这两种不同类型的应对措施系为追求两个不同的目标。公开应对是针对国际社会的,其效果是"点名羞辱"责任国。相反,秘密应对措施则具体针对不法行为国,目的是通知该国,应对国已经知道谁应该对不法行为负责,并表明其有决心和有能力在必要时进行回击。

我们可能想问,美国明明可以把自己的行动正当化为反措施,但为何仍要采取秘密应对措施?本书认为,其中一个答案与国际法对网络行动本身的适用有关。尽管国际法在网络空间中的可适用性已经获得共识,但正如本书所阐述的那样,具体国际法规范如何适用仍存在争议和不确定性。因此,美国可能希望避免在不确定的法律框架内构建他们的应对方案,因为如此行事可能会打开争议的大门。

只有进一步的国家实践才能确定:这是否仅仅是两个孤立的例子?或者说美国和其他国家未来都会遵循这种采取二维应对措施的模式?

在结束本章之前,一项事实的重要性正逐渐凸显,2017 年 6 月第五届 UNGGE 破产,因为与会的政府专家无法就报告草案第 34 段达成一致,该段本系在详细说明国际法如何适用于各国使用信息和通信技术。一些国家质疑,国际法的全部分支——特别是武装冲突法、自卫权法和反措施法等,是否都适用于网络空间。这种情况对国际法构成了特别的挑战,而且适用于网络空间的国际法规范由此也存在着地域碎片化的风险。㉙事实上,如果国家间的网络行动现在已成为国际社会日常生活的一部分,那么引发援引国际法具体规范(如自卫权、反措施和战争法)的大规模网络行动更有可能发生在观点不一致的国家之间,而不是在观点相同的国家之间。以美俄网络对抗为例,俄罗斯对武装冲突法、自卫权法和反措施法的态度的不确定性,以及与此相关的地域碎片化现象,可能导致对相关普遍规范的不同解释,导致某种程度的不确定性,这可能危及国家间的稳定。

㉘ Kramer (n 25).

㉙ François Delerue, 'The Application of the Norms of International Law to Cyber Operations: Reinterpretation or Contestation of International Law?' (2019) 52(3) *Israel Law Review* 295-326.

本编结论

第三编详述了网络行动的受害者针对责任国可以采取的救济措施。这一编以前两编的发现作为基础。本部分第 9 章表明，网络行动的受害国有权在满足两个累积标准的情况下向施害国主张责任：网络行动构成国际不法行为（第二编），且网络行动可归因于施害国（第一编）。在这种情况下，受害国有权向施害国主张责任，并就所造成的损失获得充分赔偿。赔偿更有可能采取补偿和抵偿的形式，而不是恢复原状。本编第 10 章论述了受害国可能采取的自助措施，用来迫使责任国遵守国家责任法规定的义务。该章表明，反措施应被视为针对国家支持的网络行动的主要救济措施。

结 论

网络行动已经逐渐地脱离纯想象领域或科幻小说的场景,成为当代的现实。在我们这个超级互联的社会里,网络行动是不可避免的,并且是国际关系中不可分割的一部分。国家、学者和非政府组织一直在猜测互联网的军事化进程,特别是网络空间军事活动将如何展开。现在一切尘埃落定,我们看到世界上大多数军队已经具备网络行动的能力,网络空间被认为是除陆、海、空、天以外军事活动的又一个领域。

然而,对国家网络活动的评估不应局限于军事活动,更不应局限于网络武力的使用。国家实施和支持的网络行动可以表现为多种形式,服务于多种目的。只有极少数网络行动真正使用武力,而绝大多数采取其他形式。大多数国家和学者通常关注的,是国家支持的在网络战门槛之上的网络行动,而这些行动只是所有网络行动中极小的一部分。尽管网络战一词缺乏法律或规范意义,但它导致了人们将反战争法和战时法应用于网络行动的过分关注。然而,网络战只是冰山一角。本书的目标之一是重新平衡人们的关注重点,以适配各式各样的网络行动,而这些网络行动对应着不同的可适用的法律框架。总之,这本书分析了网络战门槛之上和之下的网络行动的法律机制和后果,后者构成了案例的大多数,但得到的关注反而相对较少,特别是在学者当中,这种反差更为明显。

本书的研究可以与 15—18 世纪大发现时代的航海家的旅程相比较。基于这个类比,世界海洋就是国际法。本书的目标是穿越这片浩瀚的海洋,以达至问题的关键并试图解决,即确定和分析适用于国家支持的网络行动的法律框架,以及受害国可获得的法律回应。这一旅程并非始于完全未知的水域。本项目参考的众多评注已经探索了这个浩瀚海洋的一部分,并且已经拓展了人们的眼界,用于审视关于规范国家支持的网络行动的法律框架。已被探索的、从而为人所熟知的海域,长期被将反战争法和战时法应用于网络行动的研究占据,这也是既有文献的主要关注点。对于本书而言,对"网络战"的关注仅仅作为起点,它开始重新探索这些领域的国际法和它们在网络行动中的适用,以便勾勒围绕这一问题的认知和研究的现状。与常规路径不同的是,本书对这些问题采取反向分析,这有助于避免为了将"反战争法"和"战时法"适用于网络行动而将它们强行扭曲。在本书中,这些规范的不可适用性并未被视作终点而是起点。鉴于国际法中的战争法分支在网络空间的不适用,本书考虑了国际法的其他分支,而它们到目前为止通常被当作是一种权宜之计。反措施的情况尤其如此——只有当针对网络行动的自卫权似乎不太可能时,人们才会对

反措施给予适当的考虑。与此相反,本书认为,除了战争法框架之外,国际法的其他分支反而可能提供主要的解决方案。

在此基础上,本书进一步探索了国际法的海洋,并进而揭示了适用于在网络战门槛之下,且并非发生在现行武装冲突中的网络行动的法律框架。总的来说,这个问题还没有得到充分的研究。因此,本项目不仅填补了现有知识的空白,还承担了一项重任,即对适用于国家支持的网络行动的各种法律框架予以全面并进的分析。这种方法对于最终目标非常重要,它既对在网络战争门槛以下和以上的网络行动予以阐明,又对不同法律框架之间的互动及其后果进行分析。

本书也面临着一个特有风险:读者可能会分心并偏离正在形成的路线,或者迷失在广袤的"国际法海洋"中。在这段旅程中,许多引人入胜的"国际法岛屿"进入了视野,但它们并非本书的主要焦点。风险在于偏离主要焦点,反而试图对其他相关主题提供全面分析,这样就会忽略主要矛盾。因此,本书确定并描述重要的相关法律问题,但只作浮光掠影的介绍而不深入探讨细节。这些话题可以被视为一扇敞开的大门呼唤着进一步的研究。国际组织实施的网络行动是一项重要的新研究话题,本书对此仅略有涉及。类似的,国家支持的网络行动与人权之间的关系值得进一步深入分析。在本书已经介绍的研究问题之中,这是两个主要的新方向,值得在未来进一步探索。

本书是同类研究的开先河之作,它全面分析了适用于低于网络战门槛的网络行动的国际法,并将这一分析与现有的对于网络战的研究联系起来。本书有三个主要发现。

首先,在对适用于国家支持的网络行动的国际法进行全面研究之后,一个主要和最显著的发现是:通常被认为是自卫的权宜之计的反措施,反而应该被看作针对国家支持的网络行动进行自助的主要形式。这一结论与现有文献不同,现有文献一般侧重于自卫,并认为反措施是次要的。可以说,本书是第一本对救济问题提供全面和系统分析的书。

其次,网络空间为各国干涉其他国家的内部和外部事务提供了许多新的可能性。在检视不法网络行动时,应特别关注两个方面:(i)一国可以非常容易地设计并发起支持旨在干涉另一国事务的网络行动,以及(ii)归因问题和目标国举证施害国责任或参与其中所面临的困难。网络行动的不同案例表明了存在多种形式的网络干预,如 2007 年针对爱沙尼亚的网络行动,破坏了伊朗核项目离心机的 Stuxnet,2016 年针对 DNC 的黑客攻击,以及 2017 年对法国大选的干预。

最后,本书各章节对国际法规范在网络行动中的适用进行了研究,为最初的问题提供了答案:国际法在网络空间中发挥着作用。换言之,为了将网络行动归因于国家、评估其合法性以及采取单边措施迫使不法行为国家终止其行为,国际法提供了合适的框架。然而在这个结论的基础上,另一个重要的发现是,国际法并不是解决所有与网络行动有关的问题的万能良药。在一些情况下,国际法使网络行动的受害国束手无策。可以确定的是以下两种主要限制:一方面,当非国家行为体代表国家实施网络行动时,尤其是包括互联网在内的新技术提供了多种方式来实现行动协调,而无须进行高水平的组织。这挑战了国际法关于归因的现行规则,这在评估一国对实施网络行动的团体所行使的控制时需要加以考虑。另一方面,国家责任法为应对网络行动和寻求赔偿提供了一系列解决方案,但它并没有为所有情形都提供答案。仅仅通过国家责任法,有些案件无法得到解决。此外,国际法可能赋予一国采取单边措施的权利,但相关国家可能不具备必要的能力来实施单边措施。

本书分为三编,分别对应国际法分析的三个主要步骤。下文总结了每一编的发现和它们之间的联系,并简要说明主要论点是如何展开的。

第一编分析了网络行动的归因问题。它对归因问题进行了分解,并对三个子项分别进行了独立研究:归因于机器、归因于人和归因于国家。第 2 章重点讨论了对发起或传输网络行动的机器的归因以及对个人施害者的归因。第 3 章分析了为将网络行动归因于一国而可能收集和使用的证据。第 4 章重点讨论了第一编的核心内容,即归因于代表其开展网络行动的总实体,这又主要集中在归因于国家的问题上。本编的第一个重要发现是,归因的三个维度密切相关,但又相互独立。归因于机器和个人不是归因于国家的先决条件。第二个重要的发现是,在将非国家行为体的行为归为国家时,在没有复杂组织的情况下,网络提供了多种方式来协调网络行动。当评估一国对实施网络行动的团体施加的控制时,这些都需要考虑在内。

第二编主要论述了网络行动的合法性问题。第 5 章表明网络行动本身不违法,但根据其行为方式及其后果,它们可能构成不法行为。换言之,它分析了网络行动可能构成国际不法网络行为的情形。它集中讨论了一国实施网络行动时可能违反国际法的三种主要行为:(i)侵犯领土主权;(ii)非法干预;(iii)干涉人权。第 6 章讨论了反战争法的可适用性,确

定了网络行动可能等同于使用武力或武装攻击的情况,并得出如下结论:绝大多数国家支持的网络行动没有达到"反战争法"的门槛,即网络战的门槛。它表明,尽管一些网络行动可能构成使用武力、武力威胁或武装攻击,但在绝大多数情况下是不太可能的。造成人身伤害、生命损失或财产损失等物理损害的网络行动属于使用武力,但只有最严重的情况才可能构成武装攻击。因此,有必要分析反战争法框架之外的大多数网络行动,以确认关于国际不法网络行为的核心特征。基于此前两章,第7章展示了某些网络行动的不法性可能在特定的情况下被排除。它表明,不可抗力和危难极不可能构成排除网络行动的不法性的情况。相反,同意和危急情况更有可能被用作网络行动正当性辩护的有效理由。至于剩下的两种情况——反措施和自卫,该章未作展开,而是留待后文论述。第8章分析了领土被用于中转或发起网络行动的国家的审慎义务。

第三编以前两编的研究结果为基础。网络行动可归因于一国(第一编)且构成国际不法行为(第二编),是受害国有权主张施害国责任需同时满足的两个标准。第9章研究了实施网络行动的国家责任的后果,以及如何进行赔偿的问题。除了承担责任外,施害国还必须对其网络行动造成的损害提供充分赔偿。这一章着重指出,在大多数网络行动导致赔偿的情况下,要求恢复原状是不可能的,而补偿可以弥补大多数网络行动造成的损害。第10章阐述了受害国为迫使责任国履行其义务所能采取的自助措施,其分析了自助的三种主要措施,即反报、反措施和自卫。本章的一个重要发现是,通常被认为是自卫的权宜之计的反措施,反而应被认为是针对国家支持的网络行动进行自助的主要形式。这一结论与现有文献不同,现有文献一般侧重于自卫,并认为反措施是次要的。

总之,这本书分析了国家支持的网络行动可以采取的多种形式,并证明了在大多数情况下,它们的合法性应超越反战争法和战时法的框架来确定。事实上,网络行动更有可能违反领土主权或不干涉原则,而不是禁止使用武力。它还展示了国际法不会让各国对网络行动束手无策,即使在自卫权利不能被援引的情况下也是如此。考虑到网络行动的多种形式以及可适用法律机制的多样性,能够促使我们将这些结论灵活适用于不同的网络威胁。

本书关注的是国家支持的网络行动。使用"支持的"而不是"实施的"作为限定,说明非国家行为体参与国家活动包括网络行动的数量急剧增长。许多活动和任务以前是国家及其机构的专属特权,现在也广泛由非国家行为体代表国家执行。国家支持的网络行动与网络犯罪和恐怖主义之间的界限和区别有时是模糊的。事实上,这些概念之间没有分界线:非国家行为体——如个人、私营企业或其他形式的组织团体——经常参与国家支持的网络行动,无论是自愿还是非自愿,有意或无意。这种情况往往会弥合或模糊国家网络活动与非国家行为体网络活动之间的区别。国家网络安全和私人网络安全由两种不同的法律框架处理,它们之间如何衔接引发了重要的法律问题。尽管这些问题在第一编讨论归因时略有涉及,但其可能要留待后续研究旅程再予解决,而本书的发现可以为之提供基础。

译后记

传统国际法如何适用于新兴网络空间？这是近年来国内外学界的热点研究议题，也是译者个人的主要研究兴趣所在。源于教学相长的初心，从2017年开始，译者在厦门大学法学院连年开设"网络空间的国际治理"本科生院选课；2020年起又增设一门"网络空间国际法前沿问题研究"硕士生专选课。在讲授这两门课的过程中，译者发现目前尚没有任何一本称手的中文教材或工具书，能够比较系统地讨论网络空间国际法的主要问题。因此，为了对有兴趣了解本议题的初学者提供有益参考，一直以来，译者都希望编写一本关于网络空间国际法的中文讲义集，或者寻找本领域优秀的外文专著译介到国内。本译著就是后一种努力的成果。

2021年，本书原著作者弗朗索瓦·德勒吕（François Delerue）博士和译者同作为"国际法适用于网络空间中欧专家组"的专家协调人，其间我们就专业问题和事务安排做了大量沟通，并合作完成了会议成果文件。其后，我们又联合推动在专家组项下组建合作研究小组，对本领域细分议题开展进一步的实质性研究。有此渊源，2022年7月，就在第二届中欧专家组会议召开后不久，译者联系弗朗索瓦，征询他是否同意译者将他的专著 Cyber Operations and International Law 译为中文引入中国，弗朗索瓦第一时间给出了肯定回复，并主动联系剑桥出版社获得授权。

目前，国内外学界讨论国际法如何适用于网络空间的问题时，大多尊奉"解释性进路"。此种进路承认包括《联合国宪章》在内的既存国际法可以适用于网络空间，但其同时认为，诸如诉诸战争权法、国家责任法、武装冲突法等国际法分支及其具体制度如何在网络情景下得以规范性适用,则是需要解释的问题。虽然权威解释只能由有权的国际司法机构在个案裁量中做出,但这并不妨碍国际公法学者对相关议题做出学术性解释的尝试。考虑到当前网络空间国际法领域的法制化水平尚处发展早期,各国似乎亦缺乏政治意愿将网络行动的国际法违反性争端提交国际司法机构予以裁决,学理解释的努力就显得尤为重要。特别是,学理解释有可能以一种符合国际法推理技术的方式,提出令人信服的法律判断结论,回应网络空间带来的特有挑战,从而有助于塑造国际社会的共识。

弗朗索瓦的这本书正是"解释性进路"的代表。本书选取国家支持的网络行动(state-sponsored cyber operations)作为核心分析对象,以国家责任的法律构成要件作为主线逻辑,连贯地讨论了国际法如何规范性评价网络行动的系列问题。这种论述结构为全书带来了体系性,也符合读者的认知习惯,全书三编即按此依序推进:

第一编讨论网络行动如何在国际法上归因于国家,这构成后续规范性评价的基础。一般认为,分析网络行动溯源和归因的问题可以使用"技术—政策—法律"的三维框架。此框架表明:一国开展网络溯源实践时,首先需要尽可能从各种技术细节进行事实还原,这是支撑其归因主张的事实基础;在确认其对恶意网络行动来源的判断有一定把握之后,溯源国需要权衡多种因素,进行一系列的政策决策;而最后在法律层面的归因,则是指根据可适用的法律规则,构建恶意网络行动的侵害行为与施害主体之间的法律联系,并确定后者法律责任的过程。作为国际法专著,本书并未死板地依照这个分析框架,而是着重讨论了归因的技术维度(第 2 章)和法律维度(第 4 章),并颇为巧妙地用国际法中的证据问题(第 3 章)作为连接,但并未单独讨论国家进行归因判断时的政策考虑。如此体例安排,一方面能够为网络行动归因的法律分析提供充分的技术基础解释,帮助读者构筑知识上的准备;另一方面可以回避网络行动归因分析中国家政策考虑的复杂和不确定性,而将主要的篇幅聚焦在法律分析上。

第二编系统讨论了网络行动的实体违法性。网络行动可能因违反不同类型的国际法初级规则而构成国际不法网络行为,经常

见诸讨论的几种规范,包括领土主权原则、不干涉原则和国际人权法等一般国际法规范(第5章),关于禁止使用武力和武力攻击门槛的反战争法规范(第6章),以及对于评判网络行动违法性具有特殊意义的审慎原则(第8章)。根据国家责任法,还存在若干可以排除一项行为不法性的法定情况,只有不法性无法排除的网络行动才构成责任国对国际义务的违反(第7章)。本编四章内容构成网络行动国际法违反性分析的主体部分,也是学理解释中最具争议的部分。为了直观地呈现这一问题的复杂性,本书结合相关真实事例或假想案例,逐项论及网络间谍、网络武装攻击、跨境致损等不同类型的网络行动如何可能构成对特定国际法义务的违反。

第三编旨在分析受害国或其他利益相关国如何向责任国主张责任,并就可能造成的损害寻求赔偿。在国际法上,责任国有义务停止其不法网络行动,并有义务对所造成的损害进行充分赔偿(第9章)。当受害国要求责任国履行其义务而责任国拒不遵守时,为强迫不法行为国遵守其义务,受害国可以诉诸司法或司法以外的程序措施,后者主要包括反报、反措施和自卫三类自助措施(第10章)。囿于当前网络空间国际法制化水平较低的现实,谈论网络行动违反国际法的责任承担似乎略显超前,但这也使得本编自助措施相关讨论的重要性和现实意义更加凸显。

这本译著是集体努力的成果。译者邀请了五位对本议题有一定兴趣和积累的厦门大学法学院国际法专业博士生共同组成翻译小组,他们分别是:2018级博士生许少彬(负责第6章和第7章)、2019级博士生潘志芳(负责第9章和第10章)、2020级博士生赵宇(负责第5章和第11章)、2021级博士生刘业(负责第1~3章)和包柠榛(负责第4章和第8章)。

五位博士生参译者首先对其所负责的章节进行初步翻译,各自形成5~6万字的中译本初稿。译者对初稿全文逐句仔细核对,以确保中文意思与原文一致。在此基础上,翻译小组以自校和互校的方式又进行了一轮修改和审校。其后,译者对审校稿再次进行全文审读,统一调整了一些明显不符中文表达习惯的译文。经历了三译三改后的书稿,才提交出版社审定排版,并按照出版要求进行了三审三校流程。尽管如此,译著中仍然难以避免存在差错,对于任何翻译问题,主要责任在译者。

  本书的出版得益于厦门大学法学院提供的专项资助,在此特致谢忱。同时也要感谢厦门大学出版社,特别是本书责编甘世恒老师细致高效的编辑审校。对于有兴趣踏入网络空间国际公法研究领域的朋友来说,希望本书可以成为一本友好且称手的参考,这是我们译介引进本书的最大心愿。

杨帆

2023 年 9 月